U0372138

国家社科基金
GUOJIA SHEKE JIJIN HOUQI ZIZHU XIANGMU
后期资助项目

藏语词法和形态

The Morphological Studies of Tibetan Language

江　荻　著

北京大学出版社
PEKING UNIVERSITY PRESS

图书在版编目(CIP)数据

藏语词法和形态 / 江荻著. —北京：北京大学出版社，2021.10
ISBN 978-7-301-31939-0

Ⅰ. ①藏… Ⅱ. ①江… Ⅲ. ①藏语–词法 Ⅳ. ① H214.3

中国版本图书馆 CIP 数据核字（2021）第 001936 号

书　　名	藏语词法和形态 ZANGYU CIFA HE XINGTAI
著作责任者	江　荻　著
责任编辑	杜若明
标准书号	ISBN 978-7-301-31939-0
出版发行	北京大学出版社
地　　址	北京市海淀区成府路 205 号　100871
网　　址	http://www.pup.cn　新浪微博：@北京大学出版社
电子信箱	zpup@pup.cn
电　　话	邮购部 010-62752015　发行部 010-62750672　编辑部 010-62767349
印　刷　者	北京溢漾印刷有限公司
经　销　者	新华书店
	720 毫米 ×1020 毫米　16 开本　30 印张　506 千字 2021 年 10 月第 1 版　2021 年 10 月第 1 次印刷
定　　价	122.00 元

未经许可，不得以任何方式复制或抄袭本书之部分或全部内容。
版权所有，侵权必究
举报电话：010-62752024　电子信箱：fd@pup.pku.edu.cn
图书如有印装质量问题，请与出版部联系，电话：010-62756370

《国家社科基金后期资助项目》
出版说明

后期资助项目是国家社科基金设立的一类重要项目,旨在鼓励广大社科研究者潜心治学,支持基础研究多出优秀成果。它是经过严格评审,从接近完成的科研成果中遴选立项的。为扩大后期资助项目的影响,更好地推动学术发展,促进成果转化,全国哲学社会科学工作办公室按照"统一设计、统一标识、统一版式、形成系列"的总体要求,组织出版国家社科基金后期资助项目成果。

全国哲学社会科学工作办公室

目 录

缩略符号 ·· I

藏文拉丁字母转写对照表 ·· IV

第 1 章 绪 论 ·· 1
  1.1 形态、词法与词库 ·· 1
    1.1.1 形态和构词 ·· 1
    1.1.2 词库和词法的方方面面 ······································· 3
    1.1.3 词库与语素的特质 ··· 6
  1.2 词库和词法的基本特征 ··· 9
    1.2.1 语素的基本类别和分类 ······································· 9
    1.2.2 单音节语素作为构词的基本单位 ························ 12
    1.2.3 词库与词的结构类别 ·· 17
    1.2.4 句法虚词及其类别 ··· 22
    1.2.5 藏语词库包含哪些词汇单位？ ··························· 29
    1.2.6 从语言单位视角透视藏语的语言性质 ················ 30
  1.3 句法结构概览 ·· 32
    1.3.1 词类 ·· 32
    1.3.2 语序 ·· 35
    1.3.3 范畴 ·· 37
    1.3.4 结构 ·· 45

第 2 章 词库和词法研究简史和现状 ································· 52
  2.1 传统文法的价值和内容 ··· 52
  2.2 早期的藏语文研究 ·· 56
    2.2.1 Schroeter 的词典和语法 ··································· 57

II 藏语词法和形态

  2.2.2 乔玛的词典和语法·································58
  2.2.3 叶斯开的词典和语法·······························59
2.3 现代藏语词法研究概述··61
  2.3.1 贝尔的《藏语口语手册》·······························61
  2.3.2 汉纳的《藏语书面语和口语语法》·······················62
  2.3.3 沃尔芬登的《藏缅语形态学纲要》·······················63
  2.3.4 李方桂的《藏文的前缀音对词根声母的某些影响》··64
  2.3.5 柯蔚南的动词形态研究·····························66
  2.3.6 戈尔斯坦的复合词词法研究························67
  2.3.7 拜尔《书面藏语研究》的词法探索···················71
  2.3.8 尼古拉斯·图纳德尔的复合词词法研究··············72
  2.3.9 张济川《藏语词族研究》的词法研究················77
  2.3.10 周季文、谢后芳《藏语拉萨话语法》的词法研究····80
  2.3.11 其他有关词法和形态的研究·······················81
2.4 形态和词汇研究小结··91
  2.4.1 国内···91
  2.4.2 国外···93

第 3 章 派生名词与词缀···95

3.1 词缀与派生名词··95
  3.1.1 词缀 pa，ba······································95
  3.1.2 词缀 po，bo······································99
  3.1.3 词缀 ma··101
  3.1.4 词缀 mo··102
  3.1.5 词缀 ka，kha，ga································104
  3.1.6 词缀 mkhan·····································105
  3.1.7 词缀 yag/yas····································106
  3.1.8 词缀 rgyu·······································106
  3.1.9 词缀 cha··107
  3.1.10 词缀 dag·······································108
3.2 类词缀与派生名词··109
  3.2.1 类词缀 to，ro，kye，gog··························110
  3.2.2 类词缀 -vu，bu，gu······························112
  3.2.3 类词缀 can······································114

       3.2.4 类词缀 ldan ·· 115
       3.2.5 类词缀 lo ·· 116
       3.2.6 类词缀 sgo ··· 117
       3.2.7 类词缀 zla ·· 117
       3.2.8 类词缀 zho ··· 118
       3.2.9 类词缀 nyid ·· 119
       3.2.10 类词缀 res ·· 119
       3.2.11 类词缀 ta、rta、rtags ······························ 120
       3.2.12 类词缀 po che/bo che ································ 122
   3.3 名词的前缀语素 ·· 123
       3.3.1 名词前缀 a- ··· 124
       3.3.2 名词敬语前置语素 ·· 125
       3.3.3 敬语语素的词法分析 ····································· 136
       3.3.4 敬语的相关问题 ·· 139
   3.4 派生名词分类的理据与验证 ·· 140
       3.4.1 派生词缀的功能分类 ····································· 140
       3.4.2 特征值转换派生 ·· 140
       3.4.3 功能性派生 ··· 142
       3.4.4 转类派生 ··· 144
       3.4.5 表达性派生 ··· 144
       3.4.6 派生名词分类的验证方法 ································ 146
       3.4.7 从词法位置考察词缀的功能与意义 ······················ 148
       3.4.8 从语义范畴检讨词缀的词汇类别意义 ···················· 149
   3.5 名词的重叠 ··· 150
       3.5.1 重叠类型 ··· 150
       3.5.2 叠音名词 ··· 152
       3.5.3 重叠名词 ··· 153

第 4 章 复合名词及其类别 ·· 156
   4.1 复合名词的分析方法 ··· 156
       4.1.1 "词形定类"和"词类分形" ····························· 156
       4.1.2 复合名词的分析方法 ····································· 159
   4.2 复合名词的基本类型 ··· 164
       4.2.1 形类、语素和语义关系 ·································· 164

IV 藏语词法和形态

  4.2.2 名语素+名语素（N1+N2）·················· 168
  4.2.3 名语素+动语素（N+V）····················· 175
  4.2.4 动语素+名语素（V+N）····················· 180
  4.2.5 动语素+动语素（V+V）····················· 183
  4.2.6 形语素+形语素（A+A）····················· 186
  4.2.7 名语素+形语素（N+A）····················· 187
  4.2.8 形语素+名语素（A+N）····················· 189
  4.2.9 形语素+动语素（A+V）····················· 192
  4.2.10 动语素+形语素（V+A）···················· 195
  4.2.11 多音节复合名词························· 197
 4.3 常见复合名词构词语素·························· 199
  4.3.1 复合词的集合化作用························ 199
  4.3.2 语素 sa 的意义与功能······················· 200
  4.3.3 语素 tshul 的意义与功能····················· 201
  4.3.4 语素 stangs 的意义与功能···················· 202
  4.3.5 语素 thabs 的意义与功能···················· 203
  4.3.6 语素 srol 的意义与功能····················· 203
  4.3.7 语素 long 的意义与功能···················· 204
  4.3.8 语素 dus 的意义与功能····················· 204
  4.3.9 语素 shul 的意义与功能···················· 205
  4.3.10 语素 lugs 的意义与功能··················· 205
  4.3.11 语素 sems 的意义与功能··················· 206

第 5 章 动词屈折形态与对应的语法范畴··················· 207
 5.1 动词屈折形态的形式类别························· 207
 5.2 内部屈折形态的来源··························· 212
  5.2.1 前缀音与词根声母的结合类型·················· 212
  5.2.2 前缀音强制的词根声母语音变化················· 215
 5.3 时还是体？······························· 217
  5.3.1 体范畴的探索·························· 217
  5.3.2 关于体范畴产生的推测····················· 221
 5.4 使动与自动动词的词形························· 223
  5.4.1 使动的基本概念························ 223
  5.4.2 带前缀 s- 的使动形式····················· 226

        5.4.3 带前缀 v-的使动形式 ·················· 228
        5.4.4 带 g-、d-、b-前缀音的使动形式 ·········· 230
    5.5 祈使式的屈折形态 ······························ 232
        5.5.1 祈使式跟陈述式哪种词形一致？············ 233
        5.5.2 前缀还是后缀引起祈使式变化？············ 238
    5.6 动词敬语词 ···································· 243
        5.6.1 单音节动词敬语词 ······················ 243
        5.6.2 多音节动词敬语词 ······················ 246
    5.7 动词的重叠和重复 ······························ 250
        5.7.1 动词句法性重复 ························ 251
        5.7.2 动词重叠构成的名词结构 ················ 256

第 6 章 复合动词的类型 ·································· 262
    6.1 复合动词概况 ·································· 262
        6.1.1 以音节为组合单位的动词分类·············· 263
        6.1.2 复合动词与动词短语 ···················· 266
    6.2 双音节复合动词 ································ 268
        6.2.1 名动兼类现象 ·························· 268
        6.2.2 名语素+动语素（N+V）复合动词·········· 271
        6.2.3 动语素+动语素（V+V）复合动词·········· 276
        6.2.4 形语素+动语素（A+V）复合动词·········· 282
        6.2.5 内部语素可分析型双音节动词·············· 283
        6.2.6 内部不可解析型双音节动词················ 287
    6.3 三音节复合动词 ································ 289
        6.3.1 带复合名词的三音节动词·················· 290
        6.3.2 带派生名词的三音节动词·················· 292
        6.3.3 带派生形容词的三音节动词················ 296
        6.3.4 带叠音词或重叠词的三音节动词············ 297
        6.3.5 其他类型的三音节动词···················· 299
        6.3.6 带受动意义语素的三音节动词·············· 301
        6.3.7 带同源名词宾语的三音节动词·············· 303
    6.4 常见动词标记语素 ······························ 304
        6.4.1 byed-byas 做，从事，进行；当，担任······ 306
        6.4.2 gtong-btang 给予，发出，放·············· 309

VI 藏语词法和形态

    6.4.3 rgyag-brgyab 做，放，打 ·················· 310
    6.4.4 thebs 打着，受到，遭受 ·················· 312
    6.4.5 shor-vchor 发生，转移 ·················· 313
    6.4.6 yong 和 byung 出现，发生，得到，变成 ·················· 314
    6.4.7 vgro-phyin 变成，成为 ·················· 316
    6.4.8 其他动词标记语素构成的复合动词 ·················· 316

第 7 章 形容词词法 ·················· 320

  7.1 形容词概说 ·················· 320
    7.1.1 形容词作为独立词类 ·················· 320
    7.1.2 形容词的类别 ·················· 322
  7.2 形容词的句法功能 ·················· 325
    7.2.1 形容词作后置修饰语及其句法位置 ·················· 325
    7.2.2 形容词作前置修饰语及其条件 ·················· 327
    7.2.3 多重定语修饰语的语序 ·················· 328
    7.2.4 形容词作状语的句法位置 ·················· 329
    7.2.5 形容词的补语功能和句法结构 ·················· 330
    7.2.6 形容词谓语句的类型 ·················· 332
  7.3 派生形容词和词缀 ·················· 333
    7.3.1 带词缀 po 的派生形容词 ·················· 334
    7.3.2 带词缀 mo 和 ma 的派生形容词 ·················· 339
    7.3.3 带词缀 pa 和 ba 的派生形容词 ·················· 344
    7.3.4 带词缀 to 的派生形容词 ·················· 347
    7.3.5 带元音-e 的音节性后缀形容词 ·················· 347
    7.3.6 带-che 词缀的派生形容词 ·················· 348
  7.4 离心结构复合型派生形容词 ·················· 351
    7.4.1 复合型派生形容词与名形短语 ·················· 351
    7.4.2 复合型派生形容词的结构特征 ·················· 354
    7.4.3 复合型派生形容词的产生机制 ·················· 358
    7.4.4 复合型派生形容词的语义类型 ·················· 361
    7.4.5 带复杂词缀复合型派生形容词 ·················· 364
  7.5 形容词的重叠 ·················· 370
    7.5.1 完形化双音节词根重叠 ·················· 370
    7.5.2 词缀重叠的三音节形容词 ·················· 371

  7.5.3 词根重叠的三音节形容词 ·················· 373
  7.5.4 元音交替型词根重叠双音节形容词 ·················· 375

第 8 章 副词词法 ·················· 378
 8.1 副词的特征和分类 ·················· 378
 8.2 副词的句法功能 ·················· 382
  8.2.1 副词修饰单音节动词 ·················· 382
  8.2.2 副词修饰复合动词 ·················· 383
  8.2.3 副词修饰带助动词的谓语 ·················· 384
  8.2.4 副词修饰带多音节体貌标记的谓语动词 ·················· 385
  8.2.5 多项修饰语的顺序位置 ·················· 386
  8.2.6 副词修饰形容词的位置 ·················· 387
 8.3 简单副词 ·················· 389
  8.3.1 常见单音节简单副词 ·················· 389
  8.3.2 常见多音节简单副词 ·················· 394
 8.4 复合副词 ·················· 395
  8.4.1 复合副词的构成 ·················· 395
  8.4.2 常见复合副词构成要素 ·················· 397
 8.5 派生副词 ·················· 402
  8.5.1 带词缀 -se 的副词 ·················· 403
  8.5.2 带词缀 -e 的副词 ·················· 404
  8.5.3 带词缀 cig /gcig/zhig 的副词 ·················· 407
  8.5.4 带词缀 byas 的副词 ·················· 408
  8.5.5 带词缀 la 的副词 ·················· 410
  8.5.6 带词缀 -r 的副词 ·················· 411
  8.5.7 带词缀 du 的副词 ·················· 412
  8.5.8 带词缀 gi /gyi /kyi /-vi 的副词 ·················· 415
  8.5.9 带词缀 gis /gyis /kyis /-s 的副词 ·················· 415
  8.5.10 带词缀 nas 的副词 ·················· 416
 8.6 副词的重叠 ·················· 419
  8.6.1 常见副词 ·················· 419
  8.6.2 临场副词 ·················· 420
  8.6.3 形容词加副词标记 ·················· 421

第9章 古藏语的形态 422
9.1 名动韵尾交替现象 422
9.2 名词化词缀 -n、-d、-s 425
9.2.1 词缀[-n] 426
9.2.2 词缀[-d] 427
9.2.3 词缀[-s] 428
9.3 名词化词缀的形态意义 430
9.4 辅音性名词化词缀与音节性词缀 434
9.5 动词（形容词）跟名词同根的词源残迹 436

第10章 余论和结语 441
10.1 代词、数量词、连词的词法分析 441
10.1.1 代词 441
10.1.2 数词和量词 443
10.1.3 连词 445
10.2 词法特征：词类和词法的关联 446
10.3 深入研究的方向 448

参考文献 450

后　记 465

缩略符号

Ø	zero derivation	零派生
1	first person	第一人称
2	second person	第二人称
3	third person	第三人称
A/ADJ	adjective	形容词
ABB	abbreviation	缩略语
ABL	ablative	从格
ACT	action verbs	行为动词
ADV	adverbial, adverbs	状语/副词
ADVW	adverbial word	状态词
AG	agentive	施格/作格
ALA	allative	向格
ANP	analogical particle	比拟助词
AP	adjective phrase	形容词短语
AUX	auxiliary verb	助动词
CAU	causative particle	使动助词
CAV	causative verbs	致使动词
CHA	verbs of change	变化动词
CLAU	clause marker	小句标记
COC	co-referential comparative	同类比较格
COG	mental verbs	心理动词
COMP	comparative degree	比较级
CON	contextual aspect	与境体
CONJ	conjunction	连词
COO	coordinate particle	同时助词
COP	complement particle	补语助词
COR	co-ordinator	平列连词
COU	copular verbs	关系动词
CPL	complementizer	补语标记
DAT	dative	与格
DCC	different-category comparative	异类比较格
DEM	demonstrative	指示词
DIR	directional verbs	趋向动词
DUR	durative aspect	持续体
EXC	exclusive	排他格

II 藏语词法和形态

EXI	existential verbs		存在动词
FAT	factitive		结果格
FUT	future tense		动词未来时词形
GEN	genitive		从属格
HOMO	homograph		动词三时同形词
HON	honorific particle		敬语助词/标记
IDI	idiomatic expression		习用语
IMF	imperative form		命令式
IMM	imminent aspect		即行体
IMP	imperative mood word		祈使语气词
IND	indicative mood word		陈述语气词
INS	instrumental		工具格
INT	interrogative word		疑问语气词
INTER	interjection		叹词
ITP	interrelation particle		互动助词
LOC	locative		位格
IVL	in-volition verb		不自主动词
-ly	adverbial mark		副词标记
MER	merely past aspect		方过体
MONS	monosyllable word		音节字
MOOD	mood word		语气词
MORP	mono-morpheme		语素字
N	noun		名词
NAR	narative verbs		述说动词
NEG	negative word		否定/否定词
NMZ	nominalizer		名词化（标记）
NP	noun phrase		名词短语
NUM	numeral		数词
NUP	numeral particle		数量助词
OBJ	objective		对象格
OBL	oblique		旁格/斜格
ONOM	onomatopoeia		拟声词
PAP	pause particle		停顿助词
PEF	perfect aspect		已行体
PER	perceptive verbs		感知动词
PHR	phrase		短语
-pl	plural		复数标记
POS	possessive		领有格
PP	postposition		后置词

PRM	premeditated aspect	待行体
PRO	prospective aspect	将行体
PRON	pronoun	代词
PRS	present tense	动词现在时词形
PRT	(syntactic) particle	句法助词
PST	past tense	动词过去时词形
Q	quantifier	量词
REDUP	reduplication	重叠
REA	realis aspect	实现体
REC	reciprocal	互动格
REL	interactive verbs	互动动词
RST	resultative aspect	结果体
SEQ	sequence particle	顺时助词
-SG	single	单数标记
SOR	subordinator	从属连词
STA	stative verbs	性状动词
SUF	suffix of noun	后缀
TAP	target particle	目的助词
V	verb	动词
VOP	verbs of possession	领有动词
VI	intransitive verb	不及物动词
VT	transitive verb	及物动词
VL	volition verb	自主动词
VOP	verbs of possession	领有动词
VP	verb phrase	动词短语

句子标记方法

  本书采用隔行对照方式标注藏文转写的文本。拉丁转写行中，组成词的音节或语素之间必要时用连接符连接，黏着型形态标记用下划线与词根或者所附音节分开。注释行的语法标记也用下划线与中文注释词分开。

藏文拉丁字母转写对照表

辅音字母

藏文	ཀ	ཁ	ག	ང		ཅ	ཆ	ཇ	ཉ
转写	k	kh	g	ng		c	ch	j	ny
标音	k	kʰ	g	ŋ		tɕ	tɕʰ	dʑ	ȵ
藏文	ཏ	ཐ	ད	ན		པ	ཕ	བ	མ
转写	t	th	d	n		p	ph	b	m
标音	t	tʰ	d	n		p	pʰ	b	m
藏文	ཙ	ཚ	ཛ	ཝ		ཞ	ཟ	འ	ཡ
转写	ts	tsh	dz	w		zh	z	v	y
标音	ts	tsʰ	dz	w		ʑ	z	ɦ	j
藏文	ར	ལ	ཤ	ས		ཧ	ཨ		
转写	r	l	sh	s		h	a		
标音	r	l	ɕ	s		h	(ʔ)a		

元音符号

藏文	ཨ	◌ི	◌ུ	◌ེ	◌ོ	◌ྀ	◌ཱྀ
转写	a	i	u	e	o	·i	·ii

梵源藏文字母

གྷ	དྷ	བྷ	ཛྷ	ཌྷ	ཊ	ཋ	ཌ	ཎ	ཥ
gh	dh	bh	dzh	ddh	tt	tth	dd	nn	ssh

第1章 绪 论

1.1 形态、词法与词库

1.1.1 形态和构词

石定栩先生（2001）为中国读者导读裴吉瑞（Jerome.L.Packard）*The Morphology of Chinese: A Linguistic and Cognitive Approach* 的时候,[①]介绍说这本书书名照理应该译作"汉语形态学"，可偏偏作者本人译作"汉语构词法"。[②]这事儿有点别扭，所以我们就从这个译名说起。

形态学(morphology)术语来自希腊语 Morphē，亦即"形状，形式"的意思，后缀-ology 来自表示学科意思的 logos，合起来 morphology 当然就是研究形式的学科。语言形态学研究和分析词的结构、形式和类别，主要有构形和构词两个领域内容，根据词形变化方式和位置，形成了屈折、派生、重叠、复合，以及语音和词之间的韵律等形态分析的方法和理论。

形态学研究起源于何时不好断言，至少梵文语法学家波你尼(Pāṇini)公元前 4 个世纪已经为梵文形态学总结了很多的规则。[③]不过，morphology 术语的应用直到 19 世纪才出现，德国学者施莱赫尔(August Schleicher)用德语词 morphologie 指称屈折变化与构词两部分研究内容。[④]在此之后，语言学界经历了新语法学派、结构主义学派、生成语法学派、功能语法学派、语法类型学等百余年的交错发展，关于形态和构词的研究越来越精细，也越来越深入。条分缕析甄别下来，morphology 所涵盖的范围基本只是西方语言最为凸显的词形屈折变化和派生造词。至于复合词，尽管西方语

[①] 21 世纪以来，外语教学与研究出版社策划了一套"当代国外语言学与应用语言学文库"丛书，主要引进国外语言学原著，介绍给国内学术界。这套丛书邀请国内知名学者撰写中文导读，石定栩先生撰写了 Packard 的《汉语形态学：语言认知研究法》的导读。

[②] 参看 Packard, Jerome L. 2000. *The morphology of Chinese: A Linguistic and Cognitive Approach*. Beijing: Foreign Language Teaching and Research Press & Cambridge University Press.

[③] 参看 Bloomfield, L., 1929 Review of Liebich, Konkordanz Pāṇini-Candra. *Language*, vol.5: 267–276.

[④] 参看 Aronoff, M., & Fudeman, K. 2011. *What is morphology* (Vol. 8). John Wiley & Sons.

言普遍存在，却是后起的、非主流的词法现象，一旦遇到汉语或藏语这类复合词词法突显的语言，他们仍然会从 morphology 角度加以认识。例如尼格·法波（Nigel Fabb, 1998: 66）在《形态学手册》（*The Handbook of Morphology*）所说：复合词是包含两个或更多词的词。例如马来语 mata-hari“太阳”，由两个词构成，mata“眼睛”，hari“日”。复合词可能受到音韵或者形态加工方法的影响，这个方法可能只用于复合词，也可能还用于其他结构，派生词或者短语。鲍尔（L.Bauer, 2006）更是鲜明指出，构词法（word formation）与其看作形态内容倒不如看作属于句法部分。他还在《语言和语言学百科全书》（*Encyclopedia of Language and Linguistics*，第 2 版，2006）的 word formation 词条指出，构词法这个术语在现代语言学中有歧义，一个用法等同于形态学，专指用词缀和重叠来产生词形，另一个广泛接受的意思指在具体语言中产生新的词项，这个意思显然排除了屈折形态，而前面那个意思排除了复合构词。石定栩（2001）认为，同样是黏着语素，在西方语言中主要参与派生过程，在汉语中则参与复合过程，因此他同意 Packard 的观点和中文书名，“汉语构词法”就是“要反映这一领域中两个分支相互关联而又相对独立的实际状况”。

本书接受 Packard 的观点和术语，因为本书作者认为西方语言和汉语差不多算是形态或词法上的两个极，而藏语则居于中间状态。无论历时和共时上，藏语的屈折形态和派生形态都十分丰富，复合词形更是现代主流发展趋势。对藏语而言，可以说，把 morphology 译作形态学也好，译作构词法也罢，都只是反映这个概念的复杂和认识的角度不同。当然，语言本身的差异对概念的定型有一定影响，特别是，形态或构词相比句法和语言其他研究领域在呈现形式上更具特性而不是共性，不同语言有不同的词形，承担不同的语法功能，就好像它们之间文字形式上表现的差异（如果有）一样。

这本书讨论藏语词法或形态。虽然理论上构词和构形可作一定区分，但在藏语的实践中，二者经常无需区分或者难以区分。例如，རྩོམ་པ་(rtsom pa)可以理解为抽象名词“著述”，由动词 རྩོམ་(rtsom)“写作”与名词化词缀 པ་(-pa)构成；不过，这个词也可理解为具体名词“文章，著作”。前者显然是通过名词化后缀转类派生，构成名词，自指写作行为本身，属于构形。而后者不仅发生语法转类，而且词义也有变化，表示与动作有关的事物。这类现象在英语中被称为构词变换（conversion），如果纳入派生范畴，又称为零派生（zero derivation）或功能转移（functional shift），例如 write(V, 写)与 writer(N, 作家)，cheat(V, 欺骗)与 cheatØ(N, 骗子)，二者平行。

因此，词义变化的 རྩོམ་པ་(rtsom pa) "文章" 中，པ་(-pa) 又是构词词缀。由此可见，藏语词法上构形与构词未必有清晰的界限，本书讨论中不刻意加以区分。

1.1.2 词库和词法的方方面面

无论何种语言，一定存在基本词汇单位（词项）和组织词汇单位的方法，即所谓词法和句法，这是语言的共性。根据这样的观点，首先可以将词项归入词库研究范畴，词库中所包含的全部词项（lexem）集合相当于人所记忆的全部词项，即所谓心理词库（mental lexicon）。心理词库包含的词语数量对个体来说无法度量，个体之间存在极大的差异，而心理词库对全体本族语言使用者虽然也很难有具体统计数据，但可以通过个体表达的累加予以衡量或量度，这种量度表现为人们所记录的词典、词表（甚或文集和全部作品）。词典或词表是本族语言使用者心理词库的外显形式，甚至是心理词库近似的对应列表（董秀芳，2004）。为了叙述方便，我们将具体语言研究中的词典或词表都简单地比拟为心理词库，或直接称为词库。此处，词项概念有时候基本等同于传统词典的词条（entries），故全书行文中也可以使用词条这个术语。

术语"词库"是形式语法提出的，指人的心理词典，具体操作上指一个语言的全部词汇或词典系统，也称为词汇总藏（inventory），该观念现已被普遍接受。而词法则指研究词的结构与形式，包括传统屈折形态学和派生、重叠、复合等构词法。

词法研究的材料可以来源于词库，词法研究的内容则是词项材料表现的规则和形式，也称为词库单位之间的结合关系。词法研究的范围一般不超出词的构造边界范围，但究竟什么是词的构造边界范围需要根据各语言特点摸索。超出词的构造边界范围就跨越到了词的句法功能或语用功能，在这个意义上说，屈折形态往往涉及句法，表达词与词、短语与短语之间的关系，可以排除在词法研究范围之外。然而，屈折形态的负载形式仍然来自词库，它的形式变化未超出构词范围，所以也应该属于词法研究范畴。词法的目的是利用构词规则从词库材料生成更丰富的表达单位，这样的单位应该具有丰富的多样性，才能使得表达更精彩、更独特、更适用。这个目的反过来对词库的词项有相当反作用，词库的形成很可能与这个应用目的分不开。也就是说，词库所包含的词项本身就必然是一种多元性的集合，像个"大杂烩"。事实上，我们所知道的各种语言都存在差异程度不等的多样性词库词项，形式上的差异可能表现为词项长度的不同、语素数量的多寡、词形面貌的同异、韵律结构的差别、语义概括力的高低等等。不同的词库词项采用不同的词法组织方式才可能造成适合本族语言的表达和创造性个性表达。

词项形式的差异应该是最值得注意的特征,因为形式差异往往就是功能差异的体现。从词法结构形式看,单音节语素是最简单形式,但对某些语言而言却不一定是最基本形式。英语的单音节词项数量并不多,虽然可能大多数是日常表达的核心词项,但未必是最能产词项。古代汉语的单音节词项在现代有相当部分已失去独立成词活力,双音节词已占据优势。藏语词类的分别更具特色,动词历史上长期以单音节词为主,近代书面语则逐渐丧失绝对数量主体地位,开始朝三音节词发展,而名词无论派生形式还是复合形式,都以双音节为主体,单音节词较少。

词的音节形式还受到韵律节奏的强烈制约,根据韵律词法学(prosodic morphology),韵律词法学假定构词的模版和界线是依据词汇韵律形成的,必须遵循优选的韵律构词需求(John J.McCarthy & Alan S.Prince, 1998)。例如有学者认为,汉语的韵律词法以音步为基准,双音步词属于标准音步词,因此是主流形式,单音步词是蜕化音步,三音步词是超韵律词,都不是标准韵律词,需要采用其他方法补足音步上的缺陷(冯胜利,1997),因而不是最普遍的形式。

词库词项的多元性还表现在非常规音节形式,① 例如感叹词或应诺词项多半采用单纯元音表达,而部分纯语法语素可能采用黏附式辅音表达。英语常规复数形式是-s,古藏语的部分使动动词就利用 s-辅音前缀表示,无论元音还是辅音非常规形式都有其形成的渊源。

词库中的词项是否可做句法功能的分类,这个问题目前尚未获得理论解决,也没有确切的标准予以划类。譬如,某个语言是否区分动词和形容词,是否区分形容词和副词,分类的标准似乎因语言而异。我们认为,词项进入词库带有词法和句法先天性,即词项是带着语言应用的词法-句法功能和语用特征的性质进入词库的,相同或相似的词项在词库中聚集,它们的词法-句法和语用性质促使它们形成聚类,以区别于其他聚类。当然,词项的句法功能和语用特征跟它们的内在意义有密切关系,语义是它们获得相同或相似功能和特征的基础。

---

① 江荻等提出人类语言的词形韵律结构以辅元音音段(CV)为基础形式。参看:江荻、康才畯、燕海雄 2014 词形结构进化与世界语言的多样性,《科学通报》59(21): 2084-2090。

对于词库词汇聚类的讨论还涉及数量问题。名词、动词、形容词（如果存在）往往被归到开放类，即数量很大、能产性很强的词类；指代词、副词、附置词可能就归入封闭类，似乎这些词既数量少又缺乏能产性。这样的划分很可能过于主观，以藏语副词为例，原型性简单副词的确不多，但复合副词和派生副词处于较强的扩张状态，产生方式灵活，形成一个相对大的开放类。很多其他语言的副词也有着类似的特征。

语言的表达是随着社会发展而丰富的，那么语言材料及其组织方式也必然随着社会表达需求而发生变化。在一定的时期，人们一定会发现某些组织方式受到制约，某些组织方式已趋濒危，而另一些则欣欣向荣，构词能力超强。有些构词方式适应面强，具有能产性，有些构词方式所需材料（因语音变化）逐渐消失，剩余的固化在少量成语、谚语、惯用语之中。在这个意义上说，词库所装载的词项是动态的，它与词法相辅相承。词法构词方式的变化必然影响词库的规模和装载内容，以藏语动词为例，当早期藏语单音节动词遵守有规律的所谓“三时一式”变化规则时，进入词库的形式只是该动词的原形形式，而随着语音变化的发生，“三时一式”遭到破坏，类推规则失效，仍然保留“三时一式”或其他残留形式的动词的不同形式都必须进入词库，扩展了词库的容量。反过来，词库词项的存在也导致词法规则的应用，即所谓阻断效应（blocking effect）。例如英语词法可以根据规则产生 do 的过去式形式*doed（星号表示推测形式或构拟形式），但事实上没有这样的形式，因为英语词库中存在 did 形式，表达相同的语法功能，这个形式阻断了规则形式*doed 的产生。藏族历史上与汉族有很多交流来往，汉族表示指小意义的词汇经常采用独立词根表示。例如“马”：“（马）驹”；“牛”：“（牛）犊”。而藏族词汇表达指小的方法是添加指小词缀 བུ་ /གུ་ /འུ་(bu, gu, -(v)u)，其中 འུ་(-(v)u)是一个元音结构的语素词缀（འ་(v)只是书写形式辅音符号，实际并不发音），在不同语音环境有不同变体，大致上按照前一音节的韵尾条件有三种形式。前一音节为 ང་ /མ་ ན་ /ར་ /ལ་ /ས་(-ng、-m、-n、-r、-l、-s)等韵尾，则指小语素用 བུ་(bu)词缀，前一音节为 ག་(-g)或者不带韵尾，指小语素用 གུ་(gu)词缀。但是这个原则并非绝对严格，有时候会有例外，而且大多数表示生命物的语素如果不带辅音韵尾，词缀往往使用元音形式 འུ་(-vu)。例如 རྟ་(rta)“马”：རྟའུ་(rtavu)“驹”；བ་(ba)“（黄）牛”：བེའུ་(bevu)“犊”(e 是 a 的音变)。由于该构词方法的存在，即使藏民族受到周边民族语言影响也未必产生新的词项。

总起来说，藏语词库与词法的研究是相互关联的，它们共同构成了一种语言的词库（也称词汇总藏）和词汇知识。本书研究藏语词库与词法就是在这样的背景下展开的。不过，在藏语现有的研究状况下，本书对藏语词库和词法的研究基本是一种描写性的陈述，把藏语词项的结构和形式摆出来，用一种简单分类的方法归纳其中的一些特点。对于藏语词库和词法中具有理论性的问题不做深入探究，例如能产性问题、词汇化问题等等。

1.1.3　词库与语素的特质

语言表达的几种支撑条件是语音、词库-词法和句法，此外还有韵律规则。

上文说过，词库通常就是该语言的基本词汇。由于一般认为词汇存储于人的记忆中，称为心理词汇。心理词汇的词项通常都是意义与语音形式任意结合形成的单位，某个意思读哪种音，哪种音表达何种意思是不可预测的，所以学者称这样的词项是具有特异性的词项，它们在母语习得中逐渐积累，好像被逐个放入记忆仓库，构成了生成语法学所称的词库。

人类的心理记忆量有一定的限度，过多的词项进入词库会导致记忆的负担，这一点在第二语言习得研究中有较多论述。为此，人们还具有一种生成词项的能力，即运用规则把词库中的词项作为材料生成更复杂和更多的词项，这种成词规则称为词法。词法生成的词项可能只是临时的，就像句法生成的句子往往是独立特行的，可能被人遗忘。但也有部分词法生成的词项会进入基本词库的外围，被部分人记住并且模仿使用和传播，这个外围词库可以称作动态词库，是相对基本词汇的稳态词库而言的。词法是一套规则，随语言类型而有差异。英语是词缀较为发达的语言，基本词库中包含了大量不同类型词缀，也产生了强有力的词缀构词的词法规则。而在某些语言中，不同词法规则有构词能力强弱的差别，汉语缺少典型活跃的词缀，派生式词法不发达，而依赖词根合成的复合式词法异常强大。藏语有一定数量的派生词缀，因此也形成功能较强的派生词法规则，但藏语跟汉语一样，词法规则主要还是词根合成产生复合词。由此来看，语言的性质和语言的类型决定了语言的词法功能。

说到词根和词缀，由于差不多整个东亚语言都是单音节语言单位作为载义单位，而同时又是以复合词表义为主的语言，因此，词根和词缀只是完整表义单元的构成部分，即所谓语素。一般来说，语素只不过是集语音、语义、语法性质在内的最小语法单位，但是，包括藏语在内的东亚语言有一个形式不同于其他多音节语言的特质，即单音节性。这种性质导致语素呈现语法性质的跨层次性，即语素可以组合成词也可以直接成词，也就是既是句法层面的单位也是词法层面的单位。对于词库而言，也造成不同的格局，词典可能既要收入语素也要收入包含该语素的词项。因此本书讨论藏语的语素分类必须考虑语素跨出词法的功能。直接进入句法层面的词库词项通常都是基本词汇词和语法词，词汇词一般比较单纯，词性和词义都比较确定，而语法词往往比较复杂，一词多义或一词多性，乃至一词多形现象时常发生，是句法研究的重点。这些性质都与词库有密切关系。

那么，究竟哪些单位适宜放入词库，这与词法分析方法适用语言的语言性质相关。明确地说，不同的语言有不同的词库成员选择性。就藏语来说，首先需要确定藏语词法研究的对象，特别是藏语语素的性质。下面我们先针对语素的一般界定加以讨论。

董秀芳（2004）曾归纳了国外关于语素的三种理论界定，我们结合藏语语素的性质加以讨论。

（1）欧洲结构主义观点认为（叶姆斯列夫，1963；马丁内，1960；马修斯，2000）：语素是最小的具有意义的语言单位。董秀芳（2004）认为以往的汉语语素基本以此标准来确定，但仍然有例外，例如“但是，可是”的“是”没有词内意义。

（2）第二种观点认为，语素是构词过程中的参与者（Aronoff, 1976）。这种观点解决了无意义语音片段进入语素的问题。汉语中某些称为中缀的成分也由此可以获得语素地位，例如“傻里傻气”，“糊里糊涂”的这个“里”。

（3）第三种是美国结构主义观点，认为语素是呈互补分布的语素变体的集合（Bloomfield（布龙菲尔德，1933）；Nida（奈达），1946；Harris（哈里斯），1978），后来生成语法学派也采用了这个观点。

当然，不同时期存在不同的观点和定义，除以上外，还有一些其他观点。其中值得注意的是语素的心理因素观点，Andrew Spencer 和 Arnold Zwicky 主编的《形态学手册》（*Handbook of Morphology*（1998））有好几章都涉及这个问题，可见心理要素之重要。最早的语素心理观点可以上溯至 19 世纪的博杜恩（Baudouin de Courtenay），他把音位看作心理上与语音等价的事物（陈重业，1981），把词根、词缀和屈折形式并入单一自然类，即语素，认为语素是以语音为外衣的最简单的心理语言成分。在上文中我们已经指出，藏语单音节性音节是一种心理与生理协调构成的语言单位，如果某个形式进入了语言，它一定有存在的理由，它会在本族语者心理上留下印记。为此，第一种观点应有所修改，因为音义（或形）两方面经常有特例，或者有音无义，或者无音有义。藏语复合数词中的所谓垫音音素，例如 སུམ་ཅུ་སོ་གཅིག་ (sum cu so gcig)中的 སོ་ (so)“三十一”，连词 ཡིན་ནའི་

(yin navi)"但是，虽然"，或汉语"但是"都有这种特点，这类现象还比较普遍。无音有义现象比较罕见，也未必没有，例如系统看问题时，各种零形式经常都没有音，对应英语复数-s 的单数形式就没有音的形式。这样看问题有点绝对，但可以找到这类现象。持这个观点与第二种定义有关，如果能参与构词的要素都是语素，那么就有穷尽语素的要求，无论这个要素有音还是无音，有义还是无义。第二个定义还确定了语素的基本层次，那么第一个定义中的"最小"概念应该属于这个层次。否则最小语言单位可以出现在更低的音系层次。第三种观点恐怕不仅仅是同义异形语素的分布问题，例如英语-s、-es、-ies 属于同一语素的变体，而且异义异形的语素在更大的范围内也是互补分布的变体集合，例如拉丁语的主格、宾格、属格、与格、夺格等具体形式各不相同，意义有别，但在格的范畴概念下，各个形式是互补分布的，且又构成一个格范畴标记总的集合。把这个观念推而广之，任何语素的出现都是互补分布，只是分布条件不能只用单纯的语言单位线性分布来理解。这样的观点进一步支持了上文对第二种观点的阐述，即任何进入语言的语素都是合理的，都有自身的功能和价值。我们所需要做的无非是给它们分类，给它们定名，解释它们的功能和作用，厘清它们与其他语素的关系。

以上讨论归结起来可以得到一个新的关于语素的定义，凡进入词库或进入构词过程并承担词汇或句法功能的语音片段都可称为语素。这个定义是否可行，我们可以以藏语这类单音节性质为重的语言加以检验，本章第1.2 节将继续讨论这个问题。

不过，词法的操作还应该考虑韵律特征。韵律本是语音层面的概念，但词的构成一定是通过语音形式来表达，一定要符合语音韵律的规则和模式。这个时候的韵律语音现象已经成为具体语言的音系单位。目前学界倡导的韵律词（prosodic word）概念界定了语音与词法或句法的界面问题，这也是研究词法应予以关注的角度。

从操作角度看，词库也可理解为人们收集的词表、词典，这样的词表收入的词项或其他非词的单位要遵循具体语言的特征，也要符合构建词表的目的和所确定的收录原则。

1.2　词库和词法的基本特征

1.2.1　语素的基本类别和分类

现代藏语的词法模式主要是复合法，但派生词也占有一定的比例且具有独特的词法特点。复合词与派生词是现代藏语的主体词汇。至于重叠、屈折等方法构成的词只占很少一部分，能产能力较小。

本节讨论藏语语素分类，主要涉及藏语构词的基本语素及各语素的相关性质。鉴于藏语派生词和复合词（主要指名词）绝大多数为双音节形式，因此本书汇集的材料以单音节词根附加词缀和词根加词根为主要讨论对象，所使用的语料来自《藏汉对照拉萨口语词典》，并参考了《藏汉大辞典》《汉藏对照词典》《藏汉词典》《藏语敬语词典》等多部辞书，包括短语在内，总量约 15 万条。

藏语语素首先可分为词汇语素与语法语素，语法语素包括词缀语素（构词用词缀）和句法语素（句法虚词），[①] 所有语法语素都是黏着的。结构上看，语法语素通常具有较强的定位性，出现位置固定；语义上看，句法语素最重要的功能是构成句法关系，词缀语素则主要表现某些确定的词法意义。词汇语素分为自由语素和黏着语素，自由语素可以单独成词，例如 ཟ་འཐུང་ (za vthung)饮食，其中每个语素都可自由运用：ཟ་ཁང་ (za khang)食堂，ཟ་རྒྱུ་ (za rgyu)食物，ཤ་ཟ་ (sha za) 肉食者，肉食动物（此例可能来自 ཤ་ཟན་ (sha zan)）；འཐུང་རྒྱུ་ (vthung rgyu)饮料，འཐོར་འཐུང་ (vthor vthung)喷洒。黏着语素不能单独成词，例如 དགེ་མཚན་ (dge mtshan)优点，དགེ་ཕྲུག་ (dge phrug)徒弟，其中 དགེ་ (dge)“善”不能独立成词。至于准黏着语素是基于这样的假设：假定古代藏语以单语素作为成词语素为主，部分语素在历史中逐渐丧失单独成词功能，或者某些语素衍生出新的意义或语类，但应用环境限制较大，单独成词需要一定条件，获得这些条件后才能独立承担句法功能。准黏着语素与黏着语素的不同之处在于它在一定条件下能够复原原来的功能或生成新的功能，而黏着语素则任何情况下都不能独立成词。例如语素 རྩིས་ (rtsis)本义为“计数，算术”，作“打算，意图，计划”义的用法很有限，只出现在少量复合词中，有些还带有明显的本义含义，例如 ལྐོག་རྩིས་ (lkog rtsis)暗算>暗中盘算，ཁོག་རྩིས་ (khog rtsis)心算>打主意，ཕུགས་རྩིས་ (phugs rtsis)长期打算，远谋，作为动词使用则需要添加动词语素构成复合词，例如 ཁོག་རྩིས་རྒྱག་

---

① Packard, J. L. 2000 关于汉语语素分类方案在藏语语素分析中有一定的适应性，我们采纳了该框架，并根据藏语情况做了局部修改。请参考本节图 1.1。

(khog rtsis rgyag)图谋， རང་རྩིས་རྒྱག་ (rang rtsis rgyag)筹划，打小算盘， རྩིས་འདེབས་ (rtsis vdebs)估量，打算。但是，当 རྩིས་ (rtsis)出现在动词之后时则可以独立作为谓语动词，例如：

1-1 ད་རེས་ བོད་ ལ་ ཟླ་བ་ག་ཚོད་ བཞུགས་རྩིས་ ཡོད།
da-res bod_la zla-ba ga-tshod bzhugs rtsis_yod .
这次 西藏_LOC 月 多久 住 打算_ASP
这次打算在西藏住几个月？

1-2 གུང་སངས་གཏོང་དུས་ ག་པར་ག་པར་ འགྲོ་རྩིས་ ཡོད།
gung-sangs -gtong dus ga- par ga -pa_r vgro rtsis_yod .
假期 放 时 哪里_ALA 去 打算_ASP
放假时，计划到哪里去？

1-3 སློབ་དུས་རྗེས་མ་དེར་བོད་ ཀྱི་ ལོ་རྒྱུས་འཁྲི་ རྩིས་ ཡོད།
slob dus rjes ma der bod_kyi lo-rgyus vkhri rtsis_yod .
下学期 西藏_GEN 历史 教 打算_ASP
下学期我计划教西藏历史。

显然，རྩིས་ (rtsis)作为“打算，计划”义成词语素的条件是分布在动作动词之后，这在现代拉萨话中特别明显。

图 1.1 是现代藏语语素的基本类型，在词根加词根的复合构词法之外，本书所讨论的派生构词法涉及各类词汇语素以及语法语素中的词缀语素。藏语派生名词由词汇语素加词缀语素构成，前者包括能独立成词的语素、不能独立成词的语素，以及在一定条件下才能成词的语素，词法结构上可称为词根，后者类别较多，性质复杂，有能产的也有非能产的，但都是黏着型语素，结构上称为词缀。

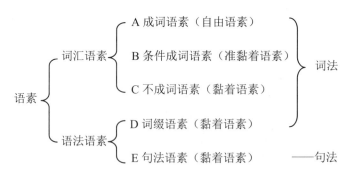

图 1.1 现代藏语的语素分类

藏语语素分类还需要结合词根的词性类别来讨论，对于不同词类的词根，添加词缀的意义并不一样。有些词缀仅仅辅助词根构成独立运用的完整单位，有些词缀则协助构成新词。为此，我们借用 Packard（2000）关于完形词（gestal word）的概念来说明藏语构词现象。所谓完形词指语法功能上能独立运用的最小句法单位，心理上属于能够进入人们记忆体系的完整单位。

单音节动词词根基本都是自由语素，可独立成词，也直接构成完形动词；单音节名词词根中有一部分是自由语素，可独立应用，属完形名词，但也有相当部分是黏着语素，不能独立成词，需要添加词缀构成新词或者完形名词；单音节形容词词根大多是准黏着语素，仅在特定条件下才可以独立运用，一般需要添加词缀才能构成独立应用的完形形容词。①

动词词根作为完形词有两类添加词缀的需求:构成动作或状态的事物概念（王冬梅，2005），也就是所谓自指，称为名词化；构成与动作相关的事物（朱德熙，1980），即所谓转指。名词完形词一般只有通过转指构成新词的需求，而非完形名词（黏着型名词词根）则首先需要获得自身语法上的完整地位，即完形化，其次才是构成与自身事物概念相关的新词，当然这两个需求可以在同一过程中完成（参看第 3 章）。单音节完形形容词极少，大多数形容词词根都需要添加词缀构成完形词，取得独立运用的身份（参看第 7 章）。可以说，藏语词汇语素这种特殊的状况，以及其他语法上的因素导致藏语派生词缀呈现非常复杂的面貌。

按照藏语传统研究观点，藏语的黏着语素 པ་、བ་、པོ་、བོ་、མ་、མོ་ (pa、ba、po、bo、ma、mo)等都是典型的词缀，添加在名词、动词、形容词词根之后，具有指人、指物、表属性或者区分性别等等意义（金鹏，1983；胡坦，2002a：428－453）。不过，现代藏语中还有相当部分语素语义上出现程度不等的虚化现象，语法上也由于分布位置固定而逐渐语法化，它们或者已进入词缀范围，形成新型的词缀，或者取得了类词缀的地位，游离在词根语素与词缀语素之间。例如，མཁན་ (mkhan)指人，བུ་ (bu)指小，ལྡན་ (ldan)指事物属性等。

鉴于藏语词缀语素或类词缀语素的词法和意义所具有的不确定性，迄今人们尚未进行完整的描写和分类探索，致使藏语词缀研究长期处于混沌状态。究竟怎样给词缀语素分类？怎样确定词缀语素的词法意义？名词、

---

① 藏语形容词的构词涉及所谓比较级、重叠、并列、对举等等问题。

动词、形容词以及其他词类的词缀构成有哪些差别？这些都是研究藏语词法需要探索的问题。

1.2.2　单音节语素作为构词的基本单位

藏语最基本的语法单位是单音节词或语素，大致上每个单音节词都有意义。

这里采用的"单音节词"是一个很特别的描述术语。世界语言中，有些语言的语素基本用单音节语音形式表达，有些则主要用多音节形式表达。说"单音节词"主要指东亚部分语言中的单音节凸显型语言所具有的特征，关于这个概念我们在下文详细讨论，这里先指出，这类语言主要有汉语、藏语、缅语、彝语等地理分布面积广大的语言，也是发生学上属于汉藏语系的语言，包括汉语及其方言、藏缅语等。①另一个意思指这类语言的构词单位语音上表现为一个一个的音节，我们可以把这个语法描述上和语音描述上的两个单位看作是一种实现关系，即一个音节相当于一个词，所以，在非严格意义上或比拟意义上，我们甚至可以说音节是词的直接构成成分。

单音节词是就词的形式特点而言的。但是却有着理论上的基础。这个观点来自语言单位扁平化概念（江荻，2013b）。扁平化仅指东亚语言单音节词形条件下，词形与音节单位的一致性，其中无论是单辅音声母音节（SYL-CV）还是复辅音声母音节（SYL-CCV），最终都与词形（WS）单位一致，所有语音形式都压缩在一个平面，体现为词或语素，即语音单位和语法单位并合到同一层面。这种现象可称为语言单位的扁平化。

以汉语为例，图 1.2 的 C 和 V 表示辅音和元音，按照中国传统音韵学观点，C 表示声母，V 表示韵母。SYL 表示由辅音和元音或者声母和韵母构成的音节，一个 SYL 由一对辅音和元音或者一对声母和韵母组成。根据西方学界普遍观点，音节由音素构成，音素处在包括辅音、元音和韵素（重音、音高等韵律要素）的语音层面，而音节却是介于音素和词之间难以定义或未曾定义的结构单位。从心理语言学来看，多项实验支持英语等多音节语言的语音表征单元是元辅音音素，音素组合实现为语法层面的

---

① 学界对汉藏语的分类范围有不同的认识，一派认为汉藏语指汉语、藏缅语、苗瑶语、侗台语（李方桂、罗常培），一派认为汉藏语仅包含汉语和藏缅语（本尼迪克特、马提索夫）。近年，一种新的观点认为汉藏语系可以称为华澳语系，包含汉语、藏缅语、苗瑶语、侗台语、南岛语、南亚语等（沙加尔、邢公畹、郑张尚芳）。请参考孙宏开、江荻 1999 汉藏语言系属分类之争及其源流，《当代语言学》第 2 期。

词。而单音节的汉语实验则支持音节作为语音编码的整体表征单元（杨玉芳，1987；江荻，2002；张清芳、杨玉芳，2005）。这就意味着汉语的词可以由音节编码单元直接实现，无需音素临场组合心理操作过程。[①]比较双音节词形和单音节词形，汉语的单音节词实际是音节与音素并层，并可进一步看成词形与音节并层。显然，汉语的词或语素是相当典型的扁平化语言单位。

图 1.2　音素、音节、语素、词并层的扁平化示意图

跟汉语相似，藏语单音节作为语素几乎达到了极致，差不多所有音节都可充当语素。我们分析了《藏汉对照拉萨口语词典》的所有 3 万余条词语，获得 2826 个不同的音节。其中意义不明音节仅 23 项，可见音节跟语素（词）重合已达到何种程度。

以下简单观察音节与词或语素一体的各种词汇单位及其语义类型。有些单音节语素的意义很明确，表示客观世界的一种事物或一类事物，也可能表示一种动作或事物的一种性质；有些意义只表示事物之间的关系或词语之间的语法意义（读音为拉萨话）。例如：

藏文	转写	读音	词类		藏文	转写	读音	词类	
ཆུ	chu	tɕʰu^{54}	名	水	གོ	go	ko^{12}	动	听见
སུ	su	su^{54}	代	谁	དྲོད	drod	tʂøʔ^{132}	形	热
ཐིའུ	thivu	tʰiu^{54}	名	花苞	ཡའི	yavi	jɛ^{12}	副	也
ཉ	nya	ɳa^{12}	名	鱼	པས	pas	pɛ^{54}	语气	吗
ན	na	na^{12}	动	病	ལ	la	lɜ^{12}	格标记	位格
ཟ	za	sa^{12}	动	吃	གི	gi	kɛ^{12}	格标记	属格

① 江荻等曾以计算机键盘输入方法说明英语输入和汉语输入之间的差异所反映的这个心理过程。参看：江荻，董颖红 1994 中文输入法的误区及走出误区的思考，《语文建设》第 6 期。

藏语没有意义的音节或者说不清意义的音节也是有的，但数量极少。འུ་ཟུབ་(vu zub)萎靡不振，འུ་ཟུབ་པོ་(vu zub po)郁闷，其中ཟུབ་(zub)有耗损，磨灭的意思，但这是个古词用法，而与之搭配的音节འུ་(vu)则意义不明。

再如拉萨话དུག་ལོག་(dug log)衣服，各语素的意义也不容易确定，དུག(dug)词义之一是“毒”，显然跟དུག་ལོག་(dug log)所含语素དུག་(dug)无关。另一个意思是“破旧（拉萨）”，例如དུག་པ་(dug pa)破旧衣服，དུག་པོ་(dug po)褴褛衣衫。从复合词དུག་ཚལ་[[dug]破[tshal]布片]破衣服（拉萨）可知，དུག་(dug)含有“破、旧”之义。可是，དུག་ལོག་(dug log)怎么会从“破旧衣服”转义为无贬义的“衣服”义呢？根据藏语音变规则，我们发现另一个词形与此相关，即སྡུག་པོ་(sdug po)破的，坏的，例如སྡུག་སེམས་[[sdug]$_{ADJ}$坏[sems]$_{N}$心思]坏心肠，སྡུག་རུལ་[[sdug]$_{ADJ}$破[rul]$_{ADJ}$烂]破烂，གྱོན་པ་སྡུག་རུལ་[[gyon pa]$_{N}$衣服[sdug rul]$_{ADJ}$破烂]破衣（《藏汉大辞典》）。由此可知，དུག་ལོག་(dug log)之དུག་(dug)语素跟“破旧”义无关。另一个值得关注的现象是，拉萨话跟文字和其他方言表达“衣服”义的词不一致དུག་ལོག་(dug log)在《藏汉大辞典》中标为方言词），文字上一般用གོས་(gos)这个词，而གོས་(gos)与动词གོན་/གྱོན་(gon/gyon)“穿”有关，二者韵尾正是动名转换的古老后缀形式（参看第9章）。由于གོན་(gon)已无词形变化记录，我们猜想可能是完成式形式，表示“穿着的东西（物体）”或“能穿的东西”，即动词的指称化和名词化，用来表示“衣服”符合藏语词源规则。至于ལོག་(log)拉萨话是动词“逆转”之义，应与此无关（《藏汉大辞典》记载另一词སློག(slog)为“翻转”“皮衣”之义）。为此，我们判断དུག་ལོག(dug log)是来源不明之词，由多音节构成。不过，该词可以以整体形式构成其他复合词，例如དུག་ལོག་གོན་[[dug log] gon]穿衣服，དུག་ལོག་བཟོ་[[dug log] bzo]缝衣服。

从以上案例分析我们看到藏语音节和语素之间存在复杂的关系，有些语素还涉及音节的音变现象。例如བཀྲེན་པ་(bkren pa)“贫困”来自形容词བཀྲེས་པ་(bkres pa)饥饿，贫穷，韵尾ན་(-n)在古藏文中具有名词化作用，与ས་(-s)有交替关系。该词法现象不完善（参看第9章），故不一定表示词性的变化。

纯粹的音变产生的读音变化现象也有，例如གེན་ལོག་བྱེད་(gen log byed)“早饭，反叛”来自གྱེན་ལོག་བྱེད་(gyen log byed)，第一个音节发生音变。

还有一些特殊的结构形式，包括所谓重叠、半重叠、交替重叠形式，其中的音变很难用形态方法解释。例如：

ཚབ་ཚོབ་ (tsab tsob) 匆忙，慌张

ཚབ་ཚབ་ (tsab tsab) 忙乱，慌张

ཚབ་བེ་ཚུབ་བེ་ (tsab be tsub be) 匆忙，慌乱

这类形式是状貌词，属于表现形态词汇。参看第 7 章讨论。

继续讨论之前，本书约定：全书所讨论现象基本以书面藏语形式为准，必要时会联系现代口语读音加以说明。例如现代藏语拉萨话已经没有任何复辅音声母或者带前缀音的声母，但对于书面语的叙述，我们仍然讨论前置辅音和前缀辅音，下面是较为典型的一例。

藏语音节构成中有一些通过对比可以切分出来的非音节音素，例如表 1.1 的案例。

表 1.1　非音节性黏着性前缀

自动词		使动词		分解使动成分	词干
གོ་(go)	感染	སྒོ་(sgo)	使传染	s-go	go
གྲིམ་(grim)	紧	སྒྲིམ་(sgrim)	搓紧	s-grim	grim
གྲུག་(grug)	破碎	སྒྲུག་(sgrug)	砸碎	s-grug	grug
འགྱུར་(vgyur)	变化	སྒྱུར་(sgyur)	改变	s-gyur	vgyur

左栏的词意思上表示事物自身发生了变化，称为自动动词，右栏的词意义上有使动的意思，称为使动动词。可是我们看到这两组词形式只有些微差异，使动动词好像是在自动动词前面添加了一个 ས་(s-)，这个 ས་(s-)称为前缀，是表示使动语法意义的词缀。形式上，ས་(s-)并不是一个音节，而是黏着在基本词根或词干之上的辅音音素。①所以，我们知道，藏语中还有非音节性音素构词单位。

表 1.2 这些例词代表藏语的另一类非音节性单位。

表 1.2　非音节性黏着性后缀

名词带黏着格标记	分解形式		名词带黏着格标记	分解形式	
ལུག་རྫིས་(lug rdzis)	lug rdzi-s	牧童+施格	ཀོ་བས་ (ko bas)	ko ba-s	牛皮+工具格
ང་ཚོར་(nga tshor)	nga tsho-r	我们+领有格	སུར་ (sur)	su-r	谁+与格
ཕ་མའི་(pha mavi)	pha ma-vi	父母+属格	བུའི་ (buvi)	bu-vi	儿子+属格

① 这种辅音音素词源上仍然来自音节。沃尔芬登（Wolfendern 1929）在《藏缅语形态学》中指出（P12）：有证据表明，前缀要素来源于元音脱落，造成词根声母前直接出现辅音前缀。黄树先（2001）也专门论述了复辅音形成于元音脱落的机制。

书面上，ལུག་རྫི་(lug rdzi)“牧童”的后一个音节上黏附了一个-ས་(-s)，这个-ས་(-s)是藏语施格的标记，在现代方言读音上已经脱落，但是可能对词根元音读音造成一定影响，其功能表示动作由牧童发出。再如ངས་ཕྱིན་གོ་(ngas phyin go).我去吧，实际读音是/ŋɛʔ^{12} tɕhĩ^{53}ko/，其中[ŋa^{12}]→[ŋɛ^{12}]。黏着性属格标记-འི་(-vi)是音节性的（v 是不发音的书面符号），添加在词尾不带辅音韵尾的词根上也发生语音变化，例如སུའི་དཔེ་ཆ་(suvi dpe cha)谁的书，实际读音是/sy^{55} pe^{55}tɕha^{53}/，[su^{55}]→[sy^{55}]。ང་ཚོ་(nga tsho)“我们”第二个音节上添加(-r)，这个辅音性音素是领有格标记，表示主语带获得类动词，读音是[ŋa^{12}tshø^{53}]。

很明显，表 1.2 的黏着单位并非语言上的现象，而是文字拼写规则引起的书面文本现象，从拉萨话标音可以看出来。从本质上说，即使是书面语言，这些黏着形式也不是词缀，是句法单位，即词格标记。但是，像-ས་、-ར་(-s、-r)这样的句法单位，仍然是非音节性的，且书面形式上与词根关联在一起，也可以归入需要讨论的非音节性单位。[①]例如：

1-4 རྒད་པོས་བུའི་རྐུབ་ལ་རྡོག་རྒྱག་བཞུས།

rgad-po_s bu_vi rkub_la rdog-rgyag-bzhus .

老人_AG 儿子_GEN 臀_OBJ 踢(腿) (PST)

老头给儿子的屁股上踢了一脚。

藏语黏着性语法标记大多都有多种书面语变体形式，[②]施格/工具格-s 的独立音节形式是 གིས་ (gis)，领有格/与格/位格等的标记-ར་(-r)的独立音节形式是 ལ་ (la)，属格标记-འི་ (-vi)的独立音节形式是 གི་ (gi)，这些独立音节及其变体在部分副词、连词、复合词中也是构词语素。关于黏着性标记及各类变体的使用条件可参看周季文、谢后芳（2003），格桑居冕（2004）等相关论著。

非音节成分黏着在音节上有时候不容易切分出来，似乎是音节的一个音素。例如 གྲིས་རྨོ་མེས་འདེབས་(gris rmo mes vdebs)刀耕火种，意思是用刀（gri 刀+-s）、用火（me 火+-s）耕种。

外来语借词深入藏语中成为构词成分。例如音节 ཀྲིན་(krin)，表示“筒，罐头”意思，可以构成较多词。ལྕགས་ཀྲིན་ (lcags krin)罐头，ཕག་ཀྲིན་ (phag krin)

① 藏语书面语的这类黏写形式有 5 种：1)施格/工具格标记：词+ས(-s)、2)属格标记：词+འི(-vi)、3)与格/位格标记：词+ར(-r)、4)连词：词+འང/འམ(vang/vam)、5)句终词：词+འོ(-vo)，其中-vi、-vang/-vam、-vo 虽然是音节性的，但书面符号 v 仅仅只是一个标记，整个音节按照书写规则要连写到不带辅音韵尾的前一个音节末尾。

② 不过，“书面语变体形式”记录和蕴含了历史上的音变，不是单纯书写形式。

猪肉罐头，ཉ་ཀྲིན་ (nya krin)鱼罐头，འོ་ཀྲིན་ (vo krin)牛奶罐头，ཕོམ་ཀྲིན་ (phom krin)钢笔（英语），ཀྲིན་བླུགས་བཟའ་བཅའ་ (krin blugs bzav bcav)罐头食品，ཤ་རིགས་ལྕགས་ཀྲིན་ (sha rigs lcags krin)肉食罐头，དམ་སྦྱར་ལྕགས་ཀྲིན་ (dam sbyar lcags krin)密封罐头，ཤིང་ཏོག་ལྕགས་ཀྲིན་ (shing tog lcags krin)水果罐头。这种外来音节也是藏语的构词成分。

综合以上论述，我们可以列出藏语书面语语音形式上的基本构成要素：

单音节词汇词：例如 བུ་，ཚོ་，པ་ (bu，tsho，pa)等；

单音节句法词：例如 གི་、གིས་、ལ་ (gi、gis、la)等；

前置附着辅音性语素：如使动前缀 s-等非音节性音素；

后置附着韵尾语素：如词性标记-n、-d 等非音节性音素；

黏着性辅音语素：施格-s、位格-r 等非音节性音素；

黏着性音节语素：属格-vi、连词-vang/-vam、句终词-vo 等半音节性音素。拉萨话读音上往往与前一音节合音，故称之。

1.2.3　词库与词的结构类别

藏语本族语者的心理词库储存了哪些词项，这个问题可以从理论上和实践上加以描述。理论上的描述是按照心理词库的原则理解，即所有词形跟词义关系不可预测的成分都应收入词库。实践上则主要从现有的词典或词表加以描述。描述的方法可以按照语义分类，也可以按照形式分类。语义分类标准不确定，类别可多可少，本书不采用。形式分类主要观察词项的音节数量，这个分类虽然简洁，但实用性稍差。我们主张按照语法功能描述，所有成分都可以根据语法功能划分词性，获得语法的类别，但同时词的语法类别表现形式仍然是音节，音节有多寡之分，一个词可以由一个音节表示，也可以由多个音节组合表示，所以音节及其数量是必须结合的研究要素。

藏语按照功能划分的词类大致可以分为以下 14 类，其他形式主要是语法虚词或介于词与词组之间的成分，以及暂未定性的单音节语素或音节（字）。

表 1.3 藏语基本词类及标记 ①

序号	词类	标记	符号含义	序号	词类	标记	符号含义
1	名词	N	noun	11	连词	CONJ	connective
2	代词	PRON	pronoun	12	叹词	INTER	interjection
3	指示词	DEM	demonstrative	13	语气词	MOOD	mood word
4	数词	NUM	numeral	14	句法词	PRT	(syntactic) particle
5	量词	Q	quantifier	15	语素字	MORP	mono-morpheme
6	动词	V	verb	16	音节字	MONS	monosyllable
7	助动词	AUX	auxiliary verb	17	拟声词	ONO	onomatopoeia
8	形容词	A	adjective	18	习用语	IDI	idiomatic
9	状貌词	IDEA	ideophone	19	缩略语	ABB	abbreviation
10	副词	ADV	adverb				

藏语词类在具体形式上存在一些典型特征，例如复合名词是词根与词根构成，派生名词采用词根与 pa、ba、ma、mo 等词缀结合形式，形容词采用词根加 po、ba 等词缀构成，动词以单音节为核心词汇，多音节动词基本按照双音节词加动词语素构成。

除此之外，我们也认识到词库中还应该包含更多复杂的词项和形式，它们都符合不可预测的标准。例如缩略语往往也是不可推知语义的类别，音节字完全是约定俗成的衬音形式，无法从词法推知意义。藏语中那些表示语法意义的虚词也是多样性词库中的重要组成部分，此处列入了复数标记、词格标记、名词化标记、体貌标记等等。有关这些句法方面的语法词项，我们在下一节再进一步讨论。

词库所收词项在操作上能表现出词库的一些原则和特点，为此我们以举例方式具体讨论一组藏语词项的收词方法。每个词条列出是词根、词项，还是短语，以及词类；词库和词法项表示进入词典还是归入词法，圆括号内是我们检查几部词典的收词情况。LS 表示《藏汉对照拉萨口语词典》，ZH 表示《藏汉大辞典》，GQ 表示《格西曲扎藏文辞典》。

---

① 动名词是部分学者使用的术语，性质待定。状貌词多为多音节四音格词或类似形式，传统上归入形容词。句法词包括词格标记（W: case marker）、句法结构助词（SYNP: syntactic particls）、体貌示证标记（ASP: aspect marker）、名词化标记（NMZ: nominalization marker）、复数标记（PL: plural marker），语素字（mono-morpheme）指暂未确定具体功能的语法词，音节字（monosyllable）指暂未定性且具有垫音或衬音作用的韵律词。其他一些类别是词汇上的分类，例如摹声词/拟声词是语义上的分类，本书未专门讨论这类形式。习用语、缩略语语法性质不定，也未专门讨论。

藏语形容词词根：རིང་ (ring)“长”：[①]

词项：ring {ROOT，ADJ，长}　　词库（$LS_{N/A}$/ZH_N）

词项：ring po {LEXEM，ADJ，长}　　词库（LS/ZH）

词项：ring la {LEXEM，ADV，在……期间}　　词法/词库（LS/GQ）

词项：ring thung {LEXEM，N，长短，尺寸}　　词库（LS/ZH/GQ）

词项：ring tshad {LEXEM，N，长度}　　词库（LS/ZH）

词项：ring mdav {LEXEM，N，步枪，长枪}　　词库（LS）

词项：ring ba {LEXEM/SYNTAX，ADJ，较长}　词法（无词典收）[②]

词项：ring shos {LEXEM/SYNTAX，ADJ，最长}　　词法（无词典收）

词项：ring du vgro {LEXEM/PHRASE，VP，变长}词法/句法（LS）[③]

词项：ring du gtong {LEXEM/PHRASE，VP，放长}词法/句法（LS/ZH）

词项：ring bcad thung mthud {PHRASE，N，截长补短}

词法/句法（LS）

这些词项是否都需要收入词库呢？可以逐一分析。རིང་ (ring)作为词根语素一般并不单独成词，但可以作为构词甚至构成句法词的要素，也是语义的承担者，因此需要作为语素词收入词库。另外，形容词构成的形容词谓语句有一种直接用形容词词根添加谓语体貌标记和其他标记构成的句式。རིང་པོ་ (ring po)是形容词最常见形式，根据藏语派生词法分析，རིང་པོ་ (ring po)可以放在词法分析中讨论，但是另一方面，藏语存在一个更高层的词法现象，即所谓完形词概念（gestalt word）。藏语的名词、动词和形容词等几类实词都反映出完形词的现象，每类词都存在词根词和完形词。词根词一般不能独立应用，完形词则是语感上和语法上独立运用的形式。藏语完形形容词都由词根与词缀派生形式构成，但派生词缀并不止 པོ་ (po)一种形式，还有 པ་, མ་, མོ་, ཏོ་ (pa、ma、mo、to)等其他形式，例如 མངར་མོ་ (mngar mo)甜。人们不能断定 རིང་ (ring)究竟与哪种词缀组合构成完形形式，因此，形容词 རིང་པོ་ (ring po)尽管可以放在词法部分讨论，但更高层的完形词规则以及词缀的多样性又决定了每个完形词必然进入词库的特点。རིང་ལ་ (ring la)是词根添加词格标记构成的形式，具有副词的功能，就目前藏语词格充当构词要素的发展情况而言，尚未形成普遍接受的观念，所以这个形式可以

① ROOT 表示词根，LEXEM 表示词项，SYNTAX 表示句法，PHRASE 表示短语。

② Goldstein, Melvyn C.编撰的 *The new Tibetan-English dictionary of modern Tibetan* 以收词多而闻名，主要供藏文文献和书面语使用者使用，古今词条和方言词条混杂。该词典收入了 རིང་བ་ (ring ba)，注解为形容词比较级。

③《藏汉大辞典》和《格西曲扎藏文辞典》收入了同类型的几个词条，例如 རིང་དུ་ཁྱབ་ (ring du khyab)流传，扩散；遍及于远方。

不放入词库（其实把这类放入词库的理由也不能忽视，即由形容词词根加词格构成副词的理据）。རིང་བ་ (ring ba)和 རིང་ཤོས་ (ring shos)是从句法中截取的片断，表示形容词比较级和最高级，以 ཤོས་ (shos)为例，由于藏语形容词最高级的构成基本都是形容词词根加 ཤོས་ (shos)构成，句法上可类推，因此该形式可以放入句法部分讨论，不列入词库。[①] རིང་ཐུང་ (ring thung)，རིང་མདའ་ (ring mdav)和 རིང་ཚད་ (ring tshad)都是词根+词根形式构成的复合名词，它们的意义不可预测，例如 རིང་ཐུང་ (ring thung)"长短，尺寸"由反义形容词词根结合构成的名词，是藏语常见抽象名词的构成方法之一，语义变化较大，必然放入词库。རིང་དུ་འགྲོ་ (ring du vgro)和 རིང་དུ་གཏོང་ (ring du gtong)来源于动补句法短语，意义大致可以从结构推测，读音上也存在内部停顿，照例不应该放入词库，但是由于 འགྲོ་ (vgro)和 གཏོང་ (gtong)在现代藏语中已相当程度语法化和语义泛化，逐渐成为一种动词性标记，整个结构也符合藏语三音动词发展的大趋势，在这个意义上，我们推测很可能这类形式正在逐渐词汇化，部分词典把它作为词项收入词库，部分人则可能通过词法加以理解。最后一项 རིང་བཅད་ཐུང་མཐུད་ (ring bcad thung mthud)是短语形式，由两部分构成，一般可不放入词库。

　　藏语词法研究的对象基本都是两个音节以上的形式，在音节划分的基础上可以再按照语法类别讨论。例如双音节名词、双音节动词、三音节动词等等。

　　藏语词法研究的内容主要根据藏语词的基本特征确定。就整个藏语词法现象来看，复合、派生、重叠、屈折、附加现象都不同程度地存在，都是藏语词法研究的内容。

　　复合是藏语最重要的构词方法，绝大多数词语，特别是名词基本采用这种方式构成。复合词一般都是词根加词根构成，或双音节形式，或多音节形式。这样就可能存在不同的分析方法，常见的方法之一是采用句法结构的方法分析，认为复合词两个或多个要素之间存在主谓、述宾、偏正、联合、述补之类的句法关系，这种分析以汉语词法分析为多。另一种分析方法主要对复合词内部进行语义分析，提出以语义格关系探索复合词的内部语义结构。例如，施事—动作（居民），主事—性状（白领），施事—动作—受事（女书），施事—动作—结果（人祸），等等（朱彦2004）。采用语义分析法研究的有些仍然接受语法结构框架，在主谓、述宾这类语

---

① 这有点像英语比较级和最高级的表示方法。英语并不把各种比较级和最高级形容词放入词典，而是在词典中放入比较级词缀-er 和最高级词缀-est，给比较级和最高级的词法和句法构成铺垫基础。

法框架下进行语义分析，另一些则完全否定复合词存在类似句法的结构，①只承认两个要素之间的语义关系。

本书认为复合词之间的语义关系是复合词产生的认知基础，但复合词产生的机制并不是单一的，有各种复杂要素的影响，任何一种语义关系都只能解释部分词项的内部语义关系，而很难有某种普适的关系，因此语义关系只需要在局部范围内使用。至于复合词构成要素之间的句法关系，无论是否存在，它本身并没有特殊的应用价值，譬如某个复合词内部句法关系并不会对它的句法功能产生特别影响，或者人们不能够用复合词内部句法型结构关系来说明句法上的现象。为此本书也不探讨复合词内部的句法型语法关系。

根据藏语语素和构词特点，我们在描述复合词内部构成上将承认复合词构成要素自身所具有的语法性质。按照 Parkard 的研究，这种语素语法性质称为形类（form class），犹如句法上对词的语法性质划分，即所谓区分词类（词性）。词法上的形类仍然按照词性划分方法操作，可分出名语素、动语素、形语素、副语素等等。名语素即具有名词性质的语素，动语素即具有动词性质的语素，余可类推。藏语（以及其他汉藏语言）形类所赖以成立的理论基础是语言单位的扁平化概念，即每个音节可以是语法上的词、词根、词缀或语素。但是，我们应该知道，有些语素可以独立成词，即所谓自由语素，在句法层面，这样的语法单位就是词，而在词法层面，这样的语法单位则是语素。也就是说，句法层面的词在词法层面虽然形式不变，但身份却转变为语素。与此相应，不能独立成词的语素必须与其他语素组合才能成词，叫作黏着语素。实际上，在词结构中，一个语素是自由的还是黏着的对于复合词的词法结构分析并没有太多影响，它的差异主要表现在以这个语素为词干的派生形式或完形词方面。

确定形类的方法是在确定复合词语法类别基础上完成的。首先要明确复合词的语法性质，说明某个复合词属于哪种词性或词类（parts of speech, word class），才能进一步确定词内语素的性质或形类，这是从句法继承来的。Parkard 认为汉语双音节名词一定有一个名词性成分（名语素）在右边，而动词一定有一个动词性成分（动语素）在左边，这是汉语复合词的核心原则（headedness principle）。通过这个方法也就确定了复合名词里右边的语素是名语素，在复合动词里，处在左边的语素是动语素（Packard 2000）。但是，这样的理论假设会遇到实际困难，会有一些例

---

① 刘叔新持这样的观点，参看《汉语描写词汇学》，商务印书馆，1995。

外。对例外的解释考验研究者的智慧。Parkard 当然提出了解决办法，对于名词来说，核心原则总是能够说得过去，大多数现象总是对的。而对于动词来说，例外实在太多。Parkard 加入了另外一条原则来处理例外，他认为汉语中所有偏正式动词左边的成分都是修饰成分，右面的成分是核心的动词性成分。这类动词不符合核心原则，是词汇化的结果，都是固化的形式，也不需要考虑核心原则，不需要通过规则产生，放入词库好了。因此，汉语复合动词左边是修饰成分的都是词汇化的结果。那么，藏语中是否存在这样的结构原则呢？我们在以下章节会涉及这类现象。

关于词类语素的出现位置的相关特点，例如某类语素是定位出现（黏着）还是移位出现（自由），某个语素出现在右端还是左端。在这个基础上我们可以提出藏语各类复合词的形式特点和理据。

派生是藏语另一类重要的构词方式。派生词在数量上是仅次于复合词的一个大类，它的主要特点是结构上的词根加词缀构式产生方式。派生词的词缀有明显的词类差异，名词性词缀、形容词性词缀、动词性词缀和副词性词缀各不相同，但又有交叉。应该指出，藏语词缀基本都是后缀型的，前缀极少。

藏语词缀具有句法继承性，最典型的是名词化标记，可以添加于动词和动词短语，逐渐形成名词化转指词缀。复数标记也可添加于名词、代词和短语，造成词缀。副词的词缀也来自句法标记。

重叠也是藏语构词中的一个重要方法。藏语重叠可用于构成名词、形容词、副词、叹词等等。少量情况下，动词也有重叠现象。

屈折至少在现代藏语中已是一个次级的构词方法。目前只有极少量词类和词项涉及屈折方法的构词。古代藏语的屈折方法属于句法范畴，书面形式也广泛涉及这类现象，本书也将有较多讨论。

附加作为一种构词或构形方法只发生在特定条件下，大多数情况的附加只与语音有关，这项内容不是本项研究的主体，但会有所涉及。

1.2.4 句法虚词及其类别

从词法的角度看，藏语中表示句法意义的虚词不是它的主要研究对象。这些虚词主要包括名词或名词短语词格、复数标记、名词化标记、动词体貌标记、补语标记、句法结构助词、情态语气标记、状语标记等等。句法虚词虽然不是词法处理对象，却是词库研究的对象，也就是说，我们首先要研究哪些形式或哪些词项类别应该归入词库，它们的形式和意义是历史中约定俗成的，具有不可推测性。虚词语素是藏语中的特异性

（idiosyncrasy）词项，部分甚至进入了词法内部，必须放入心理词库或词典。为了了解藏语词库的语法语素特征，以下我们对这些语法标记或句法虚词逐一作简单介绍。另外，词法中作为构词的语素和特殊标记，也都应该收入词库，但可以放在词法部分讨论。

1.2.4.1 词格标记

词格 gis[1]，施格标记，通常用于表示动作发出者的名词、代词或名词短语之后，要求动词具有自主、及物等特征。句式带宾语、使动意义的动词通常都要求主语带施格标记。

词格 nas[1]，施格标记，主要用于集体名词之后，用法同 gis[1]。

词格 gis[2]，工具格标记，用于名词或名词短语之后，表示行为动作所借助的工具，还表示动作所利用和借助的材料、数量、原因、条件，及所使用的方式。该标记与施格标记同形。

词格 gi，属格标记，用于形容词与名词，名词与名词或名词短语与名词短语之间，表示前者修饰后者。

词格 la[1]，领有格标记，用于表示获得、拥有意义动词句式的主语词之后，表示主语名词或名词短语是该句式动作宾语的领有者。

词格 la[2]，位格标记，通常用于名词或名词短语之后，表示动作发生的时间和地点。

词格 la[3]，与格标记，添加在充任间接宾语的名词或名词短语之后。

词格 la[4]，对象格标记，添加在表心理活动或感情活动的动词所涉及的对象宾语名词或名词短语之后。

词格 la[5]，向格标记，添加在名词或名词短语之后，表示动作趋向的方位、处所或动作的目标。

词格 nas[2]，从格/离格标记，用于名词或名词短语之后，表示动作的时间起点或处所。用于判断动词句还可以表示来源。

词格 nas[3]，同类比较格标记，置于名词或名词短语之后，表示该名词是被比较对象，所比较事物一般都是同类事物。

词格 las[1]，异类比较格标记，用于名词或名词短语之后，表示该名词是非同类事物的被比较对象。

词格 las[2]，排他格标记，用于数词或数量词短语之后，表示排除该数量之外的数量或数量程度，所应用的句式通常是存在句，且出现在否定词之前的位置。

词格 la[6]，结果格标记，添加在名词之后，表示动作变化的结果，使该名词具有表示动作结果的意义。

斜格或旁格用 la 或 nas 表示。

以上不同词格经常采用同一标记，也就是说，同一个词格形式可以表示多种词格意义，在词典或词表这类操作型词库中，同形标记可以采用编号方式加以区分。例如 gis[1] 表示施格，gis[2] 表示工具格。

此外，以上词格标记有些会带条件型书写变体形式，此处一并列出。其中 W 表示 Word，“[ ]”表示书面书写的韵尾，-d 表示重后加字，[①] “-”表示其后的符号是书写上的连写字母（黏着语素），“Ø”表示没有辅音韵尾，或称空/零韵尾。AG 表示施格/作格，GEN 表示从属格。

词格 གིས་ (gis)的书写变体：གིས་，ཀྱིས་，གྱིས་，-ས་ (gis, kyis, gyis, -s)，条件是：

{AG →gis / W[g / ng]__}，即 gis 仅出现在前一音节“g / ng”韵尾的环境。

{AG →kyis / W[d / b / s]__}，即 kyis 仅出现在前一音节“d / b / s /-d”韵尾的环境。

{AG →gyis / W[n / m / r / l]__}，即 gyis 仅出现在前一音节“n / m / r/ l”韵尾环境。

{AG →-s / W[Ø/(-v)]__}，即-s 仅出现在前一音节以“Ø”韵尾环境并黏附其上。

词格 གི་ (gi)的书写变体：གི་，ཀྱི་，གྱི་，-འི་ (gi, kyi, gyi, -vi)，条件是：

{GEN →gi / W[g / ng]__}，即 gi 仅出现在前一音节“g / ng”韵尾的环境。

{GEN →kyi / W[d / b / s]__}，即 kyi 仅出现在前一音节“d / b / s / -d”韵尾的环境。

{GEN →gyi / W[n / m / r / l]__}，即 gyi 仅出现在前一音节“n / m / r/ l”韵尾环境。

{GEN →-vi / W[Ø] __}，即-vi 仅出现在前一音节以“Ø”韵尾环境并黏附其上。

以上两个词格还有语篇条件，在韵文中分别写作 yis 和 yi。

la 形式是多个词格的共同标记，书写上有 7 个条件变体：ལ་，ན་，ཏུ་，དུ་，སུ་，རུ་ (la, na, tu, du, su, ru)和连写的 -ར་ (-r)。除了 la, na，其他形式都受到前一音节韵尾形式的制约。

{la →tu / W[g /b /-d]__}，即 tu 出现在前一音节以“g /b/-d”结尾的韵尾环境。

---

① 吐蕃时期有复合辅音韵尾，其中第 2 个辅音为-d 和-s。9 世纪文字厘定时，规定重后加字（第 2 个辅音韵尾）-d 不再书写。这是重后加字脱落引起的。

｛la →du / W[d /ng /m /n /r /l]__｝，即 du 出现在前一音节以“d /ng /m /n /r /l”结尾的韵尾环境。

｛la →su / W[s]__｝，即 su 出现在前一音节以“s”结尾的韵尾环境。

｛la →-r / W[Ø]__｝，即-r 出现在前一音节以“Ø”（零）韵尾结尾的环境并黏附其后。

1.2.4.2 复数标记

复数标记 ཚོ་ (tsho)，表述复数意义的虚词 ཚོ་ (tsho)用于名词、代词或名词短语之后，表示复数意义。书面语或早期的另外几个表复数的形式分别是：རྣམ་ (rnam)，དག་ (dag)，这些形式也需要收入词库。

1.2.4.3 名词化标记

名词化标记 པ་(pa)，用于动词过去式形式或动词短语之后表示与动作有关的事物。

名词化标记 བ་ (ba)，是名词化标记 pa 的变体形式。

名词化标记 པ་/བ་ (pa/ba)与名词词缀 pa/ba 同形（还与形容词比较级词缀同形），作为名词词缀，pa/ba 具有多种语素意义，二者不能混淆，后者将在词法部分讨论。

名词化标记 རྒྱུ་ (rgyu)，用于动词现在式形式或动词短语之后表示动作发出者所要做的事情。

名词化标记 ཡས་/ཡག་ (yas/yag)，用于动词或动词短语之后，表示动作本身、动作的对象、动作的用具等意义。

名词化标记 མཁན་ (mkhan)，用于动词或动词短语后，表示做某事的人，但一般不表示职业。

名词化标记 ས་ (sa)，用于动词现在式形式或短语后，表示动作发生的地点或对象。

名词化标记 སྟངས་ (stangs)，用于动词现在式形式或短语之后表示做事的方式和方法。

名词化标记 སྲོ་ (sro)，用于动词现在式形式或短语之后，表示做事的规矩和习惯。

名词化标记 ཚུལ་ (tshul)，用于动词或动词短语之后，表示做事的方式和习惯。

名词化标记 དུས་ (dus)，用于动词过去式形式或短语之后，表示动作发生的时间点。

名词化标记 ཤུལ་ (shul)，用于动词或动词短语之后，表示动作发生的时间段。

名词化标记大多都源于名词或名词性语素，他们是实词的语法化结果。但是不同的词项或语素的语法化过程程度不一，有些意义虚化严重，有些只是临时用作名词化标记。检验这类词语法化程度的方法是看看他们是否具有构词的能产性，观察他们构词作用的强弱。以本项研究来看，由于这些词项主要都是单音节语素，因此在双音节名词为主体的藏语中，这类单音节名词会越来越趋向失去独用的功能，因此名词化程度会越来越高。下面再列出部分这类可能语法化的单音节语素。

趋向名词化的标记 བཟོ་ (bzo)，表示相应事物的状况；ལོང་ (long)，表示动作发生的时间段；ཐབས་ (thabs)，表示做事的方式和方法；ལུགས་ (lugs)，表示相应事物的状况；སེམས་ (sems)，表示精神状况；ཚད་ (tshad)，表示标准或数量；རེས་ (res)，表示交替的事物；ཡིན་མིན་ (yin min)，表示“是否”选择，ཡོད་མེད་ (yod med)表示“有无”选择。

1.2.4.4 结构助词

结构助词即句法结构助词，表示句法成分之间的结构关系。结构助词种类较多，以下逐一描写。

目的助词 ཀག་/གག་ (kag/gag)，用于两个动词或动词短语之间，第一个动词表示实义，第二个动词表示趋向，中间用目的助词连接，类似于汉语的连动式。

同时助词 གིའི་/གིན་ (givi/gin)，用于两个动词或动词短语之间，一个动词表示动作持续状态，另一个动词表示在该状态下发生的事件，中间用同时助词连接。

顺时助词 ནས་/བྱས་ (nas/byas)，用于两个动词或动词短语之间，表示两个动作或两个事件顺序发生，前一个动作往往具有状态或结果意蕴，后一个动作表示主要事件。

补语助词 རུ་ (ru)，用于两个动词或动词短语之间，前一个动词表示结果，后一个动词表示变化之类的意义，是第一个动词表示的结果。此处的补语都是结果补语。

致使助词 རུ་ (ru)，用于两个动词或动词短语之间，第一个动词表示实义，第二个动词表示使动，中间用致使助词连接。

小句标记 ཟེར་ (zer)，用于述说动词句，置于述说动词之前作为内嵌小句的标记，类似结构助词，表示述说动词表达的内容。

互动助词 དང་ (dang)，置于名词或名词短语跟动词之间，表示与动作相关的事物。这个词还是一个多义词，可作并列连词、祈使语气词。

比拟助词 བཞིན་དུ་/ནང་བཞིན་ (bzhin du /nang bzhin)，置于名词或名词短语跟动词之间，表示动作的状态。

停顿助词 ནི་(ni)，置于表示主语、宾语的名词或名词短语之后，代表停顿语气，表示发语人话语待续。这个词也经常被看成话题标记。

停顿助词 བྱས་ (byas)，置于多项罗列事物的每项名词之后，表示对多个事物的列举。

1.2.4.5 指数标记

指数标记 པོ་དེ་/པོ་འདི་ (po de/po vdi)，添加在数词后表示特指的数量。

指数标记 ཐམ་པ་ (tham pa)，添加在十的倍数数词后表示整数意义。

指数标记 ཕྲག་ (phrag)，添加在单音节表"百、千、万"等名词后表示整数意义。

1.2.4.6 体貌标记

将行体-自知示证标记 གི་ཡིན་ (gi yin)，非独用语素，加于谓语动词之后，表示说话人自主并在未来将要发生的行为。

将行体-推知示证标记 གི་རེད་ (gi red)，非独用语素，加于谓语动词之后，表示推知他人行为将要发生。

即行体-自知示证标记 གྲབས་ཡོད་ (grabs yod)，非独用语素，加于谓语动词之后，表示说话人自主并即将发生的行为。

即行体-亲知示证标记 གྲབས་འདུག་ (grabs vdug)，非独用语素，加于谓语动词之后，表示说话人亲知的即将发生的事件。

即行体-推知示证标记 གྲབས་ཡོག་རེད་ (grabs yog red)，非独用语素，加于谓语动词之后，表示说话人推知即将发生的事件。

待行体-自知示证标记 རྒྱུ་ཡིན་ (rgyu yin)，非独用语素，加于谓语动词之后，表示说话人立刻要做但还未发生的动作。

待行体-推知示证标记 རྒྱུ་རེད་ (rgyu red)，非独用语素，加于谓语动词之后，表示推知他人立刻要做但还未发生的动作。

实现体-自知示证标记 པ་ཡིན་ (pa yin)，非独用语素，加于谓语动词之后，表示说话人自主动作已经实现或完成。

实现体-推知示证标记 པ་རེད་ (pa red)，非独用语素，加于谓语动词之后，表示获知他人动作或事件已经实现或完成。

持续体-自知示证标记 གི་ཡོད་(gi yod)，非独用语素，加于谓语动词之后，表示说话人自主的行为尚在进行中。

持续体-亲知示证标记 གི་འདུག་ (gi vdug)，非独用语素，加于谓语动词之后，表示说话人亲历或亲见的动作或事件还在持续进行。

持续体-推知示证标记 གི་ཡོག་རེད་ (gi yog red)，非独用语素，加于谓语动词之后，表示说话人推知事件尚在持续进行。

方过体-自知示证标记 གྲབས་ཡིན་ (grabs yin)，非独用语素，加于谓语动词之后，表示说话人自主的行为刚刚结束。

方过体-亲知示证标记 གྲབས་རེད་ (grabs red)，非独用语素，加于谓语动词之后，表示说话人亲历或亲知的事件刚刚结束。

结果体-自知示证标记 ཡོད་ (yod)，非独用语素，加于谓语动词之后，表示说话人自主动作的结果。

结果体-新知示证标记 འདུག་/ཤག་ (vdug/shag)，非独用语素，加于谓语动词之后，表示说话人新发现的事件结果。

结果体-推知示证标记 ཡོག་རེད་ (yog red)，非独用语素，加于谓语动词之后，表示说话人推知的事件结果。

与境体-自知示证标记 པ་ཡོད་ (pa yod，非独用语素，加于谓语动词之后，表示说话人经验中判断动作指向自己或事件牵涉自己。

与境体-亲知示证标记 པ་འདུག་ (pa vdug)，非独用语素，加于谓语动词之后，表示说话人经验中判断会亲见的事件。

已行体-外向（受损）示证标记 སོང་ (song)，非独用语素，加于谓语动词之后，表示动作离开说话人观念上的中心点。

已行体-内向（受益）示证标记 བྱུང་ (byung)，非独用语素，加于谓语动词之后，表示动作趋向说话人观念上的中心点。

以上有关藏语体貌的标记阐述只是简单罗列，更详细的讨论参看江荻（2005）。

1.2.4.7 补语标记

补语标记专指充当状态补语的语法虚词。这类词基本都来源于实义动词，特别是状态动词，它们紧跟在谓语动词之后逐渐形成“动词+补语标记”格式。

补语标记 ཚར་ (tshar)，加在谓语的过去式动词之后，表示动作完结状态。

补语标记 མྱོང་ (myong)，加在谓语现在式动词之后，表示经历或经验。

以上是最典型的两个补语标记，但现代藏语中逐渐出现更多的补语标记，主要有：འགྲོ་ (vgro)去，ཕྱིན་ (phyin)去，ཡོང་ (yong)来，ཤོག་ (shog)来，སྡོད་ (sdod)停住/待着，བཞུགས་ (bzhugs)停住（敬语）等等。

补语标记与动词连用是藏语中出现的新的结构，这种结构可以称为动补结构。但有些学者可能把这种结构看做复合动词。我们在此讨论这个问题意思是这类结构目前还处在发展阶段，宜看做谓语短语，或者句法现象，所以不放在词法部分讨论。

1.2.4.8 语气词

此处语气词专指表示语用意义上句型分类所用语气词。语气词一般都置于句末，可表示陈述、疑问、祈使、感叹句式。语气词中最突出的要算疑问语气词，藏语疑问语气词大致又分一般疑问句语气词，特殊疑问句语气词。祈使语气词在藏语中也算比较突出的标记。句末语气词可能还包括一些表示其他意思的语气类型，较零散，需要逐项确定，例如转述语气等。语气词作为标记不仅揭示句子类型，还有一个重要功能是断句作用，这方面的讨论属于句法范畴，不赘述。

藏语句法上还有很多零散形式，作为概述我们不一一列举。甚至还有一些词项和标记只是语音现象，我们希望在本书适当的地方加以讨论。例如状貌词、缩略语、衬音字等等。

1.2.5　藏语词库包含哪些词汇单位?

词库包含哪些语言单位，或者说包括哪些具体词项？根据上文的分析，藏语词库所包含的内容可从不同角度观察。

1.2.5.1 词的语音形式角度的分类

音节型单位。一般指语音上至少包含一个元音的音节单位，例如 CV、CVC、V、VC 等。从藏语书面形式来看，又可分为：

（1）能独立发音的单位或独立书写的单位，这一类包括各种音节长度的单位：单音节词或者语素、双音节词、三音节词、多音节词等。例如：རྟ་ (rta) [ta^{55}]马；འདག་བྱིའུ་ (vdag byivu) [tɛk^{12}ji^{55}]燕子；ཨ་རག་ (a rag) [a^{55}ra^{53}]烈酒（蒙古语借词）；ཁྲ་སེར་སྦི་སེར་ (khra sir sbi sir) [tʂɛ^{55}si:^{55}bi^{12}si:^{55}]花花绿绿，万紫千红。

（2）黏着性书写单位，例如：འི་ (-vi) (属格标记之一)，འུ་ (-vu) (指小标记之一)。对比：སྙིང་གི་རྩ་ (snying gi rtsa) [ȵiŋ^{55} ki tsa^{55}] “心脉”，独立书写的属格标记 གི་ (gi)拉萨口语读作轻声的 ཀི་ (ki)，仍为独立音节；ལྷའི་བུ་མོ་ (lhavi bu mo) [ɬɛ^{55}pu^{21}mo^{55}] “仙女”，黏着书写的属格标记 འི་ (-vi)口语上没有独立音节形式，所附着的词根韵母发生音变，[a^{55}]→[ɛ^{55}]。再观察一例：ཚྭ་ཆུའི་མཚེའུ་ (tshwa chuvi mtshevu) [tsha^{55} tɕhy^{55} tshiu^{55}] “咸水湖”，黏着性属格标记(-vi)附着于复合词 ཚྭ་ཆུ་ (tshwa chu)的后一音节，导致词根元音变化，[u]→[y]。

བྱིའུ་ (byivu) [tɕiu^{13}] “小鸟” 是 བྱི་ (byi) “鸟” 带指小词缀 འུ་ (-vu)，拉萨话该词缀读音融合于词根元音，形成独特的真性复合元音韵母。由 རྟ་ (rta) “马”和指小词缀 འུ་ (-vu)构成 རྟའུ་/རྟེའུ་ (rtavu)“马驹”，例如 རྟའུ་ རྟེའུ་ལོ་གཉིས་ (rtevu lo gnyis) [tɯu^{55} lo^{12} ȵi^{55}] “两岁马”，读音同样也是真性复合元音。

此外还有其他类型黏着书写单位，例如连词 འང་ (vang)“而且，虽然”、འམ་ (am) “和，或” 等，都黏附于不带辅音韵尾的前一音节之后，传统文法称为转合词或离合词。

非音节型单位。前置附着辅音型语素（如使动 s-），后置附着韵尾语素(如-n、-d)，黏着性辅音语素（施格、属格、位格等），黏着性元音语素（-e<de、te，参见下文的讨论）。

1.2.5.2 词的词法类别角度的分类

词汇语素，自由词根语素（成词），黏着词根语素（条件成词），半/准黏着词根语素（不成词），前缀语素，后缀语素，语法语素，句法词（语素），标记语素。

总起来说，本项研究要解决藏语中究竟哪些要素需要放入词库，或者说编撰藏语词典时哪些语言单位可以收入词表或词典，哪些要素应该作为构词法研究对象，并开展合适的研究。词库与词法研究的具体内容应该包括：开展藏语词的分类分析和词法理论研究、内容包括，词类的词法特征分析：名词性复合词、名词性派生词，动词性复合词、动词性派生词等；词的结构分析：派生、复合、屈折、重叠等；复合词的内部结构形式分析，主要指内部语素的词类构成[关于复合词的词句法（word syntax）关系分析，例如主谓、动宾、偏正等不是本文分析重点]；词的能产性分析和统计；词的类别分析：词汇词与词法词；构词语素分析：黏着语素、自由语素、半自由语素等；词的语法化研究；词语的词汇化研究等等。最终，本项研究期望根据各种词法分析和研究建立起藏语的构词规则和词法分析体系。

1.2.6 从语言单位视角透视藏语的语言性质

藏语词法研究的对象是构成词的要素与构词方式。如果要了解藏语的构词要素，则必然要先了解藏语的基本语言性质。任何一种语言都利用声音材料作为语言表达的方式，只是所选择的语音材料不一定相同，语音材料的组织方式不同，表现的形式也不相同。按照目前的通行观点，藏语是汉藏语系语言，该语系的语言类型上通常具有单音节性质，按照汉语术语来说，即所谓“字”的属性。

音节本是人类语言基本声音单位,用以构造承载语义的声音形式。逻辑上说,假设一种语言有 10 个(不同)音节单位,则可以构造 10 个单音节语义单位,100 个双音节语义单位,1000 个三音节语义单位(含同形音节)。从这个意义上看,任何语言都具有多音节原生性质。英语和其他印欧语系语言也是由音节构成语言单位,跟单音节特征的汉藏语言相比,不同之处在于这些语言往往呈现多音节特征。这两类语音组织方式不同的语言并非存在绝对差异,多音节特征语言仍然有不少单音节表达单位,单音节性质语言也有大量单音节组合成的多音节表达单位。但是语音材料组织方式的不同影响深远,甚至决定了整个语言体系的差异,有关这个现象,笔者已有论述,可以参考江荻(2003c)。

就本项研究而论,我们可以从基本语言单位及其形式角度初步界定藏语的语言性质:藏语是一种具内在义的单音节(字)凸显型语言,可单音节成词或多音节成词,词的长度不固定。"单音节"指由一个完整元音与前或后数个辅音构成的语音单位,读音上往往是一个心理与生理和谐并有起始和结束的发音整体。

"具内在义"指每一个音节实际都包含了一定的意义,或者是词汇义,或者是词法义。换句话说,带意义的每一个音节实际也就是语素,这是单音节型语言不同于英语类西方语言更关键的内在性质。把英语的 nerve"神经"切分成单音节,人们不知道 ner 是什么意思,也不知道 ve 是什么;family"家庭"也不能切成三个音节,fa-、-mi-、-ly 都不能成立,其中-ly 也不等于英语副词后缀-ly,只是构成 family 的音素组合而已。

"凸显型"意指单音节是藏语中跨层次的单位,既是词法层面的单位,也是句法层面的单位,而且每个层面都带有很强的独立语音性质。单音节的语素实质使它成为构词单位,单音节的成词性质使它能够较自由地出现在句法层面。根据以上分析,我们可以重新从(语音)形式角度定义藏语的语言性质:藏语是一种单音节性语素凸显型语言,简略地说:藏语是单音节型语言。

以上论述是基于共时角度阐述的,然而,语言不是突然出现或产生的,单音节词性质语言与多音节词特征语言更可能有着历史的共同渊源。有一个简单无需论证的事实是,世界几乎所有地方的语言都是单纯多音节词(非复合)为主的语言,只有东亚和东南亚区域语言是单音节性质的语言。从科学界目前研究结论可知,语言是唯人类所拥有的类似生理器官的物种属性,因此,人类语言应有共同的起源。以此为前提,世界范围更广泛存在的单纯多音节词语言应该具有普遍性,而单音节性质语言可能来自于多音节词语言的变化和发展。近期，关于世界语言词的音节长度和东亚语言为什么呈现单音节性问题已经有一些关键性的讨论，各种证据和论述都支持汉藏语言，包括史前汉语，曾经是多音节词语言。感兴趣的读者可以参考江荻（2011、2013a/b、2014c，江荻等 2014）。不过，这些内容已经超出本书论述范围，本书不做进一步讨论。

这部书是一部藏语词法和词库的描写性论著，主要讨论名词、动词、形容词和副词的内部结构和复合、派生、屈折、重叠的构词方法。此外，这部书还涉及藏语词法研究历史、古藏语词法、敬语构词以及代词、数词等其他词类的构词。

1.3 句法结构概览

藏语词库、词法和形态是藏语语法体系的一部分，也是建构藏语句法结构和表达内容的基础。另一方面，词法单位的语法属性从根本上说来自于句法，例如，某个词库单位是词还是短语，其身份主要由句法结构决定。词类的划分和定性也是如此，每个词的所属类别跟它在句法中的位置和功能密切相关。因此，深入研究藏语词法和形态之前初步了解藏语句法特征是较好的策略。为方便读者了解藏语句法现象，本节以简洁方式勾画出藏语句法特征。总体上看，藏语句法特征主要涉及词类、语序、范畴、（短语或小句）结构，以及句式、句型和句类。前四者与词法关系密切，是本节主要讨论对象。①

1.3.1 词类

上文 1.2.3 节提出，按照功能和语义，藏语词类大致可以分为 14 类。由于本书词法，特别是复合词词法讨论建立在形类基础上，形类又继承于句法，因此，初步了解各种词类的句法功能有益于理解本书的词法分析。藏语 14 种词类分别是：名词、代词、指示词、数词、量词、动词、助动

---

① 胡坦 2002《藏语研究文论：通论》（P56）提出古藏语的语法特征是：（1）语序，（2）动词形态，（3）格助词（格标志）。他在《藏语语法的类型特征》也提出语法的三个特征：（1）语序、（2）形态特征，（3）作格特征。（《藏学研究论丛》第四辑，西藏人民出版社，1992）。他又在《国外藏语语法研究述评》提出：“从类型学的角度对藏语语法的描述主要集中在以下几个方面：（1）格标志系统，（2）动词特征，（3）语序。”（国外藏语语法研究述评，《国外语言学》1993 年第 2 期）。

词、形容词（含状貌词）、副词、连词、结构助词、叹词、语气词、句法词（标记）。[①]以下简单描述各词类的基本句法功能。

名词：藏语名词可按照音节数来区分，主要是单音节名词，双音节名词和多音节名词，或者按照词法类型分类，有派生名词、复合名词、重叠名词等。名词在一定条件下涉及数、性、格、指小、敬称等语法现象，本书放在下文名词词法章节讨论。名词一般充当句法主语、宾语和修饰语，可受后置形容词或带属格标记前置形容词、其他词类和短语修饰。

代词：包括人称代词和疑问代词，例如 ཁོང་ (khong)他，ང་ཚོ་ (nga tsho)我们，སུ་ (su)谁，ག་རེ་ (ga re)什么。代词主要充当句子的主语、宾语和修饰语。

指示词：包括定指词、不定指示词和疑问指示词。例如 འདི་ (vdi) 这，དེ་ (de)那，དེ་འདྲས་ (de vdras)那样，ག་འདྲས་ (ga vdras) 怎样，ཅིག་ (cig) 某一（个）。指示词充当句子的主语、宾语和修饰语。指示词限定和修饰名词的时候后置于名词，前置修饰需要带属格标记。

数词：一般指基数词，修饰名词的时候后置，还可以前面带量词构成数量短语，数量短语修饰名词的时候后置，放在前面修饰名词则带属格标记。大致来说，十以下以及“百、千、万”等数词都是单音节单纯数词，其余均为双音节和多音节复合或者派生词。序数词都是派生形式。

量词：藏语量词不丰富，语义上大致分为名量词和动量词。量词句法功能主要是修饰或跟数词组合修饰名词或动词，基本结构是量词+数词。

动词：藏语基本动词几乎都是单音节的，双音节动词很少。动词否定形式一般在单音节动词之前添加否定词，例如 མ་བལྟས་ (ma bltas)没看；双音节动词否定式则将否定词插入两个音节之间，例如 ཧ་གོ་ (ha go)知道，ཧ་མ་གོ་ (ha ma go)不知道。现代复合动词一般是由双音节名词与动词语素（轻动词）复合构成，例如 ཆུད་ཟོས་གཏོང་ (chud zos gtong)浪费。动词主要充当谓语，可独立或带其他成分添加名词化标记构成非谓短语，充作小句或者修饰语。动词的语义类型是决定句法结构的主要因素，不同语义类型的动词造成不同的句式，例如变化动词带补语助词 ཏུ་(ru)标记的结果补语：རང་གི་ན་ཚ་དྲག་ཏུ་ཕྱིན་འདུག་གས།། (rang(你) gi(GEN) na tsha(病) drag(痊愈) ru(COP) phyin(变) vdug(ASP) gas(MOOD))你的病好些了吗？

江荻（2006）针对藏语单音节动词提出了 12 种动词句法语义类别，最典型的动词语义类型有：性状动词、动作动词、心理动词、感知动词、

① 参看江荻（2005）。

变化动词、趋向动词、述说动词、关系动词、领有动词、存在动词、互动动词、致使动词。请参考下文1.3.2节的讨论。

助动词：主要指情态助动词，一般都是单音节词。助动词句法功能主要是跟前面动词构成动词短语，增加动词短语的情态意义。例如 འགྲོ་ཐུབ་(vgro thub)可能去，འབྲི་དགོས་(vbri dgos)必须写。少量助动词可以重叠，产生新的情态意义。

形容词：所有的形容词都是双音节词，绝大多数是词根加后缀构成的派生词，少量是词根重叠构成的重叠词或叠音词。形容词的主要句法功能是修饰名词，有两种格式：N+A 和 A+GEN+N，即名词+形容词和形容词带属格标记前置于名词。部分形容词跟副词兼类，充当状语。形容词也可充当句子谓语，分别是形容词完形词带表存在的 ཡོད་(yod)，འདུག་(vdug)等动词虚化形成的情状语尾标记（体貌-示证），或者形容词词根加上表关系的 གི་རེད་(gi red)，གི་འདུག་(gi vdug)等动词虚化的语尾体貌标记。[1]详情参见本书第7章。大多数四音节和部分三音节形容词常称作状貌词，有叠音词根或叠音词缀。状貌词的语音、结构和句法功能与一般形容词不一样。

副词：副词有单音节和双音节形式，有些双音节副词是单纯词，例如 ཧ་ཅང་(ha cang)非常。合成副词部分是由副词加词格标记形成的，例如 གཏན་དུ་(gtan du)永远，永久；有些带典型副词标记，例如 ཁྲིགས་སེ་(khrigs se)完完全全。副词主要修饰动词或者动词短语，充当状语。

连词：藏语连词虽然是封闭词类，数量却也不少。单音节连词不算多，大多数是多音节复合连词。例如 ཙང་(tsang)因为，མ་གཏོགས་(ma gtogs)而，ན་(na)假如，ཡིན་ནའི་(yin navi)但是……。连词主要功能是表达句子成分之间的逻辑语义关系。

助词：助词表示句法成分之间的结构关系，也称结构助词。藏语助词数量繁多，我们总结出以下几类：目的助词、同时助词、顺时助词、补语助词、致使助词、互动助词、数量助词、比拟助词等。[2]例如致使助词 རུ་(ru)：རྒན་ལགས་ཀྱིས་ང་ཚོར་སྦྱོང་ཚན་བྲི་རུ་བཅུག་གནང་བྱུང་།(rgan-lags(老师) kyis(AG) nga-tshor(我们-POS) sbyong-tshan(作业) bri(写) ru(CAU) bcug-gnang(使-HOP) byung(ASP))老师让我们写作业。结构助词的具体形式和类别可参考1.2.4.4小节。

叹词：藏语表感叹的语气词大多居于句首，一般不视作句子的语法组成部分。例如 ཨ་ཙི་(a tsi)(拉萨话表惊讶)。

---

[1] 参看 Jiang, Di, Hu, Hongyan (2005)。
[2] 参看江荻（2005, 10-93）。

语气词：藏语语气词大多分布在句尾谓语动词及其体貌-示证标记之后，主要有以下几种：陈述语气词、疑问语气词、祈使语气词、测度语气词、节奏语气词等。语气词的主要功能是确定句子的句式。

句法词或句法标记：藏语句法词主要有词格标记、名词化标记、话题标记（停顿助词）以及所谓垫音标记等。例如话题标记ནི(ni)。句法词的功能十分复杂，主要表现句子成分之间的语法关系。词格标记的形式和类别可参考 1.2.4.1 节，其功能和用法参考 1.3.3.1 节。名词化标记的具体形式和类别可参考 1.2.4.3 节。

1.3.2 语序

语序是语言类型学重要的研究内容之一，是语言总体架构的宏观观察角度，并对个体语言研究具有指导性作用。胡坦（1992）曾对藏语结构的语序基本框架做出精彩描写，后来又补充大量语序细节的讨论（胡坦 1998）。概括来说，主要包括"动居句尾"，即 SOV；"形居名后"，即 N-A；"物主词居前"，即带属格短语前置于被修饰名词之前；"位置词居后"，即词格标记出现在名词之后。

有关修饰语序，本书第 7 章及其他相关章节有所讨论，这里就藏语整体句子结构的语序略加叙述。试观察以下藏语基本语序结构：

主语+(与格宾语)+([受事]宾语/小句宾语)+(结果补语)+(状语)+
谓语动词+(状态补语/助动词/敬语标记)+体貌−示证标记+语气词

这个语序框架是以动作动词支配的双宾语结构为蓝本构建的。实际上不同语义类型动词句会呈现不同的结构，但总体语序不违背这个框架。例如：

（1）动作动词句，受事宾语带零标记：$S_{AG}\_O_{\varnothing}\_V$

1-5 ཉི་མས་དུག་ལོག་གོན་ཚར་ཤག།

nyi-ma_s   dug-log   gon-tshar-shag.
尼玛_AG   衣服   穿_CPL
尼玛穿好衣服了。

（2）心理动词句，对象宾语带对象格标记：$S_{AG}\_O_{OBJ}\_V$

1-6 ང་ཚོས་དཀའ་ངལ་ལ་ཞེད་རྒྱུ་ཡོ་ཡོ་མ་རེད།

nga-tsho_s   dkav-ngal_la   zhed-rgyu-yovo-ma-red.
我们_AG   困难_OBJ   怕_NEG_ASP(RST)
我们不怕困难。

（3）双及物动词句，间接宾语或与格宾语带与格标记：S_{AG}_O_{DAT}_OV

1-7 རང་གིས་འདི་མི་ཚང་ཕ་གི་ལ་སྦྲད་ཀག་རྒྱུགས།།

rang-gis_vdi mi-tshang pha-gi_la sbrad-kag rgyugs.

你_AG 这 人家 那个_DAT 给_TAP 去

你去把这个送给那户（人家）。

（4）结果动词句，结果宾语带结果格标记：S_{AG}_(O_)O_{FAT}_V

1-8 ཁོང་གིས་དཔེ་ཆ་དེ་བོད་ཡིག་ལ་བསྒྱུར་པ་རེད།།

khong_gis dpe-cha de bod-yig_la bsgyur_pa-red.

他_AG 书 那 藏文_FAT 翻译_ASP(REA)

他把那本书译成了藏语。

（5）关系动词句，所带类别宾语以及主语不带标记：SOV_{COPULA}

1-9 ང་སློབ་གྲྭ་བ་ཡིན།།

nga slob-grwa-ba yin.

我 学生 是

我是学生。

（6）存在动词句，处所宾语带方位格标记：S_O_{LOC}_V

1-10 པོ་ཏ་ལ་ལྷ་ས་འི་དམར་པོ་རི་འི་སྒང་ལ་ཡོའོ་རེད།།

po-ta-la lha-sa_vi dmar-po_ri-vi sgang_la yovo-red.

布达拉宫 拉萨_GEN 红山_GEN 上面_LOC 在

布达拉宫在拉萨的红山上面。

（7）领有动词句，主语带领有格标记，领有宾语带零标记：S_{POS}_OV

1-11 ངར་བོད་ཡིག་གི་ཚིག་མཛོད་གཅིག་ཡོད།།

nga_r bod-yig_gi tshig-mdzod gcig yod.

我_POS 藏文_GEN 词典 一 有

我有一本藏文词典。

（8）述说动词句，小句宾语带小句标记：S_{AG}_O_{CLAU}_V

1-12 ངས་ཁོང་ཚོར་གཙང་སྦྲར་དོ་སྣང་བྱེད་དགོས་སེ་རྫག་ཏོ་ལབ་པ་ཡིན།།

nga_s khong-tsho_r gtsang-sbrar do-snang-byed dgos_se rdzag-to

我_AG 他们_ALA 清洁 注意 要_CLAU 反复

lab-pa-yin.

说_ASP(DUR)

我反复对他们说要注意卫生。

以上仅为举例性质，还有更多语义类型动词构造的句式（性状动词、互动动词等），带宾语或不带宾语，带不同类型的宾语（江荻、龙从军，2008），此处不逐一讨论。除此之外，藏语语序还体现在更多细微之处。略举一例，指示词跟单音节数词结合修饰名词的语序是“名词＋数词＋指示词”，例如：མི་ལྔ་པོ་འདི་ (mi lnga po vdi)这五个人。但是，其中的单音节数词要添加词缀（周季文、谢后芳，2003）。

1.3.3 范畴

藏语典型语法范畴有名词涉及的格范畴、指小范畴、非典型数范畴和性别范畴；动词涉及的体貌-示证范畴、语气（式）范畴、历时的自动和使动范畴、非典型时范畴，以及及物和不及物特征、带标记的名词化特征、带结构助词的连动特征、自主与不自主特征等(部分可纳入体貌-示证范畴)。形容词涉及的级范畴也不典型，目前有争议。与其他藏缅语或汉藏语相比，藏语缺乏趋向范畴、语态范畴（被动态、反身态、中间态）等。本小节仅讨论名词涉及的格范畴、动词涉及的体貌-示证范畴。指小、性、数范畴在第 3 章讨论，语气范畴、使动范畴、非典型时范畴放在第 5 章讨论，及物性参见 1.3.2 节，名词化标记参见 1.2.4.3 小节，连动特征参见 1.2.4.4 小节，形容词比较级参见第 7 章。

1.3.3.1 词格

根据词格的意义和形式，藏语大致可分出 14 类词格。上文 1.2.4.1 节从词格形式及其变体和变体规则角度介绍了各种词格形式的意义和作用，此处从句法功能上做进一步的叙述，并列举主要形式的例句，更多内容可参考江荻（2005）。

（1）施格(agentive)，也称为作格(ergative)，施格标记基本形式是 གིས་ (gis)。一般来说，自主动词主语均带施格标记。①

1-13 ཉི་མ་ཡིས་སྒོ་བཟོས་ཟིན་རྗེས།།

nyi-ma_yis sgo bzos zin-rjes

尼玛_AG 门做(PST) 完后

尼玛做完大门之后，……

（2）通格 / 共同格（absolutive）。相对带标记的施格，不带标记的主语可算作带有零标记的通格。不及物动词（形容词）的主语，及物动词和领有动词的受事宾语一般都带零标记通格。

① 参看江荻 2007 藏语动词的及物性、自主性与施格语言类型，载孙茂松、陈群秀主编《内容计算的研究与应用前沿》，209-214，清华大学出版社。

1-14 ད་ལྟ་ང་འགྲོ་གི་ཡིན།

da-lta nga vgro_gi-yin.

现在 我 走_ASP(PRO)

（那么）现在我就去。

（3）领有格（possessive），形式是 ལ་(la)。领有动词的主语带领有格。

1-15 རང་ལ་བོད་ལྗོངས་ཀྱི་ས་ཁྲ་ཡོད་པས།

rang_la bod-ljongs_kyi sa-khra yod-pas?

您_POS 西藏_GEN 地图 有_INT

您有西藏地图吗？

（4）位格或处所格(locative)，形式是 ལ་(la)。表时间、地点的名词后添加位格标记。

1-16 ཕ་མ་གཉིས་གྲོང་གསེབ་ལ་ཡོའོ་རེད།

pha-ma-gnyis grong-gseb_la yovo-red.

爸妈俩 农村_LOC 在

爸爸妈妈两人在农村（生活）。

（5）与格 / 间接格（dative），形式是 ལ་(la)。与格标记添加在间接宾语之后。

1-17 ཁྱོད་ཚོར་ལྟོ་ཞིམ་པ་ཁ་གང་ཡང་སྟེར་ནུས་ཀྱི་མེད།

khyod-tsho_r lto zhim-pa kha gang yang ster-nus_kyi-med.

2pl_DAT 食物 好吃_NMZ 口 一 也 给-肯_NEG-ASP(DUR)

不肯给你们一口好吃的食物。

（6）对象格（objective），形式是 ལ་(la)。心理或感情动词宾语带对象格标记。

1-18 ང་ཚོ་ཚང་མས་མེས་རྒྱལ་ལ་དགའ་ཞེན་བྱེད་ཀྱི་ཡོད།

nga-tsho-tshang-ma_s mes-rgyal_la dgav-zhen-byed_kyi-yod.

我们-全部_AG 祖国_OBJ 热爱_ASP(DUR)

我们都热爱祖国。

（7）向格 / 目的格（allative），形式是 ལ་(la)。动作趋向的方位、处所名词添加向格。

1-19 གནམ་ལ་འཕུར་

gnam_la vphur

天_ALA 飞

飞上天

（8）属格（genitive），形式是 གི(gi)。名词的前置修饰语带属格标记。

1-20 བོད་ཀྱི་གནམ་གཤིས་

bod_kyi gnam-gshis

西藏_GEN 天气

西藏的气候

（9）工具 / 方式格（instrumental），形式是 གིས་(gis)。工具格标记添加在表示工具、方式名词之后。

1-21 ལུག་རྫི་དེས་ཤིང་གི་རྒྱུག་པ་གཅིག་གིས་སྤྱང་ཀི་ལ་གཞུས་པ་རེད།།

lug-rdzi de_s shing-gi rgyug-pa gcig-gis spyang-ki_la gzhus_pa-red.

牧童 那_AG 木_GEN 棍子 一_INS 狼_ALA 抽打_ASP(REA)

牧童用一根木棍抽打狼。

（10）从格/离格（ablative），形式是 ནས་/ལས་(nas/las)。表示行为动作的时间起点或处所。

1-22 བོད་ཟླ་བདུན་པའི་ཚེས་པ་གཅིག་ནས་

bod-zla bdun-pa_vi tshes-pa gcig nas

藏历 七月_GEN 日 一_ABL

从藏历七月一日起

（11）同类比较格（co-referential comparative），形式是 ནས་(nas)，表示同类事物比较，常见的格式是 NP+(GEN)+nang+nas。

1-23 དགེ་རྒན་གྱི་ནང་ནས་ཁོང་རྒན་ཤོས་ཀྱི་གྲས་ཅིག་རེད།།

dge-rgan_gyi nang_nas khong rgan-shos_kyi gras cig red.

老师_GEN 里面_COC 他 老-最_GEN 类 一 是

老师里他是年龄最大的一个。

（12）异类比较格（diferent-category comparative），形式是 ལས་(las)，表示异类事物比较，置于被比较者之后。

1-24 འབུར་ལེན་སོག་ལེ་ལས་གལ་ཆེ་གི་རེད།།

vbur-len sog-le_las gal-che_gi-red.

刨子 锯子_DCC 重要_ASP(PRO)

刨子比锯子重要。

（13）排他格（exclusive），形式是 ལས་(las)。数词或数量短语＋las 在存在句中加在否定动词前表示对该数量之外的数量程度进行排除。

1-25 ཕལ་ཆེར་ལེ་དབར་ཉི་ཤུ་ཙམ་ལས་ཡོའོ་མ་རེད།།

phal-cher le dbar nyi-shu tsam_las yovo_ma-red.

大概 华里 二十 多_EXC 有_NEG

大概只有二十多华里。

（14）结果格（factitive/resultative），形式是 ལ་(la)。表示动作变化的结果，通常的格式是把格标记添加在表结果的名词后面。

1-26 མེ་ཏོག་ལྷ་མོར་སྤྲུལ་པ་རེད།།

me-tog lha-mo_r sprul_pa-red.

花朵　仙女_COP　变_ASP(RES)

变成了花朵仙女。

此外，传统文法还有一类呼格(vocative)，形式是 ཀྱེ(kye)等多种书面和口语形式。由于呼格并非表达句子成分的结构关系，可排除在格范畴之外。

1.3.3.2 动词的体貌-示证范畴

结合谓语动词所表达的情态语义，藏语拉萨话动词"体"至少可以分出 9 大类，分别是：将行体、即行体、待行体、实现体、持续体、结果体、方过体、已行体、与境体。不过，藏语动词体标记经常与表示人称、意愿、情态、时空、指向、叙述视点（趋向自我 / 非我）、说话凭据（示证）等等其他语法范畴或者语气范畴的标记"纠缠"一起，难分难断。本书主要依据拉萨话动词谓语句呈现的体标记加以讨论。

（1）将行体（PRO）

将行体表示预设或有计划的动作或事件。将行体的形式标记为 གི་ཡིན་(gi yin)和 གི་རེད་(gi red)，前者表示说话人准确知道动作或事件将会发生，后者表示说话者依据经验推测动作或事件。语法上，这两种现象表现出说话人对信息源表征的差异，形成示证语法范畴，前者称为自知示证，后者是推知示证。这也是为什么同一个体范畴会有两个体标记的原因，我们将 གི་ཡིན་(gi yin)称为将行体的自知示证标记，གི་རེད་(gi red)称为将行体的推知示证标记。

1-27 དེ་རིང་ང་འབྲས་སྤུངས་སུ་མཆོད་མཇལ་ལ་འགྲོ་གི་ཡིན།།

de-ring nga vbras-spungs_su mchod-mjal-la vgro_gi-yin.

今天　1sg　哲蚌寺_ALA　朝佛_ALA　去_ASP(PRO)

今天我要去哲蚌寺朝佛。

1-28 དེ་སྔོན་ཕོ་མོ་རྒན་གཞོན་ཚང་མས་ཉ་བཟུང་གི་རེད།།

de-sngon pho-mo-rgan-gzhon tshang-ma_s nya bzung-gi-red.

以前　男女老幼　　　　全_AG　鱼　抓住(PST)_ASP(PRO)

以前男女老少都捕鱼。

（2） 即行体（IMM）

即行体有三个标记形式，གྲབས་ཡོད་(grabs yod），གྲབས་འདུག་(grabs vdug），གྲབས་བྱེད་(grabs byed）。即行体表示动作即将发生，相对将行体来说，它一般没有预设或计划的含义。

1-29 ཁྱེད་རང་ལྟོ་ཕད་ཅི་དག་སྒལ་པར་ཁྱེར་ནས་ག་པར་ཐད་གྲབས་ཡོད།།

khyed-rang lto-phad ci-dag sgal-par-khyer nas ga-par thad_grabs-yod.

您　　背包　等　背(PST)　　并　哪儿 去_ASP(IMM)

您背着背包什么的，要去哪儿?

1-30 ད་ཉི་མ་ལ་རྒལ་གྲབས་འདུག།

da　nyi-ma_la　rgal_grabs-vdug.

现在 太阳_POS 翻越_ASP (IMM)

现在太阳快下山了。

1-31 ཡེ་ཤེས་མཁའ་འགྲོས་ཞེད་སྣང་གིས་ར་བཟི་བ་ལྟར་ཡམ་ཡོམ་དུ་འཁྱོར་བའི་དཔལ་ལྡན་སྐྱོར་ནས་འགྲོ་གྲབས་བྱེད།།

ye-shes-mkhav-vgro_s zhed-snang_gis ra-bzi_ba　ltar yam-yom_du

益西康卓_AG　　害怕_INS　　醉_NMZ　像 摇晃_LY

vkhyor_ba_vi　dpal-ldan skyor nas vgro_grabs-byed.

蹒跚_NMZ_GEN 白丹　搀扶 并 走_ASP (IMM)

益西康卓把害怕得犹如喝醉了般左右摇晃的白丹搀扶着准备出走。

（3）待行体（PRM）

待行体表示事件将要发生但又蕴含事件尚未发生双重含义。待行体含有事件发生的客观性，包括客观需求、习惯、规定等。待行体的标记形式是 རྒྱུ་ཡིན་(rgyu yin）和 རྒྱུ་རེད་(rgyu red），རྒྱུ་ཡོད་（rgyu yod）。རྒྱུ་ཡིན་(rgyu yin）和 རྒྱུ་རེད་（rgyu red）的差别在于是说话人自己决定还是对他人行为的推测，རྒྱུ་ཡོད་(rgyu yod)表示一种有待亲历的动作或事件。

1-32 ངས་པ་ཕ་གྲོངས་པའི་ཉིན་མོ་ནས་བཟུང་ངེས་པར་དུ་སྲུ་མོ་རྙེད་པ་བྱ་རྒྱུ་ཡིན།།

nga_s　pa-pha grongs_pa_vi　nyin-mo_nas bzung nges-par-du

1SG_AG 父亲　死_NMZ_GEN　日_ABL　抓住 一定

sru-mo rnyed-pa-bya_rgyu-yin.

姨母　找到(FUT)_ASP (PRM)

从父亲去世那天开始，我一定要找到姨母。

1-33 དང་ཐོག་སུ་ལ་སྤྲད་ན་དེས་བདག་པོ་རྒྱག་རྒྱུ་རེད།།

dang-thog su_la　sprad　na de_s　bdag-po rgyag_rgyu-red.

最初　谁_ALA 给(-PST) 若 这_INS 主人　做_ASP (PRM)

若是最初给了谁，谁就做主人。

1-34 ངས་སྔོན་ལ་ཚོགས་ཞུགས་བློ་མཐུན་རྣམ་པར་གནས་ཚུལ་ཞིག་ཁྱབ་ བསྒྲགས་ཞུ་རྒྱུ་ཡོད།།

nga_s sngon-la tshogs-zhugs blo-mthun_rnam-pa_r

1sg_AG 首先 出席 同志_PL_ALA

gnas-tshul zhig khyab-bsgrags-zhu_rgyu-yod.

消息 一 宣布_ASP (PRM)

我首先要给参加会议的同志们宣布一个消息。

（4）持续体（DUR）

持续体指正在进行的动作，或者在某段时间内持续的动作，包括持续的事件、持续的状态和长久形成的习惯。持续体的形态形式是 གི་ཡོད་ (gi yod)，གི་འདུག་ (gi vdug)，གྱི་ཡོག་རེད་ (gi yog red)。示证上，前者代表说话人的意愿，往往是自称第一人称，后两者叙述他人行为，གི་འདུག་ (gi vdug)表示亲见，་གྱི་ཡོག་རེད་ (gi yog red)表示推测。

1-35 རང་ཉིད་ལ་མཁོ་བ་འ་མ་ཡིད་ངོར་བབས་པའི་ཚོང་ཟོག་ཉོ་གི་ཡོད།།

rang-nyid_la mkho-ba va-ma yid-ngo_r babs_pa_vi

自己_POS 需要 但是 心中_LOC 到达_NMZ_GEN

tshong-zog nyo_gi-yod.

商品 买_ASP (DUR)

（我）买自己需要的和喜欢的商品。

1-36 ལམ་དུ་འགྲོ་གིན་འགྲོ་གིན་ལའང་སྒྲ་སྙན་གཏོང་གིན་གཏོང་གིན་འགྲོ་གི་འདུག།

lam-du vgro-gin-vgro-gin lavng sgra-snyan-gtong-gin-gtong-gin

路上 走着 走着 也 弹着琵琶 弹着

vgro_gi-vdug.

走_ASP (DUR)

（他）路上边走边弹琵琶。

1-37 ཉིན་ལྟར་དངུལ་མོ་མཚོ་རང་ གི་ ཕ་ཡུལ་ཚད་མེད་དྲན་གྱི་ཡོག་རེད།།

nyin-ltar dngul-mo-mtsho rang_gi pha-yul

每日 悦莫错 自己_GEN 故乡

tshad-med dran_gyi-yog-red.

无限 想念_ASP (DUR)

每天，悦莫错无限思念自己的故乡。

（5）方过体（MER）

表示动作刚刚发生或者事件刚刚结束的状态，称为方过体，形态标记是 གྲབས་ཡིན་(grabs yin)和 གྲབས་རེད་(grabs red)。གྲབས་ཡིན་(grabs yin)用于第一或第二人称，是自知或亲知示证，གྲབས་རེད་(grabs red)用于第三人称，一般是亲见事件，也可能是推测事件。

1-38 ཚོགས་འདུ་འཚོག་དུས།། ང་སླེབས་གྲབས་ཡིན།། ཁོང་ཡའི་སླེབས་གྲབས་རེད།།

tshogs-vdu vtshog-dus. nga slebs_grabs-yin. khong yavi slebs_grabs-red.

会议　　　开-时　　　1sg 到_ASP(MER) 他　　也　到_ASP(MER)

开会时，我刚到，他也刚到。

1-39 ཚུར་ཕེབས་གྲབས་ཡིན་ན་སྐུ་ངལ་མ་གསོས་པར་ཐུགས་བྲེལ་ག་རེ་གནང་གག་ཐད་ག།།

tshur-phebs_grabs-yin-na sku-ngal-ma-gsos-par thugs-brel ga-re-gnang

回来_ASP (MER)　　　休息-不　　　　　　忙碌　　做什么

gag　thad_ga.

TAP　去_INT

刚回来几天，不好好休息，忙着去干嘛呐？

（6）实现体（REA）

藏语拉萨话动词实现体标记是 པ་ཡིན་ (pa yin)，པ་རེད་ (pa red)，动词一般是过去时形式。所谓“实现”是动词所指事件已经出现或完成，或者动作过程已经实现。实现与完成并不是同一概念，实现指动作是否成为事实，完成指动作的过程是否结束。标记 པ་ཡིན་ (pa yin)表示自知示证，པ་རེད་ (pa red)表示推知示证。自知是说话人凭借亲历证据描述事件，推知则是说话人凭借经验的推论或者对他人信息源的引述。

1-40 ཁྱེད་ཀྱི་སྐད་ཆ་ཚིག་ཁ་ཤས་འདི་ངས་ལོ་ནས་ལོ་བར་བསྒུགས་པ་ཡིན།།

khyed_kyi skad-cha tshig kha-shas vdi nga_s

2sg_GEN 话　　　几　些　　　这 1sg_AG

lo-nas-lo-ba_r bsgugs_pa-yin.

年　　年_LY 等_ASP (REA)

你的这几句话我等了一年又一年。

1-41 སྡུག་པོ་འདི་འདྲ་མྱངས་དགོས་པ་ཁྱེད་རང་གིས་བཟོས་པ་རེད།།

sdug-po vdi-vdra myangs　　dgos_pa khyed-rang_gis bzos_pa-red.

苦难　　这样　　遭受(PST) 该_NMZ 2sg-自己_AG 做_ASP (REA)

受这样的苦是你自己造成的。

（7）结果体（RST）

结果体表示动作发生或事件结束造成某种结果的句法意义。结果体的形态标记有三个：ཡོད་(yod)，否定式 མེད་(med)；ཤག་(shag)，否定式 མི་འདུག་(mi vdug)；ཡོག་རེད་(yog red)，否定式 ཡོག་མ་རེད་(yog ma red)。凡是叙述者亲历的事件，用自知示证标记 ཡོད་(yod)；凡是叙述者亲见的非自我经历的事件，用亲知

示证标记 འདུག་/ཤག་(vdug/shag)；叙述者依据传闻或不在时空现场等经验推论的则用推知示证标记 ཡོག་རེད་(yog red)。

1-42 ཁྱོད་རང་ཡང་རིག་པའི་ བདག་པོར་ གྱུར་ ཡོད་ པས།

khyod-rang yang rig-pa_vi bdag-po_r gyur_yod pas

2sg 也 智慧_GEN 主人_FAT 变成(PST)_ASP (RST) 因为

（因为）你也变成聪明的主人了。

1-43 ངའི་སྤོ་ལགས་ག་པ་སྦས་ཡོག་རེད།

nga_vi spo-lags ga-pa sbas-yog_red.

1sg_GEN 爷爷 哪儿 埋(PST)_ASP (RST)

我爷爷埋在哪儿了？

1-44 རང་དབང་མེད་པར་ གད་མོ་ཤོར་ནས་ ཡག་པོ་བྲིས་ ཤག།

rang-dbang-med_pa_r gad-mo-shor nas yag-po bris_shag.

自己-NEG_NMZ_LY 发笑 并 好 画(PST)_ASP(RST)

不由自主地笑着说画得好。

（8）已行体（PEF）

已行体表示说话时间之前动作已经发生、状态已经变化，也表示说话人发现了变化，注意到新情况。但是，说话人着意的并不是动作是否完成，而是动作已经发生，故称为已行体。已行体形态标记是 བྱུང་ (byung)和 སོང་ (song)，带 བྱུང་ (byung)的句子都是他称自主动词句，它们的共同特征是动作趋向说话人观念上的中心点；带 སོང་ (song)的句子动作趋向离开或不在中心点，以及说话人主观上未曾预料或不愿接受的动作结果。无论自称还是他称，无论动词的自主与不自主属性，凡以说话人为中心，或者有益于说话人利益的表述采用标记 བྱུང་ (byung)，而不以说话人为中心或者有损说话人利益的表述用 སོང་ (song)。

1-45 ང་ཆུང་དུས་ སྤོ་བོ་ལགས་ཀྱིས་ཀོ་གླུ་མང་པོ་བསླབས་གནང་བྱུང་།

nga chung-dus spo-bo-lags_kyis ko-glu mang-po bslabs-gnang_byung.

1sg 小时候 爷爷-HON_AG 船歌 多 教-HON_ASP (PEF)

我小时爷爷教过很多船歌。

1-46 ཁྱེད་རྣམ་པར་དངངས་སྐྲག་ཆེན་པོ་བཟོས་སོང་།

khyed-rnam-pa_r dngangs-skrag chen-po bzos_song.

2pl_OBJ 紧张 大 做_ASP (PEF)

给你们造成了紧张气氛。

（9）与境体（CON）

人们可以利用经验对未来的事件和过去的事情进行推测和判断，就好像“亲历或亲见”了事件的发生。从时间结构上看，谓语动词所表现的这类语法意义表示事件的未来结果或者已发生事实的必然结果，以及说话人对事件结果的确信度。我们用“与境体”称谓之。与境体的经验性推断性质使得它一般只能采用非亲历的叙事方式，多数时候使用 པ་འདུག་(pa vdug)标记，但又由于确信程度很高，也可能作为直接证据，于是也可能采用 པ་ཡོད་(pa yod)。

1-47 ཁ་ས་ཐ་མག་ཅིག་ཉོས་ན་འགྲིག་པ་ཡོད།།

kha-sa tha-mag cig nyos na vgrig_pa-yod.

昨天 烟 一 买(PST) 并 对了_ASP (CON)

我昨天买了一包烟（看来）是对的。

1-48 ང་ལ་སྙིང་ནད་འདི་ཕོག་ནས་མཐའ་མ་ངའི་སྲོག་འདི་ཡང་སྙིང་ནད་འདི་རང་གིས་གཅོད་པ་འདུག།

nga-la snying-nad vdi phog nas mthav-ma nga_vi srog vdi

1sg-POS 心脏病 这 染 之后 最终 1sg_GEN 生命 这

yang snying-nad vdi rang_gis gcod_pa-vdug.

也 心脏病 这 它_INS 除去_ASP (CON)

我得了心脏病， 最后我的这条命也要被它夺走。

归纳起来，藏语 9 类体共有超过 25 种标记形式，这是因为每类体都有两个或两个以上示证类型。藏语示证范畴包括四种主要示证类型：自知示证、亲知示证、新知示证、推知示证。这两个语法范畴共享一套形式标记，形成独特的体貌-示证相互融通的语法范畴。

1.3.4　结构

句法上的结构主要指短语结构。藏语短语结构分为谓词性的和体词性的两类。谓词性的有（1.3.4.1-1.3.4.6 节）：主谓结构、动宾结构、连动结构、动补结构、状中式偏正结构、动词性联合结构等；体词性的有（1.3.4.7-1.3.4.13 节）：形名偏正结构、属格结构、名词性联合结构、数量结构、同位结构、固定结构、话题结构等。比较有趣的是，所有谓词性短语都可以通过添加名词化标记转化为体词性短语，呈现出名词或名词结构所具有的句法功能。这种短语称为名词化结构。

1.3.4.1 主谓结构

1-49 ཁོང་གིས་ཞུས་པ་དེ་འགྲིགས་སོང་།།

khong_gis zhus_pa de vgrigs_song.

他_AG 说_NMZ 那 相合_ASP

他去说是对的。（周季文、谢后芳，2003）

1-50 ཛོར་རྟགས་མ་བཤམས་པ་བྱུང་ཡོད།།

dzor rtags ma bshams_pa byung_yod.

丑 标记 NEG 露出(PST)_NMZ 发生(PST)_ASP

没有露出丑态的样子（标记）。

句 1-49 的主谓结构 ཁོང་གིས་ཞུས་ (khong gis zhus)带名词化标记构成的短语充当全句的主语，指示词 དེ་ (de)形式上限定主谓结构，实则可看作同位性成分，动词 འགྲིགས་ (vgrigs)“相合、合适”带体貌标记做全句谓语。句 1-50 则是带名词化标记 པ་ (pa)的主谓结构充当主语，谓语 བྱུང་ (byung)“出现、发生”带结果体标记 ཡོད་ (yod)。

1.3.4.2 动宾结构

1-51 མི་ལུས་སྟོད་དམར་ཧྲེང་བྱས་པ་ཞིག་གིས་ཀོ་བ་ཉེད་བཞིན་ཡོད་པ་ མཐོང་།

mi lus-stod dmar-hreng-byas_pa-zhig_gis

人 上身 裸着_NMZ 一_AG

ko-ba-nyed-bzhin-yod_pa mthong.

鞣皮革 正在(RST)_NMZ 看见

（他）看见有一个光着上身的人正在鞣皮子。

句1-51的宾语是带名词化标记པ་(pa)的动词短语ཀོ་བ་ཉེད་བཞིན་ཡོད་པ་ (ko ba nyed bzhin yod pa)鞣皮革，充当全句谓语མཐོང་ (mthong)“看见”的宾语。

1.3.4.3 连动结构

1-52 ཁོ་དཔེ་ཆ་ཉོ་ཀག་ཕྱིན་སོང་།།

kho dpe-cha nyo_kag phyin_song.

他 书 买_TAP 去_ASP

他去买书去了。

1-53 ཆུ་ལེན་པར་ཡོང་གི་ཡོད་པ་རེད།།

chu len-pa_r yong-gi-yod_pa-red.

水 取_TAP 来(PST) _ASP

来打水

插入两个动词或者动词短语之间表示连动的助词主要有 ཀག་ / གག་ (kag/gag)和 པར་ (par)等。

1.3.4.4 动补结构

1-54 གཉེན་རོགས་ཀྱི་བློ་ཁ་ལོག་པར་ གྱུར།།

gnyen-rogs_kyi blo-kha-log_pa_r　　gyur.

朋友_GEN　　心-变卦_NMZ_FAT　转变(PST)

朋友变了心。

1-55 འཇིགས་སུ་རུང་བ་ཞིག་ཏུ་གྱུར།།

vjigs-su-rung-ba zhig_tu　gyur

可怕　　　　很_FAT　变(PST)

变得非常可怕。

句1-54的谓语动词属变化动词，可带补语。补语由ཁ་ལོག་པ་(kha log pa)“变卦”充当，其后带黏着性补语标记_r是ru的黏着形式。句1-55的补语标记是独立音节词ཏུ་(tu)。

1.3.4.5 动词并列结构

1-56 བོང་བུས་སྟག་ མཐོང་མ་ཐག་ འཇིགས་ ནས་འདར་གསིག་ ཤོར་

bong-bu_s stag mthong ma thag　　vjigs　　nas　vdar-gsig　shor

驴_AG　老虎 看见　一……马上 崩溃(PST) 并　颤抖(PST) 出现

驴一看见老虎就垮了，（身上）不停颤抖。

1-57 ང་སྐྱོབ་རོགས་གནང་དང་སྐུ་མཁྱེན།།

nga skyob-rogs-gnang dang sku-mkhyen.

1sg 拯救-帮助-HON 并　劳驾

劳驾您救救我。

一般情况下，并列的动词或者动词短语之间用 ནས་ (nas)连接，有时候也可以用 དང་ (dang)连接。后者大多数用于名词或者名词短语。

1.3.4.6 状中偏正结构

1-58 མགྱོགས་པོས་དེ་རྡུང་ཤོག།།

mgyogs-po_s　de　rdung_shog.

快快_LY　　它　打_IMP

赶快打它呀！

副词或者短语副词修饰和限定动词的时候，位置比较灵活，大多数放在动词或动宾结构之前，也有后置于动词的，少量甚至可以前后随意出现。大多数副词来源于形容词，有些已经添加副词标记，有些可直接修饰动词，例如 ཞིབ་པ་ (zhib pa)仔细，去掉词缀添加格标记 ཏུ་ (tu)构成副词 ཞིབ་ཏུ་ (zhib tu)仔细地。例如：ཞིབ་ཏུ་ལྟ་ (zhib tu lta)仔细看。副词内容请参考本书第 8 章。

1.3.4.7 名词并列结构

1-59 སྟག་དང་སྤྱང་ཀི་འཁྲིས་སུ་ སླེབས།།

stag dang spyang-ki vkhris_su slebs

老虎 和 狼 附近_LOC 来到(PST)

老虎和狼来到附近。

1-60 ཙང་ཞེད་སྣང་དང་སྐྱོ་སྣང་ཆེན་པོ་སྐྱེས་

tsang zhed-snang dang skyo-snang chen-po skyes

因此 害怕 和 悲观 大 产生(PST)

（她心里）又伤心又恐惧。

1.3.4.8 形名偏正结构

1-61 རྒྱལ་ཡོངས་ཀྱི་སྐད་གྲགས་ཆེ་ཤོས་ཀྱི་ལྷ་བྲིས་པ་ཁ་ཤས་སྐད་བཏང་པ་རེད།།

rgyal-yongs_kyi skad-grags che-shos_kyi lha-bris-pa kha-shas

全国_GEN 名声 最大_GEN 画匠 一些

skad-btang_pa-red.

召唤(PST)_ASP

叫来了全国最著名的一些画师。

这个案例有多重名词修饰语，名词རྒྱལ་ཡོངས་(rgyal-yongs)“全国”带属格标记ཀྱི་(kyi)前置，修饰名词སྐད་གྲགས་(skad-grags)名声，然后这个名词短语整体带属格标记修饰ལྷ་བྲིས་པ་(lha bris pa)画师，这个中心词又受到不定指示词ཁ་ཤས་(kha shas)“一些”的后置修饰。藏语最典型的形名短语结构是“名词中心语＋形容词”，例如布达拉宫称为：ཕོ་བྲང་དམར་པོ་(pho brang dmar po)红宫，形容词དམར་པོ་(dmar po)“红色”后置于中心语ཕོ་བྲང་(pho brang)宫殿。

1.3.4.9 数量结构

1-62 མིག་ ཡ་གཅིག་

mig ya gcig

眼睛 只 一

一只眼睛。

1-63 སྟག་ནི་ མཆོངས་ཐེངས་གཉིས་གསུམ་

stag_ni mchongs thengs gnyis-gsum

老虎_PAP 跳 次 两-三

老虎跳两三次（就到了终点）。

1.3.4.10 话题结构

1-64 ང་ནི་ སྡེ་དགེར་ སྤུན་མཆེད་མེད་ ལ།།

nga_ni　sde-dge_r　spun-mched med　la.

1sg_PAP　德格_LOC　亲戚　没有　啊

我呢，德格家乡已经没有任何亲人了。

话题标记添加的对象很自由，甚至可以添加到名词化结构。

1-65 བྱ་ཁྭ་ཏས་སྐད་ངན་རྒྱག་པ་ནི་ཁ་མཆུ་ཡོང་བའི་ སྔ་ལྟས་རེད།།

bya-khwa-ta_s skad-ngan-rgyag_pa_ni kha-mchu yong_ba_vi

乌鸦_AG　喊叫_NMZ_PAP　官司　来_NMZ_GEN

snga-ltas red.

预兆　是

老鸦叫，怕（是）有口舌（是非）。

1.3.4.11 属格结构

1-66 དཔེ་ཆ་འདི་སུའི་རེད།། ངའི་ཨ་ཅག་ལགས་ཀྱི་རེད།།

dpe-cha vdi su_vi　red. nga_vi　a-cag-lags_kyi　red.

书　这 谁_GEN 是　1sg_GEN 姐姐-HON_GEN 是

这本书是谁的？是我姐姐的。

带属格的前置修饰语在一定条件下可以省略中心语，造成独立的属格短语：སུའི་ (su-vi)我的；ཨ་ཅག་ལགས་ཀྱི་ (a-cag-lags-kyi)姐姐的。

1.3.4.12 同位结构

1-67 རྒན་ལགས་ཀྱིས་གསུང་པའི་བོད་སྐད་དེ་ངས་གོ་གིས།། ཁོང་ཚོ་ཚང་མས་ཡའི་གོ་གིས།།

rgan-lags_kyis gsung_pa_vi　bod-skad de nga_s　go_gis.

老师_AG　说_NMZ_GEN 藏话　那 我_AG 懂_ASP

khong-tsho tshang-ma_s　yavi go_gis.

他们　所有人_AG　也　懂_ASP

老师说的那个藏话我懂，他们大家也懂。

1-68 དེ་རྣམས་ཚང་མ་ཆབས་ཅིག་རི་བོང་གི་ ཚང་ལ་ ཕྱིན་ སོང་།

de_rnams tshang-ma chabs-cig ri-bong_gi　tshang_la　phyin_song.

它_PL　大家　共同　兔子_GEN　寓所_LOC 去(PST)_ASP

它们大家一起回到山兔家里。

1.3.4.13 固定结构

1-69 རྩིས་པས་རྩིས་ཐོ་སྤྲོད་དུས་གཅིག་གཅིག་གཉིས་གཉིས་ཀྱིས་རྩིས་སྤྲོད་བྱས་པ་རེད།།

rtsis-pa_s rtsis-tho-sprod dus gcig-gcig-gnyis-gnyis_kyis

会计_AG 交账本 时候 一 一 二 二_LY

rtsis-sprod-byas_pa-red.

交账_ASP

会计交账时，一五一十地交了。

单纯从语素序列很难逐一解读 གཅིག་-གཅིག་-གཉིས་-གཉིས་-ཀྱིས་(gcig-gcig-gnyis-gnyis-kyis)内部结构关系，反之，由于数词带有词格标记转化的副词性标记，显然数词并非实指，而是一种转喻。这是一个典型的固定结构，充当句子状语。

我们知道，任何语言都存在一些特定表达形式，这些形式组成该语言的固定结构，都是应该收入语言词库中的特异性词汇。以下摘自胡坦等（1999）。

1-70 ང་ནི་དགུན་ཁ་རན་པ་དང་ཆམ་པ་བརྒྱབ་ཅང་ལང་པོ་ཡོད།།

nga_ni dgun-kha ran_pa dang cham-pa-brgyab cang-lang-po_yod.

我_PAP 冬天 临到_NMZ 并 患感冒 总是_ASP

我呐，一到冬天老爱闹毛病。

1-71 ང་ཚོས་སློབ་སྦྱོང་ག་རེ་བྱས་ནའི་མ་ཤེས་ཤེས་མདོག་བྱེད་རྒྱུ་ཡོག་མ་རེད།།

nga-tsho_s slob-sbyong ga-re-byas navi ma-shes-shes-mdog-byed

我们_AG 学习 什么-做 连词 不懂装懂

_rgyu_yog-ma-red.

_NMZ-NEG_ASP

我们无论学习什么都不要不懂装懂。

其中 མ་ཤེས་ཤེས་མདོག་བྱེད་(ma shes shes mdog byed)构成动词短语，意思是“不懂装懂”。

1-72 དེང་སང་མི་བྱེད་དགུ་བྱེད་མཁན་ཉུང་རུ་ཞེ་དྲགས་ཕྱིན་ཤག།

deng-sang mi-byed-dgu-byed_mkhan nyung-ru zhe-drags phyin_shag.

近期 胡作非为_NMZ（者） 少-CPL 很 变_ASP

最近胡作非为的人少了很多。

藏语语法现象丰富多彩，以上讨论主要关注句法中的基本内容，以框架方式呈现给读者并作为词法研究的背景。涉及短语结构和语法范畴之外的句式、句类和句型未作讨论，包括跟句式（单句和复句）密切相关的连词、结构助词、语篇插语词、引语和述说标记，跟句类相关的各类语气词、终结词、话题标记，跟句型相关的动词类别等。这些内容可以在更完整的藏语句法体系中加以描述。建议参考的主要句法论著（中国）有：金鹏（1958，1983）、瞿霭堂（1985a/b）、胡坦（2002a、2002b）、周季文、谢后芳（2003）、格桑居冕、格桑央京（2004）、江荻（2005 a/b，2016）。

第2章　词库和词法研究简史和现状

2.1　传统文法的价值和内容

藏文文法博大精深，迄今已传承1000余载，是西藏文明的精髓之一。自7世纪吐蕃王朝的土弥·桑布扎（ཐུ་མི་སམ་བྷོ་ཊ་，thu mi sam bho tta）创始藏文、撰写文法以降，历代藏族精英继承和发扬了这项宝贵财富。据格桑居冕叙述："传统的藏文文法（བརྡ་སྤྲོད་རིགས་，brda sprod rigs）分两部分，一个叫'文法根本三十颂'（ལུང་སྟོན་པ་རྩ་བ་སུམ་ཅུ་པ་，lung ston pa rtsa ba sum cu pa），主要讲的是藏文拼写结构和以静词为中心的格助词（རྣམ་དབྱེ་，rnam dbye）及各类虚词（ཚིག་ཕྲད་，tshig phrad）的用法。全书用七言偈颂体写成，共三十三偈，除去前言性质的三偈，正文恰好三十偈，故名'三十颂'。文法的另一部叫'字性组织法'（རྟགས་ཀྱི་འཇུག་པ་，rtags kyi vjug pa），也是用七言偈颂体写成的，共三十三偈半，主要讲的是以动词为中心的形态变化（གཟུགས་འགྱུར་，gzugs vgyur）、时态（དུས་གསུམ་དང་སྐུལ་ཚིག་，dus gsum dang skul tshig）、施受关系（བྱ་བྱེད་ལས་གསུམ་，bya byed las gsum）和能所关系（བདག་གཞན་，bdag gzhan）等等，因为动词的这些范畴是通过对基字（མིང་གཞི་，ming gzhi）、前加字（སྔོན་འཇུག་，sngon vjug）和后加字（རྗེས་འཇུག་，rjes vjug）的字性语音分析来阐述的，所以定名为'字性组织法'。这两部纲领性的文法著作相传皆在一千三百多年前的公元七世纪由土弥·桑布扎所撰，此后历代许多文法学家都以土弥的原著为蓝本加以注释和扩充，形成以虚词和动词为核心、具有显著特色的传统文法体系。"①的确，藏族特色的传统文法是研究藏语语法的起点，后世诸多藏族大师都予以发扬光大，创造出更为恢弘壮观的藏语文声明学（语言学）系统。历代传承下来的重要作品有：11世纪的珍贝·益西扎巴的《语门文法概要》（smra sgo mtshon cha），12世纪萨迦·索南泽摩所著《藏文读法启蒙》(yi gei bklag thabs byis pa bde legs tujug pa)，13世纪萨迦·班智达的《语法入门》（sgra sgovi sa bcad），16世纪觉顿·仁钦扎西的《藏语古今词语辨析：丁香帐》（li shivi gur khang），18世纪的嘎玛·司

---

① 参看格桑居冕 1987《实用藏文文法教程》，四川民族出版社，格桑居冕、格桑央京修订版 2004。

都的《司都文法详解》(karma si tuvi sum rtags vgrel chen mkhas pavi mgul rgyan mu tig phreng mdzes)，19世纪末20世纪初色多著《藏文文法根本颂色多氏大疏》(gser tog sum rtags)，20世纪才旦夏茸著《藏文文法》(thon mivi zhal lung)，20世纪毛尔盖·桑木丹著《语法明悦》(brda sprod blo gsal dgav ston)等等。

传统文法基本内容由四部分组成。第一部分是字母分类和文字结构，分别讨论藏文的30个辅音字母、4个元音符号和音节字的构成。其中基字由30个字母充当，前加字、后加字、重后加字、上加字、下加字由数量不等的字母充当，相互之间的搭配形成一定规律。[①]

第二部分是虚词的形式、功能和用法，主要包括格标记或者格助词、不自由虚词和自由虚词。这部分内容实际都属于句法虚词现象，例如格助词放在名词或者名词短语之后，表示名词与动词或者与其他名词之间的句法关系或语义关系，主要有属格、作格、从格、la类格等，不过，由于词与词之间语义关系复杂，而格助词形式不多，因此造成形式与语义之间一对一、一对多各种复杂情况，再加上历史语音变化或者书写形式上的规则，每种格助词似乎都有多个变体，使得添加格助词成为困难问题。为了区分各种语义关系，人们创造了更多的语义关系的格表示法，分别有属格、具格、业格、为格、于格、从格、呼格等。不自由虚词包括了表示词与词关系、小句之间关系的连词或副词、结构助词、句末语气词、谓语时体标记等句法词，显然，这些词归属一类讨论显得混乱，它们的共同特点是每类词都有多个变体（尤其是书面形式变体），变体的条件一般都较为清晰，即跟随前一音节后加字性质和类型发生变化。为了解释这类现象，文法创造了很多术语加以讨论，形成文法教学上的添加法。实际这不过是历史语音变化导致的语音条件变体而已，历代文献记录不同罢了。至于自由虚词，也就是没有变体的虚词，使用的时候不受前面音节韵尾的制约。传统文法的自由虚词包括现代部分连词、话题标记、结构助词、语气词、指示代词、疑问代词、否定词和指人的名词词缀。从现代语法观点看，指示代词、部分疑问代词等一般也归为实词。

第三部分即字性组织法，包括字母的语音性质分类和字母的缀接规则。传统文法把辅音字母分为阳性、阴性和中性三类，分别以强音势、弱音势、强弱中和音势来描述，其中涉及前加字与基字拼合的音势原理，以及前后加字与基字拼合造成的词法和句法变化，这些变化与名词派生、动

[①] 参看江荻、龙从军 2010《藏文字符研究》，社会科学文献出版社。

词屈折或黏附构形范畴都有关联，因此受到高度重视。实际上，字性组织法很大程度上主要是语音现象和文字拼写现象，例如清浊读音、送气与否、发音方法和发音部位的协调交替。传统文法将语音现象和语法现象统合分析，一定意义上增加了书面语言的学习难度。例如为了解释语音搭配问题，又产生了上阳性、中阳性、下阳性、极阴性、可变中性、不变中性、二合中性等等概念和术语。再例如，为了解释词缀添加差别，又创造了性同原则、音同原则、易读原则等。

第四部分论述以动词为中心的各种语法关系以及动词的功能、分类和学习方法。传统文法关于动词的分类跟汉语或英语很不相同，它的着眼点不在动词与宾语的关系，而是与施事者有密切关系，所产生的分类是施为动词和非施为动词，藏语称为ཐ་དད་པ་ (tha dad pa)和ཐ་མི་དད་པ་ (tha mi dad pa)，前者指动作或事件的发生是施动者或者某种原因造成的，后者指不需要施动者而自行发生的动作或事件。这是现代人们称藏语为作格语言的原因。藏语虽然是作格系统，区分施为动词和非施为动词，但是仍然需要区分及物与不及物动词、使动与自动动词、自主与不自主动词，后面这一类是现代学者发现和命名的（参看格桑居冕 2004）。传统文法关于施为动词的分类总体上符合藏语的事实，可是在具体分析上又一直相当纠结，主要是哪些属于施为动词，哪些属于非施为动词，归类上有很大争议。这个问题之所以复杂是因为动词句法语义类别不同，涉及的宾语类型也不尽相同，同时还有其他各种因素干扰，包括词格产生的语义关系，引起各种纷争，目前传统文法还没有彻底解决其中的难点。很可能正是由于藏语的作格体系原因，传统文法又创造了能所关系和施受关系概念来阐述动词跟各类宾语乃至其他句法成分的关系。我们不妨用胡书津（1995）的一段阐述来理解这两种关系："藏语里凡现在时和未来时及物动词（不论自主与否）都有'能所关系'。及物动词的施事、施事方式或工具和能表现在时动作，三个表主动态部分，概括起来称之为'能表'（能动者）；及物动词的间接受事（指带la类义格助词的对象宾语）或动作的方位处所、直接受事ལས་ (las)（指不带la类义格助词的涉事宾语）和所表未来时动作，三个表被动态部分，概括称之为'所表'（所动者）。……施受关系中的施事，即施动者、施动工具或方式和现在时动作，三者合起来便是'能所关系'中的'能表'；'施受关系'中的直接受事、间接受事（对象）或方位及未来时动作，三者结合起来便是'能所关系'中的'所表'"。例如：

2-1 ཤིང་མཁན་གྱིས་སྟ་རེས་ ནགས་ཚལ་དུ་ཤིང་བཅད་བར་བྱ།།
shing-mkhan_gyis sta-re_s　nags-tshal_du　shing　bcad-bar-bya.
伐木者　_AG　斧子_INS　树林_LOC　木头　砍(PRS)
施动者　施动工具　动作地点　受事　未来时动词
伐木者在树林里将用斧子砍树。（胡书津，1995）

2-2 དགེ་རྒན་གྱིས་སློབ་གྲོགས་ལ་སྒྲུང་འཆད་པར་བྱེད།།
dge-rgan_gyis　slob-grogs_la sgrung vchad-par-byed.
老师　_AG　学生_OBJ　故事　讲
施动者　施动对象　受事　现在时动词
老师在给学生讲故事。（胡书津，1995）

能所关系对于了解部分动词语法和语义差异具有重要作用，特别是不少动词的“三时一式”词形发生残缺情况下，利用能所关系能正确加以识别。例如：

འཁྲུད་པ་པོ་ (vkhrud pa po) 洗者　　བཀྲུ་ཡུལ་ (bkru yul) 洗的地点
འཁྲུད་བྱེད་ (vkhrud byed) 洗用工具　　བཀྲུ་བྱ་ (bkru bya) 所洗的
འཁྲུད་པར་བྱེད་ (vkhrud par byed) 在洗　　བཀྲུ་པར་བྱ་ (bkru par bya) 将要洗

动词 འཁྲུད་ (vkhrud)“洗”有完整的三时一式四种词形：འཁྲུད་，བཀྲུ་，བཀྲུས་，ཁྲུས་ (vkhrud 现在时，bkru 未来时，bkrus 过去时，khrus 命令式)，能所关系只涉及和管辖现在时和未来时。其中现在时的名动词形式 པ་(-pa）添加指人词缀 པོ་ (po) 表示施事者，现在时动词添加方式或者工具词素 བྱེད་ (byed)表示方式或工具，现在时动词添加 པར་བྱེད་ (par byed)表示正在发生的事情，这三者是所谓“能表”，与能动者相关；未来时动词添加地点或者对象的构词词素 ཡུལ་ (yul) 表示处所或对象，未来时动词添加 བྱ་ (bya)表示所涉及的事物，未来时动词添加 པར་བྱ་ (par bya)表示将要发生的事情，这三者是所谓“所表”，与所动者相关。例如，动词 བསྟོད་ (bstod)“赞颂”三时一式完全同形，仍然可以用添加不同词缀或词素加以区分，似乎也是能表与所表区分带来的词法和形态功能。

བསྟོད་པ་པོ་ (bstod pa po) 赞颂者　　བསྟོད་ཡུལ་ (bstod yul) 赞颂对象
བསྟོད་བྱེད་ (bstod byed) 用以赞颂的　　བསྟོད་བྱ་ (bstod bya) 所赞内容
བསྟོད་པར་བྱེད་ (bstod par byed) 在赞颂　　བསྟོད་པར་བྱ་ (bstod par bya) 将赞颂

不过，传统文法描述的能表与所表概念只能用于及物动词，只涉及现在时和未来时形式，而且要求能动与所动形式两两相对不可缺一，[①]更与

---

① 参看格桑居冕 1987 格桑居冕、格桑央京（2004 修订版）。

语法体系矛盾的是，能所关系造成的不仅有词法形态，还有句法短语，二者不是同一平面的语法单位和概念。从这个意义上看，能所关系所关注的词法形态体系是不完整的，功能和应用范围受到限制。正因为如此，部分学者认为"由于现代藏语动词屈折形态表达方式简化（合并、减缩和转移），而且动词的屈折变化带有明显的地域性，不同区域差别较大。所以，现代藏语构词上的'能所关系'从某种意义上讲，应该说，主要靠词缀来表示，而用来构词的词缀亦由-po、-byed、-yul、-bya 分别转化（文字与口语两类并存）为-mkhan、-yas(yag byed)、-s、-yul、-rgyu 等"。①如果形式上都发生彻底的变化，说明古藏语的能所关系在现代藏语中已基本丧失原有功能。

当然，在传统文法四大部分主体研究领域之下，尚有更多深耕细作式的研究，这里就不具体讨论。总起来看，传统文法研究中既有专题性研究，也有综合性研究，有文字语音专题研究，还有句法词法综合研究，著作人有佛教高僧，也有文人学者，可以说研究者群星璀璨，高深著述蔚为大观。鉴于藏文传统文法著述甚多，研究历史悠久，超出本书作者涉猎能力，以下仅以近现代语法观念的研究加以观察，以汉语、英语著述为重点来回顾和讨论藏语词法研究的历史进程。②

2.2　早期的藏语文研究

本族学者之外，最早涉及藏语和藏文研究的是西方人。③仅就藏语词库与词法的专门研究来看，比较有代表性的研究集中在藏语动词形态方面。由于能够收集的资料有限，我们只能简单就目前收集到的资料加以讨论。实际上，我们介绍的早期藏语研究未必会涉及较多的形态和词法研究内容，实在是这些著作或学者太过知名，我们不能不提及他们，例如亚历山大·乔玛（Alexander Csoma de Koros）。

---

① 参看胡书津（1995）。
② 藏语传统文法自成体系，封闭性很强，一直未与现代语法理论成体系地融合贯通。相关介绍可参见周炜（1999）本书讨论的现象属于现代词法范畴，遵循学界主流范式，这也是本章主要叙述现代语法理论框架下藏语词法研究状况的原因。
③ 这一节主要讨论 20 世纪以前西方学者对藏语和藏文的研究。

2.2.1 Schroeter 的词典和语法

大约在 18 世纪已有西方学者关注藏语和藏文本体现象。[①] 有一个叫作 F. O. della Penna (全称 Francisco Orazio della Penna, 1680—1745)的人，他是意大利圣方济会 (Italian Capuchin) 教士，18 世纪上半叶在拉萨居住了约 20 年，编撰了一部约 35000 词条的藏语-意大利语词典手稿。后来，在英国圣公会传教会(the Anglican Church Missionary Society)任职的 F. C. G. Schroeter(全称 Friedrich Christian Gotthelf Schroeter, ?—1820)在 della Penna 藏语-意大利语词典手稿基础上编出第一部藏英词典。又有两位英国圣方济会教士 William Carey (1761—1834)和 John Clark Marshman (1794—1877)1826 年筹划出版了这部词典。[②]有意思的是，Schroeter 在这本词典前面附加了一个简短的 *A Grammar of the Bhotan Language*。这部语法所描述的语法现象包括了所有西方人熟悉的显而易见的范畴，这也是因为藏语自身的确存在不少跟西方语言相似的语法范畴，例如格范畴、数范畴、性范畴等。该书在语音和音系论述之后，按照词类逐项叙述，初步涉及了藏语语法和词法现象，而且有些部分的描写极为精细，例如在代词一节，为了让西方读者读懂，作者把代词跟格和数范畴结合起来举例，例如：

表 2.1 Schroeter 关于藏语语法的描述

	单数		复数	
主格	ང་ (nga)	I	ང་རྣམས་ (nga rnams)	we
属格	ངའི་/ང་ཡི་/ང་ཡིས་ (ngavi /ngayi /ngayis)	mine, my	ང་རྣམས་ཀྱིས་ (nga rnams kyis)	our, our's
与格	ང་ལ་ (nga la)	to me	ང་རྣམས་ལ་ (nga rnams la)	to us
受格	ང་ལ་ (nga la)	me	ང་རྣམས་ལ་ (nga rnams la)	us
离格	ང་ནས་/ང་ལས་ (nga nas /nga las)	from me	ང་རྣམས་ནས་/ང་རྣམས་ལས་ (nga rnams nas /nga rnams las)	from us
工具格	ངར་/ངས་/ང་ཀྱིས་ (ngar /ngas /nga kyis)	by/with me	ང་རྣམས་ཀྱིས་ (nga rnams kyis)	with/by us
位格	ང་ན་/ང་ཏུ་/ང་ངུ་ང་ལ་/ང་སུ་ (nga na /nga tu /nga ngu nga la /nga su)	in me	ང་རྣམས་ན་/ང་རྣམས་ཏུ་/ང་རྣམས་སུ་/ང་རྣམས་ལ་ (nga rnams na /nga rnams tu /nga rnams su / nga rnams la)	in us

---

① 据我们从其他论著中(Firth, J.R.: The tongues of men. Watts & Co., 1937)找到的描述提到，有个叫作 Antonio Georgi 的意大利传教士 1762 年在罗马发表了一部 *Alphabetum Tibetanum*，1771 年又发表了 *The Alphabetum Brammhanicum*，1773 年发表了新版本 *The Alphabetum Tangutanum sive Tibetanum*。不过，因为找不到原文，无从了解详情。

② 参看 Schroeter, Friedrich Christian Gotthelf 1826 *A dictionary of the Bhotanta or Boutan language: Bouthan-English dictionary & grammar*. (Serampore)

作者对藏语与西方语言相近的现象特别敏感，并套用西方语法模式加以处理，例如动词后的名词化标记，作者采用不定式（infinitive）描述。作者还注意到藏语动词的时-体变化，提出现在时、未来时、完成体、未完成体和直陈语气、祈使语气等描写观点，其中体范畴和语气范畴是传统文法不曾专门描述过的。作者有些观点带有典型的时代特征，例如他认为名词、代词、指示词可添加表多数的 རྣམས་ (rnams)“多”、ཐམས་ཅད་ (thams jad)“所有的”或者 ཚོགས་ (tshogs)“多”构成复数词，这后面两点在现代藏语描写中很少提及。甚至他的一些观点今人似乎不容易理解，他举了一些缩写词例证：རྒྱལོའི་རྒྱལོ་ (rgya lovi rgyalo)，这种如实记载口语读音的方法并不符合文字上的书写规则，例如 རྒྱལ་པོའི་རྒྱལ་པོ་(rgyal povi rgyal po)“王中王”，我们猜想这些词即使在 18 世纪也可能并不是语言上的变化，而只是文字上的缩写形式。

总起来说，这份仅 35 页的语法纲要大部分内容涉及语音，语法部分也举了一些例子，但分析和叙述内容很少，更缺乏典型词法讨论。本章不做更多介绍。

2.2.2　乔玛的词典和语法

19 世纪，这段时期西方关于藏语的研究处于起步阶段，成果数量不多，主要有西方藏学奠基人的乔玛（Alexander Csoma de Koros, 1784—1842）、叶斯开（Heinrich Äugust Jäschke, 1817—1883）以及印度学者达斯（Sarat Chandra Das, 1849—1917）等人的著作。其中匈牙利学者乔玛是西方藏学开创人，他的著述揭开了西方藏语文全面研究的序幕。除了开展西藏文化与佛教研究，乔玛最重要的藏语言文字著作是《藏英词典》（*Tibetan-English dictionary*）（1834）。可以提到的一件有趣事情是，乔玛的这部早期词典是按照类似西方语言的字母顺序来编排藏文的，譬如前加字和上加字完全与基字等同排序。以字母 ག(g)为例，当第一个字母是 ག(g)的时候，排完基字 ག(g)以后，接着排所有前加字为 ག(g-)的字，不管这个词的基字是什么，到了排其他字母时就再也没有前加字为 ག(g-)的音节词了；上加字也是如此，排到基字 ར(r)、ལ(l)、ས(s)时，就分别接着排上加字为 ར(r-)、ལ(l-)、ས(s-)的字，此后其他音节字都没有了上加字。这件事一方面说明，一种语言及其文字有共性也有个性，藏语词典排序存在有别于其他字母文字语言的个性特点，需要兼顾多种因素①，另一方面则说明直至 19 世纪中

---

①　参看江荻 燕海雄 2010 提出的藏语词典排序三项原则。

叶，西藏尚未出现现代检索意义上的词典。但无论如何，相比按照意义排序来看，这是第一部实现了知识和词语的形式化和条目化的词典，使得词典具有了形式可检索性。

乔玛另一部重要著作是《藏语语法》（1834），这是一部内容极为丰富的著作，介绍了藏语的语音、文字和各类语法现象，尤其对词进行详细的分类和描述，并罗列了书面语的各种变体现象。例如他区分了动词的不同时态形式，描述了 ག(g-)、ད(d-)、བ(b-)、མ(m-)、འ(v-)5 种前缀。再譬如他结合代词相当全面讨论了词格标记和相关句法现象。不过，乔玛著作没有专门讨论复合、屈折和派生等词法现象。

2.2.3 叶斯开的词典和语法

叶斯开（Heinrich August Jäschke，1817—1883）是德国传教士，1857—1868 年在当时称为北印度 Lahaul 地区的 Kyelang 和 Spiti 传教和翻译圣经。期间他撰写了一部《藏语语法》（*Tibetan Grammar*），是 1856 年在 Kyelang 印刷的，据第二版编者 H.Wenzel 所述，当时是采用平板印刷术印刷的（be lithographed），数量极少。第二版则是 1883 年在伦敦出版的，第三版由 H.A.Francke 增补，于 1929 年在德国柏林和莱比锡出版。1947 年张次瑶（张琨）译出中文版《藏文文法》在中国出版。叶斯开的《藏语语法》较多地讨论了构词和形态现象，值得了解。

这部书分三章，首章为音系(phonology)，第二章为词源(etymology)，末章为句法，其后还有一个附录，收了少量短语、句子和两篇民间故事。实际上，句法部分仅五页，附录部分也只有十余页，前面的音系章约十六页。显然全书重点是第二章。第二章标题用的是“词源(etymology)”，并不完全符合所述内容，张次瑶译作“字品论”又异于原文。[①]不过，从内容来看，叶斯开显然很重视词源问题。这一章按照词类分节，分别是：冠词（article，实际是名词词缀），实词（substantive，名词），形容词（adjective），数词（numerals），代词（pronouns），动词（verb），副词（adverb），后置词（postposition，实际是词格），连词（conjunction），感叹词（interjection），派生（derivation）。就内容来看，几乎每一节都讨论了跟形态或词法相关的问题，举出实例。例如冠词这一节讨论词缀（后缀）པ་、བ་、མ་、པོ་、བོ་、མོ་(pa、ba、ma、po、bo、mo)等，这些都是派生名词后

① 参看张次瑶的译著后来收入台湾出版的世界佛学名著译丛（1984 年），华宇出版社出版。改版采用现代汉语表达，内容和顺序有很大调整，跟张次瑶 1947 年半文言原译并不相同。华宇版第二章的题名是“词类”。我们此处采用英文原版（第 3 版）表述。

缀，其中还涉及阴性和阳性词缀，表示自然性别的雄性和雌性，例如 སྟག (stag)虎，སྟག་མོ (stag mo)雌虎。再如动词，提出了现在时（present tense）、过去时（preterit tense）、未来时（future tense）和命令式（imperitive mood）等类别，以及这些动词的变化形式。

由于该书是早期现代藏语语法草创时期的著作，存在很多不恰当分类或错误的描述，我们不必纠缠和指责。反之，我们应该敬佩当时的先行研究者，他们的粗疏描述中仍不乏精彩和启迪人的观点，譬如，该书当时就正确描述了话题标记 ni 的功能，尽管书中连个术语都没赋予这个标记，而后人正是在他们艰辛开拓的道路上学习前行。

可以这么说，叶斯开这本著作其实可以看作形态和构词著作。只是作者撰写时并未建立以形态和构词为核心的观念，只单纯以语法描写来平铺直述藏语词类现象，结果大概没有人会把这部著作看作是一部词法研究著作。

此外，1881 年叶氏还出版了一部《藏英词典》（*A Tibetan-English Dictionary*）。该词典的排序与现代词典基本相同，唯显不足的是下加字 ྭ（w）和表长音的 འ（va-chung）有点混乱，大概是不发音的缘故，所以遇到此类词则按照后面的字符或下一音节字符排序。从这个意义上说，叶斯开是现代藏语词典排序的开山鼻祖。叶氏之后直至现代，藏文词典收词越来越多，排序方面也更加精细，但基本遵循了叶氏的排序原则。

叶氏之后各地还出版了一些重要的藏语语法著作和词典。重要的有 1902 年印度学者达斯（Das）在印度加尔各答(Calcutta)出版的《藏英词典—附梵文同义词》，该书 1951 年在北京重印。1915 年他还出版了《藏语语法导论》，其中叙述了传统文法的一些主要特征。

早期藏语研究中有相当数量德文撰写的文章和著作，因超出笔者能力，这里未作介绍，读者可进一步查阅。此外，还有一些著述未包含或仅包含少量词法和形态内容，本章不一一介绍。不过有些的确是很重要的藏语研究，例如 Sandberg 的 *Hand-book of Colloquial Tibetan*。该书是最早的一部藏语口语著述，也是早期藏语研究中依据词类条目阐述最完整的语法著作。有些论述对后世产生了重要的影响，现在看起来还有重要价值。例如，该书认为词格可分为原生和派生两类，原生的基本都是单音节词，派生的则是两音节或三音节词，来自口语的副词、形容词和动词，不出现在文献里。原生的有 གི、གིས、དང་、ལ་、ན་、ཏུ་、རུ་、སུ (gi、gis、dhang、la、na、tu、ru、su)等，例如 ཁོ་ལ་ཏོད་ཤིག (kho la toi shik) *look at him!* 派生的实际是短语性质，例如，ཉིན་མོ་ཉི་ཀྱི་སྟིང་ལ་ཤོག (nyin mo nyi-kyi ting-la shok) *Come after two days!*

该书虽然多处涉及词法问题,却没有深入论述,也是早期著作常见的不足之处。

2.3 现代藏语词法研究概述

20 世纪以来,藏语研究出现过几次活跃期,词法或形态研究也随之获得长足进步。不过,词法研究的重心似乎一直局限于动词形态,直到 80 年代之后才有所改观。鉴于有些研究者采用专著方式或者综合方式论述,我们先简单介绍他们的著作整体概况,然后就其词法形态加以专门分析。以下叙述大致也是以著作发表时间先后铺排。

2.3.1 贝尔的《藏语口语手册》

贝尔(Charles Alfred Bell)于 1905 出版了《藏语口语手册》(*Manual of Colloquial Tibetan*)。这部书实际分为两部分,一部分是词典,另一部分是语法描述。后来出版新版本的时候更名为《藏语口语语法》(*Grammar of colloquial Tibetan*)。这部著作的语法部分按照名词、形容词、动词等词类加以描述,部分内容涉及词法现象。例如,名词涉及了派生词缀的数、性别,词格区分了通格、施格、从格、向格、属格;动词分为现在时、完成式、将来时和命令式等形式,并指出了其中的屈折变化。由于是口语描述,Bell 还专门讨论了常见不规则动词后面出现的情态标记及其差异,例如他归纳出了下表:

表 2.2 贝尔对不规则动词及所带标记的归纳

infinitive 不定式	present 现在时	perfect 完成式	future 将来时	imperative 命令式	negative imperative 否定命令式
yong ba to come	yong gi yod	yong nga(ba) yin	yong gi yin	shog	ma yong
vgro ba to go	vgro gi yod	phyin ba yin	vgro gi yin	rgyug	ma vgro
byed ba to do	byed gi yod	byas ba yin	byed gi yin	byis(byed)	ma byed

并进一步指出,ང་ཡོང་གི་ཡོད་ (nga yong gi yod)蕴含 "I am coming (now)." 之义,ཁོ་ཡོང་གི་རེད་ (kho yong gi red)是"He will come."之义,ཁོ་འགྲོ་གི་འདུག (kho vgro gi vdug)是"He is coming."之义,ཁོ་ཕྱིན་པ་རེད་ (kho phyin pa red)是"He has gone."之义,ཤོག (shog)是命令式动词,不仅有不规则动词屈折变化,即ཡོང་~ཤོག (yong~shog),

འགྲོ་~ཕྱིན་~རྒྱུག་ (vgro~phyin~rgyug)，བྱེད་~བྱས་~བྱིས་ (byed~byas~byis)，每句似乎都包含了语法时态和语气价值：Present 的情态标记: གི་ཡོད་ (-gi yod)；perfect 的情态标记: བ་ཡིན་ (-ba yin)；future 的情态标记: གི་ཡིན་ (-gi yin)。不过，总体来看贝尔这部著作涉及的词法和形态研究内容很少，动词屈折问题也是放在句法层面予以介绍。

这部语法书还兼有教材性质，每章之后列举了大量练习供阅读者学习和操练。从藏语研究史看，此举的确为这本书的传播起到极好的作用。

2.3.2　汉纳的《藏语书面语和口语语法》

汉纳(Herbert Bruce Hannah)的《藏语书面语和口语语法》是 1912 年出版的，并多次重印。这部著作分 3 章，第 1 章概论，除了语音、拼写、词典用法等，主要讨论了词格及其形式和数词。第 2 章词源学，从结构和功能角度联系各种词类和词缀阐述了语气、时态、语态、比较等语法范畴及其词法特征。第 3 章句法仅两页，作者承认大多数涉及句法的问题已在第 2 章讨论，可见藏语词法跟句法之关系相当紧密。最后是语法规则附录，列举了大量语法现象实例，对全书观点有很强的支撑作用。

就汉纳编撰的体例来看，这本书跟前期著作有很大差别，突出了语法范畴和语法功能的描述，因此章节设计颇具特色。词源学这一章一定意义上可以看作较为典型的形态分析，对后人理解藏语可能会起到重要导向作用。特别值得提到的是，汉纳专门讨论了复合动词问题，例如他认为名词或者动词与动词结合构成复合动词，并分出 7 种结合类型。（a）名词与行为动词结合：ཉེས་པ་བྱེད་ (nyes pa byed)犯错，认错；（b）形容词带终止格(terminative case)与动词结合的复合词，དཀར་པོར་བྱེད་ (dkar po-r byed)变白；（c）不定式动词带终止格-ར་ (-r)与动词结合，གཉིད་སད་པར་བྱེད་ (gnyid sad par byed)唤醒，其中不定式为语义上的主动词；（d）带终止格 དུ་、ཏུ་、སུ་、རུ་ (-du、-tu、-su、-ru)或者-ར་ (-r)的主动词与使动词结合，བྱེད་དུ་འཇུག་ (byed du vjug)使做；（e）主动词带工具格与助动词结合，ངས་གཏོང་བས་ཆོག་ (ngas gtong bas chog)允许我送，主动词可用现在、将来、完成形式，ངས་བཏང་བས་ཆོག་ (ngas btang bas chog)已允许我送，ངས་གཏང་བས་ཆོག་ (ngas gtang bas chog)将允许我送；（f）主动词与行为动词结合，འགྲོ་འདུག་བྱེད་ (vgro vdug byed)闲逛；（g）多音节动词带终止格与使动词结合，འགྲོ་འདུག་བྱེད་དུ་འཇུག་ (vgro vdug byed du vjug)让闲逛。汉纳的分析存在很多错误，例如 འགྲོ་འདུག་བྱེད་ (vgro vdug byed)闲逛，应是前两个动词构成了名词，然后才与动词结合。

总起来看，这部 20 世纪初的语法论著是藏语形态研究的先驱，值得后世强烈关注。当然，该书分类上仍存在不少问题，例如重叠可以看作词法现象，却编排在概论章节。

2.3.3 沃尔芬登的《藏缅语形态学纲要》

沃尔芬登（Stuart N. Wolfenden, 1929）的著作《藏缅语形态学纲要》用了四分之一的篇幅讨论藏语形态（pp12-69），尤其是动词形态。Matisoff（2003）认为该著是最早系统性研究藏缅语前缀形式和功能的著作。从这部著作的完整题名来看，主要目的是揭示藏语的各种词缀及其原始功能。

沃尔芬登从藏语动词前缀、中缀、后缀三个领域展开讨论，他提出的前缀有 མ、བ、འ、ད、ག、ར、ལ、ས (m-、b-、v-、d-、g-、r-、l-、s-)；中缀有 ད、ག、ར、ལ、ས (-d-、-g-、-r-、-l-、-s-)；后缀 ས、ད (-s, -d)，都是音素性黏着词缀。

沃尔芬登最值得关注的观点是，他认为原始藏语的名词和动词是没有分别的（实词），在表达力驱使下，为了分清楚主体和客体，说话人在词的前后添加了时间、及物和不及物、使动等所希望表达的要素，即所谓词缀，那些添加词缀的实词就变成了动词。因此，前缀的功能让同一个实词产生了不同的词性，还使实词（词根）的意思发生相应变化。为此，沃尔芬登列举了藏语和其他藏缅语案例加以论证，并针对动词"三时一式"勾画了多个功能和形式的演变阶段。

沃尔芬登认为，实际上在藏文创制之前，藏语的前缀就已发生巨大变化，因此它们跟外部成分之间的联系已经紊乱，难以指示自身跟主语、宾语或其他成分的关系。更进一步，他甚至认为藏语动词跟拉丁语、希腊语动词不一样，不能够时时区分名词和形容词，也就是更像动名词，仅仅表示状态和行为，这样的定性可能对他的分析产生重要影响。

沃尔芬登在具体讨论动词词缀之前，列出了 8 个他称为"四根"（four 'roots'）的表，每个表列出一种前缀（上文列出的 8 种前缀）可能的"四根"动词模式，基本模式是：P...S（"..."表示词干，即前缀 P+词干+后缀 S）。例如前缀 མ (m-) 和 བ (b-) 的"四根"表：

表 2.3 沃尔芬登所拟带 མ (m-) 前缀动词变化表：

		现在时	过去时	未来时	命令式
韵尾：g、ng、[d]、b、m、元音	所有可能的声母前	m...	m...s	m...	m...s
韵尾是 d、n、r、l	所有可能的声母前	m...			m...

表 2.4 沃尔芬登所拟带 བ (b-)前缀动词变化表：

		现在时	过去时	未来时	命令式
韵尾：g、ng、[d]、b、m、元音	所有可能的声母前	b…	b…s		b…s
		b…	b…s		b…
		b…	b…s		b…os
		b…[d]	b…os	b…o	…os
		b…[d]	b…os	b…o	
		b…[d]	b…os	b…o	
韵尾是 d、n、r、l	所有可能的声母前				

这个表实际上是一种独特的研究模式，藏文文法学家和早期学者原本都只是按照"现-过-未-命"排列动词形式，很可能沃尔芬登（1929）是最早发明这个 P+R(词根)+S 模式的学者。后来，李方桂（1933）、柯蔚南（1976）、江荻（1991）等人都采纳了这个模式。

沃尔芬登以下的论述就是在这个模式上开展的，基本按照前缀、中缀和后缀铺叙，部分内容还涉及句法，与名词、形容词的关系和与其他语言的比较。因为下文中我们会继续讨论李方桂、柯蔚南在这方面的研究，加之沃尔芬登的论述过于琐碎和带有早期不确切的观点，我们不再讨论。唯一需要指出的是，沃尔芬登在部分"四根"表中包含了 བྲ (br-)、བླ (bl-)、བས (bs-)等形式，这是他讨论中缀的成分，后来研究者不再包含这样的结合形式。

2.3.4 李方桂的《藏文的前缀音对词根声母的某些影响》

1933 年李方桂发表了一篇涉及藏语形态的重要论文：《藏文的前缀音对词根声母的某些影响》（Li Fang-Kuei 1933）。这篇文章虽然立足于语音之间的关系，实则很大程度上阐述了动词前缀的形态形式。由于前缀音与词根声母之间同时存在纯粹语音搭配的关系和语法关系，他初步同意孔好古（Conrady 1896）关于前缀音具有语法功能的观点，但是，他特别提出"不同声母辅音所以会具有不同的功能，首先要证实前缀音和声母辅音之间的相互影响"。试观察例词：

sk- ＜ s-kh-
s-kam-pa 渴望：kham 欲望，欲求
s-kor-ba, b-s-kor 围绕，环绕：kho-ra 四周，周围，圆周
　　　　　　　　　　　　： khor-mo-yug 不断地，常常
s-kol-ba, b-s-kol 沸腾，开，滚：khol-pa 煮沸的，沸腾的

：khol-ma 煮开、煮沸的东西

s-kyogs-pa 弯（脖子）：khyog-po 弯曲的

李方桂提出，以上例词中无前缀的简单名词（或形容词）是原始形式，声母是 kh-。而带前缀 s-的派生形式声母都是不送气的 k-。这样变化的道理很简单，s-剥夺了后面送气声母的送气成分。s-的这种作用可与英语比较，例如 tone 和 cope 首辅音都读送气音，但是 stone 和 scope 则读作不送气音。李方桂借此列举了大量词形数据，包括 st- < s-th-，sp- < s-ph-，sl- < s-lh-，s- < s-tsh-，sh- < s-ch-，证明藏语过去时词根常常是无前缀送气形式，即原始形式，带 s-前缀的不送气形式则是派生形式。然后，李文对其他前缀 b-，g-，d-，v-，l-，r-都做了深入的探讨，并批评了孔好古 g-表示不及物，k-和 kh-表示及物的观点。李氏说："我们没有理由把及物的功能分派给 kh-，而把不及物的功能分派给 g-"，"辅音的这种交替功能尚未弄清，但是通过本研究，我们将能探索更为复杂的词的派生现象"。

李方桂的另一个重要观点也颇具洞见。他认为 v+擦音导致塞擦音化，这与往常认为擦音来自塞擦音的弱化观点很不一样。他认为，作为原形的过去时动词，如果是不带前缀的擦音形式，则现在时塞擦音可追溯至原形的擦音形式，也是语音上不允许擦音前带 v-音前缀。例如过去时 བཤད་ (b-shad)"说，告诉"的原形 ཤད་ (shad)在现在时为 འཆད་ (v-chad)，即 v-ch- < *v-sh-。过去时 བཞིག་ (b-zhig)"破坏"的现在时形式是 འཇིག་ (v-jig)，即 v-j- < *v-zh-。以下动词都是同类例词，按照现-过-未顺序排列：

འཆད་བཤད་བཤད་ (vchad-bshad-bshad) 讲，谈，解说 v-ch- < sh-
འཆོར་བཤོར་གཤོར་ (v-chor-b-shor-g-shor) 追，追赶 v-ch- < sh-
འཇོ་བཞོ་བཞོས་ (vjo-bzho-bzhos) 挤出，抽出 v-j- < zh-
འཇལ་གཞལ་བཅལ་ (vjal-gzhal-bcal) 计量，衡量 v-j- < zh-
འཇོག་གཞོག་པ་བཞོགས་ (vjog-gzhog-pa-bzhogs) 剥，劈开 v-j- < zh-
འཇུག་གཞུག་བཅུག་ (vjug-gzhug-bcug) 放进，装入 v-j- < zh-
འཛད་འཛད་ཟད་ (vdzad-vdzad-zad) 衰败，耗尽 v-dz- < z-
འཛིན་གཟུང་བཟུང་ (vdzin-gzung-bzung) 擒着，掌握 v-dz- < z-
འཛུར་གཟུར་བཟུར་ (vdzur-gzur-bzur) 躲开，逃避 v-dz- < z-
འཛུགས་གཟུགས་བཙུགས་ (vdzugs-gzugs-btsugs) 栽植，竖立 v-dz- < z-
འཚོ་སོས་སོས་ (vtsho-sos-sos) 生存，存在 v-tsh- < s-

通过音素之间结合关系，李方桂揭示了 31 条前缀语音对词根语音的影响和变化，后来，柯蔚南（Coblin 1976）将其中 20 条归纳为送气音变体规则。现将这些规则列出：

前缀 s-: 1. sk- <s-kh-, 2. st- <s-th-, 3. sp- <s-ph-, 4. sl- <s-lh-, 5. s- <tsh-, 6. sh- <s-ch-;

前缀 b-: 7. bk- <b-kh-, 8. bt- <b-th-, 9. bc- <b-ch-, 10. bts- <b-tsh-;

前缀 g-: 11. gt- <g-th-, 12. gc- <g-ch-, 13. gts- <g-tsh-, 14. gzh- <g-j-, 15. gz- <g-dz-, 16. gl-, kl- <g-lh-, g-l-;

前缀 d-: 17. dk- <d-kh-, 18. dp- <d-ph-;

前缀 v-: 19. vch- <v-sh-, 20. vtsh- <v-s-, 21. vj- <v-zh-, 22. vdz- <v-z-;

前缀 l-: 23. lk- <l-kh-, 24. lc- <l-ch-, 25. lt- <l-th-, 26. lt- <d-lh-, 27. ld- <d-l-<v-l-;

前缀 r-: 28. rk- <r-kh-, 29. rt- <r-th-, 30. rts- <r-tsh-, 31. rj- <r-zh-

归纳起来看，李方桂的研究相当典型地从藏语语音现象探索了形态问题，为进一步的动词形态研究奠定了基础。后来，李氏的学生柯蔚南正是在这个基础上详尽研究了藏语动词形态问题。

2.3.5 柯蔚南的动词形态研究

迄今为止，可以说柯蔚南（W.S.Coblin，1976）的藏语动词形态研究是最具突破性的，奠定了后人对藏语动词形态的整体观念。柯蔚南以内部构拟法为原则，把词干与词缀剥离出来，辨识出过去时的前缀、未来时的前缀，以及各自所关联的后缀。其结果是构拟出藏语动词词形变化表，一共有 8 项（表中-WS-表示词干）。

	现在	完成/过去	将来	命令
词形变化 1：	v-WS-	b-WS-s	b-WS-	-WS-s-*o
词形变化 2：	v-WS-d	b-WS-s	b-WS-	-WS-s-*o
词形变化 3：	-WS-d	b-WS-s	b-WS-	-WS-s-*o
词形变化 4：	g-WS-	b-WS-s	b-WS-	-WS-s-*o
词形变化 5：	g-WS-	b-WS-	d-WS-	-WS-s-*o
词形变化 6：	v-WS-d	b-WS-	d-WS-	-WS-s-*o
词形变化 7：	v-WS-	b-WS-s	d-WS-	-WS-s-*o
词形变化 8：	v-WS-d	b-WS-s	d-WS-	-WS-s-*o

此处选取柯蔚南部分案例观察他的论证过程：

（1）对于动词 འཁྱིག་, བཀྱིགས་, བཀྱིག་, ཁྱིགས་ (vkhyig-bkyigs-bkyig-khyigs)和 འཐོག་, བཏོགས་, བཏོག་, ཐོགས་ (vthog-btogs-btog-thogs)所代表的形态类型，柯蔚南认为词干与前后缀分离后的模式是：现在时：v-WS，过去时：b-WS-s，未来时：

b-WS，命令式：WS-s，因此剥离剩余的词干可以构拟为：*khyig。至于过去时和未来时不送气音声母，是由于音素之间的搭配规律，过去时和未来时添加前缀 b-之后，词干声母都在去送气化规则的作用下变为不送气声母：bky- < *bkhy-。

（2）柯蔚南总结和完善了前贤提出的一些前缀音变化规则，例如，同部位音脱落和鼻音同化等规则。

འཕྱག་ - ཕྱགས་ - ཕྱག་ - ཕྱོག་ (vphyag-phyags-phyag-phyog)扫除

འབྲི་ - བྲིས་ - བྲི་ - བྲིས་ (vbri-bris-bri-bris)写

按照词缀与词干分离规则，这两条词项过去时应添加前缀 b-，构成 བ-ཕྱགས་ (*b-phyags)和 བ-བྲིས་ (*b-bris)，由于词缀读音上与词干声母同部位，因此缺乏前缀的过去时形式可推测为脱落或排斥 b-前缀：བ-ཕྱགས་ > ཕྱགས་ (*b-phyags > phyags)，བ-བྲིས་ > བྲིས་ (*b-bris > bris)。

ཉན་ - མཉན་ - མཉན་ - ཉོན་ (nyan-mnyan-mnyan-nyon)听

གནོན་ - མནན་ - གནན་ - ནོན་ (gnon-mnan-gnan-non)压

关于 ཉན་ (nyan)，柯蔚南提出声母 ny-前面不出现 v-，因此现在时的前缀脱落了：འ-ཉན་> ཉན་ (*v-nyan > nyan)，又根据张琨（1971）的看法，过去时和未来时声母 ny-前面的前缀 b-鼻化（同化）为 m-：བ-ཉན་ > མཉན་ (*b-nyan > m-nyan)。实际上，更一般性的说法是，凡声母为鼻音的过去时形式，前缀 b-都同化为 m-。其中声母为 m-的受到另一条同部分相斥原则制约而脱落。

关于后缀-s 和-d，柯蔚南推测了它的脱落过程。仍以 ཉན་ (nyan)为例，过去时推测为 མཉནས་ (*mnyans)，经历了 མཉནས་ > མཉནད་ > མཉན་ (*mnyans > mnyand > mnyan)过程。再以 འཁལ་ (vkhal)“纺织”为例，过去时 བ-ཁལས་ > བ-ཁལད་ > བ-ཁལ་ > བ-ཀལ་ (b-khals > b-khald > b-khal > b-kal)，即-s>-d>Ø。

柯蔚南在文章附录中列出了全部 266 个动词的词形变化表，并且按照他所提出的 8 类词形变化类型分类。所以可以说，他的这项研究是迄今最具创意的书面藏语动词形态研究成果。

2.3.6　戈尔斯坦的复合词词法研究

再应该提到的一项研究是藏语词典方面的成果。美国学者梅伦·戈尔斯坦（Melvyn C. Goldstein）曾于 1975 年出版《现代藏英词典》，2001 年他再次出版《现代藏英新词典》，这部词典厚达约 1200 页，每个词条均有英文解释，部分词条有藏文举例。作者明确说明该词典主要参考中国出版的各种单语和双语词典编撰而成。当然这本词典与张怡荪主编的《藏汉大词典》同样属于百科式词典，所收内容不拘古今、口语或书面语，应用面非常广，其缺点是收词过泛，很多形式只出现于某个文献，带个人色彩，或者完全不顾方言差异，给使用者带来困惑。举例来说，拉萨话形容词词缀普遍采用 པོ་ (-po)，很少有 མོ་ (-mo)，例如 དགའ་པོ་ (dgav po)高兴的，戈尔斯坦则既收了 དགའ་པོ་ (dgav-po)又收了 དགའ་མོ་ (dgav-mo)，并且不一定注明方言差异。

配合这部词典，戈尔斯坦撰写了 4 页的语法导论（grammatical Introduction），其中大部分篇幅用来讨论复合词词法，因此值得介绍。①

戈尔斯坦正确地指出，藏语每个音节都有确定的词汇意义，比较藏语和英语的"战士"，前者 དམག་མི་(dmag mi)的第一音节 དམག་(dmag)意思是"战争"，第二个音节 མི་(mi)是"人"，而后者 soldier 的两个音节都没有意义。考虑到词的合成是藏语的重要词法手段，因此他给读者介绍了复合词的词法结构和构词方法。戈尔斯坦的复合词分类是按照词类和语义划分的。

（1）名词复合词（nominal compounds）

名词复合词由两个或四个词根语素构成，每个词根都是有意义的名词语素，或黏着的或自由可独立成词的。根据词义分类，又分出三种类型，同义并列、非同义并列和修饰关系的，即在形式分类之下添加了词义的分类。

（1.1）同义复合名词（synonymic compounds）

同义复合名词由两个同义词构成，复合词叠加的意义等于每个部分的意义。例如，སྟོབས་ཤུགས་(stobs shugs)能量，力量，སྟོབས་(stobs)是 power, strength 的意思，ཤུགས་(shugs)也是 power, strength 的意思。再如，གྲངས་འབོར་(grangs vbor)质量，数量，总量，དུས་སྐབས་(dus skabs)时间，时期。比较下面的例句：

a) སྟོབས་ཀྱིས་ས་མང་པོ་བཟུང་བ་རེད།། stobs kyis sa mang po bzung ba red.

b) ཤུགས་ཀྱིས་ས་མང་པོ་བཟུང་བ་རེད།། shugs kyis sa mang po bzung ba red.

c) སྟོབས་སྒུགས་ཀྱིས་ས་མང་པོ་བཟུང་བ་རེད།། stobs sgugs kyis sa mang po bzung ba red.

（他们）用武力夺取许多地方。

（1.2）前修饰复合名词（premodifying compounds）

---

① 实际上戈尔斯坦 Goldstein，（1975）词典以"语法注解"（Grammatical commentary）为题阐述了藏语复合词词法现象，篇幅和内容在新版本中基本没有太多变化。1991 年他与两位母语学者出版了一部教材兼参考语法的著作，同样包含了这部分内容。鉴于这部分内容属于词法本体描写，且其他论著鲜有完整叙述，总体内容亦不多，我们以编译和简评方式呈现给读者。原文中，构成复合词的要素多使用术语音节而非语素，例如词根音节、第一音节等，客观描写性极强。参见 Goldstein, Melvyn C. & Gelek Rinpoche & Lobsang Phuntshog (1991).

第一个语素修饰第二个语素。例如：སྨན་ཁང་(sman khang)医疗+房子>医院，གནམ་གྲུ་(gnam gru)天空+船>飞机，དམག་མི་(dmag mi)战争+人>士兵。

（1.3）并列复合名词（conjunctive compounds）

两个不同意义的语素成分并列，词义从二者的词义合成派生。例如：བཟོ་ཞིང་(bzo zhing)“工农”来自 བཟོ་པ་(bzo pa)工人和 ཞིང་པ་(zhing pa)农民。所以下面两句话意思是一样的。

a) བཟོ་པ་དང་ཞིང་པ་མང་པོས་ཚོགས་འདུ་ཚོགས་པ་རེད།། bzo pa dang zhing pa mang pos tshogs vdu tshogs pa red.

b) བཟོ་ཞིང་པ་མང་པོས་ཚོགས་འདུ་ཚོགས་པ་རེད།། bzo zhing pa mang pos tshogs vdu tshogs pa red.

许多工人和农民召开了会议。

（2）形容词复合名词(adjectival compounds)

（2.1）形容词极性复合名词（adjectival polar compounds）

两个语素意义对立，但是整体意义或者是二者的并列或者是二者的抽象合成概念。例如：

ཆེ་ཆུང་(che chung) 大小；尺码　རིང་ཐུང་ (ring thung) 长短；长度/距离

ཚ་གྲང་(tsha grang) 热冷；温度　བཟང་ངན་ (bzang ngan) 好坏；质量

སྐམ་རློན་(skam rlon) 干湿；湿度　མཐོ་དམའ་ (mtho dmav) 高矮；高度

（2.2）形容词后修饰复合名词(adjectival postmodifying compounds)

第一个语素位置是名词，第二个语素位置是形容词的词根。这种结构与形容词修饰名词短语的差别只是去掉了形容词词缀而已。例如 ཚོགས་ཆེན་(tshogs chen)大会、总会，第一个音节语素是 ཚོགས་(tshogs)会议，第二个语素位置是形容词 ཆེན་པོ་(chen po)“大”的词根语素 ཆེན་(chen)。

（3）动词复合名词(verbal compounds)

这里的动词（verbal）语素应理解为由动词语素构成的，即：动词复合名词是由名词/形容词/动词语素+动词语素构成，这些词都是名词，可进一步添加动词化标记（verbalizer），例如 བྱེད་/རྒྱག་(byed / rgyag)等构成动词结构。

（3.1）Adj-Vb 型复合名词（premodifying compounds）

这类复合名词（形容词词干）的第一语素描写或修饰第二个语素。例如 ལེགས་རྡོགས་(legs rdogs)好的/完全理解的由 ལེགས་(legs)好的和 རྡོགས་(rdogs)理解构成。

གསར་བརྗེ་ (gsar brje) 新变化；革命　དགའ་བསུ་ (dgav bsu) 愉快地接受；欢迎

གསལ་སྟོན་ (gsal ston) 清楚地表示；证明　གསར་བཟོ་ (gsar bzo) 新造；新产品

（3.2）Vb-Vb 型同义复合名词(synonymic compounds)

动-动组合中的两个语素意义相同，每个语素的本体意义都不改变条件下产生一个动名词（verbal noun）。例如，འགྲོ་སྐྱོད་ (vgro skyod)去+去，意思是“去 N/gerund”，例如：

2-3 ལྷ་སར་ཕྱི་རྒྱལ་གྱི་མི་རིགས་འགྲོ་སྐྱོད་བཀག་སྡོམ་བྱས་པ་རེད།།

lha-sa_r phyi-rgyal_gyi mi-rigs vgro-skyod bkag-sdom-byas_pa-red.

拉萨_ALA 外国_GEN 人 去 禁止_ASP

［他们］禁止外国人去拉萨。

如果给这个动名词添加动词标记[本例是 བྱས་(byas)]，则转换为动词结构：

2-4 ལྷ་སར་ཕྱི་རྒྱལ་གྱི་མི་རིགས་འགྲོ་སྐྱོད་བྱས་པ་རེད།།

lha-sa_r phyi-rgyal_gyi mi-rigs vgro-skyod-byas_pa-red.

拉萨_ALA 外国_GEN 人 去_ASP

外国人去了拉萨。

（3.3）Vb-Vb 型加合复合名词（summation compounds）

加合复合词由两个意义不同的语素构成，新词的整体意义是两个独立意义的加合。例如，བཅོས་སྒྱུར་(bcos sgyur)改革由 བཅོས་(bcos)改正和 སྒྱུར་(sgyur)变化构成。加合复合词也是名词性的，可以添加动词标记构成动词。

2-5 སྲིད་གཞུང་གསར་པས་ས་ཞིང་བཅོས་སྒྱུར་བྱས་པ་རེད།།

srid-gzhung gsar-pa_s sa-zhing bcos-sgyur-byas_pa-red.

政府 新的_AG 土地 改革_ASP

新政府搞了土地改革。

按照传统文法，由动词构成的复合名词必须选择动词的时态形式，一般要区分现在时和过去时形式，不同形式则动词的句法构造不同而且表达意思也不同。为此，戈尔斯坦提出，为了帮助读者理解，他在词典中把这样的复合词分作两个词条，例如，བཅོས་སྒྱུར་(bcos sgyur)改革_现在时和 བཅོས་བསྒྱུར་(bcos bsgyur)改革_过去时。

（3.4）Vb-Vb 型对立性复合名词(polar compounds)

两个意义对立的动词构成对立性复合词，整体意义通常是两个动词意义派生形成的抽象概念，但也有两个意义简单并列情况。例如，འགྲོ་སྡོད་(vgro sdod)意思是“移动”，或者是“去并且候着”。再如：

2-6 ད་ལྟ་འགྲོ་སྡོད་གཏན་མེད།།

da-lta vgro-sdod gtan med.

现在 去留 始终 没有

现在还不确定是走还是留。

（3.5）Vb-N 型复合名词（premodifying compounds）

与（3.1）不同，第一个语素是动词，修饰第二个名词语素。例如：སྡོད་ཁང་(sdod khang)住房，宅邸。戈尔斯坦对这一类讨论过于简单，特别是没有提出这种复合词选择哪种动词时态形式。我们从他的著作中增加几条作为补充。འགྲོ་ལམ་(vgro lam)去路，རོགས་དངུལ་(rogs dngul)援金，善款，རྨོ་ཕྱུགས་(rmo phyugs)耕畜，འབྲི་དེབ་(vbri deb)记录本。

（3.6）N-Vb 型前修饰复合名词（premodifying compounds）

第一个语素是名词，修饰第二个语素的动词。例如：དཔྱིད་འདེབས་(dpyid vdebs)春耕，第一语素告诉我们什么类的耕作。这种复合词也可添加动词标记构成动词。

2-7 ཞིང་པ་ཚོས་དཔྱིད་འདེབས་བྱེད་ཀྱི་ཡོད་པ་རེད་

zhing-pa-tsho_s dpyid-vdebs-byed_kyi-yod-pa-red.

农民们_AG　　春耕_ASP

农民正在春耕。

3.7 Vb-Vb 型顺序复合名词（sequential compounds）

第一个动词用过去式，第二个动词也用过去式或者非过去式。整体意义是第二个动词作用于第一个动词的行为。例如，བཅིངས་བཀྲོལ་(bcings bkrol)解开，释放，第一个语素 bcings 过去时(<vching)意思是“捆绑”，第二个 bkrol 过去时(<vgrol)意思是“释放”，整体意思是“解放”。Vb-Vb 型复合词有隐喻的含义，意义不完全来自构成成分。这类复合词也可添加动词词缀构成动词。

此外，戈尔斯坦还简单介绍了四音节复合词。他把这类词看作是两个双音节词合成的复合词，由前一个词修饰后一个词。例如 གནམ་གྲུ་འབབ་ཐང་(gnam gru vbab thang)机场，由 གནམ་གྲུ་(gnam gru)“飞机”修饰 འབབ་ཐང་(vbab thang)“站/场”。

2.3.7　拜尔《书面藏语研究》的词法探索

20 世纪 50 年代以后，西方学术界又出版了一些重要的藏语论著，其中对藏语词法的研究有了较大进步。我们在这里简单介绍拜尔（Stephan V. Beyer）的研究。拜尔的著作《书面藏语研究》（1992）[①]由纽约州立大学

① Beyer, Stephan V. 1992. *The Classical Tibetan language*. New York: State University of New York. Reprint 1993, (Bibliotheca Indo-Buddhica series, 116.) Delhi: Sri Satguru. 根据全书内容来看，该著不宜翻译为“传统藏语研究”，因可能与本土传世的“传统文法”相混，也不好译作“古典语言研究”，因书中内容涉及现代方言和现代语言学方法。又因书中主要内容和形式都以书面形式为准，故权且译为“书面藏语研究”。

出版，这是一部描写藏语书面语的语法专著，全书分 14 章。第 1 章导论，第 2 章介绍转写系统，第 3 章介绍藏语概况，第 4 章介绍藏文结构和书写，第 5 章和第 6 章描写了语音和音节结构，第 7 章讨论藏语词，这是有关词法描写的重要内容，其中介绍了词的形态和结构，在复合词章节中，拜尔描述了复合词的构成，分为本语复合词、译语复合词。他认为藏语复合名词有 4 种构成方式：名词+名词，形容词+名词，名词+形容词，形容词+形容词。动词则是由名词+动词构成。在派生词章节中，他区分了内部派生词与外部派生词，内部派生主要指通过词根变化或者添加黏着词缀产生新词，例如名词直接用作动词，རྒྱན་ (rgyan)装饰物，RGYAN[རྒྱན་ - བརྒྱན་ - བརྒྱན་ (rgyan-brgyan-brgyan)]装饰，ཆུ་(chu)水，CHU[འཆུ་ - བཆུས་ - བཆུ་(vchu – bchus – bchu)]舀水，灌溉，等等。再如藏语动物名词经常用 s-前缀作为标记，例如：སྟག་ (stag)虎，སྤྱན་ (spyan)狼，སྦལ་བ་ (sbal ba)蛙，སྦྲུལ་ (sbrul)蛇，སྡོམ་ (sdom)蜘蛛，སྤྲེ་ (spre)猴，等等。外部派生指具有独立音节的词缀，大多都是后缀。例如后缀 པ་ (-pa)表示与词根意思相关的人，རྟ་ (rta)马，རྟ་པ་ (rta pa)骑士，གར་ (gar)跳舞，གར་པ་ (gar pa)舞者，舞蹈家，等等。མ་ (-ma)和 ཕོ་ (-pho)表示性别，རྟ་མོ་ (rta mo)母马，རྟ་ཕོ་ (rta pho)公马。在这一章里，作者还简单地讨论了借词、敬语词、叹词和拟声词。第 8 章描写藏语动词、助词的屈折形态，例如动词的时态变化导致的屈折形态，动词的词形变化等等。第 9 章分别描写藏语名词短语和动词短语，名词短语涉及指示词、形容词、数词、量词以及各类名词修饰语，动词短语涉及否定词和否定修饰以及其他副词修饰语。第 10 章讨论简单命题，包括句法结构与主题结构。第 11 章讨论复杂命题，其中有名词化标记构成的小句，其他部分也涉及句法虚词问题，跟词法有一定关系。第 12 章讨论句子，按照陈述、疑问、命令等分类讨论。第 13 章讨论超越句子的各类问题，例如假定、关联的表达，引语的表示方法等等。第 14 章为引用文献。

2.3.8 尼古拉斯·图纳德尔的复合词词法研究

除了拜尔的语法论著，还有一些其他形式的藏语著作。例如《标准藏语教材》，这是一部教材性质的著作，由法国巴黎第八大学的图纳德尔和桑达多尔吉（Nicolas Tournadre & Sangda Dorje）撰写出版，其中“标准”的意思是选用拉萨话为标准读音和语法表现。该书没有专门的形态章节，但书后附录中对藏语复合词有较为详细的介绍（pp455-458），有一定参考价值。①

图纳德尔认为藏语每个音节词都有清晰的词源和词义，因此词的合成规律性很强，他列出了复合名词与复合动词两大类及其结构。我们简单介绍。

（1）复合名词

复合名词可分为 4 种基本类型：同义复合词（synonym compounds）、反义复合词（polar compounds）、带修饰语复合词（compounds with a determinant）、累加或顺联复合词（cumulative or sequential compounds）[实际就是并列复合词（conjunctive compounds）]。

（1-1）同义复合词是由两个同义名词或动词构成的复合词。例如（(H)是敬语词）：

དུས་སྐབས་
dus skabs 时期
（time-moment 时间-时刻）

རེ་འདུམ་
re vdum 希望
（hope-wish 希望-意愿）

འཛིན་བཟུང་
vdzin bzung 捕获
（seize-hold 抓住-握住）

གསུང་བཤད་
gsung bshad 话语
（say(H)-say 说（H）-说）

བཀག་འགོག་
bkag-vgog 阻止
（stop[pst]-stop[pres]停止-停止）

འཛུག་སྐྲུན་
vdzug skrun 构造
（establish-construct 建立-构建）

ལུགས་སྲོལ་
lugs srol 传统
（tradition-custom 传统-习惯）

གླུ་གཞས་
glu gzhas 歌
（song-song 歌-歌）

མཇལ་ཕྲད་
mjal phrad 遇见
（meet(H)-meet 遇见-遇见）

འཕེལ་རྒྱས་
vphel rgyas 发展
（increase-spread 增长-扩展）

① Tournadre 在书中提出，藏语还有屈折和派生两个词法领域，但是这两个领域更多的是与历时视角和词源学相关联，可以不在教材里讨论。他建议参考格桑居冕（1987）和 Beyer（1992）。

（1-2）反义复合词（或称极性复合词）把两个词义上极性对立词组合起来构词，包括形容词+形容词、名词+名词、动词+动词几类，其中由形容词构成的词相当普遍。

ཚ་གྲང་ (tsha grang) 温度< 热+冷
མཐོ་དམན་ (mtho dman) 高度< 高+低
ཆེ་ཆུང་ (che chung) 尺寸/面积< 大+小
མང་ཉུང་ (mang nyung) 数量< 多+少
ཡག་ཉེས་ (yag nyes) 质量< 好+坏
བཟང་ངན་ (bzang ngan) 质量< 优秀+坏
རིང་ཐུང་ (ring thung) 长度< 长+短
ཉེ་རིང་ (nye ring) 距离< 近+远
དཀར་ནག་ (dkar nag) 对立物< 白+黑
གསར་རྙིང་ (gsar rnying) 年龄< 新+旧
སྐྱིད་སྡུག་ (skyid sdug) 生活条件< 幸福+贫穷
སྲབ་མཐུང་ (srab mthung) 浓度，密度< 薄+厚
སྐམ་རློན་ (skam rlon) 湿度< 干+湿
དྲག་ཤན་ (drag shan) 力量< 强+弱

名词+名词或者动词+动词语素构成的反义复合词，例如：

ཕ་མ་ (pha ma) 父母< 爸爸+妈妈
ཉིན་མཚན་ (nyin mtshan) 日夜< 日+夜
གཞུང་སྒེར་ (gzhung sger) 所有人< 政府+私人
ལྷ་འདྲེ་ (lha vdre) 上帝与魔鬼< 上帝+魔鬼
རྒྱུ་འབྲས་ (rgyu vbras) 因果关系< 原因+结果
ཉོ་ཚོང་ (nyo tshong) 商业< 买+卖
ཐོབ་ཤོར་ (thob shor) 得失< 赢+输
འགྲོ་སྡོད་ (vgro sdod) 时刻，机会< 去+留
ཡིན་མིན་ (yin min) 真假< 是+不是

（1-3）带修饰语复合词又分为前修饰型和后修饰型。前修饰型即前一语素为修饰语素，包括：名词语素+名词语素，形容词语素+名词语素，形容词语素+动词语素。例如：

名词语素（修饰语）+名词语素（中心词）：

གནམ་གྲུ་ (gnam gru) 飞机< 天空+船
ལྷ་ཁང་ (lha khang) 寺庙< 神+房子
དུས་དེབ་ (dus deb) 杂志< 时间+书

ཁང་བདག་ (khang bdag) 房主< 房子+拥有者

སྙིང་རུས་ (snying rus) 耐久性< 心+骨

མིག་ལྤགས་ (mig lpags) 眼皮< 眼+皮肤

མེ་མདའ་ (me mdav) 枪< 火+箭

མེ་རོ་ (me ro) 余烬< 火+原体

མེ་རོ་ (chu mig) 泉< 水+眼

ཆུ་མིག་མིག་ཆུ་ (mig chu) 眼泪< 眼+水

形容词语素（修饰语）+名词语素（中心词）：

དམ་ཚིག་ (dam tshig) 誓言< 神圣+词语

ཉེ་ལམ་ (nye lam) 捷径< 近+路

དབེན་གནམ་ (dben gnam 修道院< 孤独的+地方

形容词语素（修饰语）+动词语素（中心词）：

གསར་བརྗེ་ (gsar brje) 革命< 新+变化

གསར་འཛུགས་ (gsar vdzugs) 建设< 新+建设

གོང་འཕེལ་ (gong vphel) 发展< 高+增长

ཡར་རྒྱས་ (yar rgyas) 改进< 向上+扩张

动词语素（修饰语）+名词语素（中心词）：

འགྲོ་ལམ་ (gro lam) 路< 去+路

སློབ་དེབ་ (slob deb) 手册< 学习+书

ཚོང་དཔོན་ (tshong dpon) 商人< 买+主人

སྡོད་ཁང་ (sdod khang) 居住< 住+屋子

སྲུང་སྐར་ (srung skar) 卫星< 保护+星

名词语素（修饰语）+动词语素（被修饰语）：

བདག་འཛིན་ (bdag vdzin) 自私< 自己+握住

སྐྱོན་བརྗོད་ (skyon brjod) 批评< 错误+说

སེམས་གསོ་ (sems gso) 安抚< 心理+修复

རྐུབ་བཀྱག་ (rkub bkyag) 椅子< 后背+支撑/提升

ཆུ་ཁོལ་ (chu khol) 开水< 水+沸腾

རྫས་འགྱུར་ (rdzas vgyur) 化学< 物体+转换

སྐད་བསྒྱུར་ (skad bsgyur) 译员< 语言+转换

（1-4）后修饰复合词继承了藏语句法上“中心语-修饰语”基本语序，结构为：名词被修饰词+形容词修饰词。例如：

གླང་ཆེན་ (glang chen) 大象< 牛+大

རྡོ་རིང་ (rdo ring) 石柱，立石，< 石+长

ངོ་ཚ་ (ngo tsha) 羞愧< 脸+热

ཚོགས་ཆེན་ (tshogs chen) 大会< 集合+大

རྫོགས་ཆེན་ (rdzogs chen) 大圆满< 完美+大

བྱ་རྒོད་ (bya rgod) 秃鹫< 鸟+野

ལམ་རིམ་ (lam rim) 刻度线< 路线+前进

བློ་བཟང་ (blo bzang) 洛桑（人名）< 心理+优秀

ཚེ་རིང (tshe ring) 泽仁（人名）< 命+长

（1-5）并列复合词由两个名词语素或者两个动词语素并列（coordination）构成，中间不添加句法结构词。

ཞིང་འབྲོག་ (zhing vbrog) 农牧民（<zhing pa 农民+vbrog pa 牧民）

དགེ་སློབ་ (dge slob) 师生（dge rgan 老师+slob ma 学生）

རྒྱ་བོད་ (rgya bod) 汉人和藏人（rgya mi 汉人+bod pa 藏人）

ཉམས་གསོ་ (nyams gso) 恢复< 毁坏+修复

བཅིངས་འགྲོལ་ (bcings vgrol) 解放< 捆绑+自由

（2）复合动词

图纳德尔认为藏语复合动词可以分为三类，分别是：不易分析的复合词、带内部宾语的复合词、带动词标记的复合词。

（2-1）不易分析的复合词。一般指不考虑历时来源则无法判断内部关系的类型，例如：

ཡིད་ཆེས་ (yid-ches) 信任

ཧ་ལས་ (ha las) 惊讶，诧异

གཉིད་ཁུག་ (gnyid khug) 入睡

ཧོན་ཐོར་ (hon thor) 吃惊

（2-2）带内部宾语的复合词。即动词带所谓同根宾语，一般都是三音节词，有点类似英语的 to live life。

རྩེད་མོ་རྩེ་ (rtsed mo rtse) 玩耍

གད་མོ་དགད་ (gad mo dgad) 笑

ལྟས་མོ་ལྟ་ (ltas mo lta) 看戏

རྐུ་མ་རྐུ་ (rku ma rku) 偷盗

སྐོར་བ་སྐོར་ (skor ba skor) 绕圈

དྲི་བ་འདྲི་ (dri ba vdri) 提问

རྨི་ལམ་རྨི་ (rmi lam rmi) 做梦

ཟ་མ་ཟ་ (za ma za) 吃饭

（2-3）使用动词语素的复合词。用单音节或双音节词+动词标记语素构成，其中双音节词可以是名词，还可以是形容词、副词和拟声词。

མོ་ཊ་བཏང་ (mo tta btang) 驾驶

བཞས་བཏང་ (bzhas btang) 唱歌

མེ་བཏང་ (me btang) 放火

སྐད་རྐྱབ་ (skad rkyab) 喊叫

སྐྱིད་པོ་བཏང་ (skyid po btang) 开玩笑

དགའ་པོ་བྱེད་ (dgav po byed) 喜欢

ཆུང་རུ་བཏང་ (chung ru btang) 缩小

ཆེ་རུ་བཏང་ (che ru btang) 放大

སློབ་སྦྱོང་བྱེད་ (slob sbyong byed) 学习

སྒྱུར་བཅོས་བཏང་ (sbyur bcos btang) 改革

སེམས་གསོ་བྱེད་ (sems gso byed) 安慰　　གདན་འདྲེན་ཞུ་ (gdan vdren zhu) 请求

ཀྱོམ་ཀྱོམ་བྱེད་ (kyom kyom byed) 摇匀　　གཟབ་གཟབ་བྱེད་ (gzab gzab byed) 小心

ཕུར་ཕུར་བཏང་ (phur phur btang) 平息　　ལྷོད་ལྷོད་བྱེད་ (lhod lhod byed) 放松

显然，图纳德尔的分析过于简单和粗糙。首先，这类词基本都是三音节词，双音节的甚少；其次，双音节词按照结构类别有复合词、派生词，甚至短语。如果不加区分，则对该类词的词法结构难以界定。例如 ཆུང་རུ་བཏང་ (chung ru btang)"缩小"明显是句法上的补语结构，如果词汇化，也应与其他类型有较大差别。

另外，THDL（*The Tibetan and Himalayan Digital Library*，藏语与喜马拉雅数字图书馆）以网络版形式发布了尼古拉斯·图纳德尔的一部简约的《藏语参考语法》，[①]其中也有相关的词法简单论述，惜分散于全书，实际内容很少，此处不专门介绍。

2.3.9　张济川《藏语词族研究》的词法研究

张济川（2009）的《藏语词族研究》是一部关于藏语词汇和词法的鸿篇巨著，该书虽然名为词族研究，却有相当篇幅讨论形态和构词。为什么一部词汇和词族论著要讨论形态和构词呢？张著在前言中说"词与词之间在音和义两方面都相近甚至相同的现象，绝非偶然，说明某些词和词之间确实存在着'血缘'关系。也就是说，藏语的词汇系统中确实存在着一个一个词的'家族'——词族"。紧接着，张著尝试回答这个问题："那么，这样一个一个词的'家族'是怎样形成的？它们产生的途径是什么？从藏语的词族来看，一组词，不论成员多少，所以能形成一个词族，就是因为它们'本是同根生'。一个词族，就是由同一词根通过不同的构词手段构成的一组词。古代藏族就是运用这些手段，在单音节的框架内，创造出了一个庞大而完整的词汇系统"。按一般理解，所谓词族一般指同一语言中具有同源词根的一组词，这些词的词根意义相同或因衍义仍相近，词根形式或相同或因音变而不同。我们欣喜地看到，作者把握住这样的特点，采用词族角度来观察藏语词汇构成，的确是一种全新思路，通过同族词把"不同的构词手段"串联起来，正符合具备形态和各种词法特征的藏语词法体系，这也正是作者在"形态篇"导论中所指出的：如何判断一组词是否同源，需要形态知识的帮助；研究藏语词族需要与藏语形态研究、历史声韵研究结合起来（187页）。

---

① 参看 Tournadre, Nicolas 2003 *THDL Tibetan Reference Grammar*. (October 1, 2003). Distributed under the THDL Digital Text License. http://www.thlib.org/

全书分为三大篇：词族篇、形态篇、声韵篇。我们简单介绍词族篇和形态篇。

词族篇通过形态和构词规则知识辨识出 662 组同族词。例如 བློ (blo) 原本是“智慧、主意”之义，而 བློན་ (blon)$_{<V/N>}$“出主意，大臣”显然衍生于“出主意的人”这样的用法（参见“词族篇”169 页），恰好我们又知道古代藏语有一种已经残缺的词法形态，即利用辅音韵尾-n 来构成动词与名词的交替（参见“辅音词缀的功能，253 页”），由是，这个形式就很好理解了，这个词族也能建立起来。词族篇占据该书约 3/5 篇幅，基本囊括藏语单音节词汇或语素。这项工作是一项硬功夫，非端坐数年冷板凳绞尽脑汁不能获取，令人敬佩。

形态篇又分为构词法和构形法，并进而讨论了辅音词缀的功能。在根词基础上构词法一节讨论了四种单音节构词方法。添加辅音词缀法指词根添加前缀或者后缀构成新词，例如 ཆུང་ (chung)小~ གཅུང་ (gcung)弟、妹，སྐུག་ (skug)赌博~ སྐུགས་ (skugs)赌注；内部屈折法：ཆད་ (chad)断~ ཤད་ (shad)分句号，མཚན་ (mtshan)名字~ མཚོན་ (mtshon)表明；内部屈折加词缀：ཚོམ་བུ་ (tshom (bu))丛~ འཛོམ་ (vdzom)相聚；零形态：རྐྱལ་ (rkyal)游泳~ རྐྱལ་པ་ (rkyal pa)皮口袋。[①]又有两大类多音节词构词方法，词根加词根复合构词方法：ཁ་ལག་ (kha（口） lag（手）)饭；词根加词缀派生方法：རྫི་བོ་ (rdzi bo)牧人，རྒྱལ་མོ་ (rgyal mo)女王，གྲི་གུ་ (gri gu)小刀，གྲོང་གསེབ་པ་ (grong（村） gseb（间） pa)乡下人，ཧྲལ་ལེ་ཧྲུལ་ལེ་ (hral le hrul le)破破烂烂。

张著的构形法针对动词而言，讨论动词的使动、时态和语气等范畴。使动方面，该书从纷繁复杂的动词中理出 261 组自动和使动对立的单音节动词，归纳出自动词前缀 v-和使动词前缀 s-，确证古代藏语的确存在自动和使动对立的范畴。时态方面，作者于此提出一个重要观点，即古代藏语有未完成式（现在时-未来时）和完成式（过去时）对立情况，“现在式和将来式同形，过去式不同，它们实际上是由完成、未完成二式构成的二时动词。这种二时制实际上是‘体’，不是‘时’”。为此，作者以此为纲重新审视藏语动词的形态，根据动词所带前后缀，爬梳整理出 9 种类型和多种次类，分别论述了动词现在时、未来时和完成式（过去时）的构成规则以及前后缀的分布规律。这种观点为传统动词研究带来新意，也为藏语时态范畴转制为体貌范畴提出了依据，值得高度重视。另外，作者还得出多项藏语形态演变方面的重要结论，例如他说，“一时、二时动词基本

① 用牲畜完整皮子缝制的囊袋，多个囊袋扎成筏子用作摆渡船具。

上是自动词,三时动词基本上是使动词",①在此认识基础上,又进一步指出"我们猜想,藏语时态范畴的出现比语态晚"。不过,由于动词异体形式复杂,历史记录庞杂错乱,虽然事实都摆出来了,研究结论却过于谨慎,似乎未能最终提出藏语时、体范畴的完整构形模式,留给读者的还是一些猜想。语气方面,作者着墨不多,重点论述了祈使式问题。最后一小节"辅音词缀的功能"独立阐述了前后缀的功能和音变形式,有相当深度。

就我们所知,张济川这部著作是迄今第一部系统讨论藏语词族和构成词族的形态-构词方法的专著,虽为筚路蓝缕之作,亦绝无粗疏之病。其间构思精巧,用词族概念牵住形态和构词方法,呈现出藏语词汇同源聚类的完整体系性。作者是中国社科院资深研究员,一生从事科研,心无旁骛专攻藏语,故有此杰作。当然,面对如此远涉古史而无其他文字文献佐证的现象,我们不排除该书局部的疏忽和观点的可商榷之处。例如作者认为"带前缀的自动词,如有词形变化,各式一定都有 m-"(248 页),所举案例有(mngag –mngags –mngogs)"委托",可是,下文接着说"b-被鼻音声母同化而成的假性 m-前缀,在有形态变化的动词中,就不是每一式都不可缺少的",所举例词有(nab –mnab –mnabs –nobs)"穿"。可是他没有告诉读者哪些词鼻音声母被同化哪些不被同化,读者需逐个猜测。

另外,此处就书名体现的研究观念聊上一点题外的话。该书副标题"古代藏族如何丰富发展他们的词汇"可有两种理解,一是古人主观上如何依据词族观念创造词汇,二是藏语如何在历史演化过程中形成了今天的面貌。上文引用了作者在前言中的观点,即构词法在词族形成中的作用。理论上,语言是一套自组织体系,在语言的应用、传承和传播中演化,这样的演化由语言环境和其自身机制协调发展,没有任何族群和个人可以主观任意操纵它的演化过程和扭转它的发展方向。土弥·桑布扎可以为藏语创造文字,但不能改变藏语本身,赞普可以指挥僧侣厘定文字,却不能改造藏语。其实藏语动词的所谓内部屈折,只是最初语音演变导致前缀与词根结合过程中语音匹配制约产生的音变现象,但这种现象可能在长久的使用过程中重新分析而语法化为一种形态范畴。故此,任何语言的历史演化只能是语言自身的自组织客观发展,我们相信该书的副标题也应作此理解。

---

① 一时、二时、三时动词是指动词具有几个时态变化形式,一时动词只有一个形式,二时动词有两个形式,余类推。gad"裂开":一时动词;没有祈使式形式;(v)gab-gob(i.)"藏":一时动词,有祈使式 gob, v 可有可无;(v)kheb-khebs"被遮住":二时动词(总是未完成式在前,完成式在后),无祈使式,v 可有可无;vkhur-khur-khur(i.) "携带,背":二时动词,有祈使式;skam-bkam-bskams"变干,变瘦":三时动词,没有祈使式。

2.3.10 周季文、谢后芳《藏语拉萨话语法》的词法研究

周季文和谢后芳于 2003 年出版了《藏语拉萨话语法》，这部著作是 20 世纪 60 年代开始编写的一部教材，经反复教学和修订，遂成一部精湛的研究型专著。

作为一部全面介绍藏语语法体系的著作，不可能不涉及藏语词法现象。实际上就我们来看，这部著作的词法研究独到，述理清晰，提出很多新的观点和看法。这部著作虽然采用书面藏文记述，却实实在在扣紧拉萨口语，是当今最有代表性的一部现代藏语语法论著。该著共计 13 章，第一章"概说"交代了全书讨论的问题：句法单位包括词、短语、句子，阐述了句子与词的关系、句子成分、句子分类，以及词的分类和构词法。其他章节按照名词、动词、助动词、形容词、副词、数词、量词、代词、语气词、助词、连词与复句分别论述，其中动词又分为四章讨论。此处以全书词法研究为对象加以介绍。

作者在"概说"中提出藏语的词分 10 类，分类依据是意义特点和语法特征（结构上的语法分布特征）。同时，该著认为藏语应该区分单音节词和多音节词。我们注意到，作者的确把这个观点贯穿到了各个章节。词法分类上，作者提出了单纯词和复合词分类。其中单纯词的界定是：指内部不能再分析出有意义的单位的词，所举案例有单音节词和多音节词。作者又提出复合词分为主谓式、谓宾式、并列式、偏正式、重叠式、附加式。就体系而言，前四类可以看作词根复合词，重叠式应另立一类，这是因为重叠可能涉及来源差别，譬如 AA′重叠可能来自多音节状貌词 ABA′B 的紧缩，与词根复合词的加合构成不同。作者进一步将附加式分为后附、前附和中附三小类，前附和后附分别是带所谓前缀和后缀的派生词，中附是藏语里一类独特的形式。例如：ས་མ་འབྲོག་ (sa ma vbrog)半农半牧, ཤེས་ལ་མ་ཤེས་ (shes la ma shes)似懂非懂，其中中附的 མ་ (ma)是一个否定形式。作者特别指出，后附成分可以进一步添加到由其他方式构成的词或者词组之上构成新词。例如：གསར་བརྗེ་པ་ (gsar brje pa)革命者, སྐད་བསྒྱུར་བྱེད་མཁན་ (skad bskyur byed mkhan)当翻译的（人）, རྟག་པར་ཤོད་རེས་བྱེད་ཡག་[དེ་གལ་ཆེན་པོ་རེད་] (rtag par shod res byed yag [de gal chen po red])经常互相说[很重要]，其中-pa 加于复合词 གསར་བརྗེ་ (gsar brje)革命，造成新词;- yag 加于动词短语 རྟག་པར་ཤོད་རེས་བྱེད་ཡག་ (rtag par shod res byed yag)上转指动作这件事情。毫无疑问，作者这样的观点是从实际出发，深入揭示藏语词缀的广义功能，即作者自己所说"后附成分不但可以作词尾来构

成词，而且还可以加在词组后面，使词组具有某类词的性质”。我们认为，秉持这样的观点必定能够发现大量语言事实，有利于深化藏语语法研究。

该著作在名词、动词、形容词、副词和数词、量词等章节都单辟专节讨论词法现象，因有些内容较为普遍，有些内容可以置于句法范畴（部分动词），我们不特别讨论。这里主要就该著形容词词缀讨论提出一些看法。

该著认为，形容词后缀可以分为固定词尾和活动词尾，或者即可以充当固定词尾又可充当活动词尾。常见的固定词尾包括：པོ། པ། མ། མོ། ཏོ། (po, pa, ma, mo, to)，例如：ཡག་པོ་ (yag po)好，མགྱུགས་པོ་ (mgyugs po)快，རིང་པོ་ (ring po)长。而 པོ་ (po)添加于不自主动词构成形容词，则是活动词尾。例如：རྒྱུགས་ > རྒྱུགས་པོ་ (rgyugs > rgyugs po)流>流动，ངོ་ཚ་ > ངོ་ཚ་པོ་ (ngo tsha > ngo tsha po)害羞>可羞的，རླུང་ལངས་ > རླུང་ལངས་པོ་ (rlung langs > rlung langs po)生气>爱生气的。可惜，作者没有对固定和活动词尾作进一步的界定，也未列举句子案例，二者的词法或句法差异不易理解。

总起来说，瑕不掩瑜，这部语法著作在词法上是独具匠心的。我们特别应该提到该著独具慧眼的一个案例，就是作者提出的偏正式复合形容词。例如：རིག་པ་ཡག་པོ་ (rig pa yag po)聪明，རྣམ་པ་ཡག་པོ་ (rnam pa yag po)漂亮，གལ་ཆེན་པོ་ (gal chen po)重要的，དབང་ཆེན་པོ་ (dbang chen po)势力大的，ཐག་རིང་པོ་ (thag ring po)远，ལག་པ་རིང་པོ་ (lag pa ring po)爱乱拿东西的，རྙོག་གྲ་ཚ་པོ་ (rnyog gra tsha po)麻烦，སེར་སྣ་ཚ་པོ་ (ser sna tsha po)吝啬。作者认为这类词是名词+形容词构成，既可以当一个词用，又可以当作词组用。作词组时多用本义，作形容词则多为引申义，而且词中的被修饰词素很多是与人体有关的名词：ཁ་བདེ་པོ་ (kha bde po)能说会道的，གདོང་ལྤགས་མཐུག་པོ་ (gdong lpags mthug po)脸皮厚的，等等。这种现象似乎历来未曾引起学界重视，这是作者的重要贡献。不过，同样令人遗憾的是，著作未对此类现象展开深度挖掘，未给读者提供更多语境实际用例。有关这个问题，本书将承继作者观点做进一步探索。（参见 7.4 节）

2.3.11　其他有关词法和形态的研究

以下讨论主要以中国学者的研究为重点，又分动词形态、复合词词法、多样性研究等多个方面。

2.3.11.1 动词形态

（1）金鹏（1986）《汉语和藏语的词汇结构以及形态的比较》是一篇对藏语词法研究具有指导作用的论文。论文主要比较藏汉词汇和形态，关于藏语跟汉语比较部分本书不详述，着重他关于藏语词法和形态讨论。

派生词方面，文章指出各地方言在词缀上有一定差别，例如 མགྱོགས་པོ་ (mgyogs po)快，拉萨话读[coʔ¹²po⁵³]，康方言甘孜话读[ndʑu²²pʌ⁵³]，安多方言贵南话读[ŋɟʲok mo]，三个后缀均不同。再如，སྒྱེ་མོ་ (sgye mo)口袋，拉萨话读[ce³¹mo³¹]，康方言德格话读[ʑe³¹lo⁵³]，甘孜话读[ʑe²²mo⁵⁵]，安多方言同仁话读[ɣɟe ngo]，贵南话读[ɟʲe mo]。复合词方面，金氏敏锐地指出，用派生词构成的复合词一般只取词根来复合，例如，དངུལ་ཁང་ (dngul khang)银行，来源于 དངུལ་ཁང་པ་(dngul 银子+ khang pa 房子)，ཞིང་ལས་ (zhing las)农业，来源于 ཞིང་ཀ་ལས་ (zhing ka 田 + las 工作)，གསར་བརྗེ་ (gsar brje)革命，来源于 གསར་པ་བརྗེ་ (gsar pa 新 + brje 换)。形态方面，金氏区分了句法和词法现象，句法现象此处不赘。关于词法分析，金氏提出几种主要类型：动词+黏着成分构成名词，例如 ཚོང་པ་ (tshong 卖 pa)商人，རྐོ་མ་ (rko 掘 ma)小锄头；动词+黏着成分构成形容词，例如 གནོད་པོ་ (gnod 损害 po)有害的，ཡིད་ཆེས་པོ་ (yid ches 相信 po)可信赖的；形容词词根+黏着成分构成名词，例如 མངར་ཆ་ (mngar 甜 cha)糖，ལྗི་ལོ་ (lji 重的 lo)重量；名词+黏着成分构成名词，例如 ཉ་པ་ (nya 鱼 pa)渔夫，སོ་ནམ་པ་ (so nam 农活 pa)农夫。金氏注重区分词和临时词，所谓临时词指为语法需要在动词后添加黏着成分造成的词，例如 ཚོང་པ་ (tshong pa)“商人”是词，ཚོང་ཡག་ (tshong yag)“卖的”是临时词。实际上，金氏提出的那些黏着成分即现在一般说的类词缀和名词化标记，常见的有 མཁན་ (mkhan)者，ཡག་ (yag)的，རྒྱུ་ (rgyu)的，སྟངས་ (stangs)（方）法，ས་ (sa)处（所），པ་ (pa)（典型名词化标记）。

（2）金鹏（1988）《藏语动词屈折形态向黏着形态的转变》。这篇论文认为藏语动词形态的变化与音素的变化密切相关：动词屈折形态本身是由动词音素的变换构成的，语音是最容易变化消失的，屈折形态也容易随着语音的变化消失而消失。作者进一步提出，随着历史屈折形态体系的瓦解，在动词之后添加辅助动词和附加成分成为动词表达各种语法意义的主要手段。以辅助动词 བྱེད་ (byed)[未：བྱ་/བྱེད་(bya/byed)，过：བྱས་ (byas)]“做”为例，在动词后添加辅助动词 བྱ་ (bya)（将做）、བྱེད་ (byed)（现在做）、བྱས་ (byas)（已做）可以表示动作时间，还可以表示主方和宾方概念。例如 གཅོད་བྱེད་ (gcod byed)“现在时，能砍”，གཅད་བྱ་ (gcad bya)“未来时，所砍”。传统文法中，动作可能是施事发出的 བདག་［（bdag）自动词］，也可能是与动作受事或对象联系的 གཞན་［（gzhan）他动词］。譬如动词 གཅོད་ (gcod)“砍，断”是现在时，其他形式是：未来时 གཅད་ (gcad)，过去时 བཅད་ (bcad)，命令式 ཆོད་ (chod)。གཅོད་ (gcod)“砍”是与能砍者相联系的动作，གཅད་ (gcad)“断”是与被砍对象相联系的动作，因此，ཤིང་གཅོད་བྱེད་པ་པོ་ (shing gcod byed pa po)砍木者，གཅད་བྱའི་ཤིང་ (gcad byavi shing)所砍之木。

这篇文章讨论了屈折形态消失的原因，阐述了黏着形态出现的过程，主要从句法角度关注形态现象。我们认为，金鹏把时态形式与动作施受关系联系起来是很重要的观点，对词法的描述具有指导作用。

金鹏是中国老一辈藏语专家，撰写了大量藏语研究论文，尤其对藏语动词认识深刻，他的另一篇论文《藏语拉萨话动词的式及其表达方法》（1983）详细叙述了拉萨话动词语法式的意义和表达方法，在提出藏语语气句式基础上，阐述了拉萨话动词的六种式：特陈式和泛陈式、判断式、推断式、拟测试、命令式、否定式，分析精细入微，说理透彻。

（3）瞿霭堂（1985a）《藏语动词屈折形态的结构及其演变》是一篇值得一读的动词屈折形态方面的重要论文。该文利用13种文法论著和词典对藏语动词屈折形态进行同根和异根两类统计，三时一式的变化类型分别是四式25种、三式9种、二式17种。又对现代方言进行统计，三式中卫藏28种、安多15种、二式中卫藏、安多、康共有的3种，卫藏另有8种，安多4种。作者认为现代藏语动词屈折形态已无独立表达时、式语法意义的功能，必须与助词、辅助动词或语气助词共同表达。文章还深入论述了屈折形态演变的因素、方式和过程。作者的另一项研究"藏语中的异根现象"（瞿霭堂 1982）以夏河话与藏文比较，探讨藏语产生异根的原因及现状，精细地揭示了藏语语音变化造成的形态或构词后果。

（4）关于藏语动词使动范畴。格桑居冕（1982）《藏语动词的使动范畴》从书面藏语1300多个单音节动词中筛选出175对以语音交替为手段、意义相关、两两对应的使动和自动动词。作者认为使动动词同时又是及物、自主的动词，三位一体没有例外。自动动词则可能及物、自主，也可能不及物、不自主，交叉起来分为四类，使动与自动动词对立主要采用语音交替。①使动动词的基辅音是不送气清音与自动动词的送气清音、浊音等交替；②使动动词带前置辅音的浊辅音与自动动词的浊单一辅音交替；③使动动词带前置辅音s-的鼻音与自动动词的单鼻音交替；④使动动词双唇送气清塞音与自动动词的同部位浊音交替。作者关于使动形态的分类为进一步开展相关研究奠定了基础。

（5）谭克让（1988）《藏语动词的自动态与使动态》认为藏语使动范畴的屈折表达形式主要是由声母的变化来区分，即：基本辅音的送气与不送气；单辅音与复辅音；鼻冠复辅音与其他复辅音；浊音与清音等。在现代藏语中，由于语音的演变、方言的差异、声调的有无，这一语法范畴相应的演变为：基本辅音的送气与不送气；声母前置辅音的有无与不同，以及基本辅音的不同；韵母元音开度的大小或辅音韵尾的有无与不同；声调的高与低。作者还提出了一项现代藏语使动词形变化通则：送气、浊音、低调一般表自动态；不送气、清音、高调一般表使动态。

（6）张济川（1989）《藏语的使动、时式、自主范畴》把使动、时式和自主范畴关联起来讨论，并明确提出现代藏语使动范畴已不复存在，口语里少量自动与使动对立的动词是历史遗留。

（7）黄布凡（1981）《古藏语动词的形态》以古代文献为背景讨论古藏语动词的形态问题，指出及物与不及物、自主与不自主、使动与自动这几种范畴不是平行截然分开的，而是互相交错的。作者从古代文献搜检的 337 条动词都可划入前两种范畴，只有部分（177 条）动词划入使动与自动范畴。作者认为动词形态变化方式受语法范畴和语音拼合规律的制约，并详细列出各类变化方式和数据。例如不及物和及物不自主动词 45 条，及物兼自主动词 92 条，使动动词中表示使动意义的前缀 s-有 82 个。文章探索出古藏语有严整变化规律的动词将近占动词总词数的一半，其余动词的不规则变化也能看出一些局部的变化条件。

（8）江荻（1991）《藏语动词的历史形态研究》采用历史语言学内部构拟法全面探讨了古代藏语时态范畴中的动词形态，构拟出古代藏语现在时、未来时和过去时的语法前缀。从文献看，藏语动词形态语素音位的分布已很不完善，呈现大量不规则现象。因此重建藏语动词规则性的原始结构成为藏语史上一大难题。文章论证分两步，第一步探讨前缀的语音分布现象，归纳出前缀在语音分布上的条件和基本规则；第二步采用模式构拟法提取出古藏语表时前缀分布格局中普遍存在的同形分布和有序分布两种模式，由此揭示出古藏语 5 种表时语法前缀语素（g、d、b、m、v）的功能和交替形式。即零形式的现在时前缀，不同词根音(R)条件下(R $_{送气}$，R $_{不送气}$，R $_{送气/不送气}$)的三种现、未、过时态前缀模式(R_0-gRs-bRs，R_0-vRs-mRs，R_0-gRs-mRs)，即未来时前缀有 g-/d-（g-和 d-属发音部位互补）和 v-，过去时前缀有 b-和 m-，并且带后缀-s。

（9）黄行（1997）"藏语动词语法范畴的相互制约作用"是一篇对藏语动词范畴宏观性的研究，对认识藏语动词形态的多样性具有独特的作用。该文认为，藏语动词的自主/不自主、及物/不及物、自动/使动、现在/将来/过去时、陈述式/命令式以及与动词相一致的作格/通格等语法范畴处于交互分布的制约状态，为此，论文采用制约条件相互作用的理论分析了藏语动词诸范畴在句法结构中的制约关系。例如自主动词可以和作格、通格主语搭配，而不自主动词只能和通格主语搭配；自动词可以是自主或不自主动词，使动词只能是自主动词。在实际的句法结构中，越符合制约条件的句子出现的可能性越大，和谐性越高，越是优选的句法结构，反之亦然。制约条件还有等级的差别，并列举实例证明多种制约条件存在着分布上的顺序，当某句法结构被一条制约条件否定后，其他制约条件就不再起作用。

以上讨论藏语动词形态的论文尽管以描述为主，却不乏睿智，基本理清了藏语动词形态变化现象。还应该指出的是，李方桂和柯蔚南等国外学者均深入研究过藏语动词时态前缀形态，国内起步虽然略晚，却在国外研究基础上扩大了研究范围，取得非凡的成就。特别是，藏语动词所涉及的词法和句法范畴相互关联，使动和自动、自主和不自主、时态和语气、人称一致等等范畴无不相互交织，乃至后世兴起的表示情态的体貌、示证和新兴词法内容也都古今一脉，相互延绵贯通，为此，藏语动词的研究实则是一项庞大的多范畴研究，需要高超的驾驭能力，我们期望未来的学者能够破除传统藩篱，进行全方位的藏语动词形态及其范畴研究，以动词为纲，贯通古今，构筑整个藏语词法和句法体系以及该体系从古至今的演化脉络。

2.3.11.2 复合词研究

构词方面的研究包括复合词研究和派生词研究，也有少量通论性研究。由于研究角度不同，部分论文从词法内部结构关系着眼，有些则从词缀着手，更为普遍的则是从句法功能角度加以阐述。前二者显然属于典型词法研究内容，后者是结合句法研究。

（1）胡坦（1986）《藏语并列式复合词的一些特征》从复合词内部结构关系展开讨论，文章收集词例 100 余项，从语音、语法、语义及内部语序特征和结构方面做了细致描述。他认为并列式复合词是由两个或多个意义相近、相同、相关或相反的词根组成。藏语两个词根或四个词根构成的并列复合词较多，如 mig-rna 耳目，skye-rga na-vchi 生老病死，三个词根或五个以上词根的较少。藏语并列式复合词词性上大多属于名词类，个别是副词和数词。语音上，并列式复合词结合较紧，中间无停顿，有连读变音现象，这几点可与并列式短语区分开来。如拉萨话山羊和绵羊均读本调是短语，[ra^{13}luʔ^{132}]，表"山羊和绵羊"，连读变调则是并列式复合词，[rə^{11}luʔ^{52}]，表"羊类"。语义上，并列式复合词有同义复合、反义复合、相关复合三类，多数复合词的整体意义等于局部意义的总和，但也有整体意义不等于局部意义之和的。并列式复合词内部词根次序是约定俗成的社会习惯，一般不能改变。并列式复合词构词能力强，所以藏语并列式复合词日渐增多。

藏语复合词结构研究一直是学界的短板，金鹏（1986）曾在《汉语和藏语的词汇结构以及形态的比较》中涉及复合词词法现象，但重点是形态问题。胡坦这篇论文是迄今不多的藏语复合词专文，可以说是开藏语复合词词法研究之先河。如果按照句法分析方法来观察词法，藏语无论名词、动词、形容词等等都存在并列、偏正、主谓、动宾、动补等等角度的词法研究，这方面目前仍有待耕耘。

（2）胡书津（1989）《藏语并列四字格的构词构形特点》针对一种特别词法格式较为全面地描述了其内部结构，这种格式包括名词、动词、形容词、数词等。论文认为藏语四字格结构稳定、表达丰富、语音和谐，并呈现双声、叠音、叠韵形式。文章还从结构上叙述了四字格词汇的非重叠型和重叠型两类结构，并进一步分为复合型（偏正、主谓、动宾、联合结构）、孳生型（固定格式）等。

（3）黄行、江荻（2005）《藏语电子词典复合动词的收词原则》。文章初步讨论了藏语复合动词的构词特点以及由这些特点决定的电子词典收词原则。藏语动词以单音节词形为基本典范，但是现代藏语中已经出现大量三音节动词，目前母语者对这类词是否收入词典持不同观点。其中的原因是："名词＋（单音）动词"（以下简称N+V）可能是复合动词，也可能是动宾短语。而且某个N+V究竟是否复合动词并非说一不二，其中人们的语感不完全一致，V的虚化程度不等，有些还保留较强的动词语素意义，有些则脱离了原有动词含义，甚至部分词存在读音上的差异，读音上的轻重和停顿往往会决定该词是短语还是复合词。这篇文章从复合结构音节数、构成成分词类、词汇化、动词语素标记化程度等多个角度论述了复合动词的特征和类别。

2.3.11.3 派生词研究

较之复合词研究，派生词的研究略显丰富，我们择要讨论。

（1）黄显铭（1982）《藏文联绵词浅谈》可能是国内最早关于藏语联绵词词法分析的论文之一。联绵词词法分析在当时总体上属于派生词法研究，该文讨论了藏语二音节、三音节和四音节联绵词，分析了联绵词的构造类型，提出联绵词内部的动词和形容词的功能和作用，联绵词变音的规则以及不同音节数中的核心音节现象。与此同时，李钟霖（1982）《藏语重叠词及联绵词构词规律新探》也全面分析了联绵词以及重叠词的派生词法问题，提出藏语重叠词及联绵词的重叠方法遵从严格的语言内在规律。并尝试对重叠造成的词类转换加以分析，例如名词重叠后有的仍是名词，有的变为副词，例如 dus（时间），dus dus（经常）；动词重叠表示持续状态：vkhor（转动），vkhor vkhor（巡回）；代词重叠泛指某个总体事物：de de（那些）。这些分析对于藏语派生词法分析均有开创性。

（2）仁增旺姆（1987）《重叠方式在安多藏语中的运用》是藏语重叠研究的重要论文，对安多藏语动词、名词、形容词、代词和拟声词的重叠格式进行了较为全面的描述，挖掘出重叠表现的语法意义。文章指出藏语重叠主要利用词根重叠来表示语法意义，例如动词有 AA、AABB、ABAB 等 6 种重叠方式，AA 式用过去时动词重叠后加 nas 表动作重复和持久，加 la 则表示动作或状态持续；AABB 式是将同义或反义 AA 式再次重叠后构成，用作名词性词组；ABAB 式将动词与时态助词 gin 构成的 v+gin+v+gin 重叠后形成，表反复或经常进行的动作行为。形容词有 6 种重叠形式，AA 式可表比较，或共用一个词缀 po 表示程度加深；AA 式再重叠构成 AAAA 式，表示程度加深；ABAB 式是双音节形容词重叠，表程度加深。名词有 AA 式和 ABAB 式，表时间、方位的名词重叠后可转类为副词。ABAB 式则将原具体事物概括化。代词只有 AA 式，泛指总体事物。

（3）王会银（1987）《现代藏语拉萨话形容词重叠形式》集中讨论藏语形容词重叠现象，文章提出形容词有 7 种重叠形式：①AA 式是词根叠音，不表示语法意义，可受程度副词修饰；②AAA 式是词根三次重叠，前两音节连续变调，后一音节读原调；③ABB 式是词根附加具有某种特定色彩或状态的叠音后缀，A 与 BB 的搭配相对固定，并列出 20 种叠音成分；④ABAB 式来源于双音节形容词 AB 的重叠；⑤AABB 式是意义相同或相近的形容词词根重叠构成，部分 AABB 式中 BB 是附加成分；⑥ABA+rkyang 式仅重复词根并加上 rkyang 构成；⑦aBAB 式是形容词或动词遵循一定内部语音变化构成。形容词重叠后程度均加深并带有修辞色彩。这篇文章收集语料较全，分析和分类也相当深入，对后续研究有重要启发作用。王会银（1988）《藏语拉萨话动词的重叠形式》研究方法基本相同，选择动词讨论了拉萨话重叠动词的内部结构和词法意义。

（4）胡书津（1986）《藏语 A'BAB 型的四音格》研究形容词 A'BAB 四音格叠音的构词方法。A'BAB 型四音格也称为变韵重叠格，由形容词词根或动词词根按照一定规则语音变化构词，其中 A 是词根，A'与 A 的声母、韵尾和声调相同，是 A 的变音形式，B 是嵌音，声母与 A 韵尾相同，韵母固定为[e]或[i]。例如，ཐག་གི་ཐུག་གི་ (thag gi thug gi)东摸西摸。此外，四音格有多种音变形式，有音节单叠的 A'A 式，例如，ཐག་ཐུག་ (thag thug)碰碰撞撞。紧缩的三音节 ABC 式，例如，ཀུམ་མི་བ་ (kum mi ba)皱皱巴巴。对于四音格的来源，A'BAB 式是在 A'A 式的基础上扩展而成的。ABC 式可能是 A'BAB 式的减缩。该文论述颇具智慧，令人读来耳目一新。

（5）王联芬（1988）《藏语象声词浅谈》别具一格，讨论了象声词的多种结构，单音节 A 式和双音节 AA 式：xo ting ting；AB 式：tung ring；AAA 式：hu hu hu“嗬嗬嗬”；ABB 式：thu lu lu；ABAB 式：dbjirug dbjirug；AABB 式：ho ho he he“呵呵嘿嘿”；ABCB 式：tsal li tshil li“淅淅沥沥”。此外，文章还重点叙述了象声词的表达功能和修辞功能，是一篇不可多得的参考文章。

（6）王青山（1982）《青海环海区藏语的动词重叠式》描写藏语青海牧区话的动词重叠现象，提出动词重叠有四种类型：不带后缀的重叠式，用 AA 表示；带后缀的重叠式，附加意义因后缀而不同，Ani Ani 式表示动作即将发生；Aki Aki 式表重叠动词与后面未重叠动词同时进行的状态；AmaA 式是在重叠动词间嵌进一个中缀 ma，表动作刚刚过去。重叠式的轻重读音是很重要的，AA 式中前轻后重常使动词具有比喻义，如 spyang ltogs gi za za“如饿狼吃食”。AAko 式表示与动作有关的全部事物，如 ཟས་ཟས་བོ་ཨ་བྲས་ (zas zas bo abras)“吃的尽是大米”。AAW 式这类前轻后重的重叠式表示动作是连续不断的，如 བོའུ་བཟུང་བཟུང་ང་བསྡད་ལ་ (bovu bzung bzung nga bsdad la)“一直持枪呆着”。当 AAW 读升调时，表示该动词与后边句子成分意义是推论性因果关系，如 འཐུང་འཐུང་ང་བཟི་ཉི་བཟིག་འཐུང་ (vthung vthung nga bzi ni bzig vthung)“既喝就喝它个一醉方休”。文章重心在于说明重叠是重要语法现象，轻重读音会引重叠形式产生不同的附加意义。

（7）张济川（1994）《对藏语几个后缀的分析》完全从词缀语音及其变体角度讨论 pa、ba、po、bo、pu、bu 六个派生形式，虽然涉及名词、形容词、动名词、序数词等词类，但是并不论述词缀跟词根之间的词法关系或词缀所代表的词法意义，而是就词根韵尾语音形式讨论变体的性质问题。

（8）江荻（2006d）《现代藏语派生名词的构词方法》以藏语名词为对象，对现代藏语常见派生词缀及少量类词缀逐个或分组作了意义与功能的全面描述。这项研究从纷繁复杂的名词、动词、形容词同形词缀中剥离出名词词缀，提出不同的名词词缀表达的不同语义类别。研究方法上，采用了 Packard 完形词的概念，在词法范畴内，阐述了词缀语素与不同类型以及不同词性词汇语素结合产生各类复杂关系。其次，文章对现代藏语常见派生词缀及类词缀逐个或分组作了意义与功能的全面描述。再次，依据 R.Beard 有关派生构词分类思路考察了藏语派生现象，认为藏语里高度集中了各类派生词缀类型：a. 特征值转换派生，b. 功能性派生，c. 转类派生，d. 表达性派生（指小、指大、轻蔑、喜爱与敬重五类）。最后，提出并验证了按照功能、形式和意义区分的藏语名词词缀类型：名词化词缀相当于 R.Beard 的换类派生，完形化词缀是依据藏语提出的新型构词现象，类义词缀大致包含了 R.Beard 提出的三种类型，而类义词缀的形成与"去语义化"过程密切相关。例如，词缀 pa 的功能是：表示动词的事物概念，即名词化；表示具有专门技能的人或者有某些社会特征的人；表示抽象概念或抽象事物；表示动作的施事者（[[bzo]$_V$ pa]$_N$ 工人）。词缀 ba 的功能是：表示动词的事物概念，表示动作的受事（[[skyin]$_V$ pa]$_N$ 赔偿物）。词缀 po 同时具有指人与表示雄性性别的功能，主要添加在名词词根后构成完形词或者添加在动词词根后构成动作的施动者。对比词缀 pa，po 所构成的指人名词不包括从事专门职业人群的名词，与 pa 有分工。词缀 ma 添加于动词词根可构成多种语法关系的词，类似于词格所表示的句法关系：表示施动者、受动者，少量表示工具意义（[[khrol]$_V$ ma]$_N$ 筛子）；名词词根添加 ma 表达的意义有天体、人体、动物、植物，但通常没有表示抽象意义的词。词缀 mo 可添加在动词词根和名词词根上，在表达自然性别方面与 po 相对应，但一些非生命物的词也可用这个词缀。文章还讨论了表示含有整体或部分（归并）意义的词缀 ka，kha，ga；表示集合意义的词缀 cha；表示贬损意义的词缀 to，ro，kye；表示指小和表达喜爱意义的词缀 -vu，bu，gu；表示施动者意义的词缀 mkhan；表示"事物拥有者"意义的词缀 can；表示领有意义的词缀 ldan；等等。

从以上藏语派生词研究状况来看，无论是某个特定词类或特定现象的描写，还是对反映词法现象主体的一般性名词、动词、形容词的分析，藏语派生词法研究都取得了长足的进展，理论深度也有所增强。

2.3.11.4 多样性词汇研究

词汇研究虽然焦点聚集于词汇的类别、性质和来源，却在词汇分类方面给词法分析带来便利，提供了重要的词汇性质和语用方面的信息，因此有必要加以介绍。

（1）胡书津（1985）《藏语敬语词》从敬语的渊源、修辞效果、结构模式几方面讨论藏语的敬语词。文章认为，藏语中除数词和连词外其他各类词都有数量不等的敬语词，其中名词敬语词最多，并且指出藏族社会等级意识的产生是构成敬语词的基本要素。词法方面，敬语词主要是通过附加敬语词词缀的办法表示，即形态—结构造词方法。结构上敬语有多类形式，例如 1. 普通本体词与敬语词区别：kha～zhal "口"，2. 普通词添加敬语语素：rnga ~ phyag rnga"鼓"，3. 普通语素换成敬语语素：kha chems ~ zhal chems"遗嘱"，4.两个语素都换成敬素：mig chu ~ spyan chab"眼泪"。

（2）索南坚赞（1990）《藏语敬语词的结构类型探讨》是一篇有深度的描写性论文，主要根据构词方式讨论藏语敬语的类型。1. 词根型敬语词是以词根的形式出现于词汇系统中，与相应的非敬语词无任何依赖关系，phyag"手"对应的非敬语词是 lag pa。词根型敬语词可以是名词、动词、形容词等。2. 前缀型指加于词根前或短语前的语素，共同构成敬语，bkav mngags(敬) ~ mngags pa(普通)"委托"。敬语前缀表敬语色彩，词的基本意义则由词根表示。3. 合成前缀型指前缀既有敬语色彩又有实词意义，它替换了非敬语词的前缀形式。4. 并列前缀型指前缀语素与词根语义相当，但有敬语色彩，形成敬语词。5. 重敬前缀型指在某一词根型敬语词之前加上相应的敬语前缀。6. 后缀型指敬语词素作为后缀来构词，可加于名词、动词、动名词及短语之后，语法上是一种助词。

（3）华侃（1983）《藏语中反义词使用情况的初步考察》用实例讨论了藏语反义词的构成、分类及使用情况。文章认为藏语中反义词以形容词为最多，名词和动词也有相当多反义词。成对的反义词常常词性相同，很多双音合成词就是利用两个意义相反的或相对的词并列起来构成，例如 legs（善）和 nyes（恶），组合表示"善恶，功过"。藏语一些三音节反义合成词是由两个意义相对的词中间嵌入 ma(非、不曾、没有)组合而成，例如 rgya ma bod（半汉半藏）。此外，还有一些其他的复杂结构，例如 dgra grogs rang gsus（敌我友），dkar nag go ldog（颠倒黑白）等。作者这项研究虽未采用高深的理论，却开启了不同于传统藏文解读词语的语义研究新方法。

（4）周季文（1981）《藏语新词术语的构成》是一篇很小的短文，但提出了很重要的观点，即藏语新词术语主要来自汉语译语，并且以复合结构居多,派生词较少。文章还提出判定新词术语是否具有生命力的标准，即是否符合藏语传统词法结构。藏语新词术语的讨论后来成为学界，包括藏汉翻译领域重要的论题，这篇文章具有开创之功。

（5）胡坦在藏语新词术语，特别是科技术语领域发表多篇论文，例如《藏语科技术语的创制与标准化问题》（1998）从术语的构成、术语的类型、术语的来源各方面详尽阐述了藏语术语的标准化问题，并从语言本体角度指出术语规范的必要性。《藏语科技术语的创造与西藏现代化建设》（1998）则对科技术语词法构成提出挖掘固有资源、旧词赋予新意、拟声法构词、意译、仿译、音译、音译+意译、意译+音译等多项造词和新词规范方法。其他研究还有《从化学元素藏文命名看藏语音译术语的特点》（1997）等，这些研究具有很强的时代性和应用性，符合社会对语言使用的需求。

（6）安世兴（1984）《现代藏语中的古藏文词汇》是词汇研究中独辟蹊径的一项研究，从现代藏语方言口语中探索“古词”，作者认为尽管历史上曾有过文字厘定，但口语中仍能保存一些古词，并得出结论认为安多方言保留较多古词语，而且活在今天的口语当中。例如 gso ma 其实与 gsar pa 就是旧与新的关系。从多个方言来看，历史上即使通过多次正字法也未必能完全实现词汇统一，这个结论对藏语史研究和当代词汇规范化也有启发意义。

藏语词汇讨论的论文数量较多，此处无法一一介绍和述评。但从涉及领域来看，各类研究发表数量多寡不一，总有所涉及。谚语成语研究有：车得驷（1984）《藏谚在藏语表达中的作用及其语法功能》；赵远文（1989）《浅谈藏语成语》；外来词或借词研究有：玉珍（1996）《藏语安多方言同仁话中的汉语借词》，东主才让（2010）《试论藏语借词及其文化背景》；中央民院语文系藏语教研室（1959）《从藏语中的汉语借词看汉藏两民族的亲密关系》；藻饰词研究有：高丙辰（1980）《藏文藻饰词浅说——兼谈藏语的同义词》，胡书津（1995）《藏文数字藻饰词及其文化内涵》；特定词研究有：王青山（1990）《藏语中的禁忌语与委婉语》，胡坦（1996）《藏语时间词探源》，紫腾嘉、李学琴（1999）《藏语的数量词》，敏生智（1987）《略谈安多藏语中的象声词》，马月华（1986）《藏语里一种特殊的四音组词结构》；同义词和反义词研究有：马进武（2001）《简论藏语同义词的积极作用》，词汇通论性研究：胡坦（1989）《藏语中的随欲名和随立名》，王青山（1993）《藏族姓名的社会文化背景》，利格吉（2009）《试论西藏当代藏语词汇的发展变迁》；词典方面的研究有：华侃（1990）《藏语辞书述略》；张济川（1998）《藏语辞典编纂偶得》。

2.4　形态和词汇研究小结

2.4.1　国内

藏语词库与词法研究目前国内尚处于起步阶段，涉及面不广，研究内容比较零散，未能构成较完整的词库与词法理论体系。更直接地说，学界目前尚未明确哪些词汇是特异性词汇，具有直接进入藏语词库的资格，也不清楚藏语词法研究包含哪些内容，藏语构词和形态可采用怎样的分析方法。这些问题都是藏语语法体系中的基本问题，若不加以探索，很难进一步开展藏语各个具体语法范畴的精细化深度研究。就我们所知，这些问题之所以未能全面解决，首先与藏语自身结构特点有关。藏语既是单音节词语言，又是富含派生形式、屈折形式、复合形式词汇的语言，还有大量错综复杂的重叠或叠音形式。因此，藏语词库和词法研究涉及形态学、构词法和句法、语义诸多方面，不容易厘清。其次是语法研究观念制约。藏语传统文法研究的主要内容包括字母和文字的组织、格助词和其他虚词的句法功能、字性和动词句法语义关系，这些内容虽然囊括了藏语语法各方面要素，但是并非完备的语法体系。这个框架下的藏语本体研究很难构建一种可拓展的开阔视野，也很难深入分析语言的微观层面。特别是该语法体系的虚词和动词研究注重于句法层面现象，词法研究基本没有地位，除了部分动词的形态分析较为深入，其他内容一直没有创新的阐述。

从研究内容看，目前的藏语词法和形态研究主要涉及动词、名词、形容词和句法虚词，也有一些词类的句法功能讨论。此外，还有相当部分藏语词汇研究的论述，例如敬语词、藻饰词、外来词、缩略词、异形词、惯用语、成语、新词术语、词的文化现象或词的意义解读。

自 20 世纪 50 年代以来，国内发表的藏语词库与词法研究相关论文达百篇以上（不包括出版的词典和部分藏文撰写的论文），词法专著和教材较少，近年出版的《藏语词族研究——古代藏族如何丰富发展他们的词汇》（张济川，2009）；《藏语词汇学教程》（邓戈 bstan go，藏文版 bod skad ming brda rig pavi bslab gzhi，2012）等初步弥补了这方面的空白。

概括起来看，藏语词库与词法研究深度远不能与汉语、英语这类语言相比，各类研究都不同程度上存在一些空白和缺失，例如每种词类的研究都未涉及穷尽性研究，缺乏统计数据或量化研究，使人们很难观察到该词类的整体面貌。再则，除了动词屈折形态，名词、动词、形容词、副词等最基本词类的复合、派生词法研究都未全面深入展开。还有一些词类完全没有独立研究，例如专门的词格研究、名词化标记研究、甚至连代词、指示词、副词、数量词这些重要词类仅浅尝辄止，其他虚词如语气词、连词、状态词、状貌词的研究也寥寥无几，所涉范围都局限在很小的范围。已有研究的词类，例如结构助词、助动词等也仅处在初探阶段。特别值得注意的是，这些文章基本发表于 20 世纪 80 年代或 90 年代，近二十年来很少有进一步的研究成果发表。至于藏语词库研究方面，即使有也都不是直接对词库核心内容的论述，例如哪些类型的词应该收入词库，存在哪些条件，词库词表现出什么样的特征，等等。所以目前的藏语词法和词库研究状况完全不能令人满意，也不能满足目前教学和计算机应用的需求。而藏语词法和词库的理论阐述更是空白，这一切确实是令人遗憾的现实。

当然，已有的部分研究工作也为进一步研究奠定了基础。今后的工作应该结合一般性描述加强理论阐述，特别是对名词、动词、形容词等基本词类的性质和特征开展深度描写和分类，以便建立完整的藏语词法体系。

2.4.2　国外

除了以上的介绍，20 世纪以来，国外还出版了一些词法和形态方面的其他研究著述。例如，1935 年有一部关于词法的专门论著，是 H.N.Koerber 发表的《藏语形态学》(Morphology of the Tibetan language)，[①] 该书基本是针对单音词的屈折形态分析，与现在的词法分析概念不同，但该书开启了藏语形态学的专门研究领域。同一时期，还有一些用德文或法文撰写的著述，限于语言和篇幅，我们暂未讨论。

值得提到的还有一部近期出版的关于词法研究的专著，是 Paul G.Hackett 的《藏语动词词汇：动词、分类和语法框架》（2003）。不过，这是一部面向计算机处理的论著，开展了藏语动词词法研究，词库中包含了 1700 个多根动词形式和动词短语子条目形式，每个藏文词条都赋予英文意思和梵文对应形式，以及从书面文献中抽取的完整例句及相关结构信息。该书分三个部分，第一部分导论，阐述了藏语自然语言处理中的一些概念和术语，作者以英语语法为参考框架，从形态和句法两方面进行研究，主体研究内容表现为对动词的分类。例如他根据藏学家 Joe Wilson 的框架设计出 8 大类 21 个小类的动词分类，譬如主格-位格动词大类下又分四小类，分别是简单存在动词、生存动词、从属动词、表达态度动词；在主格-句法动词大类下再分四小类：分离动词、容纳动词、连接动词、转折动词。第二部分是该书的主体，占全书 3/4 的篇幅，全部罗列动词及其用法，所属类别，并举例说明。实际上这部分就相当于一个动词词典，编排方式是以单音节动词作为词条，部分词条下收入少量带该词条的双音节形式。第三部分是语料来源索引。

就我们观察来看，这部书很多地方难以理解，即使作为计算机用的语料分析也很难全盘接受。作者所采用的分类框架来自一位藏文佛教文献翻译专家，而不是藏语言专家，这可能是原因之一。无论该书是面向自然语言处理

---

① Koerber, Hans Nordewin von. 1935. *Morphology of the Tibetan language : a contribution to comparative Indosinology*. Publisher: Sutonhouse.

还是词典编撰格式，都可以看做很独特的藏语词法研究论著。该项研究应该对我们了解藏语词库的动词特征有所裨益，但不算是典型的词法论著。

Philip Denwood 出版的一部著作是较全面描写藏语语法的论著，书名为《藏语》（*Tibetan*），由 John Benjamins 出版公司 1999 年出版。这本著作以拉萨话口语为研究对象，关注口语表达现象，其中不乏精彩的论述和见解，是当代一部重要的藏语语言学专著。可是这本书并没有单辟章节专门讨论词法和词库问题。譬如他仅在名词跟名词短语这一章讨论了双音节名词形式，篇幅很小，我们未加特别介绍。

另据报道，还有一部涉及藏语词法研究的博士论文，据网上查找的书名是《拉萨藏语词汇结构和语法范畴》。（Agha 1990）由于尚未见到此书，无从了解，不予评说。其他有关研究主要散布在相关语法论著里，不一一叙述。

第 3 章　派生名词与词缀

3.1　词缀与派生名词

我们在第 1 章讨论了藏语的词法性质以及派生形态在词法中所具有的重要地位，这一章我们将全面讨论名词词缀和派生名词。[①]

现代藏语典型的名词词缀有：པ་、བ་、པོ་、བོ་、མ་、མོ་(pa、ba、po、bo、ma、mo)，都是后缀。我们的研究方法是逐个或分组考察词缀的意义和功能，以及派生词缀构成名词的类型。为了全面了解藏语的派生名词现象，较好的策略是尽可能完备地描述各类词缀或者类词缀现象。通过关注每个词缀的语素意义和构词意义，分析各个词缀之间的关联与区别，就可能在事实基础上对藏语派生名词的词缀作全面的分类，并确定每一类词缀的意义、功能和用法。

3.1.1　词缀 pa，ba

3.1.1.1 词缀 pa，ba 添加在动词词根后构成名词，这在语法上称为名词化。这些动词语义上多数表现为一种行为或关系。例如：

[[rgyan]$_{V\,装饰}$ pa]$_{N}$ 装饰，打扮　　[[mthun]$_{V\,相合}$ pa]$_{N}$ 协调

[[rnog]$_{V\,怀念}$ pa]$_{N}$ 怀念　　[[pham]$_{V\,输}$ pa]$_{N}$ 失败

[[tshig]$_{V\,生气}$ pa]$_{N}$ 怒气　　[[ha las]$_{V\,惊讶}$ pa]$_{N}$ 惊奇

[[gzhol]$_{V\,努力}$ ba]$_{N}$ 勤奋　　[[bde]$_{ADJ\,快乐}$ ba]$_{N}$ 安乐

[[tshur rgol]$_{V\,指责}$ ba]$_{N}$ 责难，指责　　[[vtsho]$_{V\,放牧}$ ba]$_{N}$ 放牧

动词的名词化动因在于从陈述转变为指称，这是表达上和语法上的需求。王冬梅（2010）认为：动词名化有两个根源。从语言表达上讲，是因为我们不仅需要对动作和关系加以“叙说”，还需要“指称”动作或关系。这样的指称通常界定为自指型名词化，令动作或者行为转变为可指称的事物或对象。名词化是各语言普遍的形态手段，藏语自指型名词化在藏语词

---

① 本章部分内容曾以“现代藏语派生名词的构词方法”为名发表，载：何大安，张洪年，潘悟云，吴福祥（主编）《山高水长——丁邦新先生七秩寿庆论文集》，《语言暨语言学》专刊外编之六，395-418。台北：“中研院”语言所，2006。

法和句法法体系中占有重要地位。下面这个例子中，表达所关注的不是动作，而是"装饰"这件事与眼睛的关系，请比较 rgyan 装饰，rgyan pavi mig 睫毛装饰。

3-1 རྫི་མས་ བརྒྱན་ པའི་ མིག་གཉིས་ནི་ ཆུ་མིག་བཞིན་དུ་དྭངས་ཤིང་གསལ་བ།།

rdzi ma_s brgyan_pa_vi   mig gnyis_ni chu mig bzhin du
睫毛_INS 装饰(PST)_NMZ_GEN 眼睛 两_PAP   泉   像..
dwangs shing gsal ba.
清澈

用睫毛装饰的一双眼睛像一汪泉水（清澈透亮）。

理论上说，任何单音节动词都可以产生这类派生形式，传统语法学家称其为动名词（格桑居冕等，2004：276）[①] 。

添加在动词后的名词化词缀有两个变体形式，pa 和 ba，二者的区别与语音制约有关，转换为书写形式则取决于词根的韵尾形式。以下给出音变（或书面语形式）的条件：

（1）[[root] pa¹] / ROOT-ENDING__ = f(x)，(x = -g / -ng / -d / -n / -b / -m / -s)，即前一音节（动词词根）韵尾为-g，或-ng，或-d，或-n，或-b，或-m，或-s，词缀用 pa。例如：brno[g] pa 怀念。

（说明：f(x)是条件/函数表达式，后面给出 x 出现的条件）

（2）[[root] ba¹] / ROOT-ENDING__ = f(x)，(x = -r /-l / -v / -∅)，即前一音节（动词词根）韵尾为-r，或-l，或-v，或-∅（空韵尾），词缀用 ba。例如：vtsho[∅] ba 放牧。

除了表示动作行为或关系之外，名词化之后似乎还蕴含了表现心理状态或行为结果的抽象事物特征值。例如，

རྟོགས་པ་ [[rtogs]ᵥ 领悟 pa]ₙ 认识   དོགས་པ་ [[dogs]ᵥ 猜忌 pa]ₙ 怀疑
འདོད་པ་ [[vdod]ᵥ 希望 pa]ₙ 意愿   ནོར་པ་ [[nor]ᵥ 错 pa]ₙ 错误
ཤེས་པ་ [[shes]ᵥ 知道 pa]ₙ 感觉   དྲན་པ་ [[dran]ᵥ 想起 pa]ₙ 回忆
རིག་པ་ [[rig]ᵥ 理解 pa]ₙ 智慧   འགྱོད་པ་ [[vgyod]ᵥ 后悔 pa]ₙ 悔恨
དགོངས་པ་ [[dgongs]ᵥ 想 pa] 思想   མནར་བ་ [[mnar]ᵥ 遭受 ba]ₙ 痛苦
དག་པ་ [[dag]ᵥ 洗净 pa]ₙ 正确   རྨུགས་པ་ [[rmugs]ᵥ 昏沉 pa]ₙ 糊涂
འོད་འཕྲོ་ [[vod vphro]ᵥ 放光 ba] 光明

[①] 拉萨话动名词的词根与词缀不连读，词缀读轻声。一个经常为人们忽略的有趣现象是，传统藏语词典中，所有（单音节）动词都采用动名词词形收录和排序，也就是说，母语者编纂词典的时候，鉴于词典中词项的指称性，把陈述性动词都指称化、事物化，转化为动名词来收录，并形成了传统。

3.1.1.2 词缀 pa 与 ba 添加在动词词根之后转指与动词相关的事物。这些事物或者是动作的施事，或者是动作的受事。绝大多数情况下，带 pa 的形式表示施事。

3.1.1.2.1 [[…]$_{V}$ pa]$_{N}$ 指实施动作的人或者具有某种社会文化特征的人，例如：

ཚོང་པ་ [[tshong]$_{V}$ 买 pa]$_{N}$ 商人　　གཉེར་པ་ [[gnyer]$_{V}$ 管理 pa]$_{N}$ 管家
འདུམ་པ་ [[vdum]$_{V}$ 和解 pa]$_{N}$ 和事佬　　འདྲེན་པ་ [[vdren]$_{V}$ 引导 pa]$_{N}$ 带路人
སྦྲགས་པ་ [[sbrags]$_{V}$ 交付 pa]$_{N}$ 邮递员　　ཇག་པ་ [[jag]$_{V}$ 抢劫 pa]$_{N}$ 强盗
སྨྱོན་པ་ [[snyon]$_{V}$ 诬陷 pa]$_{N}$ 疯子　　ངན་པ་ [[ngan]$_{ADJ}$ 坏 pa]$_{N}$ 坏人
འདྲིས་པ་ [[vdris]$_{V}$ 熟悉 pa]$_{N}$ 密友　　བཙུན་པ་ [[btsun]$_{ADJ}$ 高尚 pa]$_{N}$ 圣人
རྩིས་པ་ [[rtsis]$_{V}$ 计算 pa]$_{N}$ 会计　　རྔོན་པ་ [[rngon]$_{V}$ 守猎 pa]$_{N}$ 猎人

有少量指动作的受事对象，例如：

སྐྱུག་པ་ [[skyug]$_{V}$ 呕吐 pa]$_{N}$ 呕吐物　　མཆོད་པ་ [[mchod]$_{V}$ 供奉 pa]$_{N}$ 祭品
དཔྱད་པ་ [[dpyad]$_{V}$ 考察 pa]$_{N}$ 药方　　རྔན་པ་ [[rngan]$_{V}$ 贿赂 pa]$_{N}$ 赏赐品，零食
ཞགས་པ་ [[zhags]$_{V}$ 裂开 pa]$_{N}$ 套索

指人受事的情况相对罕见，例如：

གླ་པ་ [[gla]$_{V}$ 雇佣 pa]$_{N}$ 雇工

顺便提到，པ་(-pa)可以添加在数词后面构成序数词，例如 གཉིས་པ་ (gnyis pa)第二，གསུམ་པ་ (gsum pa)第三，བཅུ་པ་ (bcu pa)第十。此处仅讨论名词，不做详论。

3.1.1.2.2 [[…]v ba]$_{N}$ 指与动作相关的概念或事物，大多属于动作的受事，个别可以指动作的施事。例如：

抽象事物：

ལྟ་བ་ [[lta]$_{V}$ 看 ba]$_{N}$ 观点　　སྣང་བ་ [[snang]$_{V}$ 感觉 ba]$_{N}$ 心情
གསང་བ་ [[gsang]$_{V}$ 守密 ba]$_{N}$ 秘密　　སྤྲོ་བ་ [[spro]$_{V}$ 喜爱 ba]$_{N}$ 兴趣
གསོལ་བ་ [[gsol]$_{V}$ 报告 ba]$_{N}$ 祈祷　　བྱ་བ་ [[bya]$_{V}$ 所作 ba]$_{N}$ 事业
འབྲེལ་བ་ [[vbrel]$_{V}$ 连结 ba]$_{N}$ 关系　　འཁོར་བ་ [[vkhor]$_{V}$ 旋转 ba]$_{N}$ 轮回
དབྱེ་བ་ [[dbye]$_{V}$ 分开 ba]$_{N}$ 分别　　འགལ་བ་ [[vgal]$_{V}$ 相悖 ba]$_{N}$ 矛盾
འཚོ་བ་ [[vtsho]$_{V}$ 生存 ba]$_{N}$ 生活　　དགེ་བ་ [[dge]$_{V}$ 善 ba]$_{N}$ 功德
ཞི་བ་ [[zhi]$_{V}$ 静止 ba]$_{N}$ 和平　　དྲི་བ་ [[dri]$_{V}$ 询问 ba]$_{N}$ 问题

具体事物（受事）：

འབུལ་བ་ [[vbul]$_{V}$ 献 ba]$_{N}$ 礼物　　འཆིང་བ་ [[vching]$_{V}$ 捆 ba]$_{N}$ 箍子
དཀྲི་བ་ [[dkri]$_{V}$ 裹 ba]$_{N}$ 包裹　　སྐུར་བ་/མ་ [[skur]$_{V}$ 带给 ba/ma]$_{N}$ 赠品
བཏིང་བ་ [[bting]$_{V}$ 铺 ba]$_{N}$ 垫子　　གྱོན་པ་ [[gyon]$_{V}$ 穿 pa]$_{N}$ 衣裳

ཡོལ་བ་ [[yol]$_{\text{V 越过}}$ ba]$_{\text{N}}$ 帘子　　ཐལ་བ་ [[thal]$_{\text{V 不注意}}$ ba]$_{\text{N}}$ 尘土

少量转指施事：

མགར་བ་ [[mgar]$_{\text{V 打造}}$ ba]$_{\text{N}}$ 铁匠　　སྲུང་བ་ [[srung]$_{\text{V 守卫}}$ ba]$_{\text{N}}$ 警卫

འགྲོ་བ་ [[vgro]$_{\text{V 走}}$ ba]$_{\text{N}}$ 众生　　འགྲུལ་བ་ [[vgrul]$_{\text{V 行走}}$ ba]$_{\text{N}}$ 旅客

ལོང་བ་ [[long]$_{\text{V 瞎}}$ ba]$_{\text{N}}$ 瞎子

3.1.1.3 词缀 pa 与 ba 添加在名词词根之后所构成的名词区分指人名词和非指人名词。前者用[[…]$_{\text{N}}$ pa]$_{\text{N}}$ 表示，后者用[[…]$_{\text{N}}$ ba]$_{\text{N}}$ 表示。

3.1.1.3.1 [[…]$_{\text{N}}$ pa]$_{\text{N}}$ 指具有专门技能或者从事某种职业的人，也表示某些具有突出社会特征的人，或表示某地人（也属社会特征）。例如：

专门职业者：

སྨན་པ་ [[sman]$_{\text{N 药}}$ pa]$_{\text{N}}$ 医生　　པར་པ་ [[par]$_{\text{N 印版}}$ pa] 印刷人员

འབྲོག་པ་ [[vbrog]$_{\text{N 旷野}}$ pa]$_{\text{N}}$ 牧民　　ཞིང་པ་ [[zhing]$_{\text{N 田}}$ pa] $_{\text{N}}$ 农民

ཉ་པ་ [[nya]$_{\text{N 鱼}}$ pa]$_{\text{N}}$ 渔夫　　རྔ་པ་ [[rnga]$_{\text{N 鼓}}$ pa]$_{\text{N}}$ 鼓手

དཔེ་ཆ་བ་ [[dpe cha]$_{\text{N 书}}$ba] $_{\text{N}}$ 学经僧人　　ཚེམ་བུ་བ་ [[tshem bu]$_{\text{N 缝纫}}$ ba]$_{\text{N}}$ 裁缝

某些突出社会特征者：

རྟ་པ་ [[rta]$_{\text{N 马}}$ pa]$_{\text{N}}$ 骑士　　སྔགས་པ་ [[sngags]$_{\text{N 咒语}}$ pa]$_{\text{N}}$ 咒师

ཆོས་པ་ [[chos]$_{\text{N 法}}$ pa]$_{\text{N}}$ 佛教徒　　སྦག་པ་ [[sbag]$_{\text{N 牌}}$ pa]$_{\text{N}}$ 赌徒

ཨར་པ་ [[ar]$_{\text{N 酒}}$ pa]$_{\text{N}}$ 酒鬼　　ཁྲམ་པ་ [[khram]$_{\text{N 狡猾}}$ pa]$_{\text{N}}$ 骗子

བྱེས་པ་ [[byes]$_{\text{N 远方}}$ pa] $_{\text{N}}$ 云游客

来源地区特征者：

བོད་པ་ [[bod]$_{\text{N 藏族}}$ pa]$_{\text{N}}$ 藏人　　མོན་པ་ [[mon]$_{\text{N 门地区}}$ pa]$_{\text{N}}$ 门巴族人

ཁམས་པ་ [[khams]$_{\text{N 康区}}$ pa]$_{\text{N}}$ 康巴人　　སྟོད་པ་ [[stod]$_{\text{N 上部}}$ pa]$_{\text{N}}$ 阿里人

当然，[[…]$_{\text{N}}$ pa]$_{\text{N}}$ 格式也构成非指人名词，但我们怀疑这是混用的结果。例如：

རུས་པ་ [[rus]$_{\text{N 骨}}$ pa]$_{\text{N}}$ 骨头　　ལག་པ་ [[lag]$_{\text{N 手}}$ pa]$_{\text{N}}$ 手

ཁང་པ་ [[khang]$_{\text{N 房}}$ pa]$_{\text{N}}$ 房子　　ལྗོན་པ་ [[ljon]$_{\text{N 树}}$ pa]$_{\text{N}}$ 树

རམ་པ་ [[ram]$_{\text{N 草}}$ pa]$_{\text{N}}$ 茅草　　རྐང་པ་ [[rkang]$_{\text{N 脚}}$ pa]$_{\text{N}}$ 脚，腿

དཔུང་པ་ [[dpung]$_{\text{N 肩}}$ pa]$_{\text{N}}$ 肩膀　　ཁྱུ་པ་ [[khyu]$_{\text{N 群}}$ pa]$_{\text{N}}$ 种牦牛

ལྷགས་པ་ [[lhags]$_{\text{N 风}}$ pa]$_{\text{N}}$ 风　　སྤྲིན་པ་ [[sprin]$_{\text{N 云}}$ pa]$_{\text{N}}$ 云

3.1.1.3.2 [[…]$_{\text{N}}$ ba]$_{\text{N}}$ 主要表天体、人体、用具、动物、植物等具体事物。例如：

རྣ་བ་ [[rna]$_{\text{N 耳}}$ ba]$_{\text{N}}$ 耳朵　　གྲེ་བ་ [[gre]$_{\text{N 喉}}$ ba]$_{\text{N}}$ 咽喉

གློ་བ་ [[glo]$_{\text{N 肺}}$ ba]$_{\text{N}}$ 肺　　སྦར་བ་ [[sbar]$_{\text{N 手掌}}$ ba]$_{\text{N}}$ 手掌

ཐོ་བ་ [[tho]$_{\text{N 锤子}}$ ba]$_{\text{N}}$ 锤子　　ཟོར་བ་ [[zor]$_{\text{N 镰}}$ ba]$_{\text{N}}$ 镰刀

སོལ་བ་ [[sol]$_{N\text{炭}}$ ba]$_N$ 木炭　　　གོང་བ་ [[gong]$_{N\text{衣领}}$ ba]$_N$ 衣领

འཕར་བ་ [[vphar]$_{N\text{豺}}$ ba]$_N$ 豺　　　ཟླ་བ་ [[zla$_{]N\text{月}}$ ba]$_N$ 月亮

སེར་བ་ [[ser]$_{N\text{雹}}$ ba]$_N$ 冰雹　　　དགོ་བ་ [[dgo]$_{N\text{羚羊}}$ ba]$_N$ 黄羊

གླ་བ་ [[gla]$_{N\text{麝}}$ ba]$_N$ 麝　　　འཕྱི་བ་ [[vphyi]$_{N\text{旱獭}}$ ba]$_N$ 旱獭

ལྕི་བ་ [[lci]$_{N\text{牛粪}}$ ba]$_N$ 牛粪　　　ཞལ་བ་ [[zhal]$_{N\text{脸}}$ ba]$_N$ 墙泥

[[…]$_N$ ba]$_N$ 格式也包括地区来源形成的指人名词，这是因为这些指人名词可能受到韵尾词形变化的制约。例如：

ལྷ་ས་བ་ [[lha sa]$_{N\text{拉萨}}$ ba]$_N$ 拉萨人　　　ཆབ་མདོ་བ་ [[chab mdo]$_{N\text{昌都}}$ ba]$_N$ 昌都人

ལྷོ་ཁ་བ་ [[lho kha]$_{N\text{山南}}$ ba]$_N$ 山南人　　　གྲོ་མོ་བ་ [[gro mo]$_{N\text{亚东}}$ ba]$_N$ 亚东人

3.1.1.4 词缀 pa 与 ba 是藏语最复杂的两个典型词缀。但是，从我们的剖析来看，这两个词缀虽有混用的情况，仍然保持着各自的功能。

词缀 pa 与 ba 添加在名词词根上所指对象不一样。[[…]$_N$ pa]$_N$ 格式基本表示具有专门技能或者从事某种职业的人，或者表示具有某些突出社会特征的人。而[[…]$_N$ ba]$_N$ 格式大多表示非指人名词或具体事物名词。由动词词根名词化构成的[[…]$_V$ pa]$_N$ 和[[…]$_V$ ba]$_N$ 格式也能反映这两个词缀之间的差异，前者通常表示动作的施事，指人，后者往往表示动作的受事，指物。

词缀 pa 与 ba 经常被看作是同一词缀的变体，视前一词根音节韵尾的类型而变化（书面）。我们的考察结果则是：这个原则仅在动名词和地区来源指人名词中能够贯彻。

需要补充说明的是，[[…]$_V$ pa/ba]$_N$ 指人和指物分工还跟整体词汇系统有关，藏语中还有其他构词方式能够解决其间产生的矛盾。[[gla]$_{V\text{雇佣}}$ ba]$_N$（雇佣，动名词）指称一种行为，གླ་པ་ [[gla]$_{V\text{雇佣}}$ pa]$_N$（雇工，名词）则转指动作受事对象，这两者结合起来可以具体化行为事件：གླ་པ་གླ་ [[gla pa]$_N$ [gla]$_V$]（V：雇请，雇用雇工），更进一步把这个行为又转化为指称概念：({[gla pa]$_{N\text{雇工}}$ [gla]$_{V\text{雇用}}$]}$_{\text{雇请}V}$ ba)$_{N\text{雇请}}$（雇请，动名词）。此外，表示施事可以用 གླ་པོ་ (gla po)雇主，也可用复合词形式：གླ་བདག་ (gla bdag)。表示受事的指人名词有：གླ་མི་ (gla mi)雇工，གླ་ཟན་ (gla zan)雇工（此例可能来自名词(gla)“工钱”），གླས་དམག་ (glas dmag)雇佣军，གླ་ཁོལ་ (gla khol)雇工和仆人。

3.1.2　词缀 po，bo

3.1.2.1 词缀 po 同时具有指人与表示雄性性别的功能，主要添加在名词词根后构成完形词或者添加在动词词根/形容词词根后构成动作的施动者。不过，po 所构成的指人名词不包括从事专门职业人群的名词。例如，$[R_N\text{-}po]$ 型指人名词。

$[[...]_N\ po]_N$ 型指人名词：

相对 $[[...]_N\ pa]_N$ 型指人名词，这类指人名词似乎突出了其中的性别特征，因此，不少场合下，可能存在相应的对应性别名词（参见 3.1.3）。

གྲོགས་པོ་ $[[grogs]_N\ po]_N$ 朋友　　བློན་པོ་ $[[blon]_N\ po]_N$ 大臣
རྒྱལ་པོ་ $[[rgyal]_N\ po]_N$ 国王　　དཔོན་པོ་ $[[dpon]_N\ po]_N$ 官吏
མགྲོན་པོ་ $[[mgron]_N\ po]_N$ 客人　　གཡོག་པོ་ $[[g\text{-}yog]_N\ po]_N$ 仆人
དཔང་པོ་ $[[dpang]_N\ po]_N$ 证人　　གཏེ་པོ་ $[[gte]_N\ po]_N$ 罪魁
མེས་པོ་ $[[mes]_N\ po]_N$ 祖先　　གཉིས་པོ་ $[[gnyis]_N\ po]_N$ 双方
གཅེན་པོ་ $[[gcen]_N\ po]_N$ 兄长　　སོག་པོ་ $[[sog]_N\ po]_N$ 蒙古人

$[[...]_{V/ADJ}\ po]_N$ 型指人名词：

བླུན་པོ་ $[[blun]_{A\ 愚蠢}\ po]_N$ 傻瓜　　རྒས་པོ་ $[[rgas]_{A\ 衰老}\ po]_N$ 相貌苍老者
སྤྲང་པོ་ $[[sprang]_{V\ 乞讨}\ po]_N$ 乞丐　　བདག་པོ་ $[[bdag]_{V\ 管辖}\ po]_N$ 主人
དབུལ་པོ་ $[[dbul]_{V\ 贫穷}\ po]_N$ 穷人　　གནས་པོ་ $[[gnas]_{V\ 居住}\ po]_N$ 店主

3.1.2.2 由词缀 po 构成的非指人名词类别相当零散，数量不多。例如：

གཟུགས་པོ་ $[[gzugs]_N\ po]_N$ 身体　　བརྗེ་པོ་ $[[brje]_V\ po]_N$ 交易
དངོས་པོ་ $[[dngos]_N\ po]_N$ 器物　　གཏལ་པོ་ $[[gtal]_N\ po]_N$ 牛粪饼
ལུས་པོ་ $[[lus]_N\ po]_N$ 躯体　　ཟྭ་པོ་ $[[zwa]_N\ po]_N$ 荨麻
རྣམ་པོ་ $[[rnam]_N\ po]_N$ 貌相　　སྡོང་པོ་ $[[sdong]_N\ po]_N$ 树干
སླེ་པོ་ $[[sle]_N\ po]_N$ 箩筐　　སླེལ་པོ་ $[[slel]_N\ po]_N$ 背篓
ཡུག་པོ་ $[[yug]_N\ po]_N$ 燕麦　　རྒྱན་པོ་ $[[rgyan]_N\ po]_N$ 赌注

3.1.2.3 词缀 bo 构成的指人名词数量不多，前一词根韵尾似乎都是零韵尾，词缀声母 b- 受词根韵尾语音制约。例如：

རྨོ་བོ་ $[[rmo]_N\ bo]_N$ 老太太　　རློ་བོ་ $[[rlo]_N\ bo]_N$ 老奶奶
སྤོ་བོ་ $[[spo]_N\ bo]_N$ 爷爷　　ནུ་བོ་ $[[nu]_N\ bo]_N$ 弟弟
ཚ་བོ་ $[[tsha]_N\ bo]_N$ 孙子　　ཁྱོ་བོ་ $[[khyo]_N\ bo]_N$ 老公
ཕུ་བོ་ $[[phu]_N\ bo]_N$ 大哥　　ཕོ་བོ་ $[[pho]_N\ bo]_N$ 老兄
ཟླ་བོ་ $[[zla]_N\ bo]_N$ 伴侣　　མཛའ་བོ་ $[[mdzav]_N\ bo]_N$ 密友
བྱི་བོ་ $[[byi]_N\ bo]_N$ 奸夫　　དགྲ་བོ་ $[[dgra]_N\ bo]_N$ 敌人
དཔའ་བོ་ $[[dpav]_N\ bo]_N$ 英雄　　དགྲ་བོ་ $[[dgra]_N\ bo]_N$ 白匪
རྫི་བོ་ $[[rdzi]_N\ bo]_N$ 牧人　　སྐྱ་བོ་ $[[skya]_N\ bo]_N$ 在家人

3.1.2.4 由词缀 bo 构成的非指人名词与 po 相似，类别也相当零散，数量不多。例如，

བྲ་བོ་ [bra]$_N$ bo]$_N$ 荞麦
ཁྲེ་བོ་ [[khre]$_N$ bo]$_N$ 谷子
ཆུ་བོ་ [[chu]$_N$ bo]$_N$ 河流
གཙོ་བོ་ [[gtso]$_N$ bo]$_N$ 基本
ཁ་བོ་ [[kha]$_N$ bo]$_N$ 苦味
སྐྱེ་བོ་ [[skye]$_N$ bo]$_N$ 个人
མགོ་བོ་ [[mgo]$_N$ bo]$_N$ 头颅
མཐེ་བོ་ [[mthe]$_N$ bo]$_N$ 拇指
ངོ་བོ་ [[ngo]$_N$ bo]$_N$ 本质
རྒྱ་བོ་ [[rgya]$_N$ bo]$_N$ 络腮胡子
རི་བོ་ [[ri]$_N$ bo]$_N$ 山陵
སྤྱི་བོ་ [[spyi] $_N$ bo]$_N$ 头顶

这些特点与 ba 从 pa 分化出来相似，po 指人功能是语用上的强势保留对象，仅少量随着语音变化而转变为词缀 bo（3.1.2.3）。

3.1.3 词缀 ma

3.1.3.1 动词词根添加 ma 可转指包含多种语义关系的事物，类似于词格所表示的句法关系。正是这个原因，这一类很少有表示抽象意义的词。

表示施动者：

སྦྲུམ་མ་ [[sbrum]$_{V\text{ 怀孕}}$ ma]$_N$ 孕妇
དྭངས་མ་ [[dwangs]$_{V\text{ 晴}}$ ma]$_N$ 晴朗
དར་མ་ [[dar]$_{V\text{ 兴起}}$ ma]$_N$ 中年
སྐྱེལ་མ་ [[skyel]$_{V\text{ 遣送}}$ ma]$_N$ 护送人
ཉུལ་མ་ [[nyul]$_{V\text{ 侦察}}$ ma]$_N$ 侦探
སྒྲོལ་མ་ [[sgrol]$_{V\text{ 拯救}}$ ma]$_N$ 救度母
སྐྱེས་མ་ [[skyes]$_{V\text{ 生，长}}$ ma]$_N$ 女性

表示受动者：

གཏོར་མ་ [[gtor]$_{V\text{ 呈}}$ ma]$_N$ 施食
སྲུབ་མ་ [[srub]$_{V\text{ 打}}$ ma]$_N$ 酥油茶
སོག་མ་ [[sog]$_{V\text{ 收集}}$ ma]$_N$ 麦秸
བསླས་མ་ [[bslas]$_{V\text{ 编织}}$ ma]$_N$ 编织品
ལུགས་མ་ [[lugs]$_{V\text{ 铸造}}$ ma]$_N$ 铸件
བསྐོལ་མ་ [[bskol]$_{V\text{ 煮}}$ ma]$_N$ 沸汤
རྒྱུག་མ་ [[rgyug]$_{V\text{ 驱赶}}$ ma]$_N$ 赛马
ལྷག་མ་ [[lhag]$_{V\text{ 剩余}}$ ma]$_N$ 剩余物
སྒྲོན་མ་ [[sgron]$_{V\text{ 点火}}$ ma]$_N$ 灯
སྒྱུ་མ་ [[sgyu]$_{V\text{ 变幻}}$ ma]$_N$ 魔术

也有少量表示工具意义的：

ཚགས་མ་ [[tshags]$_{V\text{ 过滤}}$ ma]$_N$ 漏勺
རྒྱ་མ་ [[rgya]$_{V\text{ 增长}}$ ma]$_N$ 秤
ཁྲོལ་མ་ [[khrol]$_{V\text{ 通达}}$ ma]$_N$ 筛子
རྐོ་མ་ [[rko]$_{V\text{ 挖}}$ ma]$_N$ 锄头

表示抽象概念：

སྐུལ་མ་ [[skul]$_{\text{激发 }V}$ ma]$_N$ 鼓励

3.1.3.2 名词词根添加 ma 表达的意义比较杂乱，天体、人体、动物、植物都有。

ཉི་མ་ [[nyi]$_N$ ma]$_N$ 太阳
སྐར་མ་ [[skar]$_N$ ma]$_N$ 星星
ནུ་མ་ [[nu]$_N$ ma]$_N$ 乳房
སྙི་མ་ [[snyi]$_N$ ma]$_N$ 谷穗
འདབ་མ་ [[vdab]$_N$ ma]$_N$ 花瓣
རྩིབ་མ་ [[rtsib]$_N$ ma]$_N$ 肋骨
སྨིན་མ་ [[smin]$_N$ ma]$_N$ 眉毛
ལྷད་མ་ [[lhad]$_N$ ma]$_N$ 辫子

སྲོ་མ་ [[sro]$_N$ ma]$_N$ 虮子　　　　གྲོག་མ་ [[grog]$_N$ ma]$_N$ 蚂蚁

རྒོད་མ་ [[rgod]$_N$ ma]$_N$ 母马　　　　མཇུག་མ་ [[mjug]$_N$ ma]$_N$ 尾巴

ཟོར་མ་ [[zor]$_N$ ma]$_N$ 吉祥语

这一类多数属于完形词构词。

3.1.3.3 以上名词无论是动词词根还是名词词根，似乎都有少许表生命物的词含有雌性特征意义，例如 སྦྲུམ་མ་ (sbrum ma)孕妇， རྒོད་མ་ (rgod ma)母马。不过，后者对应的词形 རྒོད་པོ་ (rgod po)是“鹫鸟”的意思。显然，该词缀不能看做包含性别特征。再如：

[[gshed]$_N$ ma]$_N$ 行刑者

该职业通常都是男性，偏偏用了 ma。再如：

མི་དྲ་མ་ [[mi dra]$_N$ ma]$_N$ 好人　　　　མཚེ་མ་ [[mtshe]$_N$ ma]$_N$ 双生子

གཤེད་མ་ [[gshed]$_N$ ma]$_N$ 仇敌　　　　ཇ་མ་ [[ja]$_N$ ma]$_N$ 煮茶的人

རྐང་རྗེན་མ་ [[rkang rjen]$_N$ ma]$_N$ 赤脚者　　　　ངོ་གཉིས་མ་ [[ngo]$_N$ gnyis]$_N$ ma]$_N$ 两面派

ལྕེ་གཉིས་མ་ [[lce gnyis]$_N$ ma]$_N$ 两面派

3.1.4 词缀 mo

3.1.4.1 词缀 མོ་(mo)可添加在名词词根上，一部分词还具有表示雌性生命物的意义，并有少量词与带词缀 པོ་(po)的词相对应。例如：

གནས་མོ་ [[gnas] mo]$_N$ 女主人　　　　比较：གནས་པོ་ [[gnas] po]$_N$ 男主人

རྒྱལ་མོ་ [[rgyal] mo]$_N$ 女王　　　　比较：རྒྱལ་པོ་ [[rgyal] po]$_N$ 王

ལྷ་མོ་ [[lha] mo]$_N$ 女神，佛母　　　　比较：ལྷ་ [lha]$_N$ 神，佛

བུ་མོ་ [[bu] mo]$_N$ 女孩　　　　比较：བུ་ [bu]$_N$ 男孩

བདུད་མོ་ [[bdud] mo]$_N$ 魔女　　　　比较：བདུད་ [bdud]$_N$ 恶魔

ངང་མོ་ [[ngang]$_{N\text{鹅}}$ mo]$_N$ 雌鹅　　　　比较：ངང་བ་ [[ngang]$_{N\text{鹅}}$ ba]$_N$ 天鹅/雄鹅

ཇོ་མོ་ [[jo] mo]$_N$ 尼姑

བྱ་མོ་ [[bya]$_{N\text{禽}}$ mo]$_N$ 母鸡　　　　བྱ་པོ་ [[bya]$_{N\text{禽}}$ po]$_N$ 公鸡

ཤྭ་མོ་ [[shwa] mo]$_N$ 牝鹿　　　　ཤྭ་ [shwa]$_N$ 鹿

　　　　ཤྭ་བ་ [[shwa]$_N$ ba]$_N$ 鹿/公鹿

　　　　ཤྭ་བོ་ [[shwa]$_N$ bo]$_N$ 公鹿

ཁྱི་མོ་ [[khyi]$_N$ mo]$_N$ 母狗　　　　ཁྱི་ [khyi]$_N$ 狗/公狗

མོ་ཁྱི་ [[mo]$_{N\text{雌性}}$ [khyi]]$_N$ 母狗　　　　ཕོ་ཁྱི་ [[pho]$_{N\text{雄性}}$ [khyi]]$_N$ 公狗

由于生命物性别表示不尽完整，因此我们猜想，该项功能可能只得到部分发展，或者其他复杂原因，最终并没有形成完整体系。例如，表示雄性的“狗”仅用 ཁྱི་ (khyi)，并没有发展一个 ཁྱི་པོ་ (khyi po)“公狗”的对应词，

这样的案例不在少数。再如，ངང་པ་ (ngang pa)原本就表示“鹅”，发展出 ངང་མོ་ (ngang mo)“雌鹅”未必一定需要对应的 ངང་པོ་ (ngang po)公鹅，ངང་པ་ (ngang pa)已经一身兼有“鹅”和“公鹅”的性质。还有各种原因致使该项功能不能尽善。有些是语用上无需区分雌雄，例如 ལྕོང་མོ་ (lcong mo)蝌蚪。有些使用频率很低，例如 ཁྱུང་ (khyung)或 ཁྱུང་མོ་ (khyung mo)凤凰。还有一些甚至可能是不同来源导致，例如 རྔ་མོ་ = རྔ་མོང་ (rnga mo = rnga mong)骆驼。有些是不同时期或不同地区使用的习惯，渐次收入书面语，例如 སྐྱར་མོ་ = སྐྱར་པོ་ (skyar mo = skyar po)鹭鸶。有极少数甚至发展出多个形式，例如，རྐུན་མ་ (rkun ma)贼，རྐུན་པོ་ (rkun po)贼，རྐུན་མོ་ (rkun mo)女贼，但在实际语境中未必一定能强化这种性别的区分。

添加表示雄性的词 ཕོ་ (pho)往往构成复合词，例如 ཕོ་ཁྱི་ (pho khyi)公狗，又可创造出 མོ་ཁྱི་ (mo khyi)母狗，但是放在词尾则可能类推为词缀，例如 ཤྭ་ཕོ་ (shwa pho)公鹿，བྱ་ཕོ་ [[bya]$_{\text{N 禽}}$ pho]公鸡。这些用法不算是藏语构词主流，大多是文学作品中起强调作用或修辞作用的用法。

3.1.4.2 词缀 མོ་ (mo)添加在动词或形容词词根上，造成[[…]$_{\text{V/ADJ}}$ mo]格式，通过名词化转指生命物（多指人）。由于数量很少，我们推测是借鉴词缀 པ་ (pa)类推产生的。例如：

སྒེག་མོ་ [[sgeg]$_{\text{ADJ 娇媚}}$ mo]$_{\text{N}}$ 美女　　སྒེག་མ་ [[sgeg]$_{\text{ADJ 娇媚}}$ ma]$_{\text{N}}$ 美女

འཆལ་མོ་ [[vchal]$_{\text{V 淫荡}}$ mo]$_{\text{N}}$ 娼妓　　比较：འཆལ་པོ་ [[vchal]$_{\text{V 淫荡}}$ po]$_{\text{N}}$ 嫖客

བགྲེས་མོ་ [[bgres]$_{\text{V 变老}}$ mo]$_{\text{N}}$ 老妇　　རྒད་མོ་ [[rgad]$_{\text{ADJ 年长的}}$ mo]$_{\text{N}}$ 老媪

不过，一些非生命物的词也用了这个词缀，有些词似乎蕴含了性别特征隐喻，例如“帽子”和“茶桶”等。

མདའ་མོ་ [[mdav]$_{\text{N 箭}}$ mo]$_{\text{N}}$ 箭　　གཞུ་མོ་ [[gzhu]$_{\text{N 弓}}$ mo]$_{\text{N}}$ 弓

ཞྭ་མོ་ [[zhwa]$_{\text{N 帽子}}$ mo]$_{\text{N}}$ 帽子　　མདོང་མོ་ [[mdong]$_{\text{N 茶桶}}$ mo]$_{\text{N}}$ 酥油茶桶

ལྟད་མོ་ [[ltad]$_{\text{N 文娱}}$ mo]$_{\text{N}}$ 热闹　　མཛུབ་མོ་ [[mdzub]$_{\text{N 指宽}}$ mo]$_{\text{N}}$ 食指

གུང་མོ་ [[gung]$_{\text{N 正中}}$ mo]$_{\text{N}}$ 中指

我们还看到几例词缀 mo 跟词缀 ma、pa 交替的现象。

བཞད་མོ་ [[bzhad]$_{\text{V 笑}}$ mo]$_{\text{N}}$ 欢笑　　比较：བཞད་པ་ [[bzhad]$_{\text{V 笑}}$ pa]$_{\text{N}}$ 笑

མཛེས་མོ་ [[mdzes]$_{\text{A 美丽}}$ mo]$_{\text{N}}$ 美丽　　比较：མཛེས་མ་ [[mdzes]$_{\text{A 美丽}}$ ma]$_{\text{N}}$ 美人

比较：མཛེས་པ་ [[mdzes]$_{\text{A 美丽}}$ pa]$_{\text{ADJ}}$ 美丽

比较：མཛེས་པོ་ [[mdzes]$_{\text{A 美丽}}$ po]$_{\text{ADJ}}$ 美丽

སྨོད་མོ་ [[smod]$_{\text{V 咒骂}}$ mo]$_{\text{N}}$ 咒骂　　比较：སྨོད་པ་ [[smod]$_{\text{V 咒骂}}$ pa]$_{\text{N}}$ 恶言

སྡིགས་མོ་ [[sdigs]$_{\text{V 恐吓}}$ mo]$_{\text{N}}$ 威胁　　比较：སྡིགས་པ་ [[sdigs]$_{\text{V 恐吓}}$ pa]$_{\text{N}}$ 威胁

古藏语动词 རྩེ (rtse)"玩耍"添加辅音韵尾转变为名词 རྩེད (rtsed)玩，仍可继续添加词缀：རྩེད་མོ [[rtsed]ₙ 游戏 mo]ₙ 玩笑，游戏。

还有一个形式特别能表现构词中的聪明办法：[[[bzhad]ᵥ 笑 pa]ₙ 笑 mo]ₙ 笑母（妙音天母异名），如果用动词词根直接加词缀可能会造成受事"被嘲笑"的误解。

以上讨论的语素基本属于现代藏语比较稳定的名词派生词缀，也是最典型的词缀。不过除了动词语素添加的名词化词缀尚具较强的能产性，其他大多已经不具备能产性。藏语除了这些典型名词词缀，还有一些意义相当虚化的词缀，例如 ka, kha, ga；典型的指人或指物的名物词标记 mkhan, yag/yas, rgyu；还有表示双数和复数意义的 cha, dag 等。这些词缀语素与常见典型词缀相比内在意义略强，甚至部分能够追溯本源，而且不同个体意义强弱有较大差别，意义虚实程度不等。

3.1.5　词缀 ka，kha，ga

这几个词缀有时候可以通用（胡坦，2002a），与语音变化有关；有时则不能替换，这是因为来源不同。ka 与 ga 的来源不清晰，但多数词语义上含有整体或部分（归并）的意思。kha 来源于"口"并引申出多种意义，如"边沿，附近，结合部，话语"等。这几个词缀所附加的词根大多是名词性的，少数是动词性的。例如，

表示"全体"意义的：

གཏེར་ཁ་ [[gter]ₙ 矿 kha]ₙ 矿藏　　　　སྣ་ཁ་ [[sna]ₙ 种类 kha]ₙ 种类
བློ་ཁ་ [[blo]ₙ 心灵 kha]ₙ 情绪　　　　གྲངས་ཀ་ [[grangs]ₙ 数 ka]ₙ 数字
གཤིས་ཀ་ [[gshis]ₙ 性质 ka]ₙ 性情　　　ཞིང་ཁ་/ག་ [[zhing]ₙ 地域 ga/kha]ₙ 田地
གཉིས་ཀ་ [[gnyis]ₙ 二 ka]ₙ 双方　　　　ཆོ་ག་ [[cho]ₙ 益处 ga]ₙ 仪式
དང་ག་ [[dang]ₙ 胃 ga]ₙ 食欲　　　　　གང་ག་ [[gang]ₙ 何 ga]ₙ 完整
སྣོད་ཁ་ [[snod]ₙ 容器 kha]ₙ 容器　　　སྤུས་ཁ་/ཀ་ [[spus]ₙ 质 kha/ka]ₙ 质量
རྒྱལ་ཁ་ [[rgyal]ᵥ 胜 kha]ₙ 胜利　　　ཉེན་ཁ་/ཀ་ [[nyen]ᵥ 患 kha/ka]ₙ 危险
མཁོས་ཀ་ [[mkhos]ᵥ 需要 ka]ₙ 财产　　གཉན་ཁ་/ཀ་ [[gnyan]ₐ 严峻 kha/ka]ₙ 炎症

表示"部分"意义的：

དགུན་ཀ་/ཁ་ [[dgun]ₙ 冬 ka/kha]ₙ 冬季　　སྟོན་ཀ་/ཁ་ [[ston]ₙ 秋 ka/kha]ₙ 秋季
དཔྱིད་ཀ་ [[dpyid]ₙ 春 ka]ₙ 春季　　　　དབྱར་ཁ་ [[dbyar]ₙ 夏 kha]ₙ 夏季
ཡོ་ག་ [[yo]ₙ 斜 ga]ₙ 纺锤　　　　　　གྲུ་ཁ་ [[gru]ₙ 船 kha]ₙ 渡口
གྲི་ཁ་ [[gri]ₙ 刀 kha]ₙ 刀口　　　　　གྲམ་ཁ་ [[gram]ₙ 岸 kha]ₙ 河滩
རགས་ཁ་ [[rags]ₙ 堤 kha]ₙ 堤岸　　　　གཞིས་ཀ་ [[gzhis]ₙ 庄园 ka]ₙ 庄园

རྩྭ་ཁ་ [[rtswa]$_N$ 草 kha]$_N$ 牧场　　གླིང་ག་ [[gling]$_N$ 公园 ga]$_N$ 公园

ཡལ་ག་ [[yal]$_N$ 枝 ga]$_N$ 树枝　　མི་ཁ་ [[mi]$_N$ 人 kha]$_N$ 闲话

སྐྱེད་ཀ་/ཁ་ [[skyed]$_V$ 扩大 ka/kha]$_N$ 利息　　མཚལ་ཀ་ [[mtshal]$_N$ 朱砂 ka]$_N$ 朱砂色

བུ་ཁ་ [[bu]$_N$ 小物体 kha]$_N$ 洞

所谓“全部”和“部分”只是相对而言。有些事物表达的就是总称，例如 གཏེར་ཁ་ (gter kha)“矿藏”、བློ་ཁ་ (blo kha)“情绪”，已无可分含义。有些是事物的构成或增余，例如 གྲི་ཁ་ (gri kha)“刀口”为“刀”之一部分，སྐྱེད་ཀ་ (skyed ka)“利息”为“本利”之一部分。

3.1.6　词缀 mkhan

词缀 མཁན་ (mkhan)原义为“行为者”，是现代藏语非常能产的词缀，主要接在动词后，也可加在名词后，是典型的指人词缀。词缀 mkhan 拉萨话读作[ŋɛn^{55}]。

3.1.6.1 动词词根加 mkhan 一般都表示动作施动者，偶尔也构成个别非指人名词。

ཀློག་མཁན་ [[klog]$_V$ 阅读 mkhan]$_N$ 读者　　རྐོ་མཁན་ [[rko]$_V$ 雕 mkhan]$_N$ 刻字工

གྲོངས་མཁན་ [[grongs]$_V$ 死 mkhan]$_N$ 死者　　ཚོང་མཁན་ [[tshong]$_V$ 卖 mkhan]$_N$ 卖主

ཉན་མཁན་ [[nyan]$_V$ 听 mkhan]$_N$ 听众　　ཡོང་མཁན་ [[yong]$_V$ 来 mkhan]$_N$ 来人

ཉོ་མཁན་ [[nyo]$_V$ 买 mkhan]$_N$ 买主　　བརླག་མཁན་ [[brlag]$_V$ 丢失 mkhan]$_N$ 失主

སྙུང་མཁན་ [[snyung]$_V$ 病 mkhan]$_N$ 病人

གྲོས་སྟོན་མཁན་ [[gros ston]$_V$ 发言 mkhan]$_N$ 顾问

ཤོད་མཁན་ [[shod]$_V$ 说 mkhan]$_N$ 发言人

འཁྲབ་མཁན་ [vkhrab]$_V$ 跳舞 mkhan]$_N$ 表演者

ལྟ་མཁན་ [[lta]$_V$ 看 mkhan]$_N$ 观众

3.1.6.2 名词词根加 mkhan 表示与词根事物相关的人，例如：

ཀོ་མཁན་ [[ko]$_N$ 皮 mkhan]$_N$ 皮革匠　　ཡིག་མཁན་ [[yig]$_N$ 文字 mkhan]$_N$ 抄写人

ཐོང་མཁན་ [[thong]$_N$ 犁 mkhan]$_N$ 农人　　རྫ་མཁན་ [[rdza]$_N$ 陶 mkhan]$_N$ 制陶工人

ན་མཁན་ [[na]$_N$ 病 mkhan]$_N$ 病号

སྙན་ངག་མཁན་ [[snyan ngag]$_N$ 修辞 mkhan]$_N$ 诗人

ཆུ་མཁན་ [[chu]$_N$ 水 mkhan]$_N$ 船夫

མཁན་ (mkhan)作词根语素是其他意思。一是 མཁན་པ་ (mkhan pa) 蒿子，艾蒿，可以构成 མཁན་དཀར་ (mkhan dkar)白蒿，野艾；མཁན་འདྲ་ (mkhan vdra)黄蒿。另一个意思特指寺院的方丈（寺院住持：མཁན་པོ་ (mkhan po)），引申义还可称老年和尚，或者一种官名。实词 མཁན་ (mkhan)读音为[kɛn^{55}]。

3.1.7　词缀 yag/yas

词缀 yag/yas 来源不清楚，动词现在时和未来时形式加上 yag/yas 可以构成名词，意义上看，凡自指义的指示动作本身，而转指义的指与动作客体有关的事物（动作的受事、动作的用具等）。例如：

自指名词：

དཔག་ཡས་ [[dpag]$_V$ 推测 yas]$_N$ 无量

བསམ་ཡས་ [[bsam]$_V$ 想 yas]$_N$ 无边

ཧ་ལས་ཡག་ [[ha las]$_V$ 诧异 yag]$_N$ 稀奇事

བགྲང་ཡས་ [[bgrang]$_V$ 计算 yas]$_N$ 不可计数

འཛེམ་ཡག་ [[vdzem]$_V$ 顾忌 yag]$_N$ 禁忌/禁忌物

转指名词，受事：

དགོས་ཡག་ [[dgos]$_V$ 需要 yag]$_N$ 所需物

འཁྲབ་ཡག་ [[vkhrab]$_V$ 跳舞 yag]$_N$ '戏剧'行当

སྒྲིབ་ཡག་ [[sgrib]$_V$ 遮蔽 yag]$_N$ 覆盖物

སྐོན་ཡག་/ཡས་ [[skon]$_V$ 安装上 yag/yas]$_N$ 挂钩儿

转指名词，工具：

བསླབ་ཡག་ [[bslab]$_V$ 教学 yag]$_N$ 教材　　སོ་སྔོག་ཡག་ [[so sngog]$_V$ 剔牙 yag]$_N$ 牙签儿

བླུ་ཡག་ [[blu]$_V$ 赎 yag]$_N$ 赎金　　སྒོ་འཐེན་ཡག་ [[sgo vthen]$_V$ 拉 yag]$_N$ 门把手

གློག་སྤར་ཡག་ [[glog spar]$_V$ 开灯 yag]$_N$ 电开关

3.1.8　词缀 rgyu

词缀 rgyu 原义为"材料、事物、原因"，添加于现在时或未来时动词之后使动词名词化，表示动词所指事物。由于所添加动词采用现在时或未来时形式，多半表示未完成或将完成的事情，或者表示要做的事情。例如：

ཚེམ་རྒྱུ་ [[tshem]$_V$ 缝 rgyu]$_N$ 缝纫活　　སྐྱེ་རྒྱུ་ [[skye]$_V$ 生长 rgyu]$_N$ 活质

སྐུལ་རྒྱུ་ [[skul]$_V$ 鼓励 rgyu]$_N$ 激素　　འབར་རྒྱུ་ [[vbar]$_V$ 燃 rgyu]$_N$ 燃素

ཚ་རྒྱུ་ [[tsha]$_V$ 热 rgyu]$_N$ 热素　　ཟ་རྒྱུ་ [[za]$_V$ 吃 rgyu]$_N$ 食用（做食物用的）

ཤོད་རྒྱུ་ [[shod]$_V$ 说 rgyu]$_N$ 说头儿　　འཐུང་རྒྱུ་ [[vthung]$_V$ 喝 rgyu]$_N$ 饮料

གོན་རྒྱུ་ [[gon]$_V$ 穿 rgyu]$_N$ 着装　　བྱེད་རྒྱུ་ [[byed]$_V$ 做 rgyu]$_N$ 可做的事

སྒྲུབ་རྒྱུ་ [[sgrub]$_V$ 执行 rgyu]$_N$ 作为　　འཕྲོ་རྒྱུ་ [[vphro]$_V$ 放射 rgyu]$_N$ 放射线

འབྱོར་རྒྱུ་ [[vbyor]$_V$ 粘合 rgyu]$_N$ 糊料　　ཐོབ་རྒྱུ་ [[thob]$_V$ 获得 rgyu]$_N$ 利息

གོ་རྒྱུ་ [[go]$_V$ 听见 rgyu]$_N$ 意义

有几个词词根为名词,或者兼名词词性,例如:

ཆགས་རྒྱུ་ [[chags]_{N/V/贪念} rgyu]_N 契约　　སྒྲ་རྒྱུ་ [[sgra]_{N/V 声音/发声} rgyu]_N 音素

གཅིན་རྒྱུ་ [[gcin]_{N 尿} rgyu]_N 尿素　　བཏག་རྒྱུ་ [[btag]_{N 织具} rgyu]_N 所织物

ལྗོངས་རྒྱུ་ [[ljongs]_{N 区域} rgyu]_N 出游

3.1.9 词缀 cha

ཆ་ (cha)原意为"总成"或者"多个部分集合构成的整体",相对两个事物构成的整体,引申出"(成)双,(成)对"义;相对多个事物构成的整体,引申出"部件,组成物"意思。因此,该语素既有整体义或集合义,又有部分义。例如:

整体义:

ཡིག་ཆ་ [[yig]_{N 文字} cha]_N 档案　　ཤིང་ཆ་ [[shing]_{N 木} cha]_N 木料

དཔེ་ཆ་ [[dpe]_{N 范例} cha]_N 书籍　　རས་ཆ་ [[ras]_{N 布} cha]_N 布匹

མི་ཆ་ [[mi]_{N 人} cha]_N 人手　　ནང་ཆ་ [[nang]_{N 里} cha]_N 内脏

རྒྱུ་ཆ་ [[rgyu]_{N 原料} cha]_N 材料　　རྒྱན་ཆ་ [[rgyan]_{N 饰物} cha]_N 装饰品

སྐད་ཆ་ [[skad]_{N 嗓音} cha]_N 话语　　སྐྱོན་ཆ་ [[skyon]_{N 缺点} cha]_N 错误

རྒྱབ་ཆ་ [[rgyab]_{N 背} cha]_N 驮子　　དར་ཆ་ [[dar]_{N 旗子} cha]_N 旗帜

ས་ཆ་ [[sa]_{N 土地} cha]_N 场所　　ལག་ཆ་ [[lag]_{N 手} cha]_N 工具

ད་ཆ་ [[da]_{N 现在} cha]_N 而今　　སྡིངས་ཆ་ [[sdings]_{N 台} cha]_N 台子

སྦར་ཆ་ [[sbar]_{N 手掌} cha]_N 乐器　　ཞིབ་ཆ་ [[zhib]_{N 粉末} cha]_N 细节

མཉེན་ཆ་ [[mnyen]_{N 软} cha]_N 韧性　　སྦབ་ཆ་ [[sbab]_{Q 一盘} cha]_N 〔一〕打

ཕན་ཆ་ [[phan]_{N 利益} cha]_N 恩惠　　དབང་ཆ་ [[dbang]_{N 权势} cha]_N 权力

བྲག་ཆ་ [[brag]_{N 回声} cha]_N 回声　　རྫིང་ཆ་ [[rdzing]_{N 池塘} cha]_N 潭水

部分义:

མེ་ཆ་ [[me]_{N 火} cha]_N 火镰　　རོལ་ཆ་ [[rol]_{N 音乐} cha]_N 乐器

མལ་ཆ་ [[mal]_{N 床} cha]_N 被褥　　མཚུངས་ཆ་ [[mtshungs]_{A 相当} cha]_N 等分

མ་ཆ་ [[ma]_{N 母} cha]_N 分母　　བུ་ཆ་ [[bu]_{N 男孩} cha]_N 分子(数学)

སྐལ་ཆ་ [[skal]_{N 份} cha]_N 份额　　ལ་ཆ་ [[la]_{N 坡} cha]_N 封蜡

སྟོང་ཆ་ [[stong]_{Q 空} cha]_N 空白　　གཞོགས་ཆ་ [[gzhogs]_{N 半边} cha]_N 偏旁

མངར་ཆ་ [[mngar]_{N 甜品} cha]_N 糖果　　འབའ་ཆ་ [[vbav]_{N 油渣} cha]_N 豆饼

གོ་ཆ་ [[go]_{N 披甲} cha]_N 盔甲,武器　　རྣ་ཆ་ [[rna]_{N 耳} cha]_N 耳饰

སྟོད་ཆ་ [[stod]_{N 上半部} cha]_N 上卷　　སྨད་ཆ་ [[smad]_{N 下部} cha]_N 下部

མཇུག་ཆ་ [[mjug]_{N 末端} cha]_N 尾声

ཆ་ (cha)所添加的大多是名词词根，由动词词根构成的词集合义不是特别凸显，但蕴含了双方或者多方的意思。例如，[[gnang]$_V$赐予 cha]$_N$“赏赐”可能包括所有赐予物，而且其中应该包含物品的赐予人和受赠人内涵。再如：

ཟིང་ཆ་ [[zing]$_A$乱 cha]$_N$ 混乱

ཕབ་ཆ་ [[phab]$_V$下落 cha]$_N$ 折扣

འཚུབ་ཆ་ [[vtshub]$_A$凶险 cha]$_N$ 危机

བཀག་ཆ་ [[bkag]$_V$禁止 cha]$_N$ 障碍

མྱོང་ཆ་ [[myong]$_V$经历 cha]$_N$ 经验

འགལ་ཆ་ [[vgal]$_V$相悖 cha]$_N$ 隔阂

མངག་ཆ་ [[mngag]$_V$委托 cha]$_N$ 嘱咐

སྒྲིག་ཆ་ [[sgrig]$_V$安排 cha]$_N$ 安置

ཐོབ་ཆ་ [[thob]$_V$ cha]$_N$获得 报酬，收入

འཛེམ་ཆ་ [[vdzem]$_V$禁忌 cha]$_N$ 禁忌物

དགོས་ཆ་ [[dgos]$_V$需要 cha]$_N$ 用品

ཉོ་ཆ་ [[nyo]$_V$买 cha]$_N$ 商品

མངར་ཆ་ [[mngar]$_A$甜 cha]$_N$ 甜食

ལེགས་ཆ་ [[legs]$_A$美好 cha]$_N$ 优点

བཟང་ཆ་ [[bzang]$_A$好 cha]$_N$ 长处

ཞན་ཆ་ [[zhan]$_A$差 cha]$_N$ 弊病

添加在动词后的词存在自指与转指两种情况，请观察下面的例子。

གླ་ཆ་ [[gla]$_V$雇 cha] 报酬

འཐོབ་ཆ་ [[vthob]$_V$获得 cha] 报酬

ཞན་ཆ་ [[zhan]$_A$弱 cha] 弱点

འཕར་ཆ་ [[vphar]$_V$增加 cha] 增减，涨落

སྐྱོན་ཆ་ [[skyon]$_V$错误 cha] 疵点

འགལ་ཆ་ [[vgal]$_V$矛盾 cha] 抵触

ཟིང་ཆ་ [[zing]$_A$乱 cha] 骚乱

མངག་ཆ་ [[mngag]$_V$委托 cha]叮咛

ལེགས་ཆ་ [[legs]$_A$美好 cha] 善品

འཛེམ་ཆ་ [[vdzem]$_V$顾忌 cha] 顾忌

གོ་ཆ་ [[go]$_V$厚 cha] 甲铠

འགོག་ཆ་ [[vgog]$_V$阻挡 cha] 障碍

འདག་ཆ་ [[vdag]$_V$净 cha] 正字（合乎规范）

འཁྲུག་ཆ་ [[vkhrug]$_V$战争 cha] 变乱

མཚོན་ཆ་ [[mtshon]$_V$显示 cha] 兵戈（兵器）

གྲུབ་ཆ་ [[grub]$_V$存在 cha] 成分（物质）

3.1.10 词缀 dag

དག་ (dag)作为实词是个多义词，包含“双数、复数”意思、“纯洁，清净”意思和“正确”意思。例如 དག་པ་ [dag pa]$_N$ 正确、དག་པོ་ [dag po]$_{ADJ}$ 正确的、དག་ཡིག་ [dag yig]$_N$ 正字法、དག་ཆ་ [dag cha]$_N$ 正字（非别字）、དག་བཅོས་ [dag bcos]$_N$ 修订、དག་ཐེར་ /དག་ཏེར་ [dag ther](/dag ter)$_N$ 校正、དག་མདོག་ [dag mdog]$_N$ 净色、དག་སེལ་ [dag sel]$_N$ 平反、དག་ཞིན་ [dag zhin]$_N$ 净土（佛）、ཞུ་དག་ [zhu dag]$_N$ 校阅、ཡང་དག་པ་ [yang dag pa]$_{ADJ}$ 正确的，再如 གཙང་དག་ [gtsang 干净 dag]$_N$ 干净、རྣམ་དག་ [rnam 种类 dag]$_N$ 纯粹、སྤུས་དག་ [spus 质量 dag]$_N$ 精致、ནང་དག་ [nang 内 dag]$_N$ 内洁、སྣང་དག་ [snang 感觉 dag]$_N$ 焦虑、རྒྱུ་དག་ [rgyu 内因 dag]$_N$ 品质，都是复合词。从以上举例来看，似乎很少有 དག་ (dag)构成表示复数意义的复合结构，这正是我们关注的，

我们发现由 དག་ (dag)构成的一些后置定位结构就是从这些复数或双数意义衍生出来的，是派生词结构。

ཕྱགས་དག་ [[phyags]$_{\text{N 鞋}}$ dag] 鞋

ཤུ་དག་ [[shu]$_{\text{N 植物名}}$ dag] 菖蒲

དོན་དག་ [[don]$_{\text{N 事情}}$ dag] 事情

མཐའ་དག་ [[mthav]$_{\text{N 边界}}$ dag] 一切

དགོངས་དག་ [[dgongs]$_{\text{N 心思}}$ dag] 抱歉

གཞན་དག་ [[gzhan]$_{\text{N 别人}}$ dag] 其他

འདི་དག་ [[vdi]$_{\text{DEM 这}}$ dag] 这些

དེ་དག་ [[de]$_{\text{DEM 那}}$ dag] 那些

གང་དག་ [[gang]$_{\text{DEM 什么}}$ dag] 哪些

ཅི་དག་ [[ci]$_{\text{DEM 哪}}$ dag] 等等

མིག་ཞན་དག་ [[mig zhan]$_{\text{N 人家}}$ dag] 别人

ཕྱགས་དག་ (phyags dag)“鞋”总是一对一对的，ཤུ་དག་ (shu dag)“菖蒲”是枝叶抱生对折形状植物，都含有两个或双数的意思，由此可知 དག་ (dag)源自双数。但是 མཐའ་ (mthav)原义为“边沿”，引申出“周边、范围”意思，所以加上复数表示“全部范围”，即 མཐའ་དག་ (mthav dag)“一切”，是意义的衍生。再如 དགོངས་པ་ (dgongs pa)表示“心思”，添加 དག་ (dag)表示复数，引申出“歉意”之意。

按照传统文法观点，དག་ (dag)跟 རྣམ་ (rnam)都算是句法虚词，添加于词或者短语之后表示复数（《格西曲扎藏文词典》认为 དག་ (dag)比 རྣམ་ (rnam)文雅，其实是指更书面化）。例如短语 མི་འདི་དག་ (mi vdi dag)这两个人/这些人，མི་གཞན་དག་ (mi gzhan dag)别人。因此真正构成的派生词就很少了，例如 གཞན་དག་ (gzhan dag)“其他”和 དོན་དག་ (don dag)“事情”也含有复数意义。代词或者指示词添加 དག་ (dag)不妨看作短语，同理，另外两个表示复数的 རྣམ་ (rnam)和拉萨话的 ཚོ་ (tsho)“们、些、群”也添加在词和短语之后构成短语，不单独论述。

3.2　类词缀与派生名词

词汇语义虚化和结构的语法化是语言发展中的必然过程，通过去语义化过程，语言单位或结构最终会产生出无实在意义的成分。但是这个过程是渐进的，各种语言单位使用频率不同，所处结构环境和状态不同，语法化的程度自然不同。就藏语而言，词缀中还有一批目前仍然处在实虚之间的语素，在某些环境它们表现为实在的名词，在另一些环境，它们又成了类似词缀的成分。这类词缀很像汉语的语素“手”（选手、鼓手、帮手、打手、扒手、新手、刀斧手、刽子手），“器”（武器、瓷器、乐器），“式”（蝶式、卧式、老式）等，根据王洪君（2005）、尹海良（2011）的描述，本文把藏语这类词缀称为类词缀。类词缀是从功能角度定名的，若从语义角度看，也可称为实义性词缀或实词性词缀；而从来源角度看，则可以称为衍词缀，因为该类词缀不符合加缀法概念，是从实词语义虚化逐渐形成的词缀，取其推演或演化的意思。[①]藏语类词缀主要有：表示贬损意义的 ཏོ་、རོ་、ཀྱེ་、གོག་ (to、ro、kye、gog)；表示指小意义的 འུ་、བུ་、གུ་ (-vu、bu、gu)。再就是词汇意义更强一点的，例如 ལོ་ (lo)表示圆形物；སྒོ་ (sgo)表示空间或间隙；ཟླ་ (zla)表示事物的双方；ཞོ་ (zho)表示黏稠形态的液状物；ཉིད་ (nyid)表示事物的核心性质；རེས་ (res)表示轮换或交替概念；རྟགས་ (rtags)表示形状和征兆；པོ་ཆེ་/བོ་ཆེ་ (po che/bo che)表示大型状态事物。

类词缀主要特征是：词义呈现实义和虚义的渐变连续统，在某些结构中实义较为凸显，在另一些结构中意义泛化；结构上也呈现出定位的不确定性，跟某些词或语素结合可前可后，位置灵活，跟另一些词或语素结合则仅出现在后缀位置；随虚化程度不一，定位强度呈现差别，虚化强的定位性高，否则反之；组合能力也随着虚化程度而提高，类词缀的组合能力远高于典型词缀，而在类词缀内部，越虚化则组合能力越强。[②]

类词缀一般不能单独成词，所表达的意义也都是类义而不是特异性的个体义。就词根来说，缺乏类词缀也不能成词，即词根添加类词缀之后形成完形词。

本节汇集了藏语中主要的类词缀，对这些类词缀的功能和意义进行讨论，特别关注类词缀词汇上的去语义化程度的高低。

3.2.1　类词缀 to，ro，kye，gog

这几个词缀可添加在名词词根或动词词根之后，所构成的词大多含有贬损意义，或指具有某种恶习的人，所以称为贬义指人词缀。

3.2.1.1 类词缀 to

词缀 ཏོ་ (to)来源不明，多用作表消极意义的形容词或者名词词缀，构成名词。

སྤོར་ཏོ་ [[spor]$_{\text{N 嘴巴}}$ to] 老家伙

རྨོར་ཏོ་ [[rmor]$_{\text{N 年长妇女}}$ to] 老婆子

མི་ཉོབ་ཏོ་ [[mi nyob]$_{\text{N 无能}}$ to] 懒汉

ཤོ་ཏོ་ [[sho]$_{\text{N 豁口}}$ to] 豁嘴子（指人）

ཁ་ལྕེ་ཏོ་ [[kha lce]$_{\text{N 口舌}}$ to] 大舌头（指人）

---

① 类词缀很可能来自复合词的集合化和定位性语素。参考本书 4.3.1 节。

② 王洪君（2005）承认现代汉语有类词缀，并建立了较为严格的类词缀界定规则。本书对藏语采用意义与形式结合方法确定类词缀，没有设定绝对限定原则。

མཁྲེགས་ཏོ་ [[mkhregs]$_{ADJ}$ 呆板 to] 死心眼

ཁྲེབ་ཏོ་ [[khreb]$_{V}$ 耍赖 to] 无赖汉

རོ་ཏོ་ [[ro]$_{N}$ 废物 to] 渣滓（指人）

有一个词例很有意思，མཆུ་ཏོ་ (mchu to)“嘴唇，[壶]嘴儿”虽然用了词缀 to，但似乎不含贬损义。这里可能体现了词库的阻隔作用，因为藏语用了 ཤོ་ཏོ་ (sho to)“豁嘴子”表达该意义，其中 sho 原本是“（山路的）垭口，豁口”意思，添加词缀 to 指人，占据了贬损义位置。མཆུ་ཏོ་ (mchu to)的词缀是一种实指，跟另一个复合词一样：མཆུ་ཤོ་ (mchu sho)“豁唇，三瓣嘴”。

3.2.1.2 词缀 ro

རོ་ (ro)原义是“味”“尸体”“废物，废料”。构成指物名词尚能反映出原有的含义，可看成复合词。用作指人名词则明显作为贬损义词缀。例如：

指物：

སྐུད་རོ་ [[skud] ro] 废线头儿

ཆག་རོ་ [[chag] ro] 碎块儿，残骸

གད་རོ་ [[gad] ro] 垃圾

མཆོད་རོ་ [[mchod] ro] 祭过神的供品

གལ་རོ་ [[gal] ro] 渣滓

ཇ་རོ་ [[ja] ro] 剩茶叶

གྱང་རོ་ [[gyang] ro] 破墙，废墟

སྙགས་རོ་ [[snyags] ro] 废渣

ལྕགས་རོ་ [[lcags] ro] 废铁

སྙིགས་རོ་ [[snyigs] ro] 渣滓，废料

指人：

གཅོང་རོ་ [[gcong] ro] 药罐子，病秧子

འཇོང་རོ་ [[vjong] ro] 傻大个

ཟ་རོ་ [[za] ro] 饭桶

གཟའ་རོ་ [[gzav] ro] 白痴，傻子

ནད་རོ་ [[nad] ro] 病夫

3.2.1.3 词缀 kye、sgye、rkyal

ཀྱེ་ (kye)也写作 སྒྱེ་ (sgye)，或者 རྐྱལ་ (rkyal)。ཀྱེ་ (kye)只是拉萨话的拼写法，སྒྱེ་ (sgye)或者 རྐྱལ་ (rkyal)则可能是本字词（张济川，2009），义为“袋、囊”。例如：ཆུ་རྐྱལ་ (chu rkyal)水皮袋，ཉ་རྐྱལ་ (nya rkyal)鱼鳔。ཀྱེ་ (kye)作为指人名词词缀，含有贬义或轻蔑的含义。例如：

ལྐུགས་ཀྱེ་ [[lkugs]$_{N}$ 傻子 kye] 大笨蛋

ཉོབ་ཀྱེ་ [[nyob]$_{V}$ 困倦 kye] 懒鬼

གཅིན་ཀྱེ་/སྒྱེ་ [[gcin]$_{N}$ 尿 kye/sgye] 尿孩子

སྐྱག་ཀྱེ་/སྒྱེ་ [[skyag]$_{N}$ 屎 kye/sgye] 屁鬼，屎孩子

ཆང་ཀྱེ་/རྐྱལ་ [[chang]$_{N}$ 酒 kye/rkyal] 酒鬼

འཐོམས་ཀྱེ་ [[vthoms]$_{V}$ 迷乱 kye] 糊涂虫

相对 to、ro，kye 构成的贬损义指人名词的数量较多。

གཅོང་ཀྱེ་ [[gcong] kye] 老病号　　　ཟ་སྒྱེ་ [[za] sgye] 饭桶

གཡོ་སྒྱེ་ [[g-yo] sgye] 狡诈者　　ཉམས་ཀྱེ་ [[nyams] kye] 架子大的人

འཁྱམས་ཀྱེ་ [[vkhyams] kye] 流浪者　ཆོབ་ཀྱེ་ [[chob] kye] 好开玩笑的人

ཉོབ་སྒྱེ་ [[nyob] sgye] 迷瞪鬼　　རླུང་རྐྱལ་ [[rlung] rkyal] 爱生气的人

ནད་རྐྱལ་ [[nad] rkyal] 病秧子　　དྲེབ་ཀྱེ་ [[dreb] kye] 老油条, 老油子

ཧྲང་ཀྱེ་ [[hrang] kye] 惯坏了的人　རྫབ་ཀྱེ་ [[rdzab] kye] 老顽固

ལྡོབ་ཀྱེ་ [[ldob] kye] 装疯卖傻的人　སྦོག་ཀྱེ་ [[sbog] kye] 架子大的人

3.2.1.4 词缀 gog

གོག་ (gog)原义为"老旧，破烂"，动词或形容词性。词根若为动词，则名词化，转指人，带贬义。

ཞར་གོག་ [[zhar]$_{V瞎}$ gog] 瞎子

གྱང་གོག་ [[gyang]$_{N墙}$ gog] 破屋

འོན་གོག་/པ་ [[von]$_{V聋}$ gog/pa] 聋子

ཁང་པ་གོག་ཏོ་ [[khang pa]$_{N房子}$ [gog to]$_{V破}$] 破房子

ཁང་པ་གྱང་གོག་ [[khang pa]$_{N房子}$[gyang gog]] 破房子

དཔེ་གོག་ [[dpe]$_{N书}$ gog] 臭书

མཆོད་རྟེན་གོག་ཏོ་ [[mchod rten]$_{N塔}$[gog to]] 残缺的塔

གྲི་གོག་ཏོ་ [[gri]$_{N刀}$[gog to]] 钝刀子

མདོག་གོག་ [[mdog]$_{N色}$gog] 笨样子

རྔ་གོག་ [[rnga]$_{N鼓}$gog] 破鼓

ཁང་པ་གོག་ཏོ་ (khang pa gog to)"破房子"来源于 ཁང་པ་གོག་པོ་ (khang pa gog po), 后置形容词 གོག་པོ་ (gog po)"破旧"并无贬义，为此，利用贬义词缀 ཏོ་ (to) 替换为 གོག་ཏོ་ (gog to)，并用于修饰前面的中心词。类似的还有：མཆོད་རྟེན་གོག་ཏོ་ (mchod rten gog to)破塔。གྱང་གོག་ (gyang gog)是从 གྱང་རོ་ (gyang ro)"破墙"类推产生，最终又形成了 ཁང་པ་གྱང་གོག་ (khang pa gyang gog)破房子。

词缀 གོག་ (gog)构词数量不多，口语性较强。还有少量词也带同形词形，但可能是其他原因导致。例如 ལྷམ་གོག་ (lham gog)鞋，实际可能是 ལྷམ་ཀོག་ (lham kog)的误写。其他还有一些形式来源尚不清楚，例如 གླང་གོག་ (glang gog)公黄牛。

3.2.2 类词缀 –vu，bu，gu

这些词缀具有指小和表达喜爱的功能，其中-vu 书写上黏附在词根音节上。该类词缀一般添加于名词，可指人或指物体。

3.2.2.1 带词缀-gu、-vu 的指小名词：生命物。

ཁྱི་གུ་ [[khyi]$_{\text{N 狗}}$ gu] 狗崽　　སྤྲེའུ་ [[spre]$_{\text{N 猴}}$ -vu] 小猴

ཕྲུག་གུ་ [[phru(g)]$_{\text{N 男孩}}$ gu] 孩童　　གླེའུ་ [[gle]$_{\text{N 麝}}$ -vu] 小麝

ལུ་གུ་ [[lu]$_{\text{N 羊}}$ gu] 羔羊　　བྱིའུ་ [[byi]$_{\text{N 鸟}}$ -vu] 雀儿

ར་གུ་ [[ra]$_{\text{N 羊}}$ gu] 山羊羔　　འང་གུ་ [[vang]$_{\text{N 鸽}}$ gu] 鸽子

རྟའུ་ [[rta]$_{\text{N 马}}$ -vu] 马驹　　ཙི་གུ་ [[tsi]$_{\text{N 鼠}}$ gu] 家鼠

བེའུ་ [[be]$_{\text{N 牛}}$ -vu] 牛犊

3.2.2.2 带词缀-gu、-vu 的指小名词：植物或身体部位。

མྱུ་གུ་ [[myu]$_{\text{N 苗}}$ gu] 苗儿　　ཡུ་གུ་ [[yu]$_{\text{N 禾茎}}$ gu] 燕麦

ཚི་གུ་ [[tshi]$_{\text{N 树脂}}$ gu] 果核儿　　མཛུག་/གུ་ [[mdzu(g)]$_{\text{N 指/趾}}$ gu] 指头

འབྲུ་གུ་ [[vbru]$_{\text{N 青稞}}$ gu] 果核儿　　གཞུག་གུ་ [[gzhug]$_{\text{N 尾端}}$ gu] 尾巴

3.2.2.3 带词缀-gu、-vu 的指小名词：人造物。

ཐིག་གུ་ [[thi(g)]$_{\text{N 绳}}$ gu] 细绳儿　　དཔལ་བེའུ་ [[dpal be]$_{\text{N 吉祥}}$ –vu] 吉祥结儿

དྲུ་གུ་ [[dru]$_{\text{N 团儿}}$ gu] 线团儿　　སྟེའུ་ [[ste]$_{\text{N 斧}}$ -vu] 小斧子

གྲུ་གུ་ [[gru]$_{\text{N 船}}$ gu] 线球　　རྡེའུ་ [[rde]$_{\text{N 石}}$-vu] 石子儿

གྲི་གུ་ [[gri]$_{\text{N 刀}}$ gu] 小刀儿　　ཁྲིའུ་ [[khri]$_{\text{N 榻}}$ -vu] 小椅子

སྨྱུག་གུ་ [[smyug]$_{\text{N 笔}}$ gu] 笔儿　　མདེའུ་ [[mde]$_{\text{N 子弹}}$ –vu] 子弹

སྒྲོག་གུ་ [[sgrog]$_{\text{N 链子}}$ gu] 扣子

指小词缀的三个词形并没有功能上的区分，词形上的限制也不严格。གུ་(gu)大致出现在词根音节带-g 韵尾，或者元音为-i、-u 的音节后。例如：སྨྱུག་བུ་ (smyug bu)“竹笔”也写作 སྨྱུ་གུ་ (smyu gu)，可看作韵尾脱落，也可看作音节重新分析导致的书写形式。

有些词虽然也由 བུ་，གུ་ (bu、gu)构成，但显然不是指小词，例如 ཤོག་བུ་ (shog bu)纸张[也可写作 ཤུག་གུ་(shug gu)]。སྦུ་གུ་ (sbu gu)“管，筒”也不是指小词，这跟音变有一定关系，该词还可写作 སྦུག་ (sbug)。类似读音变异造成还有：ལྗང་ཁུ་ (ljang khu)绿色，有时读作 ལྗང་གུ་ (ljang gu)；ལྡེ་ཁུ་ (lde khu)“膏剂”读作 ལྡེ་གུ་ (lde gu)。这类词不可列入指小词。

3.2.2.4 带词缀-bu 的指小名词：

ནོར་བུ་ [[nor]$_{\text{N 宝贝}}$ bu] 宝贝儿　　ལྗང་བུ་ [[ljang]$_{\text{N 绿色}}$ bu] 幼苗

རིལ་བུ་ [[ril]$_{\text{N 圆形}}$ bu] 药丸儿　　འཛར་བུ་ [[vdzar]$_{\text{N 垂貌}}$ bu] 缨子

ཀོང་བུ་ [[kong]$_{\text{N 杯}}$ bu] 小盏儿　　སྡོང་བུ་ [[sdong]$_{\text{N 茎}}$ bu] 芯子

གདུབ་བུ་ [[gdub]$_{\text{N 钏}}$ bu] 手镯　　རུས་བུ་ [[rus]$_{\text{N 骨}}$ bu] 小骨头

རིལ་བུ་ [[ril]$_{\text{N 球形}}$ bu] 丸子　　ཤམ་བུ་ [[sham]$_{\text{N 下部}}$ bu] 流苏

སྒྲོམ་བུ་ [[sgrom]$_{\text{N 箱}}$ bu] 小箱子　　ལོང་བུ་ [[long]$_{\text{N 踝}}$ bu] 踝子骨

ཤར་བུ་ [[shar]~N~ 条纹 bu] 璎珞　　ཁྲོལ་བུ་ [[khrol]~N~ 筛子 bu] 小筛子
རྐྱལ་བུ་ [[rkyal]~N~ 袋 bu] 小皮口袋　　སྐྱུང་བུ་ [[skyung]~N~ 錾子 bu] 小锥子
ཁེམ་བུ་ [[khem]~N~ 勺 bu] 汤勺儿　　གཏུན་བུ་ [[gtun]~N~ 杵臼 bu] 小臼
སྒང་བུ་ [[sgang]~N~ 丘 bu] 皮球　　སྦྲང་བུ་ [[sbrang]~N~ 蜂 bu] 苍蝇
དྲིལ་བུ་ [[dril]~N~ 铃 bu] 铃铛　　གླེགས་བུ་ [[glegs]~N~ 板 bu] 书夹子
འདྲེ་བུ་ [[vdre]~N~ 鬼 bu] 鬼崽

བུ་ (bu)本意是"男孩，儿子"，因此也可以作为名语素组合复合词。例如[[bu]~N~ [phrug]~N~]子女,[[pha]~N~ [bu]~N~]爷儿,[[rgyal]~N~ [bu]~N~]王子,[[gsos]~V~ 抚养 [bu]~N~]义子。

3.2.3　类词缀 can

3.2.3.1 词缀 can 指人

ཅན་ (can)原义为"具有者，事物拥有者"，添加在名词词根后，以名词所示某种特征转喻人和事物，构成新词。can 不能用作词根语素。

དྲིན་ཅན་ [[drin]~N~ 恩惠 can] 恩人
ཧམ་སེམས་ཅན་ [[ham sems]~N~ 野心 can] 野心家
ཁ་ཤུགས་ཅན་ [[kha shugs]~N~ 语势 can] 雄辩者
ངུར་སྒྲ་ཅན་ [[ngur sgra]~N~ 鼾声 can] 打鼾者
གོ་བ་ཅན་ [[go ba]~N~ 领悟力 can] 智者
གྱིང་བག་ཅན་ [[gying bag]~N~ 神气 can] 有尊严的人
ཉེས་པ་ཅན་ [[nyes pa]~N~ 错误 can] 罪人
ཉེས་ཅན་ [[nyes]~N~ 罪 can] 犯人
ཆུ་གང་ཅན་ [[chu gang]~N~ 胆量 can] 勇士
ངམ་མཐོང་ཅན་ [[ngam mthong]~N~ 傲慢 can] 傲慢者
ནག་ཅན་ [[nag]~N~ 污点 can] 惯犯
ཆང་དད་ཅན་ [[chang dad]~N~ 嗜酒 can] 贪杯者
མཁས་ཅན་ [[mkhas]~N~ 练达 can] 老手
སྟོབས་ཅན་ [[stobs]~N~ 力量 can] 健儿
གྲགས་ཅན་ [[grags]~N~ 名望 can] 名人

也有非指人的。

ཀ་ཅན་ [[ka]~N~ 柱子 can] 有柱的屋　　རྟགས་ཅན་ [[rtags]~N~ 记号 can] 有记号的
མཆུ་ཅན་ [[mchu]~N~ 唇 can] 唇音　　གངས་ཅན་ [[gangs]~N~ 雪 can] 雪乡
དབུ་ཅན་ [[dbu]~N~ 头 can] 楷书，有头字　　དབྱངས་ཅན་ [[dbyangs]~N~ 音 can] 妙音
སེམས་ཅན་ [[sems]~N~ 心 can] 牲畜　　ཁ་ནར་ཅན་ [[kha nar]~N~ 长条 can] 长方形

ཁ་བྲ་ཅན་ [[kha bra]$_{N\ 双}$ can] 偶蹄

ཚྭ་སྒོ་ཅན་ [[tshwa sgo]$_{N\ 碱}$ can] 盐碱地

应该注意，ཇ་མའོ་ཅན་ (ja mavo can)（毛尖茶）是汉语音译借词组合构成，不属此类。

3.2.3.2 can 的能产性

近年，can 扩展了应用领域，添加到非具体事物名词上，这类用法有能产性。

བཟོ་ལས་ཅན་ [[bzo las]$_{N\ 工业}$ can] 工业化

གསར་བརྗེ་ཅན་ [[gsar brje]$_{N\ 革命}$ can] 革命化

རང་འགུལ་ཅན་ [[rang vgul]$_{N\ 自动}$ can] 自动化

མང་ཚོགས་ཅན་ [[mang tshogs]$_{N\ 大众}$ can] 群众化

མཉམ་ལས་ཅན་ [[mnyam las]$_{N\ 合作}$ can] 合作化

3.2.4　类词缀 ldan

3.2.4.1 词缀 ldan 表示拥有受事的属性

ལྡན་ (ldan)原意为“具有”，曾是单纯表示存在的动词，常与连词 དང་ (dang)“与”连用。例如：

3-2 བྱམས་སྙིང་རྗེ་དང་ལྡན་པ་ཞིག་

byams-snying-rje dang-ldan-pa zhig

仁爱　具有-NMZ　一

一个心地善良的人

3-3 བྱམས་བརྩེའི་རྣམ་འགྱུར་དང་ལྡན་པའི་མི་

byams-brtse-vi rnam-vgyur dang-ldan-pa-vi mi

慈爱-GEN　态度　具有-NMZ-GEN　人

带有慈爱态度的人

随着词汇化过程，这个连词དང་ (dang)跟ལྡན་ (ldan)构成了一个新词དང་ ལྡན་ (dang ldan)带着，例如：དམག་གྲུ་རྣམས་ངམ་བརྗིད་དང་ལྡན་པ་ (dmag gru rnams（军舰） rngam brjid（声势） dang ldan pa)带着军舰的声势，མགྲིན་ཁུག་དང་ལྡན་པ་ (mgrin khug（歌声） dang ldan pa)带着歌声。有时候དང་ (dang)会被省略，例如：བྱམས་སེམས་ལྡན་པ་ (byams sems（仁慈心） ldan pa)仁慈的人。ལྡན་ (ldan)语义虚化的重要表现是所跟名词化标记-pa也可以失去：གསེར་ལྡན་གྱི་རི་བོ་ (gser$_{金子}$ ldan$_{具有}$ gyi$_{GEN}$ ri bo$_{山}$)金山。

རིག་ལྡན་ [[rig]$_{N\ 智慧}$ ldan] 学者　　མཁྱེན་ལྡན་ [[mkhyen]$_{N\ 智慧}$ ldan] 学者

བཅུད་ལྡན་ [[bcud]$_{N\ 养料}$ ldan] 营养物　　སྐྱེ་ལྡན་ [[skye]$_{N\ 寿命}$ ldan] 生物

ནུས་ལྡན་ [[nus]$_{N\ 能力}$ ldan] 有效　　བློ་ལྡན་ [[blo]$_{N\ 心灵}$ ldan] 聪明

འབྱོར་ལྡན་ [[vbyor]]$_N$ 资产 ldan] 富足　　ཚུལ་ལྡན་ [[tshul]]$_N$ 规矩 ldan] 守法

ཁྲབ་ལྡན་ [[khrab]]$_N$ 铠甲 ldan] 装甲　　རིམ་ལྡན་ [[rim]]$_N$ 等级 ldan] 等级

སྟོབས་ལྡན་ [[stobs]]$_N$ 力量 ldan] 强盛

བརྗིད་ཉམས་ལྡན་ [[brjid nyams]]$_N$ 气魄 ldan] 慷慨

བརྩེ་ལྡན་ [[brtse]]$_N$ 仁心 ldan] 慈爱

དགེ་མཚན་ལྡན་ [[dge mtshan]]$_N$ 利益 ldan] 合理，利益

ཚད་ལྡན་ [[tshad]]$_N$ 量度 ldan] 标准

དགའ་ལྡན་ [[dgav]]$_N$ 快乐 ldan] 噶丹 指寺的法台

མདངས་ལྡན་ [[mdangs]]$_N$ 光泽 ldan] 金子，鹦鹉$_{藻饰词}$

3.2.4.2 ldan 的句法继承性

与上文讨论的名词词缀 ཅན་ (can)相比，ལྡན་ (ldan)与名词构成动宾格式，以宾语的性质转指人或事物。跟其他表示"存在、拥有"意义的动词，例如 འཛོམས་ (vdzoms) "具备" 相比，ལྡན་ (ldan)构成的名词化短语甚至具备了后修饰语的功能（跟形容词相似），说明 ལྡན་ (ldan) 构成的词有很强的句法继承性。例如：

3-4 གཡོ་ཁྲམ་ཅན་གྱི་མི་དེ་

g-yo-khram-can_gyi　mi　de
奸诈_GEN　　　　　人　那
那个骗子

3-5 མི་སྤྱང་གྲུང་ལྡན་པ་ཞིག་ཡོད་

mi spyang-grung-ldan_pa　zhig yod
人 聪明_NMZ　　　　　一　有
有一个聪明人

3-6 གཡོ་སྒྱུ་ཁྲམ་གསུམ་འཛོམས་པའི་མི་ཞིག་ཡོད་

g-yo-sgyu-khram-gsum-vdzoms_pa_vi mi zhig yod
欺骗诈-三-具备(PST)_NMZ_GEN　人　一　有
有一个欺骗诈俱全的骗子

3.2.5 类词缀 lo

藏语 ལོ་ (lo)的词典释义大多为"年、岁"。但下面这批词显然表示出本义为"环绕，圆"或者衍生为圆形物之义，"年、岁"义亦应从该义获得。

圆形自然物和人造物：

ཉུང་ལོ་ [[nyung]]$_N$ 块根植物 lo] 圆根叶　　རྒྱ་ལོ་ [[rgya]]$_N$ 乔木 lo] 打茶棍

ལྕང་ལོ་ [[lcang]$_{\text{N 柳树}}$ lo] 柳树叶
ཏིང་ལོ་ [[ting]$_{\text{N 圆杯}}$ lo] 糌粑灯碗
རྐྱང་ལོ་ [[rkyang]$_{\text{N 单一}}$ lo] 单叶
ཆུའི་འཁོར་ལོ་ [[chuvi vkhor]$_{\text{N 水车}}$ lo] 水车
ཤིང་ལོ་ [[shing]$_{\text{N 树}}$ lo] 树叶
འཁོར་ལོ་ [[vkhor]$_{\text{N 轮子}}$ lo] 轮子
ཧ་ལོ་ [[ha]<义不明> lo] 木芙蓉
ཤོ་ལོ་ [[sho] lo]$_{\text{N 骰子}}$ 骰子
ཇ་ལོ་ [[ja]$_{\text{N 茶}}$ lo] 茶叶
པོ་ལོ་ [[po]$_{\text{N 球}}$ lo] 球

圆形身体部位：

སྤ་ལོ་ [[spa]$_{\text{N 发髻}}$ lo] 发辫
ཕང་ལོ་ [[phang]$_{\text{N 膝}}$ lo] 膝盖骨
སྐྲ་ལོ་ [[skra]$_{\text{N 头发}}$ lo] 辫子
དབུ་ལྕང་ལོ་ [[dbu lcang]$_{\text{N 发辫}}$ lo] 发辫

3.2.6　类词缀 sgo

སྒོ (sgo)原义为“出入口，办法、方式”。该词的语法化产生出行事方法和跨越界限的涵义，跟原义有一定差距。例如：གཉེན་སྒྲིག་མཛད་ (gnyen sgrig mdzad)“举办婚礼”添加 སྒོ (sgo)转化为名词 གཉེན་སྒྲིག་མཛད་སྒོ་ (gnyen sgrig mdzad sgo)婚礼。类似的还有：ཆོས་ལུགས་བྱེད་སྒོ་ (chos lugs byed 做仪式 sgo)宗教仪式，མཇུག་བསྡུའི་མཛད་སྒོ་ (mjug bsduvi mdzad 举办闭幕式 sgo)闭幕式，སྒོ་དབྱེའི་མཛད་སྒོ་ (sgo dbyevi mdzad 举办揭幕式 sgo)揭幕式。སྒོ (sgo)可用于名词和动词词干，例如：

ཡོང་སྒོ་ [[yong]$_{\text{V 来}}$ sgo] 收入
མཛད་སྒོ་ [[mdzad]$_{\text{V-HON 做}}$ sgo] 仪式
འགྲོ་སྒོ་ [[vgro]$_{\text{V 流通，去}}$ sgo] 经费，开支
བྱེད་སྒོ་ [[byed]$_{\text{V 做}}$ sgo] 典礼，活动
གཏོང་སྒོ་ [[gtong]$_{\text{V 给}}$ sgo] 开支，布施
སྤྱོད་སྒོ་ [[spyod]$_{\text{V 使用}}$ sgo] 用途
སྟེར་སྒོ་ [[ster]$_{\text{V 给}}$ sgo] 费用
དམིགས་སྒོ་ [[dmigs]$_{\text{N 想象}}$ sgo] 指望
འབབ་སྒོ་ [[vbab]$_{\text{V 收入}}$ sgo] 收入
ཤེལ་སྒོ་ [[shel]$_{\text{N 玻璃}}$ sgo] 玻璃，镜子
བློ་སྒོ་ [[blo]$_{\text{N 灵魂}}$ sgo] 心窍
ཆག་/ཆགས་སྒོ་ [[chag/chags]$_{\text{V 破碎}}$ sgo] 乱子
དཔྲལ་སྒོ་ [[dpral]$_{\text{N 额}}$ sgo] 胆大
འཆར་སྒོ་ [[vchar]$_{\text{V 出现}}$ sgo] 心绪
ཕོ་སྒོ་ [[pho]$_{\text{N 雄性}}$ sgo] 胆壮
འགག་སྒོ་ [[vgag]$_{\text{V 阻塞}}$ sgo] 关口
ཤེས་སྒོ་ [[shes]$_{\text{V 知道}}$ sgo] 学问
ལས་སྒོ་ [[las]$_{\text{V 做}}$ sgo] 原产地

སྒོ (sgo)之所以语法化为词缀主要在于其意义衍生性质，导致意义不透明。我们很难从原义直接看出该词的派生意义，例如 དཔྲལ་སྒོ (dpral sgo)“胆大”原义是两眉之间的空间，此处或许集聚表现了人的情感表现，故有此引申。但是，其中还有一部分词则保留较强的实义，例如[[spyod]$_{\text{V 使用}}$ sgo]“用途”，其意义显然是可解析的“做+方法”。

3.2.7　类词缀 zla

词形 ཟླ (zla) 最早期的意义可能是“结伴，合作，相应”，后来语义发生变化，演变为实词“月亮，月”的意思，而原来的“结伴/相伴”

的意思逐渐虚化。从那些包括这个词形的词语来看，无论是添加于名词后还是动词词根上，这个意思已经不容易内省，演化出动作双方或参与者的意思。例如：

བཟའ་ཟླ་ [[bzav]$_{\text{N 家人}}$ zla] 伴侣

ཁྱིམ་ཟླ་ [[khyim]$_{\text{N 家}}$ zla] 夫妻

དགྲ་ཟླ་ [[dgra]$_{\text{N 敌}}$ zla] 冤家

མཆེད་ཟླ་ [[mched]$_{\text{N 同胞}}$ zla] 兄弟姐妹

རོགས་ཟླ་ [[rogs]$_{\text{N 助}}$ zla] 伙友

འགྲན་ཟླ་ [[vgran]$_{\text{V 较量}}$ zla] 敌手

སྤུན་ཟླ་ [[spun]$_{\text{N 同胞}}$ zla] 弟兄

སྦྲེལ་ཟླ་ [[sbrel]$_{\text{V 结合}}$ zla] 同僚

རྩོད་ཟླ་ [[rtsod]$_{\text{N 争}}$ zla] 论敌

འགལ་ཟླ་ [[vgal]$_{\text{V 矛盾}}$ zla] 对立

སྡོང་ཟླ་ [[sdong]$_{\text{N 芯}}$ zla] 益友

དགུ་ཟླ་ [[dgu]$_{\text{N 九}}$ zla] 九九歌

རྩེད་ཟླ་ [[rtsed]$_{\text{N 玩}}$ zla] 游伴

ལྡོག་ཟླ་ [[ldog]$_{\text{V 反转}}$ zla] 相对

དཔའ་ཟླ་ [[dpav]$_{\text{N 勇}}$ zla] 裨将

སྤེལ་ཟླ་ [[spel]$_{\text{V 交错}}$ zla] 陪衬

སྒྱེ་ཟླ་ [[sgye]$_{\text{N 大袋}}$ zla] 褡裢

不过 ཟླ་ (zla)这个词缀在现代藏语中似乎能产性不算强。而派生的“月亮”和“月”意义的 ཟླ་ (zla)语素则能构成新的复合结构。例如：

ཡ་ཟླ་ [[ya]$_{\text{N 单}}$ [zla]$_{\text{N 月}}$] 单月

ཉི་ཟླ་ [[nyi]$_{\text{N 日}}$ [zla]$_{\text{N 月}}$] 日月（太阳和月亮）

སྔོན་ཟླ་ [[sngon]$_{\text{N 先}}$ [zla]$_{\text{N 月}}$] 上月

ནམ་ཟླ་ [[nam]$_{\text{N 时}}$ [zla]$_{\text{N 月}}$] 时光（时间）

ལོ་ཟླ་ [[lo]$_{\text{N 年}}$ [zla]$_{\text{N 月}}$] 岁月

ཚེས་ཟླ་ [[tshes]$_{\text{N 日}}$ [zla]$_{\text{N 月}}$] 朔望月

སྐྱེ་ཟླ་ [[skye]$_{\text{V 生育}}$ [zla]$_{\text{N 月}}$] 月子

ཉིན་ཟླ་ [[nyin]$_{\text{N 日}}$ [zla]$_{\text{N 月}}$] 太阳月

3.2.8 类词缀 zho

词项 ཞོ་ (zho)原义为“酪，乳酪”，是一种黏稠形态的液状食品，用作实义名词。例如，ཞོ་བླུག (zho blug)“做奶酪的器皿”、ཞོ་འབྲས (zho vbras)“酪拌饭”、ཞོ་དཀྲོག (zho dkrog)“搅奶酪”、ཞོ་སྟོན (zho ston)“酪宴”。正是由于该名词代表了一种特定形态物质，因此造成一种隐喻的用法，其他类似物质也用此表示，逐渐虚化了“奶酪”的意义，形成一种新的类词缀。ཞོ་ (zho)只添加于名词词根之上。

ཆབ་ཞོ་ [[chab]$_{\text{N 水}}$ zho] 牛奶

ནུ་ཞོ་ [[nu]$_{\text{N 乳房}}$ zho] 奶子

འཁྱགས་ཞོ་ [[vkhyags]$_{\text{N 冰}}$ zho] 冰糕

འབྲི་ཞོ་ [[vbri]$_{\text{N 牦牛}}$ zho] 牦牛奶酪

ཀླད་ཞོ་ [[klad]$_{\text{N 脑}}$ zho] 脑髓

རྡོ་ཞོ་ [[rdo]$_{\text{N 石}}$ zho] 石灰浆

སྒོག་ཞོ་ [[sgog]$_{\text{N 蒜}}$ zho] 蒜泥

ཏིལ་ཞོ་ [[til]$_{\text{N 芝麻}}$ zho] 芝麻酱

འདམ་ཞོ་ [[vdam]$_{\text{N 粘泥}}$ zho] 泥浆

འདག་ཞོ་ [[vdag]$_{\text{N 泥}}$ zho] 泥浆

拉萨话里，奶酪说[ɕo^{12}]，如果说 འོ་ཞོ (vo zho)就有歧义，根据上下文分别理解为“奶酪”和“奶与酪”，这两种都是复合词结构：[[vo]$_{\text{N 奶}}$[zho]$_{\text{N 酪}}$]，一种是修饰结构，一种是并列结构。

3.2.9　类词缀 nyid

词缀 ཉིད་ (nyid)原义为“仅此，只此”。作为词缀，主要添加于形容词之后构成名词，其义专指排除事物的其他性质和特征，只肯定其中最核心的性质。例如，

ཁོ་ན་ཉིད་ [[kho na]$_{\text{A 独，仅}}$ nyid] 唯一性　　རྟག་པ་ཉིད་ [[rtag pa]$_{\text{A 经常}}$ nyid] 常性

དེ་བཞིན་ཉིད་ [[de bzhin]$_{\text{A 如此}}$ nyid] 真性　　འ་མོ་ཉིད་ [[va mo]$_{\text{A（义不明）}}$ nyid] 空性

མྱུར་བ་ཉིད་ [[myur ba]$_{\text{A 疾速}}$ nyid] 匆遽　　སླ་བ་ཉིད་ [[sla ba]$_{\text{A 易}}$ nyid] 容易

སྤྱིའི་མཚན་ཉིད་ [[spyivi]$_{\text{A 共}}$ [mtshan nyid]$_{\text{N 性相}}$] 共相（短语）

མཚན་ཉིད་ [[mtshan]$_{\text{N 名}}$ nyid] 性相

从以上例词可以看出，不少的词语主要用于佛教，也就是佛教的术语，这是因为佛教中产生了较多的抽象概念，因此要采用这类词语表示。ཉིད་ (nyid)是佛教术语中一个能产的词缀。除了添加在派生形容词之后，词缀 ཉིད་ (nyid)实际上也可以直接添加于形容词词根之后，例如，[[stong pa]$_{\text{A 空}}$ nyid]$_{\text{N}}$“空性”，比较：[[stong]$_{\text{A 空}}$ nyid]$_{\text{N}}$ “空性”。

ཉིད་ (nyid)还可以添加在名词上构成抽象名词。例如：

གཟུགས་ཉིད་ [[gzugs]$_{\text{N 物质}}$ nyid] 本体　　ཆོས་ཉིད་ [[chos]$_{\text{N 法}}$ nyid] 法则

ངོ་བོ་ཉིད་ [[ngo bo]$_{\text{N 本质}}$ nyid] 本性　　བདག་ཉིད་ [[bdag]$_{\text{N 所有者}}$ nyid] 本性

སྐད་ཅིག་ཉིད་ [[skad cig]$_{\text{N 刹那}}$ nyid] 瞬间　　དང་བོ་ཉིད་ [[dang bo]$_{\text{N 起始}}$ nyid] 原本

སྒོར་དབྱིབས་ཉིད་ [[sgor dbyibs]$_{\text{N 圆形}}$ nyid] 同圆

ད་ལྟ་ཉིད་ [[da lta]$_{\text{N 现在}}$ nyid] 现期　　ཐོག་མ་ཉིད་ [[thog ma]$_{\text{N 古时}}$ nyid] 原始

3.2.10　类词缀 res

动词加上 རེས་ (res)构成名词，རེས་ (res)也具有名词化标记功能。རེས་ (res)原义为“交换，更迭，轮流”，作为名词化标记，表示交替的动作和行为，或者说动作或行为的交替性质和图景。例如：

3-7 ཁྱོད་གཉིས་བུ་ཆུང་འདི་འཐེན་ནས་འཕྲོག་རེས་གྱིས་ཤིག།

khyod gnyis bu-chung vdi vthen nas vphrog_res gyis _shig .

你 俩 男孩 小 这 拉 COR 抢夺_NMZ 做 IMP

你们俩拽抢这个孩子吧。

འཐེན་ (vthen)和 འཕྲོག་ (vphrog)都是原形动词，与谓语动词 གྱིས་ (gyis)“做”构成复合谓语，根据语法规则，并列的 འཐེན་ (vthen)和 འཕྲོག་ (vphrog)应该名词化，添加 pa 或者 yas 等名词化标记，但该句子表示了双方动作，因此利用 རེས་ (res)作为名词化标记。为此，那些用来表示双方动作意义的动词

可能组成复合结构，但另一方面，རེས་ (res)表示的意义相对泛化，并在多个复合词中出现在相同位置，产生集合化效应，因此这类结构可能词汇化为派生形式。这是藏语复合结构词汇化的路径之一。

སྐོར་རེས་ [[skor]$_{\text{V 转}}$ res] 轮值	འགྲོ་རེས་ [[vgro]$_{\text{V 去}}$ res] 轮次去
རྒྱག་རེས་ [[rgyag]$_{\text{V 打}}$ res] 互殴	བཅིབ་རེས་ [[bcib]$_{\text{V 骑}}$ res] 坐骑
ཆིབས་རེས་ [[chibs]$_{\text{V 骑}}$ res] 坐骑	འཇུ་རེས། [[vju]$_{\text{V 握住}}$ res] 角力，摔交
བརྗེ་རེས། [[brje]$_{\text{V 交换}}$ res] 轮流，轮换	བསྟོད་རེས་ [[bstod]$_{\text{V 赞}}$ res] 互相标榜
ཧུབ་རེས་ [[hub]$_{\text{V 呷}}$ res] 传饮	འདུག་རེས་ [[vdug]$_{\text{V 在}}$ res] 次第就坐
སྡོད་རེས། [[sdod]$_{\text{V 坐}}$ res] 值班，当值	སྤེལ་རེས་ [[spel]$_{\text{V 交错}}$ res] 交流
འཛིན་རེས་ [[vdzin]$_{\text{V 执}}$ res] 替换；掌管	རོགས་རེས་ [[rogs]$_{\text{V 帮助}}$ res] 互助

3.2.11 类词缀 ta、rta、rtags

藏语有少量本字不明的或混用的语素，其中有些似乎作为定位语素出现在双音节词中。例如读音中含有 ཏར་ (ta)的音节字，似乎跟音译、语音脱落都有一些关系。张济川（2009）描述了一个 རྟ་ (rta)，又作 ཏ་ (ta)或者 སྟ་ (sta)。我们稍加讨论。

据《藏汉大辞典》，རྟ་ (rta)是个多义词，其中一义为“调子，腔调”，例如 དབྱངས་རྟ་ [[dbyangs]$_{\text{N 韵律}}$[rta]$_{\text{N 调}}$]乐调，གླུ་རྟ་ [[glu]$_{\text{N 歌}}$[rta]$_{\text{N}}$]歌调，བར་རྟ་ [[bar]$_{\text{N 中间}}$[rta]$_{\text{N}}$]$_{\text{N}}$ 诵词的一种调子，这些词应该看作复合构词。另有一义是“起子、引子”，例如 ཕབ་རྟ་ [[phab]$_{\text{N 酵母}}$[rta]$_{\text{N 起子}}$]$_{\text{N}}$ 酒曲，སྨན་རྟ་ [[sman]$_{\text{N 药}}$[rta]$_{\text{N 起子}}$]$_{\text{N}}$ 药引子，མེ་རྟ་ [[me]$_{\text{N 火}}$[rta]$_{\text{N 起子}}$]$_{\text{N}}$ 火绳，雷管，这也应该是复合词构词。有个相关的词 རུ་རྟ་ [ru rta]$_{\text{N}}$ 包含两个意思：“广木香”和“曲霉，酵母”，由于首音节意义不明，因此无法判断，很可能与梵文音译有一定关系。《藏汉大辞典》提到 རྟ་ (rta)的最后一个意思是“裤裆”，《格西曲扎藏文词典》认为 དོར་རྟ་ (dor rta)跟 དོར་མ་ (dor ma)或者 དོར་མང་ (dor mang)同义，实则有误。དོར་མ་ (dor ma)是派生词，可分析为[[dor]$_{\text{N 双/偶}}$ ma]$_{\text{N}}$ 裤子，དོར་རྟ་ (dor rta)可能来自短语结构 དོར་མའི་རྟ་ (dor mavi rta)，即“裤子的形状”，词汇化为[[dor]$_{\text{N 双}}$[rta]$_{\text{N 形状}}$]裤裆，内在语义上来自“双体物或对偶物的样子”。从这个案例我们看到，rta 原本的词汇意义出现泛化趋向，变得抽象、空洞和具概括性，甚至进一步从所构成的结构中承袭了整体义，再次词义具体化，改变了自身的本源义。这种曲折的词义迁移正是词缀的特征。所以我们看到这样的构词：རྟ་ཡོད་ [[rta]$_{\text{N 裤}}$[yod]$_{\text{V 有}}$]$_{\text{N}}$“合裆裤”和 རྟ་མེད་ [[rta]$_{\text{N 裤}}$[med]$_{\text{V 没有}}$]$_{\text{N}}$“开裆裤”。

我们也注意到有些词表现的意义词典中未收，例如 རླུང་རྟ་ [[rlung rta]$_{\text{N}}$ 气数，运气（该词还有一个异体形式：ཀླུང་རྟ་ [[klung rta]$_{\text{N}}$），那么该词的本字是什么呢？我们从口语文献中发现有一些类似虚化意义的用法。

3-8 རྫོར་རྟགས་མ་བཤམས་པ་བྱུང་ཡོད་

dzor-*rtags*　ma　bshams_pa　　byung-yod

出丑-标记　NEG　露出(PST)_NMZ　发生_ASP(RST)

没有露出丑态（出丑的形状）

3-9 རང་ཉིད་ལ་འང་འཆི་རྟགས་སྔས་མགོར་འབྱོར་

rang-nyid_la vang vchi-*rtags* sngas-mgo_r vbyor

自己_POS　也　死-标记　枕头_LOC　接到

自己也病倒床头（收到死的标记，死兆）

其中的 རྟགས་ (rtags)义为“符号、标记、形状、原因”，从所组合的词来看，该词实际处于多个虚化层次中。1）完全保留“符号、标记、形状”原义，2）转义为实物，表示某种象征物，例如代表符号的“契书”，3）转义为无形的符号或隐喻标记，例如“傻气”。还有一个词与此是否有关尚不得而知，即从动词 ལྟ་ (lta)“看”完成式名词化而来的 ལྟས་(ltas)“征兆”，例如 ཁ་ལྟས་ (kha ltas)“语兆”，སྔ་ལྟས་ (snga ltas)“预兆”。

第一类：རྟགས་ (rtags)可与单音节名词、动词、形容词组合，词义上基本保留原义，表现为符号类标记。这类结构看作复合结构更符合实际。

སྒོ་རྟགས་ (sgo rtags) 门牌　　ལམ་རྟགས་ [[lam]$_{\text{N 路}}$ [rtags]] 路标

ཚོང་རྟགས་ (tshong rtags) 商标　　འཕྲེད་རྟགས་ [[vphred]$_{\text{N 横}}$ [rtags]] 横坐标

དམག་རྟགས་ (dmag rtags) 军徽　　ཕྱག་རྟགས་ [[phyag]$_{\text{N 手}}$ [rtags]] 签字

ཕྲག་རྟགས་ (phrag rtags) 肩章　　འདྲི་རྟགས་ [[vdri]$_{\text{V 问}}$[rtags]] 问号

རྒྱལ་རྟགས་ (rgyal rtags) 国徽　　འཇོག་རྟགས་ [[vjog]$_{\text{V 隔离}}$[rtags]] 休止符

ས་རྟགས་ (sa rtags) 界牌　　བགོ་རྟགས་ [[bgo]$_{\text{V 划分}}$[rtags]] 除号

སྐར་རྟགས་ (skar rtags) 星号　　མཚུངས་རྟགས་ [[mtshungs]$_{\text{ADJ 等同}}$ [rtags]] 等号

第二类：词义有所转移，呈现为实物类事物，隐喻某类象征标记。

བཀའ་རྟགས་ (bkav rtags) 官印，契书　　ཉེས་རྟགས་ (nyes rtags) 罪证

གསང་རྟགས་ (gsang rtags) 暗记　　ལག་རྟགས་ (lag rtags) 礼物

འཁྲུངས་རྟགས་ (vkhrungs rtags) 生日八字　　ཕོ་རྟགས་ (pho rtags) 男性生殖器

བརྡ་རྟགས་ (brda rtags) 信号;符号　　ཆབ་རྟགས་ (chab rtags) 尿

གཉེན་རྟགས་ (gnyen rtags) 彩礼　　ཤ་རྟགས་(sha rtags) 皮肤黑斑

第三类：转义为无形的象征物。鉴于这些词内部缺乏透明性，不能够完全从构成成分推断词义，因此可以视为派生词。

གླེན་རྟགས་ [[glen]$_{N\ 蠢}$ rtags] 傻气，蠢样　　ངན་རྟགས་ [[ngan]$_{ADJ\ 坏}$ rtags] 凶兆

ལྐུགས་རྟགས་ [[lkugs]$_{N\ 蠢}$ rtags] 愚蠢　　ཡག་རྟགས་ [[yag]$_{ADJ\ 好}$ rtags] 好兆头

ནད་རྟགས་ [[nad]$_{N\ 病}$ rtags] 症状　　ལོ་རྟགས་ [[lo]$_{N\ 岁}$ rtags] 属相

གསུང་རྟགས་ [[gsung]$_{N\ 语词}$ rtags] 卜卦　　མཚན་རྟགས་ [[mtshan]$_{N\ 名}$ rtags] 征兆

我们认为还有一些带ཏ་ (ta)的语素可能是音变引起的。例如཈་ཏ་ [[kha ta]“忠告”可能来自ཁ་སྡམས་(kha-sdams)忠告，敬语词也是这样构成的：ཞལ་ཏ་＝ཞལ་སྡམས་ (zhal ta(=zhal sdams)劝告，现代口语里还有这样的用例：

3-10 གྱོན་གོས་བཅོས་སྤྲས་བྱས་པ་དང། སྦན་ཨར་ལ་ཁ་ཏ་ཚིག་འགའ་ཤས་བྱས་

gyon-gos-bcos-spras-byas-pa　dang　sban-ar-la

整理衣装-NMZ　和　板儿-DAT

kha-ta tshig　vgav shas　byas

劝告　话　一些 做

打扫打扫衣服，又教了板儿几句话。

再就是རྫོངས་ཏ་［rdzongs (s)ta］“临走赠送之礼物”，这个词可能是རྫོངས་ཆས་(rdzongs chas)的读音变体。འཁྲུ་ཏ་ [[vkhru ta]$_N$“炊帚”也可能是འཁྲུད་རྟགས་(vkhrud rtags)的变体，ཏིག་ཏ་ (tig ta)“藏茵陈”（一种药）可能是梵文音译。

此外，还有少量词的来源需要逐项进一步考察，有些可能与摹音现象有关，例如：ཁྭ་ཏ་ (khwa ta)乌鸦；有些可能与音译借词带来的同音形式有关，例如：བེ་ཏ་ (be ta)椰子，ཤིང་བེ་ཏ་ (shing be ta)椰子、椰子树，དན་ཏ་ (dan ta)蓖麻子，ཀུ་མུ་ཏ་ (ku mu ta)白莲花，འདྲེ་རྟ་ (vdre rta)蚱蜢，ཁྱུག་རྟ་ (khug rta)燕子，ཀ་ལན་ཏ་ (ka lan ta)燕子，བལ་ཏ་ (bal ta)尼泊尔钱币，པར་པ་ཏ་ (par pa ta)角茴香，ཆ་སྟ་ (cha sta)镊子，ཕུག་ཏ་ (pug ta)架子，འཇུར་ཏ་ (vjur ta)皮鞋，པ་ཏ་ (pa ta)十字架、把柄，སམ་ཏ་ (sam ta)写字板。

3.2.12　类词缀 po che/bo che

藏语中有少量双音节词缀，例如 པོ་ཆེ་ (po che)，意思是对宏大事物或者大型物品的描述，带有夸张的色彩，部分词有转喻用法。通常该词缀附加在单音节名词上，产出的仍然是名词。该词缀可能来自[[pho]$_{N\ 雄性}$ chen$_{A\ 大}$]$_N$ /[[pho] $_{N\ 雄性}$ che$_{A\ 大}$]$_N$“大男子”。随着语音变化，pho 变为 po 或者弱化为 bo，逐渐形成该词缀。例如：

指物或指人：

དར་པོ་ཆེ་ [[dar]$_{N\ 旗}$ po che] 大旗　　གསུས་པོ་ཆེ་ [[gsus]$_{N\ 腹}$ po che] 大肚罗汉

གྲུ་བོ་ཆེ་ [[gru]$_{N\ 船}$ bo che] 大船　　གླང་པོ་ཆེ་ [[glang]$_{N\ 象}$ po che] 大象

མེ་པོ་ཆེ་ [[me]$_{N\ 火}$ po che] 大火　　ལ་བོ་ཆེ་ [[la]$_{N\ 山}$ bo che] 大山

རི་བོ་ཆེ་ [[ri]$_{N}$ 山 bo che] 大山
རིན་པོ་ཆེ་ [[rin]$_{N}$ 价钱 po che] 宝物
རྔ་བོ་ཆེ་ [[rnga]$_{N}$ 鼓 bo che] 大鼓
རྩལ་པོ་ཆེ་ [[rtsal]$_{N}$ 能力 po che] 大才
སྣ་བོ་ཆེ་ [[sna]$_{N}$ 鼻 bo che] 大臣
མདའ་བོ་ཆེ། [[mdav]$_{N}$ 箭 bo che] 强弩，铁弩
ཕྱར་པོ་ཆེ་ [[phyar]$_{N}$ 牛毛 织物 po che] 大帐篷
འུད་པོ་ཆེ་ [[vud]$_{N}$ 夸张 po che] 夸大之词
ཐང་པོ་ཆེ་ [[thang]$_{N}$ 平地 po che] 大平原
འོད་པོ་ཆེ་ [[vod]$_{N}$ 光 po che] 强光

抽象描述：

གལ་པོ་ཆེ་ [[gal]$_{N}$ 关键 po che] 重要
དཀྱེལ་པོ་ཆེ་ [[dkyel]$_{N}$ 宽度 po che] 大度，宇宙
ཁ་པོ་ཆེ་ [[kha]$_{N}$ 口 po che] 夸海口
ཕྱམ་པོ་ཆེ་ [[phyam]$_{N}$ 漂 po che] 大河泛滥
གཡེར་པོ་ཆེ་ [[g-yer]$_{N}$ 智者 po che] 名声大
རྔམ་པོ་ཆེ་ [[rngam]$_{N}$ 气势 po che] 雄健
ཀླད་པོ་ཆེ་ [[klad]$_{N}$ 顶部 po che] 勇敢
རྩིས་པོ་ཆེ་ [[rtsis]$_{N}$ 计算 po che] 贵重
མིག་པོ་ཆེ་ [[mig]$_{N}$ 眼 po che] 眼馋
སྒྲ་བོ་ཆེ་ [[sgra]$_{N}$ 声音 bo che] 高声
རླབས་པོ་ཆེ་ [[rlabs]$_{N}$ 威力 po che] 雄伟
སྐད་པོ་ཆེ། [[skad]$_{N}$ 话语 po che] 名声大，声望高
སྙིང་པོ་ཆེ་ [[snying]$_{N}$ 心 po che] 大气魄
ཚན་པོ་ཆེ་ [[tshan]$_{N}$ 分量 po che] 大批
སྟོབས་པོ་ཆེ་ [[stobs]$_{N}$ 力量 po che] 力量大

综观而论，藏语有相当部分语素显现出词缀的功能，这些词缀语义虚化的程度不等，在不同环境下有不同的语义呈现。这些语素所构成的词究竟看做复合词还是派生词可能意见会不一致，本文将部分黏着型词缀归入派生词，称为类词缀。有关藏语的类词缀，它们的数量、功能、意义以及语法化程度，学界现在还缺乏共识，需要进一步研究。

3.3　名词的前缀语素

现代藏语前缀很少，名词典型前缀基本上只有一种表示亲属意义的音节性前缀 ཨ་ (a)。不过，我们偶尔能够看到少量无法解释其意义的音节，这些音节出现于双音节或多音节词的首音节，也被称为前缀。例如：དོ་སྙོམས་པ་ (do snyoms ba)相等，དོ་ཤི་ (do shi)将死，ཁ་དོག་ (kha dog)颜色，ཁ་འཐོར་ (kha vthor)

流散，零落，ཁ་སྒྱུར་ (kha sgyur)转变，ལེ་ཐོ་ (le tho)历书，ལེ་ཤོ་ (le sho)懈怠，贻误，ལེ་ཚན་ (le tshan)章节。

此外，藏语还有一种敬语词表示的松散型语素，数量约有十余个，一般可看作短语，但由于在语法化作用下，呈现去语义化现象，也不妨作为前缀看待。我们下文简述。

3.3.1 名词前缀 a-

藏语只有极少量语素可用作名词前缀，例如，ཁ་ (kha)构成的前缀型派生词，这个前缀的来源和意义目前很难考察，我们只能从词根可以独立运用得知它的前缀地位。这里采集到少量案例：ཁ་དོག་ (kha dog)颜色，ཁ་འདམ་ [kha [vdam]$_{\text{N 芦苇}}$]生姜，ཁ་ཐོར་ [kha [thor]$_{\text{V 分散}}$]零散，ཁ་རྙིང་ [kha [rnying]$_{\text{V 旧}}$]半新半旧。

真正可以称得上前缀的语素只有 a-。前缀 a-构成的词不是很多，从意义上看主要是亲属称谓词，例如：

ཨ་མེས་ (a mes) 爷爷	ཨ་ཕྱི་ (a phyi) 奶奶	ཨ་ཞང་ (a zhang) 舅舅
ཨ་ཕ་ (a pha) 爸爸	ཨ་མ་ (a ma) 妈妈	ཨ་ཇོ་ (a jo) 哥哥
ཨ་ཁུ་ (a khu) 伯伯，叔	ཨ་ནེ་ (a ne) 姑母	ཨ་ཅག་ (a cag) 姐姐
ཨ་སྤུན་ (a spun) 叔伯		

藏语其他带前置语素 a-的词很难说清表达什么意思，有表植物的、昆虫的、玩具的以及难以归类的具体事物名词。或许部分是前置首音节脱落声母辅音造成的。例如：

ཨ་རག་ (a rag)酒	ཨ་ཤོམ་ (a shom)玉米	ཨ་ཅུག་ (a cug)羊胫骨（玩具）
ཨ་ཕིམ་ (a phim)罂粟	ཨ་བྲ་ (a bra)田鼠	ཨ་ཕྲུག་ (a phrug)跑腿儿的
ཨ་ཡོ་ (a yo)小狗	ཨ་སྟོང་ (a stong)哈欠	ཨ་རྡོ་ (a rdo)圆石子（玩具）
ཨ་འབྲས་ (a vbras)榧子	ཨ་ཀོར་ (a kor)耳环	ཨ་ལྟས་ (a ltas)手铐
ཨ་མཆོག་ (a mchog)耳朵	ཨ་ཅོར་ (a cor)毛巾	ཨ་ཤིང་ (a shing)门闩

结构上，前缀 a-所附着的词根大多是黏着的，如 ཨ་ཅག་ (a cag)姐姐，个别如 རྡོ་ (rdo)石头，ཤིང་ (shing)“木”属于自由语素。

带前缀 a-的指人名词或亲属称谓词还可以带词缀 ལགས་ (lags)，构成表示敬重或亲近的派生词。

ཨ་མེས་ལགས་ [[a [mes]] lags] 老爷爷	ཨ་ཕྱི་ལགས་ [[a [phyi]] lags] 老太太
ཨ་ཁུ་ལགས་ [[a [khu]] lags] 叔叔	ཨ་ནེ་ལགས་ [[a [ne]] lags] 大婶
ཨ་མ་ལགས་ [[a [ma]] lags] 大妈	ཨ་ཅག་ལགས་ [[a [cag]] lags] 老大姐

不过，ལགས་ (lags)缀接的不是词根，而是把整个词作为完形词进一步派生构词，所以结构上是[[prefix [root]]$_N$ suffix]$_N$。

3.3.2　名词敬语前置语素

敬语词汇的产生跟西藏社会有着密切关系，是社会等级制度和宗教信仰行为在语言中的折射。藏语的敬语相对东亚其他语言较为发达，也非常独特，但是，作为一个语言系统，敬语只是某种社会现象产生后的产物，不能取代整个词汇系统，它的产生和发展都要受到原有系统的制约。从词汇方面看，藏语不可能为整个语言另造一套敬语词汇，从词法结构角度看，藏语很巧妙地解决了敬语体系的发展问题，这就是采用前缀方式生产名词敬语词，避开了藏语作为后缀派生词格局而无法再承受多系统后缀的难点。

藏语名词敬语词的基本词法模式是“敬语语素+词根语素”，例如 མགྲོན་པོ་ (mgron po)客人，敬语词是 སྐུ་མགྲོན་ (sku mgron)贵宾，即去掉普通词的指人后缀，前面添加敬语语素。敬语语素跟词根语素之间没有语义关系和句法关系，是一种泛化的标记，因此一般不会被理解为复合结构。这是我们把敬语语素构成的敬语词归在派生名词章节讨论的原因。

藏语敬语名词前置语素数量很多，我们对《藏语敬语词典》双语素以上敬语词条进行统计，总计 3430 条，前缀语素出现最多的 384 条，占了 11.2%。下面列出出现 10 次以上敬语语素：ཐུགས་(thugs[384])，སྐུ་ (sku[372])，ཞལ་ (zhal[330])，ཕྱག་ (phyag[322])，དབུ་ (dbu[170])，གསོལ་ (gsol[126])，བཞེས་ (bzhes[112])，ཞབས་ (zhabs[109])，བཀའ་ (bkav[90])，གཟིམ་ (gzim[78])，ཕེབས་ (phebs[77])，གསུང་ (gsung[75])，བཞུགས་ (bzhugs[65])，ཆིབས་ (chibs[55])，ལྗགས་ (ljags[50])，ཆབ་ (chab[47])，སྤྱན་ (spyan[41])，ཁྲུང་ (khrung[40])，གཟིགས་ (gzigs[37])，མཆོད་ (mchod[37])，ན་ (na[34])，སྙན་ (snyan[34])，གནང་ (gnang[27])，མགུལ་ (mgul[27])，ཤངས་ (shangs[25])，སྙུང་ (snyung[25])，དགོངས་ (dgongs[21])，སྙུན་ (snyun[20])，དགུང་ (dgung[19])，མཁྱེན་ (mkhyen[19])，ཞུགས་ (zhugs[19])，གསན་ (gsan[17])，མཛད་ (mdzad[17])，མཇལ་ (mjal[17])，ཚེམས་ (tshems[16])，མནལ་ (mnal[15])，མཚན་ (mtshan[14])，སྤྲོ་ (spro[13])，འཁྲུངས་ (vkhrungs[13])，སྩོལ་ (stsol[10]),

3.3.2.1　敬语语素 sku

སྐུ་ (sku)原意为“身体，形象”，跟普通词 ལུས་ (lus)对应，例如 སྐུ་ཚད་ (sku tshad)体温（身体+热度），རྡོ་སྐུ་ (rdo sku)石像（石+像）。为了进行比较，我们同时列出普通词形式。

普通词	敬语词	
གཟན་ (gzan)	སྐུ་གཟན་ (sku gzan)	披单，袈裟
མཆེད་ (mched)	སྐུ་མཆེད་ (sku mched)	同胞，亲戚
ནོར་ (nor)	སྐུ་རྒྱུ་ (sku rgyu)	财产，财富
ཁྲག་ (khrag)	སྐུ་མཚལ་ (sku mtshal)	血
སྒལ་པ་ (sgal pa)	སྐུ་སྒལ་ (sku sgal)	背脊
བག་མ་ (bag ma)	སྐུ་བག་ (sku bag)	新娘，媳妇
མགྲོན་པོ་ (mgron po)	སྐུ་མགྲོན་ (sku mgron)	贵宾，客人
ཨ་ཞང་ (a zhang)	སྐུ་ཞང་ (sku zhang)	舅父，舅舅
ལུས་བྱད་ (lus byad)	སྐུ་བྱད་ (sku byad)	身材，体态
མི་དྲག་ (mi drag)	སྐུ་དྲག་ (sku drag)	贵族
སྤུན་ཉེ་ (spun nye)	སྐུ་ཉེ་ (sku nye)	亲属，亲友
དབང་ཆ་ (dbang cha)	སྐུ་དབང་ (sku dbang)	权利，权势
འདྲ་གཟུགས་ (vdra gzugs)	སྐུ་བརྙན་ (sku brnyan)	肖像，偶像
གཟུགས་ཕུང་ (gzugs phung)	སྐུ་གདུང་ (sku gdung)	遗体，尸体

3.3.2.2 敬语语素 thugs

ཐུགས་ (thugs)本意是"思想，心意"，可以跟普通词语 བློ་ (blo)、ཡིད་ (yid)、སེམས་ (sems)对应。由该语素组成的敬语词数量极多，但多数是抽象概念词汇，指人和指物的词汇较少。有时候不同的普通词可能用同一个敬语词表示，例如 སྙིང་སྟོབས་ (snying stobs) "气魄，魄力"和 ཡིད་དཀྱེལ་ (yid dkyel) "心胸，气度"都可以用 ཐུགས་དཀྱེལ་ (thugs dkyel)表示。列举部分词例：

普通词	敬语词	
མངོན་ཤེས་ (mngon shes)	ཐུགས་མཁྱེན་ (thugs mkhyen)	先知，预见
མཚེར་སྣང་ (mtsher snang)	ཐུགས་མཚེར་ (thugs mtsher)	客气，拘谨
མོས་མཐུན་ (mos mthun)	ཐུགས་མཐུན་ (thugs mthun)	赞同，同意
ཡིད་ངོ་ (yid ngo)	ཐུགས་ངོ་ (thugs ngo)	意境，心境
སེམས་ཤུགས་ (sems shugs)	ཐུགས་ནུས་ (thugs nus)	毅力，心力
ཕན་ཆ་ (phan cha)	ཐུགས་ཕན་ (thugs phan)	益处，好处
ཡིད་རེ་ (yid re)	ཐུགས་རེ་ (thugs re)	希望，希冀
བློ་རྒྱ་ (blo rgya)	ཐུགས་རྒྱ་ (thugs rgya)	心胸，气度
ང་རྒྱལ་ (nga rgyal)	ཐུགས་རྒྱལ་ (thugs rgyal)	骄傲
ངང་རྒྱུད་ (ngang rgyud)	ཐུགས་རྒྱུད་ (thugs rgyud)	性格，性子
བློ་རིག་ (blo rig)	ཐུགས་རིག་ (thugs rig)	智慧
རྔམ་སེམས་ (rngam sems)	ཐུགས་རྔམ་ (thugs rngam)	贪心，霸道

ཡིད་རྟོན་ (yid rton)	ཐུགས་རྟོན་ (thugs rton)	信托，信赖
སྣང་བ་ (snang ba)	ཐུགས་སྣང་ (thugs snang)	心情，感觉
བློ་འགེལ་ (blo vgel)	ཐུགས་འགེལ་ (thugs vgel)	信任，相信
སློབ་མ་ (slob ma)	ཐུགས་སྲས་ (thugs sras)	高足
འདོད་བློ་ (vdod blo)	ཐུགས་འདོད་ (thugs vdod)	心愿，意愿
རེ་བ་ (re ba)	ཐུགས་འདུན་ (thugs vdun)	希望，希求
སྒྲིག་ (sgrig)	ཐུགས་སྒྲིག་ (thugs sgrig)	教养，涵养

3.3.2.3 敬语语素 zhal

ཞལ་ (zhal)是"口"或"脸"的敬语词，跟普通词 ཁ་ (kha)口、གདོང་ (gdong)脸相应。由 ཞལ་ (zhal)组成的词汇很多，词汇意义具有多样性，指物词汇和抽象词汇都比较丰富，但极少有指人词汇。

普通词		敬语词		
བཀོད་བཅོས་	(bkod bcos)	ཞལ་ཇུས་	(zhal jus)	办法，计策
ཁ་བྱང་	(kha byang)	ཞལ་བྱང་	(zhal byang)	标题，标签
ཕོར་བཀྱག་	(phor bkyag)	ཞལ་བཀྱག་	(zhal bkyag)	茶盘
ཁྲ་ཡོལ་	(khra yol)	ཞལ་ཡོལ་	(zhal yol)	窗帘，窗帷
ཟླ་ཡ་	(zla ya)	ཞལ་ཡ་	(zhal ya)	对手
ཟ་མ་	(za ma)	ཞལ་ལག་	(zhal lag)	饭，膳食
ཁ་གཅོད་	(kha gcod)	ཞལ་གཅོད་	(zhal gcod)	盖子，盖儿
སྨ་ར་	(sma ra)	ཞལ་ར་	(zhal ra)	胡须
ཁ་བརྡ་	(kha brda)	ཞལ་བརྡ་	(zhal brda)	话，语言
སྐྱག་རྫུན་	(skyag rdzun)	ཞལ་རྫུན་	(zhal rdzun)	假话，谎言
ཁ་སྐྱེས་	(kha skyes)	ཞལ་སྐྱེལ་	(zhal skyel)	接吻
ངོ་ཤེལ་	(ngo shel)	ཞལ་ཤེལ་	(zhal shel)	镜子
ཁ་རྩལ་	(kha rtsal)	ཞལ་རྩལ་	(zhal rtsal)	口才
ངག་འཕྲིན་	(ngag vphrin)	ཞལ་ལན་	(zhal lan)	口信
ཁ་ཏིག་	(kha tig)	ཞལ་ཏིག་	(zhal tig)	苦味
མཁུར་ཚོས་	(mkhur tshos)	ཞལ་ཚོས་	(zhal tshos)	面颊
འགྲམ་དཀྱུས་	(vgram dkyus)	ཞལ་འགྲམ་	(zhal vgram)	面颊，腮
གདོང་འབག་	(gdong vbag)	ཞལ་འབག་	(zhal vbag)	面具
སྐྱིན་ཚབ་	(skyin tshab)	ཞལ་སྐྱིན་	(zhal skyin)	赔偿
ཁ་ཆུ་	(kha chu)	ཞལ་ཆུ་	(zhal chu)	唾液
འཛུམ་དགོད་	(vdzum dgod)	ཞལ་འཛུམ་	(zhal vdzum)	微笑
སྐེ་དཀྲིས་	(ske dkres)	ཞལ་དཀྲིས་	(zhal dkris)	围巾

མཛེས་ཀོང་	(mdzes kong)	ཞལ་ཀོང་	(zhal kong)	笑靥，酒窝
ཁ་ཆེམས་	(kha chems)	ཞལ་ཆེམས་	(zhal chems)	遗嘱，遗言
མངག་གཏམ་	(mngag gtam)	ཞལ་མངག་	(zhal mngag)	嘱托，委托
མཆུ་ཏོ་	(mchu to)	ཞལ་མཆུ་	(zhal mchu)	嘴唇

3.3.2.4 敬语语素 phyag

ཕྱག་ (phyag)本义是“手”，跟普通词 ལག་པ་ (lag pa)对应，又引申出“敬礼、礼节”意思。由 ཕྱག་ (phyag)构成的敬语词大多跟“手”的各类引申意义有关。

	普通词		敬语词	
ལས་རོགས་	(las rogs)	ཕྱག་རོགས་	(phyag rogs)	帮手，助手
སྨྱུ་གུ་	(smyu gu)	ཕྱག་སྨྱུག་	(phyag skyug)	笔
མཚོན་ཆ་	(mtshon cha)	ཕྱག་མཚོན་	(phyag mtshon)	兵器，武器
ཐིག་ཚད་	(thig tshad)	ཕྱག་ཚད་	(phyag tshad)	尺度，尺寸
སྲོལ་རྒྱུན་	(srol rgyun)	ཕྱག་བཞེས་	(phyag bzhes)	传统
གཞུ་	(gzhu)	ཕྱག་གཞུ་	(phyag gzhu)	弓
མཛོད་པ་	(mdzod pa)	ཕྱག་མཛོད་	(phyag mdzod)	管家
སྲུང་མདུད་	(srung mdud)	ཕྱག་མདུད་	(phyag mdud)	护身结
དཔུང་པ་	(dbung pa)	ཕྱག་དཔུང་	(phyag dpung)	肩膀
སོར་གདུབ་	(sor gdub)	ཕྱག་གདུབ་	(phyag gdub)	戒指，指环
ལག་རྟགས་	(lag rtags)	ཕྱག་རྟགས་	(phyag rtags)	礼物，赠品
དངུལ་	(dngul)	ཕྱག་དངུལ་	(phyag dngul)	钱
འཕྲུལ་མདའ་	(vphrul mdav)	ཕྱག་མདའ་	(phyag mdav)	枪
ཆུ་ཚན་	(chu tshan)	ཕྱག་ཚན་	(phyag tshan)	温泉
བྱེད་སྲོལ་	(byed srol)	ཕྱག་ལེན་	(phyag len)	仪轨，方式
མཛོག་མགོ་	(mdzog mgo)	ཕྱག་མཛོག་	(phyag mdzog)	拳头
ལས་ཀ་	(las ka)	ཕྱག་ལས་	(phyag las)	事情，工作
ལག་དེབ་	(lag deb)	ཕྱག་དེབ་	(phyag deb)	手册
ལག་ཕྱིས་	(lag phyis)	ཕྱག་ཕྱིས་	(phyag phyis)	手帕
ལྐུགས་བརྡ་	(lkugs brda)	ཕྱག་བརྡ་	(phyag brda)	手势，哑语
ལག་རྒྱན་	(lag rgyan)	ཕྱག་རྒྱན་	(phyag rgyan)	手饰
སུག་བྲིས་	(sug bris)	ཕྱག་བྲིས་	(phyag bris)	手书，手迹
ལག་ཞུ་	(lag zhu)	ཕྱག་ཞུ་	(phyag zhu)	手提灯
ལག་ཤེས་	(lag shes)	ཕྱག་རྩལ་	(phyag rtsal)	手艺
ལག་མཛུབ་	(lag mdzub)	ཕྱག་མཛུབ་	(phyag mdzub)	手指

དཔེ་དེབ་	(dpe deb)	ཕྱག་དཔེ་	(phyag dpe)	书籍，图书
ནས་	(nas)	ཕྱག་འབྲུ་	(phyag vbru)	青稞

3.3.2.5 敬语语素 dbu

དབུ་ (dbu)本义是"头"或"头顶"意思，跟普通词 མགོ་ (mgo)对应。由 དབུ་ (dbu)构成的敬语词大多跟"头顶"意义有关。

普通词		敬语词		
མགོ་དཀར་	(mgo dkar)	དབུ་དཀར་	(dbu dkar)	白头
ཐོད་པ་	(thod pa)	དབུ་ཐོད་	(dbu thod)	额头
ལན་བུ་	(lan bu)	དབུ་ལན་	(dbu lan)	发辫
ཐོར་ཅོག་	(thor chog)	དབུ་ཅོག་	(dbu cog)	发髻
པ་ལྕོག་	(pa lcog)	དབུ་ལྕོག་	(dbu lcog)	发髻
འཐོམ་	(vthom)	དབུ་འཐོམ་	(dbu vthom)	糊涂
འགོ་འཛུགས་	(vgo vdzugs)	དབུ་འཛུགས་	(dbu vdzugs)	开始，起始
མགོ་འདྲེན་	(mgo vdren)	དབུ་འདྲེན་	(dbu vdren)	靠山
ཞྭ་ཏོག་	(zhwa tog)	དབུ་ཏོག་	(dbu tog)	帽顶子，帽结
ཞྭ་མོ་	(zhwa mo)	དབུ་ཞྭ་	(dbu zhwa)	帽子
མནའ་	(mnav)	དབུ་མནའ་	(dbu mnav)	盟，誓
མགོ་འཁྲུལ་	(mgo vkhrul)	དབུ་འཁྲུལ་	(dbu vkhrul)	迷乱，迷惑
མགོ་གཏུག་	(mgo gtug)	དབུ་གཏུག་	(dbu gtug)	碰头礼
རི་རྩེ་	(ri rtse)	དབུ་རྩེ་	(dbu rtse)	山顶
མགོ་རྒྱན་	(mgo rgyan)	དབུ་རྒྱན་	(dbu rgyan)	首饰
འགོ་སྡོད་	(vgo sdod)	དབུ་བཞུགས་	(dbu bzhugs)	首席，首座
མགོ་སྐྲ་	(mgo skra)	དབུ་སྐྲ་	(dbu skra)	头发
མགོ་རུས་	(mgo rus)	དབུ་རུས་	(dbu rus)	头骨
ཀླད་པ་	(klad pa)	དབུ་ཀླད་	(dbu klad)	头脑
ཆར་གདུགས་	(char gdugs)	དབུ་གདུགས་	(dbu gdugs)	雨伞
མགོ་སྔས་	(mgo sngas)	དབུ་སྔས་	(dbu sngas)	枕头

3.3.2.6 敬语语素 gsol

གསོལ་ (gsol)本意是"请求、呈献"意思，用于敬奉神佛起居饮食各种侍奉行为和物件。例如直接用该词构成派生形式表示主食"糌粑"：སྤགས་ (spags)或者 སྤགས་ཟས་ (spags zas)表示为 གསོལ་བ་ (gsol ba)"揉和的糌粑"。

普通词		敬语词		
ཇ་	(ja)	གསོལ་ཇ་	(gsol ja)	茶
ཇ་ལྟིར་	(ja ltir)	གསོལ་ལྟིར་	(gsol ltir)	茶壶

ཇ་མདོང་	(ja mdong)	གསོལ་མདོང་	(gsol mdong)	茶桶
ཟས་གྲོན་	(zas gron)	གསོལ་གྲོན་	(gsol gron)	饭钱
གླ་ཕོགས་	(gla phogs)	གསོལ་ཕོགས་	(gsol phogs)	工钱
ཟས་སློང་	(zas slong)	གསོལ་སློང་	(gsol slong)	化缘
ཟས་མཆོག་	(zas mchog)	གསོལ་མཆོག་	(gsol mchog)	佳肴
འོ་མ་	(vo ma)	གསོལ་འོ་	(gsol vo)	奶
ཞོ་	(zho)	གསོལ་ཞོ་	(gsol zho)	奶酪
ཐེར་བག་	(ther bag)	གསོལ་ཐེར་	(gsol ther)	盘子
རྟུག་དྲི་	(rtug dri)	གསོལ་དྲི་	(gsol dri)	屁
འདོད་གསོལ་	(vdod gsol)	གསོལ་འདེབས་	(gsol vdebs)	祈祷
བཟའ་ཆས་	(bzav chas)	གསོལ་ཆས་	(gsol chas)	食品
ཟས་བཅུད་	(zas bcud)	གསོལ་བཅུད་	(gsol bcud)	食物营养
མར་	(mar)	གསོལ་མར་	(gsol mar)	酥油
ཟས་མངར་	(zas mngar)	གསོལ་མངར་	(gsol mngar)	甜食
ཕོར་པ་	(phor pa)	གསོལ་ཞལ་	(gsol zhal)	碗
ཕོར་ཤུབས་	(phor shubs)	གསོལ་ཤུབས་	(gsol shubs)	碗袋
སྨན་	(sman)	གསོལ་སྨན་	(gsol sman)	药
བཟའ་སྣོད་	(bzav snod)	གསོལ་སྣོད་	(gsol snod)	饮食器皿
ཞག་	(zhag)	གསོལ་ཞག་	(gsol zhag)	油脂
རྩམ་པ་	(rtsam pa)	གསོལ་ཞིབ་	(gsol zhib)	糌粑
ཐབ་ཀ་	(thab ka)	གསོལ་ཐབ་	(gsol thab)	灶，炉
ཅོག་ཁེབས་	(cog khebs)	གསོལ་ཁེབས་	(gsol khebs)	桌布

3.3.2.7 敬语语素 bzhes

བཞེས་ (bzhes)本意是“食品、用品”，主要用于表示饮食和其他生活物品方面的词汇，包括借词。

普通词		敬语词		
ཨ་རག་	(a rag)	བཞེས་རག་	(bzhes rag)	白酒
སྒོ་ང་	(sgo nga)	བཞེས་སྒོང་	(bzhes sgong)	蛋
ཐུར་མ་	(thur ma)	བཞེས་ཏུར་	(bzhes tur)	饭勺儿
ཕྱུར་བ་	(phyur ba)	བཞེས་ཕྱུར་	(bzhes phyur)	干酪
ཐུག་ཁོག་	(thug khog)	བཞེས་ཁོག་	(bzhes khog)	锅
ཧུའུ་	(huvu)	བཞེས་ཧུའུ་	(bzhes huvu)	壶
ཟ་གྲོགས་	(za grogs)	བཞེས་གྲོགས་	(bzhes grogs)	酒肉朋友
བསྐོལ་ལྡན་	(bskol ldan)	བཞེས་ལྡན་	(bzhes ldan)	酒粥

བཟའ་འབྲུ་	(bzav vbru)	བཞེས་འབྲུ་	(bzhes vbru)	口粮
ཁོའི་ཙེ་	(khove tse)	བཞེས་ཙེ་	(bzhes tse)	筷子
ལ་ཕུག་	(la phug)	བཞེས་ལབ་	(bzhes lab)	萝卜
གྲོ་ཞིབ་	(gro zhib)	བཞེས་གྲོ་	(bzhes gro)	面粉
ཤིང་ཕོར་	(shing phor)	བཞེས་ཅན་	(bzhes can)	木碗
ཀུ་ཤུ་	(ku shu)	བཞེས་ཤུ་	(bzhes shu)	苹果
ཁོག་མ་	(khog ma)	བཞེས་ཁྲོ་	(bzhes khro)	砂锅
བཟའ་སྣུམ་	(bzav snum)	བཞེས་སྣུམ་	(bzhes snum)	食油
ཟ་ཐུར་	(za thur)	བཞེས་ཐུར་	(bzhes thur)	匙子
ཡོང་སྒོ་	(yong sgo)	བཞེས་སྒོ་	(bzhes sgo)	收入
སྔོ་ཚལ་	(sngo tshal)	བཞེས་ཚལ་	(bzhes tshal)	蔬菜
གདུས་ཐང་	(gdus thang)	བཞེས་གདུབ་	(bzhes gdub)	汤汁
མངར་ཆ་	(mngar cha)	བཞེས་མངར་	(bzhes mngar)	糖果
རྒྱ་གྲོ་མ་	(rgya gro ma)	བཞེས་ཞོག་	(bzhes zhog)	土豆
ཕྲུ་བ་	(phru ba)	བཞེས་ཕྲུ་	(bzhes phru)	瓦罐
འཐུང་སྣོད་	(vthung snod)	བཞེས་ཆས་	(bzhes chas)	饮器
སྒོག་པ་	(sgog pa)	བཞེས་སྒོག་	(bzhes sgog)	大蒜
རྩམ་གཟར་	(rtsam gzar)	བཞེས་གཟར་	bzhes gzar)	糌粑瓢
ཇ་ལྡུར་	(ja ldur)	བཞེས་ལྡུར་	bzhes ldur)	糌粑汤

3.3.2.8 敬语语素 zhabs

ཞབས་ (zhabs)本意是“脚”，所构成的敬语词基本都跟这个意义有关。

	普通词		敬语词	
རྐང་ཀྱོག་	(rkang kyog)	ཞབས་ཀྱོག་	(zhabs kyog)	跛子，瘸子
རྐང་འགྲོས་	(rkang vgros)	ཞབས་འགྲོས་	(zhabs vgros)	步态，步伐
རྐང་གདན་	(rkang gdan)	ཞབས་གདན་	(zhabs gdan)	擦足垫
འདེད་སྐུལ་	(vded skul)	ཞབས་སྐུལ་	(zhabs skul)	催促
གླུ་གར་	(glu gar)	ཞབས་གཞས་	(zhabs gzhas)	歌舞
རྐང་དཀྲིས་	(rkang dkris)	ཞབས་དཀྲིས་	(zhabs dkris)	裹腿
བོལ་	(bol)	ཞབས་བོལ་	(zhabs bol)	脚背
རྐང་གླ་	(rkang gla)	ཞབས་གླ་	(zhabs gla)	脚钱，脚费
རྐང་མཐིལ་	(rkang mthil)	ཞབས་མཐིལ་	(zhabs mthil)	脚掌
རྐང་སོར་	(rkang sor)	ཞབས་སོར་	(zhabs sor)	脚趾
རྐང་ངར་	(rkang ngar)	ཞབས་ངར་	(zhabs ngar)	胫骨
དོར་མ་	(dor ma)	ཞབས་དོར་	(zhabs dor)	裤子

འཁོར་གཡོག་	(vkhor g-yog)	ཞབས་ཕྱི་	(zhabs phyi)	随从
རྐང་ཐང་	(rkang thang)	ཞབས་ཐང་	(zhabs thang)	徒步，步行
རྐང་འཁྱོགས་	(rkang vkhyogs)	ཞབས་འཁྱོགས་	(zhabs vkhyogs)	腿瘸，瘸子
རྐང་སུག་	(rkang sug)	ཞབས་སུག་	(zhabs sug)	袜子
རྐང་བྲོ་	(rkang bro)	ཞབས་བྲོ་	(zhabs bro)	舞蹈
པུས་མོ་	(pus mo)	ཞབས་པུས་	(zhabs pus)	膝盖
རྐང་ལྷམ་	(rkang lham)	ཞབས་ལྷམ་	(zhabs lham)	鞋
ཧད་	(had)	ཞབས་ཧད་	(zhabs had)	鞋，履
འཇུར་སྒྲོག་	(vjur sgrog)	ཞབས་སྒྲོག་	(zhabs sgrog)	鞋带
རྐུབ་བཀྱག་	(rkub bkyag)	ཞབས་བཀྱག་	(zhabs bkyag)	椅子
རྐུབ་སྟེགས་	(rkub stegs)	ཞབས་སྟེགས་	(zhabs stegs)	椅子
རྐང་རྗེས་	(rkang rjes)	ཞབས་རྗེས་	(zhabs rjes)	足迹
རྐང་གདུབ་	(rkang gdub)	ཞབས་གདུབ་	(zhabs gdub)	足镯，足钏

3.3.2.9 敬语语素 bkav

བཀའ་ (bkav)本意是“指示、教诲”之意，因此多用于跟言语、谈话、作品等事物相关的词汇。

普通词		敬语词		
རྟོགས་བརྗོད་	(rtogs brjod)	བཀའ་ཐབས་	(bkav thabs)	传记
དེབ་ཐེར་	(deb ther)	བཀའ་ཐང་	(bkav thang)	传记，史籍
དྲིན་	(drin)	བཀའ་དྲིན་	(bkav drin)	恩惠，恩情
ཁྲིམས་	(khrims)	བཀའ་ཁྲིམས་	(bkav khrims)	法律，法令
སྐད་བརྡ་	(skad brda)	བཀའ་བརྡ་	(bkav brda)	话
དུས་འགྱངས་	(dus vgyangs)	བཀའ་འགྱངས་	(bkav vgyangs)	缓期，延期
གནས་ལན་	(gnas lan)	བཀའ་ལན་	(bkav lan)	回函，复信
འདུན་མ་	(vdun ma)	བཀའ་ཇུས་	(bkav jus)	计策
འགྲེལ་བཤད་	(vgrel bshad)	བཀའ་འགྲེལ་	(bkav vgrel)	解释
ལན་གསལ་	(lan gsal)	བཀའ་གསལ་	(bkav gsal)	明示
མཆན་འགོད་	(mchan vgod)	བཀའ་མཆན་	(bkav mchan)	批示
འཛིན་ཡིག་	(vdzin yig)	བཀའ་འཛུམ་	(bkav vdzum)	收据
བསྐུར་ཡིག་	(bskur yig)	བཀའ་བྲིས་	(bkav bris)	书牍，信函
མཆིད་	(mchid)	བཀའ་མཆིད་	(bkav mchid)	谈话，信函
རྩོམ་	(rtsom)	བཀའ་རྩོམ་	(bkav rtsom)	文章，著作
ལེགས་བཅོས་	(legs bcos)	བཀའ་བཅོས་	(bkav bcos)	修正，改正
བསླབ་བྱ་	(bslab bya)	བཀའ་སློབ་	(bkav slob)	训诲

གླེང་མོལ་	(gleng mol)	བཀའ་མོལ་	(bkav mol)		议论，谈论
ཁ་རྡུང་	(kha rdung)	བཀའ་བཀྱོན་	(bkav bkyon)		责备，谴责
གྲོས་བསྡུར་	(gros bsdur)	བཀའ་བསྡུར་	(bkav bsdur)		商议，讨论

3.3.2.10 敬语语素 gzim

གཟིམ་ (gzim)本义是"睡、卧"之意，动词。该词组成的敬语都是跟引申义"卧室"有关的用具和用品，甚至看门狗也列入其间。

普通词		敬语词		
བདུག་སྤོས་	(bdug spos)	གཟིམ་སྤོས་	(gzim spos)	藏香
གསང་སྤྱོད་	(gsang spyod)	གཟིམ་སྤྱོད་	(gzim spyod)	厕所
དཀར་ཁུང་	(dkar khung)	གཟིམ་དཀར་	(gzim dkar)	窗户
ཉལ་ཁྲི་	(nyal khri)	གཟིམ་ཁྲི་	(gzim khri)	床，卧榻
སྒྲོན་མེ་	(sgron me)	གཟིམ་ཞུ་	(gzim zhu)	灯
ཁྱི་	(khyi)	གཟིམ་ཁྱི་	(gzim khyi)	狗
སྒོ་ཡོལ་	(sgo yol)	གཟིམ་ཡོལ་	(gzim yol)	门帘
ཉལ་ཆས་	(nyal chas)	གཟིམ་ཆས་	(gzim chas)	铺盖，卧具
ཉལ་གདན་	(nyal gdan)	གཟིམ་གདན་	(gzim gdan)	褥子
ཉལ་སྒྲོམ་	(nyal sgrom)	གཟིམ་སྒྲོམ་	(gzim sgrom)	睡龛
གཉིད་ལམ་	(gnyid lam)	གཟིམ་ལམ་	(gzim lam)	睡梦
ཉལ་གུར་	(nyal gur)	གཟིམ་གུར་	(gzim gur)	蚊帐
ཉལ་ཁང་	(nyal khang)	གཟིམ་ཁང་	(gzim khang)	卧室
ཁང་ཆུང་	(khang chung)	གཟིམ་ཆུང་	(gzim chung)	卧室，寝室
ཉལ་གཟན་	(nyal gzan)	གཟིམ་གཟན་	(gzim gzan)	羊毛被子

3.3.2.11 敬语语素 spyan

སྤྱན་ (spyan)本意是"眼"，跟普通词 མིག་ (mig)对应。སྤྱན་ (spyan)自身有一种带后缀派生形式 སྤྱན་པ་ (spyan pa)监视者，观察者；管家。《格西曲扎藏文辞典》等却未记录为敬语形式，显然跟 སྤྱན་ (spyan) "眼"是词根同形词。

普通词		敬语词		
མིག་	(mig)	སྤྱན་ཟི་	(spyan zi)	睫毛
མིག་སྤུ་	(mig spu)	སྤྱན་སྤུ་	(spyan spu)	眉毛
མིག་དཔེ་	(mig dpe)	སྤྱན་དཔེ་	(spyan dpe)	示范，榜样
མིག་ལམ་	(mig lam)	སྤྱན་ལམ་	(spyan lam)	视野
མིག་ནད་	(mig nad)	སྤྱན་ནད་	(spyan nad)	眼疾
མིག་ཟུར་	(mig zur)	སྤྱན་ཟུར་	(spyan zur)	眼角

མིག་ཤེལ་	(mig shel)	སྤྱན་ཤེལ་	(spyan shel)	眼镜
མིག་ཆུ་	(mig chu)	སྤྱན་ཆབ་	(spyan chab)	眼泪，泪水
མིག་རས་	(mig ras)	སྤྱན་རས་	(spyan ras)	眼目
མིག་ལྕིབས་	(mig lcibs)	སྤྱན་ལྕིབས་	(spyan lcibs)	眼皮
མིག་བརྡ་	(mig brda)	སྤྱན་བརྡ་	(spyan brda)	眼色
མིག་སྐྱག་	(mig skyag)	སྤྱན་སྐྱག་	(spyan skyag)	眼屎

3.3.2.12 敬语语素 ljags

ལྗགས་ (ljags)本意是“舌”，跟普通词 ལྕེ་ (lce)对应，表达的意思也都跟“舌”的活动有关，或者发生转喻。

	普通词		敬语词	
གླིང་བུ་	(gling bu)	ལྗགས་གླིང་	(ljags gling)	笛子
རིན་གོང་	(rin gong)	ལྗགས་གོང་	(ljags gong)	价钱
ལྕེ་དིག་	(lce dig)	ལྗགས་ཏིག་	(ljags tig)	结巴
ཁ་རྩིས་	(kha rtsis)	ལྗགས་རྩིས་	(ljags rtsis)	口算
ཁ་ལན་	(kha lan)	ལྗགས་ལན་	(ljags lan)	口信
དངུལ་སྐྱེད་	(dngul skyed)	ལྗགས་སྐྱེད་	(ljags skyed)	利息
དབུགས་	(dbugs)	ལྗགས་དབུགས་	(ljags dbugs)	气息
ལྕེ་རྩེ་	(lce rtse)	ལྗགས་རྩེ་	(ljags rtse)	舌尖
ལྕེ་གཞུང་	(lce gzhung)	ལྗགས་གཞུང་	(ljags gzhung)	舌面
ལྕེ་དྲེག་	(lce dreg)	ལྗགས་དྲེག་	(ljags dreg)	舌苔
མཆིལ་མ་	(mchil ma)	ལྗགས་ཆབ་	(ljags chab)	唾液，口水
ཀ་དཔེ་	(ka dpe)	ལྗགས་དཔེ་	(ljags dpe)	字帖

3.3.2.13 敬语语素 snyan

སྙན་ (snyan)本意是“耳朵”，跟普通词 རྣ་བ་ (rna ba)对应，表达跟“耳”有关的事物。

	普通词		敬语词	
རྣ་ཞབས་	(rna zhabs)	སྙན་ཞབས་	(snyan zhabs)	耳垂
རྣ་ཅོག་	(rna cog)	སྙན་ཅོག་	(snyan cog)	耳朵
རྣ་རྒྱབ་	(rna rgyab)	སྙན་རྒྱབ་	(snyan rgyab)	耳后，耳旁
རྣ་ཀོར་	(rna kor)	སྙན་ཀོར་	(snyan kor)	耳环
ཨ་ལོང་	(a long)	སྙན་ལོང་	(snyan long)	耳环
རྣ་བུག་	(rna bug)	སྙན་བུག་	(snyan bug)	耳孔，耳朵
རྣ་གདུབ་	(rna gdub)	སྙན་གདུབ་	(snyan gdub)	耳饰
རྣ་རྒྱན་	(rna rgyan)	སྙན་རྒྱན་	(snyan rgyan)	耳饰

རྣ་བྱིལ་	(rna byil)	སྙན་བྱིལ་	(snyan byil)	耳坠
སྐད་གྲགས་	(skad grags)	སྙན་གྲགས་	(snyan grags)	名声

3.3.2.14 敬语语素 shangs

ཤངས་ (shangs)本意是“鼻子”，跟普通词 སྣ་ (sna)对应。这个词组成的敬语都是跟鼻子有关的事物。敬语词还有个特点是经常跟多个普通词对应，这个词也有这种现象，例如 ཤངས་སྣབས་ (shangs snabs)“鼻涕”对应多个普通词：སྣ་རྟུག་ (sna rtug)，སྣ་ཐུག་ (sna thug)，སྣ་སྣབས་ (sna snabs)，སྣ་ལུད་ (sna lud)，སྣབས་ (snabs)，སྣབས་རྟུག་ (snabs rtug)。

普通词		敬语词		
སྣ་ནད་	(sna nad)	ཤངས་སྙུན་	(shangs snyun)	鼻病
སྣ་དྲི་	(sna dri)	ཤངས་དྲི་	(shangs dri)	鼻垢
སྣ་ཁུང་	(sna khung)	ཤངས་ཁུང་	(shangs khung)	鼻孔
སྣ་གདོང་	(sna gdong)	ཤངས་དགོང་	(shangs dgong)	鼻梁
སྣ་རྒྱན་	(sna rgyan)	ཤངས་རྒྱན་	(shangs rgyan)	鼻饰
སྣ་སྣབས་	(sna snabs)	ཤངས་སྣབས་	(shangs snabs)	鼻涕
སྣ་ཁྲག་	(sna khrag)	ཤངས་ཁྲག་	(shangs khrag)	鼻血
སྣ་ཐ་	(sna tha)	ཤངས་ཐ་	(shangs tha)	鼻烟
སྣ་རུ་	(sna ru)	ཤངས་རུ་	(shangs ru)	鼻烟壶
སྣ་གཤོག་	(sna gshog)	ཤངས་གཤོག་	(shangs gshog)	鼻翼
སྣ་སྐད་	(sna skad)	ཤངས་སྐད་	(shangs skad)	鼻音
སྣ་ཆུ་	(sna chu)	ཤངས་ཆུ་	(shangs chu)	清鼻涕
སྣ་ཕྱིས་	(sna phyis)	ཤངས་ཕྱིས་	(shangs phyis)	手帕
སན་ཉག་	(san nyag)	ཤངས་ཉག་	(shangs nyag)	塌鼻梁
སྣ་གོང་	(sna gong)	ཤངས་གོང་	(shangs gong)	印堂

3.3.2.15 敬语语素 tshems

ཚེམས་ (tshems)本意是“牙”，跟普通词 སོ་ (so)对应，表示跟“牙”有关的活动或事物。

普通词		敬语词		
སོ་བརྗེ་	(so brje)	ཚེམས་བརྗེ་	(tshems brje)	换牙
སོ་བསྔོག་	(so bsngog)	ཚེམས་བསྔོག་	(tshems bsngog)	剔牙
སོ་དྲེག་	(so dreg)	ཚེམས་དྲེག་	(tshems dreg)	牙垢
སོ་ཧྲལ་	(so hral)	ཚེམས་ཧྲལ་	(tshems hral)	豁牙
སོ་རྙིལ་	(so rnyil)	ཚེམས་རྙིལ་	(tshems rnyil)	牙龈
སོ་སྒྲ་	(so sgra)	ཚེམས་སྒྲ་	(tshems sgra)	咬牙声

སོ་ཤིང་	(so shing)	ཚེམས་ཤིང་	(tshems shing)	牙签
སོ་སྨན་	(so sman)	ཚེམས་སྨན་	(tshems sman)	牙药
སོ་ཚབ་	(so tshab)	ཚེམས་ཚབ་	(tshems tshab)	假牙
སོ་འབམ་	(so vbam)	ཚེམས་འབམ་	(tshems vbam)	牙周炎

从以上讨论来看，敬语语素大多跟人体部位有关，其次还有一些跟人关系密切的自然现象，例如 ཞུགས་ (zhugs)火、ཆབ་ (chab)水、དགུང་ (dgung)年，或者人们最常见的行为，例如：出生、睡、站、坐、走、饮食和穿戴、思想和语言等。我们列出最主要的一些敬语词，同时给出相应的普通词：

བཞེས་ (bzhes)喝，吃 ～འཐུང་ /ཟ་ (vthung /za)；བཞུགས་ (bzhugs)住，坐 ～སྡོད་ (sdod)；ཆབ་ (chab)水 ～ཆུ་ (chu)；དབུ་ (dbu)头，脑袋 ～མགོ་ (mgo)；གསན་ (gsan)懂，听 ～གོ་ /ཉན་ (go /nyan)；གསུང་ (gsung)声音，语言 ～སྐད་ (skad)；གཟིགས་ (gzigs)看，看见 ～ལྟ་ /མཐོང་ (lta /mthong)；ཁྲུང་ (khrung)酒 ～ཆང་ (chang)；ཀྲུམ་ (krum)肉 ～ཤ་ (sha)；ལྗགས་ (ljags)舌 ～ལྕེ་ (lce)；མཆོད་ (mchod)穿 ～གོན་ (gon)；མཆོད་ (mchod)吃，喝 ～ལྡག་ (ldag)；མགུལ་ (mgul)脖子 ～སྐེ་ (ske)；མགུལ་ (mgul)喉 ～གྲེ་བ་ /མགྲིན་ (gre ba /mgrin)；མཇལ་ (mjal)见面 ～ཐུག་ (thug)；མཁྱེན་ (mkhyen)懂 ～རྟོགས་ (rtogs)；མནལ་ (mnal)睡眠 ～གཉིད་ (gnyid)；མངའ་ (mngav)有，在 ～སྣང་ (snang)；མཚན་ (mtshan)名字 ～མིང་ (ming)；ཕེབས་ (phebs)走 ～འགྲོ་ཐད་ (vgro thad)；ཕྱག་ (phyag)手 ～ལག་པ་ (lag pa)；པུར་ (pur)遗体 ～ཕུང་པོ་ /རོ་ (phung po /ro)；ཤངས་ (shangs)鼻子 ～སྣ་ /སྣ་ཁུག་ (sna /sna khug)；སྙུང་ (snyung)病痛 ～ན་ (na)；ཐུགས་ (thugs)思想，心 ～བློ་ /ཡིད་/སེམས་ (blo /yid/sems)；ཚེམས་ (tshems)牙齿 ～སོ་ (so)；ཡབ་ (yab)父亲 ～པ་ཕ་ (pa pha)；ཞབས་ (zhabs)足，腿 ～རྐང་པ་ (rkang pa)；ཞལ་ (zhal)嘴，脸 ～ཁ་ (kha)；སྐུ་ (sku)身体～ལུས་ (lus)；གསོལ་ (gsol)请求 ～ཞུ་(zhu)；གཟིམ་ (gzim)睡，卧～ཉལ་ (nyal)；བཀའ་ (bkav)指示，教诲 ～སྐད་ (skad)；ཆིབས་ (chibs)骑～ཞོན་པ་ (zhon pa)；སྤྱན་ (spyan)眼 ～མིག་ /མྱིག་ (mig/myig)；གནང་ (gnang)做 ～བྱེད་(byed)；སྙན་ (snyan)耳朵 ～རྣ་བ་(rna ba)；ཞུགས་ (zhugs)火 ～མེ་/མྱེ་ (me/mye)；དགུང་ (dgung)年岁 ～ལོ་ (lo)；སྙུན་ (snyun)疾病 ～ནད་ (nad)；དགོངས་ (dgongs)想，思考 ～སེམས་(sems)；འཁྲུངས་ (vkhrungs)诞生 ～སྐྱེས་ (skyes)；སྩོལ་ (stsol)赐予 ～གཏོང་ (gtong)；འབུལ་ (vbul)献 ～འདེབས་ (vdebs)。

3.3.3 敬语语素的词法分析

上文已经提到藏语名词敬语词的基本词法模式，这个模式以“敬语语素+词根语素”方式造词，使藏语敬语词汇获得广阔的发展空间。藏语敬语构词法是一种能产性方法，主要包括以下特点：1）创造一批独用敬语词，2）在此基础上产生敬语构词语素，3）形成敬语构词规则，主要是添加前缀方法。[①]

藏语添加前缀的词法可分为以下几种：

3.3.3.1 敬语前缀+单语素词

除了在单语素普通词上添加敬语前缀，还可以更换不同的同义普通词，例如 སྐུ་ནོར་ (sku nor)也可表示为 སྐུ་རྒྱུ་ (sku rgyu)财富，财宝，སྐུ་མཚལ་ (sku mtshal)“朱红色”或者 སྐུ་ཁྲག་ (sku khrag)血。

	普通词		敬语词	
ཉམས་	(nyams)	སྐུ་ཉམས་	(sku nyams)	气度
གཟན་	(gzan)	སྐུ་གཟན་	(sku gzan)	袈裟
སྲོག་	(srog)	སྐུ་སྲོག་	(sku srog)	寿命，生命
སྙིང་	(snying)	ཐུགས་སྙིང་	(thugs snying)	心脏
འགན་	(vgan)	ཐུགས་འགན་	(thugs vgan)	责任
ཤོ་	(sho)	ཕྱག་ཤོ་	(phyag sho)	骰子
བལ་	(bal)	ཕྱག་བལ་	(phyag bal)	绵羊毛
སྒོ་	(sgo)	གཟིམ་སྒོ་	(gzim sgo)	门
ཤག་	(shag)	གཟིམ་ཤག་	(gzim shag)	住宅
ཚྭ་	(tshwa)	ལྗགས་ཚྭ་	(ljags tshwa)	盐
མཐུ་	(mthu)	ལྗགས་མཐུ་	(ljags mthu)	咒力

3.3.3.2 敬语前缀+派生词词根语素（1）

如果普通词是派生词，则一般去掉派生后缀，用敬语前缀+词根构成。

	普通词		敬语词	
སྒལ་པ་	(sgal pa)	སྐུ་སྒལ་	(sku sgal)	背脊
བག་མ་	(bag ma)	སྐུ་བག་	(sku bag)	新娘，媳妇
མགྲོན་པོ་	(mgron po)	སྐུ་མགྲོན་	(sku mgron)	贵宾，客人
ཐང་ཀ་	(thang ka)	སྐུ་ཐང་	(sku thang)	唐卡，卷轴画
གཟར་བུ་	(gzar bu)	ཕྱག་གཟར་	(phyag gzar)	长柄勺，木勺
ཟོར་བ་	(zor ba)	ཕྱག་ཟོར་	(phyag zor)	镰刀
དམིགས་པ་	(dmigs pa)	སྤྱན་དམིགས་	(spyan dmigs)	目的，对象
ཆད་པ་	(chad pa)	བཀའ་ཆད་	(bkav chad)	处分，处罚

① 可能有观点认为敬语语素只是敬语词汇的标记，没有形态上词缀的价值。我们认为各种词缀本质上都是标记，表达某种形态意义而已。有三条理由可以认为敬语语素具备词缀价值。第一，敬语语素的定位性，符合定位语素性质；第二，定位性及批量构词又决定了它的集合性，集合性是确定词缀的重要依据；第三，敬语语素表示词汇的敬语功能。请参考本书 4.3.1 节的讨论。

3.3.3.3 敬语前缀+派生词词根语素（2）

如果普通词是带前缀派生词，则去掉派生前缀，用敬语前缀+词根构成。

	普通词		敬语词	
ཨ་ཞང་	(a zhang)	སྐུ་ཞང་	(sku zhang)	舅父
ཨ་ཅོར་	(a cor)	ཞལ་ཅོར་	(zhal cor)	手巾，面巾
ཨ་མཆོག་	(a mchog)	སྙན་མཆོག་	(snyan mchog)	耳朵
ཁ་བཏགས་	(kha btags)	མཇལ་དར་/མགུལ་དར་	(mjal dar /mgul dar)	哈达

3.3.3.4 敬语前缀+复合词词根语素（1）

如果普通词是复合词，则通常用敬语前缀+复合词第二语素构成。

	普通词		敬语词	
འཛིན་ཆས་	(vdzin chas)	སྐུ་ཆས་	(sku chas)	家具
ལུས་བྱད་	(lus byad)	སྐུ་བྱད་	(sku byad)	身材，体态
མི་དྲག་	(mi drag)	སྐུ་དྲག་	(sku drag)	贵族
སྤུན་ཉེ་	(spun nye)	སྐུ་ཉེ་	(sku nye)	亲属，亲友
བཟོད་སྒོམ་	(bzod sgom)	ཐུགས་སྒོམ་	(thugs sgom)	忍耐，忍受
བློ་སྟོབས་	(blo stobs)	ཐུགས་སྟོབས་	(thugs stobs)	魄力，勇气
རྟགས་དམ་	(rtags dam)	ཕྱག་དམ་	(phyag dam)	印鉴，印章
སྣ་རྩེ་	(sna rtse)	ཤངས་རྩེ་	(shangs rtse)	鼻尖
རྣ་ཁུང་	(rna khung)	སྙན་ཁུང་	(snyan khung)	耳孔

3.3.3.5 敬语前缀+复合词词根语素（2）

也有部分是敬语前缀+复合词第一语素构成，取决于复合词内部承担语义要素的语素。

	普通词		敬语词	
དབང་ཆ་	(dbang cha)	སྐུ་དབང་	(sku dbang)	权利，权势
པང་གདན་	(pang gdan)	སྐུ་པང་	(sku pang)	围裙
རྩེད་འཇོ་	(rtsed vjo)	སྐུ་རྩེད་	(sku rtsed)	嬉戏，游戏
སྟོད་འགག་	(stod vgag)	སྐུ་སྟོད་	(sku stod)	坎肩
མངག་ཆ་	(mngag cha)	བཀའ་མངག་	(bkav mngag)	嘱咐，嘱托
གྲོས་གླེང་	(gros gleng)	བཀའ་གྲོས་	(bkav gros)	商议，讨论
གྲོད་ཁོད་	(grod khod)	གསོལ་གྲོད་	(gsol grod)	肚子
བག་ཟན་	(bag zan)	བཞེས་བག་	(bzhes bag)	饼子
ཉ་ཤ་	(nya sha)	བཞེས་ཉ་	(bzhes nya)	鱼肉

3.3.3.6 敬语前缀+普通词同义词词根语素

普通词往往有较多的同义词，敬语词汇系统并不一定为每个普通词创造一个相应的敬语词，而是为同一概念或词语意义创造一个通用的敬语词。

	普通词		敬语词	
འདྲ་གཟུགས་	(vdra gzugs)	སྐུ་བརྙན་	(sku brnyan)	肖像，偶像
སྐེ་རགས་	(ske rags)	སྐུ་ཆིངས་/སྐུ་རགས་	(sku chings /sku rags)	腰带
གཟུགས་ཕུང་	(gzugs phung)	སྐུ་གདུང་/སྐུ་ཕུང་	(sku gdung /sku phung)	遗体，尸体
གཟུགས་བརྙན་	(gzugs brnyan)	སྐུ་འདྲ་/སྐུ་བརྙན་	(sku vdra / sku brnyan)	肖像，偶像
མལ་གུར་	(mal gur)	གཟིམ་སྒྲིམ་	(gzim sgrim)	帐子
དབུས་ཁང་	(dbus khang)	གཟིམ་དཀྱིལ་	(gzim dkyil)	正屋
གཅིན་སྣོད་	(gcin snod)	གཟིམ་ཏོག་	(gzim tog)	便壶
རྣ་འཕྱང་	(rna vphyang)	སྙན་ཤལ་	(snyan shal)	耳垂
མིག་རིལ་	(mig ril)	སྤྱན་འབྲས་	(spyan vbras)	眼珠
ལྟ་ཆས་	(lta chas)	ལྗགས་སྨིན་	(ljags smin)	食物
ཡི་གེ་	(yi ge)	ལྗགས་འཕྲིན་	(ljags vphrin)	书信
བྱེ་རིལ་	(bye ril)	ལྗགས་ཤེལ་	(ljags shel)	糖果
སྤོད་སྨན་	(spod sman)	ལྗགས་སྤོད་	(ljags spod)	佐料，调料

3.3.4 敬语的相关问题

我们说藏语敬语语素具有能产性，这并不意味着人们可以随意根据派生规则将普通词转换为敬语词。这种制约与敬语词的形成历史有关，这也正是目前存在一大批敬语前缀语素的原因。

藏语敬语语素分别与一定的语义相关，也就限制了哪些实义词只能添加哪些语素，这是所谓词源制约，藏语的整个敬语系统存在较严格的这种匹配关系（索南坚赞，1990）。例如跟“嘴-脸”相关的事物只能添加来源于“嘴-脸”意义的敬语语素 ཞལ་ (zhal)，跟“睡-卧”相关的事物或者行为只能添加与之相关的敬语语素 གཟིམ་ (gzim)。例如 བཞེས་ཐུག་ (bzhes thug)“麦片粥”不能改说 གསོལ་ཐུག་ (gsol thug)，或者 མཚོད་ཐུག་ (mtshod thug)。གསོལ་ཇ་ (gsol ja)“茶”不能说成 ཞེས་ཇ་ (zhes ja)，也不能说 མཚོད་ཇ་ (mtshod ja)。

形式上看，用名词敬语前缀构成的敬语词外貌上具有多音节复合词样式，故而可以按照复合词方式构成新的复合动词，有关讨论请参考第6章。

最后应该提到，藏语敬语语素可应用于名词、动词、形容词等词类，此处仅讨论名词类型的敬语语素及其结构。

3.4 派生名词分类的理据与验证

3.4.1 派生词缀的功能分类

为了清晰地了解藏语名词派生词缀的功能类型，有必要从理论上关注派生词缀的分类。R.Beard（1995，1998）曾叙述过有关派生构词的类型分类，他所区分的四种类型是：

（1）特征值转换派生（featural derivation），该类构词通常不改变基本词基的语法类别，但要改变派生词的某项或某些项特征。最常见的特征是自然性别。

（2）功能性派生（functional derivation），通过替换词缀或添加词缀来改变原形式的语法意义，例如 Basque 语 mendi-an '山-在'约等于"在山上"，这种往往用附置词或词格表示的句法位格形式在这里采用词法形式表现。而最常见的功能性派生词大多是施格与受格类型派生。

（3）转类派生（transposition），指仅仅改变词类属性的派生，例如英语 walk 添加词缀 -ing 从动词转换为名词（V→N），friend 加词缀 -ly 变为形容词（N→Adj）。

（4）表达性派生（expressive derivation），表达性派生不改变词类，不改变基本词义，也不改变语法意义，它添加词缀的目的是表现说话人的主观态度或评价。

3.4.2 特征值转换派生

根据 Beard 的分类，我们发现藏语高度集中了各类名词派生词缀类型。藏语特征值改变类型也主要表现为自然性别的变化，自然性别通过词缀方式加以区分，指人名词阳性（雄性）用词缀 po 或者 pa 表示，阴性（雌性）用 mo 或者 ma 表示。而动物名词雄性往往用零形式，雌性则添加 mo。例如表 3.1（H.A.Jaeschke，1929）：

表 3.1　藏语自然性别词缀派生词

རྒྱལ་པོ་(rgyal po)	国王	རྒྱལ་མོ་(rgyal mo)	女王
གཡོག་པོ་(g-yog po)	仆人	གཡོག་མོ་(g-yog mo)	女仆
རྒས་པོ་(rgas po)	老人	རྒས་མོ་(rgas mo)	老媪
གཅེན་པོ་(gcen po)	哥哥	གཅེན་མོ་(gcen mo)	姐姐
གཅུང་པོ་(gcung po)	弟弟	གཅུང་མོ་(gcung mo)	妹妹
གར་པ་(gar pa)	舞者	གར་མ་(gar ma)	舞女
གཞས་པ་(gzhas pa)	歌手	གཞས་མ་(gzhas ma)	歌女
སྟག་(stag)	虎	སྟག་མོ་(stag mo)	母虎
ཁྲི་(khri)	狗	ཁྲི་མོ་(khri mo)	母狗
དཔོན་པོ་(dpon po)	官员	དཔོན་མོ་(dpon mo)	女官
གྲོགས་པོ་(grogs po)	主人	བདག་མོ་(bdag mo)	女主人
གྲོགས་བོ་(grogs bo)	朋友	གྲོགས་མོ་(grogs mo)	女友
སོག་པོ་(sog po)	蒙古人	སོག་མོ་(sog mo)	蒙古妇女
དཔའ་བོ་(dpav bo)	英雄	དཔའ་མོ་(dpav mo)	女英雄
ཞི་བ་པ་(zhi ba pa)	和平者	ཞི་བ་མ་(zhi ba ma)	女和平者
མོ་པ་(mo pa)	巫师	མོ་མ་(mo ma)	女巫
ཝ་(wa)	狐狸	ཝ་མོ་(wa mo)	母狐
མཛོ་(mdzo)	犏牛	མཛོ་མོ་(mdzo mo)	母犏牛

藏语的自然性别尚未发展为全面性的语法性分别，可能的原因是自然性别的社会功能较强，表现为人或者与人关系密切的生命物经常划分性别差异，而其他事物则不加以区分。如植物名词不区分自然性别，ཤ་མོ་ (sha mo)“蘑菇”、ལྕང་མ་ (lcang ma)“杨柳”都是不区分性别的通称。与人类关系较远的禽鸟、昆虫等也不区分性别，如 འཇོལ་མོ་ (vjol mo)“画眉鸟”并不单纯表示雌性鸟，ལྗི་བ་ (lji ba)“跳蚤”更谈不上区分雌性与雄性。所以，有些词可能有两种形式，但表达完全相同的意义，སྐྱར་མོ་ (skyar mo)“水鸟”可以说成 སྐྱར་པོ་ (skyar po)，表通称的 སྤྲ་ (spra)“猿”也可以说 སྤྲ་མོ་ (spra mo)。另外，区分性别的动物名词既作雄性名词又作为上位词使用，属无标记形式，例如 མཛོ་ (mdzo)犏牛，公犏牛，如果特别强调则可直接用 མཛོ་ཕོ་ (mdzo pho)公犏牛。ཕོ་ (pho)本是表示雄性的名词词根，但趋向虚化为词缀，这个词缀在现代藏语有一定能产性，例如，ཁྱོ་ཕོ་ (khyo pho)丈夫，比较 ཁྱོ་བོ་ (khyo bo)丈夫和 ཁྱོ་མོ་ (khyo mo)妻子；ཡུགས་ཕོ་ (yugs pho)鳏夫，比较 ཡུགས་མོ་ (yugs mo)寡妇；བྱ་ཕོ་ (bya pho)雄鸡，比较 བྱ་མོ་ (bya mo)牝鸡；དྲེད་ཕོ་ (dred pho)马熊，比较 དྲེད་མོ་ (dred mo)母马熊；གློག་རྡུལ་ཕོ་ (glog rdul pho)正电子，比较 གློག་རྡུལ་མོ་ (glog rdul mo)

负电子；གྱེས་རྡུལ་ཕོ་ (gyes rdul pho)阳离子，比较 གྱེས་རྡུལ་མོ་ (gyes rdul mo)阴离子。所以词根 ཕོ་ (pho)已取得类词缀的地位。

实际上，藏语构词的特征值变化远不止阴性与阳性对立一种，只是这一类在语义上和形式上比较凸显而为人们关注。3.1 节中讨论的[[…] pa]$_N$ 与[[…] po]$_N$ 存在指人特征的对立，前者指从事专门技术的人，后者用于其他指人情况。[[…]$_V$ pa]$_N$ 与[[…]$_V$ ma]$_N$ 的对立主要是所指为施动者还是受动者，通常是前者指人，后者指物。同样，[[…]$_N$ pa]$_N$ 与[[…]$_N$ ma]$_N$ 的功能差别在于前者指抽象事物，而后者一般指具体事物。至于 pa 与 ba 的差别，有三个方面：（1）[[…]$_N$ pa]$_N$ 构成指人名词，[[…]$_N$ ba]$_N$ 构成非指人名词；（2）[[ ]$_N$ pa]$_N$ 表示抽象事物，[[…]$_N$ ba]$_N$ 表示具体事物；（3）[[…]$_V$ pa]$_N$ 表示动作发出者，[[…]$_V$ ba]$_N$ 表示动作承受物。而 pa 和 ba 与其他词缀的区别还有一项名词化功能，在这个范畴里，pa 与 ba 本身的区别主要是受到词根韵尾制约产生的。表 3.2 刻画了藏语常用词缀的分类与功能（“指人”也包括其它高等生命物）。

表 3.2 藏语常用词缀的分类与功能

<table>
<tr><td></td><td colspan="2">名词化</td><td colspan="12">完形化派生或完形词派生构词</td></tr>
<tr><td></td><td></td><td></td><td colspan="6">指人名词</td><td colspan="6">非指人名词</td></tr>
<tr><td></td><td></td><td></td><td>专门职业或特征</td><td colspan="5">其他指人</td><td colspan="4" rowspan="3">抽象事物</td><td colspan="2" rowspan="3">具体事物</td></tr>
<tr><td></td><td></td><td></td><td rowspan="2">施动者</td><td></td><td colspan="4">受动者</td></tr>
<tr><td></td><td></td><td></td><td colspan="2">阴性</td><td colspan="3">阳性</td></tr>
<tr><td>主功能标记</td><td>pa</td><td>ba</td><td>pa</td><td>mo</td><td>ma</td><td>ba</td><td>po</td><td>bo</td><td>pa</td><td>ba</td><td>po</td><td>bo</td><td>ma</td><td>mo</td></tr>
<tr><td>次功能标记</td><td colspan="14">各类词缀都有不同程度的功能混用：pa ba ma mo po bo</td></tr>
</table>

3.4.3 功能性派生

功能性派生有多种类型，藏语动词添加词缀可以表示施动者，词根表示动作者能发出的动作。例如：

བཟོ་པ་ [[bzo]$_V$ pa]$_N$ 工人　　རྩིས་པ་ [[rtsis]$_V$ pa]$_N$ 会计

རྔོན་པ་ [[rngon]$_V$ pa]$_N$ 猎人　　ཉུལ་མ་ [[nyul]$_V$ ma]$_N$ 侦探

རྐུན་མ་ [[rkun]$_V$ ma]$_N$ 小偷　　འགྲོས་མ་ [[vgros]$_V$ ma]$_N$ 走马（能平稳走的马）

有些表示受动者，词根表示施加给受事的动作。例如：

སྐྱིན་པ་ [[skyin]$_V$ pa]$_N$ 赔偿物　　རྒྱུག་མ་ [[rgyug]$_V$ ma]$_N$ 赛马

གླ་པ་ [[gla]$_V$ pa]$_N$ 雇工，佣人　　རྨས་མ་ [[rmas]$_V$ ma]$_N$ 负伤者

ཆིབས་པ་ [[chibs]$_V$ pa]$_N$ 坐骑　　སྐུར་མ་ [[skur]$_V$ ma]$_N$ 礼物

བཅོལ་མ་ [[bcol]$_V$ ma]$_N$ 寄存物　　བཅོས་མ་ [[bcos]$_V$ ma]$_N$ 赝品

གཏེ་མ་ [[gte]$_V$ ma]$_N$ 典当物　　བྲིས་མ་ [[bris]$_V$ ma]$_N$ 抄本

ཚར་མ་ [[tshar]$_V$ ma]$_N$ 收割的庄稼　　བཙོས་མ་ [[btsos]$_V$ ma]$_N$ 熟食

除此外，还有表示工具意义的派生词，例如：

ཕྱགས་མ་ [[phyags]$_V$ ma]$_N$ 扫帚，指用来清扫的工具

ཁྲོལ་མ་ [[khrol]$_V$ ma]$_N$ 筛子，指能筛物的器具

རྐོ་མ་ [[rko]$_V$ ma]$_N$ 锄头，指用来挖掘的工具

像 སློབ་ (slob)这样的词，原本具有双重含义，既有“教”也有“学”的意思，因此派生词 སློབ་མ་ (slob ma)也可能产生两种理解，或者是“学生，徒弟”即动作的承受者，被教导的人，或者是“老师，师傅”，动作的发出者，施动者。

Matthews（2000）提出派生词的意义部分是可分析的，部分是合成的，不可预测，如 gaoler 究竟是因人者还是被因者，不能推知。有可能这样的问题取决于其他因素，如词汇系统已存在的词就可能阻断或导引新产生词的意义定位。prisoner（囚犯）的存在对 gaoler（看守）的定位应该起一定作用。སློབ་མ་ [[slob]$_V$ ma]$_N$ 在拉萨话中一般都理解为“弟子”。可能因为对应词 དགེ་རྒན་ (dge rgan)“师傅，老师”存在。当然，后缀 མ་ (ma)是否蕴含与表示施事的 པ་ (pa)相对的受事含义也可能作为一种猜想来考虑。

名词性词根添加词缀表示与该词根有关的人、事物或时间、地点。例如：

སྦག་པ་ [[sbag]$_N$ pa]$_N$ 赌徒，指与词根（牌）相关的人（嗜好玩牌）

ཨར་པ་ [[ar]$_N$ pa]$_N$ 酒鬼，指嗜酒的人

སྨན་པ་ [[sman]$_N$ pa]$_N$ 医生，指与药相关的人

ལྷོ་པ་ [[lho]$_N$ pa]$_N$ 珞巴人，指某地的人

དམྱལ་བ་ [[dmyal]$_N$ ba]$_N$ 地狱，指传说中的处所

དཔང་པོ་ [[dpang]$_N$ po]$_N$ 证人，指与证据相关的人

དབྱར་མ་ [[dbyar]$_N$ ma]$_N$ 旱田，指与夏天相关的事物

མཚན་མོ་ [[mtshan]$_N$ mo]$_N$ 夜晚，与词根所指时间相关

还有一些词的词根意义不易考证，添加词缀才能构成完形词，例如：

རྔ་མ་ [[rnga]$_N$ ma]$_N$ 尾巴，རྔ་(rnga)独用是另一个词“鼓”

སྣལ་མ་ [[snal]$_N$ ma]$_N$ 纱

3.4.4　转类派生

转类派生指在动词词根之后添加名词化性质的词缀 པ་ (pa)或 བ་ (ba)，使之具有名词性质。可以充当主、宾语，受名词或形容词修饰。例如：

རྡེབ་ (rdeb) 拍击：rdeb+pa，V→N，ཐལ་མོ་རྡེབ་པའི་སྒྲ་འབྲུག་ལྟར་སྒྲོག་(thal mo rdeb pavi sgra vbrug ltar sgrog)鼓掌声如雷鸣；

རྩོད་ (rtsod) 计较，争论：rtsod+pa，V→N，གསར་རྙིང་གི་རྩོད་པ་ (gsar rnying gi rtsod pa)新旧之争；

དྲོ་ (dro) 温，暖：dro+ba，V→N，དྲོ་བའི་དུས་ (dro bavi dus)暖和的时候。

除了 པ་，བ་ (pa，ba)作为名词化转类派生词缀，其他词缀 མ་，མོ་ (ma，mo)等偶尔也能造成这种结果，但大多属于词缀混用所致。

3.4.5　表达性派生

表达性派生又分为五个小类，分别是指小（diminutive）、指大（augmentative）、轻蔑（pejorative）、喜爱（affectionate）与敬重（honorific）。上文已经说了，表达性派生最重要的特点是表现说话人的主观态度或评价。这种带感情或色彩的表达现象各语言都存在，但未必都用派生构词方式表现。例如汉语“嘴唇”的轻蔑说法可能用词汇方法“（耍）嘴皮子”，“大娘”说成“老婆子”，“妻子”的表达也多种多样，“内人，爱人，夫人，贱内，拙荆，老婆”等等，分别表示敬重、通俗、谦谨、文牍等风格或色彩的用法。

藏语表达型派生主要有指小与指大以及敬重的词缀表示方式，表示喜爱的意思与指小相关联，表示轻蔑的意思与指大相关联。

3.4.5.1 指小

藏语指小词缀所添加的词根都是名词性的。指小意义的词缀有多个变体：-vu，bu，gu 等，其中-vun 书写上黏着在词根音节上，请观察以下词例。

འབྲུ་གུ་ (vbru gu)	核儿	ལུག་གུ་ (lug gu)	羊羔儿
ཕྲུ་གུ་ (phru gu)	婴儿	སྨྱུ་གུ་ (smyu gu)	笔儿
གཤམ་བུ་ (gsham bu)	帘儿	གཙག་བུ་ (gtsag bu)	小刀儿
ལྗང་བུ་ (ljang bu)	秧苗	ཁམ་བུ་ (kham bu)	桃儿
ཁྲིའུ་ (khrivu)	小椅子	གའུ་ (gavu)	护身佛盒
རྟའུ་ (rtavu)	马驹	མདེའུ་ (mdevu)	子弹
གླེའུ་ (glevu)	小麝儿	སྤྲེའུ་ (sprevu)	猴子

ཏིག་གུ་ (tig gu)　酒罐儿
གཞུག་གུ་ (gzhug gu)　尾巴
སྦིན་བུ་ (sbin bu)　穗儿
དྲིལ་བུ་ (dril bu)　铃儿
ནོར་བུ་ (nor bu)　宝石
རིལ་བུ་ (ril bu)　药丸儿
འགྲོན་བུ་ (vgron bu)　贝壳儿
བེའུ་ (bevu)　牛犊
བྱིའུ་ (byivu)　雀儿
ཐིའུ་ (thivu)　花苞儿
སྟེའུ་ (stevu)　小斧子
རྡེའུ་ (rdevu)　石子儿
ཐེའུ་ (thevu)　小锤儿

藏语中有三个表示“短、小、少”意义的形容词也带元音为-u 的词缀，或许它们在来源上与指小词缀有某种关系，但共时体系中不能看作指小词缀。[①] 例如 ཐུང་བ་ (thung ba)“短”的变体形式是 ཐུང་ངུ་ (thung ngu)，ཆུང་བ་ (chung ba)“小”的变体形式是 ཆུང་ངུ་ (chung ngu)，ཉུང་བ་ (nyung ba)“少”的变体形式是 ཉུང་ངུ་ (nyung ngu)。

3.4.5.2 指大

藏语指大或者含有轻蔑评价的词缀是 ཏོ་ (to)，来源不明。此外，རོ་ (ro)，ཀྱེ་ (kye)也具有类似的语义。从语源上看，རོ་ (ro)的原意为“味”：སྨན་རོ་ [[sman]$_N$ ro]药味；尸体：མི་རོ་ [[mi]$_N$ ro]尸首。进一步引申为“渣滓，废物”，例如 རྡོ་རོ་ [[rdo]$_N$ ro]乱石，དུག་རོ་ [[dug]$_N$ ro]余毒，ས་རོ་ [[sa]$_N$ ro]废土，无用的土。这个意义蕴含了无价值、无用处概念，易于产生轻视或不悦的评价。所以我们看到某些描述性表达，如 ཟས་ཀྱི་སྙིགས་རོ་ (zas kyi snyigs ro)残羹剩饭，ཁང་པའི་གྱང་རོ་ (khang pavi gyang ro)颓垣破屋。词汇上也有表现，ཤོག་རོ་ [[shog]$_N$ ro]纸屑，རླངས་རོ་ [[rlangs]$_N$ ro]废气，ལྕགས་རོ་ [[lcags]$_N$ ro]废铁，都是这类形式。更进一步，又产生出隐喻性所指，例如，ཤ་རོ་ [[sha]$_N$ ro]“茧子”是“肉+废物”，གཅོང་རོ་ [[gcong]$_N$ ro]“药罐子”是“重病+废物”，这个 རོ་ (ro)已朝虚义方向发展，在部分词中取得了词缀的地位，试观察以下词例。

ཁྲེབ་ཏོ་ (khreb to)　无赖汉
ཁོབ་ཏོ་ (khob to)　老朽（指人）
ཟ་རོ་ (za ro)　饭桶（指人）
སྤོར་ཏོ་ (spor to)　老家伙
དྲེབ་ཏོ་ (dreb to)　赖皮（指人）
ཧྲག་ཀྱེ་ (hrag kye)　惯坏了的人
རྨོར་ཏོ་ (rmor to)　老婆子
ཁ་ལྕེ་ཏོ་ (kha lce to)　大舌头（指人）
ལྡོབ་ཀྱེ་ (ldob kye)　装疯卖傻的人
མཁྲེགས་ཏོ་ (mkhregs to)　死心眼（指人）
ཤོ་ཏོ་ (sho to)　豁嘴子（指人）
རྫབ་ཀྱེ་ (rdzab kye)　老顽固
གོག་ཏོ་ (gog to)　破烂货（指人）
གཟའ་རོ་ (gzav ro)　傻子
ཁྱམས་ཀྱེ་ (khyams kye)　流浪汉
མཆུ་ཏོ་ (mchu to)　嘴皮子（指人）

① 格桑居冕把这类词缀归入指小词缀（格桑居冕，2004：284）。

ནད་རོ་ (nad ro) 病夫 　　　　གཅོག་ཀྱེ་ (gcog kye) 老病号
རོ་ཏོ་ (ro to) 渣滓（指人） 　　　　ཚིག་རོ་ (tshig ro) 滥调
ཡམས་ཀྱེ་ (yams kye) 架子大的人

3.4.5.3 敬重

藏语表敬重的派生形式，主要是发展出较丰富的表敬重的词语，部分词语使用面较广，逐渐朝词缀功能发展。不过，迄今为止，大多数敬语词缀语素还处在发展中，词汇意义比较明显。如 ཐུགས་ (thugs)心，比较普通词 སེམས་ (sems)；敬语词 ལྕེ་ (lce)舌，比较普通词 ལྗགས་ (ljags)。典型的敬语名词词缀是前置型的，例如 སྐུ་ (sku)，原意为“身体，形象”：སྐུ་ཚད་ (sku tshad)体温<身体+热度，རྡོ་སྐུ་ (rdo sku)石像<石+像，敬语名词词缀与普通名词词缀用法一致，3.3 节已有讨论，此处不赘。

3.4.6 派生名词分类的验证方法

上文较为全面讨论了藏语派生名词的结构与类型，也分别考察了派生词缀的功能与意义。现在需要进一步从词法上验证藏语词缀分类的可行性和可能性。

本节验证的手续较为简单，一是从词法位置考察词缀的功能与意义差异，二是从语义范畴检讨词缀的词汇类别意义。

3.4.6.1 词缀的功能分类

在双音节形式的派生名词构词中，我们看到了词根与词缀之间词汇关系的词形变化。我们也注意到藏语派生构词中还有一些可以区分的次类，对这些次类作出明确的界定有利于统一对藏语名词词缀分类和派生名词构词的认识。

第一种派生构词是动词词根的名词化过程，即通过添加词缀使动词转类为名词。如果我们把动作或状态构成的事物概念也理解为产生新词，这类构词与其他构词也就没有什么区别。不过，藏语这类构词类似于英语的动名词，如 do+ing → doing，因此，有人可能处理为屈折变化。本书从藏语语法整体特征观察，认为处理为派生较合适。

第二种派生构词是名词黏着性词根的完形化过程，即黏着名词词根通过添加词缀构成能独用的完形名词。例如，རྐང་པ་ [[rkang]$_{\text{N 脚}}$ pa]脚，རྐང་ (rkang)是黏着性名词词根，不能独立成词。由 རྐང་ (rkang)构成的复合词如 རྐང་འཁོར་ [[rkang]$_{\text{N 脚}}$[vkhor]$_{\text{V 转动}}$]自行车，རྐང་པ་ རྡབ་ [[[rkang]$_{\text{N}}$ pa]$_{\text{N 脚}}$ [rdab]$_{\text{V}}$]$_{\text{V}}$ 跺脚。词根添加完形化词缀犹如某些族群行成人典礼，礼成方能进入社会据有一席之地。

第三种派生是典型的添加类义词缀的构词过程，即在自由或黏着词缀上添加具有类别意义的词缀构成新词。不同的词缀具有不同的意义，彼此形成不同派生意义的词簇，而包含相同词缀的词一般都包含相同的派生意义，这就是所谓由类别意义词缀构成的派生词。类义派生词可能与词根语法类别相同也可能与之不同。例如，ཉུལ་མ་ [[nyul]$_{\text{V 侦察}}$ ma]$_{\text{N}}$ 侦探，[[gru]$_{\text{N 船}}$ pa]$_{\text{N}}$ 船夫，前者是动词词根，后者是名词词根，新词是名词。

类义词 གྲུ་པ་ (gru pa)词缀的形成既有语法化的作用，还有去语义化的作用。所谓去语义化概念借自叶步青（Yip Po-Ching，2000）的讨论，叶认为去语义化与多样性是识别汉语词缀的两个标准（Yip, 2000：59）。我们认为词汇语义的虚化有一个重要特征，即，客观事物都有多种多样的性质和相互关系，这些性质和相互关系构成事物的属性或特征，类的意义是该类事物的共同意义，类中具体事物分别具有自身的个性属性或个性特征。因此，代表事物概念的词的词汇意义发生虚化变化时，首先是从个性属性或个性特征开始，变化剩下的共同意义则是构成类义词缀的语义基础。这个词汇语义虚化过程称为去语义化（desemanticisation）。

3.4.6.2 词缀功能的验证

现在的问题是，这三种派生词缀在构词形态上是否存在差异。可以检验的方法是利用藏语双词缀环境进行判断。为叙述方便，以上三种词缀分别称为名词化词缀、完形化词缀，以及类义词缀。名词化词缀类似 Beard 的换类派生词缀，完形化词缀在 Beard 分类中没有相应的对等类别，类义词缀综合了特征值转换、功能转换和表达性派生，因为这三类都包含了典型的类别意义。

藏语双词缀结构主要有以下几种形式：词根+mo+ba，词根+pa/ba+po，词根+ma+pa，词根+ba+mo 等。下面分别讨论。

（1）[[[ ] mo]$_{\text{N}}$ ba]$_{\text{N}}$ 形式（词根+mo+ba）：例如，ལྟད་མོ་བ་ [[[ltad]$_{\text{N 观看}}$ mo]$_{\text{N 娱乐}}$ ba]$_{\text{N}}$ 观众，རི་མོ་བ་ [[[ri]$_{\text{N 纹}}$ mo]$_{\text{N 图画}}$ ba]$_{\text{N}}$ 画家，རོལ་མོ་བ་ [[rol mo]$_{\text{N 音乐}}$ ba]$_{\text{N}}$ 音乐家。词缀 མོ་(mo)添加在名词词根后构成与词根名词相关的事物，ལྟད་ (ltad)是古藏语 ལྟ་ (lta)“看”的名词形式，ལྟད་མོ་ (ltad mo)则是与视觉相关的事物或活动。རི་ (ri)早期是“斑，纹”之义，རི་མོ་ (ri mo)转指与词根相关的事物“图画”。

从动词词根案例看，མོ་(mo)不仅具有转指相关事物的意义，还改变词类属性。例如，འཐབ་མོ་བ་ [[[vtha]$_{\text{V 战斗}}$ mo]$_{\text{N 战争}}$ ba]$_{\text{N}}$ 战士，གཟིགས་མོ་བ་ [[[gzigs]$_{\text{V 观看}}$ mo]$_{\text{N 戏剧}}$ ba]$_{\text{N}}$ 观众，སློང་མོ་བ་ [[[slong]$_{\text{V 索要}}$ mo]$_{\text{N 捐物}}$ ba]$_{\text{N}}$ 乞丐。而处在后一位置的词缀 བ་(ba)（可能来自因语音制约的 pa）属于指人词缀。

（2）པ་/བ་པོ་ [[[ ] pa /ba]$_V$ po]$_N$ 形式（词根+pa / ba+po）：ཀློག་པ་པོ་ [[[klog]$_V$ 读 pa]$_N$ 读 po]$_N$ 读者，རྩོམ་པ་པོ་ [[[rtsom]$_V$ 写作 pa]$_N$ 写作 po]$_N$ 作者，著者，སྒྲིག་པ་པོ་ [[[sgrig]$_V$ 整理 pa]$_N$ 整理 po]$_N$ 编辑（指人），སྐུལ་བོ་པ་ [[[skul]$_V$ 雇佣 ba]$_N$ 雇佣 po]$_N$ 主子。第一个词缀 pa 或 ba 接在动词词根之后，使动词转类为名词，属名词化功能，第二个词缀 po 表示与动作相关的人。

（3）མ་པ་ [[[ ] ma]$_N$ pa]$_N$ 形式（词根+ma+pa）：例如，བར་མ་པ་ [[[bar]$_N$ 中间 ma]$_N$ 居中事物 pa]中间分子，རྐོ་མ་པ་ [[[rko]$_V$ 挖 ma]$_N$ 小锄 pa]$_N$ 用小锄锄地的人，རྙིང་མ་པ་ [[[rnying]$_{ADJ}$ 旧 ma]$_N$ 古老 pa]$_N$ 宁玛派（宁玛派传早期教法，故名），ཚད་མ་པ་ [[[tshad]$_V$ 计量 ma]$_N$ 标准,因明 pa]$_N$ 因明家。词缀 མ་ (ma)添加在名词、动词、形容词之后均发生转义及转类，而词缀 པ་ (pa)指人意义是确定的。

以上三类有一个共同特点，即第一位置的词缀表示与词根相关的事物或事物概念，形成的方式是名词化、完形化，或者转指事物或事物概念，其中蕴含了功能性派生和转类派生。第二位置词缀表示指人的类别意义，词根或完形词加这些类义词缀构成指人的派生新词。

（4） [[[ ] ba]$_N$ mo]$_N$ 形式（词根+ba+mo）：例如，བུང་བ་མོ་ [[bung$_N$ 飞行昆虫 ba]$_N$ 蜂 mo]$_N$ 雌蜂，ཁྱིམ་པ་མོ་ [[khyim$_N$ 宅 pa]$_N$ 俗家人 mo]$_N$ 俗家女子，འདྲེན་པ་མོ་ [[vdren$_V$ 引导 pa]主导者 $_N$ mo]$_N$ 主母（后妃的异名），འཇོ་བ་མོ་ [[vjo$_V$ 挤 ba]$_N$ 挤奶 mo]$_N$ 挤奶女。无论词根是名词性还是动词性，添加第一词缀后都构成指人类义派生词，表示通称或雄性生命物。而第二位置词缀 མོ་ (mo)具有表示雌性自然性别的意义，是前文所说特征值变化构词类型。还可以举的一个典型词例，ཝ་ (wa)“狐狸，公狐狸”通称又可专指雄性，与之相对的是 ཝ་མོ་ (wa mo)雌狐狸。但由于通称包括了雌狐狸，即 ཝ་ (wa)可能等于 ཝ་མོ་ (wa mo)“狐狸，雌狐狸”的意思。为了与雌狐狸绝对区分开来，人们又创造了一个 ཝ་མོ་ཕོ་ [[[wa] mo] pho]$_N$ 表示“公狐狸”，ཕོ་ (pho)原本是专门表示雄性的词汇语素，这里却用为词缀。显然，原来的词缀 མོ་ (mo)已经失去了表示雌性的意义，人们只好类推再造一个表示雌狐狸的新词：ཝ་མོ་མོ་ [[[wa] mo] mo]$_N$ 雌狐狸。

3.4.7 从词法位置考察词缀的功能与意义

双词缀是藏语里较少但略显特殊的现象，它透露出一个重要的词法信息，即藏语存在性质不同的词缀。名词化与完形化词缀与词根的词汇关系最紧密，其次是完形化兼类义的词缀，再次是表生命物类义词缀，最后是特征值转换类义词缀。逻辑上看，名词化与完形化构造的是事物或事物概念，它们本身是构造与事物或事物概念相关指称的基础。同样，特征值转换也需要在人或物存在的基础上才能产生。为此，当名词化与完形化词缀与类义词缀共现的时候,只能是后者添加在前者所构成的派生词上,而不能相反。这种现象验证了名词化词缀和完形化词缀与类义词缀在词法形式上的差别,我们把它们称为构形词缀。名词化词缀与完形化词缀功能不同,词法形式上也不同,前者分布位置是动词自由语素词根加词缀,即$[[root]_V affix]_N$,后者是名词黏着语素词根加词缀,即$[[bound\text{-}root]_N affix]_N$。

为此,我们从词法形态上验证了藏语派生名词词缀的分类,只是类义词缀本身还需要进一步细分。更具体说,pa、ba、ma、mo 作为名词化或完形化词缀应与类义词缀区分开来,分别描述为表构形的 pa^1/ba^1,ma^1,mo^1,以及表类义的 pa^2/ba^2,ma^2,mo^2。po/bo 不具备名词化功能,而在完形化方面,由于完形化与类义功能可以兼备,不作为区分标准。

基于这样的设想,我们认为藏语常用词缀的语法意义和词汇意义传统图景可以修改如下("构形"指名词化与完形化派生构词,"构词"指类义派生构词):

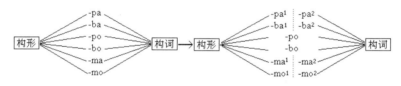

图 3.1 常用派生词缀再分类

由是,动名词 ཤེས་ $[[shes]_{V\,知道}\,pa]_N$ "知道"中的 pa 是名词化派生词缀 pa^1(转类派生词缀),作为名词的 ཤེས་ $[[shes]_{V\,知道}\,pa]_N$ "知识,感觉"中,pa 是类义派生词缀 pa^2(功能性派生词缀)。

3.4.8 从语义范畴检讨词缀的词汇类别意义

构形与构词词缀也存在明显的语义差别。名词化造成自指事物或事物概念义,完形化达成词根义确定,这两种语义都属于语法意义。而且,名词化派生词与完形化派生词体现的词汇意义是个体性的,由词根意义决定,词缀不贡献词汇意义。反之,类义词缀都具有独立可陈述的词汇意义,并按照自身类别给派生词分类,如表自然性别的词缀(特征值转换派生),指明施事、受事、工具等事物或生命物的词缀(功能性派生),表轻蔑或者喜爱的词缀(表达性派生)。

语义是派生词缀的灵魂,语义的差别必然造成派生词功能上和形式上的差别。平常所说的词缀虚空意义只是就词缀的词汇意义而言,词汇意义泛化的词缀一定蕴含它之所以存在的非词汇意义。完形化词缀存在的理由在于标示黏着词根取得成词语法地位的词法意义,也保证和确定了词根在词汇体系中实现它的词汇意义。在这个意义上说,以上关于藏语派生词缀的分类是合理的。同时我们也真切地看到藏语派生词缀在去语义化(desemanticisation)功能以及形式多样性(versatility)方面的极为有趣的面貌。①

尽管我们对藏语常用派生名词词缀进行了较全面的分类讨论,也详细阐述了每个词缀的功能与意义,但混用现象却是不能忽略的客观存在。我们认为,不同的词缀分别处在不同的语法化进程中,理论上,词缀的重要特征是词形与意义之间有较强的规则性对应,并可预测派生新词的意义。但是语言发展的复杂性因素可能导致词形与意义对应关系的模糊化,有些词缀可能减弱或丧失原有的意义,即去语义化。有些词缀可能兼类表示多种意义,削弱了自身形式与原初意义的对应关系,还有些词汇语素也可能因为自身因素而鹊巢鸠占,逐渐虚化进入词缀位置,与表达同样意义的词缀竞争。我们设想正是由于这些原因,以及表达的需求,藏语中原有的词缀逐渐混用,导致词形与意义对应关系紊乱,并出现功能的分化现象。

总结起来,藏语派生名词与派生词缀应作如下分类:名词化派生词缀,常见派生词结构是[[root]$_V$ affix]$_N$;完形化派生词缀,派生词结构是[[bound-root]$_N$ affix]$_N$;类义派生词缀,派生词结构是[[root]$_{V/N}$ affix]$_N$。带a-前缀的完形派生词结构是[affix [bound-root]$_N$]$_N$。

3.5　名词的重叠

3.5.1　重叠类型

乌瑞(Uray 1954)曾全面讨论藏语的重叠现象,从结构角度区分出 6 大类重叠形式:

1. 词根重叠(stem duplication)
2. 词重叠(word duplication)
3. 带元音交替的词干重叠(stem gemination with alternating vowels)

---

① 参见 Yip(2000)。实际上,汉语词缀多样性表现不仅仅是词汇语义的,也有形式的和功能的。例如,"卫士""帮工"显然具有词法上的施事意义,"囚徒""疑犯"具有受事含义;"嫂子""妻子""斧子"中的"子"不同于"瞎子""骗子"中的"子",类似藏语完形化用法。词缀"巴"的多样性也不单纯是词汇语义的,在"锅巴"中作粘贴义的词汇义已经虚化,反之,包含了转指语法意义;在"尾巴"中是完形化词缀;在"哑巴""磕巴"中呈名词化功能,转指具有某种生理特征的人;在"下巴"和南方方言里的"盐巴"中,词汇义似有似无,可见去语义化的程度千差万别。

4. 带元音交替的词重叠（word gemination with alternating vowels）

5. 声母交替的重叠（gemination with alternating initials）

6. 拟声词三音重叠（triplication, only in onomatopoetic words）

乌瑞采用了不同的术语来表示不同的重叠，后来，沃尔曼（Vollmann 2009）在这个基础上归纳出以下四种分类：

1. 词汇重叠（lexical reduplication）

（a）词汇化（lexicalized）

（b）带意义变化（with change in meaning）

2. 语法重叠（grammatical reduplication）

（a）分布意义（distributing meaning）

（b）带动词（with verbs）

3. 反复（repetition）

4. 复现（recurrence）

很明显，乌瑞的分类具有较强的形态学色彩，沃尔曼的分类则具有典型现代语法框架格局。按照本书“词形定类”和“词类分形”（参看第 4 章）观点以及撰写编排，本书根据词类来讨论重叠现象。

诚如第一章所述，藏语是一种复合和词缀派生显赫的语言，它的重叠现象是否也丰富呢？希尔（Nathan W. Hill 2014）提到藏语重叠现象具有多样性功能，能表示强调（emphasis）、拟声（onomatopoeia）、短时重复（temporal repetition）、空间多样性（spatial diversity）等，但未论及重叠作为形态现象相对派生等在藏语中的功能强弱性质。不过，希尔在文章脚注中指出：重叠的名词化动词后跟-las 表示阻断行为，这个传统藏语里唯一普遍的用法只见于动词屈折形态而未见于名词派生形态。例如：

3-11 དེ་ནས་བྱ་ངང་པ་ཀུན་ཏུ་འཕུར་ཞིང་ཚོལ་ཚོལ་བ་ལས་སྐྱེད་མོས་ཚལ་དེ་ན་རྒྱལ་བུའི་སྐད་གྲགས་ནས།།

de-nas　bya-ngang-pa　kun-tu　vphur　zhing　tshol-tshol_ba-las

于是　野鸭　一切　飞　并　寻找-REDU_NMZ-做

skyed-mos-tshal　de_na　rgyal_buvi skad grags-nas.

花园　那_LOC　王子_GEN 叫声

野鸭子四处飞翔寻找［他］，王子的声音响彻公园。[①]

在另一篇介绍藏语文章中，西蒙和希尔（Simon & Hill 2015）讨论指小词缀时指出：带指小意义的重叠方法仅限于形容词和动词，不用于名词。这似乎表示重叠的分布领域跟词类有密切关系。

① 参看 While the duck, flying everywhere, was searching [for him], the voice of the prince was heard in the park. (Uray 1955: 195, cf. N. W. Hill 2010b: 255-7)

根据白井聪子（Shirai，Satoko 2014）的研究，藏语支语言的重叠具有非能产性和去动词化特征，形容词和动词重叠经常派生名词和副词。这也是分别词类的重叠现象。关于形容词和动词的重叠我们在第 5 章和第 7 章讨论。

3.5.2 叠音名词

藏语名词重叠现象不多见，有些并非语法意义上的重叠。从前贤研究来看大致有以下几类（李钟霖 1982，仁增旺姆 1987）。

（1）亲属称谓

藏语亲属称谓有多种表示方法，跟社会应用有一定关系。常见的主要是带前附标记的形式，例如：ཨ་མ་ (a ma)母亲，ཨ་ཞང་ (a zhang)舅舅，ཨ་ཅེ་ (a ce)姐姐，ཨ་སྲུ་ (a sru)嫂子等。不过，还有部分词是叠音形式（包括读音差异形式），本源上应该不是重叠造成的。

ཅོ་ཅོ་	co co	哥哥	ཟ་ཟ་	za za	妈妈，母亲
ཇོ་ཇོ་	jo jo	哥哥	པ་པ་	pa pa	爸爸
མ་མ་	ma ma	乳母	རྨད་རྨད་	rmad rmad	保姆
ཞང་ཞང་	zhang zhang	舅舅			

（2）拟声物（生物和非生物）

跟东亚其他语言相似，藏语也有部分来自拟声的双音节名词。从拟声词渊源可知，这部分词实际也不是重叠构成的，只是恰好前后音节拟声形式相同。

ཀ་ཀ་	ka ka	乌鸦	ཀུ་ཀུ་	ku ku	杜鹃鸟
ཁྲུང་ཁྲུང་	khrung khrung	鹤	ཀྲུང་ཀྲུང་	krung krung	雁
རུ་རུ་	ru ru	一种鹿	ཚེ་ཚེ་	tshe tshe	山羊
ཙི་ཙི་/ རྩི་རྩི་	(r)tsi (r)tsi	老鼠	ཏོམ་ཏོམ་	tom tom	铁铃铛
ཙིག་ཙིག་	tsig tsig	鼠			
སྦག་སྦག་	sbag sbag	摩托车；机关枪			
ཏིང་ཏིང་	ting ting	小铃；铃声			

（3）摹声词

仿声词指对事物声音的模仿和表现，这类词数量较多。

ཀྱུར་ཀྱུར་	kyur kyur	小鸟鸣声	སིང་སིང་	sing sing	铃声
ཕྱོ་ཕྱོ་	phyo phyo	嗾狗声	ཅབ་ཅབ་	cab cab	鼓掌声
ཕྱོལ་ཕྱོལ་	phyol phyol	澎湃声	དིང་དིང་	ding ding	丁冬声
ཤུང་ཤུང་	shung shung	哼哼声	དུར་དུར་	dur dur	嘟嘟声

ཁྲལ་ཁྲལ་	khral khral	敲物声	ཧེ་ཧེ་	he he	嘿嘿声
ཕུ་ཕུ་	phu phu	叹息声	ཧོ་ཧོ་	ho ho	呵呵声
ལྷང་ལྷང་	lhang lhang	潺潺声	སིལ་སིལ་	sil sil	击铙声
ལྷུང་ལྷུང་	lhung lhung	潺潺声	ཏང་ཏང་	tang tang	当当声
ཐམ་ཐམ་	tham tham	噔噔声	ཐབ་ཐབ་	thab thab	敲翼声
ཚག་ཚག་	tshag tshag	沙沙声	ཅག་ཅག་	cag cag	咀嚼声
ཆོབ་ཆོབ་	chob chob	玩笑声	འུང་འུང་	vung vung	轰轰声

（4）拟态词和其他叠音词

藏语还有一些叠音词，这些词词源不明，或者来自拟态或者是其他原因造成，这里不逐一讨论。

དགོ་དགོ་	dgo dgo	马勃菌	པལ་པལ་	pal pal	小牛犊
དོམ་དོམ་	dom dom	马缨子	ཕྲུལ་ཕྲུལ་	phrul phrul	耳饰及襟饰
དོང་དོང་	dong dong	桶	པི་པི་	pi pi	漏斗
ཀྲུ་ཀྲུ་	kru kru	气管	པོ་པོ་	po po	口袋
ལྷེབ་ལྷེབ་	lheb lheb	小片儿	ཞལ་ཞལ་	zhal zhal	涂墙
མོག་མོག་	mog mog	馒头	ཚེམ་ཚེམ་	tshem tshem	甲铠
ཛན་ཛན་	bun bun	碎片	སུལ་སུལ་	sul sul	山沟
ཆབ་ཆབ་	chab chab	穗子；稀松	གྲོ་གྲོ་	gro gro	黑白杂色羊毛
ཐིག་ཐིག་	thig thig	斑点	ཁྲབ་ཁྲབ་	khrab khrab	金属装饰物

3.5.3　重叠名词

藏语具有语法和语义价值的名词重叠现象十分罕见，此处仅讨论表示时间和方位的重叠名词。

藏语表示时间和方位的名词重叠之后产生具象化的时空意义，原来泛指时间和空间的意义转变为特指的时间和空间。特指时间是时点或者频度，特指空间大多是周遍性概念。例如：

（1）མཚམས་ (mtshams)间隙，空隙，界线；重叠：མཚམས་མཚམས་ (mtshams mtshams)偶尔，间或。

3-12 མཚམས་མཚམས་ལ་ངལ་རྩོལ་དང་། མཚམས་མཚམས་ལ་སློབ་སྦྱོང་བྱས།།

mtshams-mtshams_la ngal-rtsol dang. mtshams-mtshams_la

有时_LOC　　　　劳动　　　　有时_LOC

slob-sbyong-byas.

学习

有时劳动，有时学习。

3-13 སེམས་ཤུགས་མཚམས་མཚམས་ཆེ་ལ།། མཚམས་མཚམས་ཆུང་བར་འགྱུར་བ།།

sems-shugs mtshams-mtshams che_la.

情绪 有时 大_COP

mtshams-mtshams chung_bar vgyur ba.

有时 小_CPL 变

情绪时高时低。（《藏汉大辞典》）

（2）བར་ (bar)中间，居中者，重叠：བར་བར་ (bar bar)有时，间或。

3-14 རླུང་བར་བར་ལྡང་ལ་བར་བར་ཞི།།

rlong bar-bar ldang la bar-bar zhi.

风 有时 冒起 有时 静止

风时起时静。（李钟霖）

（3）ཕྱོགས་ (phyogs)方向，方位，方面，重叠：ཕྱོགས་ཕྱོགས་ (phyogs phyogs)处处，各方。

3-15 ཕྱོགས་ཕྱོགས་ནས་འགྲུལ་པ་མང་པོ་སླེབ་པ།།

phyogs-phyogs_nas vgrul-pa mang-po sleba pa.

各处_ABL 旅人 多 来

万方云集。（藏汉大辞典）

（4）ལོ་ (lo)年，季节，重叠：ལོ་ལོ་ (lo lo)年年，岁岁，每年。

3-16 ལོ་ལོ་དུས་བཞིར་འོ་ཞོའི་རྒྱུན་མི་འཆད།།

lo-lo dus-bzhi_r vo-zho_vi rgyun mi vchad.

年年 时 四_LOC 奶酪_GEN 接连不断

鲜奶酸酪年年四季不断。（李钟霖）

（5）མཐའ་མ་ (mthav ma)最后，重叠：མཐའ་མ་མཐའ་མ་ (mthav ma mthav ma)最后。

3-17 མཐའ་མ་མཐའ་མ་དོམ་གྱིས་མ་རྨོས་ལོ་ཏོག་གཅིག་རང་གཅིག་ཁྱེར་ནས་ཕྱིན་པ་རེད།།

mthav-ma-mthav-ma dom_gyis ma-rmos lo-tog gcig rang gcig

最后 熊_AG 玉米 一 仅 一

khyer nas phyin_pa-red.

拿 去_ASP

最后，熊只拿走了一个玉米。（周季文，谢后芳）

大多数情况下，重叠的时间和方位名词都需要添加副词性标记和格标记充当句子的时间或空间状语。这类词还有：སྐབས་ (skabs)时间，机会，重叠：སྐབས་སྐབས་ (skabs skabs)有时，间或；མདུན་ (mdun)前面，重叠：མདུན་མདུན་ (mdun mdun)最前面；ཤར་ (shar)东方，重叠：ཤར་ཤར་ (shar shar)最东边；སྔ་མོ་ (snga mo)早，重叠：སྔ་མོ་སྔ་མོ་ (snga mo snga mo)很久很久（以前）；ལྷོ་ (lho)南，重叠：

ལྷོ་ལྷོ་ (lho lho)正南；类似的方位词有：ནུབ་ནུབ་ (nub nub)正西，བྱང་བྱང་ (byang byang)正北。

此外，藏语代词和量词等也有少量重叠现象，有些是词法性的，有些是句法性的，不逐个讨论，参见第 10 章。

第4章 复合名词及其类别

4.1 复合名词的分析方法

这一章讨论两个或两个以上词根语素组成的复合名词。理论上说,两个以上词根组成的结构可能是复合词,也可能是短语,藏语也不例外。鉴于东亚语言区分复合词与短语结构具有一定的理论难度,是当前学界有争议的问题,本章以涉及的语料具体论之,不刻意做理论上的深究。

4.1.1 "词形定类"和"词类分形"

印欧语言著作通常定义复合词为两个以上词组合的词(Bauer 2006),或者,由一个以上词根所组成的、在语法和语义上都作一个词的词汇单位。以英语为例,moonlight 月光,televised-interview 电视采访,这样的定义语义直观,易于理解。可是,对于藏语、汉语和其他东亚语言来说,那些组成复合词的词本身的性质和地位不容易确定,因此更普遍的说法是:复合词由两个或两个以上语素构成,其中语素的性质可能不完全一致,有些是自由语素,或称为成词语素,有些可能是黏着语素,不能独立成词或必须添加词缀才能构成完形词。还有一些参与构词的语素来自句法词,任何时候都不独用,属于句法语素。不过,对于藏语和汉语这类东亚地区单音节词型的语言而言,无论参与复合词构词的语素具有什么地位和性质,都是词根语素,有相对固定的意义。这是讨论藏语复合词的基本前提。

相比汉语和英语来看,藏语是一种"词形定类"的语言,它的大部分基本词汇可以从词形判断它的语法功能类别。词形包括词长和词型两个要素,词长以音节为单位衡量,区分单音节词、双音节词、三音节词和多音节词。[①] 词型特指单纯词、派生词、重叠词、复合词这种词法意义上的分类,这几类词既跟音节长度有关系又跟词型类别有关系。单纯词一般都是

---

① 一般三音节以上的词可统称多音节词,鉴于藏语新型复合动词和新型复合形容词等多为三音节形式,而四音节形式多为叠音状貌词,或其他约定俗成的词(成语、惯用语等),因而单列三音节词。

单音节形式，双音节和多音节单纯词不多；派生词是词根+词缀（少量是词缀+词根）形式；复合词是词根+词根形式。

从形式上观察，藏语的词形跟词类有一种可观察的外显联系，以下简单分析。

大多数名词是双音节的，包括带词缀的派生名词和词根组合的复合名词。单音节名词数量不多，词形描述为 $N_{R(OOT)}$或 N，例如 མཚེས་(mtshes)邻居，ཉ་(nya)鱼；双音派生名词模式是 $N_{R(OOT)}+S_{UFFIX}$，或 N+SUF，例如 ཕྲུ་མ་(phru ma)宫殿，ལག་པ་(lag pa)手；双音节复合名词模式是 $N_{R(OOT)}+N_{R(OOT)}$，词根是名词，则为 N+N，例如 གྲོང་གསེབ་(grong 村寨 gseb 间隙)农村，ལུག་ལྷས་(lug 绵羊 lhas 圈)羊圈。

动词绝大多数都是单音节词，双音节动词较少，且缺乏能产性。现代出现的大量三音节动词目前尚未获得稳定的复合词地位，而且三音节动词主要由双音节名词+单音节动词构成。典型单音节动词形式描述为 $V_{R(OOT)}$ 或 V，例如：ལྟ་(lta)看，འགྲོ་(vgro)去。现代新的三音节动词形式大多数为 N^1N^2+V，例如 འབྲུག་སྐད་བརྒྱབ་[[vbrug skad]$_{N}$ 雷(声)[brgyab]$_{V}$ 发出]打雷，ཐོན་སྐྱེད་བྱེད་[[thon skyed]$_{N}$ 生产[byed]$_{V}$ 做]生产。

形容词是词根带词缀的双音节派生形式、三或四音节状貌形容词、三音节或四音节复合-派生形式。主流的双音节形容词的派生结构是 $A_{R(OOT)}$+SUF 或 A+SUF，其中主要后缀是 པོ་(-po)，也有 པ་ (pa)和 མ་ (ma)，例如 དམར་པོ་[[dmar]$_{R}$[po]$_{SUF}$]红，གསར་པ་[[gsar]$_{R}$[pa]$_{SUF}$]新。

以上名（N）、动（V）、形（A）三类之外，构词的要素也可以是其他词类，本书分别用代词（PRON）、副词（ADV）、指示词（DEM）、连词（CONJ）等指称。各类统称内部词类也可用 X 或 Y，例如用 X+Y 表示词根组合。除数词外，代词、指示词大多也是单音节词或带词缀派生词，副词和连词虽有部分双音节词或多音节词，一则数量较少，二则多数也是派生形式，其他语法词则基本都是单音节形式。

藏语词形跟词的功能类的这种简单对应关系甚至可以让我们逆过来操作，提出“词类分形”的概念。所谓“词类分形”指根据词的语法功能类别可以确定词的形式类别。

这样的总体格局基本决定了藏语双音节名词可以在形式上区别于动词和形容词。换句话说，藏语中绝大多数由词根+词根构成的形式都是名词，这样的形式一般不与动词和形容词在形式类上相冲突。当然这并不排斥少量双音节形式的动词和形容词的存在，只是它们数量较少，可以用其他词型方法加以区分，例如与重叠形式形容词区分。为此，狭义地说，藏语双音节复合词基本所指为双音节复合名词。表 4.1 以名词、动词、形容词普遍形式举例说明藏语“词形定类”或“词类分形”的大致概貌。

表 4.1 藏语的词形与词类 ①

		形容词	名词	动词
单音节	单纯词	-	མེ་(me)火[少]	ལྟོགས་(ltogs)饿
双音节	单纯词	-	ཐ་ཤལ་(tha shal)庸俗[少]	-
	派生词	བསིལ་པོ་(bsil po)凉	དཔྱིད་ཀ་ (dpyid ka)春	-
	复合词	-	ན་ཚ་(na tsha)病痛	ཡིད་ཆེས་(yid ches)信任[少]
	词根重叠	ཐུང་ཐུང་(thung thung)短[重叠]	-	-
	重叠缩减	ཀྱག་ཀྱོག་(kyag kyog)弯曲[重叠缩减]	-	-
三音节	派生词	-	ལྷ་ས་བ་(lha sa ba)拉萨人	-
	叠音派生	དམར་ཐིང་ཐིང་(dmar thing thing)红	-	-
	复合词	-	དཔེ་ལྟ་ཁང་(dpe lta khang)阅览室	དཔེ་ཁྲིད་བྱེད་(dpe khrid byed)教书
	复合型派生	ཐག་རིང་པོ་(thag ring po)远	-	-
多音节	变音重叠	ཀྱག་གེ་ཀྱོག་གེ་(kyag ge kyog ge)弯弯曲曲	-	-
	复合型派生	ངུ་བྱང་ལངས་པོ་(ngu byang langs po)老爱哭的	-	-

① 表内符号“-”表示没有或者很少这类形式。双音节单纯名词极少（例如 ཐ་ཤལ་[tha shal] 庸俗），因为几乎藏语每个音节都有意义，说不清意义的音节可能由于历史音变或者其他原因使得本义难以识别，但仍有追溯的可能。双音节复合形容词可能是名形兼类词，例如 ལྗང་ཁུ་(ljang khu)或 ལྗང་གུ་(ljang gu)绿的/绿色，གྲུ་བཞི་(gru bzhi)方的/方形。三音节词根重叠复合形容词指 AAB 式形容词，例如：རྟབ་རྟབ་པོ་ (rtab rtab po)急急忙忙，འདོལ་འདོལ་བ་ (vdol vdol ba)松软的，这类形式极少出现于拉萨话，可能是各地方言零散产生的形式。

4.1.2　复合名词的分析方法

复合名词的分析有多种方法。句法关系描述方法是最常见的方法，例如人们用联合结构、偏正结构（状中，定中）、主谓结构、述宾结构，述补结构等描述词的内部语素构成关系，这种描述方法存在理论上的弊病。首先，由于词库与词法一般界定为句法过程之前的心理活动，语言表达是从词库和词法中抽取表达单位，因此用句法过程方法归纳词库和词法范畴的结构并不合适。其次，用句法结构描述词内语素关系并没有创造新的认知价值，特别是藏语复合名词内部语素的句法关系类别往往跟复合词的功能没有直接关系。再次，用句法关系分析词内结构不能贯彻始终，有部分词的内部结构无法用句法关系解释，例如藏语 ཐག་རིང་པོ་(thag ring po) "远的" 是复合型派生形容词，是通过短语的转隐喻而词汇化产生的一种离心结构形容词，ཐག་(thag)$_N$ "距离" 仅为该词贡献表示属性的范围和领域限定，不能直接解释为 རིང་པོ་(ring po)$_{ADJ}$ "远的" 所修饰对象。同时，该词内部也不能解释为主谓结构，①因此，现有句法结构无法加以分类。

相比世界其他语言，②复合词结构应该是藏语、汉语等东亚单音节词型语言的重要形态特征。以汉语为例，这种特征的语言在表达需求和双音步韵律结构需求驱动下的发展道路基本都是采用复合方式来丰富语言词汇（冯胜利，2009），复合词的构成自然而然就采用概念或语义组合方式达成。又由于承载基本概念和语义的形式都是单音节词，即所谓"汉字单音节原则"（丁邦新 2002）或"一音一义定律"（孙景涛 2005），于是新概念或新语义借助多个语义及其形式加以合成，即复合词。在东亚区域语言特征意义上说，复合法是单音节词型语言的形态方法。

本文关于复合词的研究预设了一个理论前提：复合词是从句法继承而来，通过词汇化及其所催生的构词法而不断产生。③形式上，复合词的形类结构已然成为稳定的形类构式，构式意义能够一定程度上限制不合法结构的产生；语义上，由于受到组合单元数量限制的压缩，内部单元越过失去的载义体而发生不透明的语义整合、偏移、转指等现象，造成复合词内部单元关系复杂多样，表达所指有异。根据这个分析，本文对藏语复合名

---

① 参看第 9 章的讨论。
② 英语等欧洲语言属于多音节词语言，词法或形态方式主要是派生和屈折，复合方法虽然也有，性质很不一样。参见董秀芳（2011:99）。
③ 本书同意董秀芳（2011：24）的观点，"汉语最早的复合词是来源于句法的，当复合词不断地从句法中衍生出来之后，复合构词法就产生了。"

词的描述主要关注三个方面：复合名词构成的形类结构及其构式作用、语素组合之间的语义关系、形类结构与复合词所指之间的关系。

复合词的每一个构成成分应该具有一定的词法属性，是从句法继承而来，即所谓的词性。词性所体现的类可以明确区分构成成分之间的差异和关系，是所谓项目与配列研究的模式。当我们从结构位置上观察项目出现的位置的时候，一定的位置上总是出现特定的词类，那么这些词类就可能属于同一个词类。例如 ལྷ་ས་ནས་རེད་པས་ (__ lha sa nas red pas?) “ __ 是拉萨人吗”这个空着的位置总是填上名词或代名词词性的词，它们都是同一词类（体词）。词法构成模式与此类似，例如 དྲང་སྲོང་[[drang]$_{\text{ADJ 正直}}$[srong]$_{\text{V 弄直}}$]$_{\text{N}}$ 仙人，由 ADJ+V 构成，转喻指人名词。ཁ་རྩོད་རྒྱག་[[kha rtsod]$_{\text{N 争论}}$ rgyag]$_{\text{V}}$ 论争表现了当代三音节动词构成的一个基本模式：由双音名词+动词语素构成多音节动词，那么“N$_{\text{(bisyl)}}$+V”可称为当代藏语三音节动词的基本结构模式，词内相同位置上的语素属于同一形类。①

用形类描述复合名词内部结构只是一个简单分类，进一步的刻画可以描述形类结构与复合词所指之间的关系。复合词所指即复合词所对应的事物、性状等概念。例如 སྨྱུག་འཛིན་ (smyug vdzin)执笔人/文书，按照内部语素语义分析，སྨྱུག་གུ་[[smyug]$_{\text{N}}$ (gu)$_{\text{SUF}}$]$_{\text{N-笔}}$和 འཛིན་[vdzin]$_{\text{V-握}}$构成支配关系，转指施事者，这个施事者也就是复合词所指：握笔的人。再如 སྲུང་མི་ (srung mi)卫士，སྲུང་ (srung)$_{\text{V-防卫}}$和 མི་ (mi)$_{\text{N-人}}$构成修饰关系，第一个语素是第二个语素的特征类，合成指人名词，所指为某种职业的人。还有转指受事的：བཏང་དངུལ་ (btang dngul)汇款，来源于 བཏང་ (btang)$_{\text{V-PST-发出}}$+དངུལ་ (dngul)$_{\text{N-钱}}$；转指工具的：བཞེས་ཐུར་ (bzhes thur)调羹，来自 བཞེས་ (bzhes)$_{\text{V-吃}}$+ཐུར་ (thur)$_{\text{N-棍儿}}$。复合词形类与所指之间的关系取决于复杂的语义合成，在其合成过程中形类结构也可能影响语义关系，这是所谓构式的生成性意义。（Pustejovsky 1995）

藏语复合名词的形类结构大致有四种类型：名词复合词指 N+N 结构，动词复合词指 V+V 结构，形容词复合词指 ADJ+ADJ 结构，此外，还有各式综合形类复合词：X+Y（X 和 Y 表示任意词类），例如 N+V，V+N，或 N+ADJ，ADJ+N，ADJ+V 等。各类结构的所指关系主要有：施事、受事、工具、时间、空间、方式、结果、数量、类别等，代表所指事物和特定概念。

强调复合名词的所指是因为复合名词的主要功能是命名（黄月圆 1995）。根据认知语言学观点，复合名词的命名主要通过转喻或隐喻等方

① 在“N(bisyl)+V”动词结构外，尚有少量“ADJ(bisyl)+V”等其他类型。参看第 6 章 6.3 节。

式来实现。为此，我们借鉴概念认知模式列出常见的"认知模"①，进一步理解形类结构与复合名词所指之间的可能关系。

黄月圆（1995）列出了12类常见的名词复合关系（英语用例）：（1）整体和部分：duck foot 扁形支脚,桌、椅等家具的扁形支脚；（2）一半对一半：giraffe-cow 所指为一种玩具或艺术摆件,形象是有长长脖子的牛；（3）部分和整体：pendulum clock 字面意义是钟摆,可以转指犹豫不决的人；（4）成分：stone furniture 石制家具；（5）比较：pumpkin bus 多指样子像南瓜的儿童校车；（6）时间：summer dust 夏日的尘土,歌曲名；（7）地点：Chinese medicine 中药,中国传统医药,指出产地；（8）来源：vulture shit（VULTURE SHIT Brooklyn punk band）秃鹫大便,纽约布鲁克林一个乐队名；（9）产品：honey glands 蜜蜂腺体,蜜蜂工蜂体内的各种腺体；（10）使用者：flea barrow 跳蚤猪,被跳蚤当作温床的猪；（11）目的：hedge hatchet 篱笆斧头,用来修整篱笆的斧头；（12）职业：coffee man 咖啡人,从事咖啡饮品生意的人。②

王冬梅（2010）列出了13类两个事物概念间的转指认知模（认知框）。例如事物概念认知模：（1）整体-部分；（2）地点-机构：白宫→美国政府；（3）成品-材料：的确良→衣服；（4）内容-容器；（5）范畴-成员；（6）领有者-领有物；（7）生产者-产品：福特→汽车；（8）生产地点-产品；（9）主控者-被控者；（10）量级；（11）复杂事件；（12）原因-结果；（13）范畴-特性。

还列出了事物概念和动作概念的相互转指认知模（汉语用例,多为短语或句子）事物与动作相互转指,（1）动作-动作者：领导→领导人；（2）动作-动作结果：建筑→建筑物；（3）动作-动作对象：赏赐→赏赐物；（4）动作-工具：刹车→刹车器；（5）动作-动作伴随者：同学→一同学习者；（6）覆盖-覆盖物：盖→盖子；（7）制作-材料；（8）动作-动作终点；（9）动作-动作地点：拐弯→拐弯处；（10）动作-动作时间：开头→开始时候；（11）动作-动作方式：打扮→打扮的方式；（12）说话行为-说话内容：建议→建议内容。

显然，这样的认知模极其丰富，有些抽象些，有些具体些，类别还可以不断增加。把形类结构与复合名词所指关联起来目的仍然是解释复合名词的命名理据，或者说是否可以依据形类来观察复合名词的透明性或特异性，探索语义合成的规律。同一形类并列可能所指是集合概念，例如同义并列：ངོ་གདོང་(ngo gdong)脸< [ngo]_N 脸+[gdong]_N 脸；相关并列：རྐང་ལག་(rkang lag)四肢< [rkang]_N 足+[lag]_N 手；反义并列：ཆེ་ཆུང་(che chung)尺码< [che]_{ADJ} 大

---

① 王冬梅（2010:26）用的汉语术语"认知框"取自英语（cognitive frames），意思基本一致。
② 承蒙丁志斌教授协助翻译此处案例，特此致谢。

+[chung]$_{ADJ}$小。N+V 形类结构可能转指施事、受事、结果或工具，例如施事：གཞིས་གཉེར་(gzhis gnyer)庄园头，管家< [gzhis]$_{N}$庄园+[gnyer]$_{V}$管理；受事：མི་གླ་(mi gla)雇工< [mi]$_{N}$人+[gla]$_{V}$租；工具：སོ་འཁྲུ་(so vkhru)牙刷< [so]$_{N}$牙+[vkhru]$_{V}$洗。N+ADJ 所指经常表示具有某种属性的事物（类别）：གཡས་ལག་(g-yas lag)右手< [g-yag]$_{ADJ}$右+[lag]$_{N}$手；དྲི་བཟང་(dri bzang)香味< [dri]$_{N}$气味+[bzang]$_{ADJ}$好。

至于复合词内部各成分之间的语义结构关系，我们不打算精细描述。这是因为语义关系的描述是为复合词表达所指服务，如果我们能够通过形类分析直接获取所指和所指形成的方式，则没有必要为分析而分析，没必要把问题复杂化。Downing（1977）曾以心理实验方式阐明复合关系具有无限性，而且相当部分语义关系似是而非，难以归类，难以描述。本文在必要的地方也可能涉及复合词合成成分之间的常见语义关系，作为形类分析方法的辅助说明。以下列出可能的主要语义结构关系：并列关系，包括同义并列、近义并列、反义并列；修饰描摹关系，包括领有、属性、数量、比较、来源、用途、价值、结果；叠合关系，分项较多，主要有支配、表述、方式、工具、材料、空间、时间、趋向、目的等。

最后我们对形类分析的基本体系略加说明。既然我们的讨论是在词法层面，因此构成形类的语素不再称为词而叫作语素。动词形类称为动语素、名词形类称为名语素、形容词形类称为形语素，其余类推。当然这里的名称变化不是单纯的改名问题，涉及词法体系和相关的理论问题。譬如，Aronoff（1994）认为句法操作既可用于句层面也可用于词层面，所以他提出“复合是词汇内部句法”。①汉藏语学者的认识不太一样，董秀芳（2011）认为复合词源于句法结构，因此强调复合词的内部成分关系：当一个非词形式变为词之后，其组成成分之间的概念距离就缩短了（董秀芳，2011:318），她还把这个过程称为“降格”（董秀芳，2011:322），“经历了一个巨大的范畴变化”（董秀芳，2011:286）。②

学界对于复合词的来源一直存在争议，来源于句法（词汇化）还是不涉句法独立创造。尽管藏语目前尚未开展全面的词汇化研究，但经验告诉

① Compounding is thus lexeme-internal syntsx. *Cf.* Aronoff, M. 1994. Morphology by itself, stems and inflectional classes. *Linguistic Inquiry* Monograph 22(P16). Cambridge, MA: MIT Press, 1994.

② 董秀芳（2011:25）指出：从历时角度看，汉语最早的复合词是来源于句法的，在那时还没有复合构词法；当复合词不断地从句法中衍生出来之后，复合构词法就产生了。这以后复合词就可以不通过句法而被语言使用者独立地创造出来了。参看董秀芳 2011《词汇化：汉语双音词的衍生和发展（修订本）》，商务印书馆。

我们，藏语既有丰富的词汇化产生的复合词，也有大量临场（即时）命名形成的复合词，特别是近现代汉藏翻译促成的书面语复合词及其在口语中的扩散。藏语复合名词无论来自短语的词汇化还是临场命名，它的构成成分肩负了合成新词的重担，都服务于新概念所指，它们自身的语义和所指逐渐模糊，偏向所指新概念，这是揭示概念距离缩短的价值。与此同时，复合词负载语义的成分也必然逐渐丧失原有词的地位和词的语法属性，从词汇词降格为构词语素，语义上也从独立词汇意义转变为语素特征意义。这也是复合名词内部形类结构几乎涵盖所有可能来源的语法词类组合的原因。

复合词作为一种词法类别是跟单纯词、派生词、屈折词等相对而言的，甚至可看作一种形态过程。复合词独特之处在于内部结构的可分析性、可溯源性和理据。为此，形类分析成为复合词的重要研究内容。同时，为区分短语结构，整体性和扩展性也是考察复合词不可或缺的内容，这同样涉及复合词的形类及其性质，并可能进一步牵扯语义或概念的合成程度或词汇化的深度。有关这方面的内容，我们拟在具体章节加以讨论。

从学术史上看，藏语的词汇历史研究尚未建立，复合词的来源也没有明确结论。但是我们借鉴汉语的词汇发展历史，可以知道相当部分词汇来源于语法结构的词汇化。例如，སྔར་མེད་ (sngar med)来源于སྔར་བྱུང་མྱོང་མེད་ (sngar byung myong med)没有前例的，空前的。① 董秀芳的研究（2011）详细描述了汉语双音词的衍生和发展，提出相当部分汉语复合词是历史句法结构的词汇化的结果。例如："否则"＜"否……则"句法结构（董秀芳，2011:266）。还有不少学者指出，汉语复合词的内部句法结构类型有一个发展过程，甲骨文时代的汉语，复合词尚处于萌芽状态，到先秦早期，并列结构复合词占据优势，之后才逐渐增长出其他类型，例如偏正结构、述宾结构、述补结构等（唐钰明 1986；马真 1980/1981）。这两方面研究告诉我们，如果把一些产生很晚的句法结构类型强加于复合词分析，是不是本末倒置呢？为此我们相信句法结构描写方式未必适合藏语复合名词的内部结构分析。

句法描述方法与复合词的产生（由来）命题密切相关。朱德熙（1982:32）曾指出"汉语复合词的组成成分之间的结构关系基本是和句法关系一致的"，实际上这很可能是贯彻句法分析方法的看法，而不是复合词自身的关系。

---

① 参看 Goldstein, Melvyn C. & Gelek Rinpoche & Lobsang Phuntshog 1991: *Essentials of Modern Literary Tibetan. A Reading Course and Reference Grammar.* University of California Press.

总起来说，词法分析需要遵循一个总的原则，即词项的完整性。这里所说的词项（lexical item）等同于词位（lexeme），指词的抽象单位，包含词内的词法变体，例如动词：ལྟ་(lta)现在时，བལྟ་(blta)未来时，བལྟས་(bltas)过去时，ལྟོས་(ltos)命令式，多种词形都属于同一词项或词位"看"。美国哈佛大学黄正德（1984）提出：短语的规则不能用于分析词的内部结构。荷兰莱顿大学Booij（2014）提出了有关词项完整性的原则：复杂词的内部成分不能用句法规则操作。如果我们把藏语复合词看作一种词法形态，那么复合词内部是不允许句法规则进入或操作的。

4.2 复合名词的基本类型

藏语双音节复合名词构成成分的内部形式类别比较复杂，以下讨论由名、动、形三种语素构成的9种双音节形类结构，并对复合名词内部形类构成所蕴含的语义关系及其句法渊源加以阐述。

（1）名语素+名语素（N+N）
（2）名语素+动语素（N+V）
（3）动语素+名语素（V+N）
（4）动语素+动语素（V+V）
（5）形语素+形语素（ADJ+ADJ）
（6）名语素+形语素（N+ADJ）
（7）形语素+名语素（ADJ+N）
（8）形语素+动语素（ADJ+V）
（9）动语素+形语素（V+ADJ）

下面将全面讨论双音节复合名词的这些结构。讨论之前，我们还需要先对复合名词内部形类构成所蕴含的语义关系加以阐述。

4.2.1 形类、语素和语义关系

藏语的双音节复合名词无论左边和右边是哪种成分，是名词性的还是动词性的，都不需要建立特别原则加以说明。藏语双音节复合名词的词内成分不区分核心与非核心，[①]也不需要进行特别的句法式分析。这种情况可利用同一语素出现在不同位置来观察。例如，དངུལ་(dngul)"银子，钱"出现在词内左边和右边的位置。

---

① 多数语言的复合词采用了所谓向心结构和离心结构分析方法。本章从概念合成角度观察复合词所指，因此，无论语义上是并列、叠合、修饰等关系，都不区分核心和非核心形类成分。

先观察 N+N 结构。དངུལ་(dngul)原义“银子”，引申义“金钱”。并列形式有 གསེར་དངུལ་[gser 金 dngul 银]金银，所指多隐喻财富；དངུལ་ཕོགས་[dngul 钱 phogs 薪资]“工资”所指为 དངུལ་[dngul]钱形式的报酬。叠合形式则相对复杂，造成各种语义所指关系。བོད་དངུལ་[bod 西藏 dngul 钱]“（旧时代西藏地方政府发行的）钱币”可以看作某个空间的事物，但语用角度看，བོད་(bod)代表的是一种类别属性，区别于泛指的 དངུལ་(dngul)，也区别其他空间的 དངུལ་(dngul)，因此可理解为“某种类别的事物”。གཞུང་དངུལ་[gzhung$_N$ 公家 dngul]“公款”，བར་དངུལ་[bar$_N$ 中间 dngul]“佣金”也是如此。དངུལ་བྲན་[dngul 钱 bran 仆]“守财奴”转指吝啬之人，所指可看作某种领有关系的事物，དངུལ་(dngul)成了领有者，བྲན་(bran)转喻无生命物 དངུལ་(dngul)的奴仆。དངུལ་གཏེར་[dngul 银 gter 矿石]“银矿”，ཤོག་དངུལ་[shog 纸 dngul 钱]“纸钱”所指是含有某种材料的事物。ལམ་དངུལ་[lam 路 dngul 钱]路费（支付旅行费用的钱），དངུལ་ཁུག་[dngul 钱 khug 袋]钱包（放钱的袋子）所指是含有某种用途的事物。

表 4.2　དངུལ་(dngul)构成的复合名词

藏语	形类 1	形类 2	语义类	藏语	形类 1	形类 2	语义类
bar dngul 佣金	N 中间	N 银/钱	-类别	dngul bran 守财奴	N 银/钱	N 奴仆	-领有
bod dngul 藏币	N 西藏	N 银/钱	-类别	dngul grangs 金额	N 银/钱	N 数字	-类别
bun dngul 贷款	N 债	N 银/钱	-类别	dngul khang 银行	N 银/钱	N 房子	-用途
gron dngul 经费	N 本钱	N 银/钱	-用途	dngul gter 银矿	N 银/钱	N 矿(石)	-材料
gtav dngul 押金	N 抵押	N 银/钱	-用途	dngul lcug 银条	N 银/钱	N 细条	-材料
gzhung dngul 公款	N 公家	N 银/钱	-类别	dngul chas 银器	N 银/钱	N 器具	-材料
khral dngul 税款	N 税	N 银/钱	-用途	dngul chu 水银	N 银/钱	N 水	-材料
shog dngul 纸币	N 纸	N 银/钱	-材料	dngul khug 钱包	N 银/钱	N 袋	-用途
rogs dngul 资助津贴	N 帮手	N 银/钱	-类别				
phog dngul 报酬	薪资	N 银/钱	-并列				

不同语素出现在复合名词不同位置是相对不同词所说的，同一个复合词的语素则不可以随便更换位置。དངུལ་ཆུ་(dngul chu 水)"水银"可以理解为"用银子做成的水"，这是比喻用银金属材料造成的水，但也可理解为"像水一样的银子（液态银）"，即使如此，却没有*ཆུ་དངུལ་(chu dngul)这样的形式。上文说复合名词的词内成分不区分核心与非核心，例如偏正、述宾、述补、主谓等，也是针对句法结构关系而言，不是从概念语义关系讨论。但是复合名词内部成分的语序是否遵循一定制约条件呢？答案应该是肯定的。我们给出两个理由：（1）无论复合名词来源于短语词汇化还是临场直接造词，复合名词是后起的形式，它的组成成分的形类本身就是从句法关系中的词类继承而来；短语词汇化的复合名词直接反映了句法结构关系，临场（即时）造词产生的复合名词则心理上间接受到句法系统的影响。（2）人的认知决定了概念和概念之间存在一定的联系或关系，又由于概念在人类原型范畴认知中的差异，必然对新概念的合成造成影响，其中也会涉及内部成分的顺序。

我们进一步观察 V+N 或 N+V 形类。དངུལ་(dngul)出现在左边或右边，与动词合成复合名词。V+N 结构的动词大多是过去时形式(V_{PST})，表示实现（或完成）的状态，转指动作受事表示的事物。例如动词 རྐུ་(rku，现在时/原形)"偷"有多个形态形式，未来时：བརྐུ་(brku)，过去时：བརྐུས་(brkus)，命令式：རྐུས་(rkus)，其中过去时转指事物后语义上取得指称功能，于是 བརྐུས་(brkus)指称"被偷的东西"，可以作为名词性成分看待，进一步取得修饰语组合功能。但是这项指称又不是确切的定指，不能直接用作名词或加指示词之类构成短语结构：*རྐུས་འདི་(rkus vdi)"这个被偷的东西"，显然该形式自身并未取得名词地位，仅在 V_{PST}+N 复合名词格式中获得指称功能。类似的复合名词还有：བརྐུས་ནོར་(brkus nor)财物，བརྐུས་ཟོག་(brkus zog)货物，བརྐུས་རྫས་(brkus rdzas)物品，都是"赃物，偷来的东西"的意思。

表 4.3 དངུལ་(dngul)与过去时动词构成的复合名词

藏语	形类 1	形类 2	语义类	藏语	形类 1	形类 2	语义类
brkus dngul 赃款	V(PST) 偷	N 银/钱	-受事	btang dngul 汇款(\<m>)	V(PST) 发出	N 银/钱	-受事
bsags dngul 存款	V(PST) 积攒	N 银/钱	-受事	bskyis dngul 借款(\<m>)	V(PST) 借	N 银/钱	-受事
bcol dngul 存款	V(PST) 存放	N 银/钱	-受事	bkar dngul 库存现金	V(PST) 支撑	N 银/钱	-受事
gsog dngul 储蓄	N/V(PRS) 积累	N 银/钱	-受事				

不过，我们看到还有部分词的动语素采用了现在时形式。部分可能是兼类词的原因，例如 གསོག: བསག་/བསོག་, བསགས་, སོག་ (gsog: bsag / bsog, bsags, sog)“积累”可能兼作名词，参见 གསོག་འཇོག་(gsog vjog)$_{\text{N/V}}$ 积累，储备，因此词形上原本应该用过去时（动作完成）形式的却用了现在时形式，实则应为兼类名词，例如 གསོག་ཁྲ་(gsog khra)储蓄清单，གསོག་འབྲུ་(gsog vbru)储备粮，གསོག་དངོས་(gsog dngos)存货。目前，似乎只有拉萨话才使用过去时词形构成同样的词，例如，བསགས་དངུལ་[[bsags]$_{\text{V-PST}}$ dngul]存款，བསགས་དངོས་[[bsags]$_{\text{V-PST}}$ dngos]存货。

除了名词和动词兼类情况，可能还有更复杂现象，还可能存在其他内在制约因素。例如 སློང་དངུལ་(slong dngul)化缘款，སྐྱོབ་དངུལ་(skyob dngul)“赈款”等（表 4.4），动词 སློང་(slong)$_{\text{PRS-V}}$ 原义为“乞讨，恳求”，སྐྱོབ་(skyob)$_{\text{PRS-V}}$ 原意是“拯救”，这些复合名词里面，དངུལ་(dngul)“银/钱”不是动作的受事或对象，而是工具或材料（钱），或行为结果。因此这种现象仍需进一步探讨，譬如，这几个案例在拉萨话里似乎未出现，仅《藏汉词典》收入。此外，ཉེས་དངུལ་(nyes dngul)“罚款”和 གཏའ་དངུལ་(gtav dngul)“押金”实际可能是名语素，也可能是动语素。如果是动语素，也没有变体形式，看作现在时和过去时都有可能，需从具体语境判断。

表 4.4　དངུལ་(dngul)与现在时动词构成的复合名词

藏语	形类 1	形类 2	语义类	藏语	形类 1	形类 2	语义类
slong dngul 化缘款	V(PRS) 乞讨，恳求	N 银/钱	结果	nyes dngul 罚款	V/N 处罚/过错	N 银/钱	工具
skyob dngul 赈款	V(PRS) 拯救，保护	N 银/钱	材料	gtav dngul 押金	V/N 抵押/押金	N 银/钱	工具

V_{PST}+N 复合名词是否从句法结构词汇化产生的呢？鉴于藏语动词后置，可能的结构只能来自前置的短语，例如 གཞན་ནོར་བརྐུ་བའི་ཐབས་(gzhan nor 别人财物 brku 偷 bavi$_{\text{NMZ+GEN}}$ thabs 方法)偷别人财物的方法。但是，我们很难解释其中名词化标记乃至属格标记怎样脱落，为此，更好的设想仍然是临场造词创造的这类结构。

N+V 结构的 V 都是非完成式（现在时或未来时）词形，呈支配关系，N 是动作受事。

表 4.5　དངུལ་(dngul)与现在时动词构成的复合名词

藏语	形类 1	形类 2	语义类	藏语	形类 1	形类 2	语义类
dngul brje 汇兑	N 银/钱	V(PRS) 交换	受事	dngul vkhrol 闲钱	N 银/钱	V(PRS) 释放	受事
dngul vphri 扣款	N 银/钱	V(PRS) 减少	受事	dngul skyed 利息	N 银/钱	V(PRS) 生长	受事
dngul bzhag 存款	N 银/钱	V(PRS) 放置	受事	dngul gnyer 出纳	N 银/钱	V(PRS) 照管	指人
dngul lhag 余款	N 银/钱	V(PRS) 剩余	受事	dngul vgyed 布施钱	N 银/钱	V 发出 N 施舍	受事
dngul sprod 付款	N 银/钱	V(PRS) 给	受事	dngul bdag 户头	N 银/钱	V(PRS) 占有	指物
dngul vdzugs 押宝	N 银/钱	V(PRS) 放入	受事	dngul bzo 银匠	N 银/钱	V(PRS) 做;造	指人
dngul g-yar 借钱	N 银/钱	V(FUT) 借	受事	dngul bris 银字经	N 银/钱	V(PST) 写	指物

དངུལ་གཉེར་(dngul gnyer)“出纳”转指管钱人，但为了语义清晰，也造成派生形式དངུལ་གཉེར་པ་(dngul gnyer pa)出纳员。不过实际语流中，一般不会发生误解的情况。

复合名词形类结构虽然从来源上和语用心理上继承了句法结构关系，但是这种结构关系相对弱化或泛化，不能决定词的整体性质和功能。这是我们决定不进行词内句法式结构分析的原因。总之，复合名词之间的语义关系极端复杂，跟语用等多种因素存在密切关系。如果再进一步考察 N+A 等结构，例如དངུལ་སྒོར་(dngul sgor)银元，硬币，དངུལ་ནག་(dngul nag)黑钱，又产生新的认知维度。所以说，正是这样的造词原则决定了复合词的产生理据和产生途径，简单用句法关系是很难描述的。

以下各节分别观察复合名词的内部结构类型，特别注意不同类别语素是否影响复合名词的性质。

4.2.2　名语素+名语素（N1+N2）

N+N 复合词表达多种事物或概念，取决于两个成分的语义合成。最常见的两种语义所指是整体概念和特征事物。所谓整体概念往往是两个成分的语义加合，例如རི་ཆུ་(ri chu)“山河”原本分指山丘和河流，合成语义则统指山丘和河流，造成整体的山水地理图景。特征事物是突出两个成分中某个成分表示的数量、颜色、形状、时间、空间、材料、功能、类别和属性等特征，例如藏语 ཕྱེད་གླིང་(phyed gling)“半岛”表达了事物对象的数量特征。从复合词语义所指产生的来源看，可以说存在两种逻辑关系，一是组合成分的并列关系，一是组合成分的描述关系，前者即人们归纳的并列复合词，后者是带中心语和描述语的偏正复合词，中心语的描述语往往提取或描述中心语的特征。由此我们知道，当我们在形类关系下描述复合词的时候，我们仍然可以对复合词构成成分语义关系决定的所指及其关系进行分析，这样可以揭示复合词所指跟复合词内部结构要素所存在的渊源关系，反映出要素关系制约而形成的语义所指。例如并列关系常常反映出整体概念，描述关系则突出了被描述词或称语义中心词的特征所指。

一般来说，N_1 和 N_2 可能是自由语素也可能是非自由语素，不过这种差异并不过分影响藏语 N_1+N_2 的构词规则，再以 རི་ཆུ་(ri chu)“山河”为例，རི་(ri)山$_{<N>}$和 ཆུ་(chu)水/河$_{<N>}$都是独用的自由语素，可构成 རི་ཆུ་ (ri chu)山河。可是藏语中更常见的名词大多没有独立的单音节形式，通常都呈现为派生词形式（完形词），例如 ཆར་པ་(char pa)雨，构成复合词的时候需要去掉词缀 པ་(pa)：ཆར་རླུང་(char rlung) < ཆར་པ་(char pa)+ རླུང་(rlung)风雨。再如 ཆོམ་རྐུན་(chom rkun) < ཆོམ་པ་(chom pa)+ རྐུན་མ་(rkun ma)盗匪，拉萨话 ཆོམ་པ་(chom pa)“贼”和 རྐུན་མ་(rkun ma)“贼”都是派生词，组成复合词均去掉派生词缀。

4.2.2.1 N1N2 表示整体概念

N+N 复合词以并列方式产生语义加合，加合的语义所指是一种整体事物或整体概念，蕴含了两个具体事物加合代表的所指，形成新的所指。例如：ཆར་རླུང་(char rlung)风雨（雨+风），རྔུལ་ཁྲག་(rngul khrag)血汗（汗+血），སྒྱུ་རྩལ་(sgyu rtsal)技艺（技艺+技能），ལུས་སེམས་(lus sems)身心（身体+心灵），རི་ཆུ་(ri chu)山河（山+水/河），རྒྱལ་བློན་(rgyal blon)君臣（国+臣），དཔོན་དམག་(dpon dmag)官兵（官+军队）。①

并列复合名词整体概念也蕴含了隐喻概念，例如 ལུས་སེམས་(lus sems)“身心”并非单纯仅指生理或物理的身心形状，实际蕴含了精神状况。句 4-1 用数词描述和分指 ལུས་སེམས་(lus sems)“身心”两物，这个词的本义还比较突出，而句 4-2 ལུས་སེམས་(lus sems)“身心”指示整体概念，是动作的对象，实际所指是精神面貌。

---

① 为节省篇幅，我们用下标顺序对应藏文第一音节和第二音节，并且略去藏文和藏文的拉丁转写。例如 ཆར་རླུང་(char rlung)风雨（ཆར་(char)雨+རླུང་(rlung)风），简作：ཆར་རླུང་(char rlung)风雨（雨+风）。以下同此。

4-1 བཙུན་པ་ཚོ་ནི་ལུས་སེམས་གཉིས་ཀ་དལ་ཞིང་ལྷོད་པས།

btsun-pa-tsho ni lus-sems gnyis-ka dal zhing lhod-pas.

尊者们 呢 身心 两面 慢 且 松弛

众僧困倦，……（水浒传）

4-2 བློ་ཡུལ་དུ་ཡང་ཡང་ཤར་ཡོང་བ་དེས་མོའི་ལུས་སེམས་ལ་ཁ་ལོ་གཏོང་བར་བྱེད།

blo-yul_du yang-yang shar-yong-ba de_s mo_vi lus-sems la

心里_LOC 反复 想 这_AG 她_GEN 身心

kha-lo-gtong-bar-byed.

控制

心里反复思考着控制她的身心……(琴弦上的魂)

我们注意到 རྒྱལ་བློན་ (rgyal blon)“君臣”这个复合词的语素形类。rgyal 原义是“胜利”，动词语素，可是这个语素后来经常用于“胜者”，转类且转义衍生出 རྒྱལ་པོ་(rgyal po)国王，blon 原义是“商议”，动词语素，转类且转义用作 བློན་པོ་(blon po)臣，因此 རྒྱལ་བློན་ (rgyal blon)“君臣”实际来自两个派生名词。同样，རྒྱལ་དམངས་(rgyal dmangs)国民，也是用两个名词语素构成，རྒྱལ་(rgyal 国<N>)，དམངས་(dmangs 公众<N>)。类似的还有：ཕྱི་རྒྱལ་(phyi rgyal)外国，རྒྱལ་གླུ་(rgyal glu)国歌。

按照传统的分析，并列复合名词常表现出三种整体语义关系，两个语素可能是同义语素，组成传统所说的同义复合词，例如：ལུགས་སྲོལ་(lugs srol)传统（传统+习惯），རེ་འདུམ་(re vdum)希望（希望+意愿），གླུ་གཞས་(glu gzhas)歌曲（歌+歌）；两个语素也可能是反义语素，组合成反义复合词，例如：ཉིན་མཚན་(nyin mtshan)日夜（日+夜），གཞུང་སྒེར་(gzhung sger)所有人（政府+私人），ཕ་མ་(pha ma)父母（爸爸+妈妈），ལྷ་འདྲེ་(lha vdre)神鬼（神+魔鬼），རྒྱུ་འབྲས་(rgyu vbras)因果关系（原因+结果）；还有一些既非同义关系也非反义关系的复合词，称为相关关系，例如 ཤ་ཁྲག་(sha khrag)血肉（血+肉），ཞིང་འབྲོག་(zhing vbrog)农牧民（牧民+农民），དགེ་སློབ་(dge slob)师生（教师+学生），རྒྱ་བོད་(rgya bod)汉藏（汉人+藏人）。

试观察以下例词：

同义关系：

གོར་ནད་(gor nad) 牛瘟(gor 瘟<N>, nad 病<N>)

གྲངས་འབོར་(grangs vbor) 数量(grangs 数字<N>, vbor 数量<N>)

གྲོག་ཤུར་(grog shur) 山沟(grog 沟<N>, shur 沟<N>)

གཅེན་གཅུང་(gcen gcung) 兄弟姐妹(gcen 兄;姐<N>, gcung 弟;妹<N>)

སྤན་སྤུན་(span spun) 兄弟(span 兄弟姐妹<N>, spun 兄弟/亲戚<N>)

རྒྱུ་རྫས་(rgyu rdzas) 资财(rgyu 财产$_{<N>}$, rdzas 材料$_{<N>}$)
གཉན་རིམས་(gnyan rims) 时疫(gnyan 瘟疫$_{<N>}$, rims 瘟疫$_{<N>}$)
དུས་སྐབས་(dus skabs) 时期(dus 时候$_{<N>}$, skabs 时刻$_{<N>}$)
དུས་ཡུན་(dus yun) 时期(dus 时候$_{<N>}$, yun 时期$_{<N>}$)
གནག་ཕྱུགས་(gnag phyugs) 牲畜(gnag 牲畜$_{<N>}$, phyugs 牲畜$_{<N>}$)
ཕ་བུ་(pha bu) 父子(pha 父亲$_{<N>}$, bu 男孩$_{<N>}$)
དམག་དམངས་(dmag dmangs) 军民(dmag 军队$_{<N>}$, dmangs 公众$_{<N>}$)
རི་ཀླུང་(ri klung) 山河(ri 山$_{<N>}$, klung 河$_{<N>}$)

反义关系：
ཉིན་ཞག་(nyin zhag) 昼夜(nyin 日$_{<N>}$, zhag 夜$_{<N>}$)
གོང་འོག་(gong vog) 上下(gong 上面$_{<N>}$, vog 下面$_{<N>}$)
གཞུང་སྒེར་(gzhung sger) 公私(gzhung 公家$_{<N>}$, gser 私人$_{<N>}$)
རྒྱུ་འབྲས་(rgyu vbras) 因果(rgyu 理由$_{<N>}$, vbras 结果$_{<N>}$)
རྒན་བྱིས་(rgan byis) 老幼(rgan 老人$_{<N>}$, byis 儿童$_{<N>}$)

相关关系或上下位关系：
ལྷ་འདྲེ་(lha vdre) 神鬼(lha 神$_{<N>}$, vdre 鬼$_{<N>}$)
ཁབ་སྐུད་(khab skud) 针线(khab 针$_{<N>}$, skud 线$_{<N>}$)
གླུ་གར་(glu gar) 歌舞(glu 歌(儿)$_{<N>}$, gar 舞$_{<N>}$)
བྲོ་གཞས་(bro gzhas) 歌舞(bro 舞$_{<N>}$, gzhas 歌$_{<N>}$)
སྣག་སྨྱུག་(snag smyug) 笔墨(snag 墨$_{<N>}$, smyug 笔$_{<N>}$)
ཁྲོམ་ལམ་(khrom lam) 街道(khrom 街$_{<N>}$, lam 路$_{<N>}$)
གངས་ལྷགས་(gangs lhags) 风雪(gangs 雪$_{<N>}$, lhags 风$_{<N>}$)
གྲོགས་མཆེད་(grogs mched) 亲友(grogs 朋友$_{<N>}$, mched 兄弟姊妹)$_{<N>}$)
རྒྱལ་ཁབ་(rgyal khab) 国家(rgyal 国$_{<N>}$, khab 官邸$_{<N>}$)
རྣོ་ལྕགས་(rno lcags) 钢铁(rno 钢$_{<N>}$, lcags 铁$_{<N>}$)

4.2.2.2 N1N2 表示特征事物

非并列性的 N_1N_2 结构表达的所指事物通过凸显特征来表示。以下举例列出其中主要的几种：数量、颜色、形状、时间、空间、材料、工具、功能、类别和属性等特征。

颜色：
གསེར་བུ་(gser bu) 金色鸟(gser 金色$_{<N>}$, bu(小生物)$_{<N>}$)
སེར་ཤ་(ser sha) 黄蘑菇(ser 黄色$_{<N>}$, sha 肉$_{<N>}$)
སྣག་ཤིང་(snag shing) 墨板(snag 墨$_{<N>}$, shing 木/树$_{<N>}$)
ཤིང་སེར་(shing ser) 黄柏(树)(shing 树$_{<N>}$, ser 黄色$_{<N>}$)

སྙུག་སེར་(snyug ser) 竹黄色(snyug 竹子<N>, ser 黄色<N>)

ཆང་སེར་(chang ser) 黄酒(chang 酒<N>, ser 黄色<N>)

རྐོང་སེར་(rkong ser) 黄癣(rkong 疥癣<N>, ser 黄色<N>)

སེར་མདོག་(ser mdog) 黄色(ser 黄色<N>, mdog 颜色<N>)

སྲན་སེར་(sran ser) 黄豆(sran 豆<N>, ser 黄色<N>)

ཞྭ་སེར་(zhwa ser) 黄帽(派)(zhwa 帽子<N>, ser 黄色<N>)

ལྕང་སྐྱ་(lcang skya) 白杨树(lcang 杨树<N>, skya 白<N>)

སྒ་སེར་(sga ser) 姜黄(sga 姜<N>, ser 黄色<N>)

形状：

སྒོང་སེར་(sgong ser) 蛋黄(sgong 蛋<N>, ser 黄色<N>)

སྒོང་སྤྲི་(sgong spri) 蛋白(sgong 蛋<N>, spri 奶的凝结物<N>)

གདན་ཤིང་(gdan shing) 枕木(gdan 垫子<N>, shing 木<N>)

རྡོ་ཆར་(rdo char) 冰雹(rdo 石头<N>, char 雨<N>)

རྩ་ལམ་(rtsa lam) 脉管(rtsa 脉<N>, lam 路<N>)

པར་རིས་(par ris) 图片(par 照片<N>, ris 形状<N>)

སྤུ་གྲི་(spu gri) 刀片(spu 绒<N>, gri 刀<N>)

མིག་འབྲས་(mig vbras) 眼球(mig 眼<N>, vbras 米<N>)

时间：

དབྱར་ཆུ་(dbyar chu) 夏汛(dbyar 夏天<N>, chu 水/河<N>)

དགོང་ཁྲོམ་(dgong khrom) 午集(市)(dgong 晚间<N>, khrom 街<N>)

དགུན་ནས་(dgun nas) 冬青稞(dgun 冬季<N>, nas 青稞<N>)

ཟླ་ཕོགས་(zla phogs) 月薪(zla 月<N>, phogs 薪金<N>)

ཟླ་ཐོ་(zla tho) 日历(zla 月<N>, tho 账[本]<N>)

དཔྱིད་རླུང་(dpyid rlung) 春风(dpyid 春天<N>, rlung 风<N>)

མཚན་ཟས་(mtshan zas) 夜宵(mtshan 夜<N>, zas 食物<N>)

ད་ལོ་(da lo) 今年(da 现在<N>, lo 年<N>)

ཉིན་སྐར་(nyin skar) 晨星(nyin[一]日<N>, skar 星星<N>)

空间：

བོད་མདའ་(bod mdav) 藏枪(bod 西藏<N>, mdav 箭<N>)

བོད་སྐད་(bod skad) 藏语(bod 西藏<N>, skad 话<N>)

བོད་སྨན་(bod sman) 藏药(bod 西藏<N>, sman 药<N>)

རྣ་ཁུང་(rna khung) 耳孔(rna 耳<N>, khung 洞<N>)

ཁྱིམ་བྱ་(khyim bya) 家禽(khyim 家<N>, bya 禽<N>)

ལྷོ་སྣེ་(lho sne) 南极(lho 南<N>, sne 顶端<N>)

ལྷོ་ངོས་(lho ngos) 南面(lho 南_{<N>}, ngos 朝向_{<N>})
ནང་མཚོ་(nang mtsho) 内海(nang 内_{<N>}, mtsho 海_{<N>})
རྒྱ་འབྲས་(rgya vbras) 汉地米(rgya 汉_{<N>}, vbras 米_{<N>})
གླང་ཁྱིམ་(glang khyim) 牛栏(glang 牛_{<N>}, khyim 家_{<N>})
མཐིལ་ཤིང་(mthil shing) 地板(mthil 底_{<N>}, shing 木_{<N>})
ནགས་མེ་(nags me) 林火(nags 树林_{<N>}, me 火_{<N>})
གར་སྟེགས་(gar stegs) 舞台(gar 舞_{<N>}, stegs 台子_{<N>})
རི་གྲོང་(ri grong) 山村(ri 山_{<N>}, grong 村镇_{<N>})

材料：

དབུགས་ལྒང་(dbugs lgang) 气球(dbugs 气_{<N>}, lgang 球形物_{<N>})
ཆབ་གདན་(chab gdan) 尿布(chab 尿_{<N>}, gdan 垫子_{<N>})
བྲག་ཚྭ་(brag tshwa) 岩盐(brag 岩_{<N>}, tshwa 盐_{<N>})
རྔུལ་ཆུ་(rngul chu) 汗水(rngul 汗_{<N>}, chu 水_{<N>})
ཟངས་བུམ་(zangs bum) 铜瓶(zangs 铜_{<N>}, bum 瓶_{<N>})
འཇིམ་སྐུ་(vjim sku) 泥菩萨(vjim 泥_{<N>}, sku 身体_{<N>})
གསེར་ཁབ་(gser khab) 金针(gser 金子_{<N>}, khab 针_{<N>})
གངས་ཆུ་(gangs chu) 雪水(gangs 雪_{<N>}, chu 水_{<N>})

功能/用途：

རྨོན་གླང་(rmon glang) 耕牛(rmon 耕作_{<N>}, glang 牛_{<N>})
བཤན་གྲི་(bshan gri) 屠刀(bshan 屠杀_{<N>}, gri 刀_{<N>})
བཙོན་ཆས་(btson chas) 囚衣(btson 监狱_{<N>}, chas 服装_{<N>})
བུན་ཐོ་(bun tho) 债薄子(bun 债_{<N>}, tho 账[本]_{<N>})
ཆབ་ཁང་(chab khang) 澡堂；厕所(chab 尿_{<N>}, khang 房子_{<N>})
ཆང་རྫ་(chang rdza) 酒坛(chang 酒_{<N>}, rdza 陶器_{<N>})
ཆར་གདུགས་(char gdugs) 雨伞(char 雨_{<N>}, gdugs 伞_{<N>})
ཇ་ཁང་(ja khang) 茶馆(ja 茶_{<N>}, khang 房子_{<N>})
གངས་ཤེལ་(gangs shel) 雪镜(gangs 雪_{<N>}, shel 玻璃_{<N>})

类别：

ཁང་བྱེའུ་(khang byevu) 麻雀(khang 房子_{<N>}, byevu 雀_{<N>})
ནགས་བྱི་(nags byi) 松鼠(nags 树林_{<N>}, byi 鼠_{<N>})
ཁྲོམ་དམངས་(khrom dmangs) 市民(khrom 街_{<N>}, dmangs 公众_{<N>})
བྱ་གླག་(bya glag) 苍鹰(bya 禽_{<N>}, glag 雕_{<N>})

领属：

མཚོ་གླང་(mtsho glang) 海牛(mtsho 海_{<N>}, glang 牛_{<N>})

དགོན་གཞིས་(dgon gzhis) 庙产(dgon 寺庙<N>, gzhis 庄园<N>)

མིག་ལྤགས་(mig lpags) 眼皮(mig 眼；瞳<N>, lpags 皮；革<N>)

བྱ་སྒྲོ(bya sgro) 翎毛(bya 禽<N>, sgro 羽毛<N>)

བྱིའུ་ཚང་(byivu tshang) 鸟巢(byivu 小鸟<N>, tshang 窝<N>)

ཆབ་མིག(chab mig) 泉眼(chab 水<N>, mig 眼；瞳<N>)

གཙོད་རྭ་(gtsod rwa) 羚羊角(gtsod 藏羚羊<N>, rwa 犄角<N>)

གཡག་ཀོ་(g-yag ko) 牦牛皮(g-yag 牦牛<N>, ko 皮<N>)

ཁང་རྨང་(khang rmang) 屋基(khang 房子<N>, rmang 根基<N>)

属性：

བསོད་ཟས་(bsod zas) 美食(bsod 福气<N>, zas 食物<N>)

བྱིས་གླུ་(byis glu) 童谣(byis 儿童<N>, glu 歌(儿)<N>)

བྱིས་སྒྲུང་(byis sgrung) 童话(byis 儿童<N>, sgrung 故事<N>)

根据 Downing(1977)的研究，复合名词之间的语义关系可能是无限的，不可能被有限地归纳出来(黄月圆，1995)，以上只是就其中可能的关系作了部分区分。另一方面，藏语中有些复合词的构词语素已经逐渐虚化，意义逐渐模糊，还有些甚至作为类词缀出现。例如 མིག་ལྤགས་(mig lpags)眼皮（眼+皮肤），མིག་ཆུ་(mig chu)眼泪（眼+水），每个语素的意义相对具体，复合词意义仍旧透明，可推测判断：གནམ་གྲུ་(gnam gru)飞机（天空+船），其中 གྲུ་(gru)已丧失“漂浮在水面的运输工具”意义；ལྷ་ཁང་(lha khang)寺庙（神+房子），其中 ཁང་(khang)虽然已经不再是供人居住生活意义上的房子，但作为神的活动空间，语素的本义还可追溯，复合词意义还可以推测。但是，有些词的语义已经空洞化，开始朝词缀语素方向变化，例如 རོ་(ro)原意是“废品”，作为构词语素，蜕变出“剩余物”“渣滓、碎屑”等意思，最后变成“不值一提的碎东西”，甚至可以用于指人，表示没有价值没有用处的废人，形成贬义类词缀。例如：

གྱང་རོ་(gyang ro) 破墙(gyang 墙<N>, ro 渣滓<N>)

ཇ་རོ་(ja ro) 剩茶叶(ja 茶<N>, ro 渣滓<N>)

ལྕགས་རོ་(lcags ro) 废铁(lcags 铁<N>, ro 渣滓<N>)

རྡོ་རོ་(rdo ro) 乱石堆(rdo 石头<N>, ro 渣滓<N>)

གྱོང་རོ་(gyong ro) 傻大个(gyong 倔强<N>, ro 渣滓<N>)

ནད་རོ་(nad ro) 病夫(nad 病<N>, ro 渣滓<N>)

གཅོང་རོ་(gcong ro) 药罐子(gcong 伤，病<N>, ro 渣滓<N>)

མེ་རོ་(me ro) 余烬　　(me 火<N>, ro 渣滓<N>)

总起来看，并列型和描述型 N_1N_2 复合名词分别继承了句法上的并列名词短语和前置描述名词短语，只是描述型缩减略去了可能存在的属格标记。语义上，无论同义还是反义词根语素，并列型都涉及范围和量限，有周遍性，形成逻辑上的全称概念。描述型结构所指多为具体事物，缺少抽象名词，表数和指人名词也不丰富。

4.2.3 名语素+动语素（N+V）

藏语句法上的名词和动词语序可以构成主谓（陈述、领有、判断等谓语）和述宾（受事、对象、结果、类别等宾语）结构，都是陈述性的。尽管 N+V 词法模式是指称性的，构成名词，但语序形式明显源自主谓和述宾两种句法结构，有其继承的合理性。不过，藏语词法模式跟句法模式之间功能表达上是不能等同的。观察以下两种类型。

4.2.3.1 对应句法上的主谓结构

（1）N+V 转指事物

复合词区别于句法结构的重要特征之一是其压缩性。就复合名词而言，为了实现它的所指功能，表达驱动结构释放压缩信息，通过转指达成所指。这正是复合词结构与句法结构不同之处，它越过内部透明性直达所指，跟句法结构通过内部透明关系实现所指很不一样。

对应句法主谓结构的 N+V 复合词主要表达事物和指人。先看转指事物。例如：

དུ་འགྲོ་(du vgro)烟囱(烟+走/去)，其中 འགྲོ་(vgro)是自主不及物动词，由于 དུ་(du)不是施事，因此 དུ་འགྲོ་(du vgro)后面蕴含了动作的施为者，并且驱动主事发出动作，即词法上的名词 N 和动词 V，所指称的事物可能是"让烟走的事物/东西"，这个所指或者是实体，或者是工具，由母语人约定俗成决定。同样，ཆུ་འགྲོ་(chu vgro)是"让水走的事物/东西"，转指"下水道/管道"。

再看 ཆུ་ལོག་(chu log)洪水(水+倒塌)，ལོག་(log)是不自主不及物动词，表示事件发生引起的后果或产生的特征，转指经历此变化的事物或产生此特征的事物。所以"河水塌了"指称所产生的后果"洪水"。

N+V 复合名词所指事物主要有两类，具体事物和抽象事物。例如：
具体事物

ཁབ་གུག་(khab gug) 弯针(针-N+弯-V)

སྤྲིན་གུག་(sprin gug) 卷云(云-N+卷-V)

ཁྲག་རུལ་(khrag rul) 脓(血-N+腐烂-V)

ཁ་ཀྱོག་(kha kyog) 歪嘴(嘴-N+斜-V)

ལྟོ་ལྷག་(lto lhag) 剩饭(食物-N+剩余-V)

ཕྱུར་སྐུམ་(phyur skum) 奶酪干(奶酪-N+收缩-V)

སྣ་གུག་(sna gug) 鹰钩鼻(鼻子-N+弯-V)

དེའུ་འབུར་(devu vbur) 丘陵(小山-N+突起-V)

བལ་འཁོར་(bal vkhor) 羊毛捆子(羊毛-N+旋转-V)

བྱ་འཕུར་(bya vphur) 风筝(禽-N+飞-v)

གྲི་གུག་(gri gug) 弯刀(刀-N+弯-V)

ཆུ་འབེབས་(chu vbebs) 云(水，河-N+降下-V)

抽象事物

གཏམ་འཁྱར་(gtam vkhyar) 传闻(话语-N+流散-V)

ས་འགུལ་(sa vgul)地震 (土地-N+移动-V)

འགན་འཛོལ་(vgan vdzol) 失职(责任-N+错乱-V)

ལྕེ་ཚོར་(lce tshor) 味觉(舌-N+感觉-V)

དུག་ལྷག་(dug lhag) 余毒(毒-N+剩余-V)

མནའ་མཐུན་(mnav mthun) 同盟(誓言-N+一致-V)

གསེར་འགྱུར་(gser vgyur) 点金术(金子-N+变化-V)

བག་གཡེང་(bag g-yeng) 放肆(本性-N+涣散-V）

དབུགས་ཆགས་(dbugs chags) 生物(气息-N+产生-V)

མིང་གྲགས་(ming grags) 名声(名字-N+传开-V)

བློ་དོགས་(blo dogs) 顾虑(心灵-N+疑惑-V)

རིམ་འགྱུར་(rim vgyur) 演变(等级，秩序-N+变化-V)

ལྷགས་ངར་(lhags ngar) 严寒(风-N+凶猛-V)

ནད་ཟུག་(nad zug) 病痛(病-N+疼-V)

གཏམ་འཁྱམས་(gtam vkhyams) 流言(话-N+流浪-V)

（2）N+V 指人或生命物（含拟人）

对应句法主谓式指人或者生命物的 N+V 复合词较少。例如：通过身体部位转指人：རྐང་འགྲོ་(rkang vgro)让脚走的事物，人，转指“脚夫，搬运工”。

མི་འཐེང་(mi vtheng) 跛足，瘸子（人-N+瘸-V）

བུ་སློབ་(bu slob) 男生 (男孩-N+教；学 V)

ཇག་འཁྱམ་(jag vkhyam) 流寇 (盗匪-N+流浪-V)

ཁྱི་ངན་(khyi ngan) 恶狗（狗-N+邪恶-V)

ཁྱི་འབིགས་(khyi vbigs) 刺猬（狗-N+挖-V，非拉萨话）

这类指人或生命物的复合词数量不多也是符合藏语词法规律的。因为已经有指人派生词占据了词库里这样的位置，表达类似的概念。例如：སློབ་མ་/སློབ་བུ་(slob ma/slob bu)弟子，学生；ཇག་པ་ (jag pa)盗匪，或者 འཁྱམ་པོ་ (vkhyam po)流浪者。

如果与 N+A 模式的静态特征相比，可以看出相互之间有一定差别，描述型是直接描写，不会感知产生的过程和原因，而 N+V 模式则转指意味强烈。例如：ལག་ཀྱོག(lag kyog)残疾手，弯手（手-N+弯-A），ལམ་ཀྱོག(lam kyog)（绕弯的）弯路（路-N+弯-A）。

4.2.3.2 对应句法上的述宾结构

（1）蕴含格意义的结构

从词例 ལག་འཇུ་(lag vju)（楼梯的）扶手（手-N+握住-V）来看，形式上跟句法述宾结构一致。由于逻辑语义上我们可以感知其中蕴含了工具格意义：用手握，说明词法是一种压缩的结构。又如 རྡོ་རྩིག་(rdo rtsig)石墙（石头-N+砌-V），是“用石头砌的东西”之义，也隐含了工具格。ཆར་སྐྱོབ་(char skyob)伞（雨-N+庇护/救护-V）含有“从雨中救护的东西”意思，隐含了从格意思。请比较类似句法结构：མུ་གེ་ལས་བསྐྱགས་(mu ge 灾荒 las 从格 bskyags 救护-V-PST)救荒。还有一些词含有空间意义，指发生在空间的行为。相似的词例有：

ཕྱག་འབུལ་(phyag vbul) 礼品(手-N+奉献-V)

ཆུ་སྐོར་(chu skor) 水车(水-N+转动-V)

ལྟག་ཉལ་(ltag nyal) 仰卧(背-N+睡-V)

མདུན་འཇོག(mdun vjog) 礼物(前面-N+放置-V)

མཁའ་སྐྱོད་(mkhav skyod) 航空(天空-N+移动-V)

ནང་མཐུན་(nang mthun) 和睦(里面-N+一致-V)

མཁའ་འཐབ་(mkhav vthab) 空战(天空-N+战斗-V)

ནང་མོལ་(nang mol) 酝酿(里面-N+商议-V)

མཚན་འཐབ་(mtshan vthab) 夜战(夜-N+战斗-V)

མཚན་འཚོ་(mtshan vtsho) 夜牧(夜-N+放牧-V)

ཟུར་ལྟ་(zur lta) 参考；旁观(侧面-N+看-V)

བར་གཅོད་(bar gcod) 阻碍(中间-N+切割-V)

དངུལ་བོགས་(dngul bogs) 租金(钱-N 租-V，非拉萨）

བློ་སྦྱོང་(blo sbyong) 修养；涵养(心灵-N+练习-V)

མཁའ་ཟོན་(mkhav zon) 防空(天空-N+提防-V)

ཚོན་ལོང་(tshon long) 色盲(颜色-N>+瞎-V>)

以上动词都是现在时或原形形式。

（2）带受事的动词结构转指事物

带受事的及物动词表示动作的功能及功能的类别，转指所作用的事物。例如 ཇ་དཀྲུག་(ja dkrug)搅茶棍(茶-N+拨弄-V)，转指“拨弄茶水的工具”。再如：

བཅུད་འགུགས་(bcud vgugs) 灯(精华-N 召集-V)
ལྦ་སྐོར་(lba skor) (小孩儿用的)围兜儿(脖子-N+围绕-V)
བཀའ་འཛིན་(bkav vdzin) 字据(话语-N+握住-V) [①]
མདའ་རྒྱུད་(mdav rgyud) 弓弦(箭-N>联结-V>)
ཟྭ་འདྲ་(zwa vdra) 藿香(荨麻-N+像-V)
ས་སྤུང་(sa spung) 土堆(土地-N>聚集-V>)
གྱང་སྐོར་(gyang skor) 围墙(墙-N+围绕-V)
རྒྱུ་ལྷག་(rgyu lhag) 盲肠，阑尾(材料-N>剩余-V>)
བཀའ་གཙིགས་(bkav gtsigs) 遗嘱(话语-N+咬（牙）-V）
བཀའ་རྩོམ་(bkav rtsom) 著作(话语-N+写作-V)
ཁེ་སྐྱེད་(khe skyed) 利润，利息(利益-N+生长-V)
རླུང་སྒྲིབ་(rlung sgrib) 屏风(风-N+遮蔽-V)
སྙན་རྩོམ་(snyan rtsom) 诗篇(诗-N+写作-V)
ཞོ་སྟོན་(zho ston) 雪顿节(奶酪-N+显示-V)
དངུལ་གཉེར་(dngul gnyer) 会计(钱-N+管理-V)
བཀའ་ཉན་(bkav nyan) 使者；仆役(话语-N+顺从-V）

以上对应句法述宾式的复合名词大多都是具体名词，包括少量指人名词。但实际上，我们发现更多的词例是表示行为动作的抽象名词。例如：

སྲོག་ཐར་(srog thar) 放生<生命 N+释放 V）
དཔེ་སྐྲུན་(dpe skrun) 出版(书-N+制作-V)
ནད་མེད་(nad med) 健康，无恙(病-N+无-V)
ཉི་སྒྲིབ་(nyi sgrib) 遮阳(天，日-N+遮蔽-V)
ཁྲེལ་དགོད་(khrel dgod) 冷笑；讥笑(羞耻-N+嘲笑-V)
བགེགས་སྐྱོན་(bgegs skyon) 灾害(障碍-N+搞-V)
བགེགས་འགོག་(bgegs vgog) 抗灾(挫折；障碍-N+阻挡-V)
ངག་འདོན་(ngag vdon) 念诵(话语-N+念-V)
ཉེས་འགེལ་(nyes vgel) 惩罚(罪过-N+悬挂-V)

---

① 拉萨话 འཛིན་(vdzin)本身可以作名词，意思是“字据，契约”，而 བཀའ་(bkav)“指示，命令”<敬语>可以作为名词敬语前置语素，因此 བཀའ་འཛིན་(bkav vdzin)是 N+N 结构。这意味着这个词有两种释义方式。

ཐན་ཐུབ་(than thub) 耐旱(旱灾-N+胜过-V)
བདུད་འདུལ་(bdud vdul) 伏魔(魔鬼-N+驯服-V)
བརྡ་དཀྲོག་(brda dkrog) 警诫 (信号-N+使惊-V)
མནའ་སྦྲེལ་(mnav sbrel) 联盟，同盟(誓言-N+粘合-V)
བླ་བརྒྱུད་(bla brgyud) 师承(魂-N+继承-V)
དམངས་འཚོ་(dmangs vtsho) 民生(公众-N+抚养-V)
ཚེ་འབྱེད་(tshe vbyed) 死(寿命-N+分开-V)
ཞེ་བསྔགས་(zhe bsngags) 羡慕(心，天性-N+赞美-V)
རྫུན་སྨྲ་(rdzun smra) 妄语(谎话-N+说-V)
འོད་འབྱིན་(vod vbyin) 发光(光-N+出-V)
ཡུལ་སྐོར་(yul skor) 旅行(地方-N+围绕-V)
ཤུལ་འཛིན་(shul vdzin) 继承(遗产-N+握住-V)
སྲོག་སྐྱོབ་(srog skyob) 救命(生命-N+救护-V)

以上复合词内部的动词都是现在时或原形形式。

不过，N+V复合词中V可能存在兼类现象。例如：བླ་བརྒྱུད་(bla brgyud) 师承，其中 brgyud pa 可能是名词“继承人”也可能是动词“传递”的意思，前者通过与词根 bla 构成 N+N 名词，后者是 N+V 名词。不过，如果复合词由 N+V 构成，往往含有一种结果意义。例如，བློ་གདེང་(blo gdeng)希望，其中 gdeng 作为名词是“信念”意思，blo“心灵”+gdeng“信念”表达出一种信念类别；如果是 blo 心灵+gdeng 扬起，则转喻动作结果，此处指“希望”意思。

N+V 构成的复合词可能是名词，也可能是动词短语，下文将详细讨论，此处列出一例略作说明。例如：

ཕན་ཐོགས་(phan 有效-N+thogs 持-V)常用作动词短语，表示“有好处，有效，受益，给予利益”之义，但也可作为名词，表示“好处，用处”，并构成多音节动词：(phan thogs byung)“得到好处，受益”。

4-3 ཡང་ན་ལག་ཤེས་ཆུང་གྲས་དེ་འདྲས་སྦྱངས་པ་ཡིན་ན་ཕན་ཐོགས་ཡོག་རེད།
yang-na lag-shes chung-gras de-vdras sbyangs_pa yin-na phan-thogs yog-red .
或　手艺　小型　这样　学_NMZ　如果 利益　有
或学点技术的话有好处。

4-4 ཁྱེད་རང་གིས་ང་ལ་ཀ་བཤད་འབྲི་སྟངས་ཁ་ཤས་ཤིག་ངོ་སྤྲོད་གནང་དང་། འབྲི་ཐག་ཆོད་ཡིན་པས་ང་ལ་ཕན་ཐོགས་ཞེ་དྲག་ཡོང་ང་།
khyed-rang_gis nga_la ka-bshad vbri-stangs kha-shas shig ngo-sprod-gnang
您_AG　我_ALA 字母诗　写　法　一些　一　介绍(H)

dang vbri thag-chod yin-pas nga_la phan-thogs zhe-drag yong nga .
且 写 决定 是吗 我_ALA 用处 很 有 吗
（老师，）请您给我介绍一些字母诗的写法，决定写的话对我有好处吗？

4.2.4 动语素+名语素（V+N）

句法关系上，藏语动词与名词的语序基本上只能构成修饰关系，而且一般需要句法助词关联。例如：རི་དྭགས་བརྒྱབ་པའི་སྐབས་(ri-dwags-brgyab 打猎 pavi$_{\text{NMZ-GEN}}$ skabs 时候)打猎的时候，འགྲན་རྒྱུའི་ཁ་དན་ (vgran 比赛 rgyuvi$_{\text{NMZ-GEN}}$ kha-dan 约定)比赛的约定，前者动词之后使用名词化标记 པ་(pa)，再添加属格标记 འི་(vi)，后者使用名词化标记 རྒྱུ་(rgyu)和属格标记 འི་(vi)。但是词法模式中，句法上的语法化标记和格标记等语法词有可能被压缩取消，例如带属格-vi: བཀུར་སྟིའི་ལུགས་(bkur-sti 侍奉-vi$_{\text{GEN}}$ lugs 方法)侍奉的规矩，不带属格-vi: གོ་མཚོན་སྤྱོད་ལུགས་(go-mtshon 武器 spyod 使用 lugs 方法)使用武器(的)方法，སྐྱོང་ལུགས་(skyong 抚养 lugs 方法)抚养(的)办法；སྐད་ཆ་བཤད་མ་ཕོད་པའི་ཚུལ་(skad-cha-bshad 说话 ma-phod 不敢 pavi$_{\text{NMZ-GEN}}$ tshul 样子)不敢说话的样子，གྲོངས་ཚུལ་(grongs 死-PST tshul 样子)死的样子。

4.2.4.1 V+N 表示的语义类别

尽管藏语 V+N 模式可能继承了句法的结构关系，但无疑形成自身的构式意义。这种意义规定了 V 的功能是提取 N 的语义特征，表达 N 的某类属性，显然这个位置上的 V 具有修饰语的功能。周荐（1991）曾提出汉语 V+N 的 9 种语义关系类别：动作+动作发出者，用途+事物，动作+受动者，动作+处所，原因+事物，方式/状态+事物，动作+时间，动作+方位，动作+单位。部分这样的关系也存在于藏语的 V+N 模式之中。

（1）动作+动作发出者：

གཏུག་མི་(gtug mi)诉讼当事人（诉讼+人），བརླག་མཁན་(brlag mkhan)失主（丢失+人），ཆིབས་གྱོག་(chibs gyog)马夫（骑+仆人），གཉིད་གཏམ་(gnyid gtam)梦话（睡+话）。

（2）动作+工具：

བདར་རྡོ་(bdar rdo)磨刀石（磨+石头），བཞེས་ཕོར་(bzhes phor)糌粑盒（吃+碗），བསྟོད་གཏམ་(bstod gtam)美言（赞扬+话语），ཁྲོ་མིག་(khro mig)怒目（发怒+眼），བཞེས་ཐུར་(bzhes thur)调羹（吃+勺），བསྟོད་ཡིག་(bstod yig)奖状（赞扬+文字）。

（3）动作+受动者/物：

གཅེས་བློན་(gces blon)宠臣（爱惜+大臣），མངའ་འབངས་(mngav vbangs)属民（领有+百姓），བཞེས་རྒྱུ་(bzhes rgyu)饮料（喝+原料），མཁྱེན་ཡོན་(mkhyen yon)学问（懂得+知识），འཇོག་དངུལ་(vjog dngul)存款（放置+钱）。

（4）动作+处所：

བཞུགས་གླིང་(bzhugs gling)林园（住+岛），བཞུ་ཐབ་(bzhu thab)熔炉（熔化+炉子），གསང་ལམ་(gsang lam)僻路（隐密+路），བཞུགས་གདན་(bzhugs gdan)坐垫（坐+垫子），བླུགས་སྣོད་(blugs snod)容器（灌+器皿），འཛུམ་ཁུང་(vdzum khung)酒窝（微笑+洞）。

（5）用途+事物：

དྲན་ཐོ་(dran tho)备忘录（回忆+账[本]），བརྗེད་ཐོ་(brjed tho)备忘录(忘记+账[本])，མཆོད་མེ་(mchod me)佛灯（祭祀+火），ཆགས་ཚིག་(chags tshig)情话(爱恋+话)，བླུ་ཡོན་(blu yon)赎买金（赎+费用），ཉོ་ཐོ་(nyo tho)购货单（买+账[本]），བོགས་དངུལ་(bogs dngul)佃钱（租+银子），བླུ་རིན་(blu rin)赎金（赎+价钱），བརླག་བརྡ་(brlag brda)失物启事（丢失+消息）。

（6）动作+类别：

ཆགས་སྲོལ་(chags srol)传统制度（出现+习惯），བཤལ་ནད་(bshal nad)痢疾（泻+病），ངུ་ཤུལ་(ngu shul)泪痕（哭+痕迹），གཉིད་སྨན་(gnyid sman)安眠药（睡+药），བཤལ་སྨན་(bshal sman)泻药（泻+药），བདུག་ རྫས་(bdug rdzas)熏药（熏+材料），སྒྲུབ་རྒྱགས་(sgrub rgyags)修行口粮（修炼+食物），ཤི་རྒྱགས་(shi rgyags)来世资粮（死+食物）。

（7）动作+时间：

བྲིན་དུས་(brin dus)旺季（行销+时候）。

4.2.4.2 V+N 语义类别的制约

我们发现，无论指人名词还是非指人名词，藏语 V+N 模式在整个词法体系中的数量有一定限制。检诸各种因素，似乎有两种可能原因。

第一，藏语中存在 V+词缀 pa 的指人名词格式，指施事动作的人或具有某种属性的人，例如 ཚོང་པ་(tshong 买-V pa)商人，སྙོན་པ་(snyon 诬陷-V pa)疯子，གཉེར་པ་(gnyer 管理-V pa)管家，ངན་པ་(ngan 坏-A pa)坏人，འདུམ་པ་(vdum 和解-V pa)和事佬，འདྲིས་པ་(vdris 熟悉-V pa)密友，འདྲེན་པ་(vdren 引导-V pa)带路人，སྦྲགས་པ་(sbrags 交付-V pa)邮递员。V+N 构式的动语素一般表示动作行为，名语素表示与动作行为相关的事物或现象。但是，我们应该注意到其中的名语素很少表示生命物，无论是人还是动物都是不多的。例如 ཆིབས་དཔོན་ (chibs dpon)马官（管骑乘的官员），chibs“骑（马）”是动语素；དྲག་གཤེད་ (drag gshed)凶手，drag 是动语素“厉害，强烈”，名语素是 gshed“冤仇，对手”；གཅེས་བློན་ (gces blon)

宠臣，动语素是 gshes"爱惜"，名语素是 blon"大臣"。除此外，还有少量指动词的受事对象，例如，གླ་བུ་(gla bu)雇工，佣人（租+男孩），比较带词缀的形式：[[gla]雇佣 v pa]N 雇工。再如：གཏུག་མི་(gtug mi)诉讼当事人（诉讼+人），མངའ་འབངས་(mngav vbangs)属民，百姓（领有+人民/百姓）。

同语系的汉语有大量这类 V+N 形式，例如：猎人，食客，病夫，懒汉，旅客，顾客，饿鬼，记者，国手，刺客，政客，宠儿，学徒，产妇，等等。但是人们已经注意到，汉语的这类结构已经很大程度上派生化，也就是说，其中的名语素语义已逐渐虚化，形成各类派生词缀或类派生词缀。派生词缀以"子"为例："瞎子、哑子、秃子、傻子、骗子、胖子"等等；类派生词缀以"师"为例："教师、导师、牧师、律师、厨师、工程师、理发师、摄影师、魔术师"等等。

我们猜想，藏语复合名词没有大量发展出类似汉语的 V+N 结构名词很可能与藏语派生结构有关。藏语中存在 V+后缀 pa 的指人名词格式，指施事动作的人或具有某种属性的人。或许正是这种因素阻遏了 V+N 指人复合词的形成。

第二，有部分 V+N 结构中的 N 逐步向派生形式的方向发展，产生了一些准词缀或类词缀。例如，མཁན་(mkhan)表示施动者，ལྡན་(ldan)表示受动者，ཡག་(yag)或ཡས་(yas)表示与动作客体有关的事物，且ཡག་(yag)的词缀化程度较高，རྒྱུ་(rgyu)表示要做的事，སྟངས་(stangs)表示做某种事情的方式、方法，ལོང་(long)表示动作的时间、时段，ས་(sa)表示动作的地点或对象，ཐབས་(thabs)表示做事的方法，སྲོལ་(srol)表示做事情的规矩或习惯，འདོད་(vdod)表示意愿，རྩིས་(rtsis)表示打算，ཚད་(tshad)表示程度、标准，འཕྲོས་(vphros)表示剩余概念，སྙུགས་(snyugs)表示继续概念，རེས་(res)表示轮换，དུས་(dus)表示时间点，ཤུལ་(shul)表示时间段，བཟོ་(bzo)表示方式方法，ལུགས་(lugs)表示情形，སེམས་(sems)表示心灵或精神，ཚུལ་(tshul)表示方法、态度、情况，等等（江荻 2005b）。例如：

གསུང་སྟངས་(gsung stangs) 说法（说+方法）

སློབ་སྟངས་(slob stangs) 教学法（教学+方法）

བཞེས་རྒྱུ་(bzhes rgyu) 饮料（喝（敬））+原料）

འཐུང་རྒྱུ་(vthung rgyu) 饮料（喝+原料）

གཅོད་ཐབས་(gcod thabs) 砍法（切除+方法）

བཙན་ཐབས་(btsan thabs) 强制（霸道+方法）

སློབ་སྲོལ་(slob srol) 学风（教学+规则）

ཆགས་སྲོལ་(chags srol) 传统制度（产生+规则）

བཞེད་ལུགས་(bzhed lugs) 主张（认可+规则）

བཞེད་སྲོལ་(bzhed srol) 见解（想+规则）

བཞེད་ཚུལ་(bzhed tshul) 见解（想+规矩）

V+N 模式的词缀化趋向是复合词语素集合化现象驱动的。详细讨论参见本章第 4.3 节。

4.2.5 动语素+动语素（V+V）

4.2.5.1 V+V 结构的句法来源

藏语典型的 V+V 词法模式是两个单音节动词从句法上的并列组合而来，例如：འཁྱུད་འཐམ་(vkhyud vtham)拥抱（抱+搂），བླུ་ཉོ་(blu nyo)赎买（赎+买）。这种模式与句法模式一致，例如：

4-5 གཞས་བཏང་བ་དང་ཞབས་བྲོ་བརྒྱབ་པ་

gzhas-btang_ba dang zhabs-bro-brgyab_pa

唱歌_NMZ 和 跳舞_NMZ

唱歌和跳舞。

藏语句法上不允许两个动词直接相连，每个句子仅有一个谓语动词。两个动词表示复杂谓语则必须用连词并列。

藏语句法上还有一些其他动词连用形式，但一般不发生词汇化，而是朝其他方向发展，例如虚化为助动词。试观察实例。

4-6 མོའི་ལག་པ་ནས་འཇུས་ཏེ་རྩ་ལྟ་རྩིས་བྱེད་

mo_vi   lag-pa_nas vjus   te rtsa-lta-rtsis-byed

她_GEN   手_OBL   抓住 且 看脉   打算

准备抓住她的手看一下脉

4-7 ས་ཕྱོགས་གཞན་ཞིག་ཏུ་འགྲོ་རྩིས་

sa-phyogs gzhan zhig_tu   vgro-rtsis

地方   其他   一_ALA 打算去

打算去一个别的地方

4-8 བྱ་དགའ་ལེན་འདོད་

bya-dgav len   vdod

奖品   取得 愿意

想获奖

4-9 ལག་པ་རྐྱོང་མི་ཕོད་པ་

lag-pa rkyong-mi-phod pa

手   不敢伸

不敢伸手

རྩིས་(rtsis 原型 rtsi)是实义动词“计算”，用于动词之后衍化出“打算（做），当作”义，具备了助动词的资格。同样，འདོད་(vdod)和 ཕོད་(phod)也用于动词之后，虚化为助动词。目前传统文法学界尚未明确界定助动词类别，这些词的地位还有争议。

除此之外，句法上还有一些更复杂的并列结构，例如：

4-10 ལམ་དུ་འགྲོ་གིན་འགྲོ་གིན་ལའང་སྒྲ་སྙན་གཏོང་གིན་གཏོང་གིན་འགྲོ་གི་འདུག

lam_du vgro-gin-vgro-gin lavng sgra-snyan-gtong-gin-gtong-gin vgro_gi-vdug

路_LOC 走-走 连词 弹琵琶 走_ASP

在路上边走边弹琵琶

其中 gin…gin…连接动词并列构成“动作同时发生”的意思。这样的句法结构似乎不太可能为有限单元的词法继承。以下仅讨论并列型动词构成的复合名词。

4.2.5.2 V+V 语义关系的类型

两个动语素并列构成的名词基本都是抽象名词。但是，追究其内部构成语素表示的特征，则语义特征上可能存在多种加合方式：同义的、反义的、顺连的。

（1）同义组合。两个动语素表示相同的语义意味着二者具有共同的语义范畴，每个语素义代表这个范畴的某种特征，也就是具体的动作。例如，བོར་བརླག་(bor brlag)丢失，遗失，分别由 བོར་(bor)“遗失”和 བརླག་(brlag)“丢失”构成。每个特征表示的意义称为特征义，特征义所指向的共同范畴义是一个上位概念，是有差别的特征义的集合义，因此是一种复杂的抽象的意义，这种意义泛指动作代表的抽象“行为”。深入内部分析可以知道，由于 V+V 结构的每个语素特征义凸显范畴义，因此动作特征义弱化，所构成的词义也缺乏明确的动作性质。从表述角度看，“行为”虽然可以陈述，但同样也可以指称，这就使得这类复合词具有事物的性质，即可能充当名词。例如，སློབ་སྦྱོང་(slob 学习-V sbyong 练习-V)学习，该词目前各词典都处理为名词，动词则用 སློབ་སྦྱོང་བྱེད་(slob sbyong byed)学习。[1]

形式上，同义语素组合是并列或联合结构，是一种离心结构，我们就获得了这样的基本模式：V+V > N。考虑到藏语动词区分完成式（过去时动词）与非完成式（现在时动词或原形），这个模式也可写作 $V_{PRS}+V_{PRS}$ > N。语义上，V+V > N 模式是从各语素特征义抽取共同的范畴意义而成，

① 检诸早期的词典，从最早的 Schroeter，乔玛（K.A.Csoma），叶斯开（H.A.Jaeschke），达斯（Das）等编撰的词典看，都未收此词，可见复合名词至少在当时使用或许尚不广泛。

这种共同意义构成了整体词义。由于每个语素特征义都转指抽象的行为，因而词义也转指包含这些语素特征义的行为或者状态。请观察以下例词。

转指包含动作的抽象行为或动作的结果：

 རྩོམ་སྒྲིག་(rtsom sgrig) 编辑，编纂（写作＋编排）

བགྲོ་གླེང་(bgro gleng) 商议，商谈（讨论＋叙说）

གློད་འགྲོལ་(glod vgrol) 释放，放松（释放＋释放）

འཁྱུད་འཐམ་(vkhyud vtham) 拥抱（抱＋搂）

གསོ་སྐྱོང་(gso skyong) 抚养（养活+抚养）

གནོད་འཚེ་(gnod vtshe) 伤害（危害+危害）

བཞད་འཕྱ་(bzhad vphya) 嘲笑（笑+讥笑）

ཁྲོ་གཏུམ་(khro gtum) 忿怒行为（发怒+凶狠）

ལྷག་འཕྲོ་(lhag vphro) 结余（剩余+剩余）

གབ་ཡིབ་(gab yib) 隐蔽（隐秘+躲）

མཇལ་འཕྲད་(mjal vphrad) 会见（会见+遇见）

འཁྱུད་འཐམ་(vkhyud vtham) 拥抱（抱+搂抱）

འདོན་ཀློག་(vdon klog) 诵读（念诵+读）

འཚམས་འདྲི་(vtshams vdri) 访问（问候+询问）

ཕེབས་སྐྱེལ་(phebs skyel) 送行（来+运输）

འགྲེ་ལྡོག་(vgre ldog) 翻滚（滚动+反转）

བླུ་ཉོ་(blu nyo) 赎买（赎+买）

ཉར་གསོ་(nyar gso) 收养（保存+抚养）

转指状态：

བྲེལ་བརྩོན་(brel brtson) 紧张（急＋勤奋）

ལྟོགས་སྐོམ་(ltogs skom) 饥渴状态（饿+渴）

ངན་རུལ་(ngan rul) 腐朽（腐化+腐烂）

མཐོང་ཐོས་(mthong thos) 见闻（看见＋听见）

སྐྲང་སྦོས་(skrang sbos) 浮肿状态（肿+肿、胀）

དངངས་སྐྲག་(dngangs skrag) 惊恐（畏惧+害怕）

ངན་ལྷུང་(ngan lhung) 堕落（坏+坠落）

（2）反义组合。两个动语素意义相反，但在本质上却指向同一语义范畴。例如"爱"和"恨"都表示人的感情色彩，每个语素义特征都转指共同范畴的某种属性状态，因此它们的集合意义实际指称某种感情范畴的状态。例如，

བྱམས་སྡང་(byams sdang) 爱憎（爱+恨）

དགའ་སྡང་(dgav sdang) 爱憎（喜爱+仇恨）

བཞད་འཕྱ་(bzhad vphya) 嘲笑（笑+讥讽）

འཕམ་རྒྱལ་(vpham rgyal) 胜败（败+胜）

ཤི་རྨས་(shi rmas) 死伤（死+伤）

（3）顺连组合。两个动词动作相连相承，甚至一个动作是另一个动作的结果。例如：

དགའ་འབོད་(dgav vbod) 欢呼，喝采（喜爱+喊）

གཡར་གཟིགས་(g-yar gzigs) 借阅（借+理解）

ངེས་ཤེས་(nges shes) 信念，信心（记住+把握）

ཤི་འཕོས་(shi vphos) 逝去（死+离去）

གཅེས་སྐྱོང་(gces skyong) 珍视（爱惜+抚养）

གནོན་གསོག་(gnon gsog) 积压（压+积累）

དོགས་འདྲི་(dogs vdri) 质疑（怀疑+询问）

ཕེབས་སྒུག་(phebs sgug) 迎候（来，去+等待）

ཤི་རྫུ་(shi rdzu) 佯死（死+假装）

个别时候，我们也能发现转指具有动作功能的事物：མཆོད་གཤོམ་(mchod gshom)佛龛（祭祀+摆设），བགྲུ་འཁོར་(bgru vkhor)碾子（碾+旋转）。这类转指事物或工具的复合名词很少，这是因为藏语基本名词大多数采用词缀或类词缀表示。除此外，还有部分 V+V 模式呈动作进行的方式或原因，例如，ལྟོགས་ཤི་(ltogs shi)饿死（饿+死）。

4.2.6 形语素+形语素（A+A）

每种事物都含有一定的属性，直接指称属性的名词称为属性名词，而非属性名词则通过形容词修饰语来表达属性。也可以说，形容词是用来表示名词的属性值的词类，形容词可以看作名词的属性范畴。

世界语言表达属性的方法很多，英语采用形容词加缀方法实现属性名词。例如，trueness 真伪，correctness 正误，safety 安危，安全性，intimacy 亲疏，glory 荣辱等等。汉藏语言有一种很独特的属性名词表示方法，例如汉语采用"高低"表示事物的高度属性，用"大小"表示事物的面积或体积属性，用"好坏"表示对事物的评价。藏语也采用极性（反义）形容词构成属性名词，这种名词具有概括该类事物全部属性的功能。例如，ཚ་གྲང་(tsha grang)温度(热+冷)，མཐོ་དམན་(mtho dman)高度(高+低)，ཆེ་ཆུང་(che chung)尺寸，面积(大+小)，མང་ཉུང་(mang nyung)数量(多+少)，ཡག་ཉེས་(yag nyes)品质(好+坏)，བཟང་ངན་(bzang ngan)品质(优秀+坏)，རིང་ཐུང་(ring thung)长度(长+短)，

ཉེ་རིང་(nye ring)距离（近+远），དཀར་ནག་(dkar nag)对立物（白+黑），གསར་རྙིང་(gsar rnying)年龄（新+旧），སྐྱིད་སྡུག་(skyid sdug)生活条件（幸福+贫穷），སྲབ་མཐུང་(srab mthung)浓度，密度（薄+厚），སྐམ་རློན་(skam rlon)湿度（干+湿），དྲག་ཤན་(drag shan)力量（强+弱）。跟 V+V 模式相同，形语素之间主要采用同义、反义和相关义构成。

4.2.6.1 同义并列

观察词的内部语义关系：

མུན་བསྐལ་(mun bskal) 黑暗劫 < 暗+古老

ལེགས་བཟང་(legs bzang) 善妙 < 美好，善良+善，好

སྤྱང་གྲུང་(spyang grung) 聪明，伶俐 < 聪明+活泼

ནག་དྲེག་(nag dreg) 锅烟 < 黑+脏

བདེ་མཆོག་(bde mchog) 胜乐（密宗） < 快乐，健康+宝，贵

མཆོག་བདེ་(mchog bde) 上乐 < 宝，贵+快乐，健康

མཆོག་དཀར་(mchog dkar) 弹弓 < 宝，贵+白，素

4.2.6.2 反义并列

སྤྱང་གླེན་(spyang glen) 智愚，巧拙 < 聪明+傻

ཐེག་ཆེན་(theg chen) 大乘(佛) < 小+大

ཐེག་ཆུང་(theg chung) 小乘(佛) < 小+小

འབེལ་དཀོན་(vbel dkon) 丰歉，有无 < 丰富+稀少

ཡངས་དོག་(yangs dog) 宽窄，广狭 < 广阔+狭窄

རིང་ཐུང་(ring thung) 长短 < 长，远+短

ཆེན་ཆུང་(chen chung) 妻妾 < 大+小

གཡས་གཡོན་(g-yas g-yon) 左右 < 右+左

ལེགས་ཞན་(legs zhan) 善恶，功过（美好，善良+弱，差）

4.2.7 名语素+形语素（N+A）

藏语名语素+形语素构成的名词是一种白描型语义关系，这种关系继承自句法结构。例如：གོས་ཧྲུལ་(gos hrul)破衣（衣服+破），དྲི་བཟང་(dri bzang)香味（味＋香），ཁྲག་དྲོན་(khrag dron)热血（血+温），ཆུ་ཉོག་(chu nyog)浑水（水＋混浊），དར་དམར་(dar dmar)红旗（旗＋红），དངུལ་སྒོར་ (dngul sgor)银元（银，钱＋圆），གྲོན་ཆུང་(gron chung)俭省（本钱＋小），ལྕགས་སེག་(lcags seg)锉刀（铁＋斜），ཤ་མཁྲེགས་(sha mkhregs)老茧（肉＋坚硬），སྒ་རློན་(sga rlon)鲜姜（姜＋湿），ཉི་གསར་(nyi gsar)旭日（日＋新），ཟླ་གཞོན་(zla gzhon)新月（月＋年轻），བླ་ཆེན་(bla chen)大喇嘛(灵魂+大)，བྲག་འཕྲང་ (brag vphrang)峡谷（岩＋窄）。

这些词似乎有两方面特点，其一，无论名语素还是形语素都只用词根构成，都是双音节词；其二，复合词语义可以预测，由两个语素的概念简单合成，无论指人亦或指物，一般都是具体的，不发生转义（隐喻或转喻），或者是显性的转喻，一种常规的状况或结果及其所指。

从某些词语组合来看，这类名词结构很可能来源于偏正式名形短语。例如：གོས་ཧྲུལ་(gos hrul)来源于གོས་ཧྲུལ་པོ་(gos hrul po)破衣，གོས་བཟང་(gos bzang)来自གོས་བཟང་པོ་(gos bzang po)美裳，དྲི་བཟང་(dri bzang)来自དྲི་བཟང་པོ་(dri bzang po)香味，ཁྲག་ཉམས་(khrag nyams)来自ཁྲག་ཉམས་པ་(khrag nyams pa)贫血，ཁྲག་དྲོན་(khrag dron)来自ཁྲག་དྲོན་པོ་(khrag dron po)热血，གོས་ཐུང་(gos thung)来自གོས་ཐུང་པོ་(gos thung po)（ADJ.短）短衣。

进一步追溯，名词也可能出自双音节形式，与形容词构成名词短语。例如：དྲི་མ་ཞིམ་པོ་(dri ma 气味-N zhim po 香-A)香气，དྲི་མ་ངན་པོ་(dri ma 气味-N ngan po 臭-A)臭气，ཁྲིག་རིལ་དམར་པོ་(khrig ril 雪球-N dmar po 红-A)红血球，ཁྲག་ཤེད་དམའ་བ་(khrag shed 血压-N dmav ba 低-A)低血压。

从这几个层次观察，无疑藏语N+A双音节名词经历了从短语到双音节词的过程，这个过程通过去除词缀得以实现。还有个别形式稍微复杂，沿袭了藏语中曾经出现过的形容词黏着词缀。例如སྨྱོ་(smyo)"疯"原本是动词，添加黏着词缀ན་(-n)转化为形容词སྨྱོན་(smyon)"发疯的"，所以我们补出སྨྱོན་པ་(smyon pa)形式（张济川 2009；江荻 2016）。[①]

以下列出部分N+A结构的案例及其原型。

表4.6　N+A复合名词及相关短语

词项	词义	语素义	原型短语
bla chen	大喇嘛	灵魂+大	bla ma chen po
blo bde	安心	心灵+快乐	blo (kha) bde po
chu nyog	浑水	水+混浊	chu nyog pa
dar dmar	红旗	旗+红	dar cha dmar po
dmag zing	兵荒马乱	战争+乱	dmag zing po
dngul sgor	银元	银子+圆形	dngul sgor sgor
dri bzang	香味	味+香	dri ma bzang po
gos thung	短衣	衣+短	gos thung po
gron chung	俭省	本钱+小	gron pa chung chung
khrag dron	热血	血+温	khrag dron po
khyi gsar	小狗	狗+新（生）	khyi gsar pa
lag yangs	大方	手+广阔	lag pa yangs po

---

① 关于藏语古词缀现象，参看张济川（2009），江荻（2016）。

续表

词项	词义	语素义	原型短语
lcags dreg	铁渣	铁+脏	lcags dreg pa
lcags gseg	锉刀	铁+斜	lcags gseg pa
lha btsun	尊者	神+勤奋	lha btsun po
lham vbol	棉鞋	鞋+软	lham vbol vbol
mig thung	近视眼	眼+短	mig thung thung
nyi gsar	朝阳	日+新	nyi ma gsar pa
sga rlon	生姜	姜+湿	sga rlon pa
sha mkhregs	老茧	肉+坚硬	sha mkhregs po
sran dmar	红豆	豆+红	sran ma dmar po
yul bzang	佳境	地方+好	yul bzang po
zla dkar	月亮	月亮+白	zla ba dkar po
zla dum	半月	月亮+短	zla dum dum
zla gzhon	新月	月亮+年轻	zla gzhon (pa)

总起来说，N+A 词法类型可能不是直接从名词词根和形容词词根加合构式产生的，这也是该类型结构数量不多的原因，或者说该类结构不具有能产性。我们猜测，阻碍这种结构产生的原因很可能与人们的句法结构心理相关，N+A 不仅蕴含了较强的中心语跟后修饰语语序的句法性质，同时还隐含着与主谓（S+V）语序冲突的可能。至于已经出现的少量该类结构则可能源于短语词化，这是语言其他演变规律导致的。

藏语是 SOV 语序型语言，根据语言类型学说，SOV 型语言基本都属于修饰语后置的语言。就词法来说，语素的顺序变化应该是一种不易发生的事情，这与词进入心理词典作为独立记忆和独立提取的要素有关。所以，Comrie（1989:216）说："一旦一串词融合成一串语素构成的词，语素的顺序就不那么容易改变了。"目前我们所看到的藏语修饰语与名词中心语基本都是 N-A 型语序，藏语词的内部语序也应该是 N-A 型的。

4.2.8 形语素+名语素（A+N）

4.2.8.1 形容词前置的限制

上文 4.2.7 节所讨论的 N+A 模式复合名词沿袭了藏语常规偏正型短语的语序，二者仍然呈现为修饰语与中心语关系。如果改变这种语序，即修饰语前置，则藏语句法上要求前修饰语与中心语之间添加属格标记。这种修饰语序可能是类推产生的，因为藏语名词，或者代词、数量词、名词化短语等一般采用这种修饰语序。例如：བོད་ཡིག་གི་དཔེ་ཆ་(bod yig gi dpe cha)藏文的书，ལྕགས་ཀྱི་ལྡེ་མིག་(lcags kyi lde mig)铁（的）钥匙，རང་གི་མ་རྩ་(rang gi ma rtsa)自己的资金，སུའི་སློབ་དེབ་(su*vi* slob deb)谁的书，ནགས་ཀྱི་རྒྱལ་པོ་(nags *kyi* rgyal po)林中之王，ཕོ་བྲང་ལྟར་གྱི་ཁང་བཟང་(pho brang ltar *gyi* khang bzang)像宫殿般的琼阁，རྙེད་པའི་དངུལ་རྟ་རྨིག་མ་(rnyed pa*vi*$_{\text{(NMZ-GEN)}}$ dngul rta rmig ma)得到的银锭。

相对于充当后置修饰语的形容词，形容词前置有一定限制，需要带修饰语标记（跟属格标记一致），[①]例如：སྒམ་པོའི་ངང་(sgam po*vi* ngang)深沉（的）性质，ཡ་མཚན་གྱི་ངང་(ya mtshan *gyi* ngang)惊奇（的）心情，སྡུག་པོའི་ངང་ (sdug po*vi* ngang)沉痛（的）心情，ཤིན་ཏུ་རྣོ་བའི་མཆེ་བ་(shin-tu rno-ba*vi* mche-ba)非常尖利（的）牙齿，མཐོན་པོ་གི་ཤིང་སྡོང་སྟེང་(mthon-po gi shing-sdong steng)高高（的）树上，མཛས་པའི་ཕ་ཡུལ་ (mdzas pa*vi* pha yul)美丽的家乡。这种限制性是藏语语法体系决定的。也就是说，N+A 模式构成的修饰关系是藏语修饰语跟中心语基本模式，超出这个顺序模式则需要像其他前置修饰语一样带标记，即：A-GEN+N。带标记模式是受限的，受限则数量不多。试比较以下几组词与短语对比案例：

词根 ལྗིད་ (ljid)前置：ལྗིད་འགན་(ljid vgan)重任（重＋责任），ལྗིད་རིགས་(ljid rigs)重型（重＋类）；完形词 ལྗིད་པོ་ (ljid po)后置：འགན་ལྗིད་པོ་(vgan ljid po)责任重（责任＋重），གཏིང་ལྗིད་པོ་(gting ljid po)$_{\text{[为人]}}$深沉（深度+重），གཞི་ལྗིད་པོ་(gzhi ljid po)严重（根基+重），ཁ་ལྗིད་པོ་(kha ljid po)沉默寡言（话语+重），རྐུབ་ལྗིད་པོ་(rkub ljid po)不好动，懒惰（臀+重），ཚབས་ལྗིད་པོ་(tshabs ljid po)坏<N>（坏+重）。

词根 གསར་ (gsar)前置：གསར་ཐོག་(gsar thog)新粮（新+收成），གསར་འགྱུར་(gsar vgyur)消息（新+变化），གསར་གྲོགས་(gsar grogs)新友（新+朋友），གསར་རྩོམ་(gsar rtsom)新著（新+文章）。完形词 གསར་པ་ (gsar pa)后置：མར་གསར་པ་(mar gsar pa)鲜酥油（酥油+新），ཁྲལ་གསར་བ་(khral gsar ba)新税（税+新），ཞབས་གསར་བ་(zhabs 敬 gsar ba)新官（随员+新），བག་གསར་(bag gsar)新娘（新娘+新），དགུང་གསར་(dgung 敬 gsar)新年（年+新），དཔེ་གསར་(dpe gsar)新式（样式+新）。མི་གསར་པ་(mi gsar pa)新人 ＜ 人+新。

形式上，A+N 模式呈双音节形式，意味着无论其中的名词还是形容词都只能采用词根合成。那么它是否通过略去修饰语标记紧缩而成的呢？我们检查了相关资料，仅发现极个别的省略形式，例如 ཆེད་(ched)“特地，专为”是单音节形容词，也作名词。ཆེད་ཀྱི་དོན་(ched kyi don)“特别的事情”是短语。那么，拉萨话的 ཆེད་དོན་(ched don)“专题，项目”是否来自这个短语呢？又如 ཞན་པའི་གྲས་(zhan pavi gras)次等，ཞན་པ་(zhan pa)是形容词，表“弱，差”意思，可是并没有发现 ཞན་གྲས་(zhan gras)形式。ལེགས་པའི་ངང་(legs pavi ngang)

① 严格意义上，领属格标记添加于指人或拟人名词或代词与领属物之间，表修饰或限制的标记添加于其他非指人名词之间。跨语言看，有些语言区分属格标记与修饰标记，而东亚大多数语言这两种标记已然混用。有关讨论参见江荻（2014）。

"善良的性格"，也没有直接词化的 ལེགས་ངང་(legs ngang)。所以，我们怀疑 ཆེད་ཀྱི་དོན་(ched kyi don)的 ཆེད་(ched)不是形容词性质。而且 ཆེད་(ched)经常与 དུ་(du)连用，构成派生副词，因此具有副词性质，可以跟动词结合（ched+动词）构成名词：ཆེད་གཏོང་(ched gtong)特派、ཆེད་བཟོས་(ched bzos)特制、ཆེད་བྲིས་(ched bris)特写、ཆེད་སྦྱོང་(ched sbyong)专修。

4.2.8.2 白描式关系

功能上，A+N 模式复合词基本属于白描性质，语素之间是比较直接的修饰限定关系，仅仅在少量词义组合特别的时候才呈现转喻。例如：དབེན་གནས་(dben gnas)静处：དབེན་(dben)来自形容词 དབེན་པ་(dben pa)寂静，这种语素义关系跟句法上的修饰关系并无二致，比较：གནས་དབེན་པ་(gnas dben pa)幽静的地方；རི་ཁྲོད་དབེན་པ་(ri khrod dben pa)偏僻的小寺。再如 རྣོ་ཟུར་(rno zur)锐角，རྣོ་(rno)来自形容词 རྣོ་བ་/རྣོ་པོ་(rno ba/rno po)锋利，རྣོན་(rnon)是 རྣོ་(rno)的变体形式，比较句法形式：མིག་རྣོ་པོ་(mig rno po)眼尖；གྲི་རྣོན་པོ་(gri rnon po)快刀；མདའ་རྣོན་པོ་(mdav rnon po)利箭；སྣ་རྣོན་པོ་(sna rnon po)嗅觉敏锐，尖鼻；ཁ་རྣོན་པོ་(kha rnon po)尖锐，口利。不过，多音节形式则一般采用句法模式：སྐད་ཆ་ཡ་མཚན་པོ་(skad cha ya mtshan po)奇谈，ཧ་ཅང་ཡ་མཚན་པོ་(ha cang ya mtshan po)咄咄怪事。

白描式的修饰关系例词：

མཛེས་རྒྱན་(mdzes rgyan) 装饰物 ＜ 美丽+饰物

མཛེས་སྒོ་(mdzes sgo) 彩门 ＜ 美丽+门

མཛེས་སྒྲོན་(mdzes sgron) 华灯 ＜ 美丽+灯

མཛེས་ཚོར་(mdzes tshor) 美感 ＜ 美丽+感觉

མཁྲེགས་ཤིང་(mkhregs shing) 硬木 ＜ 坚硬+木

མུན་ཁང་(mun khang) 暗室 ＜ 暗+房子

ནག་རྩི་(nag rtsi) 黑漆 ＜ 黑+漆

ནག་ཚང་(nag tshang) 黑窝 ＜ 黑+家

ཆེད་དངུལ་(ched dngul) 专款 ＜ 专门+钱

ཆེད་འགན་(ched vgan) 专责 ＜ 专门+责任

ཆེད་གཉེར་(Ched gnyer) 专营 ＜ 特别+经营

ཆུང་གྲས་(chung gras) 小型 ＜ 小+类

ཆུང་གྲོགས་(chung grogs) 发小 ＜ 小+朋友

ཆུང་རབས་(chung rabs) 小辈 ＜ 小+世代

ཆུང་རྩག་(chung rtsag) 琐碎 ＜ 小+零碎

དབེན་ཁང་(dben khang) 静室 ＜ 安静+房子

4.2.8.3 转喻的原因

部分 A+N 组合带有转喻意义，很可能来自复合词自身语义的引申。例如：བུར་ཆང་(bur chang)“甜酒”专指某类食品，而不是甜的酒。དམའ་སེམས་(dmav sems)“谦虚”已不是语素所指意义，མཛེས་རྩལ་(mdzes rtsal)不是“美丽的能力”，而是“美术”专门学问。当然，这种转喻在短语中也可能发生，例如 དམའ་པའི་མིང་(dmav pavi ming)“普通人”，也不是低矮的人的意思。再比较一例，སྔོ་ཆས་(sngo chas)字面意思是绿色器具，其实转指“珠宝”，而 སྔོ་རྩྭ་(sngo rtswa)字面义是绿色的草（青草），词义已经转指饲养牲畜的饲料了，再如：མཛེས་ཀོང་(mdzes kong)酒窝（美丽＋凹）；མཛེས་རིས་(mdzes ris)图画（美丽+形状）；དཀར་ཆུ་(dkar chu)奶乳（白+水）。

含有转喻（引申义）的例词：

བཟང་བཙོན་(bzang btson) 软禁 < 好+监狱(bzang po btson)，btson≠btson pa 犯人

བཟང་ལན་(bzang lan) 报恩 < 好+答复，lan≠lan pa 过失

ཅལ་གཏམ་(cal gtam) 无稽之谈 < 含混+话，cal<vchal，vchal po 轻薄，胡乱

དཀར་ཁང་(dkar khang) 储藏室 < 白+房子

དཀའ་འགྲེལ་(dkav vgrel) 注解 < 难+注释

དམར་ཟས་(dmar zas) 荤菜 < 红+食物

མཛེས་ཡིག་(mdzes yig) 美术字 < 美丽+文字

ནག་ཁྲོམ་(nag khrom) 黑市 < 黑，阴暗+街

ནག་རྩིས་(nag rtsis) 占星学 <黑，阴暗+计算

ནག་ལམ་(nag lam) 歧途 < 黑，阴暗+路

མཛེས་ལྗོངས་(mdzes ljongs) 风景 < 美丽+区域

以上讨论的问题蕴含了一个词与短语划界的命题，即带句法标记的结构能否处理为词，例如上文 དམའ་པའི་མིང་ (dmav pavi ming)普通人。早在 20 世纪 70 年代，Benveniste（1967）就提出了法语中复合名词具有“微句法”形式，后来 Becker（1975）、Lewis（1997）、Moon（1998）等人也提出人类语言交际的最小单位不是词，而是固定或半固定的语块结构（chunk）。这类问题已超过本节 A+N 现象，此处不拟讨论。

4.2.9 形语素+动语素（A+V）

4.2.9.1 形容词的兼类性

形语素+动语素(A+V)模式词法关系反映的正是句法上的副词与动词或状语与谓语的关系。我们知道，藏语副词是一个正在形成中的词类，相

当部分来自形容词。也就是说，藏语句法上的状语可以通过形容词添加状语性助词构成（金鹏 1983），例如：

4-11 ཡི་གེ་གསལ་པོ་བྱས་འབྲི་རོགས་གནང་

yi-ge　　gsal-po-byas　vbri-rogs-gnang

字　　　清楚-ADV　　写-HON

请把字写清楚。

从来源上看，助词 བྱས་(byas)源于动词 byed“做，进行，成为”的完成式，与形容词结合虚化为副词词缀，此例即 གསལ་པོ་བྱས་([[gsal po]$_{ADJ}$ byas]$_{ADV}$)清楚地。再如：ཡག་པོ་བྱས་ལྟ་(yag po byas lta)仔细地看，ཡག་པོ་བྱས་གསན་(yag po byas gsan)仔细地听。这种形容词带 བྱས་(byas)结构不是谓语形式，而是作为其他动词或谓语的伴随结构，久而久之通过重新分析将添加状语性质的词缀归并入形容词，构成副词，表示动作的方式。因此，གསལ་པོ་བྱས་འབྲི་(*gsal po byas* vbri）表示“清清楚楚样子方式（来）写”。这个过程既是动词 བྱས་(byas)语法化的过程，也是副词词汇化的形成过程。可以说藏语史上存在一个 བྱས་(byas)从动词>句法助词>词缀的过程。

但是，形容词添加状语性质语素 byas 的情况并不能贯彻始终，很多时候形容词可以直接用作状语修饰动词。此外，形容词还可以添加其他句法助词或者词格标记等构成副词，例如格标记 ལ་(-la)(变体形式：-r)。

形容词直接做状语：

4-12 ང་རང་གི་ལུས་ཐོག་ནས་གསལ་པོ་མངོན་བྱུང

nga　rang_gi　　lus　　thog_nas　　gsal-po　mngon_byung

我　自己_GEN　　身体　　上面_ABL　　清楚　　显现_ASP

从我自己的身体上清楚地表现出来。

形容词带格标记充当状语：

4-13 ལྟེབ་རྩེག་གསལ་པོར་མངོན་པའི་སྟོད་ཐུང་

lteb-rtseg gsal-po_*r* mngon_pa_vi　　stod-thung

皱纹　　清楚_LY 显现_NMZ_GEN　衣服

皱纹清晰可见的上衣

句法上的语序有相当灵活性，状语修饰动词的位置一般前置，但也有少量状语后置于动词。例如：

4-14 དངོས་གནས་མིང་དེ་ཚོ་སྙན་པོ་ཞེ་པོ་གཅིག་འདུག་ག་

dngos-gnas　ming　de-tsho　snyan-po　zhe-po-gcig_vdug_ga.

真的　　　　名字　那些　　好听　　非常_ASP(EXI)_IND(啊)

的确那些名字很好听。（状语放在句首）

4-15 ཨའོ་དགོངས་དག་ངས་དངོས་གནས་ཤེས་མ་བྱུང་།

avo, dgongs-dag nga_s dngos-gnas shes-ma_byung .

哦 抱歉 我_AG 真正 知道-NEG_ASP

哦，抱歉，我真的不知道。（形容词前置状语）

4.2.9.2 形容词的本质与强制转换

藏语词法上的 A+V 模式实际也是副词性修饰语与动词结合。例如：ལྗིད་གནོན་(ljid gnon)高压（重+压），ལྗིད་འདེགས་(ljid vdegs)举重（重+举），ལྗིད་ཐེག་(ljid theg)载重，负重（重+载，受）。ལྗིད་(ljid)是 ལྗིད་པོ་(ljid po)“重”的形容词词根形式，跟动词结合表示动作方式。以上三例意思分别是“用力气压”“用力气举”“用力气载住”。这意味着这个位置上形容词词根具有状语修饰语性质。

从思维表达来看，名词和动词产生功能分工带动了形容词和副词的分工。目前藏语的现状正好反映了这两组平行又相关词类的分化痕迹。可以说，相对名词和动词，形容词和副词的表达本质是限制或修饰，这是语言词类关系的共性。

从词类组合功能分配来看，修饰语形容词和副词分别与名词和动词搭配，前者指事物，后者指动作或事件。根据生成词库的语义解释理论（Pustejovsky, etc. 2013），表示事物属性的形容词出现在修饰动词的位置，则会出现功能错配，并导致词类范畴错配，引起词类产生事件强制和变化（宋作艳，2013）。因此，A+V 模式中的形容词呈现出副词化的强制转化。例如：གསར་སྐྱེས་(gsar skyes)新生（新+生长 V-PST），གསར་བཀོད་(gsar bkod)重新安排（新+安排 V-PST），གསར་བཅོས་(gsar bcos)革新（新+修改 V-PST），གསར་བརྗེ་(gsar brje)革命（新+变革，交换 V-PST），གསར་གཏོད་(gsar gtod) 创造，发明（新+创造，发明 V-PRS），གསར་འཛུགས་(gsar vdzugs)创办，发明（新+开创/成立 V-PRS），སྐྱིད་སྣང་(skyid snang)快感（舒服，愉快+感觉 V-PRS），མཛེས་ཚོར་(mdzes tshor)美感（美丽+感觉 V-PRS），ཁེར་འགྲོ་(kher vgro)独行（单个+走 V-PRS），ཟོལ་བསྟོད་(zol bstod)谄媚（假+赞扬 V-PRS），ཟོལ་སྒྲིབ་(zol sgrib)蒙蔽，欺瞒（假+遮住 V-PRS）。其中有相当部分采用了完成式动词，原因尚待考察。

从内部语义结合来看，形语素+动语素（A+V）模式有两种类型，修饰型和结果型。不过二者之间产生的结果意义一般要在具体语境中才有所凸显。例如：

བདེ་དགའ་(bde dgav) 安乐（快乐+喜爱）

བདེ་གཤེགས་(bde gshegs) 善逝（佛）（快乐+逝世）

བཟང་བསྟོད་(bzang bstod) 赞扬（好+赞扬）

བཟང་ཉམས་(bzang nyams) 伪善（好+炫耀）

དམར་བཤལ་(dmar bshal) 赤痢（红+泻）

དམའ་འབྱིན་(dmav vbyin) 藐视（矮+出）

གདུག་གསོད་(gdug gsod) 残害（野蛮+杀死）

གྲང་འདར་(grang vdar) 寒战（颤）（冷+发抖）

གསར་བཟོ་(gsar bzo) 创新（新的+做）

གསར་སྒྱུར་(gsar sgyur) 维新（新的+改变）

གཡས་ལྷུང་(g-yas lhung) 右倾（右+坠落）

གཟབ་འཆོས་(gzab vchos) 留神（谨慎+修正）

ལེགས་གསོལ་(legs gsol) 致谢（美好+请求）

ལེགས་སྨྲ་(legs smra) 颂词（美好+说）

ཡོངས་ཐོས་(yongs thos) 遍闻（全部+听见）

འཕྲང་འགག་(vphrang vgag) 狭路（窄+阻挡）

མཆོག་འཛིན་(mchog vdzin) 坚持（宝贵+握住）

归纳以上讨论，虽然句法上，我们可以给 A+V 序列的 A 定位为形副兼类，可是在词法处理上，我们无需改变形容词的形类身份，也就是承认存在 A+V 词法模式构成的复合名词。例如，ཆད་གཉེར་(chad gnyer)专营，其中གཉེར་(gnyer)是动词，有"照管，经办，谋取"的意思，ཆད་(chad)则是形容词和副词兼类词，有"专门，特地，专为"意思。

就整个藏语而言，A+V 模式不能算是藏语复合名词的主流模式，因此该模式构成的词数较少。

4.2.10 动语素+形语素（V+A）

4.2.10.1 V+A 与 N+A 的平行性

双音节 V+A 模式跟 N+A 模式具有平行性。已知 N+A 是藏语句法上的常规模式，且 V+A 乃至形容词用作副词的 V+ADV 并非普遍模式，因此一个合理的推测是 V+A 中的 V 很可能发生了强制转类。我们先比较二者的案例。

N+A：

ཁྲག་དྲོན་(khrag dron) 热血 ＜ (khrag(N-血)dron po(A-热))

དྲི་ངན་(dri ngan) 臭味 ＜ (dri ma(N-气味) ngan po(A-臭))

V+A：

གནང་ཆེན་(gnang chen) 大赦 ＜ (gnang(V-赐给，N-允诺)+chen po(A-大))

སེམས་ཆུང་(sems chung) 虚心/胆小 ＜(sems(V-想，N-心灵)+chung chung(A-小))

མངོན་ཆེན་(mngon chen) 显著 ＜(mngon(V-显现，N-正面)+chen po(A-大))

མངོན་ཆུང་(mngon chung) 含蓄 ＜(mngon(V-显现，N-正面)+chung chung(A-小))

ཐོས་ཆུང་(thos chung) 寡闻 ＜(thos(V-听见)，thos pa(N-听闻)+chung chung(A-小))

འཛུམ་ཆུང་(vdzum chung) 微笑 ＜(vdzum(V-微笑)+chung chung(A-小))

སྐྱོར་འབོལ་(skyor vbol) 靠垫 ＜(skyor(V-支撑)+vbol po(A-松软))

二者形式上基本一致，不过，N+A 模式保持了形名直接修饰关系，不发生转喻。

4.2.10.2 V+A 强制转类

可能由于普遍的 N+A 构式的原因，我们从拉萨口语词典中搜寻，发现 V+A 模式的动词多为名动兼类，真正不兼类的十分有限。这意味着 N+A 模式已经成为藏语母语人的一种认知经验框架，也就是说凝结为一种词法构式。以 མཐོང་(mthong) "看见"为例，མཐོང་ཆེན་པོ་(mthong chen po) "重视"这种 V+A 结构在人们的心理习惯上会很自然地理解为 N+A 构式，其中的 V 受到构式力的强制而转化成 N。也可以说，ཆེན་པོ་(chen po)要求与之组合的是事物论元，具有名词性质，当 མཐོང་(mthong)不能满足这个要求，则强制 མཐོང་(mthong)转化。就 མཐོང་(mthong)而言，它自身是蕴含动作结果的事件动词，可以转化为结果事物，此处即"发现、目睹"。因此藏语可以产生动词 མཐོང་བྱེད་(mthong byed)敬重，重视，进一步扩展，又可形成以下词例：

མཐོང་ཆུང་(mthong chung) 轻视 ＜ mthong(V-看见/N-看待)+chung chung(A-小)

མཐོང་ཆུང་བྱེད་(mthong chung byed)<V> 轻视，小看，看不起

མཐོང་ཆེན་(mthong chen) 重视＜ mthong(V-看见/N-看待)+chen po(A-大)

མཐོང་ཆེན་བྱེད་(mthong chen byed)<V>看重/重视

= མཐོང་ཆེན་པོ་བྱེད་(mthong chen po byed)<V>看重/重视

上文指出，V+A 模式是非普遍模式，拉萨话一般避免使用这种结构。例如拉萨方言 སྐུལ་(skul) "鼓励"与 ལྕག་པོ་(lcag po) "快，迅速"以及动词 གཏོང་(gtong)组合：སྐུལ་ལྕག་གཏོང་(skul lcag gtong)动员，鼓励，但却缺乏直接的名词形式 སྐུལ་ལྕག་(skul lcag)。反之形成一组 A+V 的结构：ལྕག་སྐུལ་(lcag skul)鞭策-N，ལྕག་སྐུལ་གཏོང་(lcag skul gtong)鞭策，鼓励-V，ལྕག་སྐུལ་བྱེད་(lcag skul byed)鞭策，鼓励-V。

4.2.11　多音节复合名词

以上讨论了藏语双音节复合名词的各种基本结构以及构成这些结构的形类，也同时讨论了各种结构形类语素之间所存在的语义关系。可是，除了以上 9 类形类结构，藏语中其他词类也能构成复合名词，包括副词、连词、数词等可与其他词类构成复合名词，例如副词与动词构成的形类结构：བྲེལ་རྟབ་(brel rtab)匆忙（忙+忙乱-ADV），ཐུབ་ཙམ་(thub tsam)将就，勉强（胜过+一点儿-ADV）。

另一方面，上文讨论的都是双音节名词，相比而言，藏语也有一定数量的多音节复合名词。限于篇幅，此处简单介绍。多音节复合名词大致有几种主要的表达类型，一是新词，例如 དམག་སྤྱི་ཁང་(dmag spyi khang)司令部，དཔེ་ལྟ་ཁང་(dpe lta khang)阅览室，སྨན་ལེན་ས་(sman len sa)取药处，འཇམ་འདྲུད་སྣུམ་(vjam vdrud snum)润滑油。二是佛教词或外来词，例如 བཅོམ་ལྡན་འདས་(bcom ldan vdas)胜利者，薄伽梵（释迦牟尼的梵文称号），ཡ་ཀྲི་ཚའོ་(ya kri tshavo)鸭跖草（药），པུ་ལི་སི་(pu li si)（原西藏地方政府的）警察，བྷྲིང་ཀ་ར་ (bhring ka ra)金水壶。三是部分习惯性短语性质的组合，用法与词基本相同，或可视作词，例如 བྱང་ཆུབ་གསུམ་(byang chub gsum)三菩提，ཆོས་འཁོར་གསུམ་(chos vkhor gsum)三大古寺，[①] དཔལ་གྱི་བེའུ་(dpal gyi bevu)吉祥结，དབྱར་དགུན་སྟོན་དབྱིད་(dbyar dgun ston dbyid)春夏秋冬，ས་ཆུ་མེ་ཤིང་ལྕགས་(sa chu me shing lcags)金木水火土（胡坦 1986）。四是一些专名、地名和藻饰词之类，例如 རྣམ་རྒྱལ་ལགས་(rnam rgyal lags)朗杰先生，མཚོ་སྐྱ་རིང་(mtsho skya ring)札棱湖，མིའི་དབང་ཕྱུག་(mivi dbang phyug)国王（藻饰词）。

三音节以上复合词来源上的一个特点是利用藏语自身语素特征意译外来词，或组成新的表达形式，由此产生大量复合名词。例如：

དམག་ཁུལ་ཁང་	dmag khul khang	军区
དམག་རྩལ་ཐང་	dmag rtsal thang	练兵场
དམག་སྤྱི་ཁང་	dmag spyi khang	司令部（原西藏地方军队司令部）
དངུལ་དཔར་ཁང་	dngul dpar khang	造币厂
དངུལ་གསོག་ཁང་	dngul gsog khang	储蓄所
དཔལ་གྱི་བདག་	dpal gyi bdag	吉祥主
དཔལ་གྱི་བེའུ་	dpal gyi bevu	爱之结，吉祥结
དཔེ་དེབ་ཁང་	dpe deb khang	书店
དཔེ་ལྟ་ཁང་	dpe lta khang	阅览室

---

① 周季文（1981）认为三个词根构成的复合词后面添加的语素 གསུམ་(gsum)，是同位性成分，例如：རྟ་ལུག་ནོར་གསུམ་(rta lug nor gsum)牲畜（马羊牛三者）。又参见周季文、谢后芳（2003）。

དྲིལ་སྒྲོག་ས་	dril sgrog sa	摇铃所
དྲོད་འོངས་དུས་	drod vongs dus	春季
དུག་སེལ་སྨན་	dug sel sman	消毒剂，消毒药
དུས་ཚིགས་བཞི་	dus tshigs bzhi	四季
ག་ཛ་དན་	ga dza dan	象牙
ག་ག་ཚིལ་	ga ga tshil	狎胳肢（胳肢窝）
དགྲ་བཅོམ་བདུན་	dgra bcom bdun	七大罗汉（佛）
ག་པུར་དབང་	ga pur dbang	冰片王
གློ་འགོག་སྨན་	glo vgog sman	止咳剂
གཉེན་ཉེ་རིགས་	gnyen nye rigs	亲友
གྲི་འགག་གསོར་	gri vgag gsor	短腰刀
གྲུ་ཚུགས་ས་	gru tshugs sa	船夫住处
གཙུག་ལག་གསུམ་	gtsug lag gsum	三藏（佛）
ཀ་ལན་ཏ་	ka lan ta	燕子
ཁབ་གཙག་ཐབས་	khab gtsag thabs	进针法
ཁྲག་གི་རིགས་	khrag gi rigs	血型
ཁྱི་མིག་བཞི་	khyi mig bzhi	四眼狗（指人）
ཀུན་དུ་ལ་	kun du la	猫（藻饰词）
སྨན་ལེན་ས་	sman len sa	取药处
དུག་རབ་འཇོམས་	dug rab vjoms	莲花（藻饰词）
གནས་ཆེན་ལྔ་	gnas chen lnga	赡部洲五圣地
གསང་སྔགས་རྒྱལ་	gsang sngags rgyal	密咒王
ཀ་བློན་སྦུག་	ka blon sbug	噶伦堡（地名）
ཁུ་ནུ་ལ་	khu nu la	昆仑山（地名）
ལུས་སྐྱོབ་གོས་	lus skyob gos	护身衣，铠甲（藻饰词）
རྒྱལ་རྩེ་རྫོང་	rgyal rtse rdzong	江孜宗（地名+县）

多音节复合名词的形类结构比较复杂，有些是双音名词加上名词语素，例如 དམག་རྩལ་ཐང་[[dmag rtsal]$_{\text{N-武艺}}$ thang$_{\text{N-广场}}$]$_{\text{N}}$ 训练场，དུག་སེལ་སྨན་[[dug sel]$_{\text{N-消毒}}$ sman$_{\text{N-药}}$]$_{\text{N}}$ 消毒药。还有采用后修饰句法格式的结构，例如 གནས་ཆེན་ལྔ་[[gnas]$_{\text{N-界}}$[chen]$_{\text{N-大}}$[lnga]$_{\text{N-五}}$]$_{\text{N}}$ 赡部洲五圣地。有一类甚至是添加语法词的句法格式，用属格标记把修饰语与被修饰语关联起来，例如 ཁྲག་གི་རིགས་[[khrag gi]$_{\text{N-血-GEN}}$ rigs$_{\text{N-类}}$]$_{\text{N}}$ 血型。

4.3　常见复合名词构词语素

4.3.1　复合词的集合化作用

第 3 章我们曾讨论典型词缀和类词缀，并初步指出这些词缀一般来源于独立使用的形式或自由词。从语法化和复合词角度看，这个问题涉及复合词构成成分的语义虚化和语音附加化（cliticization），并最终派生化。

从来源看，派生词缀并非都出自句法词的语法化。藏语词缀和类词缀经常是通过多音节复合词的语素虚化过程产生。这个过程起始于复合词中构成语素的集合性和定位性。以下举例说明：藏语语素 སྟངས་stangs 原义为“方法、方式”，可以跟在现在时动词后构成大量复合名词。例如：བཤད་སྟངས་(bshad 说 stangs)语气、སྨན་གཏོང་སྟངས་ (sman gtong 服药 stangs)服药法、གསུང་སྟངས་(gsung 说 stangs)说法、སྨན་འཐུང་སྟངས་ (sman vthung 服药 stangs)服药法、བྱེད་སྟངས་(byed 做 stangs)行动、བེད་སྤྱོད་སྟངས་ (bed spyod 利用 stangs)用法、སློབ་སྟངས་ (slob 教 stangs)教学法、མིང་སྦྱོར་སྟངས་ (ming sbyor 造词 stangs)构词法。

我们知道，复合词的价值并非每个构成语素的简单加合，语义的和语用的各种要素都会施加作用使之产生新的词义。譬如，འདུག་སྟངས་ (vdug stangs)原为“坐的方式”，通过转喻产生出“坐姿，作风，风气”价值；འགྲོ་སྟངས་ (vgro stangs) 原为“走路的步法或行走的姿态”，却产生出“常例，规则，办法”的衍生意义。再如，ལྟ་སྟངས་ (lta stangs) 简单合成意义是“观看的方法”，产生出“见解，观点”的意思。显然，复合词衍生的意义一般都比较抽象，具象性弱化，空洞性增强。凡是抽象的意义往往概括性更高更广，因而由同一个词形在相同呈现位置构成的复合词具有了相似的价值。这种概念上的抽象性和词义的泛化使复合词构成语素逐步虚化，向着词缀化迈出关键一步。如果这类复合词还具备重轻型韵律特征（即首音节重读），①并且语素越来越趋向黏着（即不作为词独用或不变换构词位置），则很有可能从典型词根语素转变为词缀语素。

由某种形式产生（或构成）的系列性复合词词汇在一定条件下发展为派生词是单音节型语言的普遍趋向，其中主要作用是集合化。例如现代汉语：日头、热头、念头、饶头、准头、甜头等，其中的词缀“头”是非独立的黏着形式，词义模糊。值得注意的是，这些词缀在发展过程中经常同

---

① 双音节轻重或重轻韵律取决于音节单元的音高和长短，音高值的高低与重轻韵律对应，如果前后音节音高值相同，则由音节长度决定重轻，长对应重，短对应轻。参见武波、江荻（2017）。

时兼任词根语素和词缀语素两种身份，它们意义虽然模糊，却并非无义。这种情况在藏语中也相当普遍。

上文 4.2.4.2 节曾提到复合词部分语素具有转向词缀的趋向，此处，我们对这样的语素加以描述，它们时而呈现独立语素意义的价值，时而表现出词缀特征。主要有以下数个：ས་(sa)表示动作的地点或对象；ཚུལ་(tshul)表示方法；སྟངས་(stangs)表示做某种事情的方式、方法；ལོང་(long)表示动作的时间、时段；ཐབས་(thabs)表示做事的方法；སྲོལ་(srol)表示做事情的规矩或习惯；འདོད་(vdod)表示意愿；རྩིས་(rtsis)表示打算；ཚད་(tshad)表示程度，标准；འཕྲོས་(vphros)表示剩余概念；སྙུགས་(snyugs)表示继续概念；དུས་(dus)表示时间点；ཤུལ་(shul)表示时间段；བཟོ་(bzo)表示方式方法；ལུགས་(lugs)表示情形；སེམས་(sems)表示心灵或精神，态度，情况等等。值得提到的是，这部分构词语素呈现词缀特征的时候很难跟第 3 章讨论的部分派生类词缀区分开来，但大多数时候它们还是可以作为词义较强的复合词构词语素来对待。

4.3.2　语素 sa 的意义与功能

实词 sa 的意思是“土地，处所”，通常添加于动词或形容词词根之后表示动作或状态发生的地点。从复合词案例来看，大多数词还保留了本义，但定位性较强，前面的动词并不构成修饰关系，后面的 sa 有词缀化趋势。最后几例则显示出本义的虚化，例如，vdum sa“调解处”还一定程度上可理解为地点，而 gtad sa“指望处”却不能作地点理解了。

བཙན་ས་ (btsan 险 sa) 险要地	དབེན་ས་ (dben 静 sa) 僻静处
དཀྱུ་ས་ (dkyu 驰骋 sa) 跑马场	དམའ་ས་ (dmav 矮 sa) 洼地
གཤེར་ས་ (gsher 湿 sa) 湿地	དྲོ་ས་ (dro 暖 sa) 温暖的地方
གཟིམས་ས་ (gzims 睡 sa) 寝室	ཁོར་ས་ (khor 分开 sa) 环形道
ལྡོམ་ས་ (ldom 乞讨 sa) 乞讨处	ལྟོས་ས་ (ltos 看 sa) 观待处
ཉལ་ས་ (nyal 睡 sa) 卧处	སྡོད་ས་ (sdod 住 sa) 寓所
འབབ་ས་ (vbab 落 sa) 落脚点	སྐྱེ་ས་ (skye 出生 sa) 出生地
སྐམ་ས་ (skam 干 sa) 陆地	འདོལ་ས་ (vdol 松软 sa) 良田
ཐར་ས་ (thar 通过 sa) 通行道路	འདུག་ས་ (vdug 住 sa) 住处
འཁོར་ས་ (vkhor 围绕 sa) 栖息地	ཡིབ་ས་ (yib 隐藏 sa) 躲藏处
འདུ་ས་ (vdu 会合 sa) 聚集处	འགྲོ་ས་ (vgro 走 sa) 去处
འཕྲད་ས་ (vphrad 会面 sa) 交点	འཇིགས་ས་ (vjigs 害怕 sa) 危险处
འཁྲ་ས་ (vkhra 附着 sa) 靠山	འཁྲི་ས་ (vkhri 牵连 sa) 凭借处
ཚ་ས་ (tsha 痛 sa) 痛处	འདུམ་ས་ (vdum 调解 sa) 调解处

དོག་ས་ (dog 狭 sa) 险处　　　　གཏད་ས་ (gtad 创造 sa) 指望处

名词添加 ས་ (sa)构成的复合名词有些可能不作地点理解，是复合词整体发生转义，例如 གཞུང་ས་ (gzhung sa)“政府”是用政府所在地指代政府。例如：

བྱེ་ས་ (bye 沙 sa) 沙漠　　　　དབྱར་ས་ (dbyar 夏 sa) 夏营地

དགུན་ས་ (dgun 冬 sa) 冬牧地　　　　དམག་ས་ (dmag 兵 sa) 战场

དཔོང་ས་ (dpong 院 sa) 院落，庭院　　　　དཔྱིད་ས་ (dpyid 春 sa) 春季牧地

གྲུ་ས་ (gru 船 sa) 码头　　　　གྲྭ་ས་ (grwa 僧 sa) 大寺院

གསང་ས་ (gsang 孔 sa) 隘口　　　　གཡུལ་ས་ (g-yul 战争 sa) 战场

གཞུང་ས་ (gzhung 政府 sa) 政府　　　　ཁྲིམས་ས་ (khrims 法律 sa) 法院

ཁྲོམ་ས་ (khrom 军事 sa) 战场　　　　ཁྲུང་ས་ (khrung 酒 sa) 酒店

4.3.3　语素 tshul 的意义与功能

ཚུལ་ (tshul)表示方法，姿态，形式，态度等等。一般来说，如果与名词组合可使得复合名词内涵扩展和清晰，表示相关的形状或现象。如果添加在动词上，则表示动作或事件凭借的方法，更多地表示动作或事件的结果。请比较：

与名词组合：

གོམ་ཚུལ་ (gom 步 tshul) 步态　　　　གནས་ཚུལ་ (gnas 状况 tshul) 现象

དཔའ་ཚུལ་ (dpav 勇武 tshul) 豪气　　　　ནང་ཚུལ་ (nang 里面 tshul) 内幕

སྒྲ་ཚུལ་ (sgra 声音 tshul) 语法　　　　ངང་ཚུལ་ (ngang 本性 tshul) 性质

བསམ་ཚུལ་ (bsam 思想 tshul) 见解　　　　བརྗོད་ཚུལ་ (brjod 词句 tshul) 措辞

མཐོང་ཚུལ་ (mthong 评估 tshul) 看法　　　　ཐབས་ཚུལ་ (thabs 谋略 tshul) 方式

བཞེད་ཚུལ་ (bzhed 主张 tshul) 见解　　　　སྤྱོད་ཚུལ་ (spyod 行为 tshul) 品行

བཤད་ཚུལ་ (bshad 解说 tshul) 说法　　　　འབྲེལ་ཚུལ་ (vbrel 关系 tshul) 联合形式

ཕྱི་ཚུལ་ (phyi 外表 tshul) 外表　　　　དགེ་ཚུལ་ (dge 善 tshul) 沙弥（年轻和尚）

添加在动词上：

སྣང་ཚུལ་ (snang 出现 tshul) 情景　　　　ན་ཚུལ་ (na 病 tshul) 病情

འགྱིང་ཚུལ་ (vgying 傲慢 tshul) 傲慢相　　　　བྱེད་ཚུལ་ (byed 做 tshul) 方式

ཆགས་ཚུལ་ (chags 发生 tshul) 构造　　　　ཡིན་ཚུལ་ (yin 是 tshul) 假装，佯相

ལྟ་ཚུལ་ (lta 看 tshul) 见解　　　　ལྡོག་ཚུལ་ (ldog 回 tshul) 还原法

འདོད་ཚུལ་ (vdod 想 tshul) 意旨，主张　　　　བྱུང་ཚུལ་ (byung 出现 tshul) 过程

གཟིགས་ཚུལ་ (gzigs 理解 tshul) 看法

我们还注意到，这两类词中，前面的语素可能是名词和动词兼类词。兼类者有些可能有细微差别，有些则意义基本一致。例如：འདུད་ཚུལ་ (vdud tshul)分析为动词是[[vdud]$_V$ 恭敬 tshul]$_N$ 礼貌，分析为名词是[[vdud]$_N$ 敬礼 tshul]$_N$ 敬礼状。这类带 ཚུལ་ (tshul)语素的词是否处理为派生形式，也取决于 ཚུལ་ (tshul)集合化程度的高低。

4.3.4 语素 stangs 的意义与功能

语素 སྟངས་ (stangs)原义为“方法，方式”，独立成词时要添加后缀 ཀ་ (ka)，སྟངས་ཀ་(stangs ka)方式，姿态。与动词现在时形式结合表示做某种事情的方式、方法。下例中 འཐབ་ (vthab)是动词，添加 སྟངས་ (stangs)构成名词充当动词短语的对象宾语。

4-16 གཙང་འགྲམ་དུ་ང་ཚོའི་འཐབ་སྟངས་ལ་ གཟིགས་མོ་གཟིགས་པར་ཕེབས་གནང་འཚལ།།

gtsang-vgram_du　nga_tsho_vi　vthab-stangs-la

江-旁边_LOC　我们_PL_GEN　战法-CLAU

gzigs-mo-gzigs par　phebs-gnang vtshal.

观看-TAP　来-HON　希望

希望（国王）来河边观看我们打仗。

举例中注意部分动词采用不同的时态形式，意义也有所差别，例如 བྲི་སྟངས་(bri 现在时_非完成体 stangs)画法，བྲིས་སྟངས་(bris 过去时_完成体 stangs)书法。

འཁྲབ་སྟངས་ (vkhrab 跳舞 stangs) 舞姿　　འགྲོ་སྟངས་ (vgro 走 stangs) 手续
སྒྲིག་སྟངས་ (sgrig 编排 stangs) 编法　　ཆགས་སྟངས་ (chags 形成 stangs) 格局
ལྟ་སྟངས་ (lta 看 stangs) 看法　　ཐགས་སྟངས་ (thags 织 stangs) 织法
ཐད་སྟངས་ (thad 走 stangs) 走相　　བསྡད་སྟངས་ (bsdad 坐 stangs) 坐姿
ན་སྟངས་ (na 病 stangs) 病情　　གནང་སྟངས་ (gnang 做 stangs) 作风
སྣོན་སྟངས་ (snon 添加 stangs) 加法　　སྤྱོད་སྟངས་ (spyod 运用 stangs) 用法
ཕེབས་ སྟངས་ (phebs 走 stangs) 步态
སྒྲ་འདོན་སྟངས་ (sgra vdon 发音 stangs) 发音方法
བྲི་སྟངས་ (bri 画 stangs) 画法　　བྲིས་སྟངས་ (bris 写 stangs) 书法
འབོད་སྟངས་ (vbod 呼唤 stangs) 叫法　　སྦྱར་སྟངས་ (sbyar 组合 stangs)“文章”结构
རྩོམ་སྟངས་ (rtsom 编撰 stangs) 文体　　ལབ་སྟངས་ (lab 说 stangs) 说法
འཛུལ་སྟངས་ (vdzul 进入 stangs) “参加组织”手续
ཤོད་སྟངས་ (shod 说 stangs) 口气　　འཛིན་སྟངས་ (vdzin 持 stangs) 感受
སྒྲིག་ སྟངས་ (sgrig 安排 stangs) 排列方式
འཇིགས་སྟངས་ (vjigs 破坏 stangs) 威胁的方式

4.3.5 语素 thabs 的意义与功能

ཐབས་ (thabs) 可添加在动词之后兼具名词化的标记作用，但保留了较强的原词语义："方法，策略"。该语素与动语素结合作复合词的构词量很大，具有能产性。例如：

བྱ་ཐབས་ (bya 做 thabs) 办法
སྒྲུབ་ཐབས་ (sgrub 置办 thabs) 工作方法
ཟློག་ཐབས་ (zlog 遮拦 thabs) 遮阻法
སྤྱོད་ཐབས་ (spyod 运用 thabs) 用法
རྩི་ཐབས་ (rtsi 算 thabs) 算法
ཤོད་ཐབས་ (shod 说 thabs) 说法
འཛིན་ཐབས་ (vdzin 识别 thabs) 见解
ལེན་ཐབས་ (len 取 thabs) 捞取
བསླུ་ཐབས་ (bslu 欺骗 thabs) 骗术
སླུ་ཐབས་ (slu 骗 thabs) 骗术
གཅོད་ཐབས་ (gcod 砍 thabs) 砍法
ཁྲིད་ཐབས་ (khrid 讲解 thabs) 教授法
སྣོན་ཐབས་ (snon 加 thabs) 加法
རག་ཐབས་ (rag 获得 thabs) 追逐
བགོ་ཐབས་ (bgo 划分 thabs) 除法
བཅོས་ཐབས་ (bcos 改造 thabs) 疗法
དཔྱད་ཐབས་ (dpyad 分析 thabs) 外科术
ཆེ་ཐབས་ (che 大-A thabs) 傲慢相
སྲུང་ཐབས་ (srung 保卫 thabs) 守势

མཚོན་ཐབས་ (mtshon 装扮 thabs) 表现手法
གསོ་ཐབས་ (gso 治疗 thabs) 疗法
འཐབ་ཐབས་ (vthab 战斗 thabs) 斗法
སྒོམ་ཐབས་ (sgom 修行 thabs) 修行法
རྩིས་ཐབས་ (rtsis 算 thabs) 算法
གསང་ཐབས་ (gsang 守密 thabs) 守密法
འཚོ་ཐབས་ (vtsho 生存 thabs) 生存法，生计
བླ་ཐབས་ (bla 情愿 thabs) 抑制
བརྙས་ཐབས་ (brnyas 欺 thabs) 骗法
བསྙལ་ཐབས་ (bsnyal 捆 thabs) 捆扎法
བསྡུར་ཐབས་ (bsdur 较量 thabs) 比较法
སྒྱུར་ཐབས་ (sgyur 加倍 thabs) 乘法
ལོན་ཐབས་ (lon 获得 thabs) 捞取
གསོན་ཐབས་ (gson 活的-A thabs) 活命
མཆོད་ཐབས་ (mchod 供奉 thabs) 祭祀法
རྒོལ་ཐབས་ (rgol 攻击 thabs) 攻法，攻势
གཟུར་ཐབས་ (gzur 躲 thabs) 推故
གནས་ཐབས་ (gnas 存在 thabs) 保存

4.3.6 语素 srol 的意义与功能

语素 སྲོལ་ (srol) 原义为"风俗、习惯、规矩"，可以与动词构成复合名词。一定条件下作为词缀，སྲོལ་ (srol) 表示做事情的规矩或习惯。例如：

བྱེད་སྲོལ་ (byed 做 srol) 作风，方式
ཟེར་སྲོལ་ (zer 说 srol) 说法
བཤད་སྲོལ་ (bshad 说 srol) 说法
དར་སྲོལ་ (dar_A 流行 srol) 风尚，风气
ཆ་སྲོལ་ (cha 来往 srol) 风俗，习惯

ལུགས་སྲོལ་ (lugs 铸造 srol) 成规，风俗
བཞེད་སྲོལ་ (bzhed 主张 srol) 主张，见解
སྔ་སྲོལ་ (snga 先前 srol) 先例，成规
ཕྱག་སྲོལ་ (phyag 礼拜 srol) 作风，传统
གུས་སྲོལ་ (gus 恭敬 srol) 礼节，礼貌

4.3.7 语素 long 的意义与功能

ལོང་ (long)原义为“闲暇，空闲”。该词添加于现在时或未来时动词之后使动词名词化。ལོང་ (long)充当复合词构词语素表示动作或行为占据的时间、时段。例如：

4-17 ལུའུ་ཀྲི་ཧྲེན་གྱིས་རྐང་པས་ རྡོག་ཐོ་གཅིག་གཞུས་ པས་བྲོས་ལོང་ མ་བྱུང་།།

luvu-kri-hren_gis rkang-pa_s rdog-tho gcig

鲁智深_AG 腿_INS 弹腿 一

gzhus-pas bros_long-ma-byung

打(PST)后 逃跑(PST)_NMZ-NEG-发生(PST)

智深左脚早起，（张三）没有跑脱（时间）。

བྱེད་ལོང་ (byed 做 long) 空闲工夫 ཁོམ་ལོང་ (khom 闲 long) 空闲时间

འཁྲུག་ལོང་ (vkhrug 吵 long) 战乱 འདུ་ལོང་ (vdu 聚集 long) 嘈杂，喧哗

སྡོད་ལོང་ (sdod 居住 long) 空闲，有暇 ཟིང་ལོང་ (zing 乱 long) 战火，纷争

4.3.8 语素 dus 的意义与功能

དུས་ (dus)原义是“时间，季节”，用作名词。这个形式经常用于动词之后，构成复合名词。例如：

འཁྱག་དུས་ (vkhyag 冻 dus) 冷季 གྲང་དུས་ (grang 冷 dus) 寒时

རྒྱུག་དུས་ (rgyug 售光 dus) 旺季 སྔ་དུས་ (snga 早 dus) 昔时，往昔

ཆགས་དུས་ (chags 依恋 dus) 贪爱时 འཆི་དུས་ (vchi 死 dus) 临终时

ཕྱི་དུས་ (phyi 迟 dus) 后来，晚期 ཉེས་དུས་ (nyes 揍 dus) 刑期

གཉིད་དུས་ (gnyid 睡 dus) 睡时 ཉེ་དུས་ (nye 近 dus) 近来，近代

སློབ་དུས་ (slob) 教学 dus) 学期 བྲིན་དུས་ (brin 售 dus) 旺季

རྩོད་དུས་ (rtsod 争 dus) 斗争时 གཙང་དུས་ (gtsang 净 dus) 满期，结清

གནས་དུས་ (gnas dus)可能造成歧义，གནས་ (gnas)用作动词是[[gnas]$_V$ 存在 dus]$_N$ 滞时，留住的时间，作名词解是[[gnas]$_N$ 地点 dus]$_N$ 地点和时间，是并列复合词。

དུས་ (dus)接在名词之后构成复合词，能产性很强，说明 དུས་ (dus)的语义并未弱化。以下是添加在名词后的例词。

དཔྱིད་དུས་ (dpyid dus) < dpyid ka 春，春季

དགུན་དུས་ (dgun dus) < dgun kha 冬，冬季

སྟོན་དུས་ (ston dus) < ston ka 秋，秋季

སྔོན་དུས་ (sngon dus) < sngon ma 昔日，昔时

ཆར་དུས་ (char dus) < char pa 雨，雨季

སྙིགས་དུས་ (snyigs dus) < snyigs ma 污浊，浊世
དགོང་དུས་ (dgong dus) < dgung ga 下午，午后
ནམ་དུས་ (nam dus) < nam 何时，季节
གནའ་དུས་ (gnav dus) < gnav mo 古代，古时
དེང་དུས་ (deng dus) < deng 现在，现代
སྦྲང་དུས་ (sbrang dus) < sbrang ma 蜜蜂，蜜时（藏历四月的异名）
གཡུལ་དུས་ (g-yul dus) < g-yul 战争，战时
རྩེན་དུས་ (rtsen dus) < rtsen pa 游戏，游戏时
བཙོན་དུས་ (btson dus) < btson 监狱，监禁期
ཚོང་དུས་ (tshong dus) < tshong 商业，逢集日
ལོ་དུས་ (lo dus) < 年，年限，期限
ཟླ་དུས་ (zla dus) < zla ba 月，月度

4.3.9　语素 shul 的意义与功能

ཤུལ་ (shul)意思是"空地，遗迹，时期"。用于动词之后兼有名词化作用，例如：

རྙིང་ཤུལ་ (rnying 旧 shul) 古迹　　བརྐོས་ཤུལ་ (brkos 挖-PST shul) 坑迹
འགྲོ་ཤུལ་ (vgro 走 shul) 路径　　དྲག་ཤུལ་ (drag 厉害 shul) 强烈，粗暴
བརྡེགས་ཤུལ་ (brdegs 打-PST shul) 伤痕　　ན་ཤུལ་ (na 生病 shul) 病期

该词项添加在名词后构成复合名词。

ཆུ་ཤུལ་ (chu shul) 枯水沟　　རྗེས་ཤུལ་ (rjes shul) 痕迹
བསྡད་ཤུལ་ (bsdad shul) 故居　　དགོན་ཤུལ་ (dgon shul) 庙墟
ཕ་ཤུལ་ (pha shul) 祖业　　འབྲུམ་ཤུལ་ (vbrum shul) 痘瘢
མེ་ཤུལ་ (me shul) 火烬　　རྨ་ཤུལ་ (rma shul) 疮疤
མཚེར་ཤུལ་ (mtsher shul) 墓址　　ལམ་ཤུལ་ (lam shul) 路迹
སེར་ཤུལ་ (ser shul) 石渠（县名）

4.3.10　语素 lugs 的意义与功能

ལུགས་ (lugs)原义为"制度、规则、风尚、习惯、规矩，方法、道理"，单音节名词。添加在动词后构成复合名词。

འགྲོ་ལུགས་ (vgro 走 lugs) 手续　　རིང་ལུགས་ (ring 长 lugs) 学派
རྗོད་ལུགས་ (rjod 解说 lugs) 说法　　མཐོང་ལུགས་ (mthong 看见 lugs) 看法
འདུག་ལུགས་ (vdug 在 lugs) 作风　　འདོད་ལུགས་ (vdod 想 lugs) 主张
སྡོད་ལུགས་ (sdod 坐 lugs) 坐姿　　གནས་ལུགས་ (gnas 存在 lugs) 状况
ལས་ལུགས་ (las 做 lugs) 规矩　　བྱེད་ལུགས་ (byed 做 lugs) 作风

བཞེད་ལུགས་ (bzhed 想 lugs) 见解　　ཡིན་ལུགས་ (yin 是 lugs) 原因

རྩོམ་ལུགས་ (rtsom 编 lugs) 文体

4.3.11 语素 sems 的意义与功能

སེམས་ (sems)表示心灵、意识或精神，通常可以添加在名词和动词后构成复合词。例如：བྱམས་སེམས་ (byams sems)仁慈心，ངན་སེམས་བཅངས་ (ngan sems bcangs)不怀好意，邪恶的心。

4-18 ངན་སེམས་བཅངས་མཁན་ལྷ་བྲིས་པ་དེ་ མར་ འཁྲིད་ནས་ གསོད་ཤོག

ngan sems bcangs mkhan lha-bris-pa de　mar vkhrid nas　gsod shog

邪恶 心 持　NMZ 画匠　那 往下 拖　COR 杀死 IMP

把这个不怀好意的画师拉出去杀了。

རྐུ་སེམས་ (rku 偷盗 sems) 盗心　　ཁུར་སེམས་ (khur 责任 sems) 责任感

འཁོན་སེམས་ (vkhon 怨恨 sems) 怨气　　ཁྲམ་སེམས་ (khram 狡诈者 sems) 诈计

ཁྲོ་སེམས་ (khro 怒 sems) 忿怒　　སྐྱབས་སེམས་ (skyabs 靠山 sems) 皈依心

དགའ་སེམས་ (dgav 欢喜 sems) 热情　　ཁེངས་སེམས་ (khengs 骄傲 sems) 傲慢心

དགེ་སེམས་ (dge 善 sems) 善心　　འཁོར་སེམས་ (vkhor 仆从 sems) 随从心

འགྱོད་སེམས་ (vgyod 悔 sems) 悔心　　དགྲ་སེམས་ (dgra 敌 sems) 敌意

འགྲན་སེམས་ (vgran 竞争 sems) 争心　　སྒེར་སེམས་ (sger 私 sems) 私心

མགུ་སེམས་ (mgu 满意 sems) 欢心　　རྔམ་སེམས་ (rngam 贪念 sems) 贪心

འགྲོགས་སེམས་ (vgrogs 亲近 sems) 友情　　མཆོག་སེམས་ (mchog 顶 sems) 好胜心

རྒོད་སེམས་ (rgod 心眼多 sems) 内心不宁　　ནང་སེམས་ (nang 内 sems) 性格

འཆི་སེམས་ (vchi 死 sems) 死念　　འཆབ་སེམས་ (vchab 隐瞒 sems) 覆藏心

关于复合词的内部结构上文已有较多论述，这里仅指出，部分词的构成语素，例如身体部位，经常用于转隐喻，因而构成复合词的能力较强，且内部形类组成方式也很丰富。སེམས་ (sems)是特别典型用于转隐喻的身体部位词。例如，表现句法上的主谓结构的词法表述：སེམས་གཡེང་ (sems g-yeng) “失神”来自 sems 心-N+g-yeng 散-V；或者联合结构的词法表述：བློ་སེམས་ (blo sems)心情，来自 blo 心灵-N+sems 心灵-N 组合，转喻心境。

第5章

动词屈折形态与对应的语法范畴

5.1　动词屈折形态的形式类别

古代藏语动词有屈折形态表示的时态范畴、使动范畴和（祈使）语气范畴。不过由于表现各范畴的动词形式交织在一起，再加上藏语历史上发生的剧烈语音变化，强烈地影响着动词形态范畴的标记形式，为此，人们对动词词法的方方面面持很不一样的观点。本章先从最基本的动词词形差异起始，讨论词根屈折形式，再从词缀角度观察屈折形态产生的原因，最后分别对现在时-过去时（时态）、自动-使动、完成-未完成（体貌）、陈述-祈使（语气）等范畴的动词及其形式标记系统加以描写。

根据形态学定义，屈折(inflection)是指在词根上添加词缀或者改变词根语音形式而产生语法意义对立的过程或结果。藏语既有（1）添加词缀的屈折，也有（2）改变词根形式的屈折。第一类举例来说，རྩི (rtsi)“算”是现在时形式，བརྩི (brtsi)“(将)算”是将来时形式，后者添加了表将来时的前缀 b-，二者存在所谓语法上的时态差别。再看一例，གསུང (gsung)“说”是现在时或将来时形式，也是原型词根，གསུངས (gsungs)“说”在词根上添加后缀-s 表示过去时，二者也是语法形态上的差异。第二类的例词，འཚོང (vtshong)“卖”是现在时形式，བཙོང (btsong)“(已)卖”是过去时形式，但是语法学家们注意到后者不仅改变了前缀，而且还有词根辅音声母的语音变化，tsh-跟 ts-对立，即送气音声母与不送气音声母交替；འཕྲོག (vphrog)“抢夺”是现在时，དབྲོག (dbrog)“抢夺”是将来时，二者词根声母读音是清音与浊音对立；འཆི (vchi)“死”是现在时，ཤི (shi)“死”是过去时，词根声母是塞擦音与擦音对立。凡此种种，余不赘列。

按照藏语传统文法观点，时态分为三种，现在时、将来时和过去时，这就构成藏语动词的时态体系，上千年来，藏族文法学家都是在这个体系框架下操作。同时，近现代以来中外藏语研究者也基本恪守这个体系，都认为古代藏语和书面藏语存在典型的时态体系。在这个体系下的讨论集中于各个时态的形态表现形式，即现在时、将来时、过去时各用哪种语法形式来标记其功能。近年来，部分当代研究者提出现代藏语存在语法分析形式的体貌范畴（胡坦，1984；瞿霭堂，1985a；金鹏，1988；星实千代，1988；张济川，1989；江荻，1991），却依然未对传统时态观念提出异议，导致藏语时态研究与体貌研究分离状况。鉴于古代藏语利用屈折形态而现代藏语采用分析形式表达体貌的差异，如果设想藏语动词存在从古代时态系统向现代体貌系统的转向，就可能引起很多疑问：为什么要转向？转向的方法是什么？转向的过程是怎样的？二者表达形式上有何联系？我们相信，回答这样的问题仍然要从时态原点起始来探索，以图彻底厘清藏语形态的本质和它的标记。

先讨论词缀形态。不过，我们预先对一个相关概念作一点交代。历来藏语讨论动词形态总是以历代汇集的词表和词典为基础，可是由于藏族社会一直存在语言跟文字脱节现象，有重文轻语观念，再加上藏语动词形态既有一定规则，又发生紊乱，完全不能排除历史上的作者们书写文章的时候采用了语用型类推，即随意添加（时、体、式等）形态词缀。其结果是词典编撰者以文献为基础编撰的词典并不完全反映口语中的真实语音或形态。我们把历代词典或词表所收词条称为词典式词条，词典的动词词形称为词典式形态。

传统文法依据动词词形数量将所有动词分为一时动词，即只有一个词形的动词，二时动词，即只有两个词形的动词，三时动词，即有现在时、将来时、过去时三个词形的动词。[①]这并不是说一时动词只表示一个时态，二时动词只表示两个时态，而是说只用一个或两个词形表示多个时态。现在的观点也认为一时和二时动词是因为语音变化只剩下三时词形中的一种或两种形式（瞿霭堂 1985），更进一步的观点认为，动词词形减少跟时态范畴的功能弱化和消失有关（江荻 1991a）。试观察以下三时动词案例，三个词形按照现在时、将来时、过去时顺序排列：

第（1）组：

ལྡག་ - བལྡག་ - བལྡགས་ (ldag – bldag – bldags)　　舔

རྐུ་ - བརྐུ་ - བརྐུས་ (rku – brku – brkus)　　偷

སྒུག་ - བསྒུག་ - བསྒུགས་ (sgug – bsgug – bsgugs)　　等候

སྲེ་ - བསྲེ་ - བསྲེས་ (sre – bsre – bsres)　　混合

སླ་ - བསླ་ - བསླས་ (sla – bsla – bslas)　　编织

---

① 如果把祈使式也算上，同样可做这样的分类，因为祈使式词形也随着语音变化跟三时动词一起变化。

སྐོལ - བསྐོལ - བསྐོལ(ད)་ (skol – bskol – bskol[d]) 煮

རློན - བརླན - བརླན(ད)་ (rlon – brlan – brlan[d]) 弄湿

以 ལྡག (ldag) "舔"为例，很明显将来时形式添加了前缀 b-，即 བལྡག (b-ldag)，过去时形式添加了前缀 b-和后缀-s，即 བལྡགས (b-ldag-s)。最后两个例词添加后缀-d，括号表示的这个[-d]古藏语文献是有的，在 9 世纪文字厘定后规定因语音脱落书面语不写了。其他例词同此分析。由此我们似乎能推测现在时的前后缀都是零形式，也意味着现在时词形代表动词的原型(infinitive)。

再观察下面第（2）组案例：

འདམ - བདམ - བདམས་ (vdam – bdam – bdams) 挑选

འགོམ - བགོམ - བགོམས་ (vgom – bgom – bgoms) 跨越

འབྲི -བྲི - བྲིས་ (vbri – (b)bri – (b)bris) 写

འགེལ - དགལ - བགལ(ད)་ (vgel – dgal – bgal[d]) 悬挂

འདུལ - གདུལ - བདུལ(ད)་ (vdul – gdul – bdul[d]) 驯服

གཙབ - བཙབ - བཙབས་ (gtsab – btsab – btsabs) 剁

གཤོ - བཤོ - བཤོས་ (gsho – bsho – bshos) 泼

གཤེར - བཤེར - བཤེར(ད)་ (gsher – bsher – bsher[d]) 清点

དགོད - བགད - བགད(ད)་ (dgod – bgad – bgad[d]) 嘲笑

这一组部分现在时形式带前缀 v-，但是将来时形式用前缀 b-与之交替，其中 འབྲི (vbri) "写"的将来时形式和过去时形式受到组合上的词根同音限制，排斥了前缀 b-。另一种现在时形式带前缀 g-或者 d-，例如 གཙབ (gtsab) "剁"，其他时态形式也是用 b-与之交替。最后一个案例 དགོད (dgod) "嘲笑"，过去时形式也应该有后缀-d，也可能因为与前面韵尾同音排斥脱落而不写。

由以上两组例词可以推断，古代藏语的确采用前缀和后缀来表示形态。但是其中又有模糊之处，例如第（1）组现在时是零形式，第（2）组是 v-和 g-，或者 d-，那就意味着现在时有多种前缀，再如第（2）组将来时形式有 b-、g-和 d-前缀，同样意味着将来时形式采用了多种前缀，至于过去时形式采用框式前后缀：b-R-s（大写的 R 表示词根），情形更为复杂，产生的基础是什么呢？

以上观察还只是简单现象，实际情况要复杂得多。我们继续观察。

第（3）组：

འཛུམ - བཙུམ - བཙུམས་ (vdzum – btsum – btsums) 闭[嘴]

འཇོ - བཞོ - བཞོས་ (vjo – bzho – bzhos) 挤奶

ཟ་-བཟའ་-བཟས་ (za – bzav – bzas) 吃
འཆད་-བཤད་-བཤད་ (vchad – bshad –bshad) 说
འཚོང་-བཙོང་-བཙོངས་ (vtshong – btsong – btsongs) 卖
འཐུང་-བཏུང་-བཏུངས་ (vthung – btung – btungs) 喝
འཆིང་-བཅིང་-བཅིངས་ (vching – bcing – bcings) 绑
ཆིབས་-བཅིབ་-བཅིབས་ (chibs – bcib – bcibs) 骑[马]
ཚེམ་-བཙེམ་-བཙེམས་ (tshem – btsem – btsems) 缝补

这一组各时态所带前后缀跟第（1）组一样，可是相应的词根声母均发生各类变化，有浊音跟清音交替（dz- ~ ts-）、送气清音跟不送气清音交替（tsh- ~ ts-, th- ~ t-, ch- ~ c-）、塞擦音跟擦音交替（j- ~ zh-, ch- ~ sh-）等。这种交替的本质是藏语语音组合规则决定的，添加前缀是语法性强制，词根声母服从语法规则而变化，这是藏语所谓屈折现象的构成基础。（江荻 1991a）

第（4）组：

འཛིན་-གཟུང་-བཟུང་ (vdzin – gzung – bzung) 抓住
འཇིག་-གཞིག་-བཤིག་ (vjig – gzhig – bshig) 拆
འཇལ་-གཞལ་-བཅལ་ (vjal – gzhal – bcal) 量
འཇུན་-གཞུན་-གཅུན་ (vjun – gzhun – gcun) 使软
འགུགས་-དགུག་-བཀུག་ (vgugs – dgug – bkug) 使弯
འབུབས་-དབུབ་-ཕུབ་ (vbubs – dbub – phub) 撑开
འཕྲོག་-དབྲོག་-འཕྲོགས་ (vphrog – dbrog – vphrogs) 抢夺

这一组将来时前缀多为 g-或者 d-，词根声母与第（3）组一样也相互交替对立，但词根的语素音位并没有明显呈现出跟某个时态的关联。

除此之外，动词三时形式中有相当一批词的现在时带元音 o 或 e，跟其他对应形态的元音 a 形成交替。[1]这种元音交替的原因下文将进一步讨论。

第（5）组：

གཅོག་-གཅག་-བཅག་ (gcog – gcag – bcag) 打碎
གཏོང་-གཏང་-བཏང་ (gtong – gtang – btang) 给
སྦོར་-སྦར་-སྦར(ད)་ (sbor – sbar – sbar[d]) 点燃

---

[1] 藏语所有带元音 i 和 u 的动词都不发生三时形式的对立（异根词除外）。过去时或将来时带 a 元音而现在时带 e 元音的动词可能来自语音变化，它们的韵尾全都是舌尖辅音 n、d、l 和双唇音 b、m 以及软腭鼻音 ng（唯一的例外是 vgro "走"，对应 phyin，这是一个异根形式）。

སྣོམ་ - བསྣམ་ - བསྣམས་ (snom – bsnam – bsnams) 拿

ཤོད་ - བཤད་ - བཤད་ (shod – bshad – bshad)　　说

རྒོལ་ - བརྒལ་ - བརྒལ(ད)་ (rgol – brgal – brgal[d]) 反对

རྫོང་ - བརྫང་ - བརྫངས་ (rdzong – brdzang – brdzangs) 装入

ཀློག་ - བཀླག་ - བཀླགས་ (klog – bklag – bklags)　　读

དགོད་ - བགད་ - བགད་ (dgod – bgad – bgad)　　嘲笑

འགྲེམ་ - དགྲམ་ - བཀྲམ་ (vgrem – dgram – bkram) 展开

སྐྱེལ་ - བསྐྱལ་ - བསྐྱལ་ (skyel – bskyal – bskyal)　　送

སྐེམ་ - བསྐམ་ - བསྐམས་ (skem – bskam – bskams) 弄干

以上讨论仍然只是藏语动词词形变化的概貌，不少细微的变化无法逐一论及。例如 ནོམ་- མནམ་ - མནམས་ (nom – mnam – mnams)"嗅"，据规则推断，将来时和过去时的前缀一般为 b-，此处可能由于词根鼻音声母而同化为 m-(张济川，2009)。再如 འཛིན་ - གཟུང་ - བཟུང་ (vdzin(现) – gzung(未) – bzung(过))"握住"，其中现在时形式的韵尾是舌尖鼻音，跟其他形式软腭鼻音不一致。由于该词三种形式拉萨话都读为 sim[12]，而安多方言夏河话读 ndzən(可能来自现在时)和 zoŋ/wzoŋ(可能来自将来时或过去时)，同时还发现该词在文献中有另一词形，即 ཟིན་ (zin)"抓，握"，说明该词拉萨话历史上可能曾出现两个词形合流的情况。此处不妨以吐蕃时期西藏洛扎摩崖石刻的盟誓文本句子来观察。（江荻 2014b）

5-1 གཙིགས་ཀྱི་སྒྲོམ་བུ་ནི་་། ཕྱག་སྦལ་དུ་བཟུང་ངོ་་།

gtsigs_kyi　　　　sgrom-bu_n-i. phyag-sbal_du bzung_ngo

盟誓(记录)_GEN　小匣_PAP　　洞窟_LOC　　拿(PST)_IND

……盟誓的匣子呢收藏（握）于洞窟。

原文行的动词 བཟུང་ (bzung)带了过去时前缀 b-，但是词根辅音跟现在时形式 dz-不同（即上文 vdzin 握住）。显然这是一个非常古老的变化。本书第一章已经初步涉及藏语时和体范畴的纠缠和转换现象，下面的谚语表明 འཛིན་ (vdzin)似乎更像完成体的案例。（史学礼，格桑娜姆 2002）

5-2 ཁྱིམ་དུ་ བཟུང་ ཡང་མི་ཆགས་པའི། ངང་བ་མཚོ་ལས་བསྐྲད་ ཀྱང་འཁོར། ཞེས་པ་ལྟ་བུ།།

khyim_du bzung yang mi chags_pa_vi.　　　ngang-ba mtsho_las

家_LOC　抓住　也　不　变得_NMZ_GEN　天鹅　　湖_ABL

bskrad　　kyang vkhor. zhes_pa　lta-bu.

赶出(FUT)　也　　回来　说_NMZ　如此

俗谚说：抓来的天鹅喂不熟，湖里的天鹅赶不走。

这个句子是非现实句（江荻 1999），不涉及时态。动词 vdzin 和 skrod 都表现出完成体的意义。因此，我们怀疑藏语动词很可能一直存在时和体的纠缠。张济川提出："现在式和将来式同形，过去式不同，它们实际上是由完成、未完成二式构成的二时动词。这种二时制实际上是'体'，不是'时'"（张济川 2009）。这种观点认为古藏语区分现在时和过去时，同时又区分未完成体与完成体。

总起来看，古藏语或者书面藏语的确存在表示时态和体貌的动词屈折形态。这些形态究竟如何产生的，应该是值得关注的问题。

5.2　内部屈折形态的来源

5.2.1　前缀音与词根声母的结合类型

如果前缀形态是藏语时态的表征形式，那么为什么还要采用词根声母的语素音位交替方法呢？李方桂（1933）、柯蔚南（1973）、江荻（1991a）从词根声母与前缀的语音形式组合角度观察了可能的原因，讨论了由语音制约引起的词根或者词缀语素音位变化。

李方桂（1933）最早提出前缀音对声母的影响，这种影响首先体现在音素的音质性质方面，其次则是音素之间的搭配，即使是语法性语音要素，也需要符合语音搭配规律。我们在此基础上进行讨论。

首先观察表 5.1 声母语音分组，分组基本依据是发音方法：清音、清送气音、浊音、鼻音、擦音、近音（边音、卷舌音）。

表 5.1　藏语单辅音声母语音分组表

序	组别	词根单辅音声母					
1(清音)	k	k	tɕ	t	p	ts	
2(清送气)	kh	kh	tɕh	th	ph	tsh	
3(浊音)	g	g	dʑ	d	b	dz	
4(鼻音)	ŋ	ŋ	ȵ	n	m		
5(擦音)	s		ɕ	s			h
			ʑ	z			ɦ
6(近音)	r			l		r	
					w		j

为了从语音角度观察，此处暂且称前缀语素为前缀音，词根语素的声母辅音为词根音。表 5.2 是从藏语动词归纳出来的词根音与前缀音结合的矩阵：

表 5.2　藏语动词词根音与前缀音结合表

		Ru 类												Ra 类					Ru-a 类								
		k 组					s 组				r 组			kh 组					g 组					ŋ 组			
	藏文	k	c	t	p	ts	sh	s	zh	z	y	r	l	kh	ch	th	ph	tsh	g	j	d	b	dz	ng	ny	n	m
	读音	k	tɕ	t	p	ts	ɕ	s	ʑ	z	j	r	l	kh	tɕh	th	ph	tsh	g	dʑ	d	b	dz	ŋ	ȵ	n	m
Pu	g	+	+		+		+	+	+	+	+								+					+	+		
	d	+			+														+			+		+			+
	b	+	+	+		+	+	+	+	+																	
Pa	m													+	+	+		+	+	+	+		+	+	+	+	
	v													+	+	+	+	+	+	+	+	+	+				

词根音与前缀音的结合分三类，一类与前缀音 g-、d-、b-结合，一类与 m-、ɦ-（文字是 v）结合，还有一类同时跟 5 种前缀音结合。这种分布上体现的分类可以称作词根音的分布类别，并由前缀音作为分布类别的标记。为此，第一类包括 k 组、s 组和 r 组，①统称 Ru 类词根音，其动词称为 Ru 类动词，其前缀音称为 Pu 类前缀音；第二类包括 kh 组，称作 Ra 类词根音，其动词称作 Ra 类动词，其前缀音称为 Pa 类前缀音；跨类的可称作 Ru-a 类词根音，其动词称作 Ru-a 类动词。

为了探索词根音与前缀音的结合原因，我们首先从词根音的区别特征来剖析它的性质。

表 5.3　动词词根音组相关区别特征表

	k 组	s 组	r 组	kh 组	g 组	ŋ 组
	k	s	r	kh	g	ng
响音/-	-	-	+	-	-	+
浊音/-	-	±	+	-	+	+
塞音/-	+	-	-	+	+	-
送气/-	-	±		+	(±)?	
鼻音/-	-	-	-	-	-	+

k 组与 kh 组仅以一对特征“送气/非送气”互为区别，那么该特征必然反映其本质差异。表现这种差别的形式是二者分布类别标记的不同，反

① r 组仅 g-y(g-j)一种结合形式的原因见拙作“语言嬗变对文字规范的影响——藏语 ld 声母动词的分析”，《中央民族学院学报》，1991 第 3 期。

映 k 组的标记是 Pu 类前缀音，反映 kh 组的标记是 Pa 类前缀音。因此，决定前缀音分布的因素是词根音的“送气/非送气”特征。

s 组[①]以“塞/非塞”特征与 k 组及 kh 组区别，但此特征仍不是其主要区别特征。从现代方言来看，康方言擦音在多数地方分化出送气擦音和不送气擦音对立的两类，我们判断早期藏语中 s 组隐含着“送气/非送气”特征，不过当时更倾向于不送气。正因为如此，s 组的分布类别与 k 组同而与 kh 组异，由其“非送气”特征决定的分布类别标记也是 Pu 类前缀音。

g 组分布类别似乎两可。而从现代方言来看，浊塞音虽然已经清化，但在拉萨话（以及部分其他方言中）因人而异，有些人读清音，有些人读清送气音。例如不带前缀音的 gon“穿（衣）”，可读 $k^h\tilde{ø}^{14}$，也可读 $k\tilde{ø}^{14}$。我们判断关键还是在“送气/非送气”特征上，从亲属语言研究来看，浊音送气现象是存在的，例如汉语就有上古浊音是否送气的争论，[②]缅文也保留了送气浊音的符号，苗语也有浊音送气的实例。[③]因此，我们认为 g 组可能是更早期送气(ga 组)与非送气(gu 组)两组的合流，虽然早期藏语不再区分，文字上也无不同，但其分布类别标记反映了早期的事实（见表 5.4）。唯其如此，才能解释 g 组音两可分布及两类不同标记的状况。因此，Ru 类还应包括 gu 组，Ra 类包括 ga 组。

表 5.4 藏语 g 组词根音的早期面貌

	gu 组					ga 组				
	g	dʑ	d	b	dz	$g^ɦ$	$dʑ^ɦ$	$d^ɦ$	$b^ɦ$	$dz^ɦ$
	g	j	d	b	dz	gɦ	jɦ	dɦ	bɦ	dzɦ
g			+							
d	+			+						
b	+		+							
m						+	+	+		+
v						+	+	+	+	+

① s 组的浊音正负值并不表示某一音素即是浊的又是非浊的，而是表示该组有浊音音素还有非浊音音素。

② 王力（1956）在《汉语音韵学》中说“浊母字送气不送气历来有争论，江永、高本汉认为是送气的，李荣、陆志伟认为是不送气的，……”。

③ 如苗语石门坎话。见王辅世《苗语方言划分问题》，《民族语文》1983. 5. P10。

ng(ŋ)组与 r 组的响音特征从是否带音角度看，是浊音特征的下位特征，因此与 s 组和 g 组的情况一样，它也不是主要区别特征。实际上，ng(ŋ)组和 r 组与“送气/非送气”特征无关。[①]即在特征表上呈空位。正是这种空特征表现了它与 k 组和 kh 组的差别，因此在分布上不受限制而自由分布，其分布类别标记也两可。表 5.5 是以上各项因素相互关系对应情况。

表 5.5　藏语词根音组及其区别特征等因素对应表

词根音组	k 组	s 组	kh 组	gu 组	ga 组	ng 组	r 组
送气/-	-	-	+	-	+		
分布类别	Ru	Ru	Ra	Ru	Ra	Ru-a	Ru-a
前缀类别	Pu	Pu	Pa	Pu	Pa	P	P

5.2.2　前缀音强制的词根声母语音变化

根据以上讨论，词根音的分布类别与作为其标记的前缀音的对应关系归纳如下：

表 5.6　藏语词根音分布类别与其标记对应关系

<table>
<tr><td rowspan="2">Pu</td><td>Ru</td></tr>
<tr><td rowspan="2">Ru-a</td></tr>
<tr><td rowspan="2">Pa</td></tr>
<tr><td>Ra</td></tr>
</table>

先讨论 Pu 类前缀音的分布情况，并由此确立 Ru 类动词的前缀形态。根据表 5.2，Pu 类前缀音 g-的分布面相当广，分布条件也十分清晰：Pu→g-，条件是：词根声母辅音是非软腭音或非双唇音，即不与同部位音和双唇音结合。[②]

前缀音 d-只出现在软腭音与双唇音前，也即 g-音在软腭音前留下的空位：Pu→d-，条件是：词根声母辅音是软腭音或双唇音。

前缀音 b-的分布也受到同部位词根音的限制，并且不与 ŋ 组音结合（原因见下文跨类组 Ru-a 类的讨论）：Pu→b-，条件是：词根声母辅音是非双唇音，非鼻音。

① 有些语言有送气鼻音或送气颤音，例如 m̥、ŋ̊、r̊，一般都是相邻的擦音引起的。

② 本文区别性特征刻画均限于早期藏语相关条件下。

前缀音 b-在分布上与前缀音 g-/d-形成语音上的对立，如果在相同环境中能区别意义，则前缀音 b-和前缀音 g-/d-分别可视为不同的语素或形态音位。例如：

དཀུ་(dku)	发出	~	བཀུ་(bku)	煮
དགོད་ (dgod)	发笑	~	བགོད་ (bgod)	划分
གདུང་(gdung)	烦闷	~	བདུང་ (bdung)	扳弯
གཟོ་(gzo)	酬谢	~	བཟོ་(bzo)	制造
གསིར་(gsir)	转动	~	བསིར་(bsir)	抛射
དཀྲི་(dkri)	缠绕	~	བཀྲི་(bkri)	诱导
གདལ་(gdal)	遍布	~	བདལ་(bdal)	铺开
གཞུ་(gzhu)	刺	~	བཞུ་(bzhu)	溶化
གསང་ (gsang)	隐藏	~	བསང་ (bsang)	洗净

这些例证证明，这是两类不同的形态要素。我们把前缀音 b-称为前缀 B，把前缀音 g-称为前缀 G。又由于前缀音 g-与 d-虽然语音上对立，但是发现二者在动词前缀音位置分布上完全互补，因此把 d-合并于前缀 G。

在表 5.2 中，我们还看到 Ra 和 Ru-a 类词根声母动词中，前缀音 m 仅在同部位音前呈空位：Pa→m，条件是：词根声母辅音是非双唇音。

前缀音 ɦ(v)不与鼻音结合（原因见 Ru-a 类讨论），即 Pa→ ɦ，条件是：词根音声母辅音是非鼻音。

前缀音 m-和 ɦ-是否形态语素呢？观察以下例词。

མཁྱུད་ (mkhyud)	秘密	~	འཁྱུད་ (vkhyud)	拥抱
མཚེར་ (mtsher)	厌烦	~	འཚེར་ (vtsher)	鸣叫
མཇལ་ (mjal)	拜会	~	འཇལ་ (vjal)	计量
མཆི་ (mchi)	隐匿	~	འཆི་ (vchi)	死亡
མདུད་ (mdud)	打结	~	འདུད་(vdud)	谦恭

从二者的对立看，可以确定这两个前缀音都具有形态语素的功能，我们用 M 表示前缀音 m-代表的前缀，用 H 表示 ɦ-代表的前缀。至于以上这四个前缀相互作为区别性形态的证据则可从三时一式动词分别承担的功能对立中证实（按照现-未-过-命排列）。例如：

འཁྲུད་ - བཀྲུ་ - བཀྲུས་ - ཁྲུས་ (vkhrud - bkru - bkrus – khrus)	洗澡
འཆག་ - གཅག་ - བཅགས་ - ཆོགས་ (vchag - gcag - bcags - chogs)	踏
འཐུང་ - བཏུང་ - བཏུངས་ - འཐུངས་ (vthung - btung - btungs - vthungs)	饮
འཚིར་ - བཙིར་ - བཙིར་ - ཚིར་ (vtshir - btsir - btsir - tshir)	挤出

འགྲོལ་ - དགྲོལ་ - བཀྲོལ་ - ཁྲོལ་ (vgrol - dgrol - bkrol - khrol)　　解开
འཇུན་ - གཅུན་ - བཅུན་ - ཆུན་ (vjun - gcun - bcun - chun)　　约束
འདོན་ - འདོན་ - བཏོན་ - ཐོན་ (vdon - vdon - bton - thon)　　拔掉
འབོ་ - དབོ་ - ཕོས་ - ཕོས་ (vbo - dbo - phos - phos)　　泼倒
གཛུད་ - གཟུད་ - བཙུད་ - ཚུད་ (gdzud - gzud - btsud - tshud)　　插进

至此，我们论证了前缀音的形态语素性质。形态语素是语法性要素，具有强制性。另一方面，由于所有这些形态语素都是黏着性前缀，他们直接添加在词根辅音声母上必然要符合藏语语音的谐和关系。表 5.2 归纳的动词前缀音与词根辅音的匹配规则实际就是藏语语音组合的谐和原则。

经过以上讨论，我们已经了解到藏语动词为什么有如此复杂多样的时态形式，也知道了词根辅音声母的内部屈折变化是由形态的强制性和语音组合谐和原则决定的形态音变。

5.3　时还是体？

5.3.1　体范畴的探索

研究藏语的学者们进一步从多功能角度观察动词，提出从自动-使动、时、式全方位观察，一个动词无论是否有全部区别性词形，理论上至少有六种可能性形式（王诗文，胡书津，1995）。例如：

表 5.7　藏语动词的“时-式-态”及其形式案例

		陈述			祈使
		现在时	将来时	过去时	命令式
语态	使动	sgrub	bsgrub	bsgrubs	sgrubs
	自动	vgrub	vgrub	grub	

这种观察视角是从传统文法继承的，一直影响着藏语形态的研究。早期汉纳（H. B. Hannah, 1912）、沃尔芬登（Wolfenden, 1929）、柯尔贝（H.N.Koerber, 1935）等国外学者也难脱此窠臼，因此很多论述因多个语法范畴和形式的纠缠，总是含糊不清。

继续讨论之前，我们先澄清关于时和体的术语及其内涵。上文已经提到李方桂（1933）最早从语音谐和角度观察动词前缀音与词根声母语音关系，他使用了术语 perfect 来表示过去时前缀音及前缀。这个术语在传统语法中经常表示时（tense）而不是体（aspect）概念，用于书面藏语尤其如此。沃尔芬登就是在时范畴观念下讨论藏语前缀的功能，李方桂乃至后来柯蔚南、柯尔贝等人的著述同样也是用完成时（perfect）指称过去时（passed tense）。

金鹏（1983）主编的《藏语简志》对拉萨话不同动词词形的用法提出了较为有意思的看法，他们认为在6种时态中，现在时、将行时、即行时、未行时用非过去时形式，已行时、方过时和完成体用过去时形式。关于体，《简志》未专门讨论，仅指出"特陈式和泛陈式都有完成体。完成体表示动作的本身（包括假设的动作）已处于出现或完成的情况，表达的方式与时态不同，是在动词后直接加辅助动词"，全书甚至未提及相应的未完成体，可能默认其他形式均为未完成体。

《简志》的这个观点在星实千代（1988）等人的著述中也获得支持，[①] 据胡坦（2002a:158）介绍，星实千代提出了动作完成与否和持续与否的观点，形成四种语法体的形式和意义：

非完了-非继续体：使用动词非完了语干+gi-yin/gi-red(口语形式均改为书面形式，下同)

非完了-继续体：　使用动词非完了语干+gi-yod/gi-dug/gi-yog-red

完了-非继续体：　使用动词完了语干+ba-yin/ba-red/song/byong

完了-继续体：　　使用动词完了语干+yod/dug/yog-red

实际上，国内最早关于现代藏语方言体范畴的讨论出自瞿霭堂（1980），该文较为详细描述了阿里藏语动词的体范畴及其形式。稍后，他和谭克让（1983）的专著《阿里藏语》更涉及书面藏语体貌形态现象："口语中动词的屈折变化与藏文现在时和未来时相应的形式表示未完成的动作，与藏文过去时相应的形式表示已完成的动作"（瞿、谭，1983: 66）。

以上看法认为现代藏语的语法体是利用辅助成分来表示，同时也提出了动词完成体和非完成体（词干）与词根内部屈折的关系。如果古代藏语有完成体，其形式很可能就是传统文法所指的过去时（完成时）形式。因为《简志》已经指出：完成体与已行时、方过时用法上一样都采用非过去时形式。于是，我们暂且先假设古代藏语可能存在语法体对立概念，动词词形上过去时与非过去时形式对立也就是完成体与未完成体意义的对立。完成体形式与过去时形式相同，但未完成体却还有现在时和将来时两种词

---

① 星实千代（1988）的观点转引自胡坦（2002）。

形。如果这样的话，古代藏语动词某类词形或词缀可能同时承担表达时和体两种功能。

张济川（2009）一项最新的研究也明确动词形态上可区分完成式与未完成式，他从只有两个形式的动词观察，提出现在时与将来时同形，过去时不同。因此“它们实际上是由完成、未完成二式构成的二时动词。这种二时制实际上是‘体’，不是‘时’”。例如：

1）完成式在未完成式后添加后缀-s。以下前者是未完成式，后者是完成式，下同。

ཁྲོ་ – ཁྲོས་ (khro – khros)　怒

བཀུ་– བཀུས་ (bku – bkus)　熬

གླ་– གླས་ (gla – glas)　雇佣

ཉོ་– ཉོས་ (nyo – nyos)　买

དྲུབ་– དྲུབས་ (drub – drubs)　缝

མངག་– མངགས་ (mngag – mngags)　嘱托

མཆོང་ – མཆོངས་ (mchong – mchongs)　跳

2）带前缀 v-r 的未完成式完成式添加后缀-s，少量前缀 v-脱落。

འཁུམ་–འཁུམས་ (vkhum – vkhums)　缩

འཁྲབ་–འཁྲབས་ (vkhrab – vkhrabs)　表演

འཆེ་– འཆེས་ (vche – vches)　承诺

འབུང་–འབུངས་ (vbung – vbungs)　勤勉

འབྲང་–འབྲངས་ (vbrang –vbrangs)　跟随

འཚོ་– འཚོས་ (vtsho – vtshos)　饲养

འབྲོ་– བྲོས་ (vbro – bros)　逃走

3）带前缀 v-的未完成式，完成式的前缀 v-和后缀-s 或-d 脱落。

འཁྱེར་–ཁྱེརད་ (vkhyer – khyer[d])　携带

འགྲུབ་–གྲུབས་ (vgrub – grub[s])　完成

འཐོབ་–ཐོབས་ (vthob – thob[s])　获得

འཚིག་–ཚིགས་ (vtshig – tshig[s])　焦

འཕུར་–ཕུརད་ (vphur – phur[d])　揉搓

འབྲལ་–བྲལད་ (vbral – bral[d])　分离

之后他再把这个观点推广到三时动词，“藏语的三时动词很像是从由完成式和非完成式构成的二时动词进化出来的时体混合类型的动词。从一些用法上看，三时中的一个更像是表完成体；另两个，一个表现在时，一个表将来时”（张济川，2009:231）。例如：

རྐུ་— བརྐུ་—བརྐུས་ (rku – brku – brkus) 偷

སྐོལ་—བསྐོལ་—བསྐོལད་ (skol – bskol –bskol[d]) 煮

ཀླུབ་—བཀླུབ་—བཀླུབས་ (klub – bklub – bklubs) 穿

ཟ་— བཟ་—བཟས་ (za – bza – bzas) 吃

从现代藏语拉萨话或其他方言来看，这样的看法不是没有根据。我们查阅了最常用的 120 个单音节动词拉萨话口语读音，基本上所有将来时与现在时读音形式相同，唯有两个词因为异体形式有其他读音。例如：འཁྲུ་ - འཁྲུ་ - བཀྲུས་ - འཁྲུད་ (vkhru(现)、vkhru(未)、bkrus(过)、vkhrud(命))洗，拉萨话读作 tʂhu^{55}(现)、tʂhu^{55}/tʂu^{55}(未)、tʂyʔ^{53}(过)、tʂyʔ^{53}(命)。其中送气或不送气两读均可，这是因为该词还有一个异体形式，书面上写作 འཁྲུད་ - བཀྲུ་ - བཀྲུས་ - ཁྲུས་ (vkhrud(现)、bkru(未)、bkrus(过)、khrus(命))，显然，按照前者将来时与现在时形式也没有区别。另一个例词是 འཚོལ་/འཚལ་ - བཙལ་ - བཙལ་ - ཚོལ་ (vtshol/vtshal – btsal – btsal – tshol)寻找，拉萨话各形式读作 tshɛ^{55}/tsɛ^{55}(现)- tshɛ^{55}/tsɛ^{55}(未)- tsɛ^{55}(过)- tshø^{55}(命)。

过去时与现未两时词形不同者 37 词，除去异根词（vgro/phebs ~ phyin），声母不同者 5 例，反映了过去时部分词形添加前缀可能改变原声母读音，例如：

藏文：འཚོང་ - བཙོང་ - བཙོངས་ - ཚོང་ (vtshong - btsong - btsongs – tshong) 卖

拉萨话：tshõ^{53} - tshõ^{53} - tsõ^{53} - tsõ^{53}

藏文：འཐག་ - འཐག་ - བཏགས་ - ཐོགས་ (vthag - vthag - btags – thogs) 织

拉萨话：tha^{ʔ53} - tha^{ʔ53} ta^{ʔ53} - tho^{ʔ53}

过去式与现未两时元音不同者 15 例，声调不同者 11 例，二者都反映了过去时添加后缀-s 导致元音变化或者声调变化，这部分词还少量涵盖了声母变化者。例如：

藏文：ངུ་ - ངུ་ - ངུས་ - ངུས་ (ngu – ngu – ngus – ngus) 哭

拉萨话：ŋu^{12} - ŋu^{12} - ŋyʔ^{12} - ŋyʔ^{12}

藏文：རྔ་ - བརྔ་ - བརྔས་ - རྔོས་ (rnga – brnga – brngas – rngos) 收割

拉萨话：ŋa^{53} - ŋa^{53} - ŋɛʔ^{53} - ŋøʔ^{53}

藏文：སླ་ - བསླ་ - བསླས་ - སློས་ (sla – bsla – bslas – slos) 编辫子

拉萨话：la^{53} - la^{53} - lɛʔ^{53} - løʔ^{53}

藏文：འཛུམ་ - བཙུམ་ - བཙུམས་ - ཚུམས་ (vdzum – btsum – btsums – tshums) 闭嘴

拉萨话：tsum^{55} - tsum^{55} - tsum^{53} - tsum^{53}

藏文：སྦོང་ - སྦང་ - སྦངས་ - སྦོངས་ (sbong – sbang – sbangs – sbongs) 浸泡

拉萨话：paŋ^{14} - paŋ^{14} - paŋ^{12} - paŋ^{12}

此处声调变化基本都是开音节词添加后缀-s，舌尖音韵尾或后缀引起元音变化是拉萨话的规律性音变。例如 ngus > ŋyʔ^{12} 哭，bslas > lɛʔ^{53} 编织。声调变化主要从鼻音韵尾词观察而来，过去时添加后缀-s 后导致了声调变化。对比：btsum > tsum^{55}，btsums > tsum^{53}，sbang > paŋ^{14}，sbangs > paŋ^{12}。由此可见，藏语历史变化过程中，语法对语音演变也产生重要影响。

5.3.2 关于体范畴产生的推测

推断现在时跟将来时词形完全混同的原因有微观因素，也可以从宏观层面思考。依据书面语表现形式，无论将来时添加何种前缀都可能因谐和匹配问题引起某类声母变化，就可能在拉萨话留下痕迹，但是这种情况并未发生，即使书面上现在时形式跟将来时形式不相同的词根也不造成拉萨话的差别（曾经有多种论述，譬如认为某个词形替代了另一个词形，但证据不充分）。由此推及过去时形式，也可知造成未完成式与完成式差别的主要因素不是前缀而是后缀。

张济川（2009）考察的三类二时动词有两类都是上文所说的 Ra 类词根声母动词，它们只跟 Pa 类前缀结合，剩余的一类虽然包含 Ru 类词根声母动词，但是要么都没有前缀要么带相同前缀，很可能是各种包括一个词形替代另一个词形、或者混用造成的。按照张著所说，三时动词可以变二时动词，二时动词可以变无形态变化的一时动词。因此，从书面语归纳出的这些二时动词应具有一个共同特征，这个特征就是完成式添加-s 后缀。张著的分类非常仔细，二时动词共计 274 个，带后缀-s 的 228 个，不带者 46 个。显然，后缀是区分二时动词的标记，人们一直重视的前缀价值已经消失。书面语应该说代表着历史面貌，这部分二时动词是最早抹去时态差别的动词，现在时和将来时的差别已经消失，正是由于前缀的失效，与其说此时二时动词还存在现在时与过去时的形式差别，还不如说当时已经产生了未完成式与完成式的对立。所以，我们可以相信藏语历史上某个阶段已经出现了体的范畴。

宏观层面，我们提出一种设想。三时形式本是在时态范畴对立，对立的标记可能是将来时添加某种前缀，过去时添加某种前缀和后缀。但是由于过去时标记跟完成体标记同形，两个范畴发生纠缠。时范畴和体范畴在词形标记上的纠缠和竞争造成很多混用，语法秩序失衡，其结果是时范畴逐渐消失，体范畴也逐渐转向其他分析型表达手段，即现代藏语的谓语词尾的体貌-示证系统。（Sun 1993；江荻 2005）不过，时范畴的部分过去时形式，并兼作完成式形式在语法体系中保留下来。这可能就是拉萨话和其他方言还有少量现在时或将来时与过去时或完成式对立的现状。

从跨语言的研究来看，英语跟一些日耳曼语(德语、荷兰语、丹麦语等)都是二时制语言：过去时~非过去时(past tense ~ nonpast tense)。以简单时态(simple tense)为例（不包括完成、持续等语法体与时的组合形式），例如 go(goes)~went，形态上是 V-Ø(/-s) ~ V-ed(-s)（涉及人称，此处不论），即词根+零后缀 ~ 词根+-ed。英语非过去时又可包括现在时和将来时，但是这不是形态意义上的时（将来时采用 shall/will 等句法分析形式），由此可知，英语实际只有现在与过去两种时制形态。大致来观察，人们认知上现在和过去两种时间概念算是最重要的，将来时间则是后期产生的。如果语言中产生时态范畴，一般是先产生现在与过去这对对立时态，这也是为什么英语现在时与过去时有形态形式，而后来出现的将来时则是非形态形式。但是我们注意到，英语完成体也借用了过去时的形态形式，然后再用分析形式构成完成体。例如：have(has) gone ~ had gone，形态上是 have(has)+ V-en/-ed(现在完成) ~ had+ V-en/-ed(过去完成)。更多的例词：write ~ written ~ have(has) written 书写, walk ~ walked ~ have(has) walked 散步。

作为证据，我们不妨再提出安多方言夏河话。[①]在相同的 120 个单音动词中同样没有现在时和将来时的对立，反之，代表未完成式和完成式对立的词形则达到 48 例。例如：

hdə – hdi 埋

hdʑə – hdʑi 搓（绳）

hsol – sal 杀

hwoŋ – hwaŋ 堆（草）

nbor – wor 丢失

ndʐak – tʂak 收割

ndzən – zoŋ 握

ŋo – ŋe 买

tsho – tshe 放牧

tso – tse 煮

我们相信以上方言例证足以支持张著提出的看法，更进一步的证据还可以从大规模历史文献加以验证。

① 参看华侃（主编）2002《藏语安多方言词汇》。

5.4　使动与自动动词的词形

5.4.1　使动的基本概念

用来描述某人或某物促使某个事件发生，这种语法意义即使役概念。使役是所有语言普遍存在的概念，但是使役的表示方法又各不相同，最常见的办法是用动词或动词性结构来实现使役功能，这种动词称为使动动词，例如藏语 སྙིལ་ (snyil)“弄塌”蕴含了施事者造成一个 ཉིལ་ (nyil)“塌”的事件。

使动相对自动而言，上面这个案例里，སྙིལ་ (snyil)是使动词，相应的 ཉིལ་ (nyil)则是自动词。一般来说，使役可以采用三种方式表现。

1）词汇形式。例如英语有少量利用词汇差别产生的词汇对子：rise 上升 ～ raise 抬起；eat 吃 ～ feed 喂；see 看见 ～ show 给看。此外，还有一批动词派生形式和分词形式，例如：frighten（使某人感到恐惧），encourage（使某人感到鼓舞）；interest 有趣，比较：interesting 感觉有趣 ～ interested 让人有趣，astonish 惊奇，比较：astonishing 感到惊奇 ～ astonished 让人惊奇；satisfy 使满意，比较：satisfying 令人满意的 ～ satisfied 满意的。

2）形态形式，主要有屈折和派生。例如壮语都安话采用内部屈折，改变声母造成自动和使动对立。（李旭练 2011）

5-3 dan^{1} ða:n^{2} nei^{4} ka:k^{10} jɯ^{5} ka:k^{10} 1om^{5}.　这个房子自然倒塌。
　　个　房子 这　自　在　自　　倒塌

5-4 ða:n^{2} laŋ^{1}te^{1} te:ŋ^{1} vɯn^{2} tom^{5} pai^{1} kwa^{5} .　他家的房子被人弄塌了。
　　家　　的 他 被 人　弄塌 去 过

3）句法形式。也称为所谓复杂谓语形式。例如英语利用 make，let，have 等动词构成(Causative)V+N+V 格式。

5-5. She always <u>makes</u> me <u>laugh</u>.
　　她总是让我发笑。（《牛津高阶英汉词典》）

　　再看马来语

5-6. Aku　　buat　　　budak (i)tu　　lari dua batu.
　　1st:SG make/do　child　the　　run two mile
　　I made the child run two miles.（Shibatani 2002）

从世界语言范围看，采用形态形式表现使动意义的语言，自动词经常采用常态动词形式，使动词则表现为带标记性，很少有相反的情况。动词的形态可以采用前缀也可采用后缀，有些语言甚至用中缀或环缀。词缀的形式也是五花八门，或者是黏着性辅音或者是元音，也可以是独立性音节。Dixon（2012）对此作了全面的描述，其中对使动的形态过程描绘了 9 种方式，包括内部元辅音屈折、重叠、前缀、后缀、环缀、中缀等。例如 Amharic 语用前缀：gəbba 进入，a-gəbba 插入；Crow 语用后缀：xachíi 将移开，xachíi-a 使移走。

再以东亚的南亚语观察。

例如克木语(Khmu)用辅音性前缀 p-。(Svantesson, 1983: 104)

háan “死/die” ：p-háan “杀死/kill”

rəh “升起/rise” ：p-rəh “抬起/raise”

孟语口语（Mon）也用辅音性前缀，但也可能因语音谐和发生变异，造成音节性词缀。

hum daik“洗澡/have a bath”：p-hum daik“给洗澡/bathe”

kláŋ“变多/be numerous”：hə-láŋ“增多/increase”

孟语是准双音节语言（即首音节是个弱性音节，或称为一个半音节），这个前缀 hə-是受后面音节影响发生音变产生的，即 p- vs. -ə- (<*m/C C) (Bauer, 1989: 90)。

韩语用动词添加后缀-i 造成使动，其中后缀词形随前音节韵尾变化，例如（Lee 1989）：①

bo-“看见/see”：boi-“给看/show”

meok-“吃/eat”：meoki-“喂/feed”

nam-“留下/remain”：namgi-“保留/make remain”

geod-“走/walk”：geolli-“让走/make walk”

采用黏着性词缀的形态往往导致词根音素变化，从而可能导致内部屈折形态，这是语言演变的共性。藏语就是这样的语言。从历史文献观察藏文，可以清楚地知道藏语存在使动与自动动词对立的形态范畴。不过，经历长时期的演变，藏语使动词与自动词的对应关系极为复杂，有些能看出明显的形态对立标记，有些虽然语义上有对立，却似乎完全没有形态上的对立标志。而那些可以确定为使动的标记也不能贯彻始终，呈现出数量极多让人无所适从的类别。（格桑居冕 1982）例如：

འགོག་ - དགག་ - བཀག་ - ཁག་ (vgog – dgag – bkag – khag)　阻拦（使动）

འགག་ - འགག་ - འགགས་ (vgag – vgag – vgags - ~)　受阻，滞（自动）

① Lee, Young-Suk 1989. The Korean Causative: A TAG Analysis. March.

སློང་ - བསླང་ - བསླངས་ - སློངས་ (slong – bslang – bslangs – slongs) 扶（使动）

ལང་ - ལང་ - ལངས་ - ལོངས་ (lang – lang – langs – longs)　　起来（自动）

从现代藏语来看，使动的表示方法已经完全改变，拉萨话的使动基本上都采用分析形式来表示。例如：

5-7 ངས་ཉི་མ་གཅིག་རྫོང་དཔོན་གྱིས་ཁྱེད་རང་ཚོར་སྤྲོ་ ཉི་མ་གཅིག་གཏོང་དུ་བཅུག་གི་ཡིན།།

nga_s　nyi-ma gcig rdzong-dpon_gis khyed-rang-tsho_r spro

我_AG 天　　一　宗本_AG　　　你们_OBJ　　　请客

nyi-ma gcig gtong-du　bcug gi_yin

天　　一　　做_CAU　让/使_ASP(PRO)

我有一天让宗本请你们一天的客。

分析形式的格式是“V+致使标记+bcug”，bcug“使、让”是藏语最典型使动动词，V 则是行为动词（此例 gtong：spro gtong“请客”），二者通过致使标记构建分析型致使结构。

5-8 གྲོང་ཁྱེར་དང་གྲོང་གསེབ་ཀྱི་ཁོར་ཡུག་མཛེས་པོ་ཡོང་བ་ བྱེད་དགོས་ཟེར་གྱི་ཡོད།།

grong-khyer dang grong-gseb_kyi khor-yug mdzes-po

城市　　　　和　农村_GEN　　环境　　美丽

yong_ba　byed dgos zer_gyi-yod.

变_NMZ 使　　要　说-ASP(DUR)

（人们说）要让城市和农村的环境变美丽。

该句利用藏语“万能”动词 བྱེད་ (byed)“做”充当致使动词，句法结构不同于典型致使句，此处不详细讨论，请参见江荻（2006e）。

现代方言使动句分析形式告诉我们，藏语的确存在使动表现形式，即使从古代到现代其表征方式完全改变了，还是提醒我们不必怀疑古代曾经存在过动词的使动范畴。

我们不妨比较部分藏语使动与自动动词词形：

1a：nyal ~ nyol 睡

1b：s-nyol ~ bs-nyal 使睡

2a：khengs 满

2b：s-kong ~ bs-kang ~ bs-kangs ~ s-kongs 使满足

3a：log 返回

3b：s-log ~ bs-log ~ s-logs 使回转

4a：zil 碎

4b：g-sil ~ b-sil 弄碎

5a：vkhrigs 笼罩

5b：d-krig ~ d-krigs　密布

6a：vdrog ~ vdrogs　惊

6b：d-krog ~ d-krogs　惊扰

从例证看，不难发现藏语采用的是辅音性前缀 s-，这个前缀经多人研究确证为使动前缀（李方桂（Li Fang-Kuei），1933；包拟古（Bodman，N. C.），1973；柯蔚南（Coblin，Weldon South），1976；金鹏，1983；格桑居冕，1982；孙宏开，1998b；张济川，1989b；谭克让，1988 等），我们不再专门论证。另外两个词缀 d-和 g-是否使动词缀，有人赞成（张济川，2009），可能尚待讨论。

形态词缀具有强制性特质，要求词根声母在语音上与之谐和，因此使动前缀导致动词词根声母发生巨大变化，这就是我们看到的自动词和使动词的复杂词形，后人为此分出多种形态类型。此外，还有其他因素影响动词的元音变化。下文我们在格桑居冕（1982）、格桑居冕、格桑央京（2004）和张济川（2009）[①]研究的基础上来观察和描述各种类型的使动标记形式。

5.4.2　带前缀 s-的使动形式

藏语最常见的使动现象是使动词带辅音性前缀-s，反之自动词不带前缀。案例中部分使动词跟自动词存在词根声母不一样的情况，根据谐和匹配的原理，应该是有标记的使动词词根声母发生音变。例如：

སྒོ་	sgo	使传染	གོ་	go	感染
སྒོམ་	sgom	修习	གོམས་	goms	练熟
སྒྲིམ་	sgrim	搓紧	གྲིམ་	grim	紧
སྒྲུག་	sgrug	砸碎	གྲུག་	grug	破碎
སྒྲོལ་	sgrol	使解脱	གྲོལ་	grol	脱免
སློབ་	slob	学，学习	ལོབས་	lobs	理会
སྣར་	snar	拉长	ནར་	nar	延长
སྣུབ་	snub	毁灭	ནུབ་	nub	灭
སྣུར་	snur	揉碎	ནུར་	nur	延缓
སྙེ་	snye	靠近	ཉེ་	nye	近
སྙེན་	snyen	接近	ཉེན་	nyen	挨着
སྲིང་	sring	伸长	རིང་	ring	长

① 格桑居冕收集了 175 对自动与使动对立的动词，参见《实用藏文文法教程》、“藏语动词的使动范畴”；张济川归纳了 261 组，参见《藏语词族研究》。

སྙོར་	snyor	弄垮	ཉོར་	nyor	垮
སྒྲོག་	sgrog	宣布	གྲགས་	grags	传开
སྦོང་	sbong	浸泡	བང་	bang	泡透
སྐོང་	skong	填满	གང་	gang	满
སྟུང་	stung	缩短	ཐུང་	thung	短
སྟིམ་	stim	汲入	ཐིམ་	thim	沉没
སྙོལ་	snyol	使睡下	ཉལ་	nyal	睡
སློད་	slod	腐蚀	ལད་	lad	腐朽
སྐྱོན་	skyon	使骑	ཞོན་	zhon	载着

还有一个数量较大的类，使动词带 s-前缀，而自动词则带 v-前缀，v-前缀应该是时态前缀，跟使动可能没有关系，也没有证据说明是自动词的前缀。至于词根声母是否发生音变并不重要，是语音谐和匹配导致的，这一点上文已经讨论。

སྒྱུར་	sgyur	改变	འགྱུར་	vgyur	变化
སྒྲུབ་	sgrub	使完成	འགྲུབ་	vgrub	完成
སྦྱར་	sbyar	黏	འབྱར་	vbyar	黏住
སྦྲེལ་	sbrel	连接	འབྲེལ་	vbrel	相连
སྦྲེང་	sbreng	排队	འབྲང་	vbrang	跟随
སྦྱོང་	sbyong	练习	འབྱོང་	vbyong	练就
སྡོམ་	sdom	捆，绑	འདོམས་	vdoms	齐集
སྡུད་	sdud	收集	འདུ་	vdu	集拢
སྡུམ་	sdum	调解	འདུམ་	vdum	和解
གྲེ་	sgre	让滚动	འགྲེ་	vgre	滚动
སྒྲེང་	sgreng	竖起	འགྲེང་	vgreng	勃起
སྒྲིབ་	sgrib	使隐没	འགྲིབ་	vgrib	隐没
སྒྲིག་	sgrig	使合理	འགྲིག་	vgrig	适合
སྒྲོག་	sgrog	系上	འགྲོགས་	vgrogs	合上
སྒུལ་	sgul	使动	འགུལ་	vgul	晃动
སྒྱེལ་	sgyel	推倒	འགྱེལ་	vgyel	倒下
སྦོར་	sbor	点燃	འབར་	vbar	燃
སྐོལ་	skol	煮[水]	འཁོལ་	vkhol	沸腾
སྐུལ་	skul	催促	འཁུལ་	vkhul	自动
སྐུམ་	skum	紧缩	འཁུམ་	vkhum	卷缩
སྐུར་	skur	捎，带给	འཁུར་	vkhur	携着

སྐྱིལ་	skyil	蓄[水]	འཁྱིལ་	vkhyil	淤积	
སྐྱོག་	skyog	扭转	འཁྱོག་	vkhyog	弯	
སྐྱོམ་	skyom	摇动	འཁྱོམ་	vkhyom	晃荡	
སྐོར་	skor	使旋转	འཁོར་	vkhor	转动	
སྤོ་	spo	移	འཕོ་	vpho	变迁	
སྤྲོ་	spro	发出	འཕྲོ་	vphro	放射	
སྤྲོད་	sprod	交付	འཕྲོད་	vphrod	收讫	
སྤྲུལ་	sprul	变作	འཕྲུལ་	vphrul	幻化	
སྤུང་	spung	堆积	འཕུང་	vphung	积聚	
སྟོབ་	stob	给与	འཐོབ་	vthob	获得	
སྐྱེལ་	skyel	遣送	འཁྱོལ་	vkhyol	送达	
སྐྱོར་	skyor	搀扶	འཁྱོར་	vkhyor	摇晃	
སྐྱུར་	skyur	抛弃	འཁྱུར་	vkhyur	失去	

还有一些自动词带了 g-、d-、b-、m-等前缀，这些前缀也应该跟使役现象没有关系，也不代表自动词前缀，可能都来自时态系统失效后词形之间发生的混乱和替换。例如：

སྣོམ་	snom	执，持	མནམ་	mnam	嗅到
སྙོམས་	snyoms	使平均	མཉམ་	mnyam	均匀
སྟུད་	stud	继续	མཐུད་	mthud	接续
སྟུན་	stun	符合	མཐུན་	mthun	符合
སྙོབ་	snyob	抓	རྙོབ་	rnyob	抓到
སྒུར་	sgur	弯下	དགུར་	dgur	弯曲
སྣད་	snad	使受伤	གནོད་	gnod	受伤
སྐེམ་	skem	弄干	སྐམ་	skam	干
སྐྱེད་	skyed	使发生	སྐྱེ་	skye	产出

5.4.3 带前缀 v-的使动形式

从自动和使动对立的语义上我们也可发现一大批有关系的动词，这些词的使动形式不带已经认可的 s-前缀，其中有一些带 v-前缀。正像上文所说，v-前缀是时态前缀，不必看做自动词的标记，同样更不能看作使动标记。因为我们没有证据和理由证明这个前缀是 s-前缀的语音变体。此外，还有一些不带前缀的情况，甚至更有一些语义上呈现自动和使动的对立，但形式上完全没有区别。例如，vdzing"打架~缭乱"，vkhol"奴役~顺从"。

自动词带 v-前缀的例词：

འགོག་	vgog	阻挡	འགག་	vgag	受阻
འབེབས་	vbebs	降下	འབབ་	vbab	落
འཚིར་	vtshir	榨	འཛིར་	vdzir	挤出
འཇུན་	vjun	约束	འཆུན་	vchun	卡住
འཚག་	vtshag	过滤	འཛག་	vdzag	滴漏
འབྱེད་	vbyed	分开	འཕྱེ་	vphye	分，散
འབྱིན་	vbyin	使出	འབྱུང་	vbyung	出现
འཆབ་	vchab	遮蔽	འཇབ་	vjab	隐蔽
འཛུགས་	vdzugs	竖立	འཚུགས་	vtshugs	立住
འགོད་	vgod	记载	འཁོད་	vkhod	载明

自动词不带前缀的例词：

འགྱོག་	vgyog	举起	ཁྱོག་	khyog	经得起
འགེངས་	vgengs	使满	ཁེངས་	khengs	盈
འཇིག་	vjig	毁灭	ཞིག་	zhig	破灭
འཇོམས་	vjoms	制服	ཆོམ་	chom	服帖
འདེབས་	vdebs	撒	ཐེབས་	thebs	落到
འབིགས་	vbigs	戳	བུག་	bug	有眼儿
འབུད་	vbud	逐出	བུད་	bud	出去
འཛུམ་	vdzum	闭	ཟུམ་	zum	闭合
འགོག་	vgog	拔出	གོག་	gog	脱落
འགྲེམ་	vgrem	摊开	གྲམ་	gram	散开
འགྲོལ་	vgrol	解开	གྲོལ་	grol	解脱
འདེགས་	vdegs	举起	ཐེག་	theg	举得起
འཛུད་	vdzud	放入	ཚུད་	tshud	进入
འགེབས་	vgebs	盖	ཁེབས་	khebs	盖着
འདུལ་	vdul	制服	ཐུལ་	thul	驯服
འཛིན་	vdzin	抓住	ཟིན་	zin	握住
འགུགས་	vgugs	弄弯	གུག་	gug	弯
འཇུམ་	vjum	使收缩	ཆུམ་	chum	退缩
འཚོད་	vtshod	煮，烹	ཚོས་	tshos	煮熟
འཚོག་	vtshog	集会	ཚོགས་	tshogs	聚会

比较令人纳闷的是，当使动词呈现 v-前缀的格局中，很少有自动词带其他前缀的例词。

5.4.4 带 g–、d–、b–前缀音的使动形式

上文指出，词根声母发生的音变主要是语音匹配关系导致的，这种变化久之逐渐被人们视作形态的所谓屈折变化标记。不过，我们也知道这样的屈折形态只发生于部分声母辅音，包括送气音自动词添加 s-使动前缀变为不送气音声母辅音。例如：སྐྱིལ་(s-kyil)蓄[水]（使动），འཁྱིལ་(vkhyil)淤积（自动）。

使动前缀 s-的这个功能其实也可在其他前缀音条件下发生，例如：ག་(g-)，ད་ (d-)，བ་ (b)。试对照以下自动词和使动词。

གཅོད་(gcod)	弄断	ཆོད་(chod)	断
གཅོག་(gcog)	打破	ཆག་(chag)	破
གཅོར་(gcor)	刺（瞎）	ཞར་(zhar)	失明
བཅག་(bcag)	使断	ཆག་(chag)	断开
བཅོས་(bcos)	煮	ཆོས་(chos)	熟
གཏུག་(gtug)	接触	ཐུག་(thug)	碰到
གཏུམ་(gtum)	裹起来	འཐུམ་(vthum)	闷闭
གཏོད་(gtod)	创制	རྡོད་(rdod)	浮出
གཏོང་(gtong)	发出	ཐོང་(thong)	发到
གཏོར་(gtor)	撒	འཐོར་(vthor)	失散
གཙུབ་(gtsub)	摩擦	འཚུབ་(vtshub)	弥漫
གཏིག་(gtig)	使落	འཐིག་(vthig)	渗入
གཏིབ་(gtib)	遮蔽	འཐེབས་(vthebs)	遮住
དཀྲོག་(dkrog)	使受惊	འདྲོགས་(vdrogs)	受惊
དཀྲོལ་(dkrol)	弹奏	འཁྲོལ་(vkhrol)	（声）响
དཀྲུག་(dkrug)	弄乱	འཁྲུགས་(vkhrugs)	错乱
དཀྲུམས་(dkrums)	打碎	གྲུམ་(grum)	破碎
དཀྲི་(dkri)	扎	འཁྲི་(vkhri)	缠
དཀྲིག་(dkrig)	布满	འཁྲིགས་(vkhrigs)	密布
བཀྲོལ་(bkrol)	解开	གྲོལ་(grol)	散开
བཀག་(bkag)	阻止	འགག་(vgag)	停顿
བཀོག་(bkog)	剥下	གོག་(gog)	剥落
བཀོང་(bkong)	恐吓	འགོང་(vgong)	惊骇
བགོར་(bgor)	使延误	འཁོར་(vkhor)	耽误
ཕྲལ་(phral)	分开	རལ་(ral)	分裂

གཟོན་(gzon)	浪费	འཛའ་(vdzav)	耗费
གསིལ་(gsil)	弄碎	ཟིལ་(zil)	碎
བསྐོལ་(bskol)	烧（水）	ཁོལ་(khol)	沸腾
བསྐོར་(bskor)	使转	འཁོར་(vkhor)	旋转

显然，ག་ (g-)，ད་ (d-)，བ་ (b)是否使动前缀尚需进一步论证。此外，还有一些自动与使动对立的词汇，语音上也有一定关系，但论证起来也不容易，列在此处供感兴趣者进一步探讨。

གནོན་(gnon)	压迫	ནོན་(non)	屈服
གསོ་(gso)	养活	སོས་(sos)	成活
བསང་(bsang)	使洁净	སངས་(sangs)	清净
བགྲིལ་(bgril)	使滚	འགྲིལ་(vgril)	滚落
བགྲུང་(bgrung)	澄清	གྲུངས་(grungs)	清
བགག་(bgag)	阻拦	འགོག་(vgog)	受阻
བཞེངས་(bzhengs)	使立起	བཞེངས་(bzhengs)	起立（敬）
གཡོག་(g-yog)	给穿	གྱོན་(gyon)	穿戴
ལེན་(len)	取，去拿	ལོན་(lon)	拿到
རྟོག་(rtog)	考察	རྟོག་(rtog)	通达，理解
རླུག་(rlug)	泻，流出	ལུག་(lug)	垮
ཟློག་(zlog)	使回转	ལྡོག་(ldog)	返回
གསོག་(gsog)	积攒	སོགས་(sogs)	增长
བཞུ་(bzhu)	熬炼	ཞུ་(zhu)	融化

以上大致是藏语书面语表现出来的使动和自动对立词形的基本面貌。我们虽然承认古代藏语存在使动形态，但是也认为这种使动形态已经被语言演变摧毁。至于其中的原因，显然是藏语历史上所发生的大规模的语音变化，同时也与黏着性辅音词缀交叉承担多种形态功能有关。

关于动词词根内部屈折，我们并不认为一开始就具有独特的形态功能，那些所谓词根清音声母与送气清音声母对立，清音声母与浊音声母对立，塞擦音和擦音对立等现象都不过是添加前缀所造成的语音谐和匹配的结果。这些对立都能找到语音上的条件，却无法找到语法上的理据。从结果看，词根声母屈折是在前缀脱落或词形对比中呈现出它的形态功能的，是语音匹配产生的后果，并重新分析为屈折形态方法。

古代藏语使动和自动对立应该是全系统的。在大约 1300 单音节动词中，使动与自动对立的例词，格桑居冕（1982）统计了 175 组，张济川

（2009）统计出 261 组，其中还有部分并没有落实对立形式的对子，例如 འཁྱིག་ - འཁྱིགས་ (vkhyig – vkhyigs)系着（自动）：འཁྱིག་ - བཀྱིག་ - བཀྱིགས་ - ཁྱིགས་(vkhyig – bkyig – bkyigs – khyigs)系（使动），འཇགས་ (vjags)记住：འཇགས་- གཅིགས་ - བཅགས་ - ཆོགས་ (vjags – gcigs – bcags – chogs)铭记，འཚོ་ - འཚོས་ (vtsho – vtshos)活着：འཚོ་ - གསོ་ - བསོས་ - སོས་ (vtsho – gso – bsos – sos)养活（张济川 2009）。《藏汉大辞典》和《藏汉对照拉萨口语词典》记载 འཚོ་ - འཚོ་ - འཚོས་ (vtsho – vtsho – vtshos)活（自动），འཚོ་ - འཚོ་ - འཚོས་ - འཚོས་ (vtsho – vtsho – vtshos – vtshos)养育（使动），其中后者还提示使动词的过去时也作 བཙོས་ (btsos)，但是自动和使动中哪个词形日常用作对立呢？张著的例词跟另一个词条是相关的，以上两部词典记作 གསོ་ - གསོ་ - གསོས་ - གསོས་ (gso – gso – gsos – gsos)养育。

还有一些个案需要逐项厘清。例如，སྲོ་(sro)“使热”对应 དྲོ་ (dro) 暖，实际上目前二者拉萨话读音基本一样，声调有差别，可能是拼写上表现的差异。以下几个都是类似情况：སྲེ་ (sre) 使混合，འདྲེ་ (vdre)混合；སྲེག་ (sreg)烧，烤，འདྲེགས་ (vdregs)烤焦。སྲོང་ (srong)弄直，སངས་ (sangs)“变直”可能是下置辅音脱落造成。བསྐྱོན་ (bskyon)“使骑”现代读音也是声调高低差别，对应的 བཞོན་ (bzhon)“骑”有可能原来的拼读比较接近。དབྲོལ་ (dbrol)“撕破”对应的 རལ་ (ral)“破烂”词形差别较大，但仍然可能是语音变化导致的。གླེབ་ (gleb)“压扁”对应 ལེབ་ (leb)“扁平”，猜测后者丢失了 g-，前者丢失了 s-前缀。如果 གནོད་ (gnod)“加害”与 སྣད་ (snad)“受伤”对应，那么自动动词带 s-前缀（前置音？）则比较奇怪。当然，还有一些形式不容易解释，需要更多证据。例如 བསླབས་(bslabs)“学”与 ཤེས་ (shes)“会”；སློག་ (slog)“使回转”与 ལྡོག་ (ldog)“返”；སློན་ (slon)“合并”与 ལྷན་ (lhan)“聚集”；སློང་ (slong)“竖起”与 ལྷོང་(lhong)“站起”。

5.5 祈使式的屈折形态

由于动词祈使式也有形态变化，藏语传统文法习惯上一直把表达时态和表达语气的动词合在一起看待，即所谓“三时一式”的动词形态观念。这个代表祈使或命令的“一式”跟“三时”所属的陈述式关联，也就是陈述式和祈使式构成藏语的语气范畴（morphological mood）。

语气是从表达角度对句子的分类，一般有陈述、疑问、祈使、感叹，表达了说话人陈述、疑问、期望、强调、虚拟和命令等态度。其中陈述和祈使的语用表达焦点集中在动词上，疑问和感叹的焦点集中在所指对象和限定或者描述感叹力的强调作用上（例如用代词和副词）。从语用角度看，祈使的核心是施为，即“针对听话人发号施令”（夸克等，1989），相对陈述句的动词谓语，其功能简单，通常总是用基本形式的动词构成谓语，即不包含时态、体貌、语态等语法范畴意义的形式。伦道夫·夸克曾就英语祈使句说：“动词短语则要求没有时态、数和人称的区别”（夸克等，1989），即用光杆动词不定式（bare infinitive form）词形构成祈使式。另一方面，形态较复杂的语言，例如拉丁语、法语和德语等的祈使式包含人称和数的屈折形态变体形式，拉丁语祈使式还涉及时态，有将来时祈使式（future imperative form）等形式。

5.5.1　祈使式跟陈述式哪种词形一致？

鉴于藏语词典式动词出现大量时和式词形的混同现象，有必要从实际话语中加以检查。先观察拉萨话口语祈使句：

（1）动词བཟོ་ - བཟོ་ - བཟོས་ - བཟོས་ (bzo-bzo-bzos-bzos)做，过去时（完成式）与祈使式同形。

5-9 འོ་ན་སྒེའུ་ཁུང་བཟོས་ཤིག།

vo-na sgevu-khung bzos_shig.

那么 窗　　　　做(PST/IMF)_IMP

那么就做一扇窗!

（2）按照《藏汉大辞典》和《藏汉拉萨口语对照词典》，动词འབྲལ་ - འབྲལ་ - བྲལ་(vbral-vbral-bral)，“分散、分离”是三时动词，没有祈使式，5-10却用过去时作为祈使式。

5-10 མ་ བྲལ་ ཞིག།

ma　bral_zhig .

NEG 分开(PST)_IMP

不要离开吧。

（3）动词ལྟ་ - བལྟ་ - བལྟས་ - ལྟོས་ (lta-blta-bltas-ltos)“看”有四个不同词形，5-11用的是祈使式。

5-11 ལྟོས་ དང་།

ltos_dang.

看(IMF)_IMP

瞧吧！

（4）5-12用了动词བལྟ་ (blta)看，是将来时词形，这可能因为采用了V_b+bar+V_a句法结构，V_b相当于动词不定式形式。这句话的谓语动词是song（参见句5-10）。

5-12 ཁྱེད་རང་བལྟ་བར་སོང་དང་།
　　　khyed rang　　blta　　　bar　song_dang .
　　　2sg　　亲自　看(FUT) _TAP　去(PST/IMF)_IMP
　　你去瞧瞧！

（5）动词སྐྲོད་ - བསྐྲད་ - བསྐྲད་ - སྐྲོད་ (skrod-bskrad-bskrad-skrod)驱赶，祈使式跟现在时同形。

5-13 ཁྱོད་མྱུར་དུ་དེ་སྐྲོད་ཤིག།
　　　khyod myur-du de skrod_shig.
　　　2sg　　马上　它　赶出(PRE/IMF)_IMP
　　你马上赶走它！

（6）动词བགྱིད་ - བགྱི་ - བགྱིས་ - གྱིས་ (bgyid-bgyi-bgyis-gyis)做，祈使式词形不同。

5-14 དེ་གསོད་པར་གྱིས་ཤིག།
　　　de　gsod　_par　_gyis_shig
　　　它　杀死　_VPR　做-IMF_IMP
　　杀死它。

（7）动词གཤོམ་/གཤོམས་ - བཤམ་ - བཤམས་ - ཤོམས་ (gshom/gshoms – bsham – bshams – shoms，摆，准备，按照《藏汉大辞典》所标，5-15祈使式跟现在时词形相同。

5-15 གསོལ་ཚིགས་གཤོམས་ཤིག།
　　　gsol-tshigs gshoms_shig.
　　　饭　　　摆(PRS)_IMP
　　摆饭！

（8）动词གསན་ - གསན་ - གསན་ - གསོན་ (gsan – gsan – gsan – gson)听（敬语），四式不同，用了祈使式形式。

5-16 ཕྲན་གྱི་གཏམ་ལ་གསོན་ཞིག།
　　　phran_gyi　　gtam_la　gson_zhig.
　　　愚(1sg)_GEN　话_OBL　听_(IMF)_IMP
　　听我告诉您老人家。（听我说吧！）

（9）动词འགྲོ་ - འགྲོ་ - ཕྱིན་ - སོང་ (vgro-vgro-phyin-song)走，去，过去时（完成式）和祈使式是异根形式。《藏汉拉萨口语对照词典》过去时用rgyugs，并认为过去时和命令式也可用song。因此本例也可标出过去时和祈使式。

5-17 ཁྱོད་སྔོན་ལ་སོང་ ཞིག།

khyod sngon-la song_zhig.

你　　先　　去(PST/IMF)_IMP

你先走吧。

（10）动词shog“来”没有词形变化，实际上是只用于祈使句的祈使式。这个词在拉萨话口语里往往充当祈使语气词，显然是动词语法化的结果。例如ltos shog!“看吧！”跟本句用作动词不同。

5-18 འདིར་ ཤོག་ ཅིག།

vdi_r　　shog_cig.

这_LOC　来(-IMF) _IMP

来这儿吧！

以上讨论的例句是从拉萨话民间故事随机抽取的，我们注意到除了将来时，其他各种时态的动词词形都可能用于祈使句，其中以祈使式为主，说明祈使式应该不同于其他时态词形，有自己独立的形态形式。但是这些混用情况仍然跟上文讨论的时态和使动混用相关，也就是藏语动词形态形式已经全面崩溃。以上句子谓语动词之后往往跟着 cig、zhig、shig 和 dang，这是拉萨话中典型的祈使语气词，但有时候也可以不用。

那么，古代藏语是否也已经分不清楚各种形态形式了呢？我们从历史文献中也随机抽取例句来观察。所用文献是 11 世纪的《拔协》和 15 世纪的《米拉日巴传》。

（11）动词 སྐྱ་ - བསྐྱ་ - བསྐྱས་ - སྐྱོས་ (skya-bskya-bskyas-skyos)移动：

5-19 མ་ཞང་གི་གསུངས་ནས། རྡོ་ དགའ་མོ་སྣ་ནས་ སྐྱོས་ ཅིག་ ཟེར།།

ma-zhang_gi gsungs nas, rdo　dgav-mo-sna_nas　skyos_cig　zer.

玛降_GEN　话语　　石头　呷莫纳_ABL　　运(IMF)_IMP　说

玛降说：“从呷莫纳运石头来！”（《拔协》）

（12）动词 སྐྱུར་ - བསྐྱུར་ - བསྐྱུར་ - སྐྱུར་ (skyur-bskyur-bskyur-skyur)翻译，本例原有祈使式，但句子用了过去时形式：

5-20 འོ་ན་གསལ་སྣལ་མ་ བྱུང་བར་དུ་སྐད་ མ་ བསྒྱུར་ ཅིག།།

vo-na gsal-snal ma　byung_bar_du　skad　ma　bsgyur_cig.

那么　塞囊　NEG 来_NMZ_LOC 话语 NEG 翻译(FUT/PST) _IMP

那么，塞囊没回来之前，就先不翻译吧！（《拔协》）

（13）动词 འདྲེན་ - དྲང་ - དྲངས་ - དྲོངས་ (vdren – drang – drangs – drongs)带领，此例用祈使式：

5-21 རྒྱ་གར་དང་བལ་ཡུལ་ ན་ མཁས་པ་སུ་ཡོད། སྤྱན་དྲོངས་ཤིག།

rgya-gar dang bal-yul_na　　mkhas-pa su yod,　spyan-drongs_shig.

印度　　和　尼泊尔_LOC 大师　　谁 有　　迎请(IMF)_IMP

印度和尼泊尔都有哪些佛教大师？去请来吧！（《拔协》）

（14）འཇུག་ - གཞུག་ - བཅུག་ - ཆུག་ (vjug-gzhug-bcug-chug)让、使，此例用祈使式：

5-22 རྒན་ སོས་དལ་དུ་ཉལ་དུ་ ཆུག།

rgan　sos-dal-du nyal_du　　chug.

老人　安闲　　睡_CAU　让(IMF)

还是让（我）老朽安安闲闲地睡觉吧！（《米拉日巴传》）

（15）སྩོལ་ - བསྩལ་ - བསྩལ་ - སྩོལ་ (stsol-bstsal-bstsal-stsol)赐予，现在时形式跟祈使式一致：

5-23 སྲོག་ སྩོལ་ ཅིག།

srog　stsol_cig.

生命 赐予(PRS/IMF)_IMP

请饶命！（《米拉日巴传》）

（16）动词 སྡེབ་ - བསྡེབ་ - བསྡེབས་ - སྡེབས་ (sdeb-bsdeb-bsdebs-sdebs)结伴，过去时动词 bsdebs 充当祈使式谓语动词的目标：

5-24 བླ་མ་རྔོག་པ་དང་བསྡེབས་ ལ་ ཤོག།

bla-ma rngog-pa dang bsdebs _la　　　　shog.

喇嘛　俄巴　　和　结伴(PST)_TAP　来(IMF)

和俄巴大师来结伴吧！（《米拉日巴传》）

（17）动词 འགྲིམ་ - འགྲིམ་ - འགྲིམས་ - འགྲིམས་ (vgrim-vgrim-vgrims-vgrims)漫游，

5-25 གཡའ་ཁྲོད་དང་གངས་ཁྲོད་འགྲིམས་ ལ་ལྟ་སྒོམ་ཉམས་སུ་ལོངས་ཤིག་གསུངས།

g-yav-khrod dang gangs-khrod vgrims_la　lta

岩石　　　和　雪山　　　行走_LOC 看

sgom-nyams su longs　　　shig gsungs

漫游　　　　　站立(PST/IMF)_说

（他）说，去游行于岩石和雪山中求证见修吧！（《米拉日巴传》）

（18）动词 ཉན་ - མཉན་ - མཉན་ - ཉོན་ (nyan-mnyan-mnyan-nyon)听，本例采用了祈使式：

5-26 ངའི་ གླུ་འདི་ཉོན་ཅིག།

nga_vi　glu vdi nyon_cig.

我_GEN 歌 这 听(IMF)_IMP

请听我的歌吧！（《米拉日巴传》）

（19）动词 ཞུ་ - ཞུ་ - ཞུས་ - ཞུས་(zhu-zhu-zhus-zhus)请求，报告，此处 shog 可能正处于语法化过程中，作为动词语义较虚，但是后面已经有语气词 cig。考虑到 zhus 带形态变化，shog 可处理为语气词，或者 shog cig 作为合成语气词：

5-27 བླ་མ་གཟིམས་ཁང་ན་ བཞུགས་ཡོད་པས་དེ་སྐད་ཞུས་ ཤོག་ཅིག།།

bla-ma gzims-khang_na　bzhugs_yod-pas de skad-zhus　shog_cig.

喇嘛　卧室_LOC　坐_ASP　报告(PST/IMF)　去_IMP

师父坐在房里，快去告诉他。（《米拉日巴传》）

（20）动词 འགྲོ་ - འགྲོ་ - ཕྱིན་ - སོང་ (vgro-vgro-phyin-song)走，去，此处 song 添加了后缀，估计是古藏语的写法。

5-28 དེ་དང་ཁྱོད་རང་ཚེ་སྔ་མ་ནས་ ལས་འབྲེལ་འདུག་པས་དེར་ སོངས་ཤིག།།

de dang khyod-rang tshe-snga-ma_nas las-vbrel vdug pas

他 和　你　前生_LOC　缘分　有

de_r　songs_shig.

他_ABL　去(PST/IMF) _IMP

他与你前生有缘，你往他那儿去吧！（《米拉日巴传》）

以上例证显示即使古代藏语也存在一些混用情况，不过似乎过去时跟祈使式同形形式充当谓语动词较为突出一些。这使我们想到张济川（2009：240）提出的观点，“祈使式与完成式相同大概说明祈使式是从完成式分化出来的”。

从类型学角度看，祈使式跟完成式词形相同也不是没有的。例如H.Koopman(2000)描述过非洲肯尼亚和坦桑尼亚的东部尼罗语族（Eastern Nilotic）的Maasai语，该语言的祈使式动词跟过去时和完成体词形一样。例如陈述句：á-(I) tá-náp-(carry) à(I carried him: 过去时/完成式)，祈使句：tá-nàp- à(Carry him: 祈使式)。作者的解释是，无论句中出现祈使形式还是过去/完成形式，都是因为受到相同挑选者的选择，即静默动词‘get’ (a silent verb ‘get’)。这些细节可能与作者分析该语言采用的理论有关，我们不去追究，了解这样的现象即可。

讨论动词祈使式需要从实际话语中收集祈使式词形。本章开篇已经提出藏语词典大多依赖历史上的文献，而藏语文字跟口语又严重脱节，因此，不能排除词典式动词形态。即使我们采用所谓内部构拟方法来观察动词各类形态，但该方法要求系统性和周密性，精准地回溯构拟不太可能。

张济川（2009）虽然按照一时、二时、三时动词分类讨论，却没有把能揭示添加词缀后造成内部屈折音变原因和反映形态体系的要素贯彻始终。譬如他指出"一时动词和二时动词祈使式的构成可以简单归纳为：祈使式同完成式。祈使式与完成式相同大概说明祈使式是从完成式分化出来的"，"三时动词祈使式的构成基本上也遵循这一原则，尤其是带 r-、l-、s-前缀的，只是完成式上表完成的前缀是表时态的，要去掉"。这些表述可能存在一些主观性，即使是词典式动词，也不能轻言去掉哪个动词的或者不去掉哪个动词的前缀，本来这些前缀已经混用，无法轻易辨别。倘若在几"时"动词基础上，再辅以词根音声母与前缀的语音内部屈折制约关系，则辨别祈使式与何"时"词形相同或者辨别哪个前缀可以去除很可能更有理据。

5.5.2 前缀还是后缀引起祈使式变化？

根据 5.2 的讨论，藏语前缀比后缀更能造成动词词形变化。就动词形态整体面貌而言，祈使式应该不涉及前缀引起的变化。但是确有一些动词祈使式跟三时的词根音声母不同，例如：我们从 911 个词典式动词中统计出四个形式不同的达 149 个，其中前后缀变化导致不同的 113 个（包括元音不同，称甲类），占不同者 75.8%，而利用词根语音声母区别（也包括前后缀变化）的 36 个（称乙类），占 24.2%。乙类中，祈使式跟三时词根音声母全部不同的 23 个，全部是送气清阻塞音，跟现在时相同的 11 个(含 1 个跟现在时和过去时都相同)，也全部是送气清音，跟过去时相同的 3 个。与之对应的是，在 88 个三时一式 4 个词形全部相同的动词中，祈使式为送气清音的也有 14 个，占 16%。这项统计数据告诉我们，祈使式的词根音阻塞音声母可能具有送气音特征，由于祈使式通常不添加前缀，这个特征应该跟前缀语音没有关系。再进一步，甲类中，祈使式词根音声母跟现在时不同的仅 1 例，跟过去时不同的仅 2 例，是浊擦音或浊塞擦音之间的交替。

由这项统计数据可以设想，祈使式也可能跟完成式（过去时）不一定有密切关系。

祈使式词根音声母独不同于"三时"例词：

འདེབས་-གདབ་-བདབ་-ཐོབ་ 抛掷	vdebs	gdab	bdab	thob
འགྲེམ་-དགྲམ་-བཀྲམ་-ཁྲོམས་ 展开	vgrem	dgram	bkram	khroms
འགེངས་-དགང་-བཀང་-ཁོངས་ 装满	vgengs	dgang	bkang	khongs
འགེལ་-དགལ་-བགལ་-ཁོལ་ 装载	vgel	dgal	bgal	khol
འགེབས་-དགབ་-བཀབ་-ཁོབ་ 遮盖	vgebs	dgab	bkab	khob
འབེབས་-དབབ་-ཕབ་-ཕོབ་ 制定	vbebs	dbab	phab	phob

འདིང་ - གདིང་ - བདིང་ - ཐིངས་ 铺	vding	gding	bding	things
འཇུན་ - གཞུན་ - གཅུན་ - ཆུན་ 约束	vjun	gzhun	gcun	chun
འཇུག་ - གཞུག་ - བཅུག་ - ཆུག་ 使	vjug	gzhug	bcug	chug
འདུལ་ - གདུལ་ - བདུལ་ - ཐུལ་ 驯服	vdul	gdul	bdul	thul
འགུགས་ - དགུག་ - བཀུག་ - ཁུག་ 召集	vgugs	dgug	bkug	khug
འཛུམ་ - བཙུམ་ - བཙུམས་ - ཚུམས་ 闭嘴	vdzum	btsum	btsums	tshums
གཏོང་ - གཏང་ - བཏང་ - ཐོངས་ 派	gtong	gtang	btang	thongs
འདོགས་ - གདགས་ - བདགས་ - ཐོགས་ 拴	vdogs	gdags	bdags	thogs
གཅོག་ - གཅག་ - བཅག་ - ཆོག་ 打碎	gcog	gcag	bcag	chog
གཅོག་ - གཅག་ - བཅག་ - ཆོག་ 减少	gcog	gcag	bcag	chog
གཅོད་ - གཅད་ - བཅད་ - ཆོད་ 砍	gcod	gcad	bcad	chod
འགོག་ - དགག་ - བཀག་ - ཁོག་ 挡住	vgog	dgag	bkag	khog
འདོན་ - གདོན་ - བཏོན་ - ཐོན་ 拿出	vdon	gdon	bton	thon
འགྲོངས་ - དགྲོང་ - བཀྲོངས་ - ཁྲོངས་ 弑	vgrongs	dgrong	bkrongs	khrongs
འགྲོལ་ - དགྲོལ་ - བཀྲོལ་ - ཁྲོལ་ 解开	vgrol	dgrol	bkrol	khrol
འགོག་ - དགོག་ - བཀོག་ - ཁོག་ 拔	vgog	dgog	bkog	khog
འགོད་ - དགོད་ - བཀོད་ - ཁོད་ 布置	vgod	dgod	bkod	khod

祈使式词根音声母跟现在时相同的例词：

ཚེམ་ - བཙེམ་ - བཙེམས་ - ཚེམས་ 缝	tshem	btsem	btsems	tshems
འཚག་ - བཙག་ - བཙགས་ - ཚོགས་ 筛	vtshag	btsag	btsags	tshogs
འཆང་ - བཅང་ - བཅངས་ - ཆོངས་ 抚摸	vchang	bcang	bcangs	chongs
འཚིར་ - གཙིར་ - བཙིར་ - ཚིར་ 榨油	vtshir	gtsir	btsir	tshir
འཆིང་ - བཅིང་ - བཅིངས་ - ཆིངས་ 绑	vching	bcing	bcings	chings
འཐུང་ - བཏུང་ - བཏུངས་ - འཐུངས་ 喝	vthung	btung	btungs	vthungs
འཁྲུད་ - བཀྲུ་ - བཀྲུས་ - ཁྲུས་ 洗	vkhrud	bkru	bkrus	khrus
འཆུ་ - བཅུ་ - བཅུས་ - ཆུས་ 舀水	vchu	bcu	bcus	chus
འཚོང་ - བཙོང་ - བཙོངས་ - ཚོང་ 卖	vtshong	btsong	btsongs	tshong
འཚོད་ - བཙོ་ - བཙོས་ - ཚོས་ 煮	vtshod	btso	btsos	tshos

祈使式词根音声母跟过去时相同的例词：

འཇིག་ - གཞིག་ - བཤིག་ - ཤིགས་ 拆	vjig	gzhig	bshig	shigs
འཇོག་ - གཞག་ - བཞག་ - ཞོག་ 放下	vjog	gzhag	bzhag	zhog
འཕྲལ་ - དབྲལ་ - ཕྲལ་ - ཕྲོལ་ 分离	vphral	dbral	phral	phrol

再来看看包含祈使式的只有三个词形的动词，共计 92 个。其中祈使式不同的 73 个，有 20 个依靠送气清音区别（含元音共同区别者 3 个），

余则是前缀区别或者元音（48 个）区别。还有 14 个祈使式与过去时/完成式相同，其中 5 个是送气清阻塞音，与之相应的现在时有 3 个是浊音，将来时有 4 个是浊音。祈使式与现在时相同的 5 个，其中一个是送气清音。

三个形式动词中祈使式为送气清音阻塞音，不同于时的任何形式：

འཁུར་ - བཀུར་ - བཀུར་ - ཁུར་	恭维；敬重	vkhur	bkur	bkur	khur
འཁྲོལ་ - དཀྲོལ་ - དཀྲོལ་ - ཁྲོལ་	弹奏	vkhrol	dkrol	dkrol	khrol
འཁོལ་ - བཀོལ་ - བཀོལ་ - ཁོལ་	奴役；使用	vkhol	bkol	bkol	khol
འཆོས་ - བཅོས་ - བཅོས་ - ཆོས་	修正；医治	vchos	bcos	bcos	chos
འཆོལ་ - བཅོལ་ - བཅོལ་ - ཆོལ་	委托	vchol	bcol	bcol	chol
སྟུད་ - བསྟུད་ - བསྟུད་ - འཐུད་	继续；重复	stud	bstud	bstud	vthud
འཁལ་ - བཀལ་ - བཀལ་ - འཁོལ་	捻；纺	vkhal	bkal	bkal	vkhol
འཚོལ་ - བཙལ་ - བཙལ་ - ཚོལ་	找；寻找	vtshol	btsal	btsal	tshol
འཐུམ་ - བཏུམ་ - བཏུམ་ - ཐུམས་	包扎；封	vthum	btum	btum	thums
གཅུན་ - གཅུན་ - བཅུན་ - ཆུན་	制约；钳住	gcun	gcun	bcun	chun
འབུད་ - འབུད་ - བུད་ - ཕུད་	赶出	vbud	vbud	bud	phud
གཏུམ་ - གཏུམ་ - གཏུམས་ - ཐུམས་	打包	gtum	gtum	gtums	thums
འདུད་ - འདུད་ - བདུད་ - ཐུད་	鞠躬	vdud	vdud	bdud	thud
འདོར་ - འདོར་ - དོར་ - ཐོར་	抹去	vdor	vdor	dor	thor
འཐག་ - འཐག་ - བཏགས་ - ཐོགས་	织	vthag	vthag	btags	thogs
འཐོག་ - འཐོག་ - བཏོག་ - ཐོགས་	摘	vthog	vthog	btog	thogs
གཏོད་ - གཏོད་ - བཏོད་ - ཐོད་	设立	gtod	gtod	btod	thod
འདེགས་ - འདེགས་ - བཏེགས་ - ཐེགས་	举起	vdegs	vdegs	btegs	thegs
འཛུགས་ - འཛུགས་ - བཙུགས་ - ཚུགས་	插入	vdzugs	vdzugs	btsugs	tshugs
འཁྲུ་ - འཁྲུ་ - བཀྲུས་ - འཁྲུད་	沐浴	vkhru	vkhru	bkrus	vkhrud

三个形式动词中祈使式词缀或元音不同的：

འཐམ་ - འཐམ་ - འཐམས་ - འཐོམས་	抱住	vtham	vtham	vthams	vthoms
འཕག་ - འཕག་ - འཕགས་ - འཕོགས་	跳	vphag	vphag	vphags	vphogs
འཁྱམ་ - འཁྱམ་ - འཁྱམས་ - འཁྱོམས་	流浪	vkhyam	vkhyam	vkhyams	vkhyoms
འཇབ་ - འཇབ་ - འཇབས་ - འཇོབས་	暗藏	vjab	vjab	vjabs	vjobs
འགམ་ - འགམ་ - འགམས་ - འགོམས་	干咽	vgam	vgam	vgams	vgoms
འདམ་ - འདམ་ - འདམས་ - འདོམས་	选择	vdam	vdam	vdams	vdoms
འཆམ་ - འཆམ་ - འཆམས་ - འཆོམས་	行走	vcham	vcham	vchams	vchoms
འབྲང་ - འབྲང་ - འབྲངས་ - འབྲོངས་	追随	vbrang	vbrang	vbrangs	vbrongs
འཚུག་ - འཚུག་ - འཚུགས་ - ཚུགས་	树立	vtshug	vtshug	vtshugs	tshugs

འཚག་ - འཚག་ - ཚགས་ - ཚོགས་ 积畜	vtshag	vtshag	tshags	tshogs
སྤྲག་ - སྤྲག་ - སྤྲགས་ - སྤྲོགས་ 烤	sprag	sprag	sprags	sprogs
སྨྲ་ - སྨྲ་ - སྨྲས་ - སྨྲོས་ 说	smra	smra	smras	smros
གསེད་ - གསེད་ - བསེད་ - སེད་ 撕开	gsed	gsed	bsed	sed
སྦྲག་ - སྦྲག་ - སྦྲགས་ - སྦྲོགས་ 结合	sbrag	sbrag	sbrags	sbrogs
རྐྱལ་ - རྐྱལ་ - བརྐྱལ་ - རྐྱོལ་ 游	rkyal	rkyal	brkyal	rkyol
འགྲོ་ - འགྲོ་ - ཕྱིན་ - རྒྱུགས་ 去	vgro	vgro	phyin	rgyugs
རྒྱང་ - རྒྱང་ - རྒྱངས་ - རྒྱོངས་ 塞	rgyang	rgyang	rgyangs	rgyongs
འཕྱར་ - འཕྱར་ - ཕྱར་ - ཕྱོར་ 扬	vphyar	vphyar	phyar	phyor
ཉབ་ - ཉབ་ - ཉབས་ - ཉོབས་ 搂	nyab	nyab	nyabs	nyobs
མངག་ - མངག་ - མངགས་ - མངོགས་ 委托	mngag	mngag	mngags	mngogs
ལང་ - ལང་ - ལངས་ - ལོངས་ 站起来	lang	lang	langs	longs
དགར་ - དགར་ - བཀར་ - ཀོར་ 分开；隔离	dgar	dgar	bkar	kor
འགྱོགས་ - འགྱོགས་ - བཀྱགས་ - ཁྱོགས་ 举起；支持	vgyogs	vgyogs	bkyags	khyogs
འཁྲབ་ - འཁྲབ་ - འཁྲབས་ - ཁྲོབས་ 跳舞；表演	vkhrab	vkhrab	vkhrabs	khrobs
འཁྲབ་ - འཁྲབ་ - ཁྲབས་ - ཁྲོབས་ 出风头	vkhrab	vkhrab	khrabs	khrobs
གཙག་ - གཙག་ - གཙགས་ - གཙོགས་ 针刺[出血]	gtsag	gtsag	gtsags	gtsogs
གསང་ - གསང་ - གསངས་ - གསོངས་ 隐藏	gsang	gsang	gsangs	gsongs
འགམ་ - འགམ་ - འགམས་ - གོམས་ 跨越；迈过去	vgam	vgam	vgams	goms
གླ་ - གླ་ - གླས་ - གློས་ 租；雇	gla	gla	glas	glos
གདང་ - གདང་ - གདངས་ - གདོངས་ 张[口]；睁[眼]	gdang	gdang	gdangs	gdongs
གདམ་ - གདམ་ - གདམས་ - གདོམས་ 选择；挑选	gdam	gdam	gdams	gdoms
དྲ་ - དྲ་ - དྲས་ - དྲོས་ 剪裁；修整	dra	dra	dras	dros
འདྲད་ - འདྲད་ - དྲད་ - དྲོད་ 拖；拽	vdrad	vdrad	drad	drod
གཞར་ - གཞར་ - བཞར་ - བཞོར་ 剃；削	gzhar	gzhar	bzhar	bzhor
བྱེད་ - བྱེད་ - བྱས་ - བྱོས་ 做；进行	byed	byed	byas	byos
བསང་ - བསང་ - བསངས་ - བསོངས་ 使洁净；解除	bsang	bsang	bsangs	bsongs
འབབ་ - འབབ་ - བབ་ - བོབ་ 下[车]	vbab	vbab	bab	bob
བགྲང་ - བགྲང་ - བགྲངས་ - བགྲོངས་ 计算；数	bgrang	bgrang	bgrangs	bgrongs
བགམ་ - བགམ་ - བགམས་ - བགོམས་ 干咽；吞食	bgam	bgam	bgams	bgoms
བགམ་ - བགམ་ - བགམས་ - བགོམས་ 试探	bgam	bgam	bgams	bgoms
སྟར་ - བསྟར་ - བསྟར་ - སྟོར་ 贯彻；排列；结牢	star	bstar	bstar	stor
སེལ་ - བསལ་ - བསལ་ - སོལ་ 去掉；克服	sel	bsal	bsal	sol
སྣར་ - བསྣར་ - བསྣར་ - སྣོར་ 拖；拽	snar	bsnar	bsnar	snor

སློག་ - བསློག་ - བསློག་ - སློགས་ 翻转；使回转	slog	bslog	bslog	slogs
སྐྱེལ་ - བསྐྱལ་ - བསྐྱལ་ - སྐྱོལ་ 送；遣送	skyel	bskyal	bskyal	skyol
གཤེར་ - བཤེར་ - བཤེར་ - ཤེར་ 清点；审核	gsher	bsher	bsher	sher
སྒར་ - བསྒར་ - བསྒར་ - སྒོར་ 接[线]；扣[扣]	sgar	bsgar	bsgar	sgor
སྡོག་ - བསྡོག་ - བསྡོག་ - སྡོགས་ 收拾；撩起	sdog	bsdog	bsdog	sdogs
རྒྱག་ - བརྒྱག་ - བརྒྱབ་ - རྒྱོབ་ 做；放；操[汉语]	rgyag	brgyag	brgyab	rgyob
རྒལ་ - བརྒལ་ - བརྒལ་ - རྒོལ་ 涉水；渡；沐浴	rgal	brgal	brgal	rgol
རྡར་ - བརྡར་ - བརྡར་ - རྡོར་ 磨；挫	rdar	brdar	brdar	rdor
འཕྱག་ - ཕྱག་ - ཕྱག་ - ཕྱོགས་ 扫除	vphyag	phyag	phyag	phyogs
གནོན་ - མནན་ - མནན་ - ནོན་ 摁；压	gnon	mnan	mnan	non

三个形式动词中祈使式与过去式完成式相同：

འཕྲོག་ - དབྲོག་ - འཕྲོགས་ - འཕྲོགས་ 抢夺	vphrog	dbrog	vphrogs	vphrogs
རྨོད་ - རྨོ་ - རྨོས་ - རྨོས་ 犁地；耕耘	rmod	rmo	rmos	rmos
ཕྱི་ - འཕྱི་ - ཕྱིས་ - ཕྱིས་ 擦；抹	phyi	vphyi	phyis	phyis
འབྱེད་ - དབྱེ་ - ཕྱེ་ - ཕྱེ་ 开启；散开	vbyed	dbye	phye	phye
འབུལ་ - དབུལ་ - ཕུལ་ - ཕུལ་ 贡奉；呈送	vbul	dbul	phul	phul
འབུབས་ - དབུབ་ - ཕུབ་ - ཕུབ་ 撑开；遮蔽	vbubs	dbub	phub	phub
མཉེད་ - མཉེ་ - མཉེས་ - མཉེས་ 硝；熟；摩擦	mnyed	mnye	mnyes	mnyes
འདང་ - དྭང་ - དྭངས་ - དྭངས་ 使清	vdang	dwang	dwangs	dwangs
འདྲི་ - དྲི་ - དྲིས་ - དྲིས་ 询问；调查	vdri	dri	dris	dris
འཇོ་ - བཞོ་ - བཞོས་ - བཞོས་ 挤奶	vjo	bzho	bzhos	bzhos
འབྱུག་ - བྱུག་ - བྱུགས་ - བྱུགས་ 涂；抹	vbyug	byug	byugs	byugs
འབྱོ་ བྱོ་ བྱོས་ - བྱོས་ 倾倒；灌；挪	vbyo	byo	byos	byos
འབྲི་ - བྲི་ - བྲིས་ - བྲིས་ 写	vbri	bri	bris	bris
བགོད་ - བགོ་ - བགོས་ - བགོས་ 分配；平均	bgod	bgo	bgos	bgos

总起来看，藏语祈使式有独立的形式，可以判断藏语从古至今一直存在陈述与祈使对立的范畴。至于祈使式跟其他形式的混用，包括前缀、后缀和元音大概都与语音变化等复杂因素有关。由于藏语祈使式动词经常使用不同于其他形式的元音，因此我们不排除祈使式具有某种特定的、涉及元音交替的手段。

5.6　动词敬语词

本书第 3 章讨论了名词敬语词的构成，最主要的特点是敬语语素前置，造成派生名词敬语词。实践上看，虽然目前词典处理上并未全面收入添加敬语语素的词项，这意味着敬语词可以临场产生，但是，本族语者已经出版了专门的敬语词典，[①]说明敬语词的构成并非完全透明，需要作为独立词项对待。索南坚赞（1990）为此做出了说明。例如：བཤེས་ཐུག་ (bshes thug)面条，不能换为 གསོལ་ཐུག་ (gsol thug)，或者 མཆོད་ཐུག་ (mchod thug)；反之，གསོལ་ཇ་ (gsol ja)茶，不能换为 བཤེས་ཇ་ (bshes ja)，或者 མཆོད་ཇ་ (mchod ja)。如果随意互换则可能造成词义的混乱，例如 ཕྱག་ལས་ (phyag las)“工作”，不能换成 སྐུ་ལས་ (sku las)，因为后者是“困难”之义。理论上看，虽然派生名词敬语词的附着语素来自独立词项，现在仍然具有明显的词汇意义，但是，敬语词汇只是语言词汇的一小部分，无论从短语的词汇化和词项的语法化角度看，都需要长时间的演进，我们可以假定派生名词敬语词的词缀是通过语法化逐渐形成的。这种假定符合藏语名词敬语语素前置于词根语素的事实，也能满足理论阐述的合理性。

可是，动词敬语词的情况较为复杂，有三种要素干预其中。第一，动词敬语词分为单音节敬语词和多音节敬语词；第二，敬语语素后置于词根语素，其中单音节词根+敬语语素跟多音节词+敬语语素可能造成不同的结构，二者的演化路径（语法化或词汇化）也可能不一样；第三，部分动词敬语词跟新型的多音节复合动词完全同构，本体功能也一样，不宜做不同的分析。因此，本文分析中，有些动词敬语词属于派生型敬语词，有些则归为复合型敬语词。

5.6.1　单音节动词敬语词

5.6.1.1 单音节动词敬语词与非敬语词的对应

单音节动词敬语词是词汇性的敬语词，基本上每一个都有相应的普通词。例如：

普通词	敬语词	
ཟ་ (za)	མཆོད་/བཞེས་ (mchod, bzhes)	吃
འཐུང་ (vthung)	མཆོད་/ བཞེས་ (mchod, bzhes)	喝
འགྲོ་ (vgro)	ཕེབས་/ཐད་ (phebs, thad)	走，去
གླེང་ (gleng)	གསུང་ (gsung)	说，讲

① 参看索朗多吉等《藏语敬语词典》，民族出版社，1993 年。

ཉོ་ (nyo)	གཟིགས་ (gzigs)	买
མཐོང་ (mthong)	མཇལ་/གཟིགས་ (mjal /gzigs)	瞧见，察觉
འདུག་ (vdug)	མངའ་/ལགས་འདུག་ (mngav /lags vdug)	有，在
སྡོད་ (sdod)	བཞུགས་ (bzhugs)	坐
ཡོད་ (yod)	མངའ་/ལགས་ཡོད་ (mngav /lags yod)	有，在
འཆི་ (vchi)	གཤེགས་ / གྲོངས་ (gshegs， grongs)	圆寂，去世
སྐུར་ (skur)	འབུལ་/འབུལ་ལམ་ཞུ་ (vbul /vbul lam zhu)	送，寄
རྒྱག་ (rgyag)	སྐྱོན་ (skyon)	关
ན་ (na)	སྙུང་ (snyung)	病
ཡོང་ (yong)	ཕེབས་ (phebs)	来
སྟོན་ (ston)	འབུལ་/གསུང་ (vbul / gsung)	给人看，讲
ཞོན་ (zhon)	ཆིབས་ (chibs)	骑
སྤྲིང་ (spring)	འབུལ་ (vbul)	发送，寄出
སྤྲོད་ (sprod)	འབུལ་/གནང་ (vbul /gnang)	送，献
སྦྱིན་ (sbyin)	འབུལ་/གནང་ (vbul /gnang)	给，赐
བཙའ་ (btsav)	འཁྲུང་/བལྟམས་ (vkhrung /bltams)	出生，爱护
ཉན་ (nyan)	གསན་ (gsan)	听
སྟོན་ (ston)	སྤྱན་ཕུལ་ཞུ་ (spyan phul zhu)	讲

敬语词是在基本词汇基础上逐渐产生的，因此功能上二者不能完全对等。例如普通词可能因为自主与不自主差别而实现为两个不同形式，敬语词则只有一种形式。

普通词：བལྟ་ (blta) 看<自主>　　མཐོང་(mthong)看见<不自主>

敬语词：གཟིགས་ (gzigs)看；看见

普通词：ཉན་ (nyan)听<自主>　　གོ་ (go)听见<不自主>

敬语词：གསན་ (gsan)听；听见

普通词词义精细，区分多个形式，敬语词则将词义相近的用同一形式笼统表达，例如：

普通词：ཡོང་ (yong)来，ཕྱིན་ (phyin)去，འགྲོ་ (vgro)走，སླེབས་ (slebs)到达

敬语词：ཕེབས་ (phebs)来、去、走、到达

普通词：བཟའ་ (bzav)吃，བཏུང་ (btung)喝，འཐེན་ (vthen)吸（烟）

敬语词：མཆོད་ (mchod)，བཞེས་ (bshes)，གསོལ་ (gsol)）吃、喝、吸（烟）

5.6.1.2 单音节动词敬语词的层次

戈尔斯坦（Goldstein 1991）认为藏语口语的敬语有多个层次，但在书面语言里面基本只区分敬语和非敬语（普通词）两个层级。周季文、谢

后芳（2003）则认为书面语里还存在谦语层级。跟敬语一样，谦语也主要出现在拉萨话，其他方言很少。拉萨话的谦语有一些表示虔敬的词语，数量不多，且很少有独立的单音节形式，一般在普通词后添加谦语动词 ཞུ་ (zhu)请求、གསོལ་ (gsol)报告、འབུལ་ (vbul)呈送等构成。例如：བཀའ་མངགས་ཞུ་ (bkav mngags zhu)拜托，ཕེབས་སྒུག་ཞུ་ (phebs sgug zhu)等候，ཐུགས་གཡེང་ཞུ་ (thugs g-yeng zhu)麻烦（您），བཞུགས་སུ་གསོལ་ (bzhugs su gsol)请坐，ཞལ་མཇལ་ཞུ་ (zhal mjal zhu)求见，ཕྱག་རོགས་ཞུ་ (phyag rogs zhu)请帮忙。从结构上看，这些多音节谦语跟敬语相同，有一些可能尚未取得词的地位，处理为短语也是合理的。

敬语层次之上的确存在更高“级别”的表示方法，在一些特别的场合，例如旧时对待拉萨僧侣高层人物，拉萨口语里还有一些词组表示程度很高的崇敬用语。例如：ན་ (na)“生病”用 སྐུ་བལྟམས་ (sku bltams)患病，འགྲོ་ (vgro)“来到”用 ཆིབས་སྒྱུར་གནང་ (chibs sgyur gnang)驾到，སྡོད་ (sdod)“坐”用 བཞུགས་གདན་འཇགས་ (bzhugs gdan vjags)敬请上座。（胡书津 1985）这些表达实际都是短语或表达句了，不在我们讨论之列。

最可能引起争议的是，Beyer（1992）认为藏语里还存在雅言（elegant equivalent）形式，例如 ང་ (nga)我，雅言形式是 བདག་ (bdag)我本人，敬语词 ངེད་ (nged)我。他还把这个观点扩展到动词，例如：

	普通词	雅言	敬语
stay (停留)	ndug	gda	bzhugs
be (是)	yin	lags	lags
exist (在)	yod	michis	mnga
go (去)	ngro	mchi	pheb
do (做)	bya	bgyi	mdzad
die (死)	chi	gum	grong

Beyer 作为非母语人的观察极为敏锐，他从词汇语义上发现，某些词存在外延义（denotation）与内涵义（connotation）的差异，其中内涵差异最终可能引起派生敬语的结果。例如，ཡིད་（yid）“（精神上的）心”和 སྙིང་（snying）“（肉体上的）心脏”的敬语形式 ཐུགས་（thugs）“心/脑”都包含了某种认知和情感上的共同内涵义。针对包含雅言的三种形式，他又提出婉词（euphemism equivalent）也是一种特别形式。例如，གཤེགས་ (gshegs)离去，བདེ་བར་གཤེགས་ (bde-ba-r gshegs)走向极乐（世界），གནམ་དུ་གཤེགས་ (gnam-du gshegs)走向天堂，ཞི་བར་གཤེགས་ (zhi-ba-r gshegs)进入涅槃。无论这些观点是否成立，这样的探索深化了藏语词汇和词法的研究（Beyer 1992）。

5.6.2 多音节动词敬语词

Beyer (1992)认为敬语词可划分为原生敬语词和次生敬语词，“原生敬语词通常是词源上与相应非敬语词无关的词项，是通过语义专门化过程逐渐形成的；次生敬语词是在无标记词汇项前面添加敬语词来产生一个作为整体的敬语词”。虽然这话部分是针对名词敬语词说的，但是只要有两个或多个构成成分，就产生结构，多音节动词敬语词也不例外。

多音节动词敬语词依赖敬语语素构成。常见的敬语和谦语语素有：གནང་ (gnang)做，给（敬）；བསྐྱོན་ (bskyon)弄，搞，放（敬：སྐྱོན་ - བསྐྱོན་ - བསྐྱོན་ - སྐྱོན་ (skyon-bskyon-bskyon-skyon)）；བཞེས་ (bzhes)吃喝穿戴、取、拿（敬：四式同形）；མཆོད་ (mchod)恭敬，吃喝穿戴（敬：四式同形）；འབུལ་ (vbul)献，呈（敬：འབུལ་ - དབུལ་ /- འབུལ་ - ཕུལ་ - ཕུལ་ (vbul-dbul/vbul-phul –phul)）；གསོལ་ (gsol)请求、呈现（谦：四式同形），吃、穿、戴（对神佛：最敬）；ཞུ་ (zhu)做，进行，请求（谦：ཞུ་ - ཞུ་ - ཞུས་ - ཞུས་ (zhu-zhu-zhus-zhus)）。

以下根据敬语词的结构分类讨论。为了叙述方便，我们用 V 表示单音节普通动词或非敬语动词，HV 表示动词敬语词，N 表示单音节名词或名词语素，HN 表示名词敬语词或名词敬语素，VP 表示双音节动词，NP 表示双音节名词。PRES 表示现在时，PST 表示过去时。

5.6.2.1 V$_{(PST)}$ + HV（动词过去时词形+动词敬语词）

འབྲི་ - བྲི་ - བྲིས་ (vbri-bri-bris) 写：བྲིས་གནང་ (bris$_{\langle pst\rangle}$ gnang) 写

བཟོ་ - བཟོ་ - བཟོས་ (bzo-bzo-bzos) 制造：བཟོས་གནང་ (bzos$_{\langle pst\rangle}$ gnang) 制造

དྲག་ - དྲག་ - དྲག་ (drag-drag-drag) 病愈：དྲག་གནང་ (drag gnang) 痊愈

སྐུར་ - བསྐུར་ - བསྐུར་ (skur-bskur-bskur) 寄：བསྐུར་གནང་ (bskur$_{\langle pst\rangle}$ gnang) 寄

གཡར་ - གཡར་ - གཡར་ (g-yar-g-yar-g-yar) 借：གཡར་ཞུ་ (g-yar zhu) 求借

གཟིགས་ - གཟིགས་ - གཟིགས་ (gzigs-gzigs-gzigs) 观看：གཟིགས་འབུལ་ (gzigs vbul)（汇报）演出（拉萨话谦语用 གཟིགས་འབུལ་ཞུ་ (gzigs vbul zhu)）

应该说，V$_{(PST)}$ + HV 类型数量不多，其原因可能有二：常用词中已产生一批单音节敬语词，与非敬语词相对应；该格式要求动词用过去时形式，造成语用上的限制。这种结构中的敬语语素并未创造词项本体意义上的价值，因此往往容易去语义化而逐渐转变为词缀性质的语素，不妨归入派生动词敬语词。

5.6.2.2 N+HV（名词+动词敬语词）

ཕྱག་ (phyag)手：ཕྱག་བཞེས་ (phyag bzhes)接受（< ཕྱག་ལེན་ (phyag len)执行）

ཕྱག་ (phyag)手：ཕྱག་འབུལ་ (phyag vbul)致礼，鞠躬（< གུས་འདུད་ (gus vdud)）

ཕྱག་ (phyag)手：ཕྱག་འབུལ་ (phyag vbul)顶礼，敬礼（< ལག་པའི་གུས་འདུད་ (lag pavi gus vdud)）

ངོ་ (ngo)脸：ངོ་འབུལ་ (ngo vbul)面呈（< ལག་སྤྲོད་ (lag sprod)）

གཞུང་ (gzhung)公家：གཞུང་བཞེས་ (gzhung bzhes)没收（< གཞུང་ལེན་ (gzhung len)）

རྒྱུགས་ (rgyugs)考试：རྒྱུགས་བཞེས་ (rgyugs bzhes)考试，测验（< རྒྱུགས་ལེན་ (rgyugs len)）

སྟབས་ (stabs)机会：སྟབས་གསོལ་ (stabs gsol)问安，乘便启白

ལྷ་ (lha)神：ལྷ་གསོལ་ (lha gsol)祭神，敬神

སྤྱན་ (spyan)眼睛：སྤྱན་འབུལ་/སྤྱན་ཞུ་ (spyan vbul /spyan zhu)送审

ཆུ་ (chu)水：ཆབ་བཞེས་ (chab bzhes)提水（< ཆུ་ལེན་ (chu len)）

སྡེབ་ (sdeb)（成）批：སྡེབ་བཞེས་ (sdeb bzhes)一并取出（< སྡེབ་བླངས་ (sdeb blangs)）

རྩིས་ (rtsis)作数：རྩིས་འབུལ་ (rtsis vbul)交代（< རྩིས་སྤྲོད་ (rtsis sprod)）

འོས་ (vos)合适：འོས་འབུལ་ (vos vbul)提名（< འོས་ཐོ་སྤྲོད་ (vos tho sprod)）

མངའ་ (mngav)领土：མངའ་གསོལ་ (mngav gsol)封赐，称赞

ཞུགས་ (zhugs)火：ཞུགས་འབུལ་ (zhugs vbul)火葬（<སྐུ་གདུང་ཞུགས་འབུལ་ (sku gdung zhugs vbul)）

这类结构数量很多，不少都是临时组合。由于前后两个语素合成造成新的词义，我们认为可以归为复合动词。值得注意的是，这个结构中的 N 可以是非名词敬语词也可以是名词敬语词，由于动词语素采用了敬语形式，因此无论是哪类名词，都不影响动词整体的敬语性质。反过来，也有动词采用非敬语形式，而名词用敬语形式，这样的组合同样造成敬语动词。例如：

འཆོལ་ - བཅོལ་ - བཅོལ་ (vchol-bcol-bcol) 委托: བློ་བཅོལ་ (blo bcol)→ ཐུགས་བཅོལ་ (thugs bcol)相信，依赖（名词转用敬语）

གཅུ་ - གཅུ་ - གཅུས་ (gcu-gcu-gcus) 转：ཁ་གཅུ་ (kha gcu) → ཞལ་གཅུ་ (zhal gcu)转过头（名词转用敬语）

གཏོང་ - གཏང་ - བཏང་ (gtong-gtang-btang) 给予：ཁ་གཏོང་ (kha gtong) → ཞལ་གཏོང་ (zhal gtong)背后议论（名词转用敬语）

སྒུར་ - བསྒུར་ - བསྒུར་ (sgur-bsgur-bsgur) 低[头]：མགོ་སྒུར་ (mgo sgur) → དབུ་སྒུར་ (dbu sgur)俯首，屈服（名词转用敬语）

འཕུར་ - འཕུར་ - ཕུར་ (vphur-vphur-phur) 挠(痒)：མགོ་འཕུར་ (mgo vphur) → དབུ་འཕུར་ (dbu vphur)挠头（名词转用敬语）/ → དབུ་འབྲད་ (dbu vbrad)挠头

总的来看，动词敬语词结构中凡包含了敬语语素，无论它是名词还是动词语素，都作为动词敬语词看待，甚至名词和动词语素都采用敬语形式

也是常见的，也就是说，动词敬语词的构成相对开放，符合带敬语语素条件即可。

འདོགས་ - གདགས་ - བཏགས་ (vdogs-gdags-btags)$_{\text{非敬}}$取名/གསོལ་ (gsol)$_{\text{敬}}$请求：མིང་འདོགས་ (ming vdogs) → མཚན་གསོལ་ (mtshan gsol)取名，授予称号

བསིལ་ - བསིལ་ - བསིལ་ (bsil-bsil-bsil)$_{\text{敬}}$洗：ལག་པ་བཀྲུས་ (lag pa bkrus) → ཕྱག་བསིལ་ (phyag$_{\text{敬}}$ bsil)$_{\text{敬}}$洗手

可能 བསིལ་ (bsil)作为敬语动词词源上不可知，因此有人直接类推产生 ཕྱག་བསིལ་གནང་ (phyag bsil gnang)。

5.6.2.3 $V_{(PRES)}$+pa/ba+HV（动词现在时词形+名词化词缀+动词敬语词）

以下藏语动词按照现在时、未来时、过去时顺序排列，可观察该结构所使用的是现在时形式。不过，有些动词现在时跟未来时同形，甚至三个时态形式同形，应予注意。

འབྲི་ - བྲི་ - བྲིས་ (vbri-bri-bris)写：འབྲི་བ་གནང་ (vbri ba gnang)写

བཟོ་ - བཟོ་ - བཟོས་ (bzo-bzo-bzos)制造：བཟོ་བ་གནང་ (bzo ba gnang)制造

དྲག་ - དྲག་ - དྲག་ (drag-drag-drag)病愈：དྲག་པ་གནང་ (drag pa gnang)痊愈

ཞུ་ - ཞུ་ - ཞུས་ (zhu-zhu-zhus)做，进行：ཞུ་བ་འབུལ་ (zhu ba vbul)申请，申诉（谦）（< ཞུ་གཏུག་བྱེད་ (zhu gtug byed)）

སློབ་ - བསླབ་ - བསླབས་ (slob-bslab-bslabs)学，教：སློབ་པ་གནང་ (slob pa gnang)学，教

འབབ་ - འབབ་ - བབ་ (vbab-vbab-bab)降，落：འབབ་པ་གནང་ (vbab pa gnang)降下

འདོགས་ - གདགས་ - བཏགས་ (vdogs-gdags-btags)拴：འདོགས་པ་གནང་ (vdogs pa gnang)拴起来

འདོན་ - གདོན་ - བཏོན་ (vdon-gdon-bton)取出：འདོན་པ་གནང་ (vdon pa gnang)取出

གཏོང་ - གཏང་ - བཏང་ (gtong-gtang-btang)派遣，给予：གཏོང་བ་གནང་ (gtong ba gnang)派遣，给予

དགོངས་ - དགོངས་ - དགོངས་ (dgongs- dgongs- dgongs)想，思考：

དགོངས་པ་དཀྲུག་ (dgongs pa dkrug)<谦>得罪，使生气

དགོངས་པ་འགལ་ (dgongs pa vgal) <谦>恼怒，生气

དགོངས་པ་དྭངས་ (dgongs pa dwangs)<不自主敬>消[了]气，原谅

དགོངས་པ་བཞེས་ (dgongs pa bzhes) <敬>思考，考虑

这种结构跟 5.6.2.1 的结构有本质上的不同。$V_{(PRES)}$+pa/ba 实际是名词化结构，使动词指称化和名词化。这种结构大多也是临时产生的，而且跟非敬语形式形成对应性。例如： shes pa<神智> vthibs<遮蔽>心智不明，ཤེས་པ་བྱེད་ (shes pa byed)了解。观察以下例句的句法成分。

5-29 རྒད་མོ་ཝང་གིས་མང་པོ་ཆད་མི་འདུག་བྲེལ་བ་གནང་མི་ དགོས། རྗེས་སུ་རྩིས་བརྒྱབ་ན་འགྲིག་"ཅེས་བཤད།

rgad-mo-wang_gis " mang-po chad mi_vdug.　brel_ba-gnang

王婆_AG　　　多　　处罚 NEG_ASP 急_NMZ-HON

mi-dgos.　rjes-su rtsis-brgyab na vgrig " ces-bshad.

NEG-必要 以后　计算　　若 合适　说

王婆道：“不多，由他，歇些时却算。”（《水浒传》）

5-30 བཞེས་ཐག་བཞེས་པ་མ་གནང་།

bzhes-thag bzhes-pa ma-gnang.

香烟　　吸　　NEG-HON

请勿吸烟！

5.6.2.4 NP+HV（双音节名词+动词敬语词）

NP+HV 结构动词敬语词基本都是复合动词。鉴于第 6 章会全面讨论复合动词，这里仅作简单介绍。实际上，NP+HV 结构的 NP 也并非都是名词，可称为 XP，还有形容词、动词和其他词类，但主要是名词。具体分析起来，NP+HV 内部结构可能是$\{N+V\}_V$+HV，也可能是$\{N+V\}_N$+HV。例如 ཕྱག་འཚལ་ (phyag vtshal)“磕头，膜拜”是普通双音节动词，拉萨话读作[tɕha^{53} tshɛ^{55}]，两音节之间略有停顿；但是，如果读作[tɕhaŋ^{55} tshɛ^{53}]，音节之间连读，首音节重读，则是名词。

多音节动词敬语词可理解为非敬语动语素替换为敬语素而成，只是名词部分也有择词交替现象，下例“帮助”即如此。例如：

རོགས་རམ་བྱེད་ (rogs ram byed) → ཕྱག་རོགས་གནང་ (phyag rogs gnang) 帮助

རོགས་རམ་བྱེད་ (rogs ram byed) → རོགས་རམ་གནང་ (rogs ram gnang) 帮助

བཤད་སྐྱོར་རྒྱག་ (bshad skyor rgyag) → གསུང་སྐྱོར་གནང་/སྐྱོན (gsung skyor gnang/skyon) 重述

ལས་ཀ་བྱས་ (las ka byas) → ཕྱག་ལས་གནང་ (phyag las gnang) 工作

སློབ་སྦྱོང་བྱེད་ (slob sbyong byed) → སློབ་སྦྱོང་གནང་ (slob sbyong gnang) 学习

ངལ་གསོལ་རྒྱག་ (ngal gsol rgyag) → ངལ་གསོལ་ (ngal gsol skyon) 休息

也可以是在双音节动词后添加动词敬语素而成，例如：

འཚལ་ (vtshal) → ཕྱག་འཚལ་གནང་ (phyag vtshal gnang) 磕头

འགུག་ (vgug) → བཀར་འགུགས་གནང་ (bkar vgugs gnang) 召集

དྲན་ (dran) → ཐུགས་དྲན་གནང་ (thugs dran gnang) 回忆

ཀློག་ (klog) → ལྗགས་ཀློག་གནང་ (ljags klog gnang) 念

སྒུག་ (sgug) → ཕེབས་སྒུག་གནང་ (phebs sgug gnang) 等候

ལང་ (lang) → སྐུ་བཞེངས་གནང་ (sku bzhengs gnang) 起来

སྒུག་ (sgug) → ཕེབས་སྒུག་ཞུས་ (sgug zhus) 等待

རྒན་འརྒྱབ་ (rgan vrgyab) → གསུང་བ་སྐྱོན་ (gsung ba skyon) 喊叫

ལངས་ (langs) → སྐུ་བཞེངས་གནང་ (sku bzhengs gnang) 起来

ཁས་ལེན་ (khas len) → ཞལ་བཞེས་ (zhal bzhes) 承诺

བརྗེད་ (brjed) → ཐུགས་བསྙེལ་ (thugs bsnyel)$_{(v)}$ 忘记

དགའ་ (dgav) → ཐུགས་མཉེས་ (thugs mnyes)$_{(v)}$ 高兴

NP 为派生词的，例如：

གཡར་པོ་གནང་ (g-yar po gnang)<V 敬> 借给

གཡར་པོ་ཞུ་ (g-yar po zhu)<V 谦> 借来

གཡར་པོ་འབུལ་ (g-yar po vbul)<V 谦> 借出

གཟིགས་མོ་འབུལ་ (gzigs mo<N 敬> vbul) <V 敬> 演出

敬语词自身也在不断优化或简化，例如丢掉首音节敬语形式：

བཀའ་གྲོས་གནང་ (bkav gros gnang) → གྲོས་གནང་ (gros gnang) 商议

ཐུགས་དྲན་གནང་ (thugs dran gnang) → དྲན་གནང་ (dran gnang) 想一下

བསམ་བློ་བཏང་ (bsam blo btang) → གཏོངས་བཞེས་ (gtongs bzhes) 考虑

关于动词敬语词，最重要的原则是临时性，大多数词都是临时产生的，目前随着敬语用法的复杂化，人们已经逐步将敬语词收入词典，这也是规范化的要求。而动词敬语词最基本的词法原则是：只要词中存在敬语语素，无论名词语素还是动词语素，该结构都可称为敬语词。

最后提及动词敬语词的否定形式，通常情况下，否定词置于敬语动词语素之前，实际是短语形式。例如：

འཛེམས་བྱེད་ (vdzems byed)讲客气

→ ཐུགས་འཛེམས་མ་གནང་ (thugs vdzems ma gnang)不要客气！

སྐྱག་རྫུན་བཤད་ (skyag rdzun bshad)撒谎

→ ཞལ་རྫུན་མ་གནང་ (zhal rdzun ma gnang)不要撒谎！

5.7 动词的重叠和重复

沃尔曼（Vollmann 2009）认为藏语动词缺少重叠形式与两个因素相关。一是词与词的组合模式一般产生名词或者形容词（参见第 4 章），二是动词重叠往往是句法性的而非词法性的。[1]这与我们观察到的现象基本吻合。

---

① 参看 Vollmann, R. 2009. Reduplication in Tibetan. *Grazer Linguistische Studien*,*71*, 115-134.

5.7.1　动词句法性重复

诚如上文所述，藏语动词基本特征是单音节性的，即单音节动词。单音节动词在句法中常会衍生出各类重复现象，有些重复跟其他词语结合形成一些固定的结构，有些则只是句法结构上的表达方式，包括强调或凸显。

5.7.1.1　动词的句法重复

李钟霖（1982）认为：为了强调指出某一动作的持续不断、动作状态和进行的程度，可以把单音节的动词重叠起来使用。王会银（1988）认为动词重复表示动作行为的经常性。

单音动词重复两次或三次词义不变，但增加了附加意义，表示动作反复持续。例如：

5-31 ཕྲུ་གུ་དེ་མཚན་ནག་དགུང་ལ་ ངུ་ངུ་པ་རེད།།

phru-gu de mtshan-nag dgung_la　ngu ngu_pa-red.

孩子　那 黑夜　里_LOC　哭　哭_ASP

那孩子夜里常哭。（王会银）

5-32 ངས་བལྟས་བལྟས་ནས་ གསལ་པོ་མཐོང་བྱུང་།།

ngas　bltas bltas nas　gsal-po mthong_byung.

我_AG　看　看　之后　清楚　看见_ASP

我反复看才看清楚。（王会银）

5-33 ཁོས་དཀའ་ལས་བརྒྱབ་བརྒྱབ་བྱས་ཁང་མིག་གསུམ་བརྒྱབ་ཐུབ་ཚམ་བྱུང་པ་རེད།།

khos　dkav-las brgyab-brgyab-byas khang-mig gsum

他_AG　劳苦　费力地　房子 间　三

brgyab-thub tsham byung_pa-red.

建　能　稍　发生_ASP

他辛辛苦苦地勉强盖起了三间房。（周季文，谢后芳）

5-34 ཁོས་ཕྱིན་ཕྱིན་ཕྱིན་བྱས་ཉི་མ་རྒས་ དུས་ ནང་ལ་སླེབས་པ་རེད།།

khos　phyin phyin phyin　byas　nyi-ma rgas-dus

他_AG 走走走　之后 太阳　降落时候

nang_la　slebs_pa-red.

家_LOC 到达_ASP

他走呀走呀，日落的时候才回到家。（王会银）

5-35 མི་འགའ་ཞིག་ཁྱིམ་ལ་ སྡོད་མི་ཚུགས་པར་ཕྱི་རོལ་དུ་ཉིན་ལྟར་འཁྱམས་འཁྱམས་པ།།

mi vgav-zhig khyim_la sdod-mi-tshugs-par phyi-rol_du

人 一些　家_LOC 留-NEG-停　外面_LOC

nyin-ltar vkhyams vkhyams pa.

成天 流浪 流浪

有些人不爱留在家里，成天总是在外面乱跑。（《藏汉大辞典》）

5-36 འཁོར་འཁོར་བར་ སྐོར་ཚོང་ཁང་བརྒྱ་ཕྲག་ཏུ་ གང་གང་མཁོ་བའི་ སྣ་ཚོགས་ཚོང་ཟོག་ཁེངས།།

vkhor-vkhor_ba_r skor tshong-khang brgya-phrag_tu,

转圈_NMZ_LY 巡回 商店 成百_LOC

gang-gang mkho-ba_vi sna-tshogs tshong-zog khengs.

任何 必须_GEN 各种 商品 充满

巡看商场百千家，店店百货盈货架。（李钟霖）

这些表达都是典型的句法性重复，也蕴含了动作反复和持续的体貌意义。

5.7.1.2 动词重复构成的固定结构

重复的动词经常与某些附加成分搭配构成固定句法结构，语义上带有附加成分增加的意义（王会银 1988）。[①]

（1）V1(现)+gin+V1+gin+V2（byed、byas）

结构中的gin……gin……表示“边……边……”意思，gin也写作givi、kyin/kyivi、bzhin，表示两个动作同时进行。

5-37 དངུལ་མོ་མཚོས་ལྷད་མ་རྒྱག་གིན་རྒྱག་གིན་སེམས་སྡུག་

dngul-mo-mtsho_s lhad-ma rgyag-gin-rgyag-gin sems sdug

悦莫错_AG 辫子 做_COO 做_COO 伤心

悦莫错边编着辫子边暗自伤心。

5-38 བོང་བུ་རིལ་གྱིན་རིལ་གྱིན་རིལ་ གྲབས་རིལ་གྲབས་དང་ཡུན་རིང་འགོར།།

bong-bu ril-gyin-ril-gyin ril-grabs-ril grabs ngang yun ring vgor.

驴 滚_COO 滚_COO 滚 临近 滚 临近……地 长时间 耽搁

驴一边滚一边靠近，耽搁了很多时间。

5-39 ཞིང་པ་ཚོས་ཞིང་ཁའི་ནང་ལ་ ལས་ཀ་བྱེད་ཀྱིན་བྱེད་ཀྱིན་གཞས་གཏོང་གི་ཡོའོ་རེད།།

zhing-pa_tsho_s zhing-kha_vi nang_la las-ka-byed

农民_PL_AG 田里_GEN 里_LOC 工作

kyin-byed-kyin-gzhas-gtong gi-yovo-red.

边 做 边 歌 做_ASP

农民们在田里干着干着唱起来了。

① 本节主要根据周季文、谢后芳（2003），胡坦、索南卓噶、罗秉芬（1999）以及王会银（1988）撰写。

（2）V1（现）+gin+V1+gin+la+V2

较之上一个结构，此处增加了一个句法词 ལ་ (la)，表示前一个动作之后再发生下一个动作。例如：

5-40 ཁོ་ཚོ་གསུམ་པོས་རྩོད་པ་རྒྱག་གིན་རྒྱག་གིན་ལ་ ཡ་ རྒྱག་རེས་ཤོར་པ་རེད།

kho_tsho gsum-po_s rtsod-pa rgyag-gin-rgyag-gin_la

他们_PL 三个_AG 争论 做 边 做 边_LY

ya rgyag-res-shor_pa-red.

语气 打架-相互_ASP

他们三个争论着争论着就打起来了。（胡坦等）

5-41 ཁོང་ཁ་བརྡ་གློད་ཀྱིའི་གློད་ཀྱིའི་ལ་གཉིད་ཁུག་སོང་།

khong kha-brda glod kyivi glod kyivi-la gnyid-khug_song.

他 话语 聊天 睡着_ASP

他聊着聊着天就睡着了。（王会银）

5-42 ཁོ་ལམ་དུ་ འགྲོ་བཞིན་འགྲོ་བཞིན་བསམ་བློ་གྱུར་ནས་ཕྱིར་ལོག།

kho lam_du vgro bzhin vgro bzhin bsam-blo gyur nas phyir log.

他 路_LOC 走 边 走 边 想法 变 后 去 返

他一路走着走着思想变了卦回去了。

查检早期文献，我们发现同时性动作的表示方法早在《米拉日巴传》就已出现，例如：

5-43 ཁྱོད་ཚོ་སྒུར་ཅིག་སྒུར་ཅིག་ཟེར་ཞིང་འོངས་འདུག་པ་ལ།

khyod_tsho sgur cig sgur cig zer zhing vongs vdug_pa_la.

你们_PL 屈就 屈就 说 并且 来 等_ASP_IMP

“你们好好等着吧！等着吧！”（说完他便走了）

（3）V1（现）+tsam+V1+tsam+byed

这个结构表示轻微、短暂的动作，有时候表“勉强”义。

5-44 ཁོང་གིས་རང་གི་ དུག་ལོག་འཐེན་ཙམ་འཐེན་ཙམ་བྱེད་ཀྱི་འདུག།

khong_gis rang_gi dug-log vthen tsam vthen tsam-byed_kyi-vdug.

他_AG 自己_GEN 衣裳 抻 一点 抻 一点 做_ASP

他抻了抻自己的衣服。（王会银）

5-45 ངས་ཚོགས་འདུར་འགྲོ་ཙམ་འགྲོ་ཙམ་བྱས་པ་ཡིན།

nga_s tshogs-vdu_r vgro tsam vgro tsam-byas_pa-yin.

我_AG 会议_LOC 走 一点 走 一点 做_ASP

我勉强去开了个会。（王会银）

（4）V1（现未）+da+V1

该结构附加对动作表示肯定的语气，语气较强。据王会银（1988），此处 da 还可以替换为 rgyu，只是书面化一些。

5-46 བྱ་ལ་གཤོག་པ་འདུག་གས།།　བྱ་ལ་གཤོག་པ་ཡོད་ད་ཡོད།།

bya_la　gshog-pa vdug_gas. bya_la　gshog-pa yod-da-yod.

鸟_POS 翅膀　　有_INT　鸟_POS 翅膀　　当然有

鸟有翅膀吗？鸟当然有翅膀。（王会银）

5-47 ལས་ཀ་ཚར་ད་ ཚར་སོང་། ཡིན་ནའི་དུས་ཐོག་ལ་ཚར་ མ་ སོང་།།

las-ka tshar da　tshar-song. yin-navi dus-thog-la-tshar-ma_song.

工作　完 倒是 完_ASP　　但是　　准时_LOC 做完-NEG_ASP

活儿干倒是干完了，但是没有按时完成。（胡坦等）

5-48 ལས་ཀ་འདི་ཁོང་གིས་བྱེད་ཐུབ་རྒྱུ་ཐུབ་ཀྱི་རེད།། ཡིན་ནའི་ཞེ་དྲགས་བྱེད་མྱོང་ཡོག་མ་རེད།།

las-ka vdi khong-gis byed thub rgyu thub_kyi-red.

工作 这 他_AG　　做　能　倒是 能_ASP

yin-navi zhe-drags byed myong yog-ma-red.

但是　　很　　　　做　经验　有-NEG_ASP

这种工作他倒是能做，但是没有经验。（王会银）

（5）V+V+pa/ba+byed/bsdad

这个结构是藏语常用结构，动词用过去时形式，表示“专门，老是/惯常……”的意思，并含有动作的持续状态意义，例如，

5-49 དབྱར་ཁའི་གུང་སངས་ནང་ལ་ ངས་ ག་པར་ཡའི་མ་ ཕྱིན་ནང་ལ་ ད་གཱ་སེ་བསྡད་བསྡད་པ་བྱས་པ་ཡིན།།

dbyar-kha_vi gung-sangs nang_la　nga_s　ga-par yavi ma-phyin

夏天_GEN　假期　　　　里_LOC 我_AG 哪里　也 NEG 去

nang_la　da-gaa-se bsdad-bsdad-pa-byas_pa-yin.

家_LOC　随意地　驻留　　　　　做_ASP

暑假我哪儿都没去，就这么待在家里。（周季文、谢后芳）

5-50 དཔེ་ཆ་བལྟས་བལྟས་པ་བསྡད་ཀྱི་ཡོག་རེད།།

dpe-cha bltas-bltas_pa bsdad_kyi-yog-red.

书　　看_NMZ　　呆着_ASP

老是在看书。（胡坦等）

再如：བསྒུགས་བསྒུགས་པ་བྱེད་ (bsgugs bsgugs pa byed)专门等候；བཟས་བཟས་པ་བྱེད་ (bzas bzas pa byed)老吃着。

（6）V+la ma+V+byed

该结构中的 V 是自主动词，表示“想……又不……”意思。周季文、谢后芳（2003）认为这类结构可以看作重叠动词加中附成分构成，例如：

ཁོང་གིས་ཤོད་ལ་མ་ཤོད་བྱེད་ཀྱིས།། (khong gis shod la ma shod byed kyis.) 他想说又不说。

འགྲོ་ལ་མ་འགྲོ་བྱེད།། (vgro la ma vgro byed.) 想走又不走。

འཐུང་ལ་མ་འཐུང་བྱེད་ (vthung la ma vthung byed) 想喝又不喝。

（7）V+la ma+V+byed / chags，其中的 V 是不自主动词，表示“半……不……”的意思。

5-51 ང་ཤི་ལ་མ་ཤི་ཆགས།། ངའི་མགོ་དང་གདོང་ལ་རྨ་བཟོས་ནས་སྐྲངས་ཡོག་རེད།།

nga shi-la-ma-shi chags. nga_vi mgo dang gdong_la rma-bzos nas

我 死-NEG-死 产生 我_GEN 头 和 脸_LOC 受伤 之后

skrangs_yog-red.

肿_ASP

弄得我半死不活，我的头和脸都受了伤，肿起来了。（周季文、谢后芳）

再如：ཤེས་ལ་མ་ཤེས་བྱེད།། (shes la ma shes byed.) 弄成似懂非懂。ཚོས་ལ་མ་ཚོས་བྱེད།། (tshos la ma tshos byed.) 弄得半生不熟。

（8）ma / mi +V+V+mdog+byed

该结构不自主动词重叠时前后分别添加否定词和附加成分，并用动词语素统合构成整体结构，表示“不……装……”。例如：

5-52 ང་ཚོས་སློབ་སྦྱོང་ག་རེ་བྱས་ནའི། མ་ཤེས་ཤེས་མདོག་བྱེད་རྒྱུ་ ཡོག་མ་རེད།།

nga_tsho-s slob-sbyong-ga-re-byas navi, ma-shes-shes-mdog-byed_

我_PL-AG 学习 什么 无论 NEG-懂 做_

rgyu_yog-ma-red.

NMZ_ASP

我们无论学习什么，都不要不懂装懂。（周季文、谢后芳）

5-53 ལམ་ཁྲིད་མཁན་གྱིས་མ་ཤེས་ཤེས་མདོག་བྱས་ནས་ཁྲིད་བྱས་ང་ཚོ་ལམ་ནོར་ཐེབས་པ་རེད།།

lam-khrid-mkhan_gyis ma-shes-shes-mdog-byas nas khrid-byas

向导_AG NEG 懂 做 并 指引

nga-tsho lam nor thebs_pa-red.

我们 路 错 落_ASP

向导不懂装懂，结果我们迷路了。（胡坦等）

再如，མ་དགའ་དགའ་མདོག་བྱེད་ (ma dgav dgav mdog byed) 不高兴装高兴；མ་སྡུག་སྡུག་མདོག་བྱེད་ (ma sdug sdug mdog byed) 不难过装难过。

（9）ma / mi +V+dgu+V+byed

该结构可用自主和不自主现在时形式动词，动词前用否定词，重叠动词之间添加 dgu“多，各式”，最后加上动词语素 byed 统合，表示“胡……乱……”之意。

5-54 བུ་དེས་མི་བྱེད་དགུ་བྱེད་བྱས་ནས་དུག་ལོག་ཀྲབ་པོ་ལས་མ་གོན་ཚང་དེ་རིང་ཆམ་པ་བརྒྱབ་ཤག།

bu de_s mi-byed-dgu-byed_byas-nas dug-log krab-po las

孩子 那_AG 乱做_LY 衣服 单薄 做

ma gon tsang de-ring cham-pa-brgyab-shag.

NEG 穿 所以 今天 感冒-语气词

那个男孩子胡来，只穿很薄的衣服，今天感冒了。（胡坦等）

类似的还有：མ་ཤོད་དགུ་ཤོད་བྱེད། (ma shod dgu shod byed) 胡说乱说，མི་བྱེད་དགུ་བྱེད། (mi byed dgu byed) 乱做，མ་མཐོང་དགུ་མཐོང་མཐོང་པ་རེད། (ma mthong dgu mthong mthong pa red) 不想看见的偏偏看见了，མ་ཤོར་དགུ་ཤོར་ཤོར་སོང་། (ma shor dgu shor shor song) 不知怎么的就输了。

5.7.2 动词重叠构成的名词结构

动词重叠的真正词法价值是造成名词或形容词，或者造成构词用的名词性重叠语素，这类变化也可称为名词化[①]。例如：འཁོར་ (vkhor)<V>循环，转动，重叠后构成名词，འཁོར་འཁོར་ (vkhor vkhor)<N>巡回，围绕，环行。མཁེན་ (mkhen)知道，理解，མཁེན་མཁེན་ (mkhen mkhen)洞察，明鉴。འགུལ་ (vgul)摇动，震动，འགུལ་འགུལ་ (vgul vgul)摇摇晃晃。ཚོག་ (tshog)可以，能够，ཚོག་ཚོག་ (tshog tshog)可行，就绪。

5.7.2.1 重叠动词的受限性

单音节动词重叠后构成的名词大多并不独立使用，往往作为现代三音节动词的构词语素。例如，གཟབ་ (gzab)殷勤对待，གཟབ་གཟབ་ (gzab gzab)谨慎，慎重，གཟབ་གཟབ་བྱེད་ (gzab gzab byed)小心，留意。

5-55 ལམ་འཕྲང་དོག་སར་ འགྲོ་དུས་གཟབ་གཟབ་བྱེད་དགོས།

lam-vphrang dog-sa_r vgro dus gzab-gzab-byed dgos.

路 狭窄 狭处_LOC 走 时 谨慎 要

行路狭窄，需要谨慎。

① 参看江荻 2019 藏语的重叠，《东方语言学》第 18 辑，上海教育出版社。

有些重叠式虽然收入词典，但实际应用仍然作为构词成分，例如《藏汉大辞典》和《格西曲扎藏文辞典》都收入了 འབད་འབད་ (vbad vbad)黾勉，精进，来自 འབད་ (vbad)勤奋，努力，但通常总是构成三音节动词 འབད་འབད་བྱེད་ (vbad vbad byed)使用。

5-56 ཉིན་མཚན་ཀུན་ཏུ་ སློབ་སྦྱོང་འབད་འབད་བྱེད་པ།།

nyin-mtshan kun_tu　slob-sbyong vbad-vbad-byed_pa.

昼夜　全部_LOC　学习　努力-做_NMZ

孜孜于学，不舍昼夜。（《藏汉大辞典》）

部分重叠动词采用过去时（完成体）形式，词义上有细微差别。例如，ཤོད་ (shod)说，谈，过去时形式是 བཤད་ (bshad)，构成三音节动词 བཤད་བཤད་གཏོང་ (bshad bshad gtong)责备，骂，申斥，谴责。再如，གཅོག་ (gcog)打破，砸碎，过去时是 བཅག་ (bcag)，重叠式是 བཅག་བཅག་ (bcag bcag)拍打，手拍脚踩，三音节动词是 བཅག་བཅག་གཏོང་ (bcag bcag gtong)按，摁[结实]，砸[结实]。འཚབ་ (vtshab)匆忙，赔偿，འཚབ་འཚབ་བྱེད་ (vtshab vtshab byed)心急，急忙，仓促。

5-57 རྟ་མ་བཞོན་གོང་ནས་ སྒ་ལ་ བཅག་བཅག་གནང་དང་།།

rta-ma bzhon gong_nas　sga_la　bcag-bcag-gnang_dang.

马　骑　上面_LOC　鞍_OBJ　拍_IND

骑马之前拍拍鞍。

5-58 སྔོན་ཚུད་ནས་ གྲ་སྒྲིག་བྱས་ཡོད་ན་སྐབས་འཕྲལ་དུ་ འཚབ་འཚབ་བྱེད་མི་དགོས།།

sngon-tshud_nas gra-sgrig-byas_yod na

预先_LOC　安排_ASP　若

skabs-vphral_du vtshab-vtshab-byed mi　dgos.

立刻_LY　匆忙　NEG 会

事前有准备，临时就不会急急忙忙。

从结构上看，动词重叠所构成的名词性结构实际上是动词复合词的类型之一（参见第 6 章），即两个单音节动词或词根结合，特殊之处是大多不能独立使用，主要用于构成三音节动词。例如 ཀྲོག་ཀྲོག་ (krog krog)<N> 炫耀，ཀྲོག་ཀྲོག་བྱེད་ (krog krog byed)<V> 卖弄，炫耀。

ཚོད་ཚོད་བྱེད་	tshod tshod byed	猜测，揣测
འཕུར་འཕུར་བྱེད་	vphur vphur byed	揉搓，摩擦
ཙོག་ཙོག་བཟོ་	tsog tsog bzo	使凸起，使耸
རྡབ་རྡབ་བྱེད་	rdab rdab byed	掸，拍打
སྤུག་སྤུག་བྱེད་	spug spug byed	拽，挣
རུབ་རུབ་བྱེད་	rub rub byed	集合，聚集

རྫིག་རྫིག་བྱེད་	rdzig rdzig byed	吓唬，威胁
བྲད་བྲད་བྱེད་	brad brad byed	挠，搔
ཕིག་ཕིག་བྱེད་	phig phig byed	不稳重，轻佻
ཀྲོག་ཀྲོག་བྱེད་	krog krog byed	卖弄，炫耀
གཏན་གཏན་བྱེད་	gtan gtan byed	小心，留神
གུག་གུག་བྱེད་	gug gug byed	弯着[身子]
དགྱེ་དགྱེ་བྱེད་	dgye dgye byed	仰，往后仰
ཀྱོག་ཀྱོག་བྱེད་	kyog kyog byed	弄歪

《藏语拉萨口语词典》收入不少三音节动词，例如：ཧྲིབ་ཧྲིབ་བྱེད་ (hrib hrib byed)耀[眼]，闪烁，来自 ཧྲིབ་ཧྲིབ་ (hrib hrib)模糊；གཡུག་གཡུག་བྱེད་ (g-yug g-yug byed)甩动，摆动，挥动，来自 གཡུག་ (g-yug)甩动，挥舞。但是，我们注意到有些词除了三音节形式外，既无双音节形式也无单音节形式，也可以说我们不知它的本源所出。例如：སྤུག་སྤུག་བྱེད་ (spug spug byed)拽，挣，不仅如此，在其他几本词典里我们也找不到它的单双音节形式踪影。རྫིག་རྫིག་བྱེད་ (rdzig rdzig byed)吓唬，威胁，它的双音节形式收入《藏汉大辞典》，但未见单音节形式。这类现象并不在少数。

有部分词的词根现在一般认为是形容词，但很可能曾经是不自主动词。例如：དབྲིལ་དབྲིལ་བཟོ་ (dbril dbril bzo)<V>卷起来，弄圆，来自形容词 དབྲིལ་དབྲིལ་ (dbril dbril)<ADJ>球形的，又来自于动词 དབྲིལ་ (dbril)<V>滚动。སྐྱིད་སྐྱིད་གཏོང་ (skyid skyid gtong)游玩，词根来自 སྐྱིད་པོ་ (skyid po)<ADJ>舒服，可能先造成双音节名词 སྐྱིད་སྐྱིད་ (skyid skyid)<N>愉快，舒服，再产生三音节动词。

ལྷུག་ལྷུག་བྱེད་ (lhug lhug byed)	ལྷུག་པོ་ (lhug po)	搞松
ལྷོད་ལྷོད་བྱེད་ (lhod lhod byed)	ལྷོད་པོ་ (lhod po)	从容，冷静
ལྷབ་ལྷབ་བྱེད་ (lhab lhab byed)	ལྷུབ་ལྷབ་ (lhub lhab)	飘荡，飘摇
ལེབ་ལེབ་བྱེད་ (leb leb byed)	ལེབ་ལེབ་ (leb leb)	扁[了]
ཧྲལ་ཧྲལ་བཟོ་ (hral hral bzo)	ཧྲལ་པོ་ (hral po)	弄稀疏
སྡག་སྡག་ཁེངས་ (sdag sdag khengs)	སྡག་སྡག་ (sdag sdag)	挤满，压满
ཞིབ་ཞིབ་བཟོ་ (zhib zhib bzo)	ཞིབ་པོ་ (zhib po)	研碎，研细

5.7.2.2 重叠动词的句法功能

动词重叠作名词通常还会带来其他变化，有些会带名词化标记，读音上也可能发生变化。

（1）V（PST）+V（PST）+pa

这类格式中，V+V 连读，词缀 pa 读轻声，V+V+pa 转指动作施加的结果事物或行为。例如：

5-59 བཏང་ཡིག་དེ་ཀུན་དགས་ ཁས་ས་ནས་བྲིས་བྲིས་པ་རེད།།

btang-yig de kun-dga_s　khas-sa nas <u>bris-bris pa</u>-red.

书信　　那 贡嘎_AG　昨天　　　写(PST)_NMZ 是

那封信是贡嘎昨天就写好了的。

5-60 ཁ་ལག་བཟོས་བཟོས་པ་ཡོད་ན་ང་ལམ་སང་ཏོག་ཙམ་བཟའ་གི་ཡིན།།

kha-lag <u>bzos bzos pa</u>　yod na nga lam-sang tog-tsam bzav_gi-yin.

饭　　做(PST)_NMZ 有 若 我 马上　　一点　吃　_ASP

如果有做好的饭，我马上吃一点。（王会银，1988）

句（5-59）bris bris pa 作谓语（表语），句（5-60）bzos bzos pa 显然是重叠动词名词化的短语做修饰语。重叠过去时动词表示已存在的事物，名词化以后保留动词原来的含义，但表示已经实现的动作及其结果。

5-61 ངའི་ ཡི་གེ་འདི་བྲིས་བྲིས་པ་ ཡིན།།

nga_vi　yi-ge　vdi　bris-bris_pa-yin.

我_GEN 信　　这　写(PST)_NMZ　是

我的这封信是早就写了的。

（2）V1（PST）+V1（PST）+par+V2

V1+V1+par 构成副词性短语，表示“总是、专门”意思，V2 通常是表示“停留、驻留”意思的动词，例如 སྡོད，བཞུགས་ (sdod, bzhugs)。

5-62 ང་ཀུན་ཁྱབ་རླུང་འཕྲིན་ཉན་ཉན་པར་སྡོད་ཀྱི་ཡོད།།

nga kun-khyab-rlung-vphrin nyan-nyan-par sdod_kyi-yod.

我　广播　　　　　　听(PST)　　等_ASP

我一直在听广播。

V1+V1+par 也可理解为名词化短语 V+V+pa 添加状语标记充当句子的状语（-r/la）。例如：

5-63 ཁོང་གི་བཞིན་རས་ངའི་ ཡིད་ ལ་ འཁོར་འཁོར་པར་བྱས་བྱུང་།།

khong_gi bzhin-ras nga_vi　yid _la　vkhor-vkhor_par - byas_byung.

他_GEN 面容　我_GEN　心意 LOC 转(PST)_NMZ_LY 做_ASP

他的面容老在我的脑子里回旋。（王会银，1988）

5-64 ཁོང་གིས་རང་གི་ སྲོག་བློས་ནས།། འཁྲིས་ལ་ ཉར་ཉར་པར་ ཁྱོན་ནས་ཁ་བྲལ་མྱོང་ཡོག་མ་རེད།།

khong_gis rang_gi　srog-blos nas. vkhris_la　nyar-nyar_pa_r

他_AG　你_GEN 生命　　后　旁边_LOC 保留_NMZ_LY

khyon-nas kha-bral myong_yog-ma-red.

完全　　离开　　经历_ASP-NEG

他救了你的命（以后），一直把你留在身边，从没离开过。

由于名词化的缘故，这类动词重叠形式可能是名词化标记逐渐固化表达动作完成的事物概念，因此可能再度进入新型复合动词化过程，例如：

བསྒུགས་བསྒུགས་པ་བྱེད། (bsgugs bsgugs pa byed) 专门等候

བཟས་བཟས་པ་བྱེད། (bzas bzas pa byed) 老吃着（周季文、谢后芳，2003）

如果动词采用 AABB 格式重叠，则也是一种名词化方式。例如，

5-65 ཁོང་འཁྲུ་འཁྲུ་འཐག་འཐག་བྱེད་རྒྱུ་མཁས་པོ་ཤེས་སོང་།

khong vkhru-vkhru-vthag-vthag-byed_rgyu mkhas-po shes_song.

他 洗洗刷刷 做_NMZ 熟练 会_ASP

洗洗刷刷他都精通。

两个重叠动词也可能采用不同形态形式，例如，འཛིན་ (vdzin)握住，抓住，四个形态形式是：འཛིན་ - གཟུང་ - བཟུང་ - ཟུངས་ (vdzin-gzung-bzung-zungs)，可以构成名词 འཛིན་བཟུང་ (vdzin bzung)“被捕，俘获”和三音节动词 འཛིན་བཟུང་བྱེད་ (vdzin bzung byed)<V>俘虏，俘获，例如：ཉེས་ཅན་འཛིན་བཟུང་བྱེད་པ་ (nyes can vdzin bzung byed pa)逮捕罪犯。འཛིན་བཟུང་ (vdzin bzung)“被捕，俘获”作为名词的用法可以从其他案例观察，例如：འཛིན་བཟུང་དམག་མི་ (vdzin bzung dmag mi)战俘。

动词重叠还有各类复杂现象，需要逐一梳理。此处举例讨论稍微常见的情况。

མཆོང་ (mchong)跳，跃，མཆོང་-མཆོང་-མཆོངས་-མཆོངས་ (四式：mchong-mchong-mchongs-mchongs)，本是单音节动词，但也构成了双音节的 མཆོང་རྒྱག་ (mchong rgyag)<V>跳跃，随着新兴三音节动词构式出现，结果又造成了 མཆོང་རྒྱག་རྒྱག་ (mchong rgyag rgyag)<V>跳跃，跃过。因此，此处并不是动词 རྒྱག་རྒྱག་ (rgyag rgyag)重叠。

དམུལ་ (dmul) <V>微笑，含笑，跟同义词 འཛུམ་ (vdzum)微笑 འཛུམ་-འཛུམ་-འཛུམས་-འཛུམས་ (四式：vdzum-vdzum-vdzums-vdzums) 构成复合名词 འཛུམ་དམུལ་ (vdzum dmul)笑咪咪，微笑，又产生复合动词 འཛུམ་དམུལ་བྱེད་ (vdzum dmul byed)笑在眉梢。有意思的是，འཛུམ་དམུལ་དམུལ་ (vdzum dmul dmul) “笑咪咪，笑嘻嘻”是按照 འཛུམ་དམུལ་ (vdzum dmul)+ དམུལ་ (dmul)还是 འཛུམ་ (vdzum)+ དམུལ་དམུལ་ (dmul dmul)造成的呢？人们并不追究，直接添上动词标记得到 འཛུམ་དམུལ་དམུལ་བྱེད་ (vdzum dmul dmul byed)微微笑，微笑。

ལྕོག་ལྕོག་ (lcog lcog)<N>颌首，点头，转化成动词是 ལྕོག་ལྕོག་བྱེད་ (lcog lcog byed)点头。但是人们也常用到 མགོ་ལྕོག་ལྕོག་ (mgo lcog lcog) “头动，头摇摆”（格西曲扎藏文辞典），因此又造成 མགོ་ལྕོག་ལྕོག་བྱེད་ (mgo lcog lcog byed) “点头，应允”。

ལམ་འགྲོ་འགྲོ་ (lam vgro vgro)（不自主，顺利）读作[lam^{21}-tso^{55} tso^{24}]，是由名词 ལམ་འགྲོ་ (lam vgro)“运气”添加动词 འགྲོ་ (vgro)构成，不是动词重叠。类似的有 ལམ་འགྲོ་རྒྱུག་ (lam vgro rgyug)（不自主，走运，顺利），ལམ་འགྲོ་མེད་ (lam vgro med)倒霉，时运不佳，ལམ་འགྲོ་ཡོད་ (lam vgro yod)有运气。

总起来说，动词重叠是藏语历史发展中的新型现象，各地方言不太一致。以上所举具有词法价值的动词重叠现象还需在更多语料基础上进一步研究，这类现象是否收入词典？是否可作为词形式为本民族说话人心理接受，都还有待探索。

屈折、重叠、派生、复合等方法都是词法研究的内容，其中屈折词法手段和重叠手段关注的是词与词，甚至短语与短语之间的语法联系，而派生与复合主要关注词内成分之间的关系。藏语动词屈折词法基本属于构形内容的形态研究，构形标记跟句法范畴存在紧密的关联关系。只是由于语音变化严重地干扰了形态范畴的维持，所以目前所看到的藏语时、式形态范畴实际已经残缺不全。还应该指出的是，藏语屈折形态所涉及的基本都是单音节词根词或词根语素，这种结构形式不符合藏语语言的发展和表达发展的丰富，这也是近现代藏语动词时、式范畴标记逐步消亡的可能原因之一。在第 6 章我们要进一步讨论藏语动词的新的发展，观察占主流发展地位的藏语复合动词的词法手段和方法。

第6章 复合动词的类型

6.1 复合动词概况

从词形和构词方面看,藏语动词最突出的特点是音节数量。音节数量特点不是单纯的语音问题,它很大程度上反映了藏语词类系统在音节数量上的分布协调,也反映了动词构造的历史发展,以及动词词法、句法性质的变化。按照动词音节数观察藏语动词,可以非常清晰地梳理藏语动词的词法形态和句法语义类别。因此下文讨论复合动词之前我们先简略了解藏语动词的概貌。

藏语典型的动词模式是单音节性的,包括所谓三时一式的变化形式,或者完成式或未完成式变化形式。从发展角度看,藏语之所以发展多音节动词模式必然有着内在需求,其原因很可能与词库存在密切关系。一方面,现代藏语从吐蕃时期古代藏语发展至今,语音形式出现大规模变化,特别是复辅音声母和复辅音韵尾彻底简化(江荻,2002),可能引起音节内韵律和音步的不协调,破坏了双音步轻重交替规律(Hayes, 1985:429-446)。为此,受韵律音步驱动,藏语单音节动词出现了朝多音节方向发展趋势。另一方面,存储于词库中相互别义的单音节词形,尤其是单音节动词,数量达到一定程度必会受到词库的制约,发展空间有限,这可能是藏语单音节词向多音节词发展的又一动因。从动词现状来看,我们可以体会到藏语动词曾经经历了多样性发展道路,从单音节动词到双音节动词和三音节动词,即复合动词发展方向。

藏语多音节复合动词可以分为双音节动词、三音节动词和三音节以上的多音节动词。鉴于四音节以上多音节动词大多是成语或习惯用法构成的,内部词法可分解为双音节或三音节动词,本章不特别单列讨论。有趣的是,从目前看到的现实现象可知,藏语双音节动词大多是历史形成的词汇,一般不具有能产性,而三音节动词虽肇始于古藏语,大多却是近现代新产生的动词形式,是一种能产性的构词方式。为此,本章将分别开展双音节和三音节动词的讨论,包括复合动词的内部结构以及这种结构产生的一般性机制。

如果从历时来源考察，藏语复合词词法分析必然还会涉及词内语义和构成，有些语素的意义难以溯源，导致内部语义不透明，有些虽然语素意义清晰，却也可能因为转隐喻导致整体词义不可预测。内部语义构成的核心是语素之间的关系，即语素义之间的关联关系，例如含动语素的复合词。当动语素跟另一个语素结合，其中可能的关系包括动作-受事、施事-动作、修饰-被修饰、动作接续等关系，这些关系决定了复合动词的整体词义和词义的指向，包括转指施事、受事、动作行为事件、时空、结果、工具、方式等。因此，含动语素的复合词可能充当名词，也可能充当动词，甚至名动兼类。

在漫长的历史过程中，藏语还受到周边其他语言的影响，特别是早期梵文的影响。通过翻译佛经，藏语中产生了译语型构词法，并且随着佛教的兴盛和书面语的丰富发展，这种构词方法逐渐进入藏语日常用语之中。而近现代藏语在汉语书面语的强烈影响下，以意译方式又产生大量新词术语，甚至一定程度上渗透到口语词汇。关于这方面的词法状况，本章也会简单讨论。

6.1.1　以音节为组合单位的动词分类

藏语复合动词（compound verb）是由名语素与动语素（N+V）、动语素与动语素（V+V）或形语素与动语素（A+V）两个单元组合且呈现为单一动词性质的词。复合动词右边（后）的单元总是单音节动语素，左边（前）的单元为单音节的称为双音节复合动词，左边（前）的单元为双音节的则称为三音节动词。

跨语言看，英语等日耳曼语言大多缺乏典型复合动词，[1]例如英语，只有 sightread 视唱, sightsee 观光, drinkdrive 酒驾, dripfeed 滴饲, stirfry "翻炒"等为数不多的复合动词，[2]而罗曼斯语族的法语则完全没有这类复合动词。[3]复合动词整体上具有动词性，也称为动词性复合词。可是，Fabb (2001)用术语 synthetic compounds, 或者 verbal compounds 指称复合动词，他下的定义是：动词性复合词是特定形式特征的共现的词，且带有

---

[1] go off "离开"之类不是实词词根组合类型，一般称为短语动词（phrasal verb）或者介词动词（prepositional verb）。参见 R. Quirk etc. *A comprehensive grammar of the English Language*. Longman, 1985。

[2] Jackendoff (1975: 657)为此提议把这类结构复合词列举出来，也就是说这类词不具有能产性。

[3] 参看 Fabb, N. (2001). Compounding. In Spencer, A. and Zwicky, A. (Eds.) *The Handbook of Morphology*. Oxford: Blackwell Publishers Ltd.

特定词义约定。这个定义当然过于空洞，没有明确指出组成形式的数量和结构。不过，他又补充说，动词性复合词的形式特征是动词与一套词缀构成的派生词作为中心词，如此一来，所构成的似乎就不是动词了，例如 expert-test-ed（形容词），checker-play-ing（作形容词），window-clean-ing（作名词），meat-eat-er（名词）。这是因为人们认为动词性复合词是用逆构法（backformation）产生的，是依据名词、形容词等带词缀词类推而成。例如 write$_{(V)}$"写作"来自 writer$_{(N)}$作家，inspect$_{(V)}$"检查"来自 inspector$_{(N)}$检查者，因此 drink-drive$_{(V)}$"酒驾"来自 drink-driver$_{(N)}$酒驾者。Lamberty 和 Schmid（2013: 591-626）认为英语动词性复合词虽不是能产性的，但又有产生的合理性，也未必一定由逆构词法产生。Bauer & Renouf (2001: 101-123) 更是提出，英语里有三类动词性复合词：[N +V]$_V$，[V+V]$_V$，[A+V]$_V$，例如：custom-produce（自制创造，定制生产，N+V），thumb-strum(拇指弹奏，N+V），dryburn（干烧，A+V），freeze-dry（冷冻干燥保存，V+V），slow-bake（慢煨，A+V），hardwire（硬连线，A+V），而且有一定能产性。

东亚语言中，词根与词根组合的复合动词广泛存在。汉语复合动词跟句法结构基本同构，例如，"地震、心疼"属主谓式，"出版、告别"属述宾式，"热爱、中立"属偏正式，"证明、推翻"属述补式，"调查、安慰"属联合式，① 内部动语素的位置不固定。或许是由于这个缘故，复合动词的整体性质并不确定，有时候可以充当动词，有时候则充当名词，也就是既具有动词性又具有名词性。譬如"证明有效"和"给出证明"。

藏语的复合动词看上去似乎比较简单，实际蕴含了复杂的内部构成要素。根据复合词的基本界定，复合动词按照内部特征来分类的话，首先应按照音节数目区分。主要有双音节复合动词和三音节复合动词，四音节复合动词较少。其次再按照形类加以描述，例如 N+V、V+V、N+N+V 等类型。

双音节动词数量有限，能产性不强，经过历代积累，又可分为老牌双音节动词和后起双音节动词。所谓老牌双音节动词主要指早期经过词汇化而来的动词，吐蕃时期已经出现或已经词汇化形成的，后起双音节动词有些也是词汇化来源的，有些则可能是类推形成的，甚至不排除翻译经文产生的。三音节复合动词大多产生于近现代，但是也不排除一些吐蕃时期就

---

① 参看朱德熙 1982 语法讲义，商务印书馆。

已经出现的。例如下面例句中的 སུན་ཕྱུང་(sun phyung)批驳，ཡིད་ཆེས་(yid ches)相信。

6-1 བསྟན་པ་འི་ཞར་ལ་ ཧ་ཤང་གི་ལྟ་བ་ནོར་བ་དེ་སུན་ཕྱུང་ནས་གནང་དེ་ལ་ཤིན་ཏུ་དགེས་པས།།

bstan-pa_vi zhar_la　　ha-shang_gi lta-ba-nor-ba de　sun-phyung nas

赞普_GEN 顺便_LOC　和尚_GEN　错误　　　那　批驳　　　后

gnang de_la　　shin-tu dges pas.

呈　　这_LOC　非常　高兴

在赞普得便之时，（他）批驳了和尚的那些错误观点，呈交后[赞普看了]非常满意。（《拔协》）

6-2 བུ་མོའི་ ཁ་ར་ མུ་ཏིག་སྲན་མ་ཙམ་ལྡན་ཡོན་དུ་ཐམ་མཚལ་ཆུ་ས་ སྐོར་བ་ཅིག་བཅུག་ནས་ ཡིད་ཆེས་པའི་ རྟགས་བགྱིས།།

bu-mo_vi　kha_ra　mu-tig sran-ma-tsam ldan yon du tham-mtshal-

女孩_GEN 嘴_LOC 珍珠　　豆　　稍　具有　　　朱红印泥

chu-sa skor-ba cig bcug nas　yid-ches_pa_vi　　rtags bgyis.

圆的　一 让　而后 相信_NMZ_GEN 标记 作为(PST)

把豆粒大的珍珠放在左腮上涂了朱砂印泥红圈的女孩嘴里作为取信的标志。（《拔协》）

三音节动词由双音节名语素或形语素等与动语素构成，按照句法分析模式，其中名语素或形语素主要充当宾语，又可分为受事宾语、对象宾语、重叠宾语、同位宾语等。不过，由于三音节动词主要是近代以来新生的动词形式，因此其地位尚未稳固，相当部分语感上仍有短语的意味，即所谓词汇化程度不高。目前词典往往只收了很少部分这类动词。但是，三音节动词作为一种新兴词法形式具有较强的能产性，值得深入探索。

藏语复合动词具有动词语素定位性，无论双音节动词还是三音节动词，我们把右边（后）的单音节语素称为复合动词的动词标记语素。动词标记语素来源于单音节动词，在复合词里降格为动语素，[①] 语素义已经不同于动词义，意义已经空洞化、泛化，主要功能是表示复合词的动词性质。当然，动词标记语素意义的泛化具有程度梯级，有些泛化深，有些泛化较浅，这也是复合动词与动词短语划界的难点。

关于复合动词标记语素及其功能，我们拟在本章 6.3 节讨论。

除此以外，还有成语型、叠音型多音节动词，例如：མི་བྱེད་དགུ་བྱེད་བྱས་(mi byed dgu byed byas)胡作非为，མ་འཇེམ་འཇེམ་མདོག་བྱེད་(ma vjem vjem mdog byed)不精装精。这部分我们下文也会有所涉及。

---

① 参看董秀芳：2011《词汇化：汉语双音词的衍生和发展（修订本）》，商务印书馆。

6.1.2 复合动词与动词短语

一般的分类之外，藏语复合动词还涉及词内语音韵律、中心词与非中心词关系、向心结构和离心结构的类型、语素意义和整合意义、简单加合义与转隐喻现象等。其中最重要的是复合动词跟动词短语同构现象。此处，我们先讨论同构现象。

周季文、谢后芳（2003）指出：“谓宾式复合动词和作句子成分的谓宾词组，很难从语法结构上来分别，只能从意义上来分别。”例如，复合动词：སློབ་སྦྱོང་བྱེད་(slob sbyong byed)学习，སྐུལ་ལྕག་གཏོང་ (skul lcag gtong)鼓励；短语：ལས་ཀ་བྱེད་(las ka byed)做事情，ཡི་གེ་གཏོང་(yi ge gtong)发信。就我们看，这里的问题在于复合动词的词汇化程度和母语者的语感，语义的判别取决这两个因素。跟其他所认可的复合词一样，ལས་ཀ་བྱེད་(las ka byed)和 ཡི་གེ་གཏོང་(yi ge gtong)未必不能当作复合词。所以，词法操作上可以设立另外的判断方法，例如语音、插入、变换等。以 སློབ་སྦྱོང་བྱེད་(slob sbyong byed)为例：

6-3 ང་ཚོའི་སློབ་སྦྱོང་གི་ལས་འགན་ལྗིད་རུ་ལྗིད་རུ་འགྲོ་གི་རེད།

nga_tsho_vi slob-sbyong_gi las-vgan ljid-ru-ljid-ru vgro_gi-red.

我们_GEN 学习_GEN 责任 重-COP 变_ASP

我们的学习任务越来越重。

6-4 ངས་རྡོ་རྗེ་ལ་སློབ་སྦྱོང་བྱེད་ཀྱི་ཡིན།

nga_s rdo-rje_la slob_sbyong-byed_kyi-yin.

我_AG 多尔吉_ALA 学习-做_ASP

我要向多尔吉学习。

6-5 སློབ་སྦྱོང་མ་བྱས་ན་རྗེས་ལུས་ཐེབས་རྒྱུ་རེད།

slob-sbyong-ma-byas na rjes-lus-thebs_rgyu-red .

学习-NEG-做(PST) 若 落后_ASP

不学习就会落后。

句 6-3 的 སློབ་སྦྱོང་(slob-sbyong)是双音节名词，句 6-4 添加动词语素 བྱེད་(byed)等作为动词标记构成复合动词 སློབ་སྦྱོང་བྱེད་(slob-sbyong-byed)充当谓语。不过这种谓语拉萨话读音上仍然分为两部分，双音节名词连读，跟动词语素之间有微小停顿。如果该动词受到其他词语限定或修饰，则修饰词插入停顿处，例如句 6-6 插入了一个较长的修饰语 ཧུར་བརྩོན་ཞེ་དྲགས་(hur-brtson$_{ADJ}$ zhe-drags$_{ADV}$)。

6-6 རང་སློབ་སྦྱོང་ཧུར་བརྩོན་ཞེ་དྲགས་བྱེད་ཀྱི་འདུག་ག

rang slob-sbyong hur-brtson zhe-drags byed_kyi-vdug_ga.

你 学习 努力 非常 做_ASP_IND

你学习很努力嘛。

一般来说，如果复合动词内部插入了其他词语，则可以看作丧失了复合词的性质，处理为短语。从结构上看，句 6-6 和 6-7 凸显了宾语+动词的句法结构（O+V），而且也反映出修饰语和限定语跟名词关系密切。

6-7 ཁྱེད་ཚོ་སློབ་སྦྱོང་ག་རེ་གནང་གི་ཡོད།

khyed-tsho slob-sbyong ga-re　gnang_gi-yod .

你们　　　学习　　　什么　做-HON_ASP

你们学习什么？

从复合动词渊源来看，它源自句法上的受事-动作结构，那么它是否可以再带宾语呢？这也是检验复合动词词汇化程度的重要标准。目前我们经常能够看到一种似宾语非宾语的模糊状态，例如句 6-9，ཏང་གཉིས་ཀྱི་(tang gnyis kyi)显然是 གྲོས་མོལ་(gros-mol)的修饰语，而句 6-8 的 བོད་ཀྱི་ལོ་རྒྱུས་(bod-kyi lo-rgyus)尽管未带属格标记也可能看做修饰语。只有句 6-10 的 དཔལ་འབྱོར་(dpal-vbyor)可以确定为 ལག་ལེན་བྱེད་(lag-len-byed)的宾语。由此我们知道，在一定句法和语义条件下，复合动词可以带外在受事宾语。

6-8 ཁྱེད་ཚོ་བོད་ཀྱི་ལོ་རྒྱུས་སློབ་སྦྱོང་གནང་གི་ཡོད་པས།

khyed-tsho bod_kyi　lo-rgyus slob-sbyong-gnang_gi-yod_pas.

你们　　　藏族_GEN 历史　　学习-做_ASP_INT

你们学习藏族的历史吗？

6-9 དེ་ནས་བཟུང་ཏང་གཉིས་ཀྱི་ གྲོས་མོལ་བྱེད་སྐབས་བསམ་ཚུལ་གོམ་གང་ཉེ་རུ་ ཕྱིན་ ཡོད།

de-nas bzung tang-gnyis_kyi gros-mol-byed skabs

从此　以后 党　两_GEN　协商-做　　　时候

bsam-tshul gom-gang nye_ru　phyin_yod

想法　　　一步　　近_COP　走(PST)_ASP

自此以后，两党的谈判接近了一步。

6-10 རང་རྒྱལ་གྱིས་སྤྱི་ལ་དབང་བའི་ལམ་ལུགས་ཀྱི་རྨང་གཞི་འི་ཐོག་འཆར་གཞི་ལྡན་པའི་ དཔལ་འབྱོར་ལག་ལེན་བྱེད་ཀྱི་ཡོད།།

rang-rgyal_gyis spyi-la-dbang-bavi-lam-lugs_kyi rmang-gzhi_vi thog

我国_AG　　　公有制_GEN　　　　　　　　基础_GEN　　上面

vchar-gzhi ldan_pa_vi　　　　dpal-vbyor lag-len-byed_kyi-yod.

计划　　　具有_NMZ-GEN 经济　　　施行_ASP

我国在公有制基础上实行计划经济。

总起来看，藏语复合动词既不同于西方英语之类的语言，也不同于汉语。本章重点讨论动词的词法结构分类，同时又是一种基于语音形式的分类。音节是制约复合动词分类的最基本要素，音节结构或音节数量多寡是藏语动词发展历史上主要的表现形式。应该说明的是，按照音节结构分类会与其他分类形成交叉。例如三音节以上动词主要以双音节名词加动词标记语素为主要构成方式，但也有部分单音节形式加动词标记语素构成的双音节动词，还有借词型双音节单语素构成的三音节动词，例如 མོ་ཊ་བཏང་ [[mo tta]~N~ 车 btang]~V~ 驾车。

6.2 双音节复合动词

从复合动词内部结构形类角度看，双音节复合动词呈现为 X+V 格式，其中 X 或是名词（少量代词、量词），或是动词和形容词，即 N+V、V+V 和 A+V。不过，偶然也发现有个别 ADV+V，考虑到形容词与副词的兼类性，也可归入 A+V。与复合名词相比（第 4 章），一个明显不同之处是双音节动词的右（后）音节都是 V，这个 V 作为双音节复合动词的标记语素具有定位性，很可能预示着复合动词的标记语素有一定特殊性，与一般可以出现在第一音节的动词语素不同。当然，这并不完全排除动词标记自身也可能作为一般动词出现在第一音节位置。

本节按照复合动词的形类讨论，主要涉及三类问题，一是名动兼类现象；二是动词标记语素的特征，例如自主与不自主动词、完成式与非完成式；三是复合动词内部的透明性和可预测性问题，以及复合动词整体所指的转隐喻现象。

6.2.1 名动兼类现象

双音节复合动词一直不是藏语的主流词法形式。上文已经提到，早在敦煌时期就已经出现双音节复合动词，为什么这种形式未得到发展呢？我们推测这件事情与藏语的词法格局有一定关系。最可能的情况与复合名词有关，由于复合名词的构成没有特别限制，由名、动、形三种语素构成的复合名词占据了所有可能的双音节形类结构，即第 4 章讨论的复合名词 9 种形类结构。为此，由名语素、动语素和形语素与动词标记语素构成的词就可能产生两种价值，既是名词又是动词。这样的案例在藏语中不在少数。例如：ཚར་གཅོད་ (tshar gcod)~N/V~ "歼灭"可作名词和动词，或许拉萨话为了避免这种同形纠葛，复合动词宁可采用带动词标记语素的三音节形式，例如 ཚར་གཅོད་གཏོང་/བྱེད་ (tshar gcod gtong/byed)~V~ 歼灭。

ངོས་འཛིན་ (ngos vdzin)~N/V~ 认识   ངོས་འཛིན་བྱེད་ (ngos vdzin byed)~V~ 认识

སྐྱོན་འཛུགས་ (skyon vdzugs)~N/V~ 批评   སྐྱོན་འཛུགས་བྱེད་ (skyon vdzugs byed)~V~ 批评

སྲུབ་སྐྱོབ་ (srub skyob)$_{N/V}$ 保卫　　　སྲུབ་སྐྱོབ་བྱེད་ (srub skyob byed)$_{V}$ 保卫

བརྩོན་ལེན་ (brtson len)$_{N/V}$ 争取　　　བརྩོན་ལེན་བྱེད་ (brtson len byed)$_{V}$ 争取

ཡིད་མཐུན་ (yid mthun)$_{N}$ 齐心 /$_{V}$ 同意

ཡིད་མཐུན་བྱེད་ (yid mthun byed)$_{V}$ 同意

也有一些词不常加动词标记语素，例如：

6-11 རང་གི་མིག་ལ་རང་གིས་ཡིད་མ་ཆེས་པར་དངུལ་དེ་རྣམས་ལག་པའི་ནང་དུ་བཙིར་ཙམ་བཙིར་ཙམ་བྱས།།

rang_gi　mig_la　rang_gis　yid-ma-ches_par dngul de_rnams

自己_GEN 眼睛_LOC 自己_AG 相信-NEG_NMZ 钱　那_PL

lag-pa_vi nang_du　btsir-tsam-btsir-tsam-byas.

手_GEN 里_LOC　挤一挤

自己的眼睛自己不相信，用手将钱（币）挤了挤。

拉萨话里，这些双音节词用作复合名词跟用作复合动词读音上有一定差别，作名词的时候，两音节遵循连读变调规则，两个音节读音紧凑；作动词的时候，两音节之间有微小停延（以下例句用“ : ”表示停顿），不产生连读变调，跟读短语类似。但是这样的差别目前已经极为细微，有时候母语者自己也混淆，部分复合词已没有读音上的这种差别。例如：

ཡིད་ཆེས་ (yid ches)$_{N}$[i^{132}tɕhi^{53}] 信心，相信

ཡིད་ཆེས་ (yid ches)$_{V}$[i^{14}:tɕhe^{53}] 相信

三音节形式：ཡིད་ཆེས་བྱེད་ (yid ches byed)$_{V}$[i^{132}tɕʰi:^{53} tɕʰe^{14}]相信

ཚོད་ལྟ་ (tshod lta)$_{N}$[tshø^{55}ta^{55}] “试验”

ཚོད་ལྟ་ (tshod lta)$_{V}$[tshø^{53}:ta^{55}] 试，试验

三音节形式：ཚོད་ལྟ་བྱེད་ (tshod lta byed)$_{V}$[tshø^{55}ta^{55} tɕhe^{14}] 尝试，试验

ངོས་ལེན་ (ngos len)$_{N}$[ŋø^{132}len^{55}] 供认

ངོས་ལེན་ (ngos len)$_{V}$[ŋø^{14}:len^{132}] 承认

三音节形式：ངོས་ལེན་བྱེད་ (ngos len byed)$_{V}$[ŋø^{132}len^{55}tɕe^{14}]承认，供认

上文说有些复合词较少用作名词，短语性质较强，实际上是相对的。在某些组合中仍然转作名词。例如 མནའ་སྐྱེལ་(mnav skyel)[na^{55}:tɛ^{55}]$_{V}$ 发誓，赌咒，མནའ་བཅའ་ (mnav bcav)[na^{55}:tɕaʔ^{53}]$_{V}$ 发誓，从拉萨话读音的停延可知它们所具有的短语性质，也许正是这种性质，复合动词中间能够插入其他成分。例如：མནའ་རྫུན་སྐྱེལ་ (mnav rdzun skyel)$_{V}$ 发假誓，རྫུན་(rdzun)[tsyn^{14}]$_{N/ADJ}$ “假”插入名语素跟动语素之间。不过，下面这个例句 མནའ་སྐྱེལ་ཐོག་འཛུགས་བྱེད་ (mnav skyel thog vdzugs byed)[na^{55}tɛ^{55} tho^{55}zu^{53} tɕhe^{132}]$_{V}$ “立誓”中，མནའ་སྐྱེལ་ (mnav skyel)已经结合得十分紧密。མགོ་སྐོར་ (mgo skor) “欺骗” 作名词连读[ko^{14}ko^{55}]$_{N}$，

作动词则音节之间有停延[ko^{14}:-ko^{55}]$_{\mathrm{V}}$，作名词可以进一步构成三音节动词：[$\mathrm{ko}^{14}\mathrm{ko}^{55}$ $\mathrm{ta\eta}^{55}$]$_{\mathrm{V}}$。

传统文法学界对藏语双音节复合动词数量上似乎有一些误解。据格桑居冕（1987:393）叙述，这类动词仅有 100 余条。过据我们的调查，双音节复合动词至少也有上千项，包括兼具名动双词类的那些词，而格桑居冕所指应该只是其中的部分类型（例如内部构成要素不可解析型）。以下我们列出格桑居冕给出的双音节复合动词，并标注组合语素的词法类，给读者一个初步认识，更多的分析则在下文讨论。

表 6.1　格桑居冕所列双音节复合动词

ཧ་ལས་ (ha las)	惊讶	N+V	ཁ་ཤོར་ (kha shor)	失言	N+V
ཁས་འཆེ་ (khas vche)	承认	N+V	འགོ་འཛུགས་ (vgo vdzugs)	开始	V+V
མགོ་འཁོར་ (mgo vkhor)	迷惑	N+V	སློག་གཏང་ (slog gtang)	遣返	V+V
གཏན་འཁེལ་ (gtan vkhel)	确定	N+V	སྒུག་རྒྱག་ (sgug rgyag)	打埋伏	V+V
ངོ་སྐྲེངས་ (ngo skrengs)	害羞	N+A	ཚོད་བྱེད་ (tshod byed)	限定	N+V
ཚོད་ལྟ་ (tshod lta)	试验	N+V	ཡ་མཚན་ (ya mtshan)	稀奇	N+V
ཁ་བྲལ་ (kha bral)	分离	N+V	ཡིད་ཆེས་ (yid ches)	相信	N+V
འདུམ་གཏང་ (vdum gtang)	调解	V+V	ཞེ་ལོག་ (zhe log)	厌恶	N+V
འཐུམ་རྒྱག་ (vthum rgyag)	包装	V+V	སྒྲོ་འདོགས་ (sgro vdogs)	捏造	N+V
འཛེམ་བྱེད་ (vdzem byed)	客气	V+V	དཔའ་ཞུམ་ (dpav zhum)	气馁	N+V
ར་འཕྲོད་ (ra vphrod)	印证	N+V	མགོ་འདོགས་ (mgo vdogs)	投降	N+V
ཐག་གཅོད་ (thag gcod)	决定	N+V	བློས་ཁེལ་ (blos khel)	信任	N+V
སུན་ཕྱུང་ (sun phyung)	批驳	N+V	བློས་གཏོང་ (blos gtong)	牺牲	N+V
ཁ་གཡར་ (kha g-yar)	借口	N+V	མཐུད་རྒྱག་ (mthud rgyag)	接	V+V
ཐང་ཆད་ (thang chad)	疲劳	N+V	ཟོན་བྱེད་ (zon byed)	警惕	V+V

总起来看，藏语双音节动词虽然产生很早，但是很可能受到“词形分类”现象制约，数量上一直没有取得长足的进展。有些双音节动词的语素意义十分模糊，有可能是更早期多音节形式的遗留，但从否定副词一般插入两个音节或语素之间等现象看，更可能是复合形式的内部语素在历史过程中逐渐磨蚀，语义凝成一个整体。藏语双音节动词产生的原因、数量和结构特征都是值得进一步探索的课题。

6.2.2　名语素+动语素（N+V）复合动词

名语素+动语素是双音节复合动词中数量最多的类型。第 4 章曾经讨论 N+V 格式的复合名词，并且指出 N+V 格式具有兼类性质，一定条件下具有复合动词功能，另外条件下则作为复合名词。现在就来讨论在什么条件下充任动词。

ཤིང་གཅོད་(shing gcod$_{PRS}$)$_N$ 砍树，伐木，左语素为名词，右语素为动词，语义上呈现受事—动作关系。这种关系中，虽然动作性较强，形成动语素为核心的向心结构，不过，由于受事成为动作客体，具体化了动语素的语义内涵，也削弱了动作强度。通常情况下，藏语这类复合词发生转喻，包括自指的转喻和转指的转喻，[①] 转指的转喻凸显词内一部分语素义，并以此指称核心语义，达到转指施事、受事、工具、时空等等目的。例如，མགོ་ཁེབས་ (mgo khebs$_{PST\ 遮盖}$)“头巾，头盔”，由 མགོ་ (mgo)“头”和 ཁེབས་ (khebs)“遮盖”构成，其中 ཁེབས་ (khebs) 采用了完成式词形（<འཁེབ་-འཁེབ་-ཁེབས་(vkheb-vkheb-khebs)），表示“遮住头”，转指具有“遮住头”功能的工具事物。自指的转喻聚焦于动作事件概念，包括动作涉及的受事和其他相关对象，忽略动作自身的过程和时间，也就是把具体动作抽象化为一般行为，作为可指称的对象和事件。事件是可指称的，因此具有较强的名词性。这也是自指的 N+V 结构以名词身份添加动词标记语素构成三音节复合动词的原因，本例常见的替换形式是：ཤིང་གཅོད་རྒྱག་(shing gcod rgyag)伐木，砍树。下面的句子中 ཤིང་གཅོད་(shing gcod)“砍柴，伐木”直接用作名词，并组成更复杂的结构。

6-12 ཇིན་མིང་གིས་ལྟ་སྐབས་དེར་འབུད་ཤིང་གཅོད་མཁན་འགྲོ་སའི་རི་ལམ་ཆུང་ཆུང་ཁ་ཤས་ལས་ལམ་ཆེན་མཐོང་རྒྱུ་མེད།།

jin-ming_gis　lta skabs de_r　vbud-shing-gcod-mkhan vgro-sa_vi
秦明_AG　看 时　那_LOC 砍柴人　走-地_GEN
ri-lam　chung-chung　kha-shas las　lam-chen mthong_rgyu-med.
山路　小　几条　除　大路　看见_ASP-NEG
秦明看那路时，又没正路，都只是几条砍柴的小路。（《水浒传》）

ཤིང་གཅོད་(shing gcod)动词采用的是未完成式形式 གཅོད་ - གཅད་ - བཅད་ (gcod-gcad-bcad)砍，复合词结构是：N+V$_{PRS}$。藏语也有 N+V$_{PST}$ 结构，例如：ཤིང་བརྐོས་(shing brkos$_{PST}$)$_N$ 木刻，雕刻，其中动词的变化形式是：རྐོ་ - བརྐོ་ - བརྐོས་(rko-brko-brkos)$_{V-VOL}$ 挖，雕刻。可以注意到，名语素与动语素之间的受事-动作语义结构关系没有改变，但是蕴含了动作的完结义，这种意义对其客体施加

① 参看颜红菊（2008）。

了影响，使词义转指行为动作产生的结果：“雕刻好了的木头”。实际上，藏语也有利用完成式构成的派生词，试比较：བརྐོས་མ་(brkos ma)$_N$ 雕刻品。拉萨话目前表示动作则用 ཤིང་བརྐོས་རྒྱག་(shing brkos rgyag)刻木板，刻板。

我们来观察 རྩད་གཅོད་(rtsad gcod$_{PRS}$)$_{V/N}$ 调查，勘察，这个复合词名动兼类，也可以添加动词标记语素构成三音节复合动词：རྩད་གཅོད་བྱེད་(rtsad gcod byed)调查，打听，其中名语素是 རྩད་(rtsad)根本，动语素用未完成式（现在时）：གཅོད་ - གཅད་ - བཅད་(gcod-gcad-bcad)断开，确定，调查。

6-13 ངས་བཀའ་ཡིག་ཞུས་པ་ནས་ད་ལྟའི་བར་དུ་ཡང་ཇག་རྐུན་དེ་ཚོ་**རྩད་གཅོད་**ཐུབ་མ་བྱུང་།།

nga_s　bkav-yig-zhus_pa nas da-lta_vi　bar-du yang

我_AG　受命_NMZ　后　现在_GEN　期间　也

jag-rkun de-tsho rtsad-gcod-thub-ma_byung.

匪徒　那些　调查　能-NEG_ASP

我自从领了这道钧批，到今未曾得获。（《水浒传》）

6-14 གྲོང་བརྡལ་ནང་གི་གར་བཙུན་རྫུན་མ་རེ་རེ་བཞིན་**རྩད་གཅོད་བྱས**།།

grong-brdal nang-gi　grwa btsun rdzun-ma re-re-bzhin

村子　里_GEN　院子　僧人　假的　逐个地

rtsad-gcod-byas.

查出

一个个找出村里的假和尚。

6-15 སྲིད་གཞུང་ནས་ཕྲན་རང་**རྩད་གཅོད་**ཛ་དྲག་པོ་བྱས་ཏེ་འཛིན་བཟུང་བྱེད་རྩིས་བྱས་པས།།

srid-gzhung_nas phran-rang rtsad-gcod dza-drag-po byas te

官家_AG　鄙人　追查　紧急　做　且

vdzin-bzung-byed rtsis-byas pas…

抓住　打算　连词

不想官司追捉得洒家甚紧。（《水浒传》）

句 6-13 直接用 རྩད་གཅོད་(rtsad-gcod)作谓语动词，后带助动词 ཐུབ་(thub)，句 6-14 则用 རྩད་གཅོད་བྱས་(rtsad-gcod-byas)作谓语，句 6-15 的 རྩད་གཅོད་(rtsad-gcod)受到形容词 ཛ་དྲག་པོ་(dza-drag-po)修饰，虽然出现在一个大的谓词性短语里，显然还是名词性的。

但是，我们看到真实文本中也直接使用完成式形式 རྩད་བཅད་(rtsad-bcad)作动词，例如：

6-16 བདེ་སྲུང་འགོ་དཔོན་ཁྱེད་སྔོན་ལ་ཕེབས་ཤིག་ཕྲན་གྱིས་ རྗེས་ལ་**རྩད་བཅད་**ནས་བཙར་ཡོད།

bde-srung-vgo-dpon khyed sngon-la phebs_shig　phran_gis

提辖官　你　先　去_IMP　鄙人_AG

rjes-la rtsad-bcad nas bcar_yong.
之后　打听　　且　临近_ASP
提辖先行，小人便寻将来。（《水浒传》）

6-17 གྲུ་གཏོང་བཞིན་དུ་"ཨ་ཇོ་ཁྱེད་གིས་ཨ་ཇོ་གཞོན་པ་**རྩད་བཅད་**ནས་ཅི་བྱེད་དམ་"ཞེས་དྲིས།
gru-gtong bzhin-du " a-jo　khyed_gis a-jo　gzhon-pa
撑船　　一边　　哥哥 你_AG　　哥哥 年轻
rtsad-bcad nas ci-byed_dam " zhes dris.
打听　　后 什么-做_INT　问道
一边撑船一边问道：“二哥，你寻五哥做甚么？”（《水浒传》）

我们查阅了《藏汉大辞典》《藏汉对照拉萨口语词典》等，均未收入 རྩད་བཅད་(rtsad-bcad)形式，倒是《格西曲扎藏文辞典》收入 རྩད་གཅོད་(rtsad-gcod)作为名词，这一点跟其他词典一致，但也将 རྩད་བཅད་(rtsad-bcad)作为动词收入。如果复合动词可以在特定场合依据句法需求变换词形，就是一个极为值得注意的特别现象。我们以为，这种现象源于复合动词仍然具有短语性质，动词尚未完全语素化，还保留了句法功能。

复合动词里的动语素发生变化不是孤例，词典也有记载。例如拉萨话 རྒྱང་མཆོང་(rgyang mchong$_{PRS}$)$_{N}$ 跳远，书面语（《藏汉大辞典》）则用了完成式：རྒྱང་མཆོངས་(rgyang mchongs$_{PST}$)$_{N}$ 跳远，该词的三时形式是：མཆོང་ -མཆོང་ -མཆོངས(mchong -mchong-mchongs)跳，跃。

以下举例列出部分 N+V 复合词，包括名动兼类的，并列出可能带动语素标记的形式：[①]

མགོ་འཁོར་(mgo vkhor)$_{V/N}$ 迷惑，受骗 ＜(mgo)$_{N}$ 头/首 N+(vkhor)$_{HOMO}$ 转动、围绕
　　＞མགོ་འཁོར་ཐེབས་(mgo vkhor thebs) 迷惑、上当 [②]
ནད་བཅོས་(nad bcos)$_{N}$ 治病 ＜(nad)$_{N}$ 病+(bcos)$_{PST}$ 修正、医治
　　＞ནད་བཅོས་བྱེད་(nad bcos byed) 治病 [③]
རྩལ་སྦྱོང་(rtsal sbyong)$_{N}$ 锻炼（身体） ＜(rtsal)$_{N}$ 技能、技巧+(sbyong)$_{PRS}$ 学习，练习
　　＞རྩལ་སྦྱོང་བྱེད་(rtsal sbyong byed) 操练、锻炼 [④]
རྩད་གཅོད་(rtsad gcod)$_{N/V}$ 调查、打听 ＜(rtsad)$_{N}$ 根本+(gcod)$_{PRS}$ 调查
　　＞རྩད་གཅོད་བྱེད་(rtsad gcod byed) 调查，打听 [⑤]

---

① 双音节动名兼类复合词是否有相应的三音节形式，不能一概而论，各方言有差异，此处以《藏汉对照拉萨口语词典》为主，个别情况另加说明。
② འཁོར་(vkhor)是三时同形动词。下文此类不再列举，在动词后列出同形词标记 HOMO。
③ 自主动词三时：vchos-bcos-bcos-chos 修正，医治。
④ 自主动词三时：sbyong-sbyang-sbyangs-sbyongs 学习，练习。
⑤ 不自主动词三时：gcod-gcad-bcad 确定，调查。

སྐུ་འཁྱགས་ (sku vkhyags)$_{N}$ 冷 ＜(sku)$_{N}$ 身体+(vkhyags)$_{PST}$ 冷，变冷

＞(sku vkhyags gnang) 冷，受凉，着凉 ①

བཙོན་འགྲོལ་ (btson vgrol)$_{N}$ 赦免，释放 ＜(btson)$_{N}$ 监狱+(vgrol)$_{PRS}$ 解开，释放

ཁས་ལེན་ (khas len)$_{N/V}$ 保证，答应 ＜(khas)$_{N}$（用口）+(len)$_{PRS}$ 取，接受 ②

＞ཁས་ལེན་བྱེད་ (khas len byed) 保证，答应

＞ཁས་ལེན་ཞུ་ (khas len zhu) 保证，答应（谦语）

＞ཁས་ལེན་ཤོར་ (khas len shor) 失约，食言

གཟི་རྔམ་ (gzi rngam)$_{N}$ 威风，威势，威力 ＜(gzi)$_{N}$ 威力+(rngam)$_{PRS}$ 施威

＞གཟི་རྔམ་འདོན་ (gzi rngam vdon) 发威风③

ནད་ཁྱོག་ (nad khyog)$_{V}$ 忍耐，忍痛 ＜(nad)$_{N}$ 疾病+(khyog)$_{PRS}$ 拿得起，忍受得了④

ཧ་ལས་ (ha las)$_{V}$ 惊讶，诧异 ＜(ha)$_{N}$ 脸表情状态+(las)$_{HOMO}$ 做，搞 ⑤

ཧ་གོ་ (ha go)$_{V}$ 知道，懂得 ＜(ha)$_{N}$ 脸表情状态+(go)$_{HOMO}$ 了解，领悟 ⑥

གཏན་འཁེལ་ (gtan vkhel)$_{V}$ 决定，确定 ＜(gtan)$_{N}$ 秩序+(vkhel)$_{PRS}$ 信赖

＞གཏན་འཁེལ་བྱེད་ (gtan vkhel byed) 决定，确定 ⑪

ངོ་སྐྱེངས་ (ngo skyengs)$_{N}$ 害羞 ＜(ngo)$_{N}$ 脸，面容+(skyengs)$_{HOMO}$ 羞愧

ཁ་བྲལ་ (kha bral)$_{V}$ 分离 ＜(kha)$_{N}$ 嘴，话语+(bral)$_{PST}$ 离

＞ཁ་བྲལ་གཏོང་ (kha bral gtong) 拆开，使分开 ⑫

ར་འཕྲོད་ (ra vphrod)$_{V}$ 印证、证实 ＜(ra)$_{N}$ 援助+(vphrod)$_{HOMO}$ 得到(三时同形)

སུན་ཕྱུང་ (sun phyung)$_{V/N}$ 批驳 ＜(sun)$_{N}$ 烦恼，厌烦+(phyung) $_{PST}$ 排除，发出

＞སུན་འབྱིན་བྱེད་ (sun vbyin byed) 驳斥，反驳 ⑨

ཁ་གཡར་ (kha g-yar)$_{V}$ 借口 ＜(kha)$_{N}$ 嘴，话语+(g-yar)$_{HOMO}$ 借 ⑩

ཐང་ཆད་ (thang chad)$_{V}$ 疲劳 ＜(thang)$_{ADJ}$ 健康，结实+(chad)$_{PST}$ 缺少 11

ཡ་མཚན་ (ya mtshan)$_{V/N}$ 稀奇 ＜(ya)$_{N}$ 单，不成对+(mtshan)$_{HOMO}$ 装饰 12

ཡིད་ཆེས་ (yid ches)$_{N/V}$ 信心，相信 ＜(yid)$_{N}$ 心、意+(ches)$_{HOMO}$ 相信

---

① 不自主动词三时：vkhyag-vkhyag-vkhyags/khyags 冷，受凉。

② 自主动词三时：len-blang-blangs 取，握，接受，承认。

③ 不自主动词：rngam/rngams-brngam-brngams 贪图，施威，喘气。自主动词：vdon-gdon-bton 取出，开发。

④ 不自主动词：khyog/vkhyog-khyog-khyog 拿得起，忍受得了。

⑤ 不自主动词，三时同形。ha 原表示口张开状态，泛义为表情。

⑥ 不自主动词，三时同形。

⑪ 自主动词： vkhel-vkhel-vkhel-khel 决断，确定，信赖。

⑫ 不自主动词：vbral-vbral-bral 离别，分开。

⑨ 自主动词：vphyin-dbyung-phyung-phyung 排除，发（声）。

⑩ 自主动词：三时同形。

⑪ 不自主动词：vchad-vchad-chad 断，衰，缺少。

⑫ 自主动词：mtshan-mtshan-mtshan-mtshon 装饰，打扮。

> ཡིད་ཆེས་བྱེད་ (yid ches byed) 相信，信任

> ཡིད་ཆེས་ཤོར་ (yid ches shor) 丧失信心

ཞེ་ལོག་ (zhe log)$_{N/V}$ 反感，厌恶 < (zhe)$_{N}$ 心思，感情+(log)$_{HOMO}$ 返，塌

ཞེ་འཁོན་ (zhe vkhon)$_{V}$ 怀恨，记仇 < (zhe)$_{N}$ 心思，感情+(vkhon)$_{HOMO}$ 怨恨

ཞེ་ཁྲེལ་ (zhe khrel)$_{V}$ 厌烦，不高兴 < (zhe)$_{N}$ 心思，感情+(khrel)$_{HOMO}$ 羞，耻

སྒྲོ་འདོགས་ (sgro vdogs)$_{N}$ 夸张，捏造 < (sgro)$_{N}$ 污点+(vdogs)$_{HOMO}$ 拴，附加

> སྒྲོ་འདོགས་བྱེད་ (sgro vdogs byed) 夸张，渲染，捏造

མགོ་འདོགས་ (mgo vdogs)$_{N}$ 投降 < (mgo)$_{N}$ 头，脑+(vdogs)$_{HOMO}$ 拴，附加

> མགོ་འདོགས་ཞུ་ (mgo vdogs zhu) 投诚

ཟོན་བྱེད་ (zon byed)$_{V}$ 提防，谨慎，警惕< (zon)$_{N}$ 谨慎+(byed)$_{PRS}$ 做

ཧང་སང་ (hang sang)$_{V}$ 惊奇 < (hang)$_{N}$ 空，迷茫+(sang)$_{HOMO}$ 清醒，醒悟

བློས་ཁེལ་ (blos khel)$_{V}$ 信任 < (blos)$_{N}$ 心，主意+(khel) $_{PST}$ 信赖，相信 ①

བློས་ (blos)是名词 བློ (blo)“心，主意”带工具格标记(-s)，来源于短语。不难发现这类短语词汇化之后仍然保留词格标记。例如：བློས་འཆུན་ (blos vchun)$_{V}$“克制”，义为“用心智克制，可以理解，能懂”。再如 བློས་བཅལ་ (blos bcal)$_{V\text{-}PST}$/བློས་འཇལ་ (blos vjal)$_{V\text{-}PRS}$ 体察，འཇལ་ - གཞལ་ - བཅལ་ - འཇོལ་ (vjal-gzhal-bcal-vjol) 衡量，度量，义为“用心智观察，用理智了解”。有些老牌双音节复合词语义发生很明显的变化，说明词汇化程度较高，例如：བློས་གཏོང་ (blos gtong)$_{V}$“牺牲”这个意思来自于“从内心舍弃和付出”，但是也发现有完成式词形：བློས་བཏང་ (blos btang)$_{PST}$。

从以上讨论可知，N+V 格式复合词基本都表示抽象动作行为，语义上呈现事件化特征，这是所有这类结构可以兼任名词和动词的关键。在具体语境中，如果动作性强，则保持动词性质，或者继承短语的动作性，词汇化程度比较低，这也是部分词可以采用完成式形式的原因。如果在一定场合可以指称化，则呈现为名词。除此之外，我们从案例分析也可知道，凡是明确作为名词或者名动兼类的动词性双音节复合词，一般都有三音节复合动词形式对应，而动词性较强的则不一定有对应的三音节复合动词。特别需要指出的是，在三音节复合动词里，双音节复合词都应看作名词，例如 རྣ་བ་སུན་འབྱིན་ (rna ba sun vbyin)刺耳，聒噪，གཞན་ལུགས་ལ་སུན་འབྱིན་བྱེད་ (gzhan lugs la sun vbyin byed)批驳他人主张，前者是动词，后者是名词。

---

① 自主动词：vkhel-vkhel-vkhel-khel 决断，确定，信赖。

6.2.3 动语素+动语素（V+V）复合动词

双音节 V+V 格式可能是复合动词，也可能是复合名词（参见第 4 章），这里主要讨论复合动词。V+V 复合动词可分出两种形式类别，一类以典型动词标记语素作为右边界语素，记为 V+V$_{\text{-zer}}$，另一类则由两个一般性动语素构成。

根据格桑居冕（2004）描述，最常见的动词标记语素（verbalizer）主要有：གཏོང་~བཏང་ (gtong)$_{\text{PRS}}$-(btang)$_{\text{PST}}$ 给予，发出，放；རྒྱག་~བརྒྱབ་ (rgyag)$_{\text{PRS}}$-(brgyab)$_{\text{PST}}$ 做，放，打；བྱེད་~བྱས་ (byed)$_{\text{PRS}}$-(byas)$_{\text{PST}}$ 做，进行；ཐེབས་ (thebs)$_{\text{PRS}}$ 打着，受到，遭受；ཤོར་ (shor)$_{\text{PST}}$ 发生；ཡོང་ (yong)和 བྱུང་ (byung)$_{\text{PST}}$ 出现，发生，得到，变成；འགྲོ་ ~ ཕྱིན་ (vgro)$_{\text{PRS}}$-(phyin)$_{\text{PST}}$ 变成，成为。另外，这几个动词标记语素的敬语形式也应提及：གནང་ (gnang)做，打；སྐྱོན་ (skyon)弄，做；མཛད་ (mdzad)做，打。相对其他动词标记语素，这些标记语义上已经相当泛化或者说空洞化，它们目前似乎仅具有标示复合动词性质的作用。例如 གསུང་སྐྱོན་ (gsung$_{\text{N 声音}}$ skyon)喊叫，གཞས་གཏོང་ (gzhas gtong)唱歌。以 གཏོང་ (gtong)为例，该词只表示“发出”动作，对核心语义贡献不大，比较 གཞས་བཟོ་ (gzhas bzo-$_{\text{PRS 写}}$)写歌、གཞས་སྐུལ་ (gzhas skul-$_{\text{PRS 调动，激发}}$)领唱等词，跟前者词法结构上是一致的，但动语素仍然贡献本义。这是从语素义角度分出两种 V+V 类型的原因。以下我们分别加以讨论。

6.2.3.1 带动词标记语素的双音节复合动词

འདུམ་བྱེད་ (vdum byed)$_{\text{V-}}$调解，说和，劝架 ＜(vdum)$_{\text{PRS-调和，修复}}$+(byed)$_{\text{做}}$ ①

འདུམ་གཏང་ (vdum gtang)$_{\text{V-}}$调解，仲裁 ＜(vdum)$_{\text{PRS-调和，修复}}$+(gtang)$_{\text{做}}$

带动词标记语素的复合动词以左边语素为语义核心，语素义受到右边动词标记影响自指带本义属性的事件行为，成为可指称的对象。因此，འདུམ་བྱེད་ (vdum byed)具有“做调解，进行调解”的意义，形成语义结构上的受事-动作关系。འདུམ་བྱེད་ (vdum byed)和 འདུམ་གཏང་ (vdum gtang)之间的差异未必来自动词标记自身的差异，很可能是整词的语用约定，例如 འདུམ་གཏང་ (vdum gtang)多用于中间人对买卖行为的仲裁，而 འདུམ་བྱེད་ (vdum byed)则可以用于对一般争吵的劝解。可能正是这样的约定，བྱེད་ (byed)和 གཏོང་ (gtong)复合组词的价值才能显现出来。不妨再观察两例：

བཅོས་རྒྱག་ (bcos rgyag)$_{\text{V}}$ 删除，修理，修改 ＜(bcos)$_{\text{PST-修正，改造}}$+(rgyag)$_{\text{打，做}}$ ②

བཅོས་བྱེད་ (bcos byed)$_{\text{V}}$ 改正，悔过 ＜(bcos)$_{\text{PST-修正，改造}}$+(byed)$_{\text{做}}$

---

① 自主动词：vdum-vdum-vdums 调和，修复。

② 自主动词：vchos-bcos-bcos-chos 修正，改造。

由于这两个例子采用了完成式词形，因此，右边的语素很可能转指动作的结果，整体词义包含了行为完成的结果状态。以下列出其他这类例词：

མཐོང་བྱེད་ (mthong byed)$_V$ 敬重，重视　＜(mthong)$_{HOMO-看见}$+(byed)$_{做}$

སློག་གཏང་ (slog gtang)$_V$ 遣返　＜(slog)$_{PRS-翻转，颠倒}$+(gtang)$_{放}$　①

འཛེམ་བྱེད་ (vdzem byed)$_V$ 讲客气　＜(vdzem)$_{PRS-顾忌，拘束}$+(byed)$_{做}$　②

འཐུམ་རྒྱག་ (vthum rgyag)$_V$ 包装　＜(vthum)$_{PRS-包}$+(rgyag)$_{打}$　③

སྒུག་རྒྱག་ (sgug rgyag)$_V$ 打埋伏　＜(sgug)$_{PRS-等待}$+(rgyag)$_{打}$　④

མཐུད་རྒྱག་ (mthud rgyag)$_V$ 接（起来）　＜(mthud)$_{PRS-接续}$+(rgyag)$_{打}$

ཚོད་བྱེད་ (tshod byed)$_V$ 限定　＜(tshod)$_{试探}$+(byed)$_{做}$

ཕྱོགས་བྱེད་ (phyogs byed)$_V$ 偏袒，拉萨：ཕྱོགས་ (phyogs)$_{V-HOMO}$ 倾向，偏袒；类别

རྩོམ་རྒྱག་ (rtsom rgyag)$_V$ 创作，作文　＜(rtsom)$_{编纂}$+(rgyag)$_{打，做}$

མཆོང་རྒྱག་ (mchong rgyag)$_V$ 跳，跳远

6.2.3.2 两个一般性动语素构成的复合动词

讨论两个动语素构成的复合动词难免又会遇上名动兼类的状况。有构成语素兼类原因，还有复合词转喻情况，究竟哪种原因起决定性作用难以下定论。以下以 གཉིད་ (gnyid) "入睡，睡着，睡眠" 构成的复合词加以讨论。

根据多部词典描述，གཉིད་ (gnyid)名动兼类，作动词为不自主动词，三时同形（HOMO）。

གཉིད་དཀྲོག་ (gnyid dkrog)$_V$ 吓醒，惊醒，弄醒　＜(gnyid)$_{睡着}$+(dkrog)$_{PRS-惊动}$　⑤

གཉིད་ཁུག་ (gnyid khug)$_{V/N}$ 入睡，睡着　＜(gnyid)$_{睡着}$+(khug)$_{PRS-得到}$　⑥

གཉིད་ཉལ་ (gnyid nyal)$_{V/N}$ 睡觉，就寝　＜(gnyid)$_{睡着}$+(nyal)$_{PRS-睡，卧}$　⑦

གཉིད་འདྲོག་ (gnyid vdrog)$_V$ 不自主，被惊醒　＜(gnyid)$_{睡着}$+(vdrog)$_{PRS-惊，惊诧}$　⑧

གཉིད་བྲོ་ (gnyid bro)$_{V/N}$ 打瞌睡，瞌睡　＜(gnyid)$_{睡着}$+(bro)$_{HOMO-不自主-想要，欲}$

གཉིད་ལོག་ (gnyid log)$_{V/N}$ 睡觉，入睡　＜(gnyid)$_{睡着}$+(log)$_{HOMO-返，塌}$

གཉིད་སངས་ (gnyid sangs)$_{V/N}$ 清醒，醒　＜(gnyid)$_{睡着}$+(sangs)$_{PRS-不自主，苏醒}$　⑨

གཉིད་སད་ (gnyid sad)$_{V/N}$ 醒，睡醒　＜(gnyid)$_{睡着}$+(sad)$_{HOMO-不自主-醒，睡醒，醒悟}$

---

① 自主动词：slog-bslog-bslogs 颠倒，翻转（拉萨无）。
② vdzem-vdzem-vdzems 拘束。
③ vthum-btum-btums 包裹。
④ sgug-bsgug-bsgugs 等待。
⑤ 自主动词：dkrog-dkrog-dkrogs-dkrogs 惊动。
⑥ 不自主动词：khug-khug-khugs 得到，获得。
⑦ 不自主动词：nyal-nyal-nyal-nyol 睡，卧。
⑧ 不自主动词：vdrog-vdrog-vdrogs 惊，惊诧。
⑨ 不自主动词：sang-sang-sangs 苏醒，消失，消散。

གཉིད་སླེབས་ (gnyid slebs)$_{V/N}$ 困[了]，瞌睡来[了] < (gnyid)$_{\text{睡着}}$+(slebs)$_{\text{PRS-不自主-到达}}$ ①

གཉིད་གསོད་ (gnyid gsod)$_{V}$ 叫醒，吵醒 < (gnyid)$_{\text{HOMO 睡着}}$+(gsod)$_{\text{PRS－自主-杀死，弄灭}}$ ②

对于以上复合词，有些词典标注了词性，但大多数词典未加标注，其中原因无非是复合词的词性难以确定。不过，从实用范例来看，大多数 གཉིད་ (gnyid)构成的双音节词具有较强的动作性质，或者呈现为动作结果性质。以下以 གཉིད་ཁུག་ (gnyid khug)在句子中的作用做具体分析。

6-18 ད་འོ་ན་ཁྱེད་རང་གིས་གཞས་བཏང་ནས་ང་གཉིད་ཁུག་ཏུ་ཆུགས་ད།

da-vo-na khyed-rang_gis gzhas-btang nas nga gnyid-khug_tu chugs_da.

那么　　您_AG　　　唱歌　　　后 我　睡觉_CAU　　让_IND

那么，你唱歌让我睡觉。

6-19 དེ་ནས་ཕྲུ་གུ་རྣམས་རིམ་གྱིས་གཉིད་ཁུག་ནས་ཁུ་སིམ་དུ་གནས།

de-nas phru-gu_rnams rim-gyis gnyid-khug nas khu-sim-du gnas .

后来　孩子_PL　　　渐次　　睡觉　　后 安静地　　存在

后来孩子们慢慢入睡了，安静下来。

6-20 གེ་སར་གཉིད་ཁུག་པའི་སྐབས་ལ་རྨོངས་སྨན་སྟེར་ཚང་

ge-sar gnyid-khug_pa_vi　skabs_la　rmongs-sman ster tsang

格萨尔 睡着_NMZ_GEN　时候_LOC 蒙药　　　喂

格萨尔睡觉时给他吃了蒙药。

句 6-18 中 གཉིད་ཁུག་(gnyid khug)充当小句补语，具有谓词性质；句 6-19 直接作谓语；句 6-20 གཉིད་ཁུག་པ་(gnyid khugs pa)带名词化标记并进一步带属格标记作名词 སྐབས་(skabs)的修饰语，这也体现了动词性质。句 6-21 肯定和否定两种形式对着说，否定式中间插入否定词，也是典型的动词用法。

6-21 འགྲངས་པ་གཉིད་ཁུག་ཀྱང་། ལྟོགས་པ་གཉིད་མི་ཁུག།

vgrangs_pa　gnyid-khug kyang,　ltogs-pa gnyid-mi-khug.

饱(PST)_NMZ 入睡　　　但是　饥者　入睡-NEG

饱者能入睡，饿汉难成眠。（《藏汉大辞典》）

但是 གཉིད་ཁུག་(gnyid khug)动作性较强的属性未必能推广，我们看到更多的复合词包含了名词用法。例如：

---

① 不自主动词：sleb-sleb-slebs 来到，到达。

② 自主动词：gsod-gsad-bsad-sod 杀死，弄灭。

6-22 ལྕམ་སྐུ་ཆེ་མོས་ཁོང་ལ་མཇལ་ཕྲད་རྟག་པོ་གནང་

lcam-sku-che-mo_s khong_la　mjal-phrad　rtag-po-gnang…

太太_AG　　　3sg_ALA 会见(PST)　经常　做(HOP)

“（当日）太太是常会（见）他/她的……”

句 6-22 的 མཇལ་ཕྲད་(mjal phrad)由两个动词构成的复合词，མཇལ་ (mjal)拜见+ཕྲད་ (vphrad)敬-遇见，呈名词性质，如果要构成动词，往往通过添加动词标记语素实现，即：མཇལ་ཕྲད་གནང་ (mjal phrad gnang)敬-接见，见面；或 མཇལ་ཕྲད་ཞུ་ (mjal vphrad zhu)谦-拜谒，谒见。此例实际在双音节名词跟动词标记之间还插入了形容词 རྟག་པོ་ (rtag po)经常，更说明它的名词性质。

6-23 ང་ནི་ཨ་ཅག་འཛོམས་པ་དང་མཉམ་དུ་བྲོས་བྱོལ་འགྲོ་ས་ནས་ཁྱེད་ཀྱིས་འཛིན་བཟུང་གནང་།།

nga-ni a-cag-vdzoms-pa dang mnyam-du bros-byol-vgro sa_nas

我-呢 阿加宗巴　　跟　一起　　逃跑　　　地方_LOC

khyed_kyis vdzin-bzung-gnang.

你_INS　　抓-HON

我和阿加宗巴一起在逃跑的地方被你抓起来的。

此例，བྲོས་བྱོལ་ (bros byol)由两个动词 bros$_{(\text{PST} < \text{vbros})\text{逃跑}}$+byol$_{(\text{PST} < \text{vbyol})\text{躲}}$构成，但是用作动词仍然需要构成三音节形式：བྲོས་བྱོལ་འགྲོ་ (bros byol vgro)$_{\text{V}}$，即双音节名词+动词标记语素。同样，འཛིན་བཟུང་གནང་ (vdzin bzung gnang)$_{\text{HON-V-做}}$也是一样的结构，或者采用非敬语形式：འཛིན་བཟུང་བྱེད་ (vdzin bzung byed)逮捕。

当然，也有一些 V+V 结构是复合动词，例如 སྒུག་བཞུགས་ (sgug bzhugs)$_{\text{V}}$敬-等候，来自 sgug $_{\text{等候}}$+bzhugs $_{\text{等候}}$，① འཛུམ་ཤོར་ (vdzum shor)$_{\text{V}}$微笑，来自 vdzum $_{\text{微笑，闭合}}$+shor $_{\text{发生，转移}}$。②

6.24 དམག་སྤྱི་ཆེ་མོ་སྦུག་ཏུ་ཁྱེད་སྒུག་བཞུགས་ཡོད་པས།།

dmag-spyi che-mo sbug_tu　khyed sgug-bzhugs_yod-pas.

主帅　　大　　里面_LOC 你　等候_ASP

太尉直在里面等你。（《水浒传》）

6.25 ཁ་ཅིག་ནི་མིག་ཅེ་རེར་བལྟས་ནས་ཁོང་དུ་འཛུམ་ཤོར་ནི་བསྡད།

kha-cig-ni mig-ce-re_r bltas nas khong_du vdzum-shor ni bsdad .

某人-呢　注视_OBJ 看　后 他_ALA　微笑　　呢 着

有人看了之后，对着他笑呢。

其他相同的例词有：

འཛིན་བཟུང་ (vdzin bzung)$_{\text{N}}$ 捕获 ＜(vdzin)$_{\text{PRS 抓住}}$+(bzung)$_{\text{PST 抓住}}$

---

① sgug-bsgug-bsgugs-sgugs 等；等候。

② vdzum-vdzums-vdzums 闭，合；＞vchor-vchor-shor 发生，转移。

> འཛིན་བཟུང་བྱེད་ (vdzin bzung byed) 逮捕

འཛིན་ - གཟུང་ - བཟུང་ - ཟུངས་ (vdzin-gzung-bzung -zungs) 握住，抓住

བཅོས་སྒྱུར་(bcos sgyur)_N 改革，变革 ＜(bcos)_PST-修正, 改造+(sgyur)_PRS 变更, 改变

> བཅོས་སྒྱུར་བྱེད་ (bcos sgyur byed) 改革，变革

བཅོས་སྒྲིག་(bcos sgrig)_N 改编，调整 ＜(bcos)_PST-修正, 改造+(sgrig)_PRS 编排

> བཅོས་སྒྲིག་བྱེད་ (bcos sgrig byed)改编，调整，修配

འཛུགས་སྐྲུན་ (vdzugs skrun)_N 建设 ＜(vdzugs)_PRS-建立+(skrun)_PRS-兴修, 开办

> འཛུགས་སྐྲུན་བྱེད་ (vdzugs skrun byed) 建设

འཛུགས་ - གཟུགས་ - བཙུགས་ - ཚུགས་ (vdzugs-gzugs-btsugs-tshugs) 树立，建立

སྐྲུན་ - བསྐྲུན་ - བསྐྲུན་ - སྐྲུན་ (skrun-bskrun-bskrun-skrun) 兴修，开办

འཛུགས་གཉེར་(vdzugs gnyer)_N 开办，创办 ＜(vdzugs)+(gnyer)_HOMO 办理, 追求

> འཛུགས་གཉེར་བྱེད་ (vdzugs gnyer byed) 开办，创办

འགྲོ་སྐྱོད་(vgro skyod)_N 流动 ＜(vgro)_N 变成+(skyod)_HOMO 行走，

> འགྲོ་སྐྱོད་བྱེད་ (vgro skyod byed) 流动，出行

> འགྲོ་ - འགྲོ་ - ཕྱིན་ (vgro-vgro-phyin) 走，流通，变成

འཕེལ་རྒྱས་ (vphel rgyas)_N 进步, 发展 ＜(vphel)_HOMO 繁殖, 增加+(rgyas)_PST 增长

> འཕེལ་རྒྱས་བྱུང་ (vphel rgyas byung) 繁殖，得到发展

རྒྱ་ - རྒྱ་ - རྒྱས་ (rgya-rgya-rgyas) 增长，发展

བཀག་འགོག་ (bkag vgog)_N 阻止 ＜(bkag)_PST 阻止+(vgog)_PRS 阻止

> བཀག་འགོག་བྱེད་ (bkag vgog byed) 阻止，抵挡

འགོག་ - དགག་ - བཀག་ - ཁོག་ (vgog-dgag-bkag-khog) 阻止, 停止

གསུང་བཤད་ (gsung bshad)_N 讲演 ＜(gsung)_PRS 说+(bshad)_HOMO 说（说（敬）-说）

> གསུང་བཤད་གནང་ (gsung bshad gnang) 讲演，发言

གསུང་ - གསུང་ - གསུངས་ - གསུངས་ (gsung-gsung-gsungs-gsungs) 敬-说，讲

གཉིད་ཁུག་ (gnyid khug)_V 入睡 ＜(gnyid)_HOMO 睡着+(khug)_PRS 得到

གཉིད་དཀྲོག་ (gnyid dkrog)_V 吓醒，惊醒 ＜(gnyid)_HOMO 睡着+(dkrog)_PRS 惊动

གཉིད་ཐིབ་ (gnyid thib)_V/N 昏睡 ＜(gnyid)_睡着+(thib)_ADJ 黑暗, 朦胧

采用完成式的自指动词，未完成式的转指名词。

གློད་འགྲོལ་ (glod vgrol)_N 释放，开释 ＜(glod)_V 放松, 放开+(vgrol)_PRS 解开, 释放

> གློད་འགྲོལ་གཏོང་ (glod vgrol gtong) 释放

གློད་བཀྲོལ་ (glod bkrol)_V 释放，开释 ＜(glod)_V 放松, 放开+(khrol)_pst 解开, 释放

> གློད་བཀྲོལ་གཏོང་ (glod bkrol gtong) 释放

> གློད་བཀྲོལ་ཞུ་ (glod bkrol zhu) 请求释放 ①

བཅིངས་་(bcings vgrol)$_{N}$ 解开，释放 ＜(bcings)$_{\text{PST 捆绑}}$+(vgrol)$_{\text{PRS 释放}}$

> འཆིངས་འགྲོལ་གཏོང་ (vchings vgrol gtong) 解放 ②

据《藏汉对照拉萨口语词典》，འགྲོལ་ (vgrol)这个词还有完成式（过去时）构词形式：

བཅིངས་བཀྲོལ་(bcings bkrol)$_{N}$ 解开，释放 ＜(bcings)$_{\text{PST 捆绑}}$+(bkrol)$_{\text{PST 释放}}$

འགྲོ་སྡོད་(vgro sdod) 移动 ＜(vgro)$_{\text{走}}$+(sdod)$_{\text{住，停}}$（仅 Goldstein (2001) 收此词)

(vgran zla)$_{N}$ 竞争 ＜(vgran)$_{\text{相同，比赛，较量}}$+(zla)$_{\text{配对}}$

> (vgran zla byed) 争雄，竞争 ③

有些词的右语素具有两可的词性，有些是多义词，有些则是多类词。例如：ཉམས་བྱེད་ (nyams byed)$_{V}$ 摆架子，耍派头 ＜ཉམས་ (nyams)$_{\text{V 衰败/威风，炫耀}}$+བྱེད་ (byed)$_{\text{做}}$，其中 ཉམས་ (nyams)是多义词，作名词是“威风、派头”意思，作动词是“衰弱”意思，因此复合词 ཉམས་བྱེད་ (nyams byed)是 N+V 结构。再如，འཁོན་འཛིན་ (vkhon vdzin)作动词“记仇，记恨”，转指动作行为；作名词“仇恨，怨恨”，其中 འཁོན་ (vkhon)“憎恨”是不自主动词，常表现为结果和状态， 因此词义转喻状态用作可指称的名词。这种情况很可能对形式侧重的藏语产生影响，三音节动词应运而生，例如 འཁོན་འཛིན་བྱེད་ (vkhon vdzin byed)$_{V}$ 记仇、怀恨。

更复杂的情况是词源不清晰，很难做出绝对的判断。例如 རྐོ་ (rko)$_{V}$ 雕、挖，该词的三时一式形式是 རྐོ་- བརྐོ་ - བརྐོས་ - རྐོས་(rko-brko-brkos-rkos)，对于 རྐོས་རྒྱག་ (rkos rgyag)$_{N}$“雕刻”左边语素，我们很难认为是命令式形式，因为一般复合构词仅采用完成式（过去时）和未完成式（现在时）词形，因此需要探索 རྐོས་ (rkos)的来源。根据藏语古老的构词法，曾经出现过一种动词添加 -n/-s 的名词化方法，例如 སྐུག་ (skug)赌博~སྐུགས་ (skugs)赌注，རྫོང་ (rdzong)送礼~རྫོངས་ (rdzongs)礼品，དཀྲི་ (dkri)缠~དཀྲིས་ (dkris)桶箍。རྐོས་ (rkos)很可能就是早期的名词化形式，④所以该词应该是 N+V 结构。

---

① 自主动词三时：(vgrol-dgrol-bkrol)解开，释放。

② 自主动词：(vching-bcing-bcings-chings)束缚，绑。

③ 自主动词：(vgran-vgran-vgran-vgron)竞争，比赛。

④ 参看本书第 9 章。可以补充的是，在这种古老构词法之后才出现派生构词法，例如：(blu)赎~(blus ma)赎回物。

6.2.4 形语素+动语素（A+V）复合动词

我们在第 4 章讨论词法上的 A+V 复合名词的时候，已经指出其中的 A 具有状语修饰语性质。不过由于所构成的复合词带有较强的事件性质，或者抽象行为，成为可指称的对象，因此该类结构往往体现为抽象名词。当然这里面还可能有系统性的制约，主要是藏语词汇的词形分类和词形确定功能的价值在起作用。但在实际语言运用中，复合词的语义也不是铁板一块。如果复合词表现的动作性较强，或带有动作过程意味，或带有使役意义，复合词就可能倾向充当动词。以下讨论具体案例。

我们先讨论 ལྐོག་(lkog)。据《藏汉大辞典》，ལྐོག་(lkog)作名词，是“暗中，背地”的意思，而《藏汉词典》则认为是形容词“秘密的”。从多音节动词 ལྐོག་ཁ་གཏོང་ (lkog kha gtong)“背地中伤”看，其中 ཁ་ (kha)是名词后缀形式，ལྐོག་(lkog)则应该是名词词根；从四音格形容词 ལྐོག་ལྐོག་སུད་སུད་ (lkog lkog sud sud)“鬼鬼祟祟/偷偷摸摸”看，符合形容词重叠规则。另外，现代拉萨话有副词 ལྐོག་ཏུ་ (lkog tu)和 ལྐོག་ལ་ (lkog la)“暗地里，偷偷地”，也符合形容词词根添加格标记构成副词的规则。我们这里赞成 ལྐོག་(lkog)作为形容词的观点。

复合词 ལྐོག་བརྗེ་(lkog brje 交换)$_{\text{FUT}}$是“偷偷交换”的意思，ལྐོག་ཉར་(lkog nyar)是“暗藏，暗中保存”的意思，ལྐོག་འཇབ་(lkog vjab 藏)$_{\text{PRS}}$是“潜伏，隐藏，埋伏”，ལྐོག་རྒལ་ (lkog rgal 渡) $_{\text{PRS}}$是“偷渡”，ལྐོག་རྒོལ་ (lkog rgol 攻击)则是“袭击，偷袭”，显然都是动作性很强的具体行为动词。正是由于语义上的强势动作性质，有些组合似乎被看成短语，例如，ལྐོག་འཛུལ་(lkog vdzul 钻入)表示“潜入，混入，暗中进入”。类似例词还有，ལྗི་གནོན་(lji gnon)压迫，重压；དངོས་མྱོང་(dngos myong)亲身体验，亲尝；ཚུར་འཐེན་(tshur vthen)撤回，吸出；དཀའ་འཐབ་(dkav vthab 战斗)苦战，克服困难；དམུ་བྱེད་(dmu 野蛮 byed 做)耍野蛮，整人；ནན་ཁུག་(nan 严格 khug$_{[\text{买}]\text{来}}$)劫取他人财物，强占；དཀའ་སྒྲུབ་(dkav 难 sgrub 执行)苦干。

表现明显变化过程意义和使动意义的 A+V 结构也具有较强的动词性质。例如：དྲོད་ཐུབ་ (drod 温 thub 胜过)保温；དྲོད་སྐྱེ་ (drod skye 产生)发热；དྲོད་འདོན་ (drod vdon 开采)发热；དྲོད་འགུགས་(drod vgugs 召集)使[人]暖和过来；དྲོད་རྫོགས་ (drod rdzogs 用尽)变冷；དྲོད་ཤོར་ (drod 热 shor 逃脱)变冷，热气没[了]；དྲོད་ཡལ་ (drod yal 消亡)冷却；དུམ་རྒྱག་ (dum 短 rgyag 做)砍成一节一节的；འདྲོང་སྲོང་ (vdrong 直的 srong 改正)弄直；རོབ་རྒྱག་ (rob 乱 rgyag 做)使混乱，起哄；དྲེབ་འཚོང་ (dreb 懒 vtshong 出售)耍赖。

即使 A+V 结构双音节词可以用作动词，现代用法中，人们还是倾向采用三音节形式，即在双音节复合词之后添加动词标记语素。不过，这些组合中有相当部分具有短语性质。以 སྐོག་ (lkog)与动词构成的复合词为例：

སྐོག་བཅོམ་བྱེད་ (lkog bcom byed) 偷窃	སྐོག་བརྡ་གཏོང་ (lkog brda gtong) 暗示
སྐོག་བརྡ་སྤྲོད་ (lkog brda sprod) 暗示	སྐོག་གནོད་སྐྱེལ་ (lkog gnod skyel) 暗箭伤人
སྐོག་གྲོས་བྱེད་ (lkog gros byed) 密谋	སྐོག་གཤོམ་བྱེད་ (lkog gshom byed) 图谋
སྐོག་གསོད་གཏོང་ (lkog gsod gtong) 暗杀	སྐོག་གསོག་བརྒྱབ་ (lkog gsog brgyab) 暗中积累
སྐོག་གཏམ་བཤད་ (lkog gtam bshad) 密谈	སྐོག་ཇུས་གདིང་ (lkog jus gding) 图谋
སྐོག་ལ་ཉན་ (lkog la nyan) 探听	སྐོག་ལབ་བརྒྱབ་ (lkog lab brgyab) 私下议论
སྐོག་ལྟ་བྱེད་ (lkog lta byed) 偷看	སྐོག་མཐུན་བྱེད་ (lkog mthun byed) 勾通
སྐོག་ཉན་བྱེད་ (lkog nyan byed) 偷听	སྐོག་ཉན་རྒྱག་ (lkog nyan rgyag) 偷听
སྐོག་ཉོ་རྒྱག་ (lkog nyo rgyag) 暗自购买	སྐོག་རྔན་སྤྲོད་ (lkog rngan sprod) 贿赂
སྐོག་རྔན་ཟ་ (lkog rngan za) 受贿	སྐོག་རྩིས་རྒྱག་ (lkog rtsis rgyag) 暗算
སྐོག་སྡོད་བྱེད་ (lkog sdod byed) 姘居	སྐོག་ཚོང་བརྒྱབ་ (lkog tshong brgyab) 走私
སྐོག་ཚོང་རྒྱག་ (lkog tshong rgyag) 走私	སྐོག་འབྲེལ་བྱེད་ (lkog vbrel byed) 勾结
སྐོག་འཇབ་བྱེད་ (lkog vjab byed) 潜伏	སྐོག་ཟ་བྱེད་ (lkog za byed) 贪污
སྐོག་ཟན་ཟ་ (lkog zan za) 牟利	སྐོག་ཟས་རྒྱག་ (lkog zas rgyag) 贪污
སྐོག་ཞུ་བྱེད་ (lkog zhu byed) 告密	སྐོག་རྡུང་གཏོང་ (lkog rdung gtong) 背后攻击

6.2.5　内部语素可分析型双音节动词

N+V、V+V 和 A+V 复合动词的讨论主要涉及语素之间关系以及充当动词所受到的相关制约。这类复合动词称为内部要素可分析型双音节动词，从形类角度看，它的基本特点是：复合词的左边总是名语素、动语素、形语素，乃至少量的副语素，而它的右边一定是动语素。

上文曾经说明，无论双音节复合词内部语素属于何种形类，一般都构成复合名词。上文还指出，复合词的构成具有句法继承关系。为此，我们相信双音节复合动词可能曾经是藏语发展过程中自发形成的结构，但是这种结构后来受到系统自组织力量的制约而让位于其他结构，目前词库中少量的双音节复合动词只是早期发展的遗存，或者是临时产生不具有能产性的偶发现象。在这一节里，我们先观察双音节复合动词在句子中的动词性表现，即充当谓语动词，然后讨论两种不同类型双音节复合动词呈现的差别。

6-26 ད་ཡང་ང་ཚོའི་ཅོག་ཆག་ཧྲལ་འགོ་ཚུགས་སོང་།

da yang nga_tsho_vi cog chag-hral **vgo-tshugs-**song.

现在 也 1_Pl_GEN 老兄 大话 开始_ASP

我们的老兄现在大话开始了。

6-27 ཕྱོགས་གཞན་ཞིག་དམ་འཛིན་བྱེད་ཤུགས་ཆུང་དྲགས་པའི་གནད་དོན་ད་དུང་ཐག་གཅོད་བྱུང་མེད་པ་དང་།

phyogs gzhan zhig dam-vdzin-byed shugs chung drags-pa_vi

方面 其他 一 抓紧 力量 小 不得了_GEN

Gnad-don da-dung **thag-gcod-**byung-med-pa_dang.

要义 还/仍 解决-ASP(PEF)-NEG _吧（IND）

而另一方面没抓紧的问题还未解决。

句 6-26 和 6-27 的双音节动词都充当谓语，带句法上的谓词性体貌标记。句 6-28 ངོ་ཚ་(ngo tsha)可分析为 ངོ་ (ngo)脸，ཚ་ (tsha)发热，是 N+V 结构。不过，否定形式较特别，否定词插入两个语素之间。

6-28 ཁྱེད་རང་ངོ་མ་ཚ་ཡང་ང་རང་ངོ་ཚ་གྱིས།

khyed-rang **ngo-ma-tsha** yang nga-rang **ngo-tsha**_gyis .

您 不害羞 也 我 自己 害羞_ASP

您不害羞我也害羞。

双音节复合动词的动语素大致可以分成两种类型，一类是一般性动词语素，以下称为 A 类；另一类是动词标记语素，是典型虚化的动语素，专职充当复合动词的词类标记，称为 B 类。

A 类复合动词大多还能看出句法继承上的语法关系和语义关系，例如，མགོ་དགུ་ (mgo dgu)投降，མགོ་(mgo)“头，首”跟 དགུ་ (dgu)“弯曲”衍生出“投降”意思，呈主谓关系；ཁ་གཡར་ (kha g-yar)借口，由 ཁ་ (kha)“嘴，话语”跟 གཡར་ (g-yar)“借”产生“（找）借口”意思，呈述宾关系；གདེང་ (gdeng)“相信”跟 འཁེལ་(vkhel)“信任”组合构成 གདེང་འཁེལ་(gdeng vkhel)可靠，呈语义上的并列关系；ངོས་ (ngos)“表面”跟 ལེན་(len)“取”组合造成 ངོས་ལེན་(ngos len)承认，接受，是语义上的修饰关系。这一类复合动词在整个双音节动词中占较大部分，以下列举词例。

མིང་གཡར་ (ming g-yar)借口 ＜ming 名字+g-yar 借

ཁ་ཤོར་(kha shor)失言 ＜kha 嘴+ shor 错误

ཁས་འཆེ་(khas vche)允诺，承认 ＜khas 话+vche 作证

མགོ་འཁོར་(mgo vkhor)迷惑，受骗 ＜mgo 头+vkhor 转动

ངོ་སྐྲེངས་(ngo skrengs)害羞 ＜ngo 脸+skrengs 羞愧

ངོ་ཚ་(ngo tsha)害羞 ＜ngo 脸+tsha 热

བཅུད་བྲལ་(bcud bral)无味 ＜bcud 精华+bral 分离

ཐུགས་ངལ་(thugs ngal)悲伤 ＜thugs 心，意+ngal 疲乏

འགོ་འཛུགས་(vgo vdzugs)起始 ＜vgo 开头+vdzugs 建立

དཔའ་ཞུམ་(dpav zhum)气馁，胆怯 ＜dpav 勇气+zhum 恐惧，屈服

བློ་སྐྲེལ་/བློས་ཁེལ་(blo skrel /blos khel)信任 ＜blo 智慧+skrel 送

ཐག་གཅོད་(thag gcod)决定，解决 ＜thag 距离+gcod 判断

བློ་མཐུན་(blo mthun)同意 ＜blo 智慧+mthun 调解

ལྟུས་ཐིངས་(ltus things)摸底 ＜ltus 有把握+things 铺/垫

གཏན་འཁེལ་(gtan vkhel)确定，决定 ＜gtan 秩序+vkhel 信任

ཞེ་མཐུན་(zhe mthun)想法，相同 ＜zhe 天性+mthun 调解

ཞེ་ལོག་(zhe log)厌恶 ＜zhe 天性+log 转回

ཕམ་འཁྱེར་(pham vkhyer)认输 ＜pham 失败+vkhyer 取

ཚོད་ལྟ་(tshod lta)试验 ＜tshod 标准+lta 看

བློ་འགེལ་(blo vgel)信任，相信 ＜blo 智慧+vgel 装载

རྩོད་གཡར་(rtsod g-yar)起诉 ＜rtsod 争吵+g-yar 借

སུན་ཕྱུང་(sun phyung)批驳 ＜sun 烦恼+phyung 驱逐，抛弃

ཞེ་ལོག་(zhe log)厌恶 ＜zhe 心+log 返回

ཁུངས་སྐྱེལ་(khungs skyel)证明 ＜khungs 根据+skyel 运输

ཐང་ཆད་(thang chad)疲劳 ＜thang 健康+chad 惩处

ཁ་བྲལ་(kha bral)分离 ＜kha 嘴，话语+bral 分离

འགོ་ཚུགས་(vgo tshugs)开始 ＜vgo 顶端+tshugs 停，站

ངོ་ཤེས་(ngo shes)认识 ＜ngo 脸+shes 知道

ཁས་ལེན་(khas len)承认 ＜khas 话+len 取得

以上左边的语素大多是名词，或者动词和形容词，偶然也有副词，例如：

མཐར་སྐོར་(mthar skor)包围，＜mthar 彻底+skor 旋转

རྟབ་ཤོར་ (rtab shor)着急，急忙，＜rtab 忙乱+shor 显现

B 类的动语素都是泛动词化标记（verbalizer）。例如 གཞས་(gzhas) "歌曲"与动词标记语素 གཏོང་(gtong) "放，发出，给予"结合构成 གཞས་གཏོང་(gzhas gtong)，表示"唱歌"，显然这个动词已经相当程度语义泛化了，成为典型的动词标记语素。有些语法理论称为轻动词。

我们在 6.2.3 节已经列举藏语中最典型的动词标记语素，这里继续观察由名、动、形、副等语素与之构成的双音节动词的句法功能。

6-29 དེ་ལྟར་སྐྱབས་འཇུག་གནང་ན་རང་སྲོག་བློས་བཏང་གིས་བཀའ་དྲིན་གསོབ་དགོས་པ་ལོས་ཡིན་ཞེས་བཤད་ །

de-ltar skyabs-vjug-gnang na rang-srog-**blos btang**_gis
那么 帮助 如果 命 舍弃_ASP(DUR)
bkav-drin gsob dgos-pa los yin zhes-bshad.
恩惠 偿还 必须 做 是 说
若蒙如此，誓当效死报德！

6-30 ཡབ་ཆེན་གིས་འཛེམ་བྱེད་མི་དགོས། འགྲུལ་པས་གནས་ཁང་རྒྱབ་ཏུ་འཁུར་བའི་དཔེ་མེད།

yab-chen_gis **vdzem-byed** mi-dgos. vgrul-pa_s gnas-khang
大爷_AG 客气 不用 旅客_AG 客店
rgyab_tu vkhur_ba_vi dpe med.
背部_LOC 背负_NMZ_GEN 事例 没有
太公道：不妨。如今世上人那个顶着房屋走哩。

这两个复合动词在句中都充当谓语，བློས་བཏང་ (blos btang)舍弃，འཛེམ་བྱེད་ (vdzem byed)客气。以下列出部分词例。

འདུམ་བྱེད་(vdum byed) 调解 < vdum 契约+byed 打、放、做
འདུམ་གཏང་(vdum gtang) 调解 < vdum 合同+gtang 放、给、做
སློག་གཏང་(slog gtang) 遣返 < slog 颠倒+gtang 放、给、做
འཐུམ་རྒྱག་(vthum rgyag) 包装 < vthum 包+rgyag 打、放、做
སྒུག་རྒྱག་(sgug rgyag) 打埋伏 < sgug 等待+rgyag 打、放、做
མཐུད་རྒྱག་(mthud rgyag) 接 < mthud 接续+rgyag 打、放、做
འཛེམ་བྱེད་(vdzem byed) 客气 < vdzem 拘束+byed 打、放、做
ཚོད་བྱེད་(tshod byed) 限定 < tshod 试探+byed 打、放、做
ཟོན་བྱེད་(zon byed) 警惕 < zon 提防+byed 打、放、做
སླུ་བྱེད་(slu byed) 欺骗 < slu 诱惑+byed 打、放、做
ཉམས་བྱེད་(nyams byed) 摆架子 < nyams 炫耀+byed 打、放、做
བོགས་གཏོང་(bogs gtong) 出租 < bogs 租+gtong 打、放、做
རྐོས་རྒྱག་(rkos rgyag) 雕刻 < rkos 挖+rgyag 打、放、做
སོ་རྒྱག་(so rgyag) 咬 < so 牙+rgyag 打、放、做
གྲོས་བྱེད་(gros byed) 商量 < gros 意见+byed 打、放、做
སྐད་རྒྱག་(skad rgyag) 发声 < skad 声音+rgyag 打、放、做
སྙན་གཏོང་(snyan gtong) 倾听 < snyan 耳+gtong 放、给、做
འགོ་བྱེད་(vgo byed) 带头 < vgo 头+byed 打、放、做
ཁ་གཏོང་(kha gtong) 指责 < kha 口+gtong 放、给、做
མདའ་རྒྱག་(mdav rgyag) 射箭 < mdav 箭+rgyag 打、放、做

གློ་རྒྱག་(glo rgyag) 咳嗽 ＜glo 肺+rgyag 打、放、做

གཉེན་བྱེད་(gnyen byed) 联姻 ＜gnyen 亲人+byed 打、放、做

除了以上典型动词标记语素，实际上还有一些动词也能构成双音节复合动词，也具备了充当动词标记语素的功能。以下略举几例：

སྐད་ཤོར་(skad shor) 叫苦 ＜skad 嗓音+shor 失去

ངག་ཤོར་(ngag shor) 误言 ＜ngag 话语+shor 失去

ཚེ་འགྲོ་(tshe vgro) 寿终 ＜tshe 寿命+vgro 走

དབུགས་ཕྱིན་(dbugs phyin) 死 ＜dbugs 气息+phyin 走

གཤོལ་བཏབ་(gshol btab) 犁地 ＜gshol 犁+btab 给

འཛུམ་ཤོར་(vdzum shor) 微笑< vdzum 笑+shor 转移

རྟབ་ཤོར་(rtab shor) 着急，急忙 ＜rtab 忙乱+shor 显现

པར་འདེབས་(par vdebs) 印，印刷 ＜par 相片+vdebs 植

ཁ་འདོན་(kha vdon) 念叨 ＜kha 口+vdon 念诵

རྡོག་ཐོན་(rdog thon) 启程，出发 ＜rdog 脚底+thon 动身

6.2.6 内部不可解析型双音节动词

藏语里还有一些双音节动词的内部语素难以解析。从敦煌藏文来看，我们检索到少量这样的动词，例如 བློ་མཐུན་ (blo mthun)同意（PT1287），ཚོད་ལྟ་ (tshod lta)试验（PT1283），ཡིད་ཆེས་ (yid ches)相信，信任（PT1283/ PT0239），མགོ་དགུ་ (mgo dgu)投降（PT1043/ITJ734），ངོ་ཚ་ (ngo tsha)“害羞”（ITJ731/734）。①就敦煌时期的用法来看，这些动词或许会经历短语的词汇化过程而形成，而且推测这个过程应主要发生在吐蕃时期之后。例如：

6-31 དེའི་ཚེ་བློན་པོ་སྲིད་བྱེད་པའི་རྣམས་ཀྱང་བློ་མཐུན་གྲོས་གཅིག་སྟེ་

dev_i tshe blon-po srid-byed_pa_v-i rnams kyang **blo-mthun**

那_GEN 机会 大臣 搞政治_NMZ_GEN 人们 也 同意

gros gchig ste ...

商议 一 且

那次的机会，搞政治的大臣们也一致同意……（PT. 1287）

现代多部词典都记录了 བློ་མཐུན་ (blo mthun)“同意，赞同”可用作动词，例如：

---

① PT1287 等都是法藏藏文敦煌文献的编号。参看王尧、陈践（2008），《敦煌古藏文文献探索集》，上海古籍出版社。

6-32 མང་པོ་གཅིག་ཏུ་བློ་མཐུན་ན། ཉམ་ཆུང་གིས་ཀྱང་དོན་ཆེན་འགྲུབ།།

mang-po gcig-tu blo-mthun na, nyam-chung_gis kyang

大家 一致 同意 如果 弱小_AG 也

don-chen vgrub.

事情 大 完成

众人一条心，弱小成大事。

这个古文献句子里，བློ་མཐུན་ (blo mthun) “同意，赞同” 做谓语但词类并不清晰。后来产生了 བློ་མཐུན་གྲོས་ (blo mthun gros)三音节动词。《藏英大辞典》就收录了这个词。

6-33 བདག་གི་ཚོད་གྱང་མྱི་རིག་ན། གཞན་གྱི་ཚོད་ལྟ་ག་ལ་རིག།།

bda_gi tshod gyang myi-rig na, gzhan_gyi **tshod-lta**

我_GEN 推测 也 NEG-聪明 如果 其他_GEN 揣度

ga-la rig.

什么 聪明

我的推测如果也不聪明，其他揣度有什么聪明的吗？（PT. 1283）

句 6-33 中，ཚོད་ལྟ་ (tshod lta)明显是名词性质，但是《藏汉对照拉萨口语词典》记为名词兼动词，作为动词，该词读音上两音节之间略有停顿，可能仍然是动词短语。现代则直接用三音节形式 ཚོད་ལྟ་བྱེད་ (tshod lta byed)试验，尝试。

我们进一步观察现代语言的用法。

6-34 ངས་ཚང་མ་ཧ་གོ་གིས།

nga_s tshang-ma **ha-go**_gis.

1sg_AG 全 知道_ASP

我全都明白。

6-35 དེ་ནི་ཁོ་པ་རང་ཉིད་གིས་ལན་པ་ལས་ང་ཚོས་ཁོ་ལ་སྒྲོ་འདོགས་གནོད་སྐྱེལ་བྱས་པ་ཞིག་མ་ཡིན།

de ni kho-pa rang-nyid_gis lan-pa-las nga-tsho_s kho_la

那 呢 他 自己_AG 错 做 我们_AG 他_OBJ

sgro-vdogs gnod-skyel-byas_pa zhig-ma yin.

夸张 迫害-做_NMZ 完全-NEG 是

非是我们生事害他，其实那厮无礼！（《水浒传》）

6-36 ད་ཆ་ཁྱོད་ཀྱང་ཕམ་ཁ་ཤོར་ན་ཏ་མིང་ཧྥུའི་སྲིད་གཞུང་གི་དམག་དཔོན་རྣམས་ཁོའི་མཐོང་ཆུང་བྱེད་ཡུལ་དུ་འགྱུར་ངེས་རེད།

da-cha khyod kyang pham-**kha-shor** na ta-ming-hphu_vi srid-gzhung_gi

现在 你 也 失败 如果大名府_GEN 政府_GEN

dmag-dpon_rnams kho_vi mthong-chung-byed yul_du vgyur-nges-red.
军官_PL 他_GEN 轻视 地方_FAT 变-必定
你若有些疏失，吃他把大名府军官都看得轻了。（《水浒传》）

尽管这类动词内部结构不易分析，但实际上不同词语还是有一些差异，包括一个语素可解释，而另一个语素无法解释的。我们相信，由于这些动词主要产生于短语的词汇化，实际上追究起来，意义还是能够一定程度上被挖掘出来。至于完全不能分析的主要指无法从共时状态下或字面意义的词根构成获得动词意义，即一般不能分析的。例如ཧ་གོ་(ha go)懂得，知道，我们很难指出其中每个词根语素的实际含义，或者不能说明词根语素对构成动词有何语义上的贡献。所以这类动词应该属于特异性词汇，它的意义不可轻易预测出来。例如以下双音节动词：

ཡིད་ཆེས་(yid ches) 信任 ＜yid 意，心+ches 相信
ཧ་ལས་(ha las) 诧异 ＜ha（表情状态）+las 做
ར་འཕྲོད་(ra vphrod) 证实 ＜ra 援助+vphrod 得到
སུན་ཕྱུང་(sun phyung) 批判 ＜sun 烦恼+phyung 排除
ཧང་སང་(hang sang) 惊奇 ＜hang 空，迷茫+sang 醒悟，净
སྒྲོ་འདོགས་(sgro vdogs) 诬蔑 ＜sgro 翎，污点+vdogs 附加，拴
ཧ་གོ་(ha go) 知道 ＜ha（表情状态）+go 领悟
འགྲན་ཟླ་(vgran zla) 竞争 ＜vgran 相同+zla 配对

通过以上分析，形式上可以简单地建立一条基本规则，即双音节动词的两个语素之第二个语素总是动语素。换句话说，藏语双音节动词总是有一个核心动语素在右边。描述双音节复合动词的基本框架是$[[\text{MORPH}]_{V/N/A}[\text{MORPH}]_{V}]_{V}$。

6.3 三音节复合动词

三音节复合动词最直观的共性是：（1）内部呈 2+1 格式，即前两个音节是两个语素，一般构成双音节名词，韵律上是一个完整音步；后一个音节是单音节动词语素，来源于独立的单音节动词，与前面双音节之间略有停顿。（2）三音节动词具有能产性，由于大多采用构式产生，应用于句子中的时候，前面可添加形容词性修饰语，中间可插入否定词等副词，因此与三音节动词短语划界不清。从复合动词内部观察，也可发现各种不同类型的构成要素，例如前两个音节大多是双音节词根复合名词，也有带词缀派生名词和少量派生形容词，此外，还有重叠和叠音形式。从动词语

素的语义类型上看,有主动意义和受动意义的分别,还有跟前面名词语义关联的同源动词。从词法角度看,三音节动词最重要的特征是,部分动词语素出现严重的词义泛化现象,甚至虚化为单纯的动词标记语素,词的意义由前面的双音词决定,即所谓动词标记语素。

这一节我们先讨论不同类别复合词与动词语素构成的复合动词,其次讨论不同语义类型的复合动词,最后列举各类动词标记语素造成的复合动词。

6.3.1 带复合名词的三音节动词

三音节复合动词中最普遍的是双音节名词与动语素构成。这些双音节名词大多数都表示抽象意义,而动词语素也大多是标记语素。例如,གཏོང་ (gtong)放,རྒྱག་ (rgyag)打,བྱེད་ (byed)做。由于动词标记语素词义泛化,不少情况下相互可以替换,原来意义上有区别的、经过语义虚化逐渐沦为单纯构词语素。特别应该指出的是,相当多数的双音节名词都可以自由成词,并与添加的动词形成两两对应的格局。当然,由于这是一种典型的能产性动词构词方式,因此这类新型动词是否放入词典(词库)还需做更多讨论。[①]

མངག་བཅོལ་ (mngag bcol) 委托,寄托 > མངག་བཅོལ་བྱེད་ (mngag bcol byed) 嘱咐

ཚོང་བཅོལ་ (tshong bcol) 代销 > ཚོང་བཅོལ་བྱེད་ (tshong bcol byed) 寄售

སྐོར་བཅོམ་ (skor bcom) 围剿 > སྐོར་བཅོམ་བྱེད་ (skor bcom byed) 围剿

བརྙས་བཅོས་ (brnyas bcos) 侮辱 > བརྙས་བཅོས་བྱེད་ (brnyas bcos byed) 欺凌,欺侮

གསར་བཅོས་ (gsar bcos) 革新 > གསར་བཅོས་བྱེད་ (gsar bcos byed) 革新

གཤག་བཅོས་ (gshag bcos) 手术 > གཤག་བཅོས་བྱེད་ (gshag bcos byed) 动手术

ལེགས་བཅོས་ (legs bcos) 改善,改良 > ལེགས་བཅོས་བྱེད་ (legs bcos byed) 改善,改进

          ལེགས་བཅོས་གཏོང་ (legs bcos gtong) 改善,改进

ནོར་བཅོས་ (nor bcos) 正误,勘误 > ནོར་བཅོས་བྱེད་ (nor bcos byed) 勘误,更正

སྒྱུར་བཀོད་ (sgyur bkod) 改造 > སྒྱུར་བཀོད་བྱེད་ (sgyur bkod byed) 改造,改革

བསྙེན་བཀུར་ (bsnyen bkur) 敬重 > བསྙེན་བཀུར་བྱེད་ (bsnyen bkur byed) 敬礼供养

རྒྱང་བལྟས་ (rgyang bltas) 展望 > རྒྱང་བལྟས་བྱེད་ (rgyang bltas byed) 远看,展望

          རྒྱང་བལྟས་རྒྱག་ (rgyang bltas rgyag) 瞻望,展望

དམག་བརྡ་ (dmag brda) 军令 > དམག་བརྡ་གཏོང་ (dmag brda gtong) 宣战

[①] 藏语词典史上大多数词典不收入这类条目,这是因为这类结构多为新生现象,是否看作词有不同见解。《藏汉大辞典》等词典对这类现象没有确定统一规范,有些收,有些不收(但可能作为例证)。戈尔斯坦(Groldstein 2001)采用了一个可取的办法,把这类条目作为次级词条收入词典。

ལྐུགས་བརྡ་ (lkugs brda) 手语 > ལྐུགས་བརྡ་བྱེད་ (lkugs brda byed) 哑巴打手势

བསླུ་བྲིད་ (bslu brid) 诱惑，欺骗 > བསླུ་བྲིད་བྱེད་ (bslu brid byed) 诱惑，引诱，哄骗

མ་བྲིན་ (ma brin) 虚伪，谎 > མ་བྲིན་གཏོང་ (ma brin gtong) 造假

དངུལ་བརྗེས་ (dngul brjes) 汇兑 > དངུལ་བརྗེས་གཏོང་ (dngul brjes gtong) 汇钱，汇款

དངུལ་བརྗེས་རྒྱག་ (dngul brjes rgyag) 汇钱，汇款

སྐྱོན་བརྗོད་ (skyon brjod) 指责，批评 > སྐྱོན་བརྗོད་བྱེད་ (skyon brjod byed) 进行批评

འགོ་བརྗོད་ (vgo brjod) 前言 > འགོ་བརྗོད་རྒྱག་ (vgo brjod rgyag) 写序言

དམིགས་བསལ་ (dmigs bsal) 特别，优待 > དམིགས་བསལ་བྱེད་ (dmigs bsal byed) 优待

རྟ་བསྡུར་ (rta bsdur) 赛马 > རྟ་བསྡུར་རྒྱག་ (rta bsdur rgyag) 赛马

འགྱོད་བཤག་ (vgyod bshag) 后悔，懊悔 > འགྱོད་བཤག་བྱེད་ (vgyod bshag byed) 悔改

གཏུག་བཤེར་ (gtug bsher) 官司，告状 > གཏུག་བཤེར་བྱེད་ (gtug bsher byed) 打官司，起诉

གཏུག་བཤེར་རྒྱག་ (gtug bsher rgyag) 打官司，起诉

ཐོ་བཤེར་ (tho bsher) 查账，点名 > ཐོ་བཤེར་གཏོང་ (tho bsher gtong) 查账，点名

བསྟོད་བསྔགས་ (bstod bsngags) 表扬 > བསྟོད་བསྔགས་བྱེད་ (bstod bsngags byed) 歌颂，称赞

བསྟོད་བསྔགས་གཏོང་ (bstod bsngags gtong) 歌颂，称赞

འཕྲོད་བསྟེན་ (vphrod bsten) 卫生 > འཕྲོད་བསྟེན་བྱེད་ (vphrod bsten byed) 搞卫生

ངོ་བསྟོད་ (ngo bstod) 恭维，奉承 > ངོ་བསྟོད་བྱེད་ (ngo bstod byed) 拍马屁，奉承

ཡུལ་བྱོལ་ (yul byol) 流亡，逃亡 > ཡུལ་བྱོལ་བྱེད་ (yul byol byed) 逃难，逃亡

འགྲུལ་བཞུད་ (vgrul bzhud) 旅行 > འགྲུལ་བཞུད་བྱེད་ (vgrul bzhud byed) 往来旅行

ཞེན་ཆགས་ (zhen chags) 贪图 > ཞེན་ཆགས་བྱེད་ (zhen chags byed) 贪恋，留恋

ལྟོ་ཆས་ (lto chas) 粮食，食品 > ལྟོ་ཆས་གཏོང་ (lto chas gtong) 开饭

སྣང་ཆེན་ (snang chen) 重视 > སྣང་ཆེན་བྱེད་ (snang chen byed) 重视，宝贵

ཡིད་ཆེས་ (yid ches) 信心，相信 > ཡིད་ཆེས་བྱེད་ (yid ches byed) 相信，信任

སེམས་ཆུང་ (sems chung) 留心，小心 > སེམས་ཆུང་བྱེད་ (sems chung byed) 虚心，安分

སྔོན་དཔག་ (sngon dpag) 预期，预测 > སྔོན་དཔག་བྱེད་ (sngon dpag byed) 预料，预测，预期

བརྟག་དཔྱད་ (brtag dpyad) 考察，调查 > བརྟག་དཔྱད་བྱེད་ (brtag dpyad byed) 考虑，探索

རྩད་གཅོད་ (rtsad gcod) 探访，调查 > རྩད་གཅོད་བྱེད་ (rtsad gcod byed) 调查，查找

ཤིང་གཅོད་ (shing gcod) 砍树 > ཤིང་གཅོད་རྒྱག་ (shing gcod rgyag) 伐木，砍木头

སྲོག་གཅོད་ (srog gcod) 害命 > སྲོག་གཅོད་བྱེད་ (srog gcod byed) 杀生

རྩིག་གདན་ (rtsig gdan) 墙基 > རྩིག་གདན་རྒྱག་ (rtsig gdan rgyag) 打地基，垫地基

རྒྱ་གླིང་ (rgya gling) 唢呐 > རྒྱ་གླིང་གཏོང་ (rgya gling gtong) 吹唢呐

ཧར་གོང་ (har gong) 谎价，虚价 > ཧར་གོང་རྒྱག་ (har gong rgyag) 要虚价，抬高市价

བཞུགས་གྲལ་ (bzhugs gral) 行列，坐次 > བཞུགས་གྲལ་གཏོང་ (bzhugs gral gtong) 排列坐次，排坐位

མཐའ་གསལ་ (mthav gsal) 清楚 > མཐའ་གསལ་གཏོང་ (mthav gsal gtong) 弄清楚，弄个水落石出

བསྡུ་གསོག་ (bsdu gsog) 收拾 > བསྡུ་གསོག་རྒྱག་ (bsdu gsog rgyag) 收拾，整理，归置

རྒོལ་གཏམ་ (rgol gtam) 抗议 > རྒོལ་གཏམ་གཏོང་ (rgol gtam gtong) 提出抗议

གདོང་གཏུག་ (gdong gtug) 冲突，交锋 > གདོང་གཏུག་རྒྱག་ (gdong gtug rgyag) 冲突(武装)

བསམ་གཞིགས་ (bsam gzhigs) 考虑 > བསམ་གཞིགས་བྱེད་ (bsam gzhigs byed) 权衡，着想，考虑

སྨན་ཁབ་ (sman khab) 针药 > སྨན་ཁབ་རྒྱག་ (sman khab rgyag) 注射，打针

དཔེ་ཁྲིད་ (dpe khrid) 授课 > དཔེ་ཁྲིད་བྱེད་ (dpe khrid byed) 授课，教书

当然，也有一些复合动词添加不同动词标记语素可能造成不同的价值，语义上有一些差别。我们认为这类现象应该是藏民族在使用过程中约定俗成造成的。例如：

ཁ་བརྡ་ (kha brda)谈话，交谈 > ཁ་བརྡ་བྱེད་ (kha brda byed) 闲谈，聊天，谈话

ཁ་བརྡ་གཏོང་ (kha brda gtong) 指挥，努嘴

ཆ་བགོས་ (cha bgos)分配 > ཆ་བགོས་བྱེད་ (cha bgos byed) 分开

ཆ་བགོས་གཏོང་ (cha bgos gtong) 分开，分份儿

ཆ་བགོས་རྒྱག་ (cha bgos rgyag) 分派，平分

མིག་བརྡ་ (mig brda)眼色 > མིག་བརྡ་བྱེད་ (mig brda byed) 递眼色

མིག་བརྡ་གཏོང་ (mig brda gtong) 使眼色

རྐུ་བཤུས་ (rku bshus)抄袭(文稿) > རྐུ་བཤུས་བྱེད་ (rku bshus byed) 剽窃

རུས་བཤུས་རྒྱག་ (rus bshus rgyag) 剔骨头

སྤུ་བཤུས་གཏོང་ (spu bshus gtong) 拔毛，刮毛

ཐོག་བཤུས་རྒྱག་ (thog bshus rgyag) 拆房顶

6.3.2 带派生名词的三音节动词

双音节派生名词也可添加动词标记语素构成三音节动词。其中派生名词带典型名词后缀 པ་, བ་, མ་, མོ་, པོ་,(pa、ba、ma、mo、po)等。从语义上看，这类三音节动词表达与名词相关的意义，例如指人名词对应所从事的工作或

动作，指物名词对应所充当的工具或动作的对象或其他相关事件。少量词是不带词缀的双音节形式。

6.3.2.1 名词带派生词缀 po 的复合动词

  ཨར་པོ་ (ar po) 泥工 > ཨར་པོ་རྒྱག (ar po rgyag) 修建

  བདག་པོ་ (bdag po) 主人 > བདག་པོ་རྒྱག (bdag po rgyag) 管理

  དཔང་པོ་ (dpang po) 证人 > དཔང་པོ་བྱེད་ (dpang po byed) 作证

  དཔོན་པོ་ (dpon po) 官吏 > དཔོན་པོ་བྱེད་ (dpon po byed) 做官

  འཆམ་པོ་ (vcham po) 舞者 > འཆམ་པོ་བྱེད་ (vcham po byed) 和睦相处，搞好关系

  གྲོགས་པོ་ (grogs po) 朋友 > གྲོགས་པོ་བྱེད་ (grogs po byed) 交朋友

         > གྲོགས་པོ་གཏོང་ (grogs po gtong) 交朋友

  བརྗེ་པོ་ (brje po) 交换，交易 > བརྗེ་པོ་རྒྱག (brje po rgyag) 交换

  དོ་པོ་ (do po) 驮子 > དོ་པོ་རྒྱག (do po rgyag) 打包裹

  ཏལ་པོ་ (tal po) 牛粪饼 > ཏལ་པོ་རྒྱག (tal po rgyag) 做牛粪饼

6.3.2.2 名词带派生词缀 pa 的复合动词

  བཀོད་པ་ (bkod pa) 计划 > བཀོད་པ་གཏོང་ (bkod pa gtong) 指挥

  བརྩེགས་པ་ (brtsegs pa) 层，叠 > བརྩེགས་པ་རྒྱག (brtsegs pa rgyag) 摞，堆

  བཙོག་པ་ (btsog pa) 污垢，脏 > བཙོག་པ་གཏོང་ (btsog pa gtong) 拉屎

  བུག་པ་ (bug pa) 窟窿 > བུག་པ་བྱེད་ (bug pa byed) 打洞

  བཟོད་པ་ (bzod pa) 耐心 > བཟོད་པ་བྱེད་ (bzod pa byed) 宽恕，忍耐

  ཆད་པ་ (chad pa) 处分 > ཆད་པ་གཏོང་ (chad pa gtong) 惩罚

  ཆམ་པ་ (cham pa) 感冒 > ཆམ་པ་རྒྱག (cham pa rgyag) 感冒，伤风

  ཆར་པ་ (char pa) 雨 > ཆར་པ་གཏོང་ (char pa gtong) 下雨，降雨

  དད་པ་ (dad pa) 信仰 > དད་པ་བྱེད་ (dad pa byed) 信[教]

  དབྱུག་པ་ (dbyug pa) 棍；棒 > དབྱུག་པ་རྒྱག (dbyug pa rgyag) 用连枷打青稞

  དགག་པ་ (dgag pa) 批判 > དགག་པ་རྒྱག (dgag pa rgyag) 反驳，批判

  གཅིན་པ་ (gcin pa) 尿 > གཅིན་པ་གཏོང་ (gcin pa gtong) 撒尿

         > གཉིད་པ་གཏོང་ (gnyid pa gtong) 打呼噜

  གོམ་པ་ (gom pa) 步子 > གོམ་པ་རྒྱག (gom pa rgyag) 迈步

  གཟན་པ་ (gzan pa) 草 > གཟན་རྒྱག་པ་ (gzan rgyag pa) 喂草料

  ཧམ་པ་ (ham pa) 贪婪 > ཧམ་པ་བྱེད་ (ham pa byed) 胃口大

         > ཧམ་པ་རྒྱག (ham pa rgyag) 发霉，长绿毛

  ཇག་པ་ (jag pa) 强盗 > ཇག་པ་རྒྱག (jag pa rgyag) 抢劫

  ཁང་པ་ (khang pa) 房屋 > ཁང་པ་རྒྱག (khang pa rgyag) 盖房子

  ཁོག་པ་ (khog pa) 里面；内部 > ཁོག་པ་བྱེད་ (khog pa byed) 宽恕，饶恕

ལག་པ་ (lag pa) 手 > ལག་པ་གཏོང་ (lag pa gtong) 握手，拉手
ལྷགས་པ་ (lhags pa) 风 > ལྷགས་པ་རྒྱག་ (lhags pa rgyag) 刮风
ལྷན་པ་ (lhan pa) 补丁 > ལྷན་པ་རྒྱག་ (lhan pa rgyag) 打补丁
མདུད་པ་ (mdud pa) 结子 > མདུད་པ་རྒྱག་ (mdud pa rgyag) 打结
མུག་པ་ (mug pa) 蠹虫 > མུག་པ་རྒྱག་ (mug pa rgyag) 虫蛀
ཉན་པ་ (nyan pa) 听者 > ཉན་པ་རྒྱག་ (nyan pa rgyag) 偷听
                       > ཉན་རྒྱག་ (nyan rgyag) 偷听
ཉེས་པ་ (nyes pa) 罪孽 > ཉེས་པ་གཏོང་ (nyes pa gtong) 惩罚
ཕམ་པ་ (pham pa) 失败 > ཕམ་པ་བྱེད་ (pham pa byed) 战胜
ཕུར་པ་ (phur pa) 木桩 > ཕུར་པ་རྒྱག་ (phur pa rgyag) 钉木桩
རྡོག་པ་ (rdog pa) 补丁 > རྡོག་པ་རྒྱག་ (rdog pa rgyag) 补鞋底
                       > རྡོག་རྒྱག་ (rdog rgyag) 补鞋底
རིག་པ་ (rig pa) 智力 > རིག་པ་གཏོང་ (rig pa gtong) 动脑筋
རྨོན་པ་ (rmon pa) 耕田 > རྨོན་པ་རྒྱག་ (rmon pa rgyag) 耕，犁
རོགས་པ་ (rogs pa) 同伴；帮助者 > རོགས་པ་བྱེད་ (rogs pa byed) 作伴，作助手
རྩོད་པ་ (rtsod pa) 辩论 > རྩོད་པ་རྒྱག་ (rtsod pa rgyag) 争辩，争论
སྦུད་པ་ (sbud pa) 皮风箱 > སྦུད་པ་རྒྱག་ (sbud pa rgyag) 打皮风箱
སྦྱིན་པ་ (sbyin pa) 礼物；施舍物 > སྦྱིན་པ་གཏོང་ (sbyin pa gtong) 布施，施舍
ཤེས་པ་ (shes pa) 知识；智慧 > ཤེས་པ་བྱེད་ (shes pa byed) 了解
སྐེད་པ་ (sked pa) 腰；腰部 > སྐེད་པ་རྒྱག་ (sked pa rgyag) 行经
                       > སྐེད་རྒྱག་ (sked rgyag) 行经
སྐྱག་པ་ (skyag pa) 大便 > སྐྱག་པ་གཏོང་ (skyag pa gtong) 拉屎
སྔུར་པ་ (sngur pa) 鼾声 > སྔུར་པ་གཏོང་ (sngur pa gtong) 打鼾
སོ་པ་ (so pa) 哨兵 > སོ་པ་གཏོང་ (so pa gtong) 派岗，派哨
སྤོབས་པ་ (spobs pa) 胆量；自信 > སྤོབས་པ་བྱེད་ (spobs pa byed) 骄傲，自大
ཐག་པ་ (thag pa) 绳；索 > ཐག་པ་གཏོང་ (thag pa gtong) 拴绳子
                       > ཐག་པ་རྒྱག་ (thag pa rgyag) 拴绳子
ཐན་པ་ (than pa) 干旱 > ཐན་པ་གཏོང་ (than pa gtong) 闹旱灾
ཐིགས་པ་ (thigs pa) 点；滴 > ཐིགས་པ་རྒྱག་ (thigs pa rgyag) 滴水，漏
འདོད་པ་ (vdod pa) 欲望；主张 > འདོད་པ་བྱེད་ (vdod pa byed) 愿意，图谋
                       > འདོད་བྱེད་ (vdod byed) 想望，希求
འགྲེལ་པ་ (vgrel pa) 注释 > འགྲེལ་པ་རྒྱག་ (vgrel pa rgyag) 解释，说明
འགྱོད་པ་ (vgyod pa) 后悔 > འགྱོད་པ་བྱེད་ (vgyod pa byed) 忏悔
ཟམ་པ་ (zam pa) 桥梁 > ཟམ་པ་རྒྱག་ (zam pa rgyag) 架桥

6.2.3.3 名词带派生词缀 ma 的复合动词

དྲི་མ་ (dri ma) 气味 > དྲི་མ་རྒྱག་ (dri ma rgyag) 散发气味

གཏོར་མ་ (gtor ma) 祭品（佛）> གཏོར་མ་གཏོང་ (gtor ma gtong) 散施食

       > གཏོར་མ་རྒྱག་ (gtor ma rgyag) 抛朵马

ཁྲ་མ་ (khra ma) 判决书 > ཁྲ་མ་གཏོང་ (khra ma gtong) 判决

ཁྲོལ་མ་ (khrol ma) 筛；箩 > ཁྲོལ་མ་རྒྱག་ (khrol ma rgyag) 筛

མཆི་མ་ (mchi ma) 泪 > མཆི་མ་གཏོང་ (mchi ma gtong) 流泪

ཉི་མ་ (nyi ma) 太阳 > ཉི་མ་རྒྱག་ (nyi ma rgyag) 太阳照射

རྫུན་མ་ (rdzun ma) 假的，赝品 > རྫུན་མ་གཏོང་ (rdzun ma gtong) 造假，舞弊

རྐོ་མ་ (rko ma) 锄头 > རྐོ་མ་རྒྱག་ (rko ma rgyag) 锄地

རྙང་མ་ (rnyang ma) 痢 > རྙང་མ་གཏོང་ (rnyang ma gtong) 腹泻

སྦྱར་མ་ (sbyar ma) 铁铲 > སྦྱར་མ་རྒྱག་ (sbyar ma rgyag) 铲

སྐུལ་མ་ (skul ma) 鼓励 > སྐུལ་མ་གཏོང་ (skul ma gtong) 打气，鼓励

སྐྱོ་མ་ (skyo ma) 诽谤 > སྐྱོ་མ་བྱེད་ (skyo ma byed) 挑拨是非

སྙེ་མ་ (snye ma) 穗 > སྙེ་མ་གཏོང་ (snye ma gtong) 吐穗儿

སྲོ་མ་ (sro ma) 虮子 > སྲོ་མ་རྒྱག་ (sro ma rgyag) 长虮子

འཕར་མ་ (vphar ma) 额外 > འཕར་མ་གཏོང་ (vphar ma gtong) 增加，添加

ཡུར་མ་ (yur ma) 杂草 > ཡུར་མ་རྒྱག་ (yur ma rgyag) 除草

ཞིབ་མ་ (zhib ma) 筛子 > ཞིབ་མ་རྒྱག་ (zhib ma rgyag) 用筛子筛

6.2.3.4 名词带派生词缀 mo 的复合动词

དམོད་མོ་ (dmod mo) 诅咒 > དམོད་མོ་རྒྱག་ (dmod mo rgyag) 咒骂

གྲང་མོ་ (grang mo) 寒冷 > གྲང་མོ་བྱེད་ (grang mo byed) 变冷

རི་མོ་ (ri mo) 图画 > རི་མོ་བྱེད་ (ri mo byed) 作画，粉饰

སྦར་མོ་ (sbar mo)（扬场）耙 > སྦར་མོ་རྒྱག་ (sbar mo rgyag) 扬场

སྟོན་མོ་ (ston mo) 宴会 > སྟོན་མོ་གཏོང་ (ston mo gtong) 请客

6.2.3.5 名词带派生词缀 ba 的复合动词

བྲེལ་བ་ (brel ba) 忙 > བྲེལ་བ་བྱེད་ (brel ba byed) 急忙，忙碌

དགེ་བ་ (dge ba) 善 > དགེ་བ་བྱེད་ (dge ba byed) 行善

      > དགེ་བ་གཏོང་ (dge ba gtong) 行布施

དྲི་བ་ (dri ba) 疑问 > དྲི་བ་བྱེད་ (dri ba byed) 提问，审问

      > གོ་བ་རྒྱག་ (go ba rgyag) 求解，领会，去理解，猜测

གསང་བ་ (gsang ba) 秘密 > གསང་བ་བྱེད་ (gsang ba byed) 保密

ཁུ་བ་ (khu ba) 精液 > ཁུ་བ་བྱེད་ (khu ba byed) 造精

ཀོ་བ་ (ko ba) 皮革 > ཀོ་བ་གཏོང་ (ko ba gtong) 划皮船

མཆེ་བ་ (mche ba) 犬齿 > མཆེ་བ་གཏོང་ (mche ba gtong) 发芽

> མཆེ་གཏོང་ (mche gtong) 发芽

རེ་བ་ (re ba) 希望 > རེ་བ་བྱེད་ (re ba byed) 期望

སེར་བ་ (ser ba) 雹 > སེར་བ་གཏོང་ (ser ba gtong) 下雹子

ཤུ་བ་ (shu ba) 痂，疤 > ཤུ་བ་རྒྱག་ (shu ba rgyag) 长疮

> སྐོར་བ་རྒྱག་ (skor ba rgyag) 转圈，绕弯子

སྐྱ་བ་ (skya ba) 桨，橹 > སྐྱ་བ་རྒྱག་ (skya ba rgyag) 划船，摇橹

སྣང་བ་ (snang ba) 幻想，意想 > (སྣང་བ་བྱེད་snang ba byed) 留心

སོལ་བ་ (sol ba) 炭 > སོལ་བ་རྒྱག་ (sol ba rgyag) 烧木炭

ཚ་བ་ (tsha ba) 热气 > ཚ་བ་རྒྱག་ (tsha ba rgyag) 发烧，发热

འབྲེལ་བ་ (vbrel ba) 联系 > འབྲེལ་བ་བྱེད་ (vbrel ba byed) 接头，联络

འབུལ་བ་ (vbul ba) 礼品 > འབུལ་བ་རྒྱག་ (vbul ba rgyag) 纳贡

ཡོལ་བ་ (yol ba) 帘，幕 > ཡོལ་བ་རྒྱག་ (yol ba rgyag) 闭幕，放帘子

ཞལ་བ་ (zhal ba) 泥灰 > ཞལ་བ་བྱས་ (zhal ba byas) 泥封；封闭

> ཞལ་བ་རྒྱག་ (zhal ba rgyag) 抹墙泥

6.3.3 带派生形容词的三音节动词

藏语双音节完形形容词可以直接带动词标记语素构成三音节复合动词。其中形容词本身似乎只表示某种属性意义，类似于名词，动词则表达与该意义相关的动作。例如：

ཚ་པོ་ (tsha po) 热 > ཚ་པོ་རྒྱག་ (tsha po rgyag) 打得准

བསིལ་པོ་ (bsil po) 清凉 > བསིལ་པོ་བྱེད་ (bsil po byed) 乘凉

བཙུན་པོ་ (btsun po) 用功的 > བཙུན་པོ་བྱེད་ (btsun po byed) 积极，勤奋

བྱམས་པོ་ (byams po) 慈爱 > བྱམས་པོ་བྱེད་ (byams po byed) 疼爱

ཅག་པོ་ (cag po) [手]紧，吝啬 > ཅག་པོ་བྱེད་ (cag po byed) 保管好

དགའ་པོ་ (dgav po) 喜欢，高兴 > དགའ་པོ་བྱེད་ (dgav po byed) 爱好，喜爱

གཅེས་པོ་ (gces po) 可爱的 > གཅེས་པོ་བྱེད་ (gces po byed) 爱护

གྲུང་པོ་ (grung po) 聪明；伶俐 > གྲུང་པོ་བྱེད་ (grung po byed) 留神，振作精神

གཟོབ་པོ་ (gzob po) 小心谨慎 > གཟོབ་པོ་བྱེད་ (gzob po byed) 爱惜

ཁྲེས་པོ་ (khres po) 负担 > ཁྲེས་པོ་རྒྱག་ (khres po rgyag) 打捆

མཐུན་པོ་ (mthun po) 相合 > མཐུན་པོ་བྱེད་ (mthun po byed) 搞好关系

ཉེ་པོ་ (nye po) 近 > ཉེ་པོ་བྱེད་ (nye po byed) 亲近

ཕངས་པོ་ (phangs po) 惋惜 > ཕངས་པོ་བྱེད་ (phangs po byed) 可惜，惋惜

ཕྱི་པོ་ (phyi po) 晚 > ཕྱི་པོ་བྱེད་ (phyi po byed) 迟，搞晚

རྒྱས་པོ་ (rgyas po) 丰盛的 > རྒྱས་པོ་བྱེད་ (rgyas po byed) 大事铺张
སྡང་པོ་ (sdang po) 忿恨，厌恶 > སྡང་པོ་བྱེད་ (sdang po byed) 忿恨，厌恶
སྐྱོ་པོ་ (skyo po) 穷，贫穷 > སྐྱོ་པོ་བྱེད་ (skyo po byed) 变穷
སུན་པོ་ (sun po) 疲倦，厌倦 > སུན་པོ་བྱེད་ (sun po byed) 懊恼
འཇམ་པོ་ (vjam po) 柔软和顺 > འཇམ་པོ་བྱེད་ (vjam po byed) 和气，温柔
འཁྲུག་པོ་ (vkhrug po) 活泼 > འཁྲུག་པོ་བྱེད་ (vkhrug po byed) 活跃
འཚེར་པོ་ (vtsher po) 羞，腼腆 > འཚེར་པོ་བྱེད་ (vtsher po byed) 害羞
འཚུབ་པོ་ (vtshub po) 调皮 > འཚུབ་པོ་བྱེད་ (vtshub po byed) 撒野
སྡུག་པོ་ (sdug po) 不幸 > སྡུག་པོ་བྱེད་ (sdug po byed) 虐待
　　　　　　　　　　　　སྡུག་པོ་གཏོང་ (sdug po gtong) 虐待
སྐྱིད་པོ་ (skyid po) 愉快的 > སྐྱིད་པོ་བྱེད་ (skyid po byed) 行乐，作乐
　　　　　　　　　　　　སྐྱིད་པོ་གཏོང་ (skyid po gtong) 行乐，作乐

6.3.4　带叠音词或重叠词的三音节动词

藏语有少量三音节动词由双音节重叠词或者叠音词构成，这些重叠词或者叠音词可能是名词、量词，也可能是形容词、动词、副词或者其他词类，甚至有摹声动词和形容词。

བྲད་བྲད་ (brad brad)_N 搔，刮磨 > བྲད་བྲད་བྱེད་ (brad brad byed) 挠，搔
　　　　　　　　　　　　　　བྲད་བྲད་གཏོང་ (brad brad gtong) 挠，搔
བྱིལ་བྱིལ་ (byil byil)_V/A 顺摸，抚摩 > བྱིལ་བྱིལ་བྱེད་ (byil byil byed) 抚摸
变体：བྱུར་བྱུར་ (byur byur)_A （满满的） > བྱུར་བྱུར་བྱེད་ (byur byur byed) 抚摸
དབྱུག་དབྱུག་ (dbyug dbyug)_N 挥舞 > དབྱུག་དབྱུག་གཏོང་ (dbyug dbyug gtong) 摇（头），挥（手）
གཉེར་གཉེར་ (gnyer gnyer)_N 皱脸示怒 > གཉེར་གཉེར་བྱེད་ (gnyer gnyer byed) 嗤之以鼻
གཤེ་གཤེ་ (gshe gshe)_V 诘难 > གཤེ་གཤེ་གཏོང་ (gshe gshe gtong) 责备，谴责
གཤིབ་གཤིབ་ (gshib gshib)_A 挤紧 > གཤིབ་གཤིབ་བྱེད་ (gshib gshib byed) 挨着，并肩
གཏན་གཏན་ (gtan gtan)_A 一定，可靠 > གཏན་གཏན་བྱེད་ (gtan gtan byed) 小心，留神
གུག་གུག་ (gug gug)_A 弯曲 > གུག་གུག་བྱེད་ (gug gug byed) 弯着（身子）
གཟབ་གཟབ་ (gzab gzab)_A 认真，注意 > གཟབ་གཟབ་བྱེད་ (gzab gzab byed) 当心，小心，留意
ཧྲིབ་ཧྲིབ་ (hrib hrib)_A 模糊，忽隐忽现 > ཧྲིབ་ཧྲིབ་བྱེད་ (hrib hrib byed) 耀（眼），闪烁
ཧྲིག་ཧྲིག་ (hrig hrig)_AD 凝视，谛视，注视 > ཧྲིག་ཧྲིག་བྱེད་ (hrig hrig byed) 虎视眈眈

ཧྱབ་ཧྱབ་(hyab hyab)$_{A}$ 薄薄的一层 > ཧྱབ་ཧྱབ་བྱེད་ (hyab hyab byed) 淡涂一层（油漆）

ཀེར་ཀེར་(ker ker)$_{AD}$ 挺起 > ཀེར་ཀེར་བྱེད་ (ker ker byed) 立起，挺起来

ཁག་ཁག་ (khag khag)$_{A}$ 不同，各自 > ཁག་ཁག་བྱེད་ (khag khag byed) 分开

ཁྲིག་ཁྲིག་ (khrig khrig)$_{A}$ 适当，相宜 > ཁྲིག་ཁྲིག་བྱེད་ (khrig khrig byed) 踏实地搞

ཁྱོམ་ཁྱོམ་ (khyom khyom)$_{A}$ 倾斜，歪的 > ཁྱོམ་ཁྱོམ་བྱེད་ (khyom khyom byed) 颠簸

ཀྲོག་ཀྲོག་ (krog krog)$_{A}$ 神气，傲慢 > ཀྲོག་ཀྲོག་བྱེད་ (krog krog byed) 卖弄，炫耀

ཀྱག་ཀྱག་ (kyag kyag)$_{A}$ 语言噪杂 > ཀྱག་ཀྱག་བྱེད་ (kyag kyag byed) 开玩笑，故意

ཀྱོག་ཀྱོག་ (kyog kyog)$_{A}$ 弯曲的 > ཀྱོག་ཀྱོག་བྱེད་ (kyog kyog byed) 弄歪

ཀྱོམ་ཀྱོམ་ (kyom kyom)$_{A}$ 参差不齐 > ཀྱོམ་ཀྱོམ་བྱེད་ (kyom kyom byed) 晃，摇

ལབ་ལབ་ (lab lab)$_{N}$ 闲谈 > ལབ་ལབ་གཏོང་ (lab lab gtong) 发牢骚，诽谤

ལྕོག་ལྕོག་ (lcog lcog)$_{N}$ 小帐篷 > ལྕོག་ལྕོག་བྱེད་ (lcog lcog byed) 点头

ལྡེམ་ལྡེམ་ (ldem ldem)$_{A}$ 颤动，闪动 > ལྡེམ་ལྡེམ་བྱེད་ (ldem ldem byed) 颤动，扭动

ལྡིར་ལྡིར་ (ldir ldir)$_{O}$ 轰隆隆 > ལྡིར་ལྡིར་བྱེད་ (ldir ldir byed) 挺起（胸），鼓起（肚子）

མུར་མུར་ (mur mur)$_{N}$ 骡马上唇 > མུར་མུར་བྱེད་ (mur mur byed) 咀嚼

ངར་ངར་ (ngar ngar)$_{N}$ 大怒 > ངར་ངར་བྱེད་ (ngar ngar byed) 盛气凌人

ངོམ་ངོམ་ (ngom ngom)$_{N}$ 炫耀，自诩 > ངོམ་ངོམ་བྱེད་ (ngom ngom byed) 炫示，显示

ཕིག་ཕིག་ (phig phig)$_{N}$ 肉冻子 > ཕིག་ཕིག་བྱེད་ (phig phig byed) 不稳重，轻佻

རུབ་རུབ་ (rub rub)$_{N}$ 聚积状 > རུབ་རུབ་བྱེད་ (rub rub byed) 集合，聚积

སྦག་སྦག་ (sbag sbag)$_{N}$ 机关枪 > སྦག་སྦག་རྒྱག་ (sbag sbag rgyag) 机枪扫射

སྐྱོམ་སྐྱོམ་ (skyom skyom)$_{N}$ 摇荡，振动 > སྐྱོམ་སྐྱོམ་བྱེད་ (skyom skyom byed) 晃动，摇晃

ཐག་ཐག་ (thag thag)$_{O}$ 手指敲门声 > ཐག་ཐག་གཏོང་ (thag thag gtong) 敲打（门）

ཚོད་ཚོད་ (tshod tshod)$_{N}$ 限度，把握 > ཚོད་ཚོད་བྱེད་ (tshod tshod byed) 猜测，揣度，揣测

ཙོག་ཙོག་ (tsog tsog)$_{N}$ 蹲坐状 > ཙོག་ཙོག་བྱེད་ (tsog tsog byed) 蹲，蹲着

འཆམ་འཆམ་ (vcham vcham)$_{N}$ 慢走 > འཆམ་འཆམ་བྱེད་ (vcham vcham byed) 散步

འགུལ་འགུལ་ (vgul vgul)$_{N}$ 颤动，摇摇摆摆 > འགུལ་འགུལ་བྱེད་ (vgul vgul byed) 摇动，晃动

འཕུར་འཕུར་ (vphur vphur)$_{N}$ 擦抹，揉 > འཕུར་འཕུར་བྱེད་ (vphur vphur byed) 揉搓

འཇོལ་འཇོལ་ (vjol vjol)$_{AD}$ 垂状 > འཇོལ་འཇོལ་བྱེད་ (vjol vjol byed) 垂下去

ཡོམ་ཡོམ་ (yom yom)$_{N}$ 晃晃荡荡，振动 > ཡོམ་ཡོམ་བྱེད་ (yom yom byed) 摇动，晃晃荡荡

འཚབ་འཚབ་ (vtshab vtshab)_A 急急忙忙 > འཚབ་འཚབ་བྱེད་ (vtshab vtshab byed) 心急，急忙

ཅག་ཅག་ (cag cag)_O 嚼食物的声音 > ཅག་ཅག་བྱེད་ (cag cag byed) 咀嚼

དགྱེ་དགྱེ་ (dgye dgye)_A 向上仰起，向后仰 > དགྱེ་དགྱེ་བྱེད་ (dgye dgye byed) 往后仰

ཡུག་ཡུག་ (yug yug)_N 挥舞 > ཡུག་ཡུག་བྱེད་ (yug yug byed) 摇（头），摆（尾）

ཞལ་ཞལ་ (zhal zhal)_V 涂墙，搪抹 > ཞལ་ཞལ་བྱས་ (zhal zhal byas) 粉刷，涂墁

ཏག་ཏག་ (tag tag)_A 正合适 > ཏག་ཏག་གཏོང་ (tag tag gtong) 敲打（门）

ཐེར་ཐེར་ (ther ther)_A 大大咧咧，马大哈 > ཐེར་ཐེར་བྱེད་ (ther ther byed) 张开，展开

ཐོ་ཐོ་ (tho tho)_N 分界处 > ཐོ་ཐོ་གཏོང་ (tho tho gtong) 推（了一下）

སྒོར་སྒོར་ (sgor sgor)_A 圆的，圆形的 > སྒོར་སྒོར་བྱེད་ (sgor sgor byed) 围住，圈住

ཤོབ་ཤོབ་ (shob shob)_A 悄悄地 > ཤོབ་ཤོབ་གཏོང་ (shob shob gtong) 打喳喳，交头接耳

སྐྱིད་སྐྱིད་ (skyid skyid)_A 愉快，舒服 > སྐྱིད་སྐྱིད་གཏོང་ (skyid skyid gtong) 游玩

རྫིག་རྫིག་ (rdzig rdzig)_N 可怕，恐怖 > རྫིག་རྫིག་བྱེད་ (rdzig rdzig byed) 吓唬，威胁

ལིང་ལིང་ (ling ling)_A 密集，纷纷 > ལིང་ལིང་བྱེད་ (ling ling byed) 一起一伏地颠簸

མདོག་མདོག་ (mdog mdog)_N 假态 > མདོག་མདོག་བྱེད་ (mdog mdog byed) 装作，装成

ལེབ་ལེབ་ (leb leb)_A 扁平，扁平的 > ལེབ་ལེབ་བྱེད་ (leb leb byed) 扁（了）

ལྷབ་ལྷབ་ (lhab lhab)_O 哗啦啦 > ལྷབ་ལྷབ་བྱེད་ (lhab lhab byed) 飘荡，飘摇

ལྷོད་ལྷོད་ (lhod lhod)_A 松，放松 > ལྷོད་ལྷོད་བྱེད་ (lhod lhod byed) 从容，冷静

ལྷུག་ལྷུག་ (lhug lhug)_AD 松散 > ལྷུག་ལྷུག་བྱེད་ (lhug lhug byed) 搞松

6.3.5 其他类型的三音节动词

藏语三音节动词是近现代蓬勃发展的新型动词类型。除了以上讨论的主流类型以外，还有少量其他个案，这些个案是在三音节动词模式框架下的扩展用法。其中否定副词和一些其他状语性质的词语也可插入动词语素之前，并可能添加额外的意义，这些结构看作词还是词组有待研究。例如：

动词+skyor+动词标记语素(verbalizer):

ཤོར་སྐྱོར་བྱེད་ (shor skyor byed) 复述

འབྲི་སྐྱོར་རྒྱག་ (vbri skyor rgyag) 重写

བཟོ་སྐྱོར་རྒྱག་ (bzo skyor rgyag) 重做

བླུགས་སྐྱོར་རྒྱག་ (blugs skyor rgyag) 重灌，重装

བཞུ་སྐྱོར་རྒྱག་ (bzhu skyor rgyag) 回炉

ལབ་སྐྱོར་རྒྱག་ (lab skyor rgyag) 重说

ལྡབ་སྐྱོར་རྒྱག་ (ldab skyor rgyag) 重念

རྩིས་སྐྱོར་རྒྱག་ (rtsis skyor rgyag) 核算

བཤད་སྐྱོར་རྒྱག་ (bshad skyor rgyag) 重讲

རྔོད་སྐྱོར་རྒྱག་ (rngod skyor rgyag) 回锅

སྐྱོར་ (skyor)是一个名、动、形、副兼类词。作为动词（三时一式：སྐྱོར་-བསྐྱར་-བསྐྱར་-སྐྱོར་[skyor- bskyar-bskyar-skyor]）是“支撑、重复、背诵”的意思。例如 ཡང་བསྐྱར་ (yang bskyar$_{FUT}$)再（反复）一次，དཔེ་ཆ་སྐྱོར་ (dpe cha skyor)背书。作为形容词或副词则有“屡次、反复”的意思，例如 སྐྱོར་སྐྱོར་ (skyor skyor)屡次，重复。由 སྐྱོར་ (skyor)构成的三音节动词中，སྐྱོར་ (skyor)应看作副词性词语。

动词+ རེས་ (res)+动词标记语素：

འགྲོ་རེས་བྱེད་ (vgro res byed) 互相来往

རོགས་རམ་བྱེད་རེས་བྱེད་ (rogs ram byed res byed) 互助

ཤོད་རེས་བྱེད་ (shod res byed) 互相谈话　　བསྟོད་རེས་བྱེད་ (bstod res byed) 互相称道

གསོད་རེས་གཏོང་ (gsod res gtong) 互相残杀　　གཞུ་རེས་གཏོང་ (gzhu res gtong) 对打

སྡོད་རེས་བྱེད་ (sdod res byed) 轮流值班　　ཚད་རེས་བྱེད་ (tshad res byed) 较量

འཛིང་རེས་བྱེད་ (vdzing res byed) 互殴　　འཛིང་རེས་གཏོང་ (vdzing res gtong) 互殴

འཐམ་རེས་བྱེད་ (vtham res byed) 拥抱　　འཐེན་རེས་གཏོང་ (vthen res gtong) 拔河

རེས་ (res)可作名词（< རེས་པོ་ res po）和副词，经常与 བྱེད་ (byed)构成 རེས་བྱེད་ (res byed)或者与 གཏོང་ (gtong)构成 རེས་གཏོང་ (res gtong)添加于动词原形（现在时）或原形动词短语后面，表示“互相、彼此”的意思。例如 ཡི་གེ་གཏོང་རེས་བྱེད་ (yi ge gtong res byed)彼此通信，སྐྱོན་བརྗོད་བྱེད་རེས་བྱེད་ (skyon brjod byed res byed)互相批评。这是 རེས་ (res)较为独特的用法，用作副词。不过，周季文、谢后芳（2003）认为 རེས་ (res)是现在时动词的后附成分。

周季文、谢后芳还提到 ཀ་(ka)也能作为现在时动词的后附成分，构成动词+ཀ་(ka)+བྱེད་(byed)格式，表示“装作……，假装……”的意思。例如：

ཟ་ཀ་བྱེད་ (za ka byed) 装作吃　　རྒྱུགས་ཀ་བྱེད་ (rgyugs ka byed) 装作跑

རྒྱུགས་ཀ་བྱེད་ (rgyugs ka byed) 装作跑　　ཟེར་ཀ་བྱེད་ (zer ka byed) 说着玩儿

མགོ་བདེ་བྱེད་ཀ་བྱེད་ (mgo bde byed ka byed) 假装机灵

不过，有些词并不能做这样的解释。གཅེས་ (gces)爱，抚爱，能构成 གཅེས་ཀ་བྱེད་ (gces ka byed)珍惜，爱惜，但是没有“装作，勉强”义。还有带名词词缀 ཀ་(ka)的同形形式，就完全是另外的类型，例如 སྨྱན་ཀ་བྱེད་ (smyan ka byed)做媒，嫁娶，其中，སྨྱན་ཀ་ (smyan ka)是“姻亲”的意思，添加动词标记语素可以构成复合动词。

6.3.6 带受动意义语素的三音节动词

根据格桑居冕（1987）的分类，藏语动词标记语素主要反映出两类语义结构关系，一类表达主观能动意义，是自主动词；另一类表达客观结果意义，是不自主动词。前者如：བྱེད་(byed)PRS/བྱས་(byas)PST 做，从事，进行；当，担任；གཏོང་(gtong)PRS/བཏང་(btang)PST 给予，发出，放；རྒྱག་(rgyag)PRS/བརྒྱབ་(brgyab)PST 做，放，打。后者主要有：ཐེབས་(thebs)HOMO（自然而然）达到；（未预料）出现；（未期望）得到，受到，遭受；ཤོར་(shor)PST/འཆོར་(vchor)PRS 发生，遗失，脱落，迷惘，输；ཡོང་(yong)HOMO 和 བྱུང་(byung)PST 出现，来临，（自然而然）发生，变成，遭受，发生，得到；འགྲོ་(vgro)PRS/ཕྱིན་(phyin)PST 变成，（不期然）成为，容受。由这类动词标记语素构成的复合动词一般都含有遭受和经历的意思。

以下按照动词标记语素列举各类表示受动意义的词例。

ཐེབས་ (thebs):

བརྡབ་གསིག་ (brdab gsig) 蹂躏 > བརྡབ་གསིག་ཐེབས་ (brdab gsig thebs) 受欺压

མེ་མདའ་ (me mdav) 枪 > མེ་མདའ་ཐེབས་(me mdav thebs) 挨枪

མགོ་སྐོར་ (mgo skor) 欺骗 > མགོ་སྐོར་ཐེབས་ (mgo skor thebs) 受骗，上当

རྡོག་བརྫིས་ (rdog brdzis) 蹂躏，践踏 > རྡོག་བརྫིས་ཐེབས་ (rdog brdzis thebs) 被踩

སེམས་འགུལ་ (sems vgul) 动心 > སེམས་འགུལ་ཐེབས་ (sems vgul thebs) 激动，感动

ཤུགས་རྐྱེན་ (shugs rkyen) 影响 > ཤུགས་རྐྱེན་ཐེབས་ (shugs rkyen thebs) 受影响，起作用

སྐུལ་ལྕག་ (skul lcag) 鼓舞，鼓励 > སྐུལ་ལྕག་ཐེབས་ (skul lcag thebs) 受鼓励

ཤོར་ (shor):

དབང་ཤེད་ (dbang shed) 强力，暴力 > དབང་ཤེད་ཤོར་ (dbang shed shor) 被制服

ལ་རྒྱ་ (la rgya) 声誉，尊严 > ལ་རྒྱ་ཤོར་ (la rgya shor) 失节，失体面

ལྗིད་ཚད་ (ljid tshad) 重量 > ལྗིད་ཚད་ཤོར་ (ljid tshad shor) 失重

ལྟོགས་ཤེད་ (ltogs shed) 饿乏 > ལྟོགས་ཤེད་ཤོར་ (ltogs shed shor) 饿得无力

ཕུ་ཤོར་ (phu shor) 撒气 > ཕུ་ཤོར་ཤོར་ (phu shor shor) 气呼呼

རྒྱལ་ཁབ་ (rgyal khab) 国家 > རྒྱལ་ཁབ་ཤོར་ (rgyal khab shor) 亡国

ཝ་སྐད་ (wa skad)（狐）鸣声 > ཝ་སྐད་ཤོར་ (wa skad shor) 尖叫，惊叫

ཡང་ལྗིད་ (yang ljid) 轻重 > ཡང་ལྗིད་ཤོར་ (yang ljid shor) 失去平衡

ཡིད་ཆེས་ (yid ches) 信心，相信 > ཡིད་ཆེས་ཤོར་ (yid ches shor) 丧失信心

ཡིད་དབང་ (yid dbang) 心力 > ཡིད་དབང་ཤོར་ (yid dbang shor) 情不自禁

ཡོང་ (yong):

ཆུ་སྐྱོན་ (chu skyon) 水灾 > ཆུ་སྐྱོན་ཡོང་ (chu skyon yong) 遭水灾

དཀའ་ངལ་ (dkav ngal) 困难 > དཀའ་ངལ་བྱུང་ (dkav ngal byung) 遇到困难

གནོད་སྐྱོན་ (gnod skyon) 灾害 > གནོད་སྐྱོན་བྱུང་ (gnod skyon byung) 遭灾，受灾

མཁྱེན་རྟོགས་ (mkhyen rtogs) 了解，领会 > མཁྱེན་རྟོགས་བྱུང་ (mkhyen rtogs byung) 了解，懂得

ནག་ཉེས་ (nag nyes) 罪恶 > ནག་ཉེས་བྱུང་ (nag nyes byung) 犯罪

ཕམ་ཉེས་ (pham nyes) 失败，挫败 > ཕམ་ཉེས་བྱུང་ (pham nyes byung) 失败

ཕན་ཐོགས་ (phan thogs) 利益 > ཕན་ཐོགས་བྱུང་ (phan thogs byung) 受益

སེམས་ཁྲལ་ (sems khral) 操心，忧愁 > སེམས་ཁྲལ་ཡོང་ (sems khral yong) 着急，焦急

འཕེལ་རྒྱས་ (vphel rgyas) 发展，繁殖 > འཕེལ་རྒྱས་བྱུང་ (vphel rgyas byung) 繁殖，得到发展

འགྲོ་ (vgro):

ལམ་འགྲོ་ (lam vgro) 运气 > ལམ་འགྲོ་འགྲོ་ (lam vgro vgro) 走运

ལེགས་བཅོས་ (legs bcos) 改善，改良 > ལེགས་བཅོས་འགྲོ་ (legs bcos vgro) 改进，改善

འགོར་འགྱངས་ (vgor vgyangs) 耽误 > འགོར་འགྱངས་འགྲོ་ (vgor vgyangs vgro) 延误

འགྱུར་ལྡོག་ (vgyur ldog) 变化，改变 > འགྱུར་ལྡོག་འགྲོ་ (vgyur ldog vgro) 变化，变迁

འགྲོ་ (vgro)也作自主动词，因此构成的动词不具受动意义。例如：

ཁྲོམ་སྐོར་ (khrom skor) 游行 > ཁྲོམ་སྐོར་འགྲོ་ (khrom skor vgro) 游行，逛街

བྲོས་བྱོལ་ (bros byol) 逃避 > བྲོས་བྱོལ་འགྲོ་ (bros byol vgro) 逃跑

不自主动词词缀也可互换，表达的意思比较接近。

འཚར་ལོངས་ (vtshar longs) 成长，生长 > འཚར་ལོངས་བྱུང་ (vtshar longs byung) 成长，长大成人
འཚར་ལོངས་འགྲོ་ (vtshar longs vgro) 成长，发育

ཞུ་འཛོལ་ (zhu vdzol) 口误 > ཞུ་འཛོལ་བྱུང་ (zhu vdzol byung) 口误
ཞུ་འཛོལ་ཤོར་ (zhu vdzol shor) 口误

ཕོག་ཐུག་ (phog thug) 冒犯 > ཕོག་ཐུག་བྱུང་ (phog thug byung) 受委屈，受刺激
ཕོག་ཐུག་འགྲོ་ (phog thug vgro) 刺激，得罪，冒犯

ནོར་འཁྲུལ་ཤོར་ (nor vkhrul) 错误，差错 > ནོར་འཁྲུལ་ (nor vkhrul shor) 出错儿
ནོར་འཁྲུལ་ཡོང་ (nor vkhrul yong) 犯错

གོ་སྐབས་ (go skabs) 机会 > གོ་སྐབས་བྱུང་ (go skabs byung) 遇到机会
གོ་སྐབས་ཤོར་ (go skabs shor) 错过时机

གོང་འཕེལ་ (gong vphel) 发展 > གོང་འཕེལ་བྱུང་ (gong vphel byung) 得到发展
གོང་འཕེལ་འགྲོ་ (gong vphel vgro) 发展，提高

གཡོ་འགུལ་ (g-yo vgul) 动；摇 > གཡོ་འགུལ་བྱུང་ (g-yo vgul byung) 感动，动弹
གཡོ་འགུལ་ཐེབས་ (g-yo vgul thebs) 震动，感动

这类三音动词内部的双音节未必都是名词，以下是几例副词与动词标记语素构成的三音节动词，但构词上仍然有遭受和经历的意思。

ནར་གྱིས་ (nar gyis) 经常地 > ནར་གྱིས་བྱུང་ (nar gyis byung) 时常发生

སྔ་རྟིང་ (snga rting) 先后，早晚 > སྔ་རྟིང་ཤོར་ (snga rting shor) 先后不一，前后颠倒

ཕྱིར་ཞིང་ (phyir zhing) 再，又，复 > ཕྱིར་ཞིང་བྱུང་ (phyir zhing byung) 一再发生，屡次出现

6.3.7　带同源名词宾语的三音节动词

我们知道英语中有一种特殊的句法结构，即所谓同源宾语（cognate objects）。例如，live a hard life 过着艰苦的生活，fight a good fight 打了一场漂亮的仗，laugh a merry laugh 开心一笑，die a heroic death 英勇就义，sing a beautiful song 唱着动听的歌，smile a sunny smile 粲然一笑，sleep a sound sleep 酣睡，dream a sweet dream 做一个美梦。英语这种结构基本属于句法范畴，大多数时候该类结构都带有修饰语，即使不带修饰语也不宜看做构词现象。例如，to live life，to dream a dream，而且这类结构都处在句法范畴变化控制之下，例如 died a sudden death 猝死，slept a comfortable sleep 美美睡上一觉。无独有偶，藏语也有一种很相似的结构。不过按照本文的分析，这类结构可归入词法范畴。这种结构基本都是派生性双音名词加上动词词根构成，其中双音名词的词根与动词词根词形一致。例如：

རྐུན་མ་རྐུ་ (rkun ma$_{\text{N-贼}}$ rku) 偷

ལྟད་མོ་ལྟ་ (ltad mo$_{\text{N-戏}}$ lta) 看热闹

བཞད་མོ་བཞད་ (bzhad mo$_{\text{N-笑}}$ bzhad) 笑

སྐོར་བ་འཁོར་ (skor ba$_{\text{N-圆}}$ vkhor) 转圈

གནང་བ་གནང་ (gnang ba$_{\text{N-允诺}}$ gnang) 宽容

བསྒོ་བ་བསྒོས་ (bsgo ba$_{\text{N-教诲}}$ bsgos) 吩咐

དབྱེ་བ་འབྱེད་ (dbye ba$_{\text{N-类}}$ vbyed) 区别，辨别

དྲི་བ་འདྲི་ (dri ba$_{\text{N-问题}}$ vdri) 提问

གླ་པ་གླ་ (gla pa$_{\text{N-雇工}}$ gla) 雇工，雇人

རྩིག་པ་རྩིག་ (rtsig pa$_{\text{N-墙}}$ rtsig) 砌墙

སྐྱུག་པ་སྐྱུགས་ (skyug pa$_{\text{N-呕吐物}}$ skyugs) 吐，呕吐

རྨི་ལམ་རྨི་ (rmi lam$_{\text{N-梦}}$ rmi) 做梦

འདོན་པ་འདོན་ (vdon pa$_{\text{N-念诵}}$ vdon) 念经

ཟ་མ་ཟ་ (za ma$_{\text{N-食物}}$ za) 吃饭

ལྷག་མ་ལྷག་ (lhag ma_{N-剩余} lhag) 剩下

རྩེད་མོ་རྩེ་ (rtsed mo_{N-游戏} rtse) 玩耍

གཏོང་སྒོ་གཏོང་ (gtong sgo_{N-支出} gtong) 行布施

ལྟ་ཚོད་ལྟ་ (lta tshod_{N-试验} lta) 试试[看]

འབུལ་ཚན་འབུལ་ (vbul tshan_{N-薄礼} vbul) 进贡，献礼

同源宾语型三音动词数量不多，似乎带有文学色彩，甚或有做作含义。随着多音动词词缀的发展，这类动词的功能被常规能产性构词方法取代。例如：

རྨི་ལམ་གཏོང་ (rmi lam_{N-梦} gtong) 做梦

དྲི་བ་བྱེད་ (dri ba_{N-问题} byed) 提问

དྲི་བ་འདོན་ (dri ba_{N-问题} vdon) 提问

འབུལ་ཚན་རྒྱག་ (vbul tshan_{N-礼物} rgyag) 进贡

6.4 常见动词标记语素

理论上看，凡是词义组合上可以接受的三音节复合动词，其右边的动词语素并没有特别的限制，但是充当典型标记的动词语素只是少数。大多数动词标记语素呈现出标记化程度的梯级状态，有些标记化程度高一些，有些实词意义仍然很强，后者很少用来构成复合动词。从三音节动词整体性质来看，动词标记语素类别对复合动词语义结构施加了一定的语法性影响。赵维纳（2014）从现代书面语文本中收集了 1996 项三音节复合动词，充当动词标记语素的 88 项，出现次数 10 次以上的 38 项，出现次数 3 次以上的 18 项，3 次和 3 次以下的 32 项。以下列出部分较为常见用作三音节复合动词的标记语素。

表 6.2　常见动词标记语素（参考比率见赵维纳 2014）

动词标记	例数	动词标记	例数	动词标记	例数	动词标记	例数
བྱེད་(byed)	766	འགྲོ་(vgro)	18	ཕོག་(phog)	6	སྦྱོར་(sbyor)	2
གཏོང་(gtong)	121	ལེན་(len)	17	ལྟ་(lta)	6	སྦྱོང་(sbyong)	2
བྱུང་(byung)	82	ལང་(lang)	17	གསོག་(gsog)	6	རེས་(res)	2
འཛུགས་(vdzugs)	81	སྐྱོང་(skyong)	16	འཐེན་(vthen)	5	རྡུང་(rdung)	2
ཡོང་(yong)	66	བཞག་(bzhag)	16	གསོ་(gso)	5	ལོག་(log)	2
གནང་(gnang)	52	སྤྲོད་(sprod)	15	འཁྲིད་(vkhrid)	4	གྲོལ་(grol)	2

第 6 章 复合动词的类型

续表

动词标记	例数	动词标记	例数	动词标记	例数	动词标记	例数
སྤེལ་(spel)	46	སྐྱེ་(skye)	14	འཇུག་(vjug)	4	ཞིབ་(zhib)	1
བཟོ་(bzo)	40	སེལ་(sel)	14	འཇགས་(vjags)	4	འཁོལ་(vkhol)	1
འདོན་(vdon)	39	གཏོར་(gtor)	14	འདེབས་(vdebs)	4	འདྲེན་(vdren)	1
སྲུང་(srung)	37	བྲལ་(bral)	14	འབུལ་(vbul)	4	འབྲི་(vbri)	1
འཕེལ་(vphel)	36	བཤད་(bshad)	13	འབབ་(vbab)	4	སྤྲས་(spras)	1
གཅོད་(gcod)	35	སློང་(slong)	12	སློག་(slog)	4	སྤར་(spar)	1
བཏོན་(bton)	28	འགོད་(vgod)	11	ཟིན་(zin)	3	སྣོན་(snon)	1
ཞུ་(zhu)	27	འབྱེད་(vbyed)	11	ཟ་(za)	3	སྐོར་(skor)	1
འགོག་(vgog)	24	སྒྱུར་(sgyur)	11	སྡུད་(sdud)	3	རྒྱུན་(rgyun)	1
ཐེབས་(thebs)	23	མྱོང་(myong)	10	སྡོད་(sdod)	3	ལངས་(langs)	1
རྒྱག་(rgyag)	23	སྟོན་(ston)	9	ཕེབས་(phebs)	3	གཞུ་(gzhu)	1
སྒྲིག་(sgrig)	21	འཕར་(vphar)	7	བཞེས་(bzhes)	3	གློད་(glod)	1
སྒྲུབ་(sgrub)	19	འཇལ་(vjal)	7	འཁེལ་(vkhel)	2	དབྱེ་(dbye)	1
འགྱུར་(vgyur)	18	ཆགས་(chags)	7	སྐྱོབ་(skyob)	2	བྱ་(bya)	1
སྐུལ་(skul)	18	བཅོས་(bcos)	7	སྐྱེལ་(skyel)	2	བསྡུ་(bsdu)	1
ཤོར་(shor)	18	རྒོལ་(rgol)	6	སྒྲིལ་(sgril)	2	བཅག་(bcag)	1

我们从《藏汉对照拉萨口语词典》收集了 3438 项三音节复合动词，充当动词标记的 450 项，出现次数 10 次以上的 55 项，出现 3 次以上的 168 项。以下列举出现次数 10 次以上的。

表 6.3 《藏汉对照拉萨口语词典》动词标记及其数量

动词标记	例数	动词标记	例数	动词标记	例数	动词标记	例数
བྱེད་(byed)	615	སྟོན་(ston)	29	སྒྲིག་(sgrig)	18	ཟ་(za)	12
རྒྱག་(rgyag)	384	བཞག་(bzhag)	28	ཁ་(kha)	17	བཞེས་(bzhes)	11
གཏོང་(gtong)	300	ཆགས་(chags)	28	འཐེན་(vthen)	17	ཆོད་(chod)	11
ཞུ་(zhu)	95	ལང་(lang)	28	འགོག་(vgog)	16	དོན་(don)	11
གནང་(gnang)	90	སྐྱེ་(skye)	26	ན་(na)	15	འགོད་(vgod)	11
བཟོ་(bzo)	81	ལོག་(log)	25	འཁྱེར་(vkhyer)	15	ཆག་(chag)	10
ཤོར་(shor)	76	འབུལ་(vbul)	25	གློད་(glod)	14	གྲོལ་(grol)	10
བཤད་(bshad)	46	འཛུགས་(vdzugs)	24	རྒྱས་(rgyas)	14	གཟེད་(gzed)	10
སྐྱོན་(skyon)	34	འཁོར་(vkhor)	24	གཞུ་(gzhu)	13	ཀྱག་(kyag)	10

续表

动词标记	例数	动词标记	例数	动词标记	例数	动词标记	例数
འགྲོ་(vgro)	34	བྱུང་(byung)	23	སྡུད་(sdud)	13	རྩེ་(rtse)	10
ལེན་(len)	30	སྤྲོད་(sprod)	22	ཐོབ་(thob)	13	སྤྲས་(spras)	10
ཐེབས་(thebs)	30	གཅོད་(gcod)	21	ཟིན་(zin)	13	འཛིན་(vdzin)	10
སློག་(slog)	29	ལྟ་(lta)	20	རྒྱུག་(rgyug)	12	འཇགས་(vjags)	10
སློང་(slong)	29	འདོན་(vdon)	19	འབྲི་(vbri)	12		

上引赵维纳（2014）书面语数据是文本动态数据，无法与词典静态数据对比。但不难发现，《藏汉对照拉萨口语词典》部分动词的组词数量的确不多。例如：མྱོང་(myong)8 次，སྒྲུབ་(sgrub)8 次，འབྱེད་(vbyed)8 次，འགྱུར་(vgyur)7 次，ཡོང་(yong)6 次，སྤེལ་(spel)6 次，སྲུང་(srung)4 次，འཕེལ་(vphel)3 次。其中的原因需要进一步分析。

6.4.1 byed–byas 做，从事，进行；当，担任

བྱེད་(byed)原义已经很难考证，常常作为表示泛义动作的词，例如 ལས་ཀ་བྱེད་(las ka byed)做事，或者作名词转指动作所凭借的工具，例如 ཤིང་གཅོད་བྱེད་སྟ་རེ་(shing gcod byed sta re)伐木的斧子，比较 སྟ་རེས་ཤིང་གཅོད་ (sta re-s shing gcod)用斧子伐木。引申用法经常表示“从事某种职业”，相当于汉语“当，担任”。

6-37 མི་ཚེ་ཧྲིལ་པོར་གསར་བརྗེའི་ལས་དོན་བྱེད།།

mi-tshe　hril-po_r　gsar-brje_vi　las-don-byed.

人生　全部_LOC　革命_GEN　工作　做

终生从事革命工作。

6-38 རྒྱུན་འཇགས་ཀྱི་ཆུང་མ་བྱེད་རྩིས་ རེད།

rgyun-vjags_kyi　chung-ma-byed　rtsis_red.

俊加_GEN　媳妇　当　准备_ASP

准备做俊加的妻子。

6-39 རང་སློབ་གསོ་ཅུས་ནས་སློབ་འབྲིང་གསུམ་པ་འི་ཞའོ་ཀྲང་བྱེད་ཅིག་གསུངས་ཀྱིས།

rang slob-gso-cus_nas slob-vbring gsum-pa_vi

我　教育局_AG　中学　第三_GEN

zhavo-krang-byed cig gsungs_kyis.

校长　做　说_ASP

教育局说让我当第三中学的校长。

由 བྱེད་(byed-byed-byas)"做，从事"构成的复合动词大多数表示抽象行为或事件，少量表示具体动作。如果以说话人或施事者为中心，བྱེད་(byed)所表示的动作没有方向指向性，也不包含受益和受损的含义。举例中，我们同时列出双音节名词语素作为参考。例如：

མངག་བཅོལ་བྱེད་ (mngag bcol byed) 嘱咐
 མངག་བཅོལ་ (mngag bcol) 委托

སྐོར་བཅོམ་བྱེད་ (skor bcom byed) 围剿
 སྐོར་བཅོམ་ (skor bcom) 围剿

བརྙས་བཅོས་བྱེད་ (brnyas bcos byed) 欺凌，欺侮
 བརྙས་བཅོས་ (brnyas bcos) 侮辱

གསར་བཅོས་བྱེད་ (gsar bcos byed) 革新
 གསར་བཅོས་ (gsar bcos) 革新

ལེགས་བཅོས་བྱེད་ (legs bcos byed) 改善，改进
 ལེགས་བཅོས་ (legs bcos) 改善，改良

སྒྱུར་བཀོད་བྱེད་ (sgyur bkod byed) 改造，改革
 སྒྱུར་བཀོད་ (sgyur bkod) 改造

བསྙེན་བཀུར་བྱེད་ (bsnyen bkur byed) 敬礼供养
 བསྙེན་བཀུར་ (bsnyen bkur) 敬重

རྒྱང་བལྟས་བྱེད་ (rgyang bltas byed) 远看，展望
 རྒྱང་བལྟས་ (rgyang bltas) 展望

ནོར་བཅོས་བྱེད་ (nor bcos byed) 勘误，更正
 ནོར་བཅོས་ (nor bcos) 正误，勘误

ཞེན་ཆགས་བྱེད་ (zhen chags byed) 贪恋，留恋
 ཞེན་ཆགས་ (zhen chags) 贪图

སྣང་ཆེན་བྱེད་ (snang chen byed) 重视，宝贵
 སྣང་ཆེན་ (snang chen) 重视

བསམ་གཞིགས་བྱེད་ (bsam gzhigs byed) 权衡，考虑
 བསམ་གཞིགས་ (bsam gzhigs) 考虑

སེམས་ཆུང་བྱེད་ (sems chung byed) 虚心，安分
 སེམས་ཆུང་ (sems chung) 留心，小心

སྔོན་དཔག་བྱེད་ (sngon dpag byed) 预料，预测，预卜
 སྔོན་དཔག་ (sngon dpag) 预期，预测

བརྟག་དཔྱད་བྱེད་ (brtag dpyad byed) 考虑，探索
 བརྟག་དཔྱད་ (brtag dpyad) 考察

རྩད་གཅོད་བྱེད་ (rtsad gcod byed) 调查，查找

རྩད་གཅོད་ (rtsad gcod) 探访，调查

ཚོང་བཅོལ་བྱེད་ (tshong bcol byed) 寄售

ཚོང་བཅོལ་ (tshong bcol) 代销

ཆ་བགོས་བྱེད་ (cha bgos byed) 分开

ཆ་བགོས་ (cha bgos) 分配

འཕྲོད་བསྟེན་བྱེད་ (vphrod bsten byed) 讲卫生

འཕྲོད་བསྟེན་ (vphrod bsten) 卫生

འགྲུལ་བཞུད་བྱེད་ (vgrul bzhud byed) 往来旅行

འགྲུལ་བཞུད་ (vgrul bzhud) 旅行

བསླུ་བྲིད་བྱེད་ (bslu brid byed) 诱惑，引诱，哄骗

བསླུ་བྲིད་ (bslu brid) 诱惑，欺骗

སྐྱོན་བརྗོད་བྱེད་ (skyon brjod byed) 进行批评

སྐྱོན་བརྗོད་ (skyon brjod) 指责，批评

འགྱོད་བཤག་བྱེད་ (vgyod bshag byed) 悔改

འགྱོད་བཤག (vgyod bshag) 后悔，懊悔

དམིགས་བསལ་བྱེད་ (dmigs bsal byed) 优待

དམིགས་བསལ་ (dmigs bsal) 特别，优待

སྲོག་གཅོད་བྱེད་ (srog gcod byed) 杀生

སྲོག་གཅོད་ (srog gcod) 害命

ཡུལ་བྱོལ་བྱེད་ (yul byol byed) 逃难，逃亡

ཡུལ་བྱོལ་ (yul byol) 流亡，逃亡

གཏུག་བཤེར་བྱེད་ (gtug bsher byed) 打官司，起诉

གཏུག་བཤེར་ (gtug bsher) 官司，告状

རྐུ་བཤུས་བྱེད་ (rku bshus byed) 剽窃

རྐུ་བཤུས་ (rku bshus) 抄袭(文稿)

དཔེ་ཁྲིད་བྱེད་ (dpe khrid byed) 授课，教书

དཔེ་ཁྲིད་ (dpe khrid) 授课

具体动作行为：

གཤག་བཅོས་བྱེད་ (gshag bcos byed) 动手术

གཤག་བཅོས་ (gshag bcos) 手术

ངོ་བསྟོད་བྱེད་ (ngo bstod byed) 拍马屁，奉承

ངོ་བསྟོད་ (ngo bstod) 恭维，奉承

ལྐུགས་བརྡ་བྱེད་ (lkugs brda byed) 哑巴打手势

ལྐུགས་བརྡ་ (lkugs brda) 手语
མིག་བརྡ་བྱེད་ (mig brda byed) 递眼色
མིག་བརྡ་ (mig brda) 眼色

6.4.2 gtong–btang 给予，发出，放

以说话者或施事者为中心，གཏོང་(gtong)表示动作及其涉及的客体外向离开动作者，因此语义概括度极广，以至于相当空泛，可以转指外向的各类事物。例如跟ཡོང་ (yong) "来" 结合，གཏོང་ཡོང་ (gtong yong)$_N$ 表示财务上的 "收支、出纳" 事件。所以，凡是向外动作都可用此词组合：ཚེ་ཐར་གཏོང་ (tshe thar gtong)放生；བུ་ལོན་བཏང་ (bu lon btang)放债；ཞིང་ཆུ་གཏོང་ (zhing chu gtong)放水，灌溉；དམག་མི་གཏོང་ (dmag mi gtong)派兵；ཀོ་གྲུ་གཏོང་ (ko gru gtong)驾船；རྟ་གཏོང་ (rta gtong)跑马；བསམ་བློ་གཏོང་ (bsam blo gtong)思考。再从以下例词观察复合动词及其中的名词。

ལེགས་བཅོས་གཏོང་ (legs bcos gtong) 改善，改进
 ལེགས་བཅོས་ (legs bcos) 改善，改良
ཆ་བགོས་གཏོང་ (cha bgos gtong) 分派，平分
 ཆ་བགོས་ (cha bgos) 分配
དམག་བརྡ་གཏོང་ (dmag brda gtong) 瞻望，展望
 དམག་བརྡ་ (dmag brda) 军令
ཁ་བརྡ་གཏོང་ (kha brda gtong) 口头通知，指挥
 ཁ་བརྡ་ (kha brda) 嘴唇表情
མིག་བརྡ་གཏོང་ (mig brda gtong) 使眼色
 མིག་བརྡ་ (mig brda) 颜色
མ་བྲིན་གཏོང་ (ma brin gtong) 造假
 མ་བྲིན་ (ma brin) 虚伪，谎
དངུལ་བརྗེས་གཏོང་ (dngul brjes gtong) 汇钱，汇款
 དངུལ་བརྗེས་ (dngul brjes) 汇兑
ཐོ་བཤེར་གཏོང་ (tho bsher gtong) 查账，点名
 ཐོ་བཤེར་ (tho bsher) 查账，点名
ལྟོ་ཆས་གཏོང་ (lto chas gtong) 开饭
 ལྟོ་ཆས་ (lto chas) 粮食，食品
རྒྱ་གླིང་གཏོང་ (rgya gling gtong) 吹唢呐
 རྒྱ་གླིང་ (rgya gling) 唢呐
བཞུགས་གྲལ་གཏོང་ (bzhugs gral gtong) 排列坐次

བཞུགས་གྲལ་ (bzhugs gral) 行列

རྒོལ་གཏམ་གཏོང་ (rgol gtam gtong) 提出抗议

རྒོལ་གཏམ་ (rgol gtam) 抗议

མཐའ་གསལ་གཏོང་ (mthav gsal gtong) 弄清楚

མཐའ་གསལ་ (mthav gsal) 清楚

6.4.3 rgyag–brgyab 做，放，打

རྒྱག་(rgyag)是多义词，自主动词。从施事者和动作方向看有三个主要意思，一是"做，从事"，跟 བྱེད་ (byed)相同；二是"发出，使[去]"，这个意思跟 གཏོང་ (gtong)近似；第三个意思是"收，关，施加"的意思，显然跟 བྱེད་ (byed)和 གཏོང་ (gtong)不一样，即动作有内向指向的意思。例如，ཕྱིར་འཐེན་རྒྱག་ (phyir vthen rgyag)撤退，སྒོ་ལྕགས་རྒྱག་ (sgo lcags rgyag)上锁，བཙས་མ་རྒྱག་ (btsas ma rgyag)收庄稼，ཡིག་སྐོགས་རྒྱག་ (yig skogs rgyag)封信，都是向内的动作。

"做，从事，进行"义：

མཐེབ་དྲས་རྒྱག་ (mtheb dras rgyag) 偷，摸

མཐེབ་དྲས་ (mtheb dras) 扒手

གཟེར་ཟུག་རྒྱག་ (gzer zug rgyag) 绞痛

གཟེར་ཟུག་ (gzer zug) 刺痛

ཧབ་ཐོབ་རྒྱག་ (hab thob rgyag) 竞争，争夺

ཧབ་ཐོབ་ (hab thob) 争抢

འགོ་བརྗོད་རྒྱག་ (vgo brjod rgyag) 写序言

འགོ་བརྗོད་ (vgo brjod) 前言

རྟ་བསྡུར་རྒྱག་ (rta bsdur rgyag) 赛马

རྟ་བསྡུར་ (rta bsdur) 赛马

ཤིང་གཅོད་རྒྱག་ (shing gcod rgyag) 伐木，砍木头

ཤིང་གཅོད་ (shing gcod) 砍树

རྩིག་གདན་རྒྱག་ (rtsig gdan rgyag) 打地基，垫地基

རྩིག་གདན་ (rtsig gdan) 墙基

བསྡུ་གསོག་རྒྱག་ (bsdu gsog rgyag) 收拾，整理

བསྡུ་གསོག་ (bsdu gsog) 收拾

"发出"义：

གདོང་གཏུག་རྒྱག་ (gdong gtug rgyag) 冲突，(武装)

གདོང་གཏུག་ (gdong gtug) 冲突，交锋

སྨན་ཁབ་རྒྱག་ (sman khab rgyag) 注射，打针

སྨན་ཁབ་ (sman khab) 针和药
རྒྱང་བལྟས་རྒྱག་ (rgyang bltas rgyag) 瞻望，展望
　　རྒྱང་བལྟས་ (rgyang bltas) 展望
སྡུག་སྐད་རྒྱག་ (sdug skad rgyag) 叫苦，惨叫
　　སྡུག་སྐད་ (sdug skad) 呻吟声，哀嚎声
སྡུག་སྐད་ཤོར་ (sdug skad shor) 惨叫（不自主）
རྡུང་ཁ་རྒྱག་ (rdung kha rgyag) 撞击，打击
　　རྡུང་རྡེག་ (rdung rdeg) 斗殴
དངུལ་བརྗེས་རྒྱག་ (dngul brjes rgyag) 汇钱，汇款

"收，关，施加"义：

དགག་ལན་རྒྱག་ (dgag lan rgyag) 反驳，答辩
　　དགག་ལན་ (dgag lan) 反驳
ཁ་རུབ་རྒྱག་ (kha rub rgyag) 围攻，收口，合拢
བགོ་བཤའ་རྒྱག་ (bgo bshav rgyag) 分割，瓜分
　　བགོ་བཤའ་ (bgo bshav) 分配，分割
བར་ཚོང་རྒྱག་ (bar tshong rgyag) 倒卖，贩卖
　　བར་ཚོང་ (bar tshong) 贩卖
ཚེམ་བུ་རྒྱག་ (tshem bu rgyag) 缝合，缝纫
　　ཚེམ་བུ་ (tshem bu) 缝纫
རོ་ལངས་རྒྱག་ (ro langs rgyag) 还魂，复活
　　རོ་ལངས་ (ro langs) 诈尸，还魂
ཨ་སློག་རྒྱག་ (a slog rgyag) 翻身，打滚
　　ཨ་སློག་ (a slog) 翻转
ལྟག་ལོག་རྒྱག་ (ltag log rgyag) 倒退，后退
　　ལྟག་ལོག་ (ltag log) 倒退，回转
ལྟེབ་རྩེག་རྒྱག་ (lteb rtseg rgyag) 折叠
　　ལྟེབ་རྩེག་ (lteb rtseg) 衣褶，褶子
སྡོམ་རྩིས་རྒྱག་ (sdom rtsis rgyag) 统计，搞结算
　　སྡོམ་རྩིས་ (sdom rtsis) 统计，结账
ཞིབ་རྩིས་རྒྱག་ (zhib rtsis rgyag) 核算（账目）
　　ཞིབ་རྩིས་ (zhib rtsis) 账目
ལས་ལོག་རྒྱག་ (las log rgyag) 返工
གཏུག་བཤེར་རྒྱག་ (gtug bsher rgyag) 打官司，起诉
ཆ་བགོས་རྒྱག་ (cha bgos rgyag) 分派，平分

从案例来看，以上三种动词标记语素在复合动词中虽然意思比较接近，甚至可以互换，但语义上仍然有所分工。例如，བསྟོད་བསྔགས་ (bstod bsngags)$_{N}$ 表扬，称赞，复合动词有两个：བསྟོད་བསྔགས་བྱེད་ (bstod bsngags byed)，བསྟོད་བསྔགས་གཏོང་ (bstod bsngags gtong)，都是"歌颂，赞扬"之义。再如：བཤུ་གཞོག་ (bshu gzhog)$_{N}$ 剥削，བཤུ་གཞོག་གཏོང་ (bshu gzhog gtong)"剥削"跟 བཤུ་གཞོག་བྱེད་ (bshu gzhog byed) 意思也是一样的，都是动作者向外的动作指向，如果动作指向受事，则要采用其他动词，例如：བཤུ་གཞོག་མྱོང་ (bshu gzhog myong) 受剥削。这是下文讨论的问题。

6.4.4 thebs 打着，受到，遭受

ཐེབས་(thebs)是不自主动词，意思是"（自然而然）达到；（未预料）出现；（未预料）陷入（状况）；（未期望）得到"等。用 ཐེབས་(thebs)构成的复合动词同样包含了非自主动作意思，试观察以下例句：

6-40 གཡང་མོས་རང་གིས་གོ་ནོར་ཐེབས་པ་མིན་ནམ་སྙམ།
g-yang-mo_s rang_gis go-nor-thebs_pa min-nam snyam.
扬姆_AG 自己_INS 听错_NMZ 是否 认为
扬姆以为自己听错了。

6-41 ཁོའི་སྤོབས་པ་མཐོ་པོ་དང་དགའ་སྣང་ལྡན་པའི་སྣང་ཚུལ་དེས་མི་ཚང་མ་ལ་གཡོ་འགུལ་ཐེབས་འདུག །
kho_vi-spobs-pa mtho-po dang dgav-snang ldan_pa_vi snang-tshul
3sg_GEN-胆气 高 和 爱憎 具有_NMZ_GEN 状态
des mi tshang-ma_la g-yo-vgul-thebs_vdug.
那 人 全部_OBJ 震撼_ASP
他豪迈乐观的气魄感染着每一个人。

6-42 …གྱོན་ཆས་གྱོན་ཏེ་ཐོག་ཁར་སྐྱོད་པས་སུང་ཅང་དང་རྡུང་ཁ་ཐེབས་ །
gyon-chas-gyon te thog-kha_r skyod_pas sung-cang dang
衣服 穿 并 楼上_LOC 走_NMZ 宋江 跟
rdung-kha-thebs.
撞上
穿了衣裳，奔上楼来，却好和宋江打个胸厮撞。（《水浒传》）

比较以下例词：གཡོ་འགུལ་ཐེབས་ (g-yo vgul thebs)震动，感动；གཡོ་འགུལ་བྱུང་ (g-yo vgul byung)震撼，震动。比较自主动词构成的动词：གཡོ་འགུལ་གཏོང་ (g-yo vgul gtong)撼动（自主动作）。再如：

གོ་ནོར་ཐེབས་ (go nor thebs) 误解，听错
　　གོ་ནོར་ (go nor) 误解

བརྡབ་གསིག་ཐེབས་ (brdab gsig thebs) 受欺压
    བརྡབ་གསིག་ (brdab gsig) 蹂躏
མེ་མདའ་ཐེབས་ (me mdav thebs) 挨枪
    མེ་མདའ་ (me mdav) 枪
མགོ་སྐོར་ཐེབས་ (mgo skor thebs) 受骗，上当
    མགོ་སྐོར་ (mgo skor) 欺骗
རྡོག་བརྫིས་ཐེབས་ (rdog brdzis thebs) 被踩
    རྡོག་བརྫིས་ (rdog brdzis) 蹂躏，践踏
སེམས་འགུལ་ཐེབས་ (sems vgul thebs) 激动，感动
    སེམས་འགུལ་ (sems vgul) 动心
ཤུགས་རྐྱེན་ཐེབས་ (shugs rkyen thebs) 受影响，起作用
    ཤུགས་རྐྱེན་ (shugs rkyen) 影响
སྐུལ་ལྕག་ཐེབས་ (skul lcag thebs) 被鼓励
    སྐུལ་ལྕག་ (skul lcag) 鼓舞，鼓励

6.4.5 shor–vchor 发生，转移

ཤོར་(shor)是不自主动词，三时形式是 འཆོར་-འཆོར་-ཤོར་ (vchor-vchor-shor)，但也有词典记载 ཤོར་ (shor)可作现在时和未来时形式，即三时同形。原义为"发生；遗失；脱落；迷惘"，例如：

6-43 ང་ལ་གཅེས་པའི་ཕྲུག་གུ་གཉིས་ཤོར་བ་

    nga_la   gces-pa_vi   phrug-gu gnyis shor_ba
    1sg_POS 热爱_GEN   孩子   两   遗失_NMZ
    我失去两个可爱的孩子了。

6-44 ལྕམ་ལགས་ཀྱི་ཐད་སྟངས་མ་ཤེས་བུ་མོ་ང་རའི་འགྲོ་སྟངས་ཤོར་སོང་།

    lcam-lags_kyi thad-stangs ma-shes bu-mo nga-ra_vi
    夫人_GEN   走 姿态 不会 女子 我自己_GEN
    vgro-stangs shor_song.
    走姿态   变形_ASP
    没学会夫人的走姿，本女子自己的走姿也变形了。

观察以下复合动词与所构成名词的语义关系：

སྐད་ངན་ཤོར་ (skad ngan shor) 惨叫，呻吟
    སྐད་ངན་ (skad ngan) 惨叫声，呻吟声
བརླག་སྟོར་ཤོར་ (brlag stor shor) 遗失，失落
    བརླག་སྟོར་ (brlag stor) 遗失

བཟོ་བལྟ་ཤོར་ (bzo blta shor) 丢丑，走样儿
བཟོ་བལྟ་ (bzo blta) 态度，样子，形状
ཆག་གྲུམ་ཤོར་ (chag grum shor) 破碎，破裂
 ཆག་གྲུམ་ (chag grum) 碎片
ཆེ་ཆུང་ཤོར་ (che chung shor) 大小失调
 ཆེ་ཆུང་ (che chung) 大小
དཔོན་གནས་ཤོར་ (dpon gnas shor) 丢官
 དཔོན་གནས་ (dpon gnas) 官位，官衔
གཅེས་ལང་ཤོར་ (gces lang shor) 溺爱
 གཅེས་ལང་ (gces lang) 娇惯
དམ་ཚིག་ཤོར་ (dam tshig shor) 感情破裂
 དམ་ཚིག་ (dam tshig) 盟约
ལྟོགས་ཤེད་ཤོར་ (ltogs shed shor) 饿得无力
 ལྟོགས་ཤེད་ (ltogs shed) 饿乏
ཝ་སྐད་ཤོར་ (wa skad shor) 尖叫，惊叫
 ཝ་སྐད་ (wa skad) （狐）鸣声
ཡང་ལྗིད་ཤོར་ (yang ljid shor) 失去平衡
 ཡང་ལྗིད་ (yang ljid) 轻重
ཡིད་ཆེས་ཤོར་ (yid ches shor) 丧失信心
 ཡིད་ཆེས་ (yid ches) 信心，相信
ཡིད་དབང་ཤོར་ (yid dbang shor) 情不自禁
 ཡིད་དབང་ (yid dbang) 心力
比较：ཡིད་དབང་འཕྲོག་ (yid dbang vphrog) 感人，令人神往
རྒྱལ་ཁབ་ཤོར་ (rgyal khab shor) 亡国
 རྒྱལ་ཁབ་ (rgyal khab) 国
比较：རྒྱལ་ཁབ་བྱེད་ (rgyal khab byed) 救国

6.4.6 yong 和 byung 出现，发生，得到，变成

ཡོང་ (yong)是不自主动词，过去时形式 ཡོངས་ (yongs)。原义为"（自然而然）发生，变成，遭受，得到"。འབྱུང་ (vbyung)是不自主动词，过去时形式 བྱུང་ (byung)，原义为"得到，发生，变成，生长"。这两个词基本语义相近，特别是后者的过去时形式很大程度上语法化了，作为句法虚词使用，跟在过去时动词后表示朝向说话人的动作行为。

6-45 ང་རང་ལ་ལས་གནས་འདི་སྟེང་ནས་སློབ་བྱ་མང་པོ་རག་བྱུང་།

nga-rang_la　las-gnas vdi steng_nas slob-bya mang-po rag_byung.

我自己_POS　岗位　这 上_LOC　教养　许多　获得_ASP

我自己在这个职位上领受到了许多教育。

不过，བྱུང་ (byung)所构成的复合动词普遍表示“受损、失去”概念，动作朝向说话人，呈现说话人不愿意得到的主观结果。

ཞུ་འཛོལ་བྱུང་ (zhu vdzol byung)（发生）口误

　　ཞུ་འཛོལ་ (zhu vdzol) 口误

དཀའ་ངལ་བྱུང་ (dkav ngal byung) 遇到困难

　　དཀའ་ངལ་ (dkav ngal) 困难

གནོད་སྐྱོན་བྱུང་ (gnod skyon byung) 遭灾，受灾

　　གནོད་སྐྱོན་ (gnod skyon) 灾害

ནག་ཉེས་བྱུང་ (nag nyes byung) 犯罪

　　ནག་ཉེས་ (nag nyes) 罪恶

ཕམ་ཉེས་བྱུང་ (pham nyes byung)（遭受）失败

　　ཕམ་ཉེས་ (pham nyes) 失败，挫败

འཕེལ་རྒྱས་བྱུང་ (vphel rgyas byung) 繁殖，得到发展

　　འཕེལ་རྒྱས་ (vphel rgyas) 发展；繁殖

当然，受益的表示也是有的，但是动作也是指向说话人。例如：ཕན་ཐོགས་ (phan thogs)作名词表示“益处，好处”，作动词表示“有好处，受益”，复合动词也表示受益。例如，ཕན་ཐོགས་བྱུང་ (phan thogs byung)受益，得到好处，在这个意义上，有时候也可采用 ཕན་ཐོགས་བྱེད་ (phan thogs byed)“得好处”和 ཕན་ཐོགས་ཡོང་ (phan thogs yong)有好处。例如：

6-46 ཁོ་རང་ལ་ཕན་ཐོགས་བྱེད་བསམས་ཏེ།།

kho-rang_la　phan-thogs-byed bsams te...

他_OBJ　得好处　想　且

他想着（对他）有好处……

6-47 རི་སྟེང་མཁར་རྫོང་དུ་མཁོ་དགོས་ཆེ་བས་ཁོ་པ་ཡང་སྐྱིད་སྡུག་ལ་གཞུག་པར་ཁྲིད་ན་ཕན་ཐོགས་ཡོང་།།

ri-steng mkhar-rdzong_du mkho-dgos che-bas kho-pa yang

山上　寨子_LOC　需要　很　他　也

skyid-sdug_la gzhug-par khrid　na　phan-thogs-yong.

组织_LOC　加入　带领　如果　有好处

山寨里正用得着，何不叫他也去入伙？（《水浒传》）

类似的复合动词还有：

མཁྱེན་རྟོགས་བྱུང་ (mkhyen rtogs byung) 了解，懂得

　　མཁྱེན་རྟོགས་ (mkhyen rtogs) 了解，领会

སེམས་ཁྲལ་ཡོང་ (sems khral yong) 着急，焦急

　　སེམས་ཁྲལ་ (sems khral) 操心，忧愁

ཆུ་སྐྱོན་ཡོང་ (chu skyon yong) 遭水灾

　　ཆུ་སྐྱོན་ (chu skyon) 水灾

6.4.7 vgro–phyin 变成，成为

འགྲོ་ (vgro)作自主动词义为“走”；作为不自主动词表示“时间流逝，货币流通，（事物不期然）成为，变为，容受”等意思。不自主动词三个形式是 འགྲོ་ - འགྲོ་ - ཕྱིན་ / སོང་ (vgro-vgro-phyin /song)。

自主动词构成的复合动词：

ཁྲོམ་སྐོར་འགྲོ་ (khrom skor vgro) 游行，逛街

　　ཁྲོམ་སྐོར་ (khrom skor) 游行

བྲོས་བྱོལ་འགྲོ་ (bros byol vgro) 逃跑

　　བྲོས་བྱོལ་ (bros byol) 逃避

འབྲེང་འབྲེང་འགྲོ་ (vbreng vbreng vgro) 随行

　　སྣ་ལ་འགྲོ་ (sna la vgro) 领头，在前面走

བྱིལ་བྱིལ་འགྲོ་ (byil byil vgro) 侦察而行，潜行

ཚངས་ཀྱིས་འགྲོ་ (tshangs kyis vgro) 直去，直行

不自主动词构成的复合动词：

ལམ་འགྲོ་འགྲོ་ (lam vgro vgro) 走运

　　ལམ་འགྲོ་ (lam vgro) 运气

ལེགས་བཅོས་འགྲོ་ (legs bcos vgro) 改进，改善

　　ལེགས་བཅོས་ (legs bcos) 改善，改良

འགོར་འགྱངས་འགྲོ་ (vgor vgyangs vgro) 延误

　　འགོར་འགྱངས་ (vgor vgyangs) 耽误

འགྱུར་ལྡོག་འགྲོ་ (vgyur ldog vgro) 变化，变迁

　　འགྱུར་ལྡོག་ (vgyur ldog) 变化，改变

གཅིག་པོར་འགྲོ་ (gcig por vgro) 孤独

6.4.8 其他动词标记语素构成的复合动词

除了以上典型动词标记语素，还有一些其他动词也发生了虚化现象，只是实词意义还比较明显，尚不能够用其他动词标记语素替代。这类词缀

在我们收集的数据中多寡不一，兹列举部分如下。བསྟར་ (bstar)鉴别，知晓；སློག་ (slog)颠倒，翻转；བཟོ་ (bzo)做，制造；ཟ་ (za)吃；སྐུལ་ (skul)鼓励，促进；བཏབ་ (btab)，འདེབས་ (vdebs)的过去式，抛，打，给，种；སྤྲས་ (spras)，སྤྲ་ (spra)的过去式：装饰，修饰；འཕེར་ (vpher)升起；ཆད་ (chad)，འཆད་ (vchad)的过去式：断；丢失；分离；མྱོང་ (myong)遭受；经历；བཅོལ་ (bcol)，འཆོལ་ (vchol)的未来式和过去式：弄错；颠倒；ལང་ (lang)立起，升起；བུད་ (bud)，འབུད་ (vbud)的过去式：离开；烧；ཞུ་ (zhu)溶解，请求；བཀོལ་ (bkol)，འཁོལ་ (vkhol)的过去式：使役人，煮，心意懒；འཕེལ་ (vphel)增长。

zhu$_{PRS}$- zhus$_{PST}$

བཀའ་བསྒྱུར་ (bkav bsgyur) 命令 > བཀའ་བསྒྱུར་ཞུ་ (bkav bsgyur zhu) 听候指示

བཀའ་མངགས་ (bkav mngags) 嘱托 > བཀའ་མངགས་ཞུ་ (bkav mngags zhu) 委托，拜托

བཀའ་སློབ་ (bkav slob) 指示，教诲 > བཀའ་སློབ་ཞུ་ (bkav slob zhu) 请教，请示

བརྩི་འཇོག་ (brtsi vjog) 尊敬，尊重 > བརྩི་འཇོག་ཞུ་ (brtsi vjog zhu) 尊重

བསམ་ཚུལ་ (bsam tshul) 心情，感想 > བསམ་ཚུལ་ཞུ་ (bsam tshul zhu) 谈感想

བསོད་སྙོམས་ (bsod snyoms) 化缘；斋饭 > བསོད་སྙོམས་ཞུ་ (bsod snyoms zhu) 化缘

གསོལ་རས་ (gsol ras) 赏钱 > གསོལ་རས་ཞུ་ (gsol ras zhu) 请赏

དོགས་གཅོད་ (dogs gcod) 解惑 > དོགས་གཅོད་ཞུ་ (dogs gcod zhu) 提出疑问

དགོངས་སེལ་ (dgongs sel) 道歉 > དགོངས་སེལ་ཞུ་ (dgongs sel zhu) 请罪

སློང་མོ་ (slong mo) 乞丐 > སློང་མོ་ཞུ་ (slong mo zhu) 乞讨

སྨན་པ་ (sman pa) 医生 > སྨན་པ་ཞུ་ (sman pa zhu) 求医

za$_{PRS}$-bzas/zos$_{PST}$

བར་ཁེ་ (bar khe) 中间利润 > བར་ཁེ་ཟ་ (bar khe za) 揩油，从中取利

སྐྱེད་ཀ་ (skyed ka) 生息 > སྐྱེད་ཀ་ཟ་ (skyed ka za) 吃利息

ཁེ་བཟང་ (khe bzang) 便宜 > ཁེ་བཟང་ཟ་ (khe bzang za) 赚钱，占便宜

lang:

བྲེལ་ཟིང་ (brel zing) 繁忙 > བྲེལ་ཟིང་ལང་ (brel zing lang) 忙碌起来

བཙས་མ་ (btsas ma) 收获 > བཙས་མ་ལང་ (btsas ma lang) 庄稼成熟

ཆག་སྒོ་ (chag sgo) 灾难 > ཆག་སྒོ་ལང་ (chag sgo lang) 出乱子，倒霉

ཆུ་སྐྱུར་ (chu skyur) 醋，酸水 > ཆུ་སྐྱུར་ལང་ (chu skyur lang) 反胃

གསར་བརྗེ་ (gsar brje) 革命 > གསར་བརྗེ་ལང་ (gsar brje lang) 革命爆发

འདམ་རྫབ་ (vdam rdzab) 烂泥 > འདམ་རྫབ་ལང་ (vdam rdzab lang) 翻浆

ལྷགས་པ་ (lhags pa) 风 > ལྷགས་པ་ལང་ (lhags pa lang) 起风

slog:

བརྗེ་པོ་ (brje po) 交换，交易 > བརྗེ་པོ་སློག་ (brje po slog) 交换

དགྲ་ལན་ (dgra lan) 报仇 > དགྲ་ལན་སློག་ (dgra lan slog) 复仇
ལག་པོད་ (lag pod) 助手，帮手 > ལག་པོད་སློག་ (lag pod slog) 还礼，报答
དྲིན་ལན་ (drin lan) 报恩 > དྲིན་ལན་སློག་ (drin lan slog) 报答，报恩

bzo:
གཏམ་འཆལ་ (gtam vchal) 谬论，谣言 > གཏམ་འཆལ་བཟོ་ (gtam vchal bzo) 造谣
བཟོ་བལྟ་ (bzo blta) 样子，形状 > བཟོ་བལྟ་བཟོ་ (bzo blta bzo) 做样子
དམ་ཚིག་ (dam tshig) 誓言 > དམ་ཚིག་བཟོ་ (dam tshig bzo) 背信弃义
དབྲིལ་དབྲིལ་ (dbril dbril) 圆圆的 > དབྲིལ་དབྲིལ་བཟོ་ (dbril dbril bzo) 卷起来
དཀའ་ལས་ (dkav las) 困难 > དཀའ་ལས་བཟོ་ (dkav las bzo) 制造麻烦
དཀའ་ངལ་ (dkav ngal) 困难 > དཀའ་ངལ་བཟོ་ (dkav ngal bzo) 刁难
དཀྲོག་གཏམ་ (dkrog gtam) 谣言 > དཀྲོག་གཏམ་བཟོ་ (dkrog gtam bzo) 造谣
གན་རྒྱ་ (gan rgya) 合同，契约 > གན་རྒྱ་བཟོ་ (gan rgya bzo) 订合同
བཙོག་པ་ (btsog pa) 脏 > བཙོག་པ་བཟོ་ (btsog pa bzo) 弄脏
བྲེལ་བ་ (brel ba) 忙，忙碌 > བྲེལ་བ་བཟོ་ (brel ba bzo) 弄得很紧张
ཚིག་གྲུབ་ (tshig grub) 句子 > ཚིག་གྲུབ་བཟོ་ (tshig grub bzo) 造句
རློན་པ་ (rlon pa) 潮湿 > རློན་པ་བཟོ་ (rlon pa bzo) 弄湿
རྙིད་ཏོ་ (rnyid to) 蔫，皱 > རྙིད་ཏོ་བཟོ་ (rnyid to bzo) 弄皱

spras:
དྲག་ཆས་ (drag chas) 武装 > དྲག་ཆས་སྤྲས་ (drag chas spras) 武装
གཟབ་མཆོར་ (gzab mchor) 妆饰 > གཟབ་མཆོར་སྤྲས་ (gzab mchor spras) 装扮
བོད་ཆས་ (bod chas) 藏服，藏装 > བོད་ཆས་སྤྲས་ (bod chas spras) 穿藏装
རྒྱན་ཆ་ (rgyan cha) 饰物 > རྒྱན་ཆ་སྤྲས་ (rgyan cha spras) 装扮

myong:
གནོད་འཚེ་ (gnod vtshe) 危害 > གནོད་འཚེ་མྱོང་ (gnod vtshe myong) 受害
གཉའ་གནོན་ (gnyav gnon) 压迫 > གཉའ་གནོན་མྱོང་ (gnyav gnon myong) 受压迫
མནར་གཅོད་ (mnar gcod) 糟蹋 > མནར་གཅོད་མྱོང་ (mnar gcod myong) 受罪
རྗེས་སུ་ (rjes su) 后面 > རྗེས་སུ་མྱོང་ (rjes su myong) 领受，体会
སྡུག་བསྔལ་ (sdug bsngal) 痛苦 > སྡུག་བསྔལ་མྱོང་ (sdug bsngal myong) 受苦
སྡུག་པོ་ (sdug po) 不幸 > སྡུག་པོ་མྱོང་ (sdug po myong) 受苦，受虐待

chad:
ལག་རྒྱུན་ (lag rgyun) 传统 > ལག་རྒྱུན་ཆད་ (lag rgyun chad) 失传
ཕྱི་དབུགས་ (phyi dbugs) 外呼吸 > ཕྱི་དབུགས་ཆད་ (phyi dbugs chad) 断气
ལས་ཀ་ (las ka) 工作 > ལས་ཀ་ཆད་ (las ka chad) 旷工
སློབ་སྦྱོང་ (slob sbyong) 学习 > སློབ་སྦྱོང་ཆད་ (slob sbyong chad) 旷课

རེ་ཐག་ (re thag) 愿望 ＞ རེ་ཐག་ཆད་ (re thag chad) 绝望，失望
ཟླ་མཚན་ (zla mtshan) 月经 ＞ ཟླ་མཚན་ཆད་ (zla mtshan chad) 闭经
ཐག་པ་ (thag pa) 绳；索 ＞ ཐག་པ་ཆད་ (thag pa chad) 中断

第7章　形容词词法

7.1　形容词概说

7.1.1　形容词作为独立词类

形容词是否作为一个独立的词类在语法领域有着广泛的争论，涉及形容词的性质、功能和形态。欧洲早期研究者中，柏拉图（Plato）和亚里士多德（Aristotle）把形容词看作动词的次类，亚历山大（Alexandrian）则视为名词的次类（Lyons, 1966:209-36）。西方中世纪以来，语法学家们对词类体系采用了更实用的名词、动词、形容词三分观点，这种观点一直延续至今。近数十年来，还有一些新的观点出现，例如有人认为名、动、形构成一个 contentives 的单一范畴（Bach, 1968:90-122），或者 predicators 范畴（Allan, 1973 10(3):377-97），或者认为存在一个名、动、形连续统（a continuum of noun-adjective-verb, Givon, 1979）。当然，坚持名、动、形三分的学者也不乏其人（Bhat, 1994），例如兰盖克（Langacker, 1976），迪克（Dik, 1978），克罗夫特（Croft, 1991）。

就具体单一语言或相近语言研究而言，形容词能否作为独立词类范畴也不乏争论，随研究者的理论背景和对具体语言的感知而定。本书根据藏语的词类形态差别和词类功能差异，把形容词看作不同于名词和动词的独立词类范畴。

形容词是藏语一个重要的独立词类。藏语形容词的句法功能较为灵活，除了充当常规的名词修饰语，包括后置定语和带属格标记的前置定语，还可以充当其他各类成分，是跨越体词和谓词的独特词类。[①]藏语形容词是发展中初步定型的词类，兼具副词功能，因而具有动词修饰语作用，即充当状语。藏语的补语也是谓词性的，因此形容词充当补语亦不为怪。部分形容词词源上可能来自动词，具有充当谓语的完整功能，可以带体貌标记和其他谓语标记。试从句法上观察形容词的基本功能。

后置定语（常规派生形容词）：

---

① 关于体词和谓词的概念和界定参看朱德熙《语法讲义》（1982）。

7-1 རྣམ་པ་གསར་པ་

rnam-pa gsar-pa

面貌(N) 新(ADJ)

新面貌

后置定语（离心结构形容词）：

7-2 ཚོང་པ་ཤ་སྐམ་པོ་

tshong-pa sha-skam-po

商人(N)　肉 瘦(ADJ)

瘦商人

前置定语（带标记）：

7-3 མཐོན་པོའི་ཤིང་སྡོང་སྟེང་ལ་

mthon-po_vi　shing-sdong steng_la

高(ADJ)_GEN 树干　上面_LOC

在高高的树上

状语（不带标记）：

7-4 ཁོང་གསར་པ་སླེབས་པ་རེད།།

khong gsar-pa slebs_pa-red.

他　新(ADJ)来(V)_ASP

他是新来的。(周季文，2003)

状语（带副词标记）：

7-5 ཁྲོན་པའི་ཁ་དེ་དམ་པོར་མནན་ནོ་

khron-pavi　kha　de　dam-po_r　mnan_no

井-GEN　口　那　严密(ADJ)_Ly　压(PST)_IND

把那个井口严实地盖上

补语（加补语标记 ru）：

7-6 རྟག་པར་ལུས་རྩལ་སྦྱངས་ན་གཟུགས་པོ་ཡག་རུ་ཡག་རུ་འགྲོ་གི་རེད།།

rtag-pa_r　lus-rtsal-sbyangs na gzugs-po yag ru yag ru　vgro_gi-red.

经常_Ly　运动　若 身体　好　好　变_ASP

如果经常锻炼，身体会(变得)越来越好。(车谦，1999)

宾语（仅充当判断动词的宾语），此例是重叠式形容词：

7-7 སང་ཉིང་ལས་འགོ་འཛུགས་རྒྱུ་བརྟན་བརྟན་རེད།།

sang-nying las-vgo-vdzugs_rgyu　brtan-brtan　red.

明天　开始工作_NMZ　肯定，确定　是

明天肯定开工。（《藏汉大辞典》）

谓语（带体貌示证标记）：

7-8 བུ་མོ་ཆུང་ཆུང་འདི་སྙིང་རྗེ་པོ་འདུག

bu-mo　chung-chung　vdi　snying-rje-po vdug.

女孩　小（重叠）　这-指示词　漂亮_ASP

这个小女孩真漂亮。

7.1.2　形容词的类别

形容词自身的构造比较复杂，形式类别丰富。按照语素（音节）构成分类，藏语形容词可分为单音节形容词、双音节形容词、多音节形容词；按照词法形态分类，又分派生形容词、重叠式形容词、（双音节）复合形容词、（多音节）复合型派生形容词、（多音节）形容词生动式（或状态形容词）。这最后一类也可划分为另外的类别，即状貌词，本章一并讨论。

按照以上分类，形容词的分类不可避免涉及音节数概念。回顾第 4 章表 4.1“藏语的词形与词类”，藏语明显存在一种称为音节数形态的现象。不仅在形容词内部，藏语整个词类体系都是以音节数为基础构建的，形成音节数形态。准确地说，音节数形态指以词的音节数量作为形态标准来区分词的结构和类型。音节数形态首先表现为词的音节长度并反应在词形上，词形包括词长和词型两个要素，词长以音节为单位衡量，区分单音节词、双音节词、三音节词和多音节词。词型特指单纯词、派生词、重叠词、复合词这种词法意义上的分类，既跟音节长度有关系又跟词型类别有关系。藏语单纯词一般都是单音节形式，双音节和多音节单纯词不多；派生词是词根+词缀（少量是词缀+词根）形式；复合词是词根+词根形式。鉴于语法上人们未曾尝试将音节数作为形态标志，本书暂时称之为“隐形态”，或者说，藏语是将词的音节数预设为隐形态模式来区分词的结构和类型的。

单音节形容词很少，常见的几个多表示数量或范围的极值意思。例如 རྒུ་ (rgu)多数，众多：ཡོད་རྒུ་རྩལ་སྤྲུག་(yod rgu rtsal sprug)尽其所有；再如：ཀུན་(kun)全部的，མཆོག་(mchog)妙，极好；རབ་(rab)最高，极好，多数是表示正面意义极值的形容词。现代藏语中，这类单音节形容词大多充当构词语素，例如 རབ་：ཤེས་རབ་(shes 智力 rab)智慧，天才；རི་རབ་(ri 山 rab)妙高山；ཕོ་རབ་(pho 雄性 rab)俊杰；构成短语：སྤུས་ཀ་རབ་(spus ka 品质 rab)极佳品质；རྡུལ་ཕྲ་རབ་(rdul 灰屑 pra 细 rab)极微尘；或者与 ཏུ་(tu)等语法词构成副词，充当状语：རྟ་རབ་ཏུ་རྒྱུགས་པ་(rta rab tu rgyugs pa)马飞快地跑。

绝大多数形容词都是双音节派生词，由词根加词缀构成。常见的形容词派生词缀有 པོ་、པ་、མོ་(po、pa、mo)等，例如，ཡག་པོ་(yag po)好的、ཆུང་བ་(chung ba)小的、དཀར་མོ་(dkar mo)白的。这部分内容是本章重点讨论对象。

派生形容词是由词根与词缀构成的完形词。不过还有部分不带词缀的双音节形容词，由词根重叠构成，没有相应的派生形式，例如，ཀྱིར་ཀྱིར་(kyir kyir)平的，没有 ཀྱིར་པོ་(kyir po)；ཆུང་ཆུང་(chung chung)小的，没有 ཆུང་པོ་(chung po)；ལེབ་ལེབ་(leb leb)扁的，没有 ལེབ་པོ་(leb po)；དབྲིལ་དབྲིལ་(dbril dbril)圆的，没有 དབྲིལ་པོ་(dbril po)；ནར་ནར་(nar nar)长条的，没有 ནར་པོ་(nar po)；ཉུང་ཉུང་(nyung nyung)少的，没有 ཉུང་པོ་(nyung po)。我们赞同王会银（1987）对该类形式的看法，他认为 AA 式重叠"只是构成形容词的不可缺少的两部分，不表示某些语法意义"，即我们所说的 AA 重叠式组成形容词完形形式。不过，这种重叠跟刘丹青（2012:2）所说汉语语素或词之下音节的叠音不同，它们仍然应看作词根语素，虽形式上呈现语素或词的重叠，却未蕴含重叠所产生的形态功能和意义。

另一方面，部分带词缀的双音节形容词也产生重叠式，例如 ཐང་པོ་(thang po)结实的，健康的，ཐང་ཐང་(thang thang)结实的。再如 བརྟན་བརྟན་(brtan brtan)，བརྟན་པོ་(brtan po)结实的；ཅེམ་པོ་(cem po)，ཅེམ་ཅེམ་(cem cem)（穿得）单薄的；དོག་པོ་(dog po), དོག་དོག་(dog dog)狭窄的；གསལ་པོ་(gsal po)，གསལ་གསལ་(gsal gsal)明亮，清楚；གུག་པོ་(gug po)，གུག་གུག་ (gug gug)弯的；གྱོང་པོ་(gyong po)，གྱོང་གྱོང་(gyong gyong)顽强的；ཧྲག་པོ་(hrag po)强悍的，精干的，ཧྲག་ཧྲག་(hrag hrag)粗壮的，精干的；ཧྲལ་པོ་(hral po)，ཧྲལ་ཧྲལ་(hral hral)稀疏的；ཧྲིལ་པོ་(hril po)，ཧྲིལ་ཧྲིལ་(hril hril)整个的；ཁྲ་མོ་(khra mo)，ཁྲ་ཁྲ་(khra khra)花的，杂色的；འཁྱོར་པོ་(vkhyor po)，འཁྱོར་འཁྱོར་(vkhyor vkhyor)摇摆的；འཁྱོག་པོ་ /ཀྱོག་པོ་(vkhyog po /kyog po)，འཁྱོག་འཁྱོག་/ཀྱོག་ཀྱོག་(vkhyog vkhyog /kyog kyog)弯曲的；ལྷོད་པོ་(lhod po)，ལྷོད་ལྷོད་(lhod lhod)轻松的，从容的；ལྷུག་པོ་(lhug po)，ལྷུག་ལྷུག་(lhug lhug)松的；མཁྲེགས་པོ་ (mkhregs po)，མཁྲེགས་མཁྲེགས་(mkhregs mkhregs)坚硬的。这些重叠式有些收入词典，有些则临时产生。

归纳起来，主要有以下类型：

（1）带词缀形式，ROOT+SUF：བསིལ་པོ་(bsil po) 凉快，རིང་པོ་(ring po) 长

（2）重叠形式，ROOT+ROOT：ཆུང་ཆུང་(chung chung)小，ཀྱིར་ཀྱིར་(kyir kyir)平

（3）原生带词缀形式或派生重叠形式：ཉོག་པོ་(nyog po)，ཉོག་ཉོག་(nyog nyog)浑浊的

根据东亚语言发展的过程（江荻，2013b），我们猜想（1）可能是后起形式，通过完形化产生。而产生的根源可能有韵律需求，即单音节走向

双音步的双音节化。（2）可能是原生形式。只是人们从（1）类推，心理上将每个音节均视作词根。这是语用上的现实，并可能是（3）的发生原因之一。至于（3），我们认为，在前两种结构类型基础上，很容易通过类推或语用化来实现，本质上仍然是完形化重叠。

双音节复合形容词指由两个词根构成的复合词，不是形容词构词主流，例如ལྗང་ཁུ་(ljang khu)或ལྗང་གུ་(ljang gu)绿的，绿色，རྒྱ་སྨུག་(rgya smug)深紫色，绛紫色的，ཟིང་སྐྱ་(zing skya)粉色的，粉红色，གྲུ་བཞི་(gru bzhi)方的，方形，རང་བུ་(rang bu)孤独的，མོ་རྒན་རང་བུ་(mo rgan rang bu)孤老太婆，似乎多为形容词和名词这些兼类词。

三音节和三音节以上的形容词一般都是复合型派生形容词，例如སྙིང་རྗེ་པོ་(snying rje po)可爱的，ཁྱད་མཚར་པོ་(khyad mtshar po)奇怪的。复合型派生形容词是一种新兴的能产性较高的形容词，目前学界对这类形容词尚未形成统一看法，反倒是词典编撰者已开始将之收入词典，本书 7.4 节将做专门研究。

根据以上所述，除少量单音节形容词，形容词词根是不自由语素，只有通过添加词缀或者重叠和复合才能取得完形词的地位（江荻，2006d）。

我们把构成派生形容词和重叠形容词的词根称为形容词词根语素，词根语素后面的词缀称为形容词词缀。对于少量语源上可能衍生于名词或与名词相关的词根语素，例如 རིང་ (ring)“时间，期间”不予追溯，仍看作形容词词根。对于部分来自动词的词根语素，则承认其动词语素性质。这是因为动词词根在派生形容词中占据一定数量，并且形容词与动词在句法上有相似的分布性质。例如：

རྒྱུགས་ (rgyugs) <V>流动，རྒྱུགས་པོ་ (rgyugs po)<ADJ> 流利的

ངོ་ཚ་ (ngo tsha)<V> 害羞，ངོ་ཚ་པོ་ (ngo tsha po)<ADJ> 害羞的

རླུང་ལངས་ (rlung langs)<V> 生气，རླུང་ལངས་པོ་ (rlung langs po)<ADJ> 爱生气的

按照传统描写方法，形容词或形容词词根重叠可以产生较为复杂的重叠形式，例如：རོད་རོད་པོ་ (rod rod po)匆匆忙忙，དགྱེས་དགྱེས་པ་ (dgyes dgyes pa)欢欢喜喜，ཧུད་ཧུད་པོ་ (hud hud po)粗糙。词根也可添加重叠的词缀，例如：རྒྱགས་ལྷུག་ལྷུག་ (rgyags lhug lhug)胖呼呼，ནག་ཡུལ་ཡུལ་ (nag yul yul)黑呼呼，སྐྱ་འཁྱིལ་འཁྱིལ་ (skya vkhyil vkhyil)白花花，དམར་ཐིང་ཐིང་ (dmar thing thing)红彤彤。还有大量四音格式的重叠形式。例如：ཐོ་རེ་ཐོ་རེ་ (tho re tho re)零零碎碎，རྫ་སི་རྫུ་སི་ (rdza si rdzu si)迷离马虎，ཀྱ་རེ་ཀྱོ་རེ་ (kya re kyo re)歪歪扭扭，འཇང་ངེ་འཇོང་ངེ་ (vjang nge vjong nge)圆不溜丢，ཐམ་མེ་ཐོམ་མེ་ (tham me thom me)迷迷糊糊，ཧྲལ་ལེ་ཧྲུལ་ལེ་ (hral le hrul le)破破烂烂。（周季文、谢后芳，2003）。相比简单派生形容词，这类叠音形式产生出生动描绘意义，多称为状态形容词，或状貌词。

多音节复合型派生形容词是藏语里一种新兴起的词汇现象，来源于名-形短语，是词汇化的结果。例如：སྤྲོ་སེམས་ཆེ་བ་(spro sems che ba)热心的，ཡ་མཚན་ཆེན་པོ་(ya mtshan chen po)惊奇的，རིན་གོང་ཆེན་པོ་(rin gong chen po)昂贵的，སེར་སྣ་ཚ་པོ་(ser sna tsha po)吝啬的，གཟུགས་པོ་སྐྱོ་པོ་(gzugs po skyo po)体弱的。这种结构与带形容词后置修饰语的名词短语同形，是一种独特的结构，下文有专节讨论（7.6 节）。

不少语法著述都认为藏语形容词有级的程度差别（Jaeschke, 1929；张济川，1996；周季文、谢后芳，2003），通过在形容词词根后添加不同语素形式构成不同程度的级别评价。例如，པ་(-pa)表示"较好"意义，ཙམ་(tsam)表示"好一点"意思，སར་/སལ་(-sar/sal)表示"很好，相当好"意思，ཤོས་(-shos)表示"最好"意思，ཐག་ཆོད་(-thag chod)表示"极好"意思。不过，藏语形容词的程度差别似乎并不构成一种语法上的级范畴，不同的程度是通过上下文和词汇对比形式表现出来。关于表示形容词程度差别的词或语素的性质，本文基本看作句法词或语素，属于句法范畴。添加比较程度意义的语素与形容词词根不构成新的形容词形式，不宜收入词典。所以本文不详细讨论形容词程度比较级意义的形式。

总起来说，藏语形容词在词法上具有多种特点，其中派生形式是核心内容，本章将重点加以讨论。为充分了解形容词的词法现象，本章先简单介绍形容词的句法功能和句法现象。

7.2　形容词的句法功能

7.2.1　形容词作后置修饰语及其句法位置

形容词充当名词修饰语的常规位置是后置于被修饰名词，即名词+形容词（N-ADJ），构成名词短语。充当后置修饰语的形容词一般带词缀，但是用连词相连的并列形容词、或者多重形容词修饰、或者受副词修饰等其他条件下，则形容词仅用词根形式，或者最前面的形容词省略词缀。例如：

7-9　ལྷ་བྲིས་པ་གསུམ་པ་དེས་ཐབས་ཤེས་ཡག་པོ་གཅིག་བརྙེད་པ་རེད།

　　lha-bris-pa　gsum-pa de_s　　thabs-shes　yag-po　　gcig　brnyed_pa-red.
　　画匠　　　第三　　那_AG　方法　　　好的　　　一　　找到_ASP
　　第三个画师找到了一个好办法。

7-10 རྫོང་དཔོན་དེར་གཟིམ་དཔོན་སྤྱང་གྲུང་ཚ་པོ་ཅིག་ཡོའོ་རེད།

rdzong-dpon de_r gzim-dpon spyang-grung tsha-po cig yovo-red.

宗本 那_POS 仆人 伶俐 非常 一 有

那个宗本拥有一个非常聪明的仆人。

7-11 གྲོང་ཁྱེར་དེའི་དབུས་ན་རིན་པོ་ཆེའི་ཁྲི་སྟན་མཐོ་ལ་ཡངས་པའི་སྟེང་

grong-khyer de_vi dbus_na rin-po-che_vi khri-stan

城市 那_GEN 中央_LOC 很长_GEN 座

mtho la yangs-pa_vi steng

高 连词 广_GEN 上面

在这城市的中央,（只见有）一个又高又大的宝座。(《米拉日巴传》)

如果两个名词并列，意义允许，则后置形容词可以同时修饰两个并列的名词。

7-12 ཙང་ཞེད་སྣང་དང་སྐྱོ་སྣང་ཆེན་པོ་སྐྱེས་ནས་

tsang zhed-snang dang skyo-snang chen-po skyes nas

因此 害怕 和 悲观 大 产生(PST) 之后

顿时她心里又伤心又恐惧。

形容词后置于名词可能是藏语名词修饰语的原型形式，古代藏语就采用了这种结构，这类案例十分丰富，以10世纪的西藏历史名著《拔协》为例即可证实。

7-13 དེའི་དུས་སུ་ཡུལ་ངན་ཆེན་མོ་བྱུང་ནས།

de_vi dus_su yul-ngan chen-mo byung nas,

这_GEN 时期_LOC 灾荒 大 遭受

在这段时期，遭受很大的灾难。（《拔协》）

更多的例证说明，形容词作定语修饰名词是形容词的重要功能之一，它的常态分布位置是置于名词之后。例如：

ཨ་ནེ་ལྕམ་མོ་(a-ne lcam-mo) 姑奶奶（《红楼梦》）

མགྲིན་ཁུག་ལེགས་པ་(mgrin-khug legs-pa) 好歌声

གླུ་དབྱངས་སྙན་པོ་(glu-dbyangs snyan-po) 好听的歌声

ཁྱིམ་མཚེས་བཟང་པོ་(khyim-mtshes bzang-po) 好邻居

ཕོ་བྲང་དམར་པོ་ (pho-brang dmar-po) 红宫（布达拉宫）

སྡོད་བཟོད་བདེ་པོ་ (sdod-bzod bde-po) 安生

བཀའ་དྲིན་ཆེན་པོ་ (bkav-drin chen-po) 大恩德

སྙིང་རྗེ་ཆེན་པོ་ (snying-rje chen-po) 大慈大悲

ཐུགས་རྗེ་ཆེན་པོ་ (thugs-rje chen-po) 大仁慈

ས་ཐག་རིང་པོ་ (sa-thag-ring-po)	远处
སྟོང་ཕྲག་མང་པོ་ (stong-phrag mang-po)	成千
རྩམ་ཐུག་སླ་པོ་ (rtsam-thug sla-po)	稀的糌粑糊糊汤
གྲོགས་པོ་བཟང་པོ་ (grogs-po bzang-po)	善良的朋友
རལ་གྲི་རྣོན་པོ་ (ral-gri rnon-po)	锋利的剑

7.2.2　形容词作前置修饰语及其条件

形容词作名词的前置修饰语一般总是添加属格标记 gi 及其变体 gyi，kyi，-vi，即形容词+属格标记+名词（ADJ-GEN-N）。[①]

7-14 ཁྱོད་རེའི་སྒོ་ང་མཐོན་པོའི་ཤིང་སྡོང་སྟེང་ལ་བཞག།

khyod-re_vi　sgo-nga mthon-po_vi　shing-sdong steng_la　bzhag.

2sg-NUP_GEN　蛋　高的_GEN　树　上面_LOC　放

你的蛋放在高高的树上。

7-15 ང་ཚོས་བསྟན་གཅིགས་མཚར་པོའི་ལྟད་མོ་གཅིག་མཐོང་ཐུབ་ཡོང་།

nga_tsho_s bstan shigs　mtshar-po_vi ltad-mo zhig mthong thub yong.

1_pl_AG　显示　一　漂亮_GEN　热闹　一　看见　能　将

我们可以看一场热闹了。

应该指出，利用属格标记指示前置修饰语并非形容词的专利，其他如名词、指示词、代词及其短语，甚至非谓动词短语等都可添加属格标记充当前置定语成分。下例修饰 ske“肩膀”的前置定语是名词短语 bu chung-bavi，而不是单纯的形容词。

7-16 མིག་ཆུ་རྐང་གཅིག་བུ་ཆུང་བའི་སྐེ་ལ་ཐིགས་པ་བརྒྱབ་པ་རེད།

mig-chu rkang gcig bu　chung-ba_vi ske_la　thigs-pa-brgyab_pa-red.

眼泪　滴　一　儿子　小的_GEN　脖子_LOC　水滴-做(PST)ASP

一滴眼泪落在小王子的肩膀上。

此处简单列出更多形容词前置修饰语案例，还包括古藏语案例：

དགའ་སྤྲོ་གི་འཛུམ་ (dgav-spro_gi vdzum)	喜悦的微笑
ཆེན་པོ་འི་སྙན་ (chen-po_i snyan)	大名（誉）
མཚར་པོ་འི་ལྟད་ མོ་ (mtshar-po_vi ltad mo)	漂亮的玩意儿
སྐད་སྐྱོ་པོ་འི་ངང་ (skad-skyo-po_vi ngang)	低哑的鹅（声）
མཛངས་པ་འི་ཡོན་ཏན་ (mdzangs-pa_vi yon-tan)	高尚的道德
སྐྱིད་པ་འི་ནགས་གསེབ་ (skyid-pa_vi nags-gseb)	快乐的林子

---

① 严格地说，形容词前置修饰名词添加的标记应称为修饰标记。藏语因修饰标记与属格标记同形（汉语普通话同此），故一般用属格称之。参考江荻（2014d）藏东南地区藏缅语领属结构现象。《语言研究》第 4 期。

གཤིན་པོ་འི་ས་ཞིང་ (gshin-po_vi sa-zhing) 肥沃的土地

དགྱེས་པ་གི་བཀའ་འཕྲིན་ (dgyes pa_gi bkav vphrin) 愉快消息（《唐蕃会盟碑》）

འཕགས་པ་གི་རྣམས་ (vphags pa_gi rnams) 出类拔萃的诸位（大臣）（《唐蕃会盟碑》）

7.2.3 多重定语修饰语的语序

名词短语如果有多个修饰语，则修饰语顺序依次是颜色、形状、质量、数量、指代（周季文、谢后芳，2003；Losang Thonden, 2005），包括前置和后置的修饰语，也包括带定语的名词短语。

7-17 དུས་དེབ་ལྟད་ མོ་གསར་པ་གཅིག་
dus-deb ltad-mo gsar-pa gcig
期刊 好看 新 一
一本好看的新杂志

7-18 ལྷ་སའི་ཡུལ་ལྗོངས་གསར་པར་
lha-sa_vi yul ljongs gsar-par
拉萨_GEN 市容 新
拉萨的新市容

7-19 ཕྱིང་པ་དམར་ནར་ མོ་
phying-pa dmar nar-mo
毡条 红 长的
大红长毡条

7-20 གསེར་འོད་འཕྲོ་བའི་གོས་ཁ་
gser vod-vphro-ba_vi gos-kha
金色 光明_GEN 垫子
金色光明的垫子

7-21 བང་བ་ཆེན་པོ་དེ་
bang-ba chen-po de
谷仓 大 那
那个大仓库

7-22 ཁང་པ་གསར་པ་ཕ་གིའི་ཐོག་
khang-pa gsar-pa pha-gi_vi thog
房子 新 那_GEN 屋顶
那个新房的屋顶

7-23 ཁང་པ་གསར་པ་སྙིང་རྗེ་པོའི་ཐོག་

khang-pa gsar-pa snying-rje-po_vi thog

房子 新 漂亮_GEN 屋顶

（那个）漂亮新房的屋顶

7-24 ཁང་པ་གསར་པ་སྙིང་རྗེ་པོ་ཕ་གིའི་ཐོག་

khang-pa gsar-pa snying-rje-po pha-gi_vi thog

房子 新 漂亮 那_GEN 屋顶

那个漂亮新房的屋顶

7-25 ཁོང་ཚོ་ཁང་པ་ཐོག་ས་གསུམ་ཐོག་ཕ་གིར་བཞུགས་ཀྱི་ཡོག་རེད།།

Khong_tsho khang-pa thog-sa gsum thog pha-gi_r bzhugs_kyi-yog-red.

他_pl 房子 层 三 上面 那_LOC 住_ASP

他们住在那个三层楼的房子（上面，里面）。

7-26 ནས་ལྟ་དུས་གླང་དར་མ་འི་མགོ་ལ་ར་གོག་རྣོ་པོ་རིང་པོ་གཅིག་སྐྱེས་ཡོད་པ།།

lta-dus glang-dar-ma_vi mgo_la rwa-gog rno-po ring-po gcig

拨开时 朗达玛_GEN 头_LOC 角 锐利 长 一

skyes_yod-pa.

长出来_ASP

拨开一看，看到了朗达玛的头上长出了一个长长的锐利的角。

7.2.4 形容词作状语的句法位置

形容词做状语一般位于动词或者动词短语前面。

7-27 དྲང་པོ་ཤོད་

drang-po shod

老实 说

老实说

7-28 རྟག་པོ་གནང་

rtag-po gnang

经常 做

经常做(HOP)

7-29 གསལ་པོ་རྟོགས་ཐུབ་

gsal-po rtogs thub

清楚 明白 能

清楚表明

7-30 ཁྱེད་ཀྱི་བང་བ་ཆེ་ཤོས་དེ་ཧྲིལ་པོ་གཡར་རོགས་གནང་།།

khyed_kyi bang-ba che-shos de hril-po   g-yar-rogs-gnang.

2sg_GEN 谷仓   最大的   那 全部   借-请-HON

请把你的那个最大的粮库里（的白青稞）全部借（给我们）

例7-31 མགྱོགས་པོ་(mgyogs-po)实际是形容词兼具副词功能，因此其位置较为自由，本例放在主语之后。藏语表示"迅速，快"意义的词较多，例如 མགྱོགས་པོ་(mgyogs po)，མྱུར་པ་(myur pa)，མགྱོགས་མྱུར་(mgyogs myur)，མྱུར་མགྱོགས་(myur mgyogs)，真正副词化的只有 མྱུར་དུ་(myur du)和 མགྱོགས་མྱུར་དུ་(mgyogs myur du)，即添加正在形成中的副词词缀。例如7-32：

7-31 གཉིས་ཀྱིས་མགྱོགས་པོ་དོང་གི་ཁ་ལ་ས་བརྒྱབ།།

gnyis_kyis mgyogs-po dong_gi   kha_la   sa brgyab

两_AG   快   洞_GEN   表面_LOC 土 加(PST)

俩人迅速在土坑口上加土。

7-32 ང་ཚོས་ཡུལ་དེ་མྱུར་དུ་བཅིངས་འགྲོལ་གཏོང་དགོས།།

nga_tsho_s yul   de   myur-du   bcings-vgrol-gtong dgos.

我_Pl-AG   地方 那   快_Ly   解放   必须

我们必须尽快解放那个地方。（Goldstein, 2004）

现代藏语形容词跟副词的功能逐渐分化，形容词添加各种标记转变为副词（参看第9章）。比较以下两句，前者形容词直接作状语，后者添加副词标记ས་(-s)转变为副词作状语。

7-33 མགྱོགས་པོ་བར་སྐོར་དུ་ལྟོ་སློང་།

mgyogs-po bar-skor_du   lto-slong

快的   八角街_LOC   要饭

快到八角街讨饭去吧。

7-34 མགྱོགས་པོ་གིས་དེ་རྡུང་ཤོག།

mgyogs-po_gis de   rdung_shog.

快的_Ly   它   打_IMP

快点打它。

7.2.5 形容词的补语功能和句法结构

随着藏语的发展，表达越来越精细，动词前面的形容词也表示动作结果，呈补语的功能，例如：

7-35 གསལ་པོ་ཆགས་

gsal-po chags

清楚 变得

变清楚

7-36 ཡག་པོ་བྲིས་

yag-po bris

好的 画

画得好

7-37 ཡག་པོ་འདུག། གསལ་པོ་ཆགས་སོ་

yag-po-vdug . gsal-po chags_so

好吧_ASP(RST) 清楚 变得_IND

好了，（事情）清楚了。

7-38 འཕྲལ་སེམས་ཚབས་པོ་གྱུར་ཏེ་ན་རེ་

vphral sems tshabs-po gyur te na-re

立刻 心 急 变成(PST) 于是 说

心里一急立刻说。

以上例句呈现出藏语补语的原生态状态，现代藏语句法上逐渐出现添加补语标记的现象，最典型的补语标记是རུ་, ཏུ་, སུ་, ལ་(ru, tu, su, la)及其黏着形式ར་(-r)。具体论述参看第8章。例如：

7-39 ང་གློ་རྒྱག་ཡས་དེ་སྨན་བཟས་ནས་དྲག་རུ་ཕྱིན་སོང་།།

nga glo-rgyag_yas de sman bzas nas drag_ru phyin_song.

我 咳嗽_NMZ 那 药 吃 后 好_COP 变_ASP

我咳嗽吃了药后见好了。（车谦1985）

7-40 དེ་ནས་སྒྱུག་མོ་ལིའུ་ནི་ཤིན་ཏུ་དགའ་བ་རྒྱུར་

de-nas sgyug-mo-livu_ni shin-tu dgav-ba_r gyur

然后 刘姥姥_PAP 非常 欣喜_COP 变成(PST)

刘姥姥只管千恩万谢的。（《红楼梦》）

7-41 ང་འི་གཟུགས་པོ་ལེགས་སུ་ཕྱིན་ཡོད་ལ་སྒལ་པ་ཡང་དྲག་སྐྱེས་བྱུང་

nga_vi gzugs-po legs_su phyin_yod la sgal-pa

1sg_GEN 身体 好_COP 变成_ASP(RST) COR 背

yang drag skyes-byung

也 好 生长(PST)

我的身体变好了，背也长好了。

7.2.6 形容词谓语句的类型

7.2.6.1 形容词完形词谓语

形容词做谓语有两种句型。

第一种句型是形容词完形词做谓语，谓语后经常带情状语尾标记，即用于动词谓语的体貌示证标记。（江荻 2005a）根据不同情状表示的意义，可分出多种语尾标记。（1）ཡོད་ (yod)，否定式是 མེད་ (med)；（2）འདུག་ (vdug)，否定式是 མི་འདུག་ (mi vdug)；（3）ཡོག་རེད་ (yog red)，否定式是 ཡོག་མ་རེད་ (yog ma red)；（4）བྱུང་ (byung)，否定式是 མ་བྱུང་ (ma byung)；（5）ཡོང་ (yong)，否定式是 མ་ཡོང་ (ma yong)。这些语尾标记显然来源于动词，都是表存在的动词虚化形成的。（Jiang Di, Hu HY 2005）

7-42 ཁོའི་ཤ་ཡང་ཞིམ་པོ་ཡོད།

kho_vi sha yang zhim-po yod .

3sg_GEN 肉 也 滋味好_ASP(RST)

它的肉滋味也不错。

7-43 པ་ལགས། ཁྱེད་རང་དངོས་གནས་སེམས་པ་བཟང་པོ་འདུག།

pa-lags, khyed rang dngos-gnas sems-pa bzang-po vdug .

阿爸 2sg -HON 真的 心 善良_RST

阿爸拉，您真善良。

7-44 བོད་རིགས་ཀྱི་སྨན་བཅོས་ལག་རྩལ་ཧ་ཅང་མཐོ་པོ་ཡོའོ་རེད།།

bod-rigs_kyi sman-bcos-lag-rtsal ha-cang mtho-po_yovo-red.

藏族_GEN 医疗 很 高_ASP(RST)

藏族的医疗技术水平很高。

7-45 ཕྱུག་བདག་དགའ་པོ་བྱུང་

phyug-bdag dgav-po byung

财主 高兴_ASP(PEF)

财主很高兴。

7-46 དམག་ཁྲི་སྟོང་མང་པོ་ཡོང་ན་འང་མཆོང་ཕོད་པ་དང་

dmag khri-stong mang-po yong na vang mchong phod_pa dang

兵士 成千上万_ASP(PEF) 即使 也 冲 敢_NMZ

便是千军万马队中，俺敢冲…（《水浒传》）

7.2.6.2 形容词词根型谓语

第二种句型是形容词词根加上谓语语尾标记构成谓语句，其中的谓语语尾主要由体貌标记构成，主要有（1）གི་རེད་ (gi red)，否定式 གི་མ་རེད་ (gi ma red)；（2）གི་འདུག་ (gi vdug)，否定式 གི་མི་འདུག་ (gi mi vdug)；（3）པ་རེད་ (pa red)，

否定式 པ་མ་རེད་ (pa ma red)；（4）ཤག་ (shag)，否定式 མི་འདུག་(mi vdug)。（Jiang Di, Hu HY 2005）

7-47 སྤྲང་འཁྱམས་རྒྱག་པ་ལས་ཞེ་དྲག་ཡག་གི་མ་རེད་དམ་

sprang-vkhyams-rgyag_pa　las　zhe-drag yag　gi-ma-red　　_dam

流浪_NMZ　　　　　　　比　很　　好 NEG_ASP(DUR) _INT

比起流浪，这样不是更好一些吗？

7-48 བཀྲ་ཤིས་ལས་དོན་གྲུབ་གཟུགས་པོ་རིང་གི་རེད།།

bkra-shes las don-grub gzugs-po ring　gi-red.

扎西　　比 顿珠　　身体　　高_ASP

顿珠比扎西身材高。

7-49 ཁྱེད་རང་བུ་མོའི་ཉལ་འཛུལ་ཡས་མང་དྲགས་པ་རེད།།

khyed rang　　bu-mo_vi　　nyal-vdzul_yas　　mang drags　pa-red.

你　（自己）　女孩_GEN　宿舍_NMZ　　　多_ASP

您跑到女生宿舍（次数）太多了。

最后应该指出，形容词谓语句充当小句则可能不带语尾标记，例如：

7-50 བཙན་པོ་ན་རེ་ངའི་ཡབ་མེས་ཀྱི་ཆོས་ལུགས་བཟང་པོ་སྐུ་ཉམས་སུ་བཞེས་ཟེར་

btsan-po na-re nga　vi yab-mes　kyi chos-lugs bzang-po

赞普　　说　　我_GEN 父祖_GEN 宗教　　好

sku-nyams-su-bzhes zer

感觉　　　　　　　说

赞普说：（从文书中看）我的父祖辈认为佛法是好的。（《拔协》）

古书《拔协》这句话中形容词用作小句谓语，但显然不带现代的谓语标记。根据《格西曲扎藏文词典》，ཉམས་བཞེས་(nyams bzhes)是 ཉམས་ལེན་(nyams len)"拿，受，采取"的敬语形式。《藏汉大词典》收录了两个相似形式：ཉམས་སུ་ལེན་(nyams su len)是"执行，实施"之意，ཉམས་སུ་མྱོང་(nyams su myong)是"感受，体验"之意，例如：ཟས་ཀྱི་རོ་ཞིམ་པོལ་ཇེ་ཡིས་ཉམས་སུ་མྱོང་པ་(zas kyi ro zhim pol je yis nyams su myong pa)舌尝美味。

7.3　派生形容词和词缀

在初步了解藏语形容词句法现象基础上，从这一节开始我们逐项讨论形容词的词法。其中 7.3.1—7.3.6 节按照形容词词缀（po/bo、mo、ma、pa/ba、to 等）叙述，检查各种双音节派生形容词，7.4 之后讨论复合形容词、复合型派生形容词、重叠形容词和状态形容词（状貌词）等较为复杂的词法现象。

7.3.1 带词缀 po 的派生形容词

7.3.1.1 带词缀 po 形容词与名词的关系

上文已经指出，形容词是一个有争议的词类，譬如把名词、形容词和动词统称实（涵）词（contentive，Allan 1973），有人或者认为存在一个名词-形容词-动词连续统（continuum of noun-adjective-verb，Givon 1979），或者干脆称为混合词（mixed category，Thomson 1988）[①]。

实际上，藏语派生形容词的词缀有一部分与派生名词的词缀同形，如此一来，词缀作为词类标记的规则似乎难以贯彻和执行，形容词跟名词似乎很难作形式上的区分。现代藏语典型的名词词缀有 པ་、བ་、པོ་、བོ་、མ་、མོ་ (pa、ba、po、bo、ma、mo)，恰好形容词也采用了其中部分词缀，即 པོ་/བོ་、མོ་、མ་、པ་/བ་ (po/bo、mo、ma、pa/ba)。其中相同部分是否可能同源呢？我们初步检查了早期碑石铭刻文本，发现这些词缀当时就已经成熟，难以追溯同根同源问题。但从另一方面看，名词词缀在功能分工上，例如指人和非指人、抽象和具体、性别和词格等所指对象等诸多方面形成确切规则（虽有混用），而形容词的语义表达没有这样的功能对应，并且未呈现修饰语与被修饰语的词缀一致性变形。例如：རྒྱལ་པོ་ཡག་པོ་ (rgyal *po* yag *po*)好国王，修饰语跟名词词缀似乎一致，但是这可能只是巧合，反例很多，譬如：རི་མོ་མང་པོ་ (ri *mo* mang *po*)很多花纹，བུ་མོ་མཛེས་པོ་ (bu mo mdzes po)美丽的姑娘，修饰语跟中心词词缀分别是 མོ་ (mo)和 པོ་ (po)。性别对应方面，有时候我们看到作者可能有意造成修辞语用上的一致，例如：བཙུན་མོ་ཆེན་མ་དང་ཆུང་མ་གཉིས་ (btsun *mo* chen *ma* dang chung *ma* gnyis) “大（妻）小（妻）两个王后”，“大”和“小”形容词原本用 ཆེན་པོ་ (chen *po*)、ཆུང་བ་ (chung *ba*)表示，可直接修饰 བཙུན་མོ་ (btsun *mo*)王后，可是作者故意让修饰语（词缀）跟中心词（词缀）呈一致性，用了名词 ཆེན་མ་ (chen *ma*)和 ཆུང་མ་ (chung *ma*)，分别表示“妻”和“妾”的意思。[②]但是，常规情况下，二者是没有必然的一致关系的，例如，བུ་མོ་མཛེས་པོ་ཅིག་ (bu *mo* mdzes *po* cig)一个美丽的姑娘，བཙུན་མོ་དམ་པ་ (btsun *mo* dam *pa*)正（宫）王后。

---

① 转引自 D.N.S. Bhat (1994): *The Adjectival Category: Criteria for differentiation and identification*. John Benjamins Publishing Company.

② 语法上则一定程度违背了名词（带属格标记）作为前置修饰语的规则。

理论上，形容词的描述性和陈述性功能与名词指称性功能存在概念上的对立，形容词修饰名词时，从名词看二者关系是名词提取（指称）形容词的属性值，从形容词看则是形容词描述（或陈述）名词的特征，这说明形容词的语义类型不同于名词的语义类型，这种差别决定了它们的功能差别和语用差别。为此，我们推测，在藏语实际使用中，跟在形容词词根后面的词缀在母语人心理上跟名词词缀很可能泾渭分明，并不混淆。

还有一个更具体需要追问的问题，为什么形容词需要多个词缀？难道也跟名词词缀功能一样相互所指分工吗？因此，我们还将讨论派生词缀的异同。

7.3.1.2 带词缀 po 形容词的语义类别

最典型的形容词词缀是 པོ (po)，绝大多数形容词都用 པོ (po)构成完形形容词。带 པོ (po)的形容词主要表示事物的性质，可以修饰人和具体事物。为此，我们尝试从语义角度对形容词加以分类，观察类与类之间可能的差异。派生形容词构词的基本格式是[[V/Adj]$_{ROOT}$ Suffix]$_{ADJ}$，带 པོ (po)词缀的形容词格式是[[V/Adj]$_{ROOT}$ [po]$_{SUFFIX}$]$_{ADJ}$。

根据 Dixon (2004)的分类，形容词主要语义类型有：维度（dimension），物理特征（physical property），速度（speed），年龄（age），颜色（color），品质（value），难度（difficulty），评价（qualification），人类情绪倾向（propensity），相似性（similarity）。张国宪（2006）的分类概括性更高一点，还增加了度量类，此处我们结合他们的分类列出藏语主要的形容词语义类别（带括号的词缀形式不同）。

表属性：

གསར་པ་ (gsar pa) 新	རྙིང་པ་ (rnying pa) 旧
དྲོན་པོ་ (dron po) 温	བསིལ་པོ་ (bsil po) 凉
ཚ་པོ་ (tsha po) 热	གྲང་མོ་ (grang mo) 冷
འདྲོང་པོ་ (vdrong po) 直	ཀྱོག་པོ་ (kyog po) 歪
ལྕག་པོ་ (lcag po) 快	འགོར་པོ་ (vgor po) 慢
སྐམ་པོ་ (skam po) 干	རློན་པོ་ (rlon po) 湿
རེངས་པོ་ (rengs po) 硬	འབོལ་པོ་ (vbol po) 软
གཙང་མ་ (gtsang ma) 干净	བཙོག་པ་ (btsog pa) 脏
གར་པོ་ (gar po) 浓	ཟློ་པོ་/སླ་པོ་/སླ་མོ་ (zlo po /sla po / sla mo) 稀
རྣོ་པོ་ (rno po) 锋利	གོག་ཏོ་ (gog to) 钝
སྙོམས་པོ་ (snyoms po) 平	འདྲོང་པོ་ (vdrong po) 直
ཞིམ་པོ་ (zhim po) 香	མངར་མོ་ (mngar mo) 甜

བངས་པོ་ (bangs po) 潮　　གནག་པོ་ (gnag po) 辣
མཁྲགས་པོ་ (mkhrags po) 结实

表空间（和度量）：

རིང་པོ་ (ring po) 长，远　　ཐུང་པོ་ (thung po) 短
　　　　　　　　　　　ཉེ་པོ་ (nye po) 近
མཐུག་པོ་ (mthug po) 厚　　ཀྲབ་པོ་ (krab po) 薄
མཐོན་པོ་ (mthon po) 高　　དམའ་པོ་ (dmav po) 矮
མང་པོ་ (mang po) 多　　ཉུང་བ་ (nyung ba) 少工（较少）
ཆེན་པོ་ (chen po) 大　　ཆུང་བ་ (chung ba) 小（较小）

表形状：

སྦོམ་པོ་ (sbom po) 粗　　ཕྲ་པོ་ (phra po) 细
རྒྱས་པ་ (rgyas pa) 宽　　དོག་པོ་ (dog po) 窄
ལྗི་པོ་ (lji po) 重　　ཡང་པོ་ (yang po) 轻
ཡོན་པོ་ (yon po) 斜　　ཀྱོག་པོ་ (kyog po) 偏
ཟླུམ་པོ་ (zlum po) 圆形　　འཇོང་པོ་ (vjong po) 椭圆形
ནར་ནར་པོ་ (nar nar po) 长形

表颜色：

དཀར་པོ་ (dkar po) 白　　ནག་པོ་ (nag po) 黑
སེར་པོ་ (ser po) 黄　　དམར་པོ་ (dmar po) 红
སྨུག་པོ་ (smug po) 棕　　སྔོན་པོ་ (sngon po) 青

表评价：

བཟང་པོ་ (bzang po) 佳　　སྡུག་པོ་ (sdug po) 坏
ཡག་པོ་ (yag po) 好　　ཞན་པོ་ (zhan po) 差
ལེགས་པོ་ (legs po) 好　　ངན་པོ་ (ngan po) 坏
ཅང་པོ་ (cang po) 聪明　　བླུན་པ་ (blun pa) 蠢
ཕྱུག་པོ་ (phyug po) 富　　སྐྱོ་པོ་ (skyo po) 穷
བཤོར་པོ་ (bshor po) 慷慨　　བཀྲེན་པོ་ (bkren po) 吝啬
ཧུར་པོ་ (hur po) 勤快　　དྲེད་པོ་ (dred po) 懒惰
དཀའ་པོ་ (dkav po) 难　　ལས་སླ་པོ་ (las sla po) 容易
གདུག་པོ་ (gdug po) 毒　　མཛེས་པོ་ (mdzes po) 美
དྲག་པོ་ (drag po) 凶

一般来说，形容词语义上往往呈现极性对应的"词对子"，例如有"好"也有"坏"，有"长"也有"短"。不过，同义多形词的配对往往需要从语用上加以考察，以上对应未必都是合适的。那些语义上两两匹配的词有

时候词缀不一样，例如，这一节讨论带 པོ་ (po)词缀形容词，配对的则有其他词缀：གཙང་མ་ (gtsang ma)干净，གོག་ཏོ་ (gog to)钝。还有一些词连词法格式都可能不一致，例如 མཛེས་པོ་ (mdzes po)美丽，相对的概念表达为复合形式：མདོག་ཉེས་ (mdog nyes)色泽难看的、丑的，或者 མདོག་ཉེས་པོ་ (mdog nyes po)其貌不扬的。

上文已经指出，词缀 པོ་ (po)是最主要的形容词词缀，这里再列举部分：བརླིང་པོ་ (brling po)稳重；རྩུབ་པོ་ (rtsub po)粗野；ནན་པོ་ (nan po)严格；བྲོད་པོ་ (brod po)有趣；བདེ་པོ་ (bde po)舒服；འཇེམ་པོ་ (vjem po)精明；དབྲེ་པོ་ (dbre po)猥亵；སྤམ་པོ་ (spam po)朴实；མཚར་པོ་ (mtshar po)漂亮；སྲ་པོ་ (sra po)紧密；ཅང་པོ་ (cang po)灵敏；གྲུང་པོ་ (grung po)伶俐；སྒྱིད་པོ་ (sgyid po)坚毅；གཟོབ་པོ་ (gzob po)谨慎；ཧྲག་པོ་ (hrag po)坚硬；ལྷིང་པོ་ (lhing po)安定；འབེལ་པོ་ (vbel po)宽裕；ཧྲལ་པོ་ (hral po)粗糙；འབྱོང་པོ་ (vbyong po)熟练；ཡངས་པོ་ (yangs pa)广大；གཟར་པོ་ (gzar po)崎岖；སྐྱོ་པོ་ (skyo po)虚弱；སྟུག་པོ་ (stug po)稠密；ཟིར་པོ་ (zir po)准确；འབལ་པོ་ (vbal po)丰富；སྐྱིད་པོ་ (skyid po)快乐的；ཉོག་པོ་ (nyog po)浑浊；དཀོན་པོ་ (dkon po)稀少。

7.3.1.3 从动词衍生的带词缀 po 形容词

带 པོ་ (po)的形容词还有一部分采用了动词词根，也就是说，单音节动词添加形容词词缀也能够构成形容词，历史角度可以称为形容词化，这也是我们把 པོ་ (po)这类词缀称为形容词词缀的主要原因。不过所有能添加形容词词缀的动词都是不自主动词，所构成的形容词具有描述状态和评价的意思，这种意义并非单纯来自词根的词汇意义，也包含了词法上的派生意义。就本书案例分析，这部分形容词均可归入评价形容词范畴。这类形容词构词的基本格式是$[[V]_{ROOT}\ [po]_{SUFFIX}]_{ADJ}$。

动词的形容词化带来或者衍生出新的语义，但具体词语又产生不同语义派生类型。

（1）形容词语义跟动词语义基本对等：

དགའ་ $(dgav)_V$ 喜爱 ＞ དགའ་པོ་ $(dgav\ po)_{ADJ}$ 喜爱的

དམན་ $(dman)_V$ 缺少 ＞ དམན་པོ་ / དམན་པ་ $(dman\ po/dman\ pa)_{ADJ}$ 羸弱的

དྲོ་ $(dro)_V$ 温暖 ＞ དྲོ་པོ་ $(dro\ po)_{ADJ}$ 暖的

འགོར་ $(vgor)_V$ 延误 ＞ འགོར་པོ་ $(vgor\ po)_{ADJ}$ 慢的

འགྲིག་ $(vgrig)_V$ 相合 ＞ འགྲིག་པོ་ $(vgrig\ po)_{ADJ}$ 合适的

འཁོལ་ $(vkhol)_V$ 沸 ＞ འཁོལ་པོ་ $(vkhol\ po)_{ADJ}$ 充沛的，该词没有其他派生形式。

འཁྲུག་ $(vkhrug)_V$ 吵闹 ＞ འཁྲུག་པོ་ $(vkhrug\ po)_{ADJ}$ 热闹的，该词没有其他派生形式。

འཁྱག་ $(vkhyag)_V$ 冷 ＞ འཁྱག་པོ་ $(vkhyag\ po)_{ADJ}$ 冷的，该词没有其他派生形式，拉萨话用动词过去时形式可转类为名词 འཁྱགས་པ་ (vkhyags pa) 冰。

འཁྱོག་ (vkhyog)歪，倾斜 ＞འཁྱོག་པོ་ (vkhyog po)$_{\mathrm{ADJ}}$ 歪的，该词没有其他派生形式，但可重叠：འཁྱོག་འཁྱོག་ (vkhyog vkhyog)$_{\mathrm{ADJ}}$ 弯曲。

འཚེར་ (vtsher)$_{\mathrm{V}}$ 发怵 ＞འཚེར་པོ་ (vtsher po)$_{\mathrm{ADJ}}$ 羞涩的

སྔ་ (snga)$_{\mathrm{V}}$ 早 ＞སྔ་པོ་ (snga po)$_{\mathrm{ADJ}}$ 早的

འར་ (var)$_{\mathrm{V}}$ 开绽 ＞འར་པོ་ (var po)$_{\mathrm{ADJ}}$ 蛮横的

ལྷུག་ (lhug)$_{\mathrm{V}}$ 松 ＞ལྷུག་པོ་ (lhug po)$_{\mathrm{ADJ}}$ 松松的

（2）有些不自主动词可能包含多个意思，形容词化往往只取其中一项语义。例如 འཁྱར་ (vkhyar)迷失，流浪，失败，འཁྱར་པོ་ (vkhyar po)取“流浪”义：“漂泊不定的，无所归宿的”。类似的还有：

འཕྲོད་ (vphrod)$_{\mathrm{V}}$ 得到；适合 ＞འཕྲོད་པོ་ (vphrod po)$_{\mathrm{ADJ}}$ 适当的

ངར་ (ngar)$_{\mathrm{V}}$ 冲动；愤怒；锋利 ＞ངར་པོ་ (ngar po)$_{\mathrm{ADJ}}$ 倔强的；残暴

ཚ་ (tsha)$_{\mathrm{V}}$ 疼，热 ＞ཚ་པོ་ (tsha po)$_{\mathrm{ADJ}}$ 热的，另式 ཚ་བ་ (tsha ba)$_{\mathrm{N}}$ 热的

ཐང་ (thang)$_{\mathrm{V}}$ 晴朗；健康 ＞ཐང་པོ་ (thang po)$_{\mathrm{ADJ}}$ 结实的

（3）包含多个义项的动词的每个义项都衍生了形容词。例如：

ངེས་ (nges)$_{\mathrm{V}}$ 记住；确定 ＞ངེས་པོ་ (nges po)$_{\mathrm{ADJ}}$ 牢记不忘的；确定的
书面语：ངེས་པ་ (nges pa)作名词

ཁྲོག་ (khrog)$_{\mathrm{V}}$ 烤熟；[耳]不灵，听不清 ＞ཁྲོག་པོ་ (khrog po)$_{\mathrm{ADJ}}$ 烤熟的，[耳]不灵敏的，该词没有其他派生形式。

ཁོབ་ (khob)$_{\mathrm{V}}$ 笨；慢 ＞ཁོབ་པོ་ (khob po)$_{\mathrm{ADJ}}$ 不灵活的；缓慢的，该词相应的贬义派生形式是 ཁོབ་ཏོ་ (khob to)$_{\mathrm{ADJ}}$ 呆笨。

སྐམ་ (skam)$_{\mathrm{V}}$ 变干；变瘦 ＞སྐམ་པོ་ (skam po)$_{\mathrm{ADJ}}$ 干的；瘦的，书面语同义词作 སྐམ་མ་ (skam pa)，拉萨话兼作名词“钳子”，还有 སྐམ་པ་ (skam ma) 转喻“不孕牛”。

（4）有些形容词从动词语义衍生出更丰富的表达。例如：

འཁྱུག་ (vkhyug)$_{\mathrm{V}}$ 快动 ＞འཁྱུག་པོ་ (vkhyug po)（字迹）潦草的 ＞ 活泼的，该词没有其他派生形式。

རུལ་ (rul)$_{\mathrm{V}}$ 腐朽 ＞ རུལ་པོ་ (rul po)$_{\mathrm{ADJ}}$ 腐烂的 ＞ 破旧的，书面语 རུལ་པ་ (rul pa)$_{\mathrm{ADJ}}$ “腐烂”作形容词。

གུད་ / རྒུད་ (gud)/(rgud)$_{\mathrm{V}}$ 衰落 ＞གུད་པོ་ (gud po)衰弱的 ＞ 亏损，该词没有其他派生形式。

ཁག་ (khag)$_{\mathrm{V}}$ 累 ＞ཁག་པོ་ (khag po)$_{\mathrm{ADJ}}$ 疲倦的 ＞ 困难的，该词没有其他派生形式。

关于词缀 པོ་ (po)，应提到书面语的一种变体书写形式 བོ་ (bo)。当词根音节的韵尾为-g、-d、-n、-b、-m、-s，词缀写作 པོ་ (po)，当词根音节韵尾

为-ng、-r、-l、-v，或者没有辅音韵尾，则词缀写作 བོ (bo)。例如 ཉེ་པོ (nye po)写作 ཉེ་བོ (nye bo)近的。目前部分传统词典还保持这样的写法，[①]但是已经不完整，有些词也写作 པོ (po)了，例如 བདེ་པོ (bde po)方便，舒服；བརླང་པོ (brlang po)粗野，粗暴。为什么书写上会出现这类现象，是语言事实（读音）如此还是其他原因？这个问题留待下文讨论。以下列出部分书面语书写形式，沿用本节描写格式应该是：[[Adj]$_{\text{ROOT}}$ [bo]$_{\text{SUFFIX}}$]$_{\text{ADJ}}$。例如：བསྲང་བོ (bsrang bo)公平；ཁྲ་བོ (khra bo)杂色；བྱིང་བོ (bying bo)沉迷；ངར་བོ (ngar bo)凶猛；དྲེ་བོ (dbre bo)污秽；སེ་བོ (se bo)灰白；གཅོ་བོ (gco bo)歪斜；སྙི་བོ (snyi bo)嫩；གྲང་བོ (grang bo)寒冷；སྤྲོ་བོ (spro bo)欢喜；སྲ་བོ (sra bo)坚硬；གྱོང་བོ (gyong bo)干枯；འཇའ་བོ (vjav bo)跛。

7.3.2　带词缀 mo 和 ma 的派生形容词

上文词缀 པོ (po)的讨论已经告诉我们，作为性质形容词，པོ (po)可以分布于属性、空间、度量、颜色、评价等几乎所有重要语义领域，同时，词缀形式也未呈现出跟中心语在性别或其他范畴功能上的一致性变形，这说明藏语带 པོ (po)的派生形容词没有内在的词法规约，它仅仅是形容词词类的形式标记。

可是，事实上藏语还有带 མོ (mo)、མ (ma)等其他词缀的派生形容词，这些词缀还有其他功能吗？它们是怎样产生的？

相对[[ADJ/VI]$_{\text{ROOT}}$ [po]$_{\text{SUFFIX}}$]$_{\text{ADJ}}$ 格式，带 མོ (mo)和 མ (ma)词缀的派生形容词数量不算太多。我们注意到一个重要现象，即同根异缀形容词。例如：ཆེན་པོ (chen po)和 ཆེན་མོ (chen mo)大的，དཀར་པོ (dkar po)和 དཀར་མོ (dkar mo)白的，དམའ་པོ (dmav po)和 དམའ་མོ (dmav mo)低的，ལྗི་པོ (lji po)和 ལྗི་མོ (lji mo)重的，སླ་པོ (sla po)和 སླ་མོ (sla mo)稀的，སྔོན་པོ (sngon po)和 སྔོན་མོ (sngon mo)青的，ཡང་པོ (yang po)和 ཡང་མོ (yang mo)轻的，ཟབ་པོ (zab po)和 ཟབ་མོ (zab mo)深奥的，སྲུལ་པོ (srul po)和 སྲུལ་མོ (srul mo)腐的。同样，带 མ (ma)的形容词也是这样：ཉོག་པོ (nyog po)和 ཉོག་མ (nyog ma)浑浊的，རྫོབ་པོ (rdzob po)和 རྫོབ་མ (rdzob ma)虚妄的，སྔ་པོ (snga po)和 སྔ་མ (snga ma)先前的，ངར་པོ (ngar po)和 ངར་མ (ngar ma)凶的。

由于这种类型的同根异缀形容词对子在书面语大量存在，甚至占了带词缀 མོ (mo)的绝大多数，可以判定不是偶发现象，其原因何在呢？先让我们观察几组例词及可能的原因。

① 我们所知道遵照这种规则编写的词典主要有《藏汉大词典》《格西曲札藏文词典》。

7.3.2.1 词根阻断

藏语用 གཙང་པོ་ (gtsang po)表示大河流，西藏最著名的 ཡར་ཀླུང་གཙང་པོ་ (yar klung gtsang po)“雅鲁藏布江”横贯的地方也以此命名，即“后藏”。按照藏语常规，从这个古老的地名又造成 གཙང་པ་ (gtsang pa)表示“后藏人”。我们暂时不知道表示 གཙང་མ་ (gtsang ma)“洁净”的词根 གཙང་ (gtsang)是否来自这个词源（这是可能的，从洁净的水引申），从心理词库来看，由于 གཙང་པོ། གཙང་པ་ (gtsang po，gtsang pa)这几个名词已经占据词法位置，形容词的派生形式又强制要求词缀，似乎只能利用 གཙང་མ་ (gtsang ma)来表示“干净，洁净”意思。

追溯词源是困难的事情，这里可以看看 སྤྱང་པོ་ (spyang po)“聪明”这个词，例如 ཐབས་ཤེས་སྤྱང་པོ་ (thabs shes spyang po)聪明的办法。我们注意到，与其他形容词相比，这个词很“干净”，几乎没有其他词缀。[①]在《藏汉大词典》我们找到 སྤྱང་མོ་ (spyang mo)，释作“狼”。藏语“狼”的普遍用词是 སྤྱང་ (spyang ki)或 སྤྱང་ཁུ་ (spyang khu)。就一般经验性知识来说，这两个词完全可能有词源关系，而且“狼”的所指事物应早于形容词概念，后者概念应来源于“狼”的“聪明，狡猾”特征。我们猜想，这两个词之间可能存在着词库词位的历史竞争。

根据词库理论，这类现象可以称为阻断功能，即后起的词不能按照约定词法规则造词，它在词库中的词形位置已被其他词汇占据，因而只能仿照其他约定求其次，产生相关的词形。

不过，词法的实际运作中，强行产生同形词也是常见的，给词库带来同形异义词的负担。例如，ཡག་པོ་ (yag po)拉萨话说[ja^{12}ko^{53}]或者[ja^{12}po^{53}]“好”，但是，部分人受到康方言影响，说作[ja^{12}mo^{53}]，这种趋势发展下去，突破了拉萨话词库的阻断作用。我们可以把这种现象称为反阻断。

反阻断一般是从局部发展起来，ཡག་པོ་ (yag po)这个例词表现的是使用者群体领域，在其他领域也会有类似现象。例如拉萨话 མཛེས་པོ་ (mdzes po)和 མཛེས་མོ་ (mdzes mo)都表示“美丽，美好”，前者是通用性表达，后者一般仅用于诗歌体裁作品。例如 བུ་མོ་མཛེས་པོ་འདི་ (bu mo mdzes po vdi)这个漂亮的姑娘。མེ་ཏོག་མཛེས་ཆུང་མ་ (me tog mdzes chung ma)美丽的小花朵。顺便提到，མཛེས་ (mdzes)主要描述相貌美丽，另一个词则描述行为美好：སྙིང་རྗེ་ པོ་ [snying rje (po)]，不过，混用的情况比比皆是，也不值深究。下面这个例子很典型，既描述了容貌美，也描写了心地美：

① 我们在西藏的小说中实际读到了 སྤྱང་བ་ (spyang ba)，例如 རིག་པ་སྤྱང་བ་གཅིག་ (rig pa spyang ba gcig)“一颗聪明的‘心’”。

7-51 མཛེས་སྡུག་སྙིང་རྗེ་ཅན་གྱི་འཇོལ་མོ་

mdzes-sdug snying-rje-can_gyi　vjol-mo

美丽　　　心地善良者_GEN　画眉鸟

美丽善良的画眉鸟

7.3.2.2 历史音变

拉萨藏语 གྲང་མོ་ (grang mo)"冷"造成一个空位，即没有词形 གྲང་པོ་ (grang po)：[[grang]$_{冷}$ po]$_{ADJ}$。这可能与语音有关，拉萨话现在的读音是[tʂʰãː^{11}mu^{53}]，但历史上词缀的声母可能因词根鼻音声母影响，发生 p > m 的变化。我们看到，目前同属卫藏方言的措勤话仍然读作[tʂaːŋ^{11}po^{53}]，说明词缀原来读作 པོ་ (po)。（瞿霭堂，谭克让 1983）其实这样的音变在藏语里很常见，例如，དམར་པོ་ (dmar po)红，拉萨有人读[maː^{55}po^{55}]，有人说[maː^{55}mo^{55}]；དམར་བ་ (dmar ba)较红，后缀读轻音，但声母受词根韵尾影响，读作[maː^{55}ra^{5}]。再如，ཡང་ (yang po)实际读音是[jaŋ^{13}ko^{53}]轻，ལྗིད་པོ་ (ljid po)读音是[tɕiʔ^{12}ko^{53}]重，རྩིག་པོ་ (rtsig po)读音[tsiʔ^{12}ku^{53}]富；如是，ལྗང་གུ་ (ljang gu)的词形未必不是来自 ལྗང་པོ་ (ljang po)绿。

兰州出版的《藏汉词典》（1979）编辑该条目的时候有这样的描述：

གྲང་བ་ (grang ba)，或 གྲང་པོ་ (grang po)，或 གྲང་མོ་ (grang mo) [形]：冷；寒冷；严寒。

གྲང་པོ་ (grang po)同 གྲང་བ་ (grang ba)

གྲང་མོ་ (grang mo)同 གྲང་བ་ (grang ba)

显然这是一种典型的文献式编撰方式，凡文献中出现过的都加以收入。这从另一方面说明，拉萨话的 གྲང་པོ་ (grang po)曾经存在过。与《藏汉词典》不同的是，拉萨话 གྲང་བ་ (grang ba)通常释作名词。

语音的变化还有一种更高层次的异化（逆同化）。例如拉萨话 ཟབ་མོ་ (zab mo)深的；深奥的，虽然人们口语中有时候也使用 ཟབ་པོ་ (zab po)，但是我们检查了几部拉萨作者的小说作品，几乎没人使用 ཟབ་པོ་ (zab po)。很可能这里是语音异化造成的，即词根韵尾-b（读音：p）会使得词缀声母异化为[m]。且举几例：ཆུ་ཟབ་མོ་ (chu zab mo)深水，དོན་ཟབ་མོ་ (don zab mo)深义，སྣང་བ་ཟབ་མོ་ཞིག་ (snang ba zab mo zhig)一个深奥的观念。

7.3.2.3 方言差异

不同地方人说话差异也是影响词缀的重要因素。དགའ་པོ་ (dgav po)"喜欢，高兴"是拉萨话里词簇较为丰富的词，派生词还有 དགའ་བ་ (dgav ba)较好，生动式有 དགའ་ཚ་ཚད་ (dgav tsha tshad)喜洋洋的、དགའ་སོབ་སོབ་ (dgav sob sob)喜冲冲的、དགའ་ལྷང་ལྷང་ (dgav lhang lhang)兴冲冲的、དགའ་དགའ་སྐྱིད་སྐྱིད་ (dgav dgav skyid skyid)欢欢喜喜的（重叠形容词）、དགའ་སྣང་ཆེན་པོ་ (dgave snang chen po)兴高采烈的（复合型派生形容词）等。因此，拉萨话并不产生带 མོ (mo)或其他形式的派生形容词。但是百科性质的《藏汉大词典》收入了 དགའ་མོ་ (dgav mo)喜爱的，དགའ་མ་ (dgav ma)爱人；美女，དགའ་བ་ (dgav ba)$_{ADJ}$ 好，妙。这意味着这些词曾在文献中使用，也意味着这些形式可能来自不同方言或不同作者，推测起来，可以认为派生词缀的选用有一定自由度，或者在派生观念和形式制约下有一定任意性。这是书面语中一个形容词有多种不同词缀的重要原因。

再以 མངར་མོ་ (mngar mo) "甜" 为例，拉萨、噶尔、日土等地读作[ŋa(r)^{55} mo^{53}]，普兰县读[ŋa^{55}ru^{53}]，扎达县、革吉县、措勤县读[ŋa:r^{55} pɔ^{53}]。这几个地方还都是卫藏方言，就有如此大的差别，显然，涉及安多方言和康方言就更复杂。即使是同一地方人，读音也可能不一样。例如拉萨人 སྐྱུར་མོ་ (skyur mo) "酸的" 也说 སྐྱུར་པོ་ (skyur po)。《藏语简志》记载是[cu^{55}mo^{13}]，（金鹏（主编）1983.）《阿里藏语》（瞿霭堂、谭克让 1983）是[cu:^{55}pu^{53}]。因此，书面上出现多种形式也就不奇怪了。

7.3.2.4 类推

藏语名词词缀的确存在一定程度的表自然性别功能，并导致词缀依性别变形。རྒྱལ་པོ་ (rgyal po) "国王" 和 རྒྱལ་མོ་ (rgyal mo)王后，གྲོགས་པོ་ (grogs po) "主人" 和 གྲོགས་མོ་ (grogs mo)女主人，སྟག་ (stag) "老虎" 和 སྟག་མོ་ (stag mo)母虎，这种差别会促成构词规则的类推，类推的范围也不会局限于名词。例如拉萨话 རྐྱང་ (rkyang)是一个多义词根，作形容词描述 "马" 有一个特定意义："栗色 $_{ADJ}$"，因此，如果是公马，用 རྟ་རྐྱང་པོ་ (rta rkyang po)公栗色马，如果是母马，则用 རྟ་རྐྱང་མོ་ (rta rkyang mo)母栗色马，或者直接转指名词：རྐྱང་པོ་ (rkyang po)栗色公马，རྐྱང་མོ་ (rkyang mo)栗色母马，成为拉萨话中一个专门描述马的词汇。但是这种方法跟常规构词方法不太一样，例如：རྟ་ཕོ་ (rta pho)公马，རྟ་རྒོད་མ་ (rta rgod ma) "母马" 与 རྟ་རྒོད་པོ་ (rta rgod po) "烈马" 对应。

以上虽然做了各类现象的探索，但实际语言之复杂往往是我们料想不到的。当我们为 མྱུར་མོ་ (myur mo) "迅速" 还是 མྱུར་པོ་ (myur po)挠头时，我们甚至在一般性拉萨口语词典里面找不到这个词。因为，拉萨藏语用了另一个词 མགྱོགས་པོ་ (mgyogs po)快，迅速。①再举书面语的 སྙི་མོ་ (snyi mo) "嫩，软" 为例，拉萨话用 མཉེན་པོ་ (mnyen po)或 འཇམ་པོ་ (vjam po)表示 "柔软"，用 གསར་པ་ (gsar pa)表示 "嫩"，例如 རྩྭ་གསར་པ་ (rtswa gsar pa)嫩草。《藏汉大辞典》和

---

① 我们检查了几部拉萨作者作品，两种用法都存在，但主要是 མགྱོགས་པོ་ (mgyogs po)，མྱུར་མོ་ (myur mo)的确很少，这大概也是《藏汉对照拉萨口语词典》未收后者的原因。

《藏汉词典》几乎收入了所有这个词的派生形式：སྙི་པོ་ (snyi po)，སྙི་མོ་ (snyi mo)，སྙི་བ་ (snyi ba)，སྙི་བོ་ (snyi bo)，甚至包括作名词的 སྙི་མ་ (snyi ma)穗。这说明派生词具有语用上的类推性，凡是历史文献上任何随意的用法都收入词典。①

总结起来，形容词词缀 མོ་ (mo)的基本线索清晰了，它是由于各种复杂原因产生的，包括词库阻断、历史语音变化、方言差异或者类推作用。但至少 མོ་ (mo)不是一个区别于 པོ་ (po)的独特功能词缀，它的形成与复杂的语用和语言表达的随意性密切相关，也与词库空间的可容性和离散性有关。从无尽地表达角度看，同根异缀形容词的存在并不会从根本上影响我们对世界认知的表达。

为了给读者更多可参考的内容，我们再列举一些书面上的同根异缀形容词，这些“词对子”也可能语义上有一些差别，这是方言差异和语言发展导致的，它们的词源是相通的。

དྲང་པོ་ (drang po) 诚实，真的，དྲང་མོ་ (drang mo) 直的，老实的

ཕྲ་པོ་ (phra po) 细的，ཕྲ་མོ་ (phra mo) 细的

བདེ་པོ་ (bde po) 方便，舒服，བདེ་མོ་ (bde mo) 安乐，平安

བསིལ་པོ་ (bsil po) 清凉，བསིལ་མོ་ (bsil mo) 凉的

དལ་པོ་ (dal po) 缓慢的，从容，དལ་མོ་ (dal mo) 慢慢的，平静的

གར་པོ་ (gar po) 稠，浓，གར་མོ་ (gar mo) 密的，酽的

ཁྲོལ་པོ་ (khrol po) 放光，清楚，ཁྲོལ་མོ་ (khrol mo) 易碎的，脆的

ལེགས་པོ་ (legs po) 好，ལེགས་མོ་ (legs mo) 善

རིལ་པོ་ (ril po) 整体，རིལ་མོ་ (ril mo) 圆的

སྙན་པོ་ (snyan po) 好听，有趣味，སྙན་མོ་ (snyan mo) 悦耳的，动听的

སྲབ་པོ་ (srab po) 薄，སྲབ་མོ་ (srab mo) 稀，薄

ཞིབ་པོ་ (zhib po) 细的，ཞིབ་མོ་ (zhib mo) 精细的，细致的

ཟླུམ་པོ་ (zlum po) 圆形，ཞུན་མོ་ (zhun mo) 易于溶解的

ཧྲིལ་པོ་ (hril po) 全部，ཧྲིལ་མོ་ (hril mo) 驯服的，乖的

གསལ་པོ་ (gsal po) 清楚，གསལ་མ་ (gsal ma) 顺利，兴旺

དམན་པོ་，དམན་པ་ (dman po，dman pa) 羸弱的，དམན་མ་ (dman ma) 陈旧，残余

དཀྱུས་མོ་ (dkyus mo) 疾速的，དཀྱུས་མ་ (dkyus ma) 平凡

ནར་མོ་ (nar mo) 恒常的，ནར་མ་ (nar ma) 继续的

ཁྲ་བོ་ (khra bo) 杂色，ཁྲ་མོ་ (khra mo) 花色的

---

① 迄今，藏语词典领域尚未出版一部以某地方言为依据的（双语）详释词典，这样的词典对词形必然有较为严格的限定，包括方言用词和派生词的词缀形式等。

ལེབ་མོ་ (leb mo) 扁的，扁平的，ལེབ་མ་ (leb ma) 扁平的

རྙིང་པ་ (rnying pa) 陈旧的，过时的，རྙིང་མ་ (rnying ma) 古老的，古旧的

7.3.3 带词缀 pa 和 ba 的派生形容词

带 པ་ (pa)词缀的形容词跟带 བ་ (ba)的形容词分布上互补，这件事引起我们的兴趣，因为只有动词的名词化或动名词才有这样的制约。我们猜想这是否蕴含着形容词 པ་/བ་ (pa/ba)词缀可能的根源。

从内部构成上看，带 པ་/བ་ (pa/ba)形容词的基本格式又可分为两种结构类型：①

（A）[[V]$_{ROOT}$ [pa/ba]$_{SUFFIX}$]$_{ADJ}$

（B）[[Adj]$_{ROOT}$ [pa/ba]$_{SUFFIX}$]$_{ADJ}$

我们重温传统文法规则的动名词词缀变体规则：凡词根韵尾为-g、-d、-n、-b、-m、-s 的，词缀用 p-，凡词根的韵尾为-ng、-r、-l、-v、-ø（零韵尾），词缀用 b-。凡是词根来自动词的形容词，词根都是不自主动词(VI)。

不自主动词词根：

གྲང་ (grang)$_{VI}$ 冷 > གྲང་བ་(grang ba)$_{ADJ}$ 寒冷

དགའ་ (dgav)$_{VI}$ 喜好 > དགའ་བ་ (dgav ba)$_{ADJ}$ 较好

འགྱུར་ (vgyur)$_{VI}$ 变化 > འགྱུར་བ་ (vgyur ba)$_{ADJ}$ 变化的

སྔ་ (snga)$_{VI}$ 早 > སྔ་བ་ (snga ba)$_{ADJ}$ 早

བྲེལ་ (brel)$_{VI}$ 匆忙 > བྲེལ་བ་ (brel ba)$_{ADJ}$ 忙

སྨིན་ (smin)$_{VI}$ 成熟 > སྨིན་པ་(smin pa)$_{ADJ}$ 成熟

འོན་ (von)$_{VI}$ 聋 > འོན་པ་ (von pa)$_{ADJ}$ 聋

ལྐུགས་ (lkugs)$_{VI}$ 哑 > ལྐུགས་པ་ (lkugs pa)$_{ADJ}$ 哑

དོགས་ (dogs)$_{VI}$ 怀疑 > དོགས་པ་ (dogs pa)$_{ADJ}$ 怀疑

དྲག་ (drag)$_{VI}$ 痊愈 > དྲག་པ་ (drag pa)$_{ADJ}$ 优

ལྡིབ་ (ldib)$_{VI}$ 口吃 > ལྡིབ་པ་ (ldib pa)$_{ADJ}$ 口齿不清

ཕམ་ (pham)$_{VI}$ 败 > ཕམ་པ་ (pham pa)$_{ADJ}$ 吃亏

形容词词根：

དཀར་བ་ (dkar ba) 白　　ཞིབ་པ་ (zhib pa) 细小

ཆེ་བ་ (che ba) 大　　གཞན་པ་ (gzhan pa) 其他的

ཉེ་བ་ (nye ba) 近　　གཞོན་པ་ (gzhon pa) 年轻

མར་བ་ (mar ba) 红　　ངན་པ་ (ngan pa) 恶劣

---

① 为了描述准确，这部分仅选用拉萨话书写词例说明。

ཚ་བ་ (tsha ba) 热　　　　དྲོད་པ་ (drod pa) 热

ཆུང་བ་ (chung ba) 小　　　　རྙིངས་པ་ (rnyings pa) 陈旧

དཀའ་བ་ (dkav ba) 难　　　　བཙོག་པ་ (btsog pa) 肮脏

སྐ་བ་ (ska ba) 涩　　　　དམའ་བ་ (dmav ba) 低

有些形容词的词根看上去似乎是名词性的，例如 གཡས་(g-yas)右，གཡས་ལག་(g-yas lag)右手，གཡས་ངོས་ (g-yas ngos)右侧，右边。但是，我们也发现 གཡས་ (g-yas)后置修饰名词，呈形容词性质：

ཁང་མིག་གཡས་པ་ (khang mig g-yas pa) 右侧房间

ལག་པ་གཡས་པ་ (lag pa g-yas pa) 右手

在一些对举或者习语中，གཡས་ (g-yas)修饰动词，这也是形容词的功能之一：

གཡས་འགྲོ་གཡོན་སྐྱོད་ (g-yas vgro g-yon skyod) 走来走去

གཡས་བྱས་གཡོན་ཤོར་ (g-yas byas g-yon shor) 顾此失彼

རཡས་བཤད་གཡོན་བཤད་ (r-yas bshad g-yon bshad) 左右支吾，东说西说

གཡས་འཁྱོག་གཡོན་འཁྱོག་ (g-yas vkhyog g-yon vkhyog) 东倒西歪

另一种貌似名词的情况略微复杂。例如 རག་ (rag)在词源上可能是名词 རག་ (rag)铜，黄铜，例如：རག་རྡོ་ (rag rdo)铜矿石。但是，作为形容词的黄色义，词根来自 རག་རག་ (rag rag)黄色，铜黄色。这说明 རག་པ་ (rag pa)"棕黄色的，黄铜色的"是按照形容词形态派生的，并非来自名词 རག་ (rag)。

按照这样的分析，我们可以知道，有些形容词词根的确与名词词根有相同的根源，例如：བདེ་ བ་ (bde [ba])福乐，བདེ་བ་ (bde ba)安乐的；བདེན་པ་ (bden [pa])真理，བདེན་པ་ (bden pa)真正的；རྣོ་ བ་ (rno [ba])刀刃，རྣོ་བ་ (rno ba)锋利的；ཡན་ པ་ (yan [pa])其他，ཡན་པ་ (yan pa)别的；རྒན་པ་ (rgan [pa])老（者），རྒན་ པ་ (rgan pa)老的；ཁེངས་ པ་ (khengs [pa])傲慢，ཁེངས་པ་ (khengs pa)自满的。

还有少量词根目前我们不确定词源，例如 གུང་པ་ (gung pa)正中 $_{N}$，中间的 $_{ADJ}$，但这个词又是汉语"公（爵）"音借来的。按照词形规则，གུང་ (gung pa)应该为 གུང་ (gung ba)，这种不符合规则的原因是否与词根性质有关呢？我们检查了类似现象，发现相当多数带 པ་ / བ་ (pa/ba)词缀形态不规则的形容词都有词根兼类问题。例如：སྤྱི་ (spyi) "共同，总共，公共"既作名词又可作形容词。①从修饰语看，似乎更具有名词性，སྤྱི་དངུལ་ (spyi dngul)公款，སྤྱི་ཁང་ (spyi khang) 公房（参见第 4 章）。རྐྱང་ (rkyang pa)来自 རྐྱང་རྐྱང་ (rkyang

① 拉萨话 སྤྱི་པ་ (spyi pa)公共，སྤྱི་པའི་རྒྱུ་ (spyi pavi rgyu)公共财物。这个词在词库里似乎空间也不多了，拉萨话 སྤྱི་བོ་ (spyi bo)头顶，《藏汉大词典》认为有方言用 སྤྱི་བ་ (spyi ba)表"松香"，སྤྱི་མ་ (spyi ma)表"行会，集体"。

rkyang) 单独，独自，但是词根 རྐྱང་（rkyang）的名词性似乎有一定影响：རྐྱང་ལོ་ (rkyang lo) 单叶，རྐྱང་གོས་ (rkyang gos)单衣。《藏汉大词典》རྣོ་བ་ (rno ba) 锋利，词根 རྣོ་ (rno)是名词“刀刃”，派生的形容词却符合规则，不过，拉萨话只用 རྣོ་པོ་ (rno po)锋利。

有少数词形态变化情况还很难解释，例如 འཐོལ་པ་ (vthol pa) 富余，按理应为 བ་ (-ba)，并且该词是作为形容词使用的：གླ་ཆ་འཐོལ་པ་ (gla cha vthol pa)额外报酬。

归纳起来，带 པ་ / བ་ (pa/ba)词缀的形容词很可能与动词转作形容词有关，在词缀选择上承袭了名词化标记(pa/ba)而未采用 པོ་ (po)。又由于词根的兼类或复杂的错综来源，造成少部分词缀不完全依循词缀添加的规范。

下面罗列部分不自主动词和形容词词根来源的例词（仅列拉萨话）：

གསེག་པ་ (gseg pa) = ཀྱོག་པོ་(kyog po) 斜 (< gseg$_{\text{[IVL]}}$斜)

འབྱར་བ་ (vbyar ba) 黏 (< vbyar$_{\text{[IVL]}}$粘)

ནོར་བ་ (nor ba) 错 (< nor$_{\text{[IVL]}}$错)

འཕྲོད་པ་ (vphrod pa) 合适 (< vphrod$_{\text{[IVL]}}$适合)

འོས་པ་ (vos pa) 适当 (< vos$_{\text{[IVL]}}$合适)

འགྲིག་པ་ (vgrig pa) 妥当 (< vgrig$_{\text{[IVL]}}$合适)

མཐུན་པ་ (mthun pa) 相同 (< mthun$_{\text{[IVL]}}$相合)

འདྲ་བ་ (vdra ba) 相似 (< vdra$_{\text{[IVL]}}$像)

ལོང་བ་ (long ba) 瞎 (< long$_{\text{[IVL]}}$瞎)

རྒྱགས་པ་ (rgyags pa) 饱 (< rgyags$_{\text{[IVL]}}$饱)

ལྟོགས་པ་ (ltogs pa) 饿 (< ltogs$_{\text{[IVL]}}$饿)

ངལ་བ་ (ngal ba) 疲劳 (< ngal$_{\text{[IVL]}}$疲倦)

རུལ་བ་ (rul ba) 腐化 (< rul$_{\text{[IVL]}}$腐烂)

ཕངས་པ་ (phangs pa) = སྙིང་རྗེ་ (snying rje) 可惜 (< phangs$_{\text{[IVL]}}$爱惜)

སུན་པ་ (sun pa) =སྐྱོ་བ་ (skyo ba) 烦恼 (< skyo$_{\text{[IVL]}}$厌烦)

ཚང་བ་ (tshang ba) = ཁེངས་པ་ (khengs pa) 完全 (< tsang$_{\text{[IVL]}}$齐全)

ཞན་པ་ (zhan pa) 差，弱 (< zhan$_{\text{[ADJ]}}$差)

ལེགས་པ་ (legs pa) 优越 (< legs$_{\text{[ADJ]}}$好)

མཐོ་བ་ (mtho ba) = མཐོན་པོ་ (mthon po) 高 (< mthon$_{\text{[ADJ]}}$高)

ཉུང་བ་ (nyung ba) 少 (< nyung$_{\text{[ADJ]}}$少)

རྗེན་པ་ (rjen pa) 生（食物） (< rjen$_{\text{[ADJ]}}$生的)

རློན་པ་ (rlon pa) 湿 (< rlon$_{\text{[ADJ]}}$湿)

གར་བ་ (gar ba) 浓 (< gar$_{\text{[ADJ]}}$浓)

མཛངས་པ་ (mdzangs pa) =འཇོན་པོ་ (vjon po) 精明 (< mdzangs$_{[ADJ]}$英武，贤明)

གླེན་པ་ (glen pa) = བླུན་པོ་ (blun po) 愚蠢 (< glen$_{[ADJ]}$傻)

以上词例表明前述的规则是合适的。

7.3.4　带词缀 to 的派生形容词

带 ཏོ་ (to)词缀的形容词基本都是表示贬损意义的形容词。不过应注意，这个词缀也作为名词词缀使用，同样表示贬义，二者应该有共同来源。

读者可以回顾第 3 章讨论过的贬义指人词缀 ཏོ་, རོ་, ཀྱེ་, གོག་ (to，ro，kye，gog)，其中 ཏོ་ (to)也可作为形容词词缀，同样表示贬损义。例如：དབྱུག་ཏོ་ (dbyug to) 棍子，སྤོར་ཏོ་ (spor to) 老东西，རྨོར་ཏོ་ (rmor to) 老太婆，ཁྲེབ་ཏོ་ (khreb to)无赖，ཧྲངས་ཏོ་ (hrangs to) 惯坏了的人，ཤོ་ཏོ་ (sho to) 兔唇（指人），རོ་ཏོ་ (ro to) 渣滓（指人），ཅོ་ཏོ་ (co to) “发辫”。以下列举相关形容词。

ཁ་ལྕེ་ཏོ་ (kha lce to) 大舌头的，语音不清的，ཁ་ (kha)嘴，ལྕེ་ (lce)舌

ཁོབ་ཏོ་ (khob to) 动作不灵的，呆笨的，ཁོབ་ (khob)笨

འཁོབ་ཏོ་ (vkhob to) 僵硬的，呆板的，（手脚）不灵便的，འཁོབ་ (vkhob)硬，僵

མཁྲེགས་ཏོ་ (mkhregs to) 死心眼的，མཁྲེགས་པོ་ (mkhregs po)硬的

གོག་ཏོ་ (gog to) 破旧的；（刀）钝的，གོག་ (gog)变旧

ཉོག་ཏོ་ (nyog to) 污浊的，与肯定性的 ཉོག་པོ་ (nyog po) “浑浊”语义上有差别

ཉོབ་ཏོ་ (nyob to) 疲塌的，萎靡的，ཉོབ་ (nyob)疲乏

རྙིད་ཏོ་ (rnyid to) 憔悴的，干枯的，རྙིད་ (rnyid)蔫，枯

རྦིག་ཏོ་ (rbig to) 短小的，重叠形式 རྦིག་རྦིག་ (rbig rbig)短小

རྩབ་ཏོ་ (rtsab to) 朽的，破烂的，似跟 རྩབ་ཧྲལ་ (rtsab hral) “破烂”有关

འཚིག་ཏོ་ (vtshig to) 烧焦的，爱发情的[母畜]，འཚིག་ (vtshig)烧灼；发情。拉萨话还有 འཚིག་རོ་ (vtshig ro)表示相同意思。

ཉོབ་ཏོ་ (nyob to) 疲沓，颓唐，萎靡不振的

སོབ་ཏོ་ (sob to) 弱的，脆的，重叠式 སོབ་སོབ་(sob sob)发脆的，易破碎的

从词根语义来判断，ཏོ་(to)实际上只是一种贬义的标记，真正的贬义还是来自词根和语境。例如名词 ཉོབ་ཀྱེ་ (nyob kye)迷糊儿（精神不振的人），也是词根语义造成的，词缀只起凸显和标志作用。

7.3.5　带元音-e 的音节性后缀形容词

Beyer（1992）提出藏语有一种带-e 元音的可变声母后缀形容词，该类形容词是用动词词根造成的。例如，འཕྱང་ (vphyang)，未来式：འཕྱང་ (vphyang)，过去式：འཕྱངས་ (vphyangs)悬，垂，以此词根构成形容词 ཕྱང་ངེ་

(phyang nge)下垂的，细长的，其中后缀 ངེ་ (nge)的声母来自前面动词音节的辅音韵尾，元音为 ཨེ་ (e)。不过，据《藏汉大词典》，这类形式还可能带形容词词缀 བ་ (ba)，即 ཕྱང་ངེ་བ་ (phyang nge ba)。再如，འཇོལ་ (vjol)下垂，拖曳，形容词是 འཇོལ་ལེ་བ་ (vjol le ba)下垂的。

用带元音“-e”的音节性后缀构成的派生形容词数量不多，而形容词又有多种构成方式，我们相信这是一类未发展成熟的构词方式，很可能是在与其他方式竞争中败落下来的残存形式。

带后缀-e 的派生形容词还有：གུག་གེ་བ་ (gug ge ba)弯曲的。ཁྲོམ་མེ་བ་ (khrom me ba)闪亮的。

形容词 སངས་པོ་ (sangs po)清净的，明白的，构成没有辅音韵尾-s 的形容词形式：སང་ངེ་ (sang nge)明亮，清晰，纯洁，དཀྲིལ་ལེ་ (dkril le)圆的，完整的，ཐལ་ལེ་བ་ (thal le ba)直直的，ལྷག་གེ་བ་ (lhag ge ba)明显的。

就我们的观察来说，这类带元音-e 的音节性后缀格式可描述为“Root+ Xe+ba”，其中 X 表示某类辅音声母，来自前面词根音节的韵尾。前面已经说了，这类格式很可能是未发展成熟而夭折的形态，它至少包括两种来源。第一，由于部分“Root+Xe+ba”格式与 ABA’B 同义，可能 Root+Xe 是词根长音造成的。如果后面还有词缀 ba，则可能是套用形容词词缀类推产生的。第二，不排除来自常规派生形容词，即 Root+SUF，其中 SUF 辅音声母跟词根韵尾相同是拉萨藏语普遍现象。至于词缀采用-e 元音则不易解释。无论如何，第二种解释还是比较牵强。

Beyer 认为词根是动词的说法是不准确的，我们调查了《藏汉大辞典》出现的“Root+Xe”和“Root+Xe+ba”格式，数量约 70 余项，大多数是形容词词根，少量动词词根也一定是不自主不及物动词，属于形动兼类词（参见 7.3.1.3）。例如 ཏུར་ཏུར་ པོ་(tur tur [po])清晰，ཏུར་རེ་ (tur re)清楚，二者可交替。ཝལ་ཝལ་ (wal wal)清楚，明显，ཝལ་ལེ་ (wal le)清楚，二者可交替。ལིང་ལིང་ (ling ling)飘动的，ལིང་ངེ་ (ling nge)飘动的，摇晃的。རོག་པོ་ (rog po)黑的，རོག་རོག་ (rog rog)黑压压的，རོག་གེ་བ་ (rog ge ba)黑黝黝的。ངན་ (ngan)劣，ངན་པོ་ (ngan po)坏，ངན་ནེ་བ་ (ngan ne ba)粗劣，ངན་ནེ་ངོན་ནེ་ (ngan ne ngon ne)简陋。རིངས་པོ་ (rings po)长的，རིང་སེ་བ་ (ring se ba)（不带后置辅音-s）较长的，较远。

7.3.6　带-che 词缀的派生形容词

上文讨论的派生形容词基本都产生于词法。但是藏语词库中也累积了不少短语词汇化的形式，这些形式可能由于历史原因逐渐变得不透明，意义不可以完全预测。尽管目前藏语词典编撰还缺乏明确的理论指导，但这些词汇化形成的单位已不自觉地收入其中，值得重视和讨论。

对比 ལྗིད་ (ljid po)和 ལྗིད་ཆེ་ (ljid che)，前者从词法派生，而后者是词汇化产生的。就意义言，前者表示单纯的“重”，后者含有“特重”的意思。这个形式如何形成的？尝试比较下面两个短语：

7-52 འཕེལ་རྒྱས་ཡོང་ བའི་ འཆིང་སྒྲོག་ལྗིད་པོ་

vphel-rgyas yong_ba_vi　　vching-sgrog ljid-po

进步　　成为_NMZ_GEN　羁绊　　沉重

成为进步的沉重羁绊

7-53 ཆོས་ལུགས་ཀྱི་ འཆིང་སྒྲོག་ལྗིད་ཆེ་བ་

chos-lugs_kyi　vching-sgrog ljid-che-ba

宗教_GEN　　羁绊　　　重　大

很沉重的宗教羁绊

句 7-53，词根 ལྗིད་ (ljid)自身带了一个修饰语 ཆེ་བ་ (che ba)大，实际上这就是 ལྗིད་ (ljid che)的源头。由于语音变化，拉萨话短语 ལྗིད་ཆེ་བ་ (ljid che ba)读作[tɕiʔ^{12}tɕhe:^{55}]，原来的词缀融合于词根，词根读音略微加长。这样一来，书写上面逐渐就取消了这个后缀，而 ཆེ་ (che)的原义也不凸显，内部结构在更多的类似结构出现以后，原来的修饰结构变得模糊，反之，形容词的派生观念逐渐增强，经重新分析产生了一个新的词缀。

བརྗིད་ (brjid)“焕发，显赫”是不自主动词，衍生出形容词 བརྗིད་པོ་ (brjid po)，བརྗིད་པ་ (brjid pa)威严，严肃，例如：གདོང་མདངས་བརྗིད་པོ་ (gdong mdangs brjid po)严肃的面孔，བརྗིད་པའི་སྐུ་ (brjid pavi sku)庄严的佛像。 བརྗིད་ (brjid)常构成一些确定的组合：བརྗིད་ཆགས་པ་/པོ་ (brjid chags [pa/po])宏伟（指物），魁梧（指人）；གཟི་བརྗིད་ (gzi brjid)庄严，荣耀；བརྗིད་རྔམས་ (brjid rngams)威猛，威严；བརྗིད་ཉམས་ (brjid nyams)气概，雄姿。

7-54 ནད་མེད་གཟི་བརྗིད་ཆེན་པོ་དང་ལྡན་པ་དང་

nad-med gzi-brjid-chen-po dang-ldan-pa dang …

太阳　　华丽　　大　　　带着……

带着华丽的太阳……

7-55 བུད་མེད་ཀྱི་ གཟི་བརྗིད་ཆེ་བའི་ གསར་སྐྲུན་

bud-med_kyi　gzi-brjid che-ba_vi　gsar-skrun

妇女_GEN　　荣耀　　大_GEN　　创新

妇女光彩的创新

7-56 པ་ཕའི་ བརྗིད་ཉམས་ཆེ་བའི་ སྣང་བརྙན་དེ་

pa-pha_vi brjid-nyams che-ba_vi snang-brnyan de

阿爸_GEN 雄姿 大_GEN 形象 那

阿爸那副高大的形象

7-57 གནམ་འོག་གི་ གཟི་བརྗིད་ཆེ་ཤོས་ཀྱི་ ལས་ཀ་དེ་དགེ་རྒན་རེད་ཟེ་

gnam-vog_gi gzi-brjid che-shos_kyi las-ka de dge-rgan red ze

天下-GEN 庄严 大-最_GEN 工作 那 老师 是 据说

据说天下最庄严的工作是（当）老师

这些句子出自当代拉萨不同作家。句7-54的ཆེན་པོ་ (chen po)是ཆེ་བ་ (che ba)的基本形式，带བ་ (ba)的形容词含有比较级的意味。根据藏文书面语规则，凡是词根带-n韵尾的形容词基本式转换比较级或最高级形式均需要去掉-n韵尾。7-55和7-56都采用了ཆེ་བ་ (che ba)（附着的འི་ (vi)是属格标记）形式。有人认为7-57的ཤོས་ (shos)是形容词最高级形式，置于形容词之后，例如：མཐོན་པོ་ (mthon po)高，མཐོ་ཤོས་ (mtho shos)最高；རྣོན་པོ་ (rnon po)锋利，རྣོ་ཤོས་ (rno shos)最锋利（参见7.1节）。

从以上例词我们可以相信带che的形容词形式应该来自短语的词汇化。以下列出部分常见例词。

གལ་ཆེ་ (gal che) 重大，重要的

རྒྱ་ཆེ་ (rgya che) 广大，广泛；宽广，宽阔的

འགངས་ཆེ་ (vgangs che) 重要；重大，贵重的

རྡོས་ཆེ་ (rdos che) 膨大；体积大的

གཙིགས་ཆེ་ (gtsigs che) 有价值；重要；珍重的

ཚེགས་ཆེ་ (tshegs che) 艰巨，困难的

བྱིངས་ཆེ་ (byings che) 共同的，周遍的

བརྗིད་ཆེ་ (brjid che) 宏大的

ཕྱོད་ཆེ་ (phyod che) 急进的，效力大的

ཆེ་ (che)作为新兴词缀尚未获得全面认同，因此各词典对这类词条收录情况不一。略举几例：

《藏汉大辞典》中 བྱིངས་ (byings)“总，一切”兼作形容词和名词，已有 བྱིངས་པོ་ (byings po)总的，共同的，主要的，也收入 བྱིངས་ཆེ་ (byings che)总，共同，周遍。《格西曲扎藏文词典》收入了 བྱིངས་ཆེ་ (byings che)总的，周遍，བྱིངས་པ་ (byings pa) 沉迷和 བྱིངས་པོ་ (byings po)总的，共同的。《藏汉对照拉萨口语词典》仅收入词根 བྱིངས་ (byings)其余，次要的。

《藏汉大辞典》收入 གལ་པོ་ཆེ་ (gal po che)重要的；《藏汉对照拉萨口语词典》收入动词 གལ་ (gal)[任务]落到，[责任]归于；形容词 གལ་ཆེ་ (gal che)重要的，གལ་ཆེ་བ་ (gal che ba)较重要的。《格西曲扎藏文词典》仅有 གལ་ཆེ་བ་ (gal che ba)用处大的。

འགངས་ (vgangs)在《藏汉大辞典》用作名词“关键”，འགངས་ཆེ་ (vgangs che)是形容词“重大”；《格西曲扎藏文词典》则有 འགངས་ཆེ་ (vgangs che)重要的，贵重的；《藏汉对照拉萨口语词典》未收此词。《藏汉词典》则认为 འགངས་ (vgangs che)等于 འགངས་ཆེན་ (vgangs chen)重要的。

总结起来：-ཆེ་ (-che) 作为新兴词缀，来自 ཆེ་པོ་ (che po)，原义表示“大，重要”。

7.4　离心结构复合型派生形容词

7.4.1　复合型派生形容词与名形短语

藏语NP+AP（名+形）结构有两种语法分析结果。一是产生定中式名形短语，一是复合型派生形容词。句7-58 ནག་པོ་ (nag-po)$_{ADJ}$“黑的”后置修饰中心词མཆོད་རྟེན་ (mchod-rten)$_{N}$“佛塔”，是藏语短语结构的常规定中修饰格式，句7-59的 གཏོང་ཕོད་ (gtong phod)$_{N}$“慷慨”形式上也是后置形容词ཆེན་པོ་ (chen-po)$_{ADJ}$“大”修饰的中心词，却不是NP+AP短语结构，不能解释为“（有）大慷慨”。这就是本书所谓的复合型派生形容词，由名词与后置的属性形容词复合构成。

7-58 དེའི་ སྒང་ལ་ མཆོད་རྟེན་ནག་པོ་གཅིག་བརྒྱབ་པ་རེད་

de_vi　　sgang_la　　mchod-rten nag-po gcig brgyab_pa-red.

这_GEN　上面_LOC　佛塔$_{(N)}$　　黑$_{(ADJ)}$　一　做_ASP

这上面还立了一座黑色的佛塔。（动词谓语句）

7-59 ང་ཚོ་ཁྲོ་ཆེན་རྫོང་གི་ རྫོང་དཔོན་གཏོང་ཕོད་ཆེན་པོ་འདུག་

nga-tsho khro-chen-rdzong_gi　rdzong-dpon gtong phod chen-po_vdug.

我们　卓钦宗_GEN　　宗本　　慷慨　　大_ASP

我们卓钦宗（县）的宗本（县长）慷慨大方。（形容词谓语句）

可能还会有一种看上去像主谓短语的结构，句7-60似乎是སྐུ་གཟུགས་ (sku gzugs)$_{N}$“身体，敬语”充当主语，བདེ་པོ་ (bde po)$_{ADJ}$“舒服”充当形容词谓语（含否定、体貌和语气标记），例如：

7-60 ཁྱེད་རང་སྐུ་གཟུགས་བདེ་པོ་མི་འདུག་གས་

khyed-rang <u>sku-gzugs bde-po</u> mi_vdug_gas.

您 （身体） 舒服 NEG_ASP_INT

您（身体）不舒服吗?

句7-60的现象容后再论，先看句7-58和句7-59。这两个案例反映出藏语定中式名形短语跟同形的复合型派生形容词具有表层同构性，都是N_R+ADJ_R。可是二者明显不是同一层级的语言单位，前者是常规偏正句法关系，后者是复合型派生形容词。我们再列出部分案例加以观察。

N_R+ADJ_R名形短语：

རྟ་ དཀར་ (rta $_{\text{N-马}}$ dkar$_{\text{ADJ-白色的}}$) 白马

གླུ་དབྱངས་སྙན་པོ་ (glu dbyangs $_{\text{N-歌声}}$ snyan po $_{\text{ADJ-悦耳的}}$) 动听的歌声

ཞྭ་མོ་སྒོར་སྒོར་ (zhwa mo $_{\text{N-帽子}}$ sgor sgor $_{\text{ADJ-圆的}}$) 圆形帽子

སྒྲོག་རྩེ་གྲུ་བཞི་གྲུ་རྐྱང་ (sgrog rtse $_{\text{N-桌子}}$ gru bzhi gru rkyang $_{\text{ADJ-四方的}}$) 四四方方的桌子

N_R+ADJ_R复合型派生形容词：

ཐག་རིང་པོ་ (thag $_{\text{N-距离}}$ ring po $_{\text{ADJ-长的}}$)（距离）远的

ངོ་བརྟན་པོ་ (ngo $_{\text{N-脸}}$ brtan po $_{\text{ADJ-稳定的}}$)（面容）稳重的 / 坚定的

གཟུགས་པོ་གཅོང་པོ་ (gzugs po $_{\text{N-身体}}$ gcong po $_{\text{ADJ-虚弱的}}$)（身体）虚弱的

བྱད་བཞིན་བཟང་པོ་ (byad bzhin $_{\text{N-面颊}}$ bzang po $_{\text{ADJ-美妙}}$)（面庞）俊美的

N_R+ADJ_R可能是完形派生词，也可能是完形重叠词（江荻 2006d），还可能是四音格形式。如果中心词为单音节形式，则修饰的形容词也可以用单音节词根形式，例如རྟ་ དཀར་ (rta dkar)白马。N_R+ADJ_R形容词的构成语素分析起来也是两部分，名语素暂时看不出有特别限制，但形语素似乎限于带词缀པོ་ (po)的完形派生词形式，且一般都是属性类形容词。

复合型派生形容词应该是偏正结构短语经词汇化产生的。从句法结构上看，判断是否复合型派生形容词取决于偏正短语是否产生隐喻或转喻意义，再对比以下案例。

名词 སྐད་ (ngo)“脸”构成的名形短语和复合型派生形容词：

	短语	复合形容词
ངོ་དཀར་པོ་ (ngo dkar po)	白脸	笑脸儿的，好脸色的
ངོ་ནག་པོ་ (ngo nag po)	黑脸	板着脸的，绷着脸的
ངོ་མཚར་པོ་ (ngo mtshar po)	漂亮的脸	美貌的，长得好看的
ངོ་བརྟན་པོ་ (ngo brtan po)	可靠的脸	稳重的，坚定的

名词 སྐད་ (skad)“声音”构成的名形短语和复合型派生形容词：

	短语	复合形容词
སྐད་གསང་པོ་ (skad gsang po)	清脆的声音	嗓音洪亮的
སྐད་རྫིག་པོ་ (skad rdzig po)	响亮的声音	声音洪亮的
སྐད་སྦོམ་པོ་ (skad sbom po)	粗声音	嗓门儿粗的
སྐད་སྐྱོ་པོ་ (skad skyo po)	不洪亮的声音	嗓子不好的
སྐད་ཚ་པོ་ (skad tsha po)	嘈杂声	爱吵闹的，刺耳的
སྐད་ཡག་པོ་ (skad yag po)	好嗓子	嗓子好的
སྐད་ཆ་མང་པོ་ (skad cha mang po)	很多话	多嘴的
སྐད་ཆ་གསང་པོ་ (skad cha gsang po)	直率的话	言辞清晰的

其他名词构成的名形短语和复合型派生形容词：

	短语	复合形容词
སེམས་དྲང་པོ་ (sems drang po)	心正直	老实的
ཇུས་གཏོགས་ཚ་པོ་ (jus gtogs tsha po)	急切地干涉	好事的，好奇的
གཏིང་ཟབ་མོ་ (gting zab mo)	深度	深的
བྱད་བཞིན་བཟང་པོ་ (byad bzhin bzang po)	俊俏的面颊	俊美的
ལབ་རྗེས་བཙན་པོ་ (lab rjes btsan po)	庄严承诺	严守诺言的
ངོ་མཚར་ཆེན་པོ་ (ngo mtshar chen po)	万分神奇	稀奇的
སྙིང་རུས་ཆེན་པོ་ (snying rus chen po)	坚强的意志	有毅力的
ཐང་དཀར་པོ་ (thang dkar po)	白色的滩地	亮堂的，光线充足的
ཐབས་མཁས་པོ་ (thabs mkhas po)	巧办法	办法巧的，足智多谋的
གཡོ་སྒྱུ་ཚ་པོ་ (g-yo sgyu tsha po)	很狡诈	伪善的，言不由衷的
ཐག་ཆོད་པོ་ (thag chod po)	隔开的距离	果断的，干脆的
མཇལ་སྤྲོ་པོ་ (mjal spro po)	愉快的会面	赏心悦目的

ངོ་ཚ་ (ngo tsha)词源上可能来自“脸+发热”，目前是较为典型的双音节名词“羞耻，腼腆”，如果作动词，则前一音节读音略长（或停顿）“害羞，难为情”。ངོ་ཚ་ཆེན་པོ་ (ngo tsha chen po)原本可理解为名词短语“很羞涩”，却转义为形容词“易害羞的，爱面子的，脸皮薄的”，同样 ངོ་ཚ་སྨིན་པོ་ (ngo tsha smin po)意思是“面皮薄的，容易害羞的，太爱害羞的”，显然都有转喻意义的发生。从程度上说，这些案例看作词还是短语取决于句法上的用法。例如：

7-61 མི་དེ་དགའ་སྡུག་གི་འགྱུར་བ་སྐྱེན་པོ་མེད་པར་ངོ་བརྟན་པོ་ཞིག་ཡོང་

mi de dgav-sdug_gi　vgyur-ba skyen-po med-par ngo-brtan-po zhig yong

人 那 好　坏_GEN 变化　易于　NEG　脸　可靠　一　出现

其人坚定稳重，不易为忧乐所转移。(张怡荪，1985)

其间的ངོ་བརྟན་པོ་ (ngo brtan po)按照形容词的理解是“稳重的”，按照短语理解是“可靠的脸”。

ངོ་ཚ་པོ་ (ngo tsha po)分析为派生词的结构是 [[ngo tsha]$_{\text{害羞}}$ po]$_{\text{ADJ}}$，按照短语（或复合词）分析是[[ngo]$_{\text{脸 N}}$ [tsha po]$_{\text{热的 ADJ}}$]$_{\text{ADJ}}$，二者意义有一定差别，前者发生了转喻：“害羞的，脸皮薄的”，后者是“火辣辣的脸，红[了]的脸”。读音上，拉萨话可能受韵律影响，发音差别不大。例如ངོ་ཚ་ཚ་པོ་ (ngo tsha tsha po“好害羞的”读音上切分在两个词之间，只能分析为ngo tsha+tsha po。

复合型派生形容词是藏语的一类特殊构词现象，下文试图从认知角度阐述它的性质、结构、特征和来源。

7.4.2 复合型派生形容词的结构特征

本书为什么使用了“复合型派生形容词”这样的术语？这需要从藏语形容词的整体状态和该类词的内部结构加以分析。目前学界已知，藏语形容词基本格式是ROOT$_{(\text{ADJ/V})}$+SUF，即单音节形容词或动词词根加形容词词缀构成，绝大多数是双音节的，称为派生形容词。例如ཚ་པོ་ (tsha po)热，གྲང་མོ་ (grang mo)冷，ཆེན་པོ་ (chen po)大，བཤོར་པོ་ (bshor po)慷慨，བཀྲེན་པོ་ (bkren po)吝啬；或者词根重叠式形容词，例如ཆུང་ཆུང་ (chung chung)小，ནར་ནར་ (nar nar)长条形的，འཁྱོར་འཁྱོར་ (vkhyor vkhyor)摇摇摆摆，ལྷུག་ལྷུག་ (lhug lhug)松松的。那么，藏语是否发展了复合型形容词呢？回答也是肯定的。

藏语研究者普遍认为藏语存在数量极少的三音节形容词（包括派生词缀），例如，སྙིང་རྗེ་པོ་ (snying rje po)可爱，心疼的，[①]该词内部结构一般不予分析，也就是说，多音节形容词的词根可能是不可分析的。事实上，从词源上分析，སྙིང་ (snying)原义为“心（脏）”，词根意义易于发生隐喻，产生“心灵、知觉、胆量”等喻义。例如སྙིང་དཀར་ (snying dkar)好心肠，སྙིང་ཆུང་ (snying chung)怯懦，སྙིང་འཆུ་ (snying vchu)感动。རྗེ་ (rje)是动词，词根原义为“交换”，与སྙིང་ (snying)构成的语义组合不可能是现实的行为（“交换心脏”），只能是转喻（“交换心情，将心比心”）：སྙིང་རྗེ་ (snying rje)“仁心，同情心”构成复合名词。如果添加动词可再构成复合动词：སྙིང་རྗེ་སྐྱེ་ (snying

① 拉萨话该词用作“可爱、漂亮”义，应为原义“怜悯、同情”的引申，有所转义。《格西曲扎藏文词典》仅收词根སྙིང་རྗེ་ (snying rje)构成的其他词（不带后缀 po），词义多为“仁慈”，可见拉萨话是引申发展而来。其他多数方言用མཛེས་པོ་ (mdzes po)表示“漂亮”，参见华侃《安多藏语口语词典》。同时，表示“心灵”的敬语是ཐུགས་ (thugs)，该词与སེམས་ (sems)或སྙིང་ (snying)有一个平行的组词形式，ཐུགས་རྗེ་ (thugs rje)“怜悯，同情”，但未产生“漂亮”义。

rje skye)发（产生）慈悲心，སྙིང་རྗེ་ལྟ་ (snying rje lta)怜悯，体贴，或者被形容词、数词等其他词类修饰：སྙིང་རྗེ་གསུམ་ (snying rje gsum)三大慈悲（佛语），སྙིང་རྗེ་ཆེན་པོ་ (snying rje chen po)仁慈的，大慈大悲。其中的动词语素rje动作性减弱，语义淡化，可以向词缀那样重叠：སྙིང་རྗེ་རྗེ་ (snying rje rje)怪可怜的。在此意义上说，སྙིང་རྗེ་པོ་ (snying rje po)是从名词添加形容词词缀（形缀）派生而来，另一个可交替形式是སྙིང་རྗེ་མོ་ (snying rje mo)，或者产生引申义的形式སྙིང་རྗེ་བ་ (snying rje ba)可怜的，证明这是一个典型的三音节形容词。

三音节形容词的词根分析不尽相同，སྙིང་རྗེ་པོ་ (snying rje po)分析为：[[[snying]$_{\text{心 N}}$ [rje]$_{\text{交换 V}}$]$_{\text{仁慈 N}}$ po]$_{\text{ADJ}}$ 心生怜悯的，词根为动宾式，构成名词，添加词缀后整体构成形容词。再看一例，ཁྱད་མཚར་པོ་ (khyad mtshar po)奇怪的。按照以上分析是：[[khyad mtshar]$_{\text{稀罕 N}}$ po]$_{\text{ADJ}}$，ཁྱད་ (khyad)“差异”是名词，མཚར་ (mtshar)“稀奇”是名词，这个名名结构已经词汇化，转喻为“奇怪，神奇”，因此可以判断该词是双音节名词添加词缀构成的形容词。如果这个词采用另一种分析，即：[[khyad]$_{\text{差别 N}}$ [mtshar po]$_{\text{鲜明 ADJ}}$]$_{\text{ADJ}}$，则表示“明显的差别”，未发生转喻，不符合原词的语义。

གྲ་རྒྱས་པོ་ (gra rgyas po)丰盛的，分析为[[gra]$_{\text{芒 N}}$ [rgyas po]$_{\text{茂盛，详尽 ADJ}}$]$_{\text{ADJ}}$ 显然语义上不合适，即单音节名词+双音节派生形容词。因此合理的分析是：[[gra rgyas]$_{\text{富足，N}}$ po]$_{\text{ADJ}}$，即双音节名词+形容词词缀，转喻义“富足”来源于名+形偏正式[[gra]$_{\text{（谷穗的）芒 N}}$ [rgyas]$_{\text{多种 ADJ}}$]。同样，我们对 གྲ་འགྲིག་པོ་ (gra vgrig po)“周到的，详尽的”也可作相似的分析，该词也是由双音节名词[gra vgrig]$_{\text{齐全}}$加上词缀构成。ཞིབ་ཚགས་པོ་ (zhib tshags po)“仔细的”也分析为双音节名词加词缀：[[zhib]$_{\text{细致 N}}$ [tshags]$_{\text{紧密 N}}$]$_{\text{周密 N}}$ po]$_{\text{ADJ}}$。

སླ་ (sla)词根有两个意思：“稀”和“容易”。拉萨话里 སླ་པོ་ (sla po)主要用于表示“稀，淡”的意思。安多方言还有 སླ་མོ་ (sla mo)稀。可能因为这个原因，词库中作为“稀（不浓）”的 སླ་པོ་ (sla po)已占据这个语义位置，因此衍生出另一个表示“容易”的三音节形容词形式：ལས་སླ་པོ་ (las sla po)。逻辑上，该词的分析应该是：[[las $_{\text{事 N}}$ sla $_{\text{容易 ADJ}}$]$_{\text{易事 N}}$ po]$_{\text{ADJ}}$ 容易的，其中的 ལས་སླ་ (las sla)是复合名词，添加词缀构成形容词。类似的还有 བག་བྲོད་པོ་ (bag brod po)，分析为[[bag $_{\text{兴趣 N}}$ brod $_{\text{意趣 N}}$]$_{\text{N}}$ po]意趣盎然的，词根是并列式名词。再如：འདྲ་ཆགས་པོ་ (vdra chags po)体面的，雅观的，ཁུ་སིམ་པོ་ (khu sim po)肃静的。

从以上分析来看，以上三音节形容词的格式都是[[ROOT+ROOT]$_{\text{N}}$ po]$_{\text{ADJ}}$，即双音节名词添加词缀构成。实际上其中的双音节词也可能是别的词类，例如：ཡང་དག་པ་ (yang dag pa)“正当的”内部构成稍显特殊，ཡང་དག་ (yang)是副词“再，又”之意，དག་ (dag)是形容词“正确，纯洁”之意，构成的

ཡང་དག་ (yang dag)“正确”仍然是形容词，添加词缀构成三音节形容词[[yang dag]$_{\text{ADJ 正确}}$ pa]$_{\text{ADJ}}$。再如：སྐྱུག་བྲོ་པོ་ (skyug bro po)令人作呕的，使人讨厌的，分析为：[[[skyug]$_{\text{呕吐 V}}$ [bro]$_{\text{感觉 V}}$]$_{\text{欲吐 VP}}$ po]，词根分析为宾动式或连动式，是双音节动词添加词缀构成形容词。

还有一类似乎明显由单音节词（R$_{单}$）或多音节词（R$_{双}$）添加另一个完形形容词（R$_{单}$+SUF）造成的形容词，例如ཐུགས་བདེ་པོ་ (thugs bde po)安心的，名词 thugs 指“脑，心，意”，即“思维”的意思，与形容词བདེ་པོ་ (bde po)“舒服，安适”构成复合形容词转指“心安”或“安心”。类似的还有ཁ་གསང་པོ་ (kha gsang po)爱说话的，སྐད་གསང་པོ་ (skad gsang po)声音洪亮的。四音节词的分析基本相似，例如སྐད་ཆ་གསང་པོ་ (skad cha gsang po)“言辞清晰的”也是名词སྐད་ཆ་ (skad cha)“话语”加后置形容词修饰语གསང་པོ་ (gsang po)“响亮”构成，如果理解为定中式短语，则是“直率的话”的意思。从词法分析来看，词缀不承担词义，词根可以独立合成复合词，ཐུགས་བདེ་ (thugs bde)安心，སྐད་གསང་ (skad gsang)“声音”都能成立，也就是说词法结构仍然应该是[[[ROOT$_{单}$]+[ROOT]$_{单}$]+SUF]格式，即双音节复合词添加词缀构成三音节形容词。[①]至于四音节形式，由于受到双音步韵律制约，原理上应该双音节词配双音节修饰语，但藏语形容词基本格式都是单音节词根加词缀，即派生式，为此可能直接添加带词缀的双音节形容词，我们仍然分析为：[[[ROOT$_{双}$]+[ROOT]$_{单}$]+SUF]。词根组合创新了单音节形容词原型的框架，但最终添加形容词词缀又吻合了原型的形式和面貌，为此，我们将这类新型的形容词称为复合型派生形容词。

藏语形容词具有两方面句法特征，一是后置修饰名词，或受限的前置修饰名词，二是用作谓语，通常跟动词一样带体貌标记和其他谓语句尾词（如语气词）。我们尝试比较原型派生形容词与复合型派生形容词的句法格式。

7-62 དེ་ཉིན་དབང་ཆེན་གྱིས་ཞགས་པ་རིང་པོ་ཞིག་ཁྱེར་

de-nyin dbang-chen_gyis zhags-pa ring-po zhig khyer.

那 天　旺庆_AG　　　绳索　　长的　一　拿(PST)

那一天旺庆拿了一根长绳。（行为陈述句，派生形容词作定语）

① 张济川（2009）“构词法 8-(4)”对这类三音节形式区分“（根+根）+缀”和“根+（根+缀）”，前者如 mgo vkhor po 令人入迷的，后者如 kha bde po 能说的（补：善于辞令的，口才好的），srog mkhregs po 结实耐用的。但是，张文没有说明依据是什么？我们猜想可能是因为日常口语中前者一般构成复合词，例如 mgo vkhor 入迷，沉迷，后者不构成独用的形式：*kha bde，*srog mkhregs。总之，语法分析应该一以贯之方为简洁合理。

7-63 ང་ཚོ་ དུས་ཚོད་རིང་པོ་མེད་

nga-tsho_r　　dus-tshod ring-po med.

我们_POS　　时间　　长　　没有

我们的时间不多。（存在句，派生形容词作定语）

7-64 ལུང་པ་འདི་འི་ སྦུག་ཐག་རིང་པོ་ཡོག་མ་རེད་

lung-pa vdi_vi　　sbug thag-ring-po　_yog-ma-red.

地方　这_GEN　山谷　（距离）深　_ASP-NEG

这地方的山谷不深。（形容词谓语句，复合型派生形容词作谓语）

7-65 ང་འི་ བསྡད་ས་ འདི་ ནས་ ཐག་རིང་པོ་རང་མ་རེད་

nga_vi　bsdad sa　vdi　_nas　thag-ring-po _rangma-red .

我_GEN 住　地方 这　_ABL （距离）远 很 NEG_是

我的住处离这里不太远。（形容词谓语句，复合型派生形容词作谓语）

句 7-62 形容词 རིང་པོ (ring po)后置修饰名词 ཞགས་པ་ (zhags pa)绳子，是常规格式。句 7-63 是存在句，རིང་པོ་ (ring po)后置修饰 དུས་ཚོད་ (dus tshod)时间，谓语动词 མེད་ (med)“没有”要求主语带领有格标记，全句语法成分十分清晰。句 7-64 可能有两种理解，解释为存在句遇到的困难是 ཐག་(thag)有何作用？譬如 འོག་འཇུག་གི་ཕུ་ཐུང་རིང་པོ་ཡོག་རེད།། (vog vjug(衬衣) gi(GEN) phu-thung(袖子) ring po(长) yog red(ASP))衬衣的袖子很长，རིང་པོ་ (ring po)带句尾标记直接充当谓语。因此，ཐག་རིང་པོ་ཡོག་་མ་རེད་ (thag ring po yog ma red)不如解释为形容词谓语。句 7-65 的 ཐག་རིང་པོ་ (thag ring po)的谓语句尾用了 རེད་ (red)，尽管 རེད་ (red)不是典型完形形容词谓语句的标记，[①]本义却是属性判断动词。不妨再观察两例：

7-66 དེ་འི་རྒྱུ་མཚན་ནི་ཧ་ཅང་གསལ་པོ་རེད་

de_vi　　rgyu-mtshan ni ha-cang gsal-po_red.

这_GEN 原因　　　呢 十分　清楚_ASP

这个原因是十分清楚的。（形容词谓语句，派生形容词作谓语，句尾体貌等标记为 red）

7-67 ལྷ་ས་འི་ ར་མོ་ཆེ་གཙུག་ལག་ཁང་ཡའི་ལོ་རྒྱུས་རིང་པོ་ཞིན་ ཡོག་རེད་

lha-sa_vi　　ra-mo-che-gtsug-lag-khang yavi lo-rgyus ring-po

拉萨_GEN 小昭寺　　　　　　　　　　也　历史　长

---

① 藏语形容词谓语句一般分为两类，完形形容词带谓语标记 ཡོད་, འདུག་, ཡོག་རེད་ (yod, vdug, yog red)，但也有少量带 རེད་, བྱུང་ (red, byung)等；词根形容词作谓语所带标记主要有 གི་རེད་, གི་འདུག་, པ་རེད་, ཤག་, རེད་, འདུག་ (-gi red, -gi vdug, -pa red, shag, red, vdug)等，其中各地方言有差别，书面语也有差别。藏语形容词谓语句是近代逐步发展起来的，目前尚未最终完成该进程。参见 7.2.6 节。

phyin-yog-red.

经历_ASP

拉萨的小昭寺的历史也（经历了）十分悠久。（动词谓语句）

7.4.3　复合型派生形容词的产生机制

静态地看，复合型派生形容词内部结构呈现为名形结构 N_R+ADJ_R，这是藏语典型的定中型名词短语。但是，这种名词短语如何转化为形容词了呢？上一节我们讨论了 ཞགས་པ་རིང་པོ་(zhags pa ring po)长绳子，དུས་ཚོད་རིང་པོ་(dus tshod ring po)"长时间"和 སྦུག་ཐག་རིང་པོ་(sbug thag ring po)深谷，这几个短语隐含了人们的认知过程。根据生成词库理论(Generative Lexicon Theory)，一个词项自身的意义一般是稳定的，但词项组合导致意义或概念整合。整合是一个心理过程，一个词跟另一个词组合可能产生什么样的延伸意义？哪些语义要素参与整合？生成词库理论（generative lexicon theory）的物性结构概念（qualia structure）对于名形结构或形名结构具有较强的解释力，[1]我们试阐述之。

在形名组合上，生成词库理论创始人 Pustejovsky (1995)有这样的例子：long record。按牛津词典释义，record 是"记录音乐等信息的薄薄圆圆的塑料片（唱片）"。[2]显然 long 不是圆形物 record 的属性，这个短语出现了语义修饰关系错配。因此，根据生成语义机制，定中构式会要求修饰语与被修饰语类型一致，如果不一致则意义会被重新分析，通过实施类型强迫（type coercion），使语义发生转喻、扩大、缩小或者转变概念域直到达成匹配。就这个具体例词来说，根据物性结构规则，record 是人造物，受形容词修饰时可能有多种解释，record 有两个论元：物质实体（媒

---

[1] 参看 Pustejovsky, J. *The Generative Lexicon*. Cambridge, MA: MIT Press. 1995. 中文简介参看张秀松，张爱玲（2009）。又看 Pustejovsky, J. Pierrette Bouillon, Hitoshi Isahara, Kyoko Kanzaki, Chungmin Lee. *Advances in Generative Lexicon Theory*. Springer, 2013. 中文简介参看宋作艳（2011）。根据以上论著，物性结构是一套刻画词项语义的关系系统。基于动词论元描述的成功性，作者还提出用名词物性结构判定其意义就跟用动词论元类型判断动词意义一样有效。具体研究上，他把物性结构分为四种角色，分别是形式角色(formal role)、构成角色(constitutive role)、功能角色(telic role)和施成角色(agentive role)。形式角色把物体与周围事物区别开来，包括物体的数量、形状、维度、颜色、位置等；构成角色说明物体与其构成成分或组成部分之间的关系，包括材料、重量、部分与组成成分等；功能角色说明物或人的功用，例如啤酒的功用角色是饮用；施成角色说明物体是如何形成的，例如"乘客、被告"的施成角色就是乘车活动或控告活动等。(张秀松，张爱玲 2009)

[2] 参看《牛津高阶英汉双解词典》(第 6 版)："a thin round piece of plastic on which music, etc. is recorded"。商务印书馆，2004。

介体）和信息，前者若能被 long 修饰则表示“东西长”，后者搭配起来表示“播放时间长（或者录制时间）”。很明显，这个短语只能选择后一种释义，这表明组合导致名词概念域的转移，从事物转移到事件，从空间转移到时间，这也意味着 record 的本义衰减、泛化、乃至消失。

藏语表示空间、时间和形状长度属性的形容词 རིང་པོ་ (ring po)有语义上的特别之处，即对空间长度不敏感，为此，往往通过构成空间距离短语来修饰空间距离名词，这样的用法在古藏语就已经存在。句 7-68 的 རྒྱང་ (rgyang)本义是“处所，空间”，后来又引申出“远处，远距离”，《拔协》时代这个包含距离意思的词可以用 རིང་བ་/པོ་ (ring ba/po)修饰表示远处；但是，句 7-69 很难直接用 རིང་པོ་ (ring po)修饰一个不含空间距离的地名，因此语义上需要添加名词 ཐག་ (thag)“距离”辅助表示。

7-68 འུ་རིང་རྒྱང་རིང་བ་ར་ སོང་

vu-ring rgyang ring-ba_ra　　song

乌仁　　处　　远_ALA　　去

乌仁（人名）到很远的地方去了。（《拔协》）

7-69 སྲས་ མི་ མངའ་བས་པ་མིང་གི་ འགྲོ་ཡུལ་ཐག་ རིང་

sras　mi　mngav bas pha-ming_gi　vgro-yul thag-ring, ……

儿子 NEG 有　　因 父兄_GEN　　卓地　　距离 远

（卓妃）因无子，娘家卓地（又离得）很远，……（《拔协》）

ཐག་ (thag)可能源自 ཐག་པ་ (thag pa)绳索（长条物），蕴含了长度属性，但是在 ཐག་རིང་པོ་ (thag ring po)“（距离）远”短语中，孤立的词根 ཐག་ (thag)的意义已经从具体转向抽象，语义出现泛化，即仅仅表示可量度的事物，随着日常用法巩固，例如类推至 ཐག་ཉེ་པོ་ (thag nye po)（距离）近，这类短语语义逐渐固化。在进一步的修饰格式中，例如 ལམ་ཐག་རིང་པོ་ (lam 路 thag 距离 ring po)远“远路”，语义上必然从“远（距离）的路”直接体现为“远的路”，“距离”概念内化（internalized）作“远”的属性。此时的 ཐག་རིང་པོ་ (thag ring po)作为整体修饰中心名词，实现短语的词汇化，也形成词法分析上的离心结构（参见下文）。

还有这样的现象，例如 ཆུ་ (chu)“水”并没有深浅高低含义，因此需要添加表示深度含义的 གཏིང་ (gting)深处，才能构成 ཆུ་གཏིང་ཟབ་མོ་ (chu gting zab mo)深水，后来，也有了 ཆུ་ཟབ་མོ་ (chu zab mo)深水。

张国宪（2006）认为，汉语名词的形容词化是由定语句法位置促发的：定语这一句法位置奠定了激活名词性质义凸显和固化的句法基础。这给我们有益的启发，藏语复合型派生形容词不仅受到定中构式影响，而且更受到形容词谓语句结构的影响。上文句 7-60 是最典型的案例，བདེ་པོ་ (bde po)（ADJ 舒服）描述人的感受，但需要指明这种感受的体验部分，即 སྐུ་གཟུགས་ (sku gzugs)（身体，敬语）是人的构成角色，名形结构补足了形容词语义上所缺的这个论元，[①]表达逻辑上更为合理，སྐུ་གཟུགས་བདེ་པོ་ (sku gzugs bde po)“（身体）舒服”整体用作形容词谓语。再如：

7-70 ཁོང་ཚོ་སྡོད་ས་ ཐག་རིང་པོ་ཡོད་ཙང་

khong-tsho sdod-sa thag-ring-po_yod tsang ……

他们 住 地方 远_ASP 因此……

他们住的地方远，因此……（形容词谓语句）

7-71 མི་དམངས་སྨན་ཁང་འདི་ ནས་ ཐག་ཉེ་པོ་རེད་

mi-dmangs sman-khang vdi_nas thag-nye-po_red.

人民 医院 这里_ABL 近_ASP

从这里到人民医院很近。（形容词谓语句）

7-72 གཅུང་པོ་ འདི་ནས་ ཡུལ་ ཚང་ཀྲའུ་བ་ར་ རྒྱང་ཐག་ རིང་པོ་མེད་

vdi_nas yul tshang-kravu-ba_r rgyang thag-ring-po-med.

这_ABL 地方 沧州_ALA 距离 远_ASP-NEG

此去沧州不远了。（存在句，复合型派生形容词作修饰语）

综上，我们可以看到，英语通过类型强迫和选择实现修饰语跟中心语的搭配关系。藏语走的是另一条路，共时上可以看作通过类型选择插入一致性中心词，然后经过名转形（形容词化）再次类型选择并实现修饰中心词。[②] 请参考图 7.1。

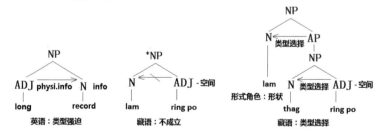

图 7.1 复合型派生形容词的类型强迫/选择过程示意图

---

① 这个特点很像刘丹青（2005）提出的“带论元的形容词”：“这儿说带论元是指在主体属性之外还需要出现能使形容词的论元结构完整的名词成分”，并讨论了汉语客体论元和英语强制论元等现象。把藏语复合型派生形容词理解为带论元形容词，未尝不可，只是情况更为复杂，还涉及隐喻、转喻、词汇化、形容词化等现象。

② 戈尔斯坦（1991）认为这种格式是藏语名词形容词化的方法，名词通过添加形容词修饰语转换为形容词，他称为派生形容词（derived adjective）。但未对其结构和为何转换为形容词做理论上的阐述。

复合型派生形容词的内部构造跟整体功能不一致，即所谓的离心结构。这种现象在藏语里相当独特，跟藏语当前的词法体系结构有密切关系，也跟现代藏语从单音动词走向多音节动词类似，这是藏语词法体系的一大创新。

7.4.4　复合型派生形容词的语义类型

像 ཐག་ (thag)这样的名词与形容词 རིང་པོ་ (ring po)结合补足了形容词的某类属性，反映了形容词可借助（或强迫）名词完善自身所需属性，主要体现在形式物性角色（formal quale role）上，包括方位、大小、形状、维度等。例如：ཉམས་ (nyams)感受，姿态，观念，状态；གོང་ (gong)价值，价格；གོ་ (go)领悟力；སྟོབས་ (stob)s 力量，气势；བག་ (bag)本性；སྤུས་ (spus)质量；སྲོག་ (srog)生命，寿命；གཞི་ (gzhi)根基，本体；ཁུངས་ (khungs)根据，凭据；གཏིང་ (gting)深度；ཐབས་ (thabs)办法，方式；སྐད་ (skad)声音；ཚིག་ (tshig)话语等。句 7-73 很典型地体现了这种属性值关联角色作用。

7-73 དེ་ནས་དངོས་གྲུབ་སྐྱོ་ཉམས་ཆེན་པོས་ ངུས་སོང་

de-nas dngos-grub skyo nyams-chen-po-s　ngus_song.

后来　欧珠　　悲伤　感受-大-Ly　　　哭_ASP

后来，欧珠伤心地大哭起来。

《藏汉大辞典》等已收录 ཉམས་ཆེན་པོ་ (nyams chen po)，意思是“傲慢，自大”，本例用法显得更为原型。ཆེན་པོ་ (chen po)“大”自身不带有表示情感色彩的属性，不能直接修饰 སྐྱོ་ (skyo)悲伤，因此先构成 ཉམས་ཆེན་པོ་ (nyams chen po)与情感色彩及其程度关联起来，再通过语义泛化和其他方式转化为形容词，实现对 སྐྱོ་ (skyo)的情感评价。

更多的例词有：ཐབས་མཁས་པོ་ (thabs 方法 mkhas po 精通)（办法）巧妙的，ཚིག་མཁྲེགས་པོ་ (tshig 词 mkhregs po 坚硬)（话语）粗暴的，ཚིག་འཐེང་པོ་ (tshig 词 vtheng po 瘸的)（说话）罗嗦的，གོང་ཁེ་པོ་ (gong 价值 khe po 贱)（价格）低廉的，གོ་བདེ་པོ་ (go 领悟力 bde po 健康)易懂的，སྐད་གསང་པོ་ (skad 嗓音 gsang po 响亮)（嗓音）洪亮的，བག་དོག་པོ་ (bag 本性 dog po 狭窄)（性情）狭隘的，བག་ཡངས་པོ་ (bag 本性 yangs po 广阔)毫不在乎的，གཞི་མཐུན་པོ་ (gzhi 根基 mthun po 一致)（本质）相似的，ཁུངས་མཐུག་པོ་ (khungs 根据 mthug po 厚)耐用的，སྟོབས་ཞན་པོ་ (stobs 力量　zhan po 弱)（力气）弱小的，གུ་ཡངས་པོ་ (gu 面积 yangs po 广阔)（面积）辽阔的，རྒྱ་ཡངས་པོ་ (rgya 面积 yangs po 广阔)（范围）宽广的，གཏིང་ལྗིད་པོ་ (gting 深度 ljid po 重)（为人）深沉的，སྲོག་མཁྲེགས་པོ་ (srog 生命 mkhregs po 坚硬)结实耐久的，ཉམས་དམའ་པོ་ (nyams 观念 dmav po 低)难为情的，སྤུས་དག་པོ་ (spus 质量 dag po

纯洁)质地好的，གལ་ཆེན་པོ་ (gal 关键 chen po)重要的，དབང་ཆེན་པོ་ (dbang（权势）chen po)势力大的，ཧམ་པ་ཆེན་པོ་ (ham pa（贪心）chen po)贪心的，རྩལ་ཆེན་པོ་ (rtsal（技能）chen po)技艺高的，སྐད་ཡག་པོ་ (skad（声音） yag po)嗓子好的，ལབ་རྗེས་བཙན་པོ་ (lab rjes btsan po)严守诺言的，བྱེད་བཞིན་བཟང་པོ་ (byed bzhin bzang po)俊美的，ཐག་རིང་པོ་ (thag ring po)远的，གཏིང་ཟབ་མོ་ (gting zab mo)深的，རྙོག་གྲ་ཚ་པོ་ (rnyog gra tsha po)麻烦的，སེར་སྣ་ཚ་པོ་ (ser sna tsha po)吝啬的。

身体部位名词也常用来构成复合型派生形容词，① 例如身体、心、头、脸、眼、耳、鼻、嘴、嗓、手、脚、脉、臀、肠胃等，数量很大，为了描述清晰，以下按照这些身体部位列举，主要有：

心脏、心灵、头脑类：སྙིང་ (snying)心脏 > 心灵，思维（喻），སེམས་ (sems)心灵，ཐུགས་ (thugs)胸间 > 心意（喻），མགོ་ (mgo)头 > 思想（喻）：

སྙིང་ཚིམ་པོ་ (snying tshim po) 痛快淋漓的

ཐུགས་བདེ་པོ་ (thugs bde po) 安心的

སྙིང་སྟོབས་དྲག་པོ་ (snying stobs drag po) 勇猛的

ཐུགས་རྒྱུ་རིང་པོ་ (thugs rgyu ring po) 脾气好的

སེམས་གཡེང་པོ་ (sems g-yeng po) 心不在焉的

མགོ་འཁོར་པོ་ (mgo vkhor po) 令人入迷的

སེམས་བརྟན་པོ་ (sems brtan po) 意志坚定的

མགོ་མཁྲེགས་པོ་ (mgo mkhregs po) 顽固的

སེམས་ལྤགས་སྲབ་པོ་ (sems lpags srab po) 心肠软的

མགོ་ཚོད་ཁག་པོ་ (mgo tshod khag po) 难领会的

五官类：嘴巴 ཁ་ (kha) > 话语（喻），舌头 ལྕེ་ (lce) > 言语（喻），耳朵 རྣ་ (rna) >听力（喻），鼻子 སྣ་ (sna) >嗅觉（喻），眼睛 མིག་ (mig) >视觉（喻），脸颊 གདོང་ /གདོང་ཁ་ (gdong/gdong kha) >情面（喻）：

ཁ་ཉན་པོ་ (kha nyan po) 听话的

ཁ་ལྗིད་པོ་ (kha ljid po) 沉默寡言的

ཁ་འབལ་པོ་ (kha vbal po) 多嘴的

ཁ་གཟེར་པོ་ (kha gzer po) 尖酸刻薄

ཁ་རྒྱུགས་པོ་ (kha rgyugs po) 流利

ཁ་སངས་པོ་ (kha sangs po) 爱说话

ཁ་སྐྱེངས་པོ་ (kha skyengs po) 腼腆的

ཁ་སླ་པོ་ (kha sla po) 贪吃的

ལྕེ་བདེ་པོ་ (lce bde po)（口齿）伶俐的

མིག་སྦོམ་པ་ (mig sbom pa) 慷慨大方的

ལྕེ་ཅག་བདེ་པོ་ (lce cag bde po)（口齿）伶俐的

མིག་རྣོ་པོ་ (mig rno po) 眼尖的

① 周季文、谢后芳（2003）注意到这类“偏正式复合词”现象，但未做进一步的阐述。

རྣ་བ་སྲབ་པོ་ (rna ba srab po) 耳朵软的

སྣ་ཁུག་སངས་པོ་ (sna khug sangs po) 嗅觉灵敏的

གདོང་དམར་པོ་ (gdong dmar po) 脸红的

གདོང་བརྟན་པོ་ (gdong brtan po) 守信用的

གདོང་ལྤགས་སྲ་པོ་ (gdong lpags sra po) 好害羞的

肢体类：ལག་པ་ (lag pa)（手）> 手部动作（喻），རྐུབ་ (rkub)（臀）> 臀部动作（喻）：

ལག་པ་བཀྲེན་པོ་ (lag pa bkren po) 小气

ལག་པ་ཤོགས་པོ་ (lag pa shogs po) 大方

ལག་པ་གཟེར་པོ་ (lag pa gzer po) 好打人的

ལག་པ་དམ་པོ་རྐུབ་ལྗིད་པོ་ (lag pa dam po) 贪婪

རྐུབ་ཡང་པོ་ (rkub ljid po) 不好动的

རྐུབ་ཡང་པོ་ (rkub yang po) 勤快的

身体类：གཟུགས་པོ་ (gzugs po) >身体状况（喻），肉体 ཤ་ (sha):

གཟུགས་པོ་གཏེ་པོ་ (gzugs po gte po)（个儿）矮小的

གཟུགས་པོ་རིང་པོ་ (gzugs po ring po)（个儿）高的

གཟུགས་པོ་སྐྱོ་པོ་ (gzugs po skyo po)（身体）弱的

གཟུགས་པོ་གཅོང་པོ་ (gzugs po gcong po)（身体）病久体弱的

གཟུགས་པོ་མཐོ་པོ་ (gzugs po mtho po)（肚子）大的

གཟུགས་པོ་ཐང་པོ་ (gzugs po thang po)（身体）健康的

གཟུགས་པོ་ཡག་པོ་ (gzugs po yag po)（身体）好的

གཟུགས་པོ་ཞན་པོ་ (gzugs po zhan po)（身体）差的

内脏类：རྒྱུ་མ་ (rgyu ma)肠子：

རྒྱུ་མ་རིང་པོ་ (rgyu ma(肠子) ring po) 有耐性的

由以上例词可以看出，除了原本表示抽象概念的 སེམས་ (sems)“心灵”等词，大多数身体部位词发生了转喻，特别是五官部位。例如，(kha)“口”转喻言语，(mig)“眼”转喻视觉。例如：

7-74 ཁྱོད་ཁ་སྙན་པོ་ཤོད་མི་དགོས་

khyod kha-snyan-po shod-mi-dgos.

你　　嘴　好听　　说-NEG-要

你别说好听的。སྙན་པོ་ = སྙན་མོ་（snyan po = snyan mo）

7-75 ཚོང་པ་ཤ་རྒྱགས་པ་དེ་

tshong-pa sha-rgyags-pa　de

商人　　　肉 肥胖　　　那

那个胖商人

以上讨论基本归并了主要的复合型派生形容词的语义类别，其中部分形容词语素在现代藏语中具有较高的能产性，形成数目不菲的一批新词。例如：ཆེན་པོ་ (chen po) 大①，ཚ་པོ་ (tsha po) 热②；བདེ་པོ་ (bde po) 愉快，舒适③；དོད་པོ་ (dod po) 鲜明，显露等形容词语素。还有少量形式在结构上可能产生不同分析方法，例如 དོད་པོ་ (dod po)和 བྱང་ལངས་པོ་ (byang lang(s) po)构成的形式，我们下文还会讨论这类结构。

总起来看，复合型派生形容词表达一种性状或属性，其中的形容词语素义提供性状所需属性或性质，名词语素义提供性状的来源、范围、形状、维度、颜色、材料、位置等，即所谓词义物性描述。复合型派生形容词具有能产性，或者是三音节的或者是四音节的，句法功能作定语、谓语、状语或补语，跟常规双音节派生形容词用法基本一致。

7.4.5 带复杂词缀复合型派生形容词

7.4.5.1 带 dod po 词缀形容词

形容词 དོད་པོ་ (dod po)原义为“鲜明，显露”，例如，བརྗིད་ཉམས་དོད་པོ་ (brjid nyams dod po)，其中 བརྗིད་ཉམས་ (brjid nyams) “雄姿”是名词，受 དོད་པོ་ (dod po) 修饰，构成短语，有“雄伟、魁梧”意思。可是这个短语可以进一步用作修饰语，修饰其他名词，例如 རྒྱལ་པོ་བརྗིད་ཉམས་དོད་པོ་ (rgyal po brjid nyams dod po)，理解为“威风凛凛的国王”。这意味着这个短语具有形容词性质，我们不妨以之充当谓语来检验。

7-76 རྒྱལ་པོ་བརྗིད་ཉམས་དོད་པོ་ཡོད་

rgyal-po brjid-nyams-dod-po_yod

国王　　魁梧　　　显露_ASP(RST)

国王（的确）威风凛凛。

在这个句子里，བརྗིད་ཉམས་དོད་པོ་ (brjid nyams dod po)充当形容词谓语，后面可接体貌示证标记ཡོད་ (yod)这类谓语语尾。再如：

7-77 མི་དེ་ཉམས་དོད་པོ་འདུག་

mi de　nyams-dod-po_vdug.

人 那 派头　鲜明_ASP

那人架子大。

① 有时候跟 chen mo 可替换使用，但表示专有名词则常用后者，例如 slob grwa che mo “大学、学院”。

② 这是一个表程度且可能带贬义的形容词。

③ 这个词根也作名词，表示“快乐，平安”之意。

这说明带དོད་པོ་(dod po)的名词短语有形容词化的趋势，构成特定意义的形容词。值得注意的是，དོད་པོ་(dod po)对修饰的词语有一定选择，例如：

名词的第二音节为ཉམས་(nyams)$_{(N)}$姿态，风度，具有述人特征。

ཆེ་ཉམས་(che nyams)傲慢，高傲：ཆེ་ཉམས་དོད་པོ་(che nyams dod po)大模大样的

དཔོན་ཉམས་(dpon nyams)官气，官架子：དཔོན་ཉམས་དོད་པོ་(dpon nyams dod po)官气十足的

རྫིག་ཉམས་(rdzig nyams)神气，风度：རྫིག་ཉམས་དོད་པོ་(rdzig nyams dod po)威武的

གཞོན་ཉམས་(gzhon nyams)少年风度，青春姿态：གཞོན་ཉམས་དོད་པོ་(gzhon nyams dod po)焕发青春的

名词的第二音节为ལག་(lag)原义为“手”，引申“巫术”义。

མ་ལག་(ma lag)体系，成套：མ་ལག་དོད་པོ་(ma lag dod po)手疾眼快的

རྩལ་(rtsal)技能，རྩལ་ལག་(rtsal lag)技巧：རྩལ་ལག་དོད་པོ་(rtsal lag dod po)技巧熟练的

སྤྲ་(spra)猿，སྤྲ་ལག་(spra lag)诡诈：སྤྲ་ལག་དོད་པོ་(spra lag dod po)滑头的，狡诈的

名词的第二音节为ཤ་(sha)，原义：肌肉，引申为：精力，体态。

གཞོན་ཤ་དོད་པོ་(gzhon sha dod po) 少相的

ངར་ཤ་དོད་པོ་(ngar sha dod po) 剽悍的

སྤྱང་ཤ་དོད་པོ་(spyang sha dod po) 精致的

ཡང་ཤ་དོད་པོ་(yang sha dod po) 轻快敏捷的

གྲུང་ཤ་དོད་པོ་(grung sha dod po) 活跃的

འཇམ་ཤ་དོད་པོ་(vjam sha dod po) 漂亮的，雅观的

ཁོབ་ཤ་དོད་པོ་(khob sha dod po) 不灵活的，笨手笨脚的

ཐང་ཤ་དོད་པོ་(thang sha dod po) 精力充沛的，体力旺盛的

ཕེར་ཤ་དོད་པོ་(pher sha dod po) 好逞能的（ཕེར་(pher)能力）

当然，也有其他名词与དོད་པོ་(dod po)造成的形容词：

རྫིག་རལ་དོད་པོ་(rdzig ral dod po) 威武的

སྦི་གསང་དོད་པོ་(sbi gsang dod po) 识时务的

བི་སངས་དོད་པོ་(bi sangs dod po) 机智的

བདེ་ལྕག་དོད་པོ་(bde lcag dod po) 灵敏的

བདེ་རྩལ་དོད་པོ་(bde rtsal dod po) 矫健的

སྤྱང་གྲུང་དོད་པོ་(spyang grung dod po) 灵敏的

གཙང་སྦྲ་དོད་པོ་(gtsang sbra dod po) 整洁的

དཀར་ཆ་དོད་པོ་(dkar cha dod po) 亮堂的（དཀར་ཆ་(dkar cha)光线）

བཀོད་པ་དོད་པོ་ (bkod pa dod po) 整洁的，精致的（བཀོད་པ་ (bkod pa)整理）

སྙན་ཆ་དོད་པོ་ (snyan cha dod po) 悦耳的，好听的（སྙན་ (snyan)名誉，悦耳，cha 双）

སྐྱིད་སྣང་དོད་པོ་ (skyid snang dod po) 有趣的，开心的（སྣང་ (skyid)愉快，snang 出现，显露）

མངོན་གསལ་དོད་པོ་ (mngon gsal dod po) 醒目的（མངོན་ (mngon)罪过，劣等，གསལ་ (gsal)出现）

以上主要是双音节名词与 དོད་པོ་ (dod po)构成的形容词。应该补充的是，དོད་པོ་ (dod po)也可添加在单音节词根之后，例如：ཉམས་དོད་པོ་ (nyams dod po)道貌岸然的。

结合 7.4.4 节的讨论，凡是 N_R+ADJ_R 短语结构而发生隐喻和转喻的可视为发生了形容词化过程，因此名词短语+dod po 结构也可归入复合型派生形容词。例如 འཇམ་ཤ་དོད་པོ་ (vjam sha dod po)可能有两种意思，其中“光滑，平滑”保留了原来的意义，则处理为短语，“漂亮的，雅观的”是述人描述，转换为形容词，视作复合型形容词。

名词短语的形容词化对句法结构也会产生影响。句 7-78，形容词 བརྗིད་ཉམས་དོད་པོ་ (brjid nyams dod po)作描述性谓语，受到副词 དངོས་འབྲེལ་ (dngos vbrel)修饰，原来作为存在句的动词 ཡོད་ (yod)转变为体貌标记，但却剩余原来存在句的 ཞིག་ (zhig) “一”，暂且处理为副词性词语。

7-78 སུང་ཅང་གིས་རྟ་ ཁ་བཀག་ནས་ ཀྲུའུ་ཚང་གཞིས་ཀར་ ལྟ་དུས་དངོས་འབྲེལ་བརྗིད་ཉམས་དོད་པོ་ཞིག་ཡོད་

sung-cang_gis rta kha-bkag nas kruvu-tshang-gzhis-ka_r lta-dus

宋江_AG 马 勒住 之后 祝家庄_OBJ 看时

dngos-vbrel brjid-nyams-dod-po-zhig_yod.

果真 雄姿-鲜明_ASP

宋江勒马，看那祝家庄，果然雄伟。（《水浒传》）

7.4.5.2 带 bzo dod po 词缀形容词

藏语有一种常见带 བཟོ་དོད་པོ་ (bzo dod po)格式的形容词，其中 བཟོ་ (bzo)有多重意思，动词表“做，制作”；形容词表“稳重，温和”；名词则仅作为构词语素，与自主动词结合构成名词，表“方法，方式”，例如 འགྲོ་བཟོ་ (vgro bzo)走法，步态，ལས་ཀ་བྱེད་བཟོ་ (las ka byed bzo)工作方法（于道泉，1983）。先观察实例：

7-79 རོན་ཚང་བུ་སྤུན་གསུམ་གིས་ གྲའོ་ཀའེ་ནི་ ཕོ་ཉམས་ལྡན་ལ་ཤོད་བཟོ་ དོད་པོ་ཅིག་ཡོད་པ་ མཐོང་དུས་

ron-tshang bu-spun gsum_gis gravo-kave_ni pho-nyams ldan la

阮氏 弟兄 三_AG 晁盖-PAP 男子气 具 且

shod-bzo-dod-po cig yod_pa　　　mthong dus …
说　方式　鲜明　有_NMZ　看见　时

阮氏三弟兄见晁盖人物轩昂，语言洒脱。（《水浒传》）

小句中 ཤོད་བཟོ་དོད་པོ་ (shod bzo dod po)可视为形容词用法，动词 ཤོད་ (shod)与 བཟོ་ (bzo)构成名词 ཤོད་བཟོ་ (shod bzo)受 དོད་པོ་ (dod po)修饰，义为"凸显的说话方式"。但这个短语因描述转喻又转换为复合型派生形容词，表示对人物说话和语言风格的评价，有"说话豪气、语言洒脱"的意思。

再如 བྱེད་བཟོ་དོད་པོ་ (byed bzo dod po)风流的，好卖弄的，བྱེད་ (byed)自主动词义为"做"，不自主动词义为"成为"，可以构成复合名词 བྱེད་བཟོ་ (byed bzo)样子，形态，姿势。

以上组合结构分析为[[byed bzo]姿势 dod po 显露]A。不过，还有另一种分析（周季文、谢后芳，2003），由于 བཟོ་དོད་པོ་ (bzo dod po)出现率较高，也因为第一音节的动词未必跟 བཟོ་ (bzo)构成复合词，因此形成这样的分析：[V [bzo dod po]]。其中(bzo dod po)是黏着性的，意味着产生了一个新的多音节词缀 བཟོ་དོད་པོ་ (bzo dod po)，意义尚不易确定。例如：

ཤོད་བཟོ་དོད་པོ་ (shod bzo dod po) 有口才的

བཤད་བཟོ་དོད་པོ་ (bshad bzo dod po) 健谈的，口才好的

འགྲོ་བཟོ་དོད་པོ་ (vgro bzo dod po) 走的姿势好的

བཞོན་བཟོ་དོད་པོ་ (bzhon bzo dod po) 骑术好的

འཁྲབ་བཟོ་དོད་པོ་ (vkhrab bzo dod po) 演技好的

རྒན་བཟོ་དོད་པོ་ (rgan bzo dod po) 老气的，显得老练的

གཞོན་བཟོ་དོད་པོ་ (gzhon bzo dod po) 不显老的，显得年轻的

ལྟ་བཟོ་དོད་པོ་ (lta bzo dod po) 俏皮的，帅气的

这里只有名词 ལྟ་བཟོ་ (lta bzo)(N)被词典接受收入词典，意思是"好看、帅气"。

进一步分析，又可以发现有些词的第一音节是名词，也不一定跟 བཟོ་ (bzo)结合成复合词。例如：

དབྱིངས་བཟོ་དོད་པོ་ (dbyings bzo dod po) 俏的，风雅的，དབྱིངས་ (dbyings) 本性

ཁ་བཟོ་དོད་པོ་ (kha bzo dod po) 能说会道的，ཁ་ (kha)嘴，ཁ་བཟོ་ (kha bzo) 说法

གསུང་བཟོ་དོད་པོ་ (gsung bzo dod po) 有口才的,善辞令的，གསུང་ (gsung) 说（敬语）

སྤམ་བཟོ་དོད་པོ་ (spam bzo dod po) 朴素大方的，སྤམ་ (spam) 适度

རྒན་བཟོ་དོད་པོ་ (rgan bzo dod po) 老相，显老相，རྒན་ (rgan) 老

དབྱིངས་བཟོ་དོད་པོ་ (dbyings bzo dod po)跟 དབྱིངས་ཅང་དོད་པོ་ (dbyings cang dod po)可交替，后者同族词有 དབྱིངས་ཅང་བྱེད་ (dbyings cang byed)$_{(V)}$行事时尚。从这里可以知道，无论 V/N+bzo 是否独立运用，在 NP+ADJ 格式中可以理解为复合名词也可分析为短语，整体分析为[[V/N+bzo] [dod po]]$_{ADJ}$还是有利一些。

7.4.5.3 动词产生的派生形容词

部分双音节或多音节不自主动词可以直接添加形容词词缀构成复合型派生形容词，这种形式跟单音节动词添加形容词词缀情况基本类似。例如(CP=case phrase 词格短语；ov＝宾动短语)：

ངོ་ཚ་ (ngo tsha)$_{V}$ 害羞 ＞ངོ་ཚ་པོ་ (ngo tsha po)$_{ADJ}$ 害羞的

རླུང་ལངས་ (rlung langs)$_{ov\text{-}VP}$ 生气 ＞རླུང་ལངས་པོ་ (rlung langs po)$_{ADJ}$ 爱生气的

བློ་ལ་འབབ་ (blo la vbab)$_{cp\text{-}VP}$ 合意 ＞བློ་ལ་འབབ་པོ་ (blo la vbab po)$_{ADJ}$ 合意的

དོགས་པ་ཟ་ (dogs pa za)$_{ov\text{-}VP}$ 怀疑 ＞དོགས་པ་ཟ་པོ་ (dogs pa za po)$_{ADJ}$ 好怀疑的

བར་མཚམས་འགྲིགས་ (bar mtshams vgrigs)$_{ov\text{-}VP}$ 吻合 ＞བར་མཚམས་འགྲིགས་པོ་ (bar mtshams vgrigs po)$_{ADJ}$ 严丝合缝的

从动词的内部结构看，各种类型都有，单纯多音节词的（词源上可作一定分析）、动宾结构的、格短语、动词短语等。例如 བློས་ཁེལ་པོ་ (blos khel po)靠得住的，blos 为 blo“心”＋ -s(=gis 工具格)，khel“信赖”是不自主动词，分析为[[blos]$_{CP\ 心\text{-}凭}$ [khel]$_{V\ 信赖}$po]$_{ADJ}$。

由于多音节动词是当代藏语的发展趋势，因此由不自主动词构成形容词也有一定的能产性。例如：

བྲེལ་ཟིན་ལངས་ (brel zin langs) 忙乱 ＞བྲེལ་ཟིན་ལངས་པོ་ (brel zin langs po) 忙忙乱乱的

ངོ་སོ་ཐོན་ (ngo so thon) 露脸 ＞ངོ་སོ་ཐོན་པོ་ (ngo so thon po) 荣幸之至的

གཤིབ་འདོད་ (gshib vdod) 愿接近 ＞གཤིབ་འདོད་པོ་ (gshib vdod po) 平易近人的

བག་ཡངས་ (bag yangs) 无畏 ＞བག་ཡངས་པོ་ (bag yangs po) 毫不在乎的

བསྟུན་མཁས་ (bstun mkhas) 迎合，顺应 ＞བསྟུན་མཁས་པོ་ (bstun mkhas po) 善于周旋的

复合型派生形容词的形成与动词的名词化短语充当修饰语句法功能有一定关系。动词或动词短语在句中修饰名词时一般都需要名词化，然后添加属格标记作为前置修饰语。例如：

7-80 བྲེལ་ཟིང་ལངས་པའི་ ངང་

brel-zing-langs_pa_vi　ngang

慌乱_NMZ_GEN　　本性

慌乱起来（露出）的本性

短语中pa是动词brel zing langs的名词化标记，-vi是属格标记。再如：

7-81 བྲེལ་ཟེང་ལངས་རླུང་ལངས་པའི་ ངང་གིས་ རྩྭ་མདའ་འཁྱོག་

rlung-langs_pa_vi　　ngang_gis　rtswa mdav vkhyog

生气_NMZ_GEN　　本性_INS　草　箭针　举起

凭借愤怒的本性举起草箭

这种名词化短语可能进一步类推发展形成更简洁直观的派生形容词，试比较：

7-82 སྐད་སྐྱོ་པོའི་ ངང་ པ་

skad-skyo-po_vi　ngang pa

低哑声的_GEN　野鸭

（嗓音）低哑的野鸭

下面这个短语体现了复合型派生形容词与动词短语的并列修饰功能。མཁན་ (mkhan)既是名词化标记，也是指人名词词缀，表示“者”。

7-83 གཞུང་དྲང་པོ་དང་གུས་བཀུར་བྱེད་མཁན་གཅིག་ཡིན་

gzhung-drang-po dang gus-bkur byed_mkhan gcig yin

憨厚　和　恭敬　做_NMZ　一　是

是一个憨厚且礼貌的人

有一类多音节词缀的也可归入这一类。བྱང་ལངས་པོ་ (byang lang(s) po)能跟动词构成复合型派生形容词，其中 lang(s)“（自动）长，发起来”是自动词，byang 表示“熟练”意思，作形容词。例如：

ངུ་ (ngu) 哭：ངུ་བྱང་ལང་ པོ་ (ngu byang lang(s) po) 老爱哭的

རྔན་པ་ཟ་(rngan pa za) 吃零食：རྔན་པ་ཟ་བྱང་ལང་པོ་ (rngan pa za byang lang po) 老爱吃零食的

གཉིད་ཚོག་བརྒྱབ་(gnyid cog brgyab) 打瞌睡：གཉིད་ཚོག་བརྒྱབ་བྱང་ལང་པོ་ (gnyid cog brgyab byang lang po) 老爱打瞌睡的

ཆམ་པ་བརྒྱབ་(cham pa brgyab) 闹感冒：ཆམ་པ་བརྒྱབ་བྱང་ལང་པོ་ (cham pa brgyab byang lang po) 老爱闹感冒的

这一类跟 དོད་པོ་ (dod po)不一样，但性质上跟动词添加词缀是一样的，仍然符合$[[V]_{ROOT}\ [po]_{SUFFIX}]_{ADJ}$框架，唯词缀为多音节形式。

总起来说，复合型派生形容词是一种独特的语法现象，这个词汇化过程突破了一个关键概念，即名词短语转化为谓词性词语，名词和修饰它的形容词均未发生词形变化（declension），但隐喻的语用化促使整个短语转变为形容词。

7.5　形容词的重叠

藏语形容词重叠式有多种结构类型，词根重叠、词缀重叠、变音重叠等。词形上看又可分出双音重叠、三音重叠、四音重叠等。本节按照词形结构讨论形容词重叠现象。

7.5.1　完形化双音节词根重叠

在 7.1 节我们已经指出，双音节形容词的词根重叠是一种完形化重叠，跟添加形容词词缀具有同等地位。例 7-84 是形容词重叠形式 སྒོར་སྒོར་(sgor sgor)“圆形的”添加副词性标记 བྱས་ནས་(byas-nas)构成状语，例 7-85 的 སྒོར་(sgor)“圆形的”或者省略了词缀 མོ་(mo)或者省略叠置后音节 སྒོར་(sgor)。

7-84 ཐུགས་སྤྲོར་ ཕེབས་མཁན་གྱི་ སྐུ་མགྲོན་ཚོ་ཚང་མ་སྒོར་སྒོར་བྱས་ནས་བཞུགས་གྲལ་བསྒྲིགས་

thugs-spro_r　　phebs_mkhan_gyi　sku-mgron-tsho tshang-ma

宴席_LOC　　来_NMZ_GEN　　客人们　　　都

sgor-sgor-byas_nas bzhugs-gral bsgrigs.

圈子_LY　　　座次　　　排列

参加宴席的宾客都围成圈子。

7-85 མི་དེ་ནི་གཟུགས་དཔངས་མཐོ་ལ་གདོང་སྒོར་ཞིང་སྣ་ཆེ་བ་ཁ་གྲུ་བཞི་མཆུ་ཏོ་མཐུག་པ་

mi de ni gzugs-dpangs mtho la gdong sgor zhing sna che-ba.

人 那呢 身体 高度　高　　脸　圆　并且 鼻 大

kha gru-bzhi mchu-to mthug-pa.

口　四方形 嘴唇　厚

那人呢，身材七尺以上长短，面圆耳大，唇阔口方。

完形化重叠形容词虽然缺乏典型形态价值，与单纯带后缀的形式还是有一定的语用差异。或者表现为风格上的差异，或者表现为使用者个体的差异。甚至还可能演化出描述性状上的增减程度差异，有时候也强调意义。总之，由于带词缀和重叠都是完形化构词操作，因此究竟哪些形容词采用哪种形式需要做详细的调查。词典编撰者在这方面还需要深耕细作才能实现该项目标。

周季文、谢后芳（2003）认为双音节词根重叠形容词表示形状意义和负面意义等意思，就以下例词来看，似乎语义限制不大。

表形状的重叠形容词：

སྒོར་ སྒོར་ (sgor sgor)	圆形的	ཧྲིལ་ཧྲིལ་ (hril hril)	球形的
འབུར་འབུར་ (vbur vbur)	凸形的	ཀོང་ཀོང་ (kong kong)	凹形的

ཉར་ཉར་ (nyar nyar)	长方形的	གོང་གོང་ (gong gong)	拱形的
མྱང་མྱང་ (myang myang)	细长的	འཛོང་འཛོང་ (vdzong vdzong)	齿形的
ཁྱོམ་ཁྱོམ་ (khyom khyom)	歪歪的	དབྲིལ་དབྲིལ་ (dbril dbril)	球形的
ལེབ་ལེབ་ (leb leb)	扁扁的	འཇོངས་འཇོངས་ (vjongs vjongs)	椭圆形的
ནར་ནར་ (nar nar)	长条的	ཅོང་ཅོང་ (cong cong)	锯齿状的

表表象的重叠形容词：

ཀྱོམ་ཀྱོམ་ (kyom kyom)	参差不齐的	ཀུག་ཀུག་ (kug kug)	弯曲的
ཞོང་ཞོང་ (zhong zhong)	凹的，洼的	ཀྱག་ཀྱག་ (kyag kyag)	语言噪杂的
མཉམ་མཉམ་(mnyam mnyam)	平坦的	འཁྱོག་འཁྱོག་(vkhyog vkhyog)	弯弯曲曲的
ཙོང་ཙོང་ (tsong tsong)	平的，直的	སྒྲེང་སྒྲེང་ (sgreng sgreng)	竖立的，直立的
ཆུང་ཆུང་ (chung chung)	小小的	ཆིམ་ཆིམ་ (chim chim)	闪烁发光的
ཆེ་ཆེ་ (che che)	最大的	ཆེམ་ཆེམ་ (chem chem)	闪烁的，灿烂的

表属性的重叠形容词：

ཙེབ་ཙེབ་ (tseb tseb)	锐利的，尖利的	ཉིག་ཉིག་ (nyig nyig)	松弛的
ཀོབ་ཀོབ་ (kob kob)	坚硬的	ཉོག་ཉོག་ (nyog nyog)	柔软的，湿润的
ཉོབ་ཉོབ་ (nyob nyob)	弱的	ཧྱང་ཧྱང་ (hyang hyang)	轻飘飘的，漂浮的
ཧྲལ་ཧྲལ་ (hral hral)	稀疏的	ལྷུག་ལྷུག་ (lhug lhug)	松松的

表评价的重叠形容词：

ཀྲག་ཀྲག་ (krag krag)	好的，美丽的	རྔམ་རྔམ་ (rngam rngam)	威严的，辉煌的
གྱོང་གྱོང་ (gyong gyong)	顽强的，强硬的	རྫིག་རྫིག་ (rdzig rdzig)	灿烂的，壮丽的
ཐང་ཐང་ (thang thang)	健康的，壮实的	གསལ་གསལ་ (gsal gsal)	明亮的，清楚的
རེམ་རེམ་ (rem rem)	急忙的，匆匆的	ཧོན་ཧོན་ (hon hon)	愚蠢的，笨的
གཟབ་གཟབ་ (gzab gzab)	认真的	ཧྲག་ཧྲག་ (hrag hrag)	精干的，精悍的
སོབ་སོབ་ (sob sob)	虚伪的，虚假的	དགའ་དགའ་ (dgav dgav)	喜爱的

7.5.2　词缀重叠的三音节形容词

词缀重叠的形容词即 ABB 式叠缀形容词，这种类型形容词数量较多。据王会银（1987）描述，该类形容词叠音词缀多达 20 余个。按照汉藏语言普遍现象观察，形容词叠音词缀往往表达多种色彩意义，但缺乏形态意义。请观察以下例词和例句。

7-86　ང་ནང་ནས་ ཐོན་པ་ ད་གར་གཟུགས་པོར་ གྲང་ཤུར་ཤུར་ཆགས་བྱུང་

nga nang_nas　thon_pa　da-gar gzugs-po_r　grang-shur-shur

我 里面_ABL　出来_NMZ 刚　身体_POS　冷飕飕

chags_byung.
感到_ASP
我刚从里面出来身上就感到冷飕飕的。（王会银）

7-87 གཞིས་ཀ་དེའི་ ཕྱོགས་བཞི་དྭངས་གསལ་ཆུ་བོས་ བསྐོར་ཞིང་ཆུ་འགྲམ་གཡས་གཡོན་དུ་ རྒྱ་ལྕང་སྔོ་ཐིང་ཐིང་ཡོད་པ་
gzhis-ka de_vi　phyogs bzhi dwangs-gsal chu-bo_s bskor zhing.
庄园　那_GEN 方面　四　明亮　河_INS　围绕
chu-vgram g-yas g-yon_du rgya-lcang sngo-thing-thing yod-pa.
岸边　左右_LOC　柳树　绿莹莹　有
那个庄园四周一条明亮的河流围绕，两岸边都是垂杨大树。（《水浒传》）

7-88 ཝུ་སུང་གིས་འགྱོགས་བྱམས་ནང་ནས་ལྟ་སྐབས་མི་ཚོགས་འདུ་ལོང་ཆེ་ཞིང་སྐད་ཅོར་ཝུར་ཐིང་ངེར་སྒྲོག་པ་དང་སྲང་ལམ་ཆེ་ཆུང་ཀུན་ནས་
མི་རྣམས་ འཚང་ག་ཤིག་ཤིག་ངང་སྟག་རོར་ བལྟ་བར་ཡོང་བ་མཐོང་
wu-sung_gis vgyogs-byams nang_nas lta-skabs, mi-tshogs vdu long che
武松_AG　轿子　里_ABL 看-时候 人群　聚集　大
zhing skad-cor vur-thing-nger sgrog-pa dang srang-lam che-chung
并　声音　闹哄哄　发出　并　巷道　大小
kun-nas mi-rnams vtshang-ga-shig-shig ngang stag-ro_r　blta-bar
全/很　人群　熙熙攘攘　正在 老虎尸体_OBJ　看
yong_ba-mthong.
来_ASP
武松在轿上看时，只见亚肩叠背，闹闹攘攘，屯街塞巷，都来看迎大虫。（《水浒传》）

ABB 式的叠音词缀跟词根语音似乎没有明显关系，但语用上看，有些词缀使用较多，甚至具有能产性，例如 ཐིང་ཐིང་: དམར་ཐིང་ཐིང་ (-thing thing：dmar thing thing)红彤彤的；有些则相对罕见。以下列出部分例词：

སྐྱ་ཐིང་ཐིང་ (skya thing thing)　灰蒙蒙的
འཇམ་ཐིང་ཐིང་ (vjam thing thing)　静悄悄的
སྣུམ་ཐེང་ཐེང་ (snum theng theng)　油光光的
དམར་ལམ་ལམ་ (dmar lam lam)　红彤彤的
དྲོ་སོབ་སོབ་ (dro sob sob)　热乎乎的
སྔོ་བསངས་བསངས་ (sngo bsangs bsangs)　碧油油的
དཀར་ཆབ་ཆབ་ (dkar chab chab)　白闪闪的
རློན་ཆོབ་ཆོབ་ (rlon chob chob)　湿淋淋的
སྔོ་སེང་སེང་ (sngo seng seng)　蓝茵茵的
ནག་ཤུར་ཤུར་ (nag shur shur)　黑糊糊的

ལྗི་ཏིག་ཏིག་ (lji tig tig)　　沉甸甸的

སྐྱ་ཚུབ་ཚུབ་ (skya tshub tshub)　　灰溜溜的

སྐྱ་འཁྱིལ་འཁྱིལ་ (skya vkhyil vkhyil)　　白茫茫的

སྔོ་ཐིང་ཐིང་ (sngo thing thing)　　绿油油的

ནག་ཐིང་ཐིང་ (nag thing thing)　　黑沉沉的

གསལ་ལམ་ལམ་ (gsal lam lam)　　明闪闪的

ཚ་སོབ་སོབ་ (tsha sob sob)　　热腾腾的

སེར་ཧང་ཧང་ (ser hang hang)　　黄澄澄的

དཀར་ཆེམ་ཆེམ་ (dkar chem chem)　　白闪闪的

རློན་གཤེར་གཤེར་ (rlon gsher gsher)　　湿淋淋的

དགའ་ལྷང་ལྷང་ (dgav lhang lhang)　　乐滋滋的

ནག་ཤིག་ཤིག་ (nag shig shig)　　黑沉沉的

གྲང་ཤུར་ཤུར་ (grang shur shur)　　冷飕飕的

少量 ABB 式重叠形容词似乎发生独特的语音变化，第三音节声母沿用了第二音节的韵尾辅音。相比词根元音，词缀都是高元音。其中规律可以进一步探索。观察以下词例。

སྔོ་ཐིང་ངིར་ (sngo thing ngir)　　绿油油的

དམར་ཐིང་ངིར་ (dmar thing ngir)　　红彤彤的

ལྗང་ཐེང་ངེར་ （ljang theng nger)　　绿油油的

སྐྱ་ཤུར་རིར་ (skya shur rir)　　灰蒙蒙的

ནག་ཤུར་རིར་ (nag shur rir)　　黑洞洞的

སྟོང་སང་ངེ་ (stong sang nge)　　空荡荡的

སྐྱིད་ཟིང་ངེ་ (skyid zing nge)　　乐融融的

སྐྱ་ཐིང་ངེ་ （skya thing nge)　　白皑皑的

以下例词又有更进一步的变化：

ནག་ཧུ་རེ་ (nag hu re)　　黑黢黢的

སྐྱ་ཐ་ལེ་ (skya tha le)　　灰溜溜的

按照汉藏语传统语法观点，ABB 格式的词一般归入形容词，但很明显它的形态和句法功能独树一帜。所以，ABB 式形容词的句法功能和语用功能都值得进一步探索。

7.5.3　词根重叠的三音节形容词

三音节词根重叠形容词指 AAB 式形容词，但是这类形容词的来源尚不清楚。李钟霖（1982）认为 AAB 式构词方法是在带词尾双音节形容词前添加一个同形字构成，或者在单音形容词构成的AA式重叠词之后添加词尾 པོ (po)构成。例如 རྟབ་པོ (rtab po)急忙，仓促，构成 རྟབ་རྟབ་པོ (rtab rtab po)急急忙忙。又如：

7-89 དགྲ་པོ་ཕམ་ནས་རྟབ་རྟབ་པོ་ར་ བྲོས་སོང་

dgra-po pham nas rtab-rtab-po-r bros_song.

敌人 失败 后 匆忙地-LY 逃跑_ASP

敌人失败后仓皇遁逃。

李文没有阐释第一种方法的理据，第二种方法似乎要考察AAB是否均来自AA式，而不是A+SUF形容词，才能予以证实（李文实际已列举了带词缀形容词）。为此我们从各类词典[①]收集了一批 AAB 式形容词，结果发现绝大部分形式都未出现在拉萨话中。而在《格西曲扎藏文词典》中也只收入很少部分。例如：

表 7.1 三部词典形容词类型对比

藏汉大辞典		格曲词典	拉萨词典
རྟབ་བ་(rtab ba) 慌张的	རྟབ་རྟབ་པོ་(rtab rtab po) 急急忙忙，仓促的		
བརྟན་པོ་(brtan po) 坚定的，稳定的	བརྟན་བརྟན་(brtan brtan) 谨慎的，确定的		བརྟན་པོ་/བརྟན་བརྟན་(brtan po/brtan brtan) 结实的，稳定的
ཡོར་ཡོར་(yor yor) 摇摇摆摆的	ཡོར་ཡོར་པོ་(yor yor po) 摇摇摆摆的		
ཡུལ་ཡུལ་(yul yul) 空洞洞的	ཡུལ་ཡུལ་བོ་(yul yul bo) 难为情的，惘然的		ཡུལ་པོ་(yul po) 寂寞的，冷清的
མོག་པོ་(mog po) 光泽暗淡的	མོག་མོག་པོ་(mog mog po) 光泽暗淡的	མོག་མོག་པོ་(mog mog po) 无光彩的	
ནར་ནར་(nar nar) 长长的	ནར་ནར་པོ་/ནར་མོ་(nar nar po/nar mo) 狭长的	ནར་ནར་པོ་(nar nar po) 继续	ནར་ནར་(nar nar) 长条的，长长的

以下各词《藏汉对照拉萨口语词典》均未收入，其他词典所收不同，例如：ཀྱམ་ཀྱམ་པ་ (kyam kyam pa)美丽的，漂亮的；གུམ་གུམ་པ་ (gum gum pa)萎缩的；དགྱེས་དགྱེས་པ་ (dgyes dgyes pa)喜悦的；ཆལ་ཆལ་པོ་ (chal chal po)杂乱无章的；ཐོམ་ཐོམ་པ་

① 主要有：《藏汉大辞典》《格西曲扎藏文词典》《藏汉对照拉萨口语词典》《藏汉词典》。

(thom thom pa)迷惑的；འདར་འདར་བ་ (vdar vdar ba)抖动的；འདོལ་འདོལ་བ་ (vdol vdol ba)松软的；ཕྱང་ཕྱང་བ་ (phyang phyang ba)下垂的；བློང་བློང་བ་ (blong blong ba)蒙昧的；ཡེང་ཡེང་བ་ (yeng yeng ba)散乱的；ཡོམ་ཡོམ་པ་ (yom yom pa)摇摆的；རུད་རུད་པོ་ (rud rud po)粗糙的；རོད་རོད་པོ་ (rod rod po)匆忙的；སེང་སེང་པོ་ (seng seng po)稀疏的；ཧུད་ཧུད་པོ་ (hud hud po)粗糙的。

总起来说，AAB 式词根重叠形容词数量不多，可能只是各地方言零散产生的形式，本章不做更多讨论。

7.5.4　元音交替型词根重叠双音节形容词

藏语有一类不完全重叠双音节形容词，例如 ཀྱག་ཀྱོག་ (kyag kyog)弯曲的，རྟབ་རྟོབ་ (rtab rtob)慌忙的。周季文、谢后芳（2003）称之为音素重叠，意即仅部分音素重叠。Vollmann(2009:115-134)把这类重叠称为带元音交替的词干重叠(stem germination with alternating vowels)。有意思的是，Vollmann 使用了 gemination 这个术语，这是一个主要用于语音学的术语，可以理解为“叠音”，这也意味着这类重叠不具有形态意义。

更值得关注的是，相当部分该类词与规律性叠音构成的四音节词等价。例如：

ཉེར་ཉོར་　ཉེར་རེ་ཉོར་རེ་ (nyer nyor < nyer re nyor re)　萎靡不振，松松垮垮

ཆལ་ཆོལ་　ཆལ་ལེ་ཆོལ་ལེ་ (chal chol < chal le chol le)　乱七八糟，杂乱无章

ཉབ་ཉོབ་　ཉབ་བེ་བྱོབ་བེ་ (nyab nyob < nyab be byob be)　萎靡不振，无精打彩

ཐང་ཐེང་　ཐང་ངེ་ཐེང་ངེ་ (thang theng < thang nge theng nge)　拖拖拉拉，慢慢腾腾

ཐམ་ཐོམ་　ཐམ་མེ་ཐོམ་མེ་ (tham thom < tham me thom me)　迷迷糊糊，糊里糊涂

རག་རོག་　རག་གེ་རོག་གེ་ (rag rog < rag ge rog ge)　黑乎乎的，黑黢黢的

འབར་འབུར་　འབར་རི་འབུར་རི་ (vbar vbur < vbar ri vbur ri)　凹凸不平，疙疙瘩瘩

首先可以注意到的是，这些词都是状态描述性词汇，而且具有负面意义。四音节词的语音上，第二音节和第四音节一样，声母又都是前一音节词的韵尾，元音是高元音 ཨེ་ (e)或者 ཨི་ (i)，也可以认为这些叠音原本不带辅音声母。第三音节是后元音 ཨོ་ (o)或者 ཨུ་ (u)，第一音节是元音 ཨ་ (a)，这两个音节具有词根性质。

由于这种双音节词和四音节词等价，如果没有合适的证据，很难推测它们的来源。就目前掌握的现象来看，可以做以下两种推测。首先，藏语存在大量双音节形式音节重叠词，即 AA 式，例如 ཀྱོག་ཀྱོག་ (kyog kyog)弯曲的。依据元音和谐，推测两音节形式存在一种逆同化现象，即第三音节是原生词根音节，经元音和谐异化为 ཀྱག་ཀྱོག་ (kyag kyog)弯曲，称为 BA 式。

第二种推测认为四音节形式是原生形式，双音节词来源于四音节词的缩减，即去掉韵律上的长音或拖音，结果形成类似双声联绵词的双音节词。

鉴于成对的 AA 式和 BA 式数量不多，反之，相对多数元音交替叠音双音词与四音节词对应并等价，因此第二种推测更为可信。

以下列出更多例词：

ར་ཏི་རོ་ཏི་ (ra ti ro ti)	凹凸不平
རྫ་སི་རྫུ་སི་ (rdza si rdzu si)	迷离马虎
བ་རི་བུ་རི་ (ba ri bu ri)	凹凸不平
སྦ་རི་སྦི་རི་ (sba ri sbi ri)	迷迷糊糊，昏昏沉沉
འ་རི་འུ་རི་ (va ri vu ri)	马马虎虎，粗枝大叶
ཧ་རི་ཧུ་རི་ (ha ri hu ri)	粗枝大叶
ཀྱ་རེ་ཀྱོ་རེ་ (kya re kyo re)	歪歪扭扭
ཀྱར་རེ་ཀྱོར་རེ་ (kyar re kyor re)	歪歪倒倒
ཁྱ་རེ་ཁྱོ་རེ་ (khya re khyo re)	摇摇晃晃，晃晃荡荡
ཉ་རེ་ཉོ་རེ་ (nya re nyo re)	萎靡不振，拖拖拉拉
ཐ་རེ་ཐོར་རེ་ (tha re thor re)	东鳞西爪
ཡར་རེ་ཡོར་རེ་ (yar re yor re)	踉踉跄跄
ཉ་པེ་ཉོ་པེ་ (nya pe nyo pe)	萎靡不振，懒洋洋
ཡ་པེ་ཡོ་པེ་ (ya pe yo pe)	马马虎虎
ཟང་ངི་ཟིང་ངི་ (zang ngi zing ngi)	杂乱无章，乱蓬蓬的
གཅང་ངེ་གཅོང་ངེ་ (gcang nge gcong nge)	病病殃殃
ཉང་ངེ་ཉུང་ངེ་ (nyang nge nyung nge)	零七碎八，零零碎碎
ཧྫང་ངེ་ཧྫེང་ངེ་ (hjang nge hjeng nge)	没精打彩的，委靡不振的
ལྡབ་མེ་ལྡེམ་མེ་ (ldab me ldem me)	颤颤悠悠
འཇལ་ལེ་འཇོལ་ལེ་ (vjal le vjol le)	肋肋忒忒（藏服肥大不合体）
ཧྲལ་ལེ་ཧྲུལ་ལེ་ (hral le hrul le)	破破烂烂，褴褛
ཁྲག་གི་ཁྲུག་གི་ (khrag gi khrug gi)	乱七八糟
ཆག་གི་ཆིག་གི་ (chag gi chig gi)	积水满地，乱七八糟
ཇ་གི་ཇི་གི་ (ja gi ji gi)	迷离恍惚，恍恍惚惚
ཚག་གི་ཚིག་གི་ (tsag gi tsig gi)	零零碎碎，零零星星
ལྷག་གི་ལྷུག་གི་ (lhag gi lhug gi)	踢里秃噜，松松垮垮
ཀྱག་གེ་ཀྱོག་གེ་ (kyag ge kyog ge)	歪歪扭扭，弯弯曲曲
ཁྲག་གེ་ཁྲོག་གེ་ (khrag ge khrog ge)	混乱，乱七八糟
ཉག་གེ་ཉོག་གེ་ (nyag ge nyog ge)	浑浊，乱哄哄

སྙག་གེ་སྙོག་གེ་ (snyag ge snyog ge)	咕咕噜噜，叽里咕噜
ཚབ་བི་ཚུབ་བི་ (tshab bi tshub bi)	慌慌张张
རབ་བི་རིབ་བི་ (rab bi rib bi)	模模糊糊，隐隐约约
ཆབ་བེ་ཆོབ་བེ་ (chab be chob be)	杂乱，杂七杂八
ཇབ་བེ་ཇོབ་བེ་ (jab be job be)	夹杂不纯，杂七杂八
འཚབ་བེ་འཚུབ་བེ་ (vtshab be vtshub be)	慌慌张张，急急忙忙
རབ་བེ་རོབ་བེ་ (rab be rob be)	粗枝大叶，马马虎虎
སབ་བེ་སོབ་བེ་ (sab be sob be)	松松的，酥松的
ཧབ་བེ་ཧོབ་བེ་ (hab be hob be)	马马虎虎，匆匆忙忙

有些例词显然是同一词的语音变体形式，或声母辅音音变，或元音变化。此处照录，未作语音分析和归并。

重叠式双音节词在句子中可承担定语、状语等多种功能。例如：

7-90 སྒམ་གཡུགས་ཏེ་ ཅ་ལག་རྣམས་ཁྲག་གེ་ཁྲོག་གེར་ གྱུར་འདུག

sgam g-yugs te　ca-lag-rnams　khrag-ge-khrog-ge_r　gyur_vdug.

箱子 摔　且　东西_PL　乱七八糟_COP　变得_ASP

箱子摔了，东西弄得乱七八糟。（补语）

7-91 ས་ཆ་ལང་ངེ་ལོང་ངེ་ཚང་མ་བརྡལ་ནས་ཁོད་སྙོམས་པོ་བཟོས་པ་

sa-cha lang-nge-long-nge tshang-ma brdal nas khod-snyoms-po-bzos_pa.

地方　起伏不平的　全部　铺开 且 高低均匀做_NMZ

凹凸不平之处都已修补平整。（定语）

7-92 ཆུ་ལང་ངེ་ལོང་ངེར་ཁོལ་ཏེ་རླངས་པ་འཕྱུར་

chu lang-nge-long-nge_r　khol　te　rlangs-pa vphyur.

水　起伏不平_LY　沸腾　且 水汽喷涌

开水沸腾，蒸汽上涌。（状语）

第 7 章 7.3.5 节、7.5.2 节和 7.5.4 节讨论了三种重要词法现象，分别是 RooT+Xe(+ba)式、ABB 式和 ABA’B 式状貌词，还包括 ABA’B 式的缩略形式 AA’式。这部分内容是早期撰写的，虽然当时就有疑惑，但还是按照传统观点叙述。近些年笔者逐步提出有关藏语形容词的新观点，例如复合型派生形容词、形容词重叠式、音节长度隐形态等（江荻 2015，2018，2020）。本章讨论的这三类现象按照我目前新的观点可归入状貌词（ideophone），相关论述包括：藏语 ABA’B 状貌词与表现形态理论，藏语拉萨话 ABB 状貌词的特征与来源等。这些文章将陆续在相关期刊发表。

第 8 章 副词词法

8.1 副词的特征和分类

副词语义上包罗万象，内部类别繁多，因此各种语言确定副词范围和副词功能的方法一直有较大争论。究竟依据什么确定副词，人们意见也不统一，根据意义确定副词并不容易对每种副词意义加以归类，大致上的归类主要有：程度、时间、地点、目的、范围、原因、工具、数量、比较、趋向、否定、关联、状态、频率、重复、语气等等。所以 Payne (1997) 说过这样的话，副词是"满地抓"词类（'catch-all' category）。另一种归类则是根据句法功能和分布确定副词，认为修饰动词、形容词或充当整个短语或句子的修饰或限定成分的是副词，即所谓副词充当状语。（朱德熙 1980）这是句法功能分类的方法。也有学者把两种观点结合起来，例如张谊生（2000）的汉语副词定义是：副词是主要充当状语，一部分可以充当句首修饰语或补语，在特定条件下一部分还可以充当高层谓语或准定语的具有限制、描摹、评注、连接等功能的半开放词类。而他关于确定副词的基本原则是：以句法功能为依据，以所表意义为基础。Haser and B. Kortmann (2005) 提出的鉴别标准比较简洁：副词具备两种句法功能，作状语或修饰形容词。例如英语副词的鉴定标准有如下几项：副词无词形变化，副词是可选的；副词可以由 very 或 quite 修饰；副词可作为名词之外所有词类的修饰语。

藏语副词也具有复杂的多样性，这种状况源于副词来源的多样性。早期研究者从词法构成或句法上提出了初步的看法，例如汉纳（H. B. Hannah, 1912）提出副词可分为原生（primitive）和派生（derivative）两类，认为派生副词来源于代词、名词、形容词，或者助词（particles），其中来自形容词的在词尾加上格标记或者 བྱས་ནས་(byas nas)，[①]或者干脆直接用作副词。[②]

---

① 拉萨话 byas nas 也可单用 byas，均作为副词性标记添加于形容词之后。
② Graham Sandberg（1894）甚至认为几乎所有藏人都不区分形容词和副词，也就是形容词直接用作副词，例如 gyov-po 即用作 quick 也用作 quickly，gor-po 既是 slow 也是 slowly。他则认为副词形式应该是 gyov-por（书面语 mgyogs-por）和 gor-por（vgor-por），来自形容词 mgyogs-po "迅速，敏捷"和 vgor-po "慢"。

达斯（Das 1915）对副词的界定算是句法分析派，他认为出现在动词和形容词之前、限定和修饰动词和形容词的单位是副词。他还提出三个（变体）可添加于其他词后的副词性词素：ཅེ་(ce)、ཞེ་(zhe)、ཤེ་(she)，并与 པ་ (pa)、འོ་ (vo)、ལམ་ (lam)、ན་ (na)构成 ཅེ་ན་ (ce na)、ཞེ་ན་ (zhe na)、ཤི་ན་ (shi na)、ཅེ་འོ་ (ce vo)、ཞེ་འོ་ (zhe vo)、ཤེ་འོ་ (she vo)、ཅེ་ལམ་ (ce lam)、ཞེ་ལམ་ (zhe lam)、ཤེ་ལམ་ (she lam)，都表示 so，thus“因此、于是”之意，甚至还可以添加词缀-s 构成 ཅེས་ (ces)、ཞེས་ (zhes)、ཤེས་ (shes)或者 ཅེས་པ་ (ces pa)、ཞེས་པ་ (zhes pa)、ཤེས་པ་ (shes pa)。达斯对副词和状语性（副词性）用法表述得十分含糊，例如他说：还有某些附加的词可用作副词和后置词（相当英语前置词或介词），这说明当时对藏语副词的认知还处在起始阶段，也说明藏语副词体系可能仍处于形成阶段。例如他所举的例词：མདུན་དུ་བཞུགས་ (mdun du bzhugs)往前坐，རྒྱབ་ཏུ་ཕྱོགས་ (rgyab tu phyogs)往后移，གཡས་སུ་འཁྱིལ་ (g-yas su vkhyil)（风）往右刮，都是采用名词加格标记修饰动词的副词性或状语性短语。

至于副词内部分类，因语言异同，更是歧见蜂出。汉语语言学家吕叔湘（1979）指出，副词内部需要分类，但不容易分得干净利索。目前汉语副词分类绝大多数都是按照意义分类，划出若干意义范畴，采用意义和功能综合的方法逐个纳入副词个体，形成副词聚类。问题在于，语义标准各人看法不一，因此实际归类中一些副词往往归入不同的次类。

英国伦道夫・夸克（Randolph Quirk 1985）等人提出英语副词可以按照词法形态分类，这是一个比较被认可的分类：简单副词，复合副词，派生副词。英语的简单副词都是单音节形式，主要表示位置和方向，例如：just, only, near；复合副词则是多音节构成，例如 somehow, therefore；派生副词大多数添加-ly 后缀。现代英语绝大多数新产生的副词就是通过形容词（和分词形容词）添加-ly 后缀产生。此外，非-ly 副词后缀有-wise: clockwise 顺时钟方向转动地，-ward(s): northward(s) 向北方，-fashion: schoolboy- fashion 学生样式，-ways: sideways 从旁边，-style: cowboy-style 牛仔做派地。显然后面这类副词后缀是新产生的，实义性仍强，语法化程度尚浅。

汉语（通用语）大多是根据语义和功能对副词分类，上文已有所叙述（张谊生 2000）。在汉语副词的分类中，人们也注意到有一定数量的副词由词根与词缀构成，最典型的副词词缀是“地”（书面语）。其他副词词缀有“~然、~来、~是、~为、~也、~且、~而、~乎、~在、~其、~经、~自、~复”。例如“俨然、豁然、似乎、迥乎、原来、本来、犹自、还复、极其、反而、偶尔、率尔”等等。

目前对藏语副词的语义分类主要有两种观点：早期学者汉纳（1912）的分类为：时间副词、处所副词、方式副词、疑问副词和肯定、怀疑、否定副词，他的分类比较谨慎，包括了正在形成中的副词或者他自己称为状语性的短语。例如：ནམ་ (nam)几时，ག་འདྲས་ (ga vdras)如何，ག་དུས་ (ga dus)何时，གང་འདྲ་ (gang vdra)怎样，ཡང་ (yang)也，མི་ (mi)不。不过，他所列的副词存在不少失误，把部分指示词和表时间的名词（兼类）或名词短语也列为副词，例如：དེ་རིང་ (de ring)今日、སང་ཉིན་ (sang nyin)明天、འདི་ལོ་/ལོ་འདི་ (vdi lo /lo vdi) 今年等；还把否定性动词མིན་ (min)、མེད་ (med)视作副词，甚至还把跟在谓语动词后的表完结意义的补语词མྱོང་ (myong)处理为副词，实际应为表体貌情态的句法词。显然，汉纳是单纯依据意义进行副词分类，这样的分类标准不符合藏语语法的典型特征。

贝尔（Bell, 1905/1919）曾对藏语副词的构成做过粗略的形态分类，他按照词形构成和词类把藏语副词分成三种构成方式：a）原形副词，例如ད་ལྟ་ (da lta)现在，ལམ་སང་ (lam sang)立即，ཡང་སྐྱར་ (yang skyar)再，等等，他认为大多数时间副词属于这一类。b）由名词或代词与格标记构成的副词，例如འདི་ནས་ (vdi nas)从这儿，ཁ་ནས་ (kha nas)口头上，རྒྱབ་ལ་ (rgyab la)在后面，许多处所名词属于这一类。c）由形容词自身构成，或者由形容词加上བྱས་ནས་ (byas nas)构成，例如མགྱོགས་པོ་རྒྱུག་ (mgyogs po rgyug)快走，དྲང་པོ་བྱས་ནས་ཁ་མཆུ་འདི་ཐག་གཅོད་པ་གནང་ (drang po byas nas kha mchu vdi thag gcod pa gnang)公平地判断案例。贝尔的分类显然是合理的，只是过于琐碎，未能全面地建立副词分类系统。

周季文和谢后芳（1998）对藏语副词也采用了意义分类：时间副词、方式副词、范围副词、方向副词、程度副词、语气副词、关联副词。同时，他们也以构词方式进行分类：单纯副词和复合副词，后者包括偏正式、主宾式和并列式。在进一步的研究中，周季文和谢后芳（2003）在复合副词下再分为附加式，并列式、偏正式和谓宾式。后三种分类方法贯彻了句法分析原则，而附加式属于派生词，不采纳句法分析方法。

藏语传统文法很早就对单个的副词有所描述，例如《司都文法详解》（2003）《色多藏文文法》（1995）。不过，20世纪后期，人们逐步开始将虚词讨论细化，把副词与饰集词རྒྱན་སྡུད་（rgyan sdud）等分开看待。例如毛尔盖·桑木丹《语法明悦》（1980）提出，除了ཀྱང་ (kyang), ཡང་ (yang), འང་ (vang)饰集词，还有不少其他具有修饰功能的词，例如རབ་ཏུ་ (rab tu), ཤིན་ཏུ་ (shin tu), ཡོངས་སུ་ (yongs su), ཀུན་ནས་ (kun nas)等，实际都是副词。胡书津（1995b）也提出，"ཀྱང་ (kyang), ཡང་ (yang)除了独立作副词外，还可与其他虚词素等结合成复合副词，表示连续或重复”。例如：ཡང་ཡང་ (yang yang)一再，ཡང་སྐྱར་ (yang skyar)重新，སླར་ཡང་ (slar yang)又，དེ་བས་ཀྱང་ (de bas kyang)更加，ཡང་ནས་ཡང་དུ་(yang nas yang du)反复地，(sngar las kyang)更加。这样的认识明显涉及了副词构成的词法结构。

从词语充当句法成分角度观察，袁婕和车谦（1998）对比了藏语和汉语的状语成分，认为“和汉语显著不同的是，藏语的状语后面大都要加一个恰当的助词或合成结构助词”，他们还认为“藏语不论是表示时间、地方的名词还是一般的名词都可以构成状语”，很明显，这样的看法淡化了对副词作为独立词类的探索。现将袁、车文内的状语标记迻录如下：

1．ལ་(la)…… ར་(-r)、སུ་(su)、རུ་(ru)、དུ་(du)、ཏུ་(tu)：可表示动作发生的时间、地点或目的等。

2．……ས་(-s)、གིས་(gis)、གྱིས་(gyis)、ཀྱིས་(kyis)：表示动作所用的工具、材料以及动作发生的原因。

3．…… འི་ (vi) ངང་ནས་ (ngang nas) ：一般可表示动作进行时的情态。

4．……པའི་སྒོ་ནས་(pavi sgo nas)：多表示以什么方式方法进行某个动作。

5．…… ཐོག་ལ་(thog la)…… ཐད་ལ་ (thad la)：表示“在……上”“在……方面”，说明动作涉及的对象、问题等。

6．…… ཐོག་ནས་ (thog nas)、ཐད་ནས་ (thad nas)：表示“从……上”“从……方面”，说明动作的角度、方式等。

7．ནས་ nas：用在地点或时间名词后面，表示“从……”的意思，说明动作从什么时间或地方发生。

8．ལས་ (las)：表示排除或被比较的对象。

9. …… བྱས་ནས་(byas (nas))：加在一般性状语后，相当于汉语的助词“地”。

袁、车文章所列状语的标记部分已经成为派生副词的结构成分，根据不同词根个体的性质，结合的松紧情况不能一概而论。本章后面会有所论述。

以上藏语副词分类视角不同（词法、句法和语义），均有一定理据，本书有所参考。不过，迄今为止，有关副词的研究尚缺乏系统性观点，除了周季文等（2003）的框架式研究，很少把副词作为一个独立类别放在整个藏语词法和句法体系中加以深度分析。由于本书所论主要从词法角度观察，因此分类也主要限定在语素和词的层面，除 8.2 节介绍副词句法功能外，句法方面不做过多讨论。

8.2 副词的句法功能

藏语副词的基本功能是限制和修饰动词和形容词，在句子中充当状语。副词最值得关注的句法作用主要是它的出现位置，或者说与所修饰成分的位置关系，即副词的句法分布现象。副词修饰动词和形容词的句法位置有一定差别，我们逐项讨论。

8.2.1 副词修饰单音节动词

副词修饰单音节动词或者双音节动词总是放在动词之前，如果是带宾语的动词短语，一般放在宾语之前，包括受事宾语、对象宾语、间接宾语等。形容词直接用作副词或兼作副词修饰动词，其出现位置跟副词一致。例如，

8-1 ཀྲང་ཧྲུན་གིས་ སླར་ཡང་ གོས་ ཕུད།

krang-hrun_gis slar-yang gos phud .

张松_AG 再 衣服 脱

张松又脱了衣服。

8-2 ད་ ནི་ ཤིང་ཆ་ ཚང་མ་ རྫོགས་ སོང་།

da ni shing-cha tshang-ma rdzogs_song .

现在 呢 木料 全 用完_ASP(PEF)

现在木料全部用完了。

8-3 དེ་ལས་ ང་གཉིས་ མཉམ་དུ་ ཡུལ་གྱར་དུ་ འགྲོ

de_las nga-gnyis mnyam-du yul-gyar_du vgro.

这_ABL 我-俩 一块儿 流浪_TAP 去

不如我俩一块儿去流浪。

8-4 དཔལ་ལྡན་ དང་ བདེ་སྐྱིད་ གཉིས་ ཕན་ཚུན་ ངོ་ཤེས་པ་ ནས་

dpal-ldan dang bde-skyid gnyis phan-tshun ngo-shes_pa nas …

班旦 和 德吉 俩 互相 认识_NMZ 之后

班旦和德吉俩相识以后……

8-5 དུས་ དེ་ ཁྱོད་ ཡང་སྐྱར་ མཁའ་ལ་ ལྡིང་བ་བྱེད།

dus de khyod yang-skyar mkhav_la lding_ba-byed .

时候 这 你 再 空_ALA 飞_NMZ-做

这个时候你又飞到空中。

8-6 ཕོ་རོག་ ཡང་སྐྱར་ ངའི་ མགོ་ཐོག་ བབས་ བྱུང་།

pho-rog yang skyar nga_vi　mgo-thog babs_byung.

乌鸦　又　我_GEN　头顶　落_PEF

乌鸦又落在我头上了。

名词兼类的时间副词通常放在宾语之前或者句首也较常见。

8-7 གནངས་ཉིན་ ཡང་ ཆར་པ་ འདུག།

gnangs-nyin yang char-pa vdug .

后天　也　雨　有

后天也有雨。

实际上，领有动词和存在动词句的副词一般放在动宾结构前。例如，

8-8 གཟའ་ལྷག་པར་ ང་ལ་ ཕལ་ཆེར་ དུས་ཚོད་ ཡོང་བ་མེད།

gzav-lhag-par nga_la　phal-cher dus-tshod yong-ba-med .

星期三　我_POS　大概　时间　有-NEG

星期三，我恐怕没空。

8-9 ལམ་སང་ ཨམ་ཕྲག་ ནང་ ནས་ གསེར་ཕོར་ དང་ དངུལ་ཕོར་ བཏོན།།

lam-sang am-phrag nang_nas　gser-phor dang dngul-phor bton.

立刻　腰包　里面_ABL　黄金 碗 和　银　碗　拿出(PST)

马上从兜里拿出金碗和银碗。

下面的句子，副词放在小句的句首。

8-10 འདི་རྐང་བཙུགས་བྱས་ང་ལ་ འཕྱ་ལད་བརྒྱབ་པ་ མ་ རེད་པས།།

vdi rkang-btsugs-byas nga_la　vphya-lad-brgyab-pa-ma-red_pas.

这 故意地　1sg_OBJ 嘲笑(-PST)_NMZ-NEG_INT

这不是故意嘲笑我吗？

8.2.2　副词修饰复合动词

三音节复合动词带副词的时候常常把副词插入三音节复合动词内部，放在动词标记语素之前，这类副词通常是形式较短的常用副词，或者否定副词，即简单副词。例如 འགྱོད་སེམས་བྱུང་ (vgyod sems byung)心生悔意，插入副词：འགྱོད་སེམས་ཐོ་ལེར་བྱུང་ (vgyod-sems tho-le-r byung)突生反悔。

8-11 ཁྱོད་ཀྱིས་ཐུགས་སྤྲོ་ག་དུས་བཏང་ བ་ཡིན་ནམ།།

khyod_kyis thugs-spro ga dus-btang-ba_yin_pa.

2sg_AG　宴席　何时　放_IVMA 是_INT

你是什么时候摆的宴席呢？

8-12 ང་ ལ་ མཐོང་སྣང་མ་ བྱས།

nga_la mthong-snang-ma-byas .

1sg_OBJ 看待-NEG-做

（你）看不起我。

8-13 ཕྲུ་གུ་ལ་ རང་ གིས་ བདག་པོ་མ་ བྱས།

phru-gu_la rang_gis bdag-po-ma-byas .

孩子_OBJ 自己_AG 管辖-NEG-做

（你）自己不照管孩子？

如果是典型双音动词（AB 型），否定词放在双音动词之间，例如 ཡིད་ཆེས་(yid ches)相信，ཧ་གོ་(ha go)知道，即 AB→ A-NEG-B：

8-14 ཁྱོད་ཡིད་མ་ཆེས་ན་སྔོན་ལ་ཁྱོད་གཉིས་རྩལ་སྣེ་ཁ་གསུམ་འགྲན་དང་དེ་ནས་ཤེས་ཡོང་།།

khyod yid-ma-ches na sngon-la khyod-gnyis rtsal-sne

2sg 相信-NEG 若 先 2dl 武艺

kha-gsum vgran dang de-nas shes-yong.

件 三 比赛 和 然后 知道

要是你不信，先跟它比三次武艺，然后就知道了。

8-15 ལུང་པའི་ ཕུ་ཐག་རིང་ཐུང་དེ།། གོམ་གསུམ་མ་ སྤོས་ ཧ་མི་གོ།།

lung-pa_vi phu-thag ring-thung de. gom gsum ma spos ha-mi-go.

山谷_GEN 深浅 长短 脚步 三 NEG 迈步 知道-NEG

山谷深不深，不迈三步不知晓。（格桑居冕）

8.2.3 副词修饰带助动词的谓语

带助动词的多音节复合动词的否定式，通常将否定词放在助动词之前：

8-16 ངས་ དེ་ལྟར་ཁས་ལེན་བྱེད་མི་ཐུབ་

nga_s de-ltar khas-len-byed mi thub

1sg_AG 那么 承认 NEG 能

我不能同意这样做。

8-17 ལས་ཀར་གྲུབ་འབྲས་ཐོན་པ་དང་བྱས་རྗེས་ཅི་འདྲ་ཆེ་ན་ཡང་ཁེངས་དྲེགས་བྱེད་མི་རུང་།།

las-ka_r grub-vbras thon-pa dang byas-rjes ci-vdra che na yang

工作_LOC 成绩 产出 COR 贡献 怎样 大 虽 也

khengs-dregs-byed mi rung.

骄傲 NEG 可以

工作做出了成绩，功劳再大，也不能骄傲。

8.2.4　副词修饰带多音节体貌标记的谓语动词

带双音节或三音节体貌-示证标记的否定句必须将否定词插入两个标记之间。主要标记有将行体：གི་ཡིན་ (gi yin)，གི་རེད་ (gi red)；即行体：གྲབས་ཡོད་ (grabs yod)，གྲབས་འདུག་ (grabs vdug)，གྲབས་ཡོའོ་རེད་ (grabs yovo red)；待行体：རྒྱུ་ཡིན་ (rgyu yin)，རྒྱུ་རེད་ (rgyu red)；持续体：གི་ཡོད་ (gi yod)，གི་འདུག་ (gi vdug)，གི་ཡོའོ་རེད་ (gi yovo red)；方过体：གྲབས་ཡིན་ (grabs yin)，གྲབས་རེད་ (grabs red)；实现体：པ་ཡིན་ (pa yin)，པ་རེད་ (pa red)；与境体：པ་ཡོད་ (pa yod)，པ་འདུག་ (pa vdug)；结果体：ཡོའོ་ (yovo)，(vdug（shag）)，ཡོའོ་རེད་ (yovo red)；单音节体貌标记有已行体：སོང་ (song)，བྱུང་ (byung)。（江荻 2005）

8-18 ཁྱེད་ཀྱིས་ང་ལ་ མགོ་སྐོར་གཏང་ཐུབ་ཀྱི་མ་རེད།།

khyed_kyis nga_la　mgo-skor-gtang thub_kyi-ma-red.

你_AG　我_OBJ 欺骗　能_ASP-NEG

你骗不了我。

8-19 ང་ཐ་མག་འཐེན་གྱི་མེད།། ཁོང་ཐ་མག་ཡའི་འཐེན་གྱི་མི་འདུག།།

nga tha-mag vthen_gyi-med. khong tha-mag yavi vthen_gyi-mi-vdug.

我 香烟　吸_ASP-NEG　他　香烟　也　吸_ASP-NEG

我不会抽烟，他也不会抽烟。

8-20 ཁྱེད་རང་བུ་ ཁྲིད་ནས་སྤྲང་འཁྱམས་རྒྱག་པ་ ལས་ ཞེ་དྲག་ཡག་གི་མ་རེད་དམ་

khyed-rang bu　khrid　nas　sprang-vkhyams-rgyag_pa

2sg　男孩　带领　COR　流浪_NMZ

las　zhe-drag　yag-gi-ma-red　dam.

比　很　好-ASP-NEG　INT

比起你带着男孩流浪，这样不是更好一些吗？

8-21 ཡིན་ནའི་ཡི་གེ་ཀློག་མཁན་དེས་ དེ་འདྲས་ཟེར་ཀློག་ཡོའོ་མ་རེད།།

yin-na-vi yi-ge klog-mkhan de_s　de-vdras-zer klog_yovo-ma-red.

因此　文字 读者　那_AG 这样　读_ASP-NEG

但是，读文字音的人没有这样读的。

跟否定词相同，一些典型副词也插入这些位置。例如以下形容词谓语句：

8-22 དངོས་གནས་མིང་དེ་ཚོ་སྙན་པོ་ཞེ་པོ་གཅིག་འདུག་ག།།

dngos-gnas　ming　de　tsho　snyan-po　zhe-po-gcig_vdug　ga

真的　名字　那些　好听　非常_ASP(RST)　啊

的确这些马的名字很好听。

8.2.5 多项修饰语的顺序位置

根据周季文和谢后芳（2003）的研究，多个副词修饰动词或形容词，一般情况下否定副词最接近动词，表时间的副词或状语离被修饰词最远，其他副词居于中间，相互位置较为自由。

8-23 ཨའོ་དགོངས་དག་ངས་དངོས་གནས་ཤེས་ མ་ བྱུང་།

avo dgongs-dag nga_s dngos-gnas shes-ma_byung .

哦 抱歉 我_AG 真的 知道-NEG_ASP

哦，抱歉，我真的不知道。

8-24 ང་ཚོ་ལམ་སང་མཉམ་དུ་ཤར་ཀྱག་ཕར་ མ་ འགྲོ།།

nga-tsho lam-sang mnyam-du shar-kyag phar ma-vgro.

我们 马上 一起 直接 那儿 NEG-走

我们不会马上一块儿直接到那儿去。

8-25 ང་ཚོ་ལམ་སང་ཕར་མཉམ་དུ་ཤར་ཀྱག་འགྲོ་གི་ཡིན།།

nga-tsho lam-sang phar mnyam-du shar-kyag vgro_gi-yin.

我们 马上 那儿 一起 直接 走_ASP

我们马上一块儿直接到那边去。

8-26 བུ་མོ་ནི་དགའ་ཐག་ཆོད་དེ་རླུང་གིས་དེད།།

bu-mo_ni dgav thag-chod-de rlung-gis ded.

姑娘_PAP 喜欢 非常 快速地 追赶

姑娘呢，非常高兴，飞快地跑出屋子。

8-27 མྱུར་དུ་སྙན་སེང་མི་ ཞུ་བ་ དེ་འདྲ་ཨང་_

myur -du snyan-seng mi-zhu_ba de-vdra ang

马上 报告 NEG-说_NMZ 那样 啊

怎么不早说啊。

以下例句连续用了几个副词性短语来修饰单音节动词：

8-28 རང་གི་ཨ་ཅག་དྲན་ནས་སེམས་སྡུག་བྱས་རང་དབང་མེད་པར་སྐད་ཤུགས་ཆེན་པོས་ངུས་སྡོད་

rang_gi a-cag dran-nas sems-sdug-byas rang-dbang-med-pa-r

自己_GEN 姐姐 想起-后 伤心地-Ly 不由自主地-Ly

skad-shugs-chen-po_s ngus-sdod

大声地-Ly 哭着

（她）想起了自己的姐姐，非常伤心地不由自主地放声地哭起来。

8.2.6　副词修饰形容词的位置

副词修饰形容词的位置一般在形容词之前，通常都是表示程度的副词，有些甚至以类推方式添加了已经副词标记化的格标记，说明副词的派生词法构式正在形成。例如ཤིན་ཏུ་ (shin tu)非常，ཧ་ ཅང་< གི་>(ha cang < gi>)非常；ཞེ་དྲགས་< ཀྱི་> (zhe-drags <kyi>)，གང་མིན་ཚད་< ཀྱི་> (gang min tsad <kyi>)很、非常；དཔེ་མ་སྲིད་པ་< འི་> (dpe ma srid pa <vi>)了不起的；ཉམ་ (nyam)稍微。

8-29 ཚོང་པ་དེ་ཚོ་གདེང་ཤིན་ཏུ་གནག་པ་ཡོད།

tshong-pa de-tsho gdeng shin-tu gnag_pa-yod .

商人　　那些　无疑　非常　残暴_ASP(RST)

那些商人无疑很凶。

8-30 གཞས་དེ་ཧ་ཅང་སྙན་པོ་འདུག

gzhas de ha-cang snyan-po_vdug

歌曲　那　非常　　好听_ASP(RST)

那首歌真好听。

8-31 འཚོ་ཐབས་འདི་ནི་ དངོས་འབྲེལ་ཡང་རྩེ་ཞིག་རེད།

vtsho-thabs vdi ni　dngos-vbrel yang-rtse zhig red .

生计　　　这　呢　果真　　　优秀　　　　是

这个生活啊，真是一个好生活。

8-32 རྟ་འདི་དངོས་གནས་ཡག་པོ་ཡོད།།

rta vdi dngos-gnas　yag-po_yod.

马　这　的确　　　　好_ASP(RST)

这匹马的确好。

8-33 སེང་གེ་དེ་ཞེ་དྲགས་ཀྱི་ང་རྒྱལ་ཆེན་པོ་ཡོག་རེད།།

seng-ge de zhe-drags-kyi nga-rgyal chen-po_yog-red.

狮子　　那　非常　　　　骄傲　　　大_ASP(RST)

那个狮子非常骄傲。

也有少量表程度的副词放在形容词之后，例如ཞེ་པོ་< ཅིག་> (zhe po<cig>)很，ཚ་པོ་(tsha po)非常，རང་ (rang)很。

8-34 རྫོང་དཔོན་དེ་ར་ གཟིམ་དཔོན་སྤྱང་གྲུང་ཚ་པོ་ཅིག་ཡོའོ་རེད།

rdzong-dpon de_r　　gzim-dpon spyang-grung tsha-po cig yovo-red .

宗本　　　　那_POS　仆人　　　聪明　　　　非常　一　有

那个宗本有一个非常聪明的仆人。

8-35 དེ་དག་རང་སོར་བཞག་ཡོད་པས་ཆུང་དྲགས་པར་མ་དགོངས་ན་སྔ་འཕྲོས་ཕྱག་སྣེར་སྙོམས།།

de-dag rang sor-bzhag yod_pas chung drags pa_r ma-dgongs

那些 你 仍旧 有_NMZ 少 太_COP NEG-认为

na snga-vphros phyag-sne_r snoms

如果 暂时 手头_LOC 拿(IMF)

那些（银子），你若不嫌少，就暂且先拿了去罢。

对比例 8-33 与 8-34，前者是形容词谓语句，ང་རྒྱལ་ཆེན་པོ་ (nga-rgyal chen-po) 是较为特别的形容词（参见第 7 章），即所谓离心结构形容词，因此，副词 ཞེ་དྲགས་ཀྱི་ (zhe-drags-kyi)不能插入该类形容词的内部，即不能插入 ང་རྒྱལ་ (nga-rgyal) 和 ཆེན་པོ་ (chen-po)之间。后者是存在句（领有），可将副词 ཚ་པོ་ (tsha-po)置于中心语 སྤྱང་གྲུང་ (spyang-grung)之后作为修饰语。8-35 的副词 དྲགས་པ་ (drags pa)也是典型后修饰位置。ཞེ་དྲགས་ (zhe-drags)是典型副词，属于可前置也可后置于被修饰语的副词，在 8-33 前置修饰离心结构形容词时带了标记 ཀྱི་ (kyi)（副词性），说明离心结构形容词还带有名词印迹。比较一下副词 ཞེ་དྲགས་ (zhe-drags)和其他后置副词的例句。

8-36 ངའི་ སྡོད་ས་དེ་གུ་ཡངས་པོ་ཞེ་དྲགས་ཡོད།།

nga_vi sdod-sa de gu-yangs-po zhe-drags_yod.

我_GEN 座位 那 宽敞的 很_ASP(RST)

我的那个座位很宽敞。

8-37 ད་ ཡིན་ན་པ་ཕ་དང་བུ་མོ་གཉིས་འདྲ་པོ་ཞིག་འདུག།

da yin-na pa-pha dang bu-mo gnyis vdra-po-zhig_vdug .

现在 呢 阿爸 和 女孩 俩 相似-全然_ASP(RST)

你们父女俩可真像啊。

还有一些特定的情况需要注意。藏语连词经常置于复合句前一小句末尾，即在前一小句谓语之后，而有些用作关联的副词，或者副词跟连词同形的，就不能理解为副词后置于谓语（动词）。例如 མ་ཐག་ཏུ་(ma thag du)，མ་ཐག་པར་(ma thag par)“立刻”与 མ་ཐག་ (ma thag)“一……就，马上”。

8-38 ཁོ་འབྱོར་མ་ཐག་པར་ཁ་ལག་བཟས་སོང་།།

kho vbyor ma-thag-par kha-lag-bzas_song.

他 到达 一……就 吃_ASP

他一到就吃起来。

8-39 ཕའི་ ལ་བཙན་ འདིའི་ སྟེང་དུ་ སླེབས་མ་ཐག་

pha_vi la btsan vdi_vi steng_du slebs ma-thag

那边_GEN 山 险峻 这_GEN 上_LOC 到达 一……就

ཇོ་མོ་མཐིང་གི་ཞལ་བཟང་མ་མཇལ་ གྱི་རེད།

jo-mo-mthing_gi zhal-bzang-ma mjal_gyi-red .

珠穆汀_GEN　　贵妇人　　　　遇到_ASP

一上到那座险峻的山顶上就遇见了珠穆汀的贵妇人。

8.3　简单副词

上文提出藏语副词可按照自身形态或词形特征分为简单副词、复合副词、派生副词，这种分类方法是基于藏语属于单音节凸显型语言的性质，又因为藏语具有一定的形态表征性质和较强的词法派生性质。实际上藏语的副词分类可以借鉴英语副词分类特点，英语既保留了较强的派生构词特点，但又不像拉丁语、德语、俄语那样是典型的屈折型语言。伦道夫 • 夸克等人描述英语副词的分类方法（Randolph Quirk, etc. 1985）主要以形式特征作为分类的主线进行分类。为此，本项研究在形式分类基础上，第二层次再依据副词的语义加以小类描述。

藏语简单副词又可以分为单音节副词和多音节副词。所谓简单副词主要指单一语素构成的副词，或者词内语素难以分割的多音节副词。

8.3.1　常见单音节简单副词

单音节简单副词数量不多，大多是表示程度、时间和方位的副词。例如：

表示程度的：རང་(rang)的确，很，即，就；རྦད་(rbad)整个，彻底；དཔེ་(dpe)非常；ཉམ་(nyam)稍微；ཆེས་(ches)非常，最；ཅུང་(cung)少许；ཤོས་(shos)最；ལར་/ལར་ནས་(lar /lar nas)根本，总之。

表示时间的：ད་(da)；སླར་(slar)再，返，重复；ཡུན་/ ཡུན་དུ་/ ཡུན་ནས་(yun /yun du / yun nas)永久；སྔར་ /སྔར་བྱས་(sngar /sngar byas)先前，从前；ཤར་ /ཤར་གྱིས་(shar /shar gyis)一直，径直；མཐར་ /མཐར་གྱིས་(mthar /mthar gyis)逐渐，渐次，终于。

表示范围的：རྐང་(rkang)主要。

表示方位和趋向的：ཡར་(yar)向上，向内；མར་(mar)向下，向外；ཕར་(phar)向那边；ཚར་(tshar)向这边；ཡས་(yas)上方。

表示情态的：མ་ /མི་(ma /mi)不；ལོས་(los)当然；ཡང་ /ཡའི་ /འང་(yang /yavi /vang)也，再；ཀྱང་(kyang)也，仍然；ཐོལ་ /ཐོ་ལེ་(thol /tho le)忽然，突然；ཧྲིག་ /ཧྲིག་གེ་(hrig /hrig ge)明亮，清楚；ཇེ་ /ཇེ་རེ་(je /je re)凝视貌；ངང་ /ངང་དུ་(ngang /ngang du)正处在，正当。

此处对其中常见的简单副词举例说明。

（1）རང་ (rang)很，（不）太，十分，非常；恰，就，确实，经常用于修饰形容词表示程度加深，或者用于修饰动词、词格短语，表示加强语气。[①]有时候，རང་ (rang)的用法很像英语的 only 或者汉语的“只、仅、唯”，可以看作形容词。例如英语：She is their only daughter. 她是他们唯一的女儿（《牛津高阶英汉双解词典》）；汉语：屋子里只老王一个人（《现代汉语八百词》）；藏语：འོན་ཀྱང་རང་འོག་གི་མི་ལ་ནན་ཚམ་བྱེད་འདུག།(von-kyang 但是 rang 只 vog-gi 下面-GEN mi la 人-OBJ nan 严厉 tsam 稍微 byed vdug 做-RST.)就只一件，待下人未免太严些个（《红楼梦》）。

8-40 ཡག་པོ་རང་མི་འདུག།

yag-po rang mi_vdug.

好 很 不_ASP

不太好。

8-41 དཔེ་ཆ་དེ་གནའ་རབས་ཀྱི་དཔེ་ཆ་རང་རེད།།

dpe-cha de gnav-rabs_kyi dpe-cha rang red.

书 那 古代_GEN 书 就 是

那本书是古代的书。

8-42 བུ་མོ་འདི་རང་ལ་ཚོད་ལྟ་ཞིག་བྱེད།།

bu-mo vdi rang_la tshod-lta zhig byed.

女孩 这 就_INS 试验 一 做

拿这个女孩做一个试验。

（2）ད་(da)现在，此时，经常可跟同义词 ད་ལྟ་ (da lta)交替。藏语有一些表示时间的词既是名词又兼作副词，作名词可带词格标记构成副词性短语，例如 ད་ལ་ (da-la)，ད་ལྟར་ (da lta-r)。从演变角度看，这类时间名词曾兼用作副词，后来又发展出带词格标记的语法化形式。

8-43 ད་ ནི་ ཤིང་ཆ་ཚང་མ་རྫོགས་སོང་།

da ni shing-cha tshang-ma rdzogs_song.

现在 呢 木料 全 用完_ASP(PEF)

木料全部用完了。

---

① rang 有一个作为代词的同形词，独立使用作为人称代词“自己”，添加在名词或其他单数人称代词之后表示强调，并具有反身代词意思。chos gnas rang “念经人自己”，nga rang 我自己。

8-44 ད་ ལ་ དགེ་རྒན་ལན་རྒྱག་ཐབས་བྲལ།།

da_la dge-rgan lan-rgyag thabs bral.

现在_LOC 师傅 答复 办法 没有

此时师傅无话可说。

（3）los 一定，当然，这个词是评价性副词，一般放在动词或形容词之前。

8-45 འདི་ནི་རྨི་ལམ་ཡིན་ནམ་མངོན་སུམ་ཡིན།། རྨི་ལམ་ཡིན་ན་སྣང་བ་སྐྱོ།།

vdi ni rmi-lam yin nam mngon-sum yin. rmi-lam yin na snang-ba skyo.

这 呐 梦 是 或 现实 是 梦 是 若 感觉 悲伤

མངོན་སུམ་ཡིན་ན་ལོས་ ཀྱང་དགའ།།

mngon-sum yin na los kyang dgav.

现实 是 若 一定 也 欢喜

它是梦境还是现实，若是梦境内心悲伤，如是现实心生欢畅。（《藏汉大辞典》）

8-46 འདི་ཁོས་ལོས་ ཤེས།།

vdi kho_s los shes.

这 他_AG 显然 知道

他当然知道。

（4）ཡར་ (yar)“向上”跟其他几个相关词构成一组表示方位和趋向的副词，主要有 མར་ (mar) 向下、向外，ཕར་ (phar)向那边，ཚུར་ (tshur)向这边，ཡས་ (yas)上方。来源上，这些词可能历史已经经历过一次词汇化过程，其中 ཡར་(yar)来源于名词 ཡ་(ya)“上方”跟方位格标记 ར་(-r)的融合，མར་(mar)同样来源于名词 མ་(ma)“向下”与方位格标记的融合，ཕར་(phar) 的来源应该与 ཕ་གིར་(pha gir)“那里，那边”相关，ཚུར་(tshur)与 ཚུ་རོལ་(tshu rol)“这边”相关。①

8-47 ཚང་མ་ཁང་པའི་ ནང་ ཡར་ ཤོག་དང་།

tshang-ma khang-pa_vi nang yar shog_dang .

全部 房子_GEN 屋 向上 来 _IMP

都来屋里面来吧。

---

① rol 原义为“边、侧”，例如 tshu rol 这边，pha rol 那边，nang rol 里面。《藏汉大辞典》认为 tshur 是 tshu rol 的省体字。我们认为更可能的是 tshu 与方位格标记的融合，因为 tshu、pha 都是零韵尾单音节词，方位格标记是-r，书写上二者可以连写。

8-48 ང་མདོག་ཉེས་བཟོ་མཁན་ལྷ་བྲིས་པ་དེ་མར་འཁྲིད་ནས་གསོད་ཤོག་སེ་

nga mdog-nyes-bzo-mkhan lha-bris-pa de <u>mar</u> vkhrid nas

1sg 使难看者(NMZ) 画匠 那 往下 拖 COR

gsod_shog

杀死_IMP

把这个让我难看的画师拉出去杀了。

（5）རྦད་ (rbad)全体，整个，彻底，该词常见形式带后缀，主要是 རྦད་དེ་ (rbad de)，རྦད་ཀྱིས་ (rbad kyis)。例如：

8-49 དགྲ་བོ་ལས་རྦད་དེ་རྣམ་པར་རྒྱལ་ཐུབ་པ།།

dgra-bo-las rbad-de rnam-pa-r rgyal thub-pa.

敌人 彻底 完全-Ly 战胜 能够

完全可以战胜敌人。

8-50 མཐུན་རྐེན་གང་ཡོད་རྦད་ཀྱིས་སྤྱད་པ།།

mthun-rken gang-yod rbad-kyis spyad pa.

有利条件 所有的 彻底 使用

利用一切有利条件。（《藏汉大辞典》）

（6）yang（yavi）也，再，一般置于被限定或修饰词语之前。

8-51 གནངས་ཉིན་ཡང་ཆར་པ་འདུག།

gnangs-nyin yang char-pa vdug .

后天 也 雨 有

后天也有雨。

8-52 ཡང་ཁོང་གིས་བཤད་དོན།

yang khong_gis bshad_don .

再次 他_AG 说_IND

他继续说。（《藏汉大辞典》）

单音节副词可以进一步构成多音节副词或重叠。例如：ཡང་བསྐྱར་ (yang bskyar)再，ཡར་མར་ (yar mar)来回，上下，ཡར་ཡར་ (yar yar)向上，ཉམ་ཙམ་ (nyam tsam)稍许，ཕར་ཚུར་ (phar tshur)互相，来回，ཡས་མས་ (yas mas)上下，左右。这些词可归为复合副词。例如：

8-53 ཡང་བསྐྱར་ཏོག་ཙམ་བསྡད་རྗེས།།

yang-bskyar tog-tsam bsdad-rjes.

再 一会儿 停留(PST

稍待一会儿。

（7）ལར་ (lar)或 ལར་ནས་ (lar nas)根本，总之。

8-54 བརྟག་དཔྱད་ཞིབ་ འཇུག་ མ་ བྱས་ན་ལར་ནས་གསལ་པོར་གོ་ཤེས་མི་ཐུབ།།

brtag-dmyad zhib　vjug-ma-byas na　lar-nas gsal-por go-shes-mi thub.

调查　　　细微　实行-NEG　若　根本　清楚地 知道-NEG-能

不调查研究根本就不可能弄清楚。（《藏汉大辞典》）

（8）ཡར་ཡར་ (yar yar)向上：

8-55 ང་ཚོ་ཡར་ཡར་འགྲོ་དུས།། ཁ་བ་མར་མར་བབ་བྱུང་།།

nga-tsho yar-yar vgro dus.　kha-ba mar-mar bab_byung.

我们　　向上　走　时候 雪　　　向下　　落_ASP

我们向上走，大雪往下落。（《藏汉大辞典》）

（9）ཤོས་ (shos)最。有些研究者描述形容词最高级的时候，认为 ཤོས་ (shos)是最高级的标记或形态“词尾”（后缀），因为 ཤོས་ (shos)跟在形容词词根后取代了原来的词缀 པོ་ (po)，说明 ADJ+shos 具有词法性质。但是，藏族母语者未将此类附于形容词的形式收入词典（例如《格西曲扎藏文词典》），似乎与 ADJ+po 典型形容词派生形式有所区别。此处，我们把 ཤོས་ (shos)作为程度副词对待。

8-56 བྱས་ཚང་རི་བོ་དེ་འཛམ་གླིང་ཐོག་གི་ རི་བོ་མཐོ་ཤོས་རེད།།

byas-tsang ri-bo de vdzam-gling thog_gi　ri-bo mtho-shos red.

所以　　山　这 世界　　　上_GEN 山　高-最　　是

所以说这座山是世界上最高的山。

8-57 མཚོ་སྔོན་པོ་ནི་རང་རྒྱལ་གྱི་ ཚྭ་ཡོད་མཚེའུ་ཆེ་ཤོས་རེད།།

mtsho-sngon-po ni　rang-rgyal_gyi tshwa-yod-mtshevu che-shos red.

青海湖　　　呢 我国_GEN　　盐　有　湖　　大-最　是

青海湖是我国最大的咸水湖。（周季文，谢启芳 2003）

（10）ཙམ་ (tsam)稍微，大约。

8-58 འོན་ཀྱང་རང་ འོག་ གི་ མི་ལ་ ནན་ ཙམ་བྱེད་འདུག།

von-kyang rang vog_gi　　mi_la　nan-tsam-byed_vdug.

但是　　只　下面_GEN 人_OBJ 严厉-稍微-做_ASP(RST)

待下人未免太严些个。（《红楼梦》）

Ramat 和 Ricca（1994）曾提出原型副词概念（prototypical adverbs），他们说：对于副词，我们坚持存在原型副词。根据形式和功能标准，perhaps（荷兰语），misschien（意大利语），forse 或者 seldom（德语），selten（阿尔巴尼亚语），mezi“几乎不（scarcely, hardly）”等都代表副词原型形式，因为这些无变体词项可以省略却不造成句法结构上的变化。①他们认为跟时间相关的、表示强调的和否定性的词都可看作原型副词，形式上基本都是单语素的或者多语素却意义不透明难以切分的。按照这个标准，藏语中简单副词大致还有以下这些常用词：ཀུན་ (kun)都，普遍；རྐྱང་ (rkyang)全都；སྐོར་ (skor)关于……的问题，关于……方面，属于……类；ཁྱོན་ (khyon)总共，全部；རྒྱུན་ (rgyun)常常，不断；དངོས་ (dngos)真正；ཚུར་ (tshur)向这里；ཙམ་(tsam)稍，约，仅仅；ཞོར་ (zhor)顺便，附带；གཞན་ (gzhan)其他，另外；ལོད་ (lod)诚然，一定。

8.3.2　常见多音节简单副词

多音节简单副词主要指内部构成已经无从考察的副词。例如，ཧ་ཅང་ (ha cang)非常，ཧ་ (ha)的原义无从得知，ཅང་ (cang)的意义之一是“任何”，但很难断定早期构词的确切含义。ཞེ་དྲགས་ (zhe drags)很，这个词实际也很难进行词法分析，字面上，ཞེ་[zhe]$_N$ 表示“内在心态”，དྲགས་[drag]$_A$ 表示“猛烈”，所以把它作为双音节简单副词还是可以的。ཁ་ཁར་ (kha khar)“悄悄”也不容易进一步作词法分析。

常见的双音节简单副词主要有：ལམ་སང་ (lam sang)马上、立刻，ཤ་སྟག་ (sha stag)全，都，尽是；ད་དུང་ (da dung)仍然，再，还；ད་རུང་ (da rung)仍然；ཧ་ལམ་ (ha lam)差不多；ཧ་ཅང་ (ha cang)非常、很；ཞེ་དྲག་ (zhe drag)非常、很；ཁོ་ན་ (kho na)仅仅，唯；ད་གིན་ (da gin)刚才。例如：

8-59 བོང་བུ་དེ་གཉིས་གྲོགས་པོ་ཡིན་པས་ཧ་ཅང་ཉེ་པོ་ཡོད་པ།།

bong-bu de gnyis grogs-po yin pas　ha-cang nye-po_yod-pa.

驴　　那 两　朋友　是 因此 非常　近_ASP

那两个驴是朋友，因此非常亲近。

8-60 ད་གིན་ཁྱེད་ཀྱིས་གསུངས་ པ་

da-gin khyed_kyis gsungs_pa

刚才　她_AG　说_NMZ

方才她说了。

8-61 ཧ་ལམ་ལོ་གཅིག་འཁོར་སོང་།།

ha-lam　lo gcig vkhor_song.

差不多　年 一 转_ASP

① 参看 Ramat, Paolo & Davide Ricca. 1994. Prototypical adverbs: On the scalarity/radiality of the notion of ADVERB. *Rivista di Linguistica* 6: 289-326.原文可能有误，mezi 后未注明语言，引号中的文字可能是上列词的词义。

差不多满一年了。（《藏汉大辞典》）

8-62 ཟིང་པོ་རྗེ་ནི་བྱ་བ་ཅི་ལ་ཡང་ཕྱིན་ཅི་ལོག་པ་ ཤ་སྟག་བྱེད་ ལེགས་པ་ཉེས་པར་བཅུག་ ཉེས་པ་ལེགས་པར་ བཅུག།

zing-po-rje ni bya-ba ci la　yang phyin-ci-log_pa sha-stag byed,

醒波结　呢 做的　一切 也　颠倒_NMZ　完全　做

legs-pa nyes-pa_r bcug, nyes-pa legs-pa_r bcug.

善　恶_CAU　使　恶　善-CAU 使

“醒波结”任于何事，皆倒行逆施，以善为恶，以恶为善。(《白史》)

8-63 སྟོབས་ཤུགས་ཞེ་དྲག་ཆེན་པོ་རེད།།

stobs-shugs zhe-drag chen-po_red.

力量　很　大_ASP

力量很大。（《藏汉大辞典》）

上文讨论的简单副词一般来说都是藏语的基本词汇。此外，还有一些单音节副词可以组合成重叠形式，例如 གཏན་གཏན་ (gtan gtan)一定，ཏག་ཏག་ (tag tag)恰好。

8.4　复合副词

8.4.1　复合副词的构成

复合副词指由两个或两个以上词根语素结合构成的副词，其内部成分可以分析，副词语义跟组成成分的语义之间存在一定关联，部分甚至可以直接由内部语素意义加以推导。

部分复合副词来源于其他词的转类。例如有些复合名词就与副词兼类。当名词，特别是表示时间和地点的名词，直接修饰动词就可能取得状语地位，结果产生了副词的功能，即出现所谓跟副词兼类状态。同样，直接修饰动词或其他形容词的形容词也具有副词功能，也跟副词兼类。例如时间名词 དེ་རིང་ (de ring)“今天”可以作定语，也可直接做状语，对比以下例句。

8-64 ང་གཉིས་ཁྱིམ་མཚེས་ཡིན་པས་དེ་རིང་གི་ གླ་ཆ་མི་ཞུ།།

nga-gnyis khyim-mtshes yin pas de-ring-gi　gla-cha mi-zhu.

我　俩　邻居　是 因 今天_GEN 工资　NEG-问

因为我们是邻居，今天的工钱就不要了。

8-65 དེ་རིང་ཐུགས་ཁོམ་མེད།

de-ring thugs khom med.

今天　心　空闲 没有

今日不得闲。

8-66 དམག་དཔུང་གི་ བཀོད་པ་གསར་པ་ཞིག་བསྒྲིགས།།

dmag-dpung_gi bkod-pa gsar-pa zhig bsgrigs.

军队_GEN　　　布局　　新的　　　编排

军队重新布阵。（《藏汉大辞典》）

实际上，例 8-66 形容词修饰动词 བསྒྲིགས (bsgrigs)也添加了 ཞིག (zhig)而具有状语性质。此处，更常见的规范用法是 དམག་དཔུང་གི་བཀོད་པ་གསར་དུ་བསྒྲིགས (dmag-dpung gi bkod-pa gsar-du bsgrigs)，即形容词词根 གསར (gsar)添加副词性标记 དུ (-du)转为派生副词。

双音节副词是藏语复合副词的主体，在这两节里，我们以此作为主要对象加以分析。例如，ཕན་ཚུན[[phan]_N [tshun]_N]互相，由 ཕན(phan)"利益"加 ཚུན(tshun)"方法，态度"构成。དོན་མེད[[don]_N [med]_V]无故，由 དོན(don)"本义"加上 མེད(med)"无"构成，内部为述谓结构。ལྷད་མེད [[lhad]_N[med]_V]毫不含糊地，由 ལྷད(lhad)"杂质，假"与否定动词 མེད(med)"无"构成。ཡང་བསྐྱར[[yang]_ADV[bskyar]_ADV]再，又，由简单副词 ཡང(yang)"又"与简单副词 བསྐྱར(bskyar)"屡次"并列构成。ཐག་ཆོད[[thag]_N[chod]_N]太，最，由 ཐག(thag)"距离，远近"与 ཆོད(chod)"跨度"构成。

以下仍然采用形类分析方法列出部分双音节复合副词：

ཆེད་མངགས [[ched]_ADJ 特别 [mngags]_V 吩咐]_ADV 特别地

གང་ལྟར [[gang]_PRON 任何 [ltar]_V 犹如]_ADV 总之

ཁར་ཐུག [[khar]_<义不明>[thug]_V 触碰]_ADV 直接

ད་གིན [[da]_N 此刻[gin]_<义不明>]_ADV 刚才（可句首）

ནམ་རྒྱུན [[nam]_N 何时[rgyun]]_N/ADV 平时，经常（可句首）

དངོས་གནས [[dngos]_N 真正[gnas]_N 要点]_ADV 的确，真的

有些复合副词的构成实际上并不容易分得很清，构成语素的来源可能已经模糊。例如，ཁར་ཐུག [[khar]_? [thug]_V 触碰]_ADV 直接，第一个语素无从考察，结合历史文献得知此例实际发生脱落，原形应写作 ཁ་ཐུག(kha thug)，于是可分析为 ཁར་ཐུག[[khar]_N 时候[thug]_V 触碰]_ADV 直接。

再分析几例。ཁྱོན་སྡོམ[[khyon]_N 全部 [sdom]_V 拢]总共，基本构成是 ཁྱོན (khyon)"范围，面积，全数"加 སྡོམ (sdom)"归总"，形态分析为[[ ]_N [ ]_V]_ADV。按照句法分析内部为述谓结构。ད་དུང [[da]_ADV [dung]_N]尚且，还，该词受第一音节读音影响，从 ད་རུང(da rung)变音而来，所以 དུང (dung)无实义可考。ད [da]表示"此刻，现在"，རུང(rung)表示"适合，可行"。ད(da)构成的副词较多，都与时间关联。例如 ད་ཕྱིན[[da]_此刻 N/ADV[phyin]_起身，到达 V]此后，ད་

[[da]$_{\text{此刻 N/ADV}}$[ste]$_{\text{连词}}$]今后，ད་སྒོས་[[da]$_{\text{此刻 N/ADV}}$[sgos]$_{\text{特别 N}}$]尤其，特别，ད་ཕན་ [[da]$_{\text{此刻 N/ADV}}$[phan]$_{\text{以前}}$]至今，ད་རེས་ཚམ་ [[da]$_{\text{此刻 N/ADV}}$[res]$_{\text{N 轮流}}$[tsam]$_{\text{ADV 一点}}$]暂时。

8.4.2　常见复合副词构成要素

从本质上说，无论转类来的复合副词还是其他方式构成的复合副词，它们之所以取得副词地位，是由它们的内在意义决定的，然后在句法上实现状语性功能，取得副词性质。这是副词所来的句法继承性。也就是说，只有具有特定内在意义的词项才可能构成复合副词，由此推断，复合副词的构成语素可能是有限的。上文已经指出，部分语素可以构成多个复合副词，我们按照这些语素来观察常见的复合副词。

8.4.2.1　bzhin“似”构成的复合副词

བཞིན་(bzhin)义为“似，犹”，《藏汉大辞典》界定为介词，介词其实就是附置词（PP），或前或后。就我们采用的藏语语法体系而言，一般并不设置附置词这个概念。བཞིན་(bzhin)在藏语里后置于名词或名词性短语，但跟藏语的格标记系统并不相同，保留了很强的词汇义，而且具有组词能力。因此，བཞིན་(bzhin)看作复合副词内的动语素更合理。

8-67 ནད་པའི་ ན་ཚ་ཉིན་བཞིན་ཚབས་ཆེར་ འགྲོ།

nad-pa_vi　　na-tsha <u>nyin-bzhin</u> tshabs-che_r　vgro.

病人_GEN 病　　　逐渐　　　严重_COMP 变

病人的病势日趋严重。

8-68 དེ་ནས་སྔར་བཞིན་ལྟག་སྒོ་བརྒྱུད་ཕྱིར་ལོག་པའི་ ལམ་དུ་།

de-nas <u>sngar-bzhin</u> ltag-sgo brgyud phyir-log_pa_vi lam_du.

然后　仍旧　　　小门　　穿过　来_NMZ_GEN 路_ABL

然后穿过小门仍从后门去了。

在这些实际句子中，བཞིན་(bzhin)构成的复合副词完全用作动词修饰语。相似的词还有：

དེ་བཞིན་ [[de]$_{\text{DET 那}}$[bzhin]$_{\text{PP 似}}$] 如是

ནང་བཞིན་ [[nang]$_{\text{N 里面}}$[bzhin]$_{\text{PP 似}}$] 仿佛

ཉིན་བཞིན་ [[nyin]$_{\text{N 百日}}$[bzhin]$_{\text{PP 似}}$] 日常，逐日

རིམ་བཞིན་ [[rim]$_{\text{N 次序}}$[bzhin]$_{\text{PP 似}}$]] 依次

སྔར་བཞིན་ [[sngar]$_{\text{N 往西}}$[bzhin]$_{\text{PP 似}}$] 仍旧，依然

ཇི་བཞིན་ [[ji]$_{\text{PN 任何}}$[bzhin]$_{\text{PP 似}}$] 依照，按照

ཆོས་བཞིན་ [[chos]$_{\text{N 习惯}}$[bzhin]$_{\text{PP 似}}$] 如法

དཀྱུས་བཞིན་ [[dkyus]$_{\text{N 径直方向}}$[bzhin]$_{\text{PP 似}}$] 照常，通常

ལུགས་བཞིན་ [[lugs]$_{\text{N 规则}}$[bzhin]$_{\text{PP 似}}$] 依规矩，按制度

མུ་བཞིན་ [[mu]$_{\text{N 延续状态}}$[bzhin]$_{\text{PP 似}}$] 仍然，照旧

ཕྱིར་བཞིན་ [[phyir]$_{\text{N 缘故}}$[bzhin]$_{\text{PP 似}}$] 随时，常常

རྗེས་བཞིན་ [[rjes]$_{\text{N 迹}}$[bzhin]$_{\text{PP 似}}$] 依随，按照

8.4.2.2 ltar“如同”构成的复合副词

从用法上看，ལྟར་(ltar)很可能类似于 བཞིན་ (bzhin)，也是动词，原义为“如同，相似，按照”。例如古藏语《拔协》就有这样的表述。

8-69 སྔོན་ཡབ་མེས་ཆོས་མཛད་པ་ ལྟར་མཛད་པ་ འདྲ་ ཞེས་ གསོལ་བས་

sngon yab-mes chos mdzad_pa ltar mdzad_pa vdra zhes gsol-bas

早期 祖先 传统 事业_NMZ 像 做_NMZ 一样 称为 呈献

（我们）似乎应该像先辈那样奉行佛法才好。（《拔协》）

现代藏语延续了这样的用法，例如：

8-70 ཁྱེད་ཀྱི་ བཀའ་ལྟར་ ཁོག་ལྟིར་གྱི་ ཁེབས་བཟོས་པ་ཡིན།

khyed_kyi bkav ltar khog-ltir_gyi khebs bzos_pa-yin .

2sg_GEN 命令 按照 瓦茶壶_GEN 盖子 做_ASP

按照您的命令做了瓦茶壶盖儿。

很明显，ལྟར་ (ltar)用于名词之后，构成“N+ལྟར་ (ltar)”格式，这就奠定了 ལྟར་ (ltar)复合词的基础。用作构词语素的 ལྟར་ (ltar)虽然在词法内部保留了较强的原有含义，但复合副词的意义却有较大的转喻变化。一般 ལྟར་ (ltar)作为复合副词的后一语素，前面是名词或者代词。例如：

དེ་ལྟར་ [[de]$_{\text{DEM 这}}$[ltar]$_{\text{V 像}}$] 如是，那么

གང་ལྟར་ [[gang]$_{\text{N 什么}}$[ltar]$_{\text{V 像}}$] 反正

ནང་ལྟར་ [[nang]$_{\text{N 里面}}$[ltar]$_{\text{V 像}}$] 按照，如同，相似

ཉིན་ལྟར་ [[nyin]$_{\text{N 白日}}$[ltar]$_{\text{V 像}}$] 终日

རྒྱུན་ལྟར་ [[rgyun]$_{\text{N 连续}}$[ltar]$_{\text{V 像}}$] 连续不断

གོང་ལྟར་ [[gong]$_{\text{N 先前}}$[ltar]$_{\text{V 像}}$] 同上，如上

ཇི་ལྟར་ [[ji]$_{\text{N 什么}}$[ltar]$_{\text{V 像}}$] 怎样

སྔར་ལྟར་ [[sngar]$_{\text{N 早}}$[ltar]$_{\text{V 像}}$] 依旧，照旧

འདི་ལྟར་ [[vdi]$_{\text{DEM 这}}$[ltar]$_{\text{V 像}}$] 依此

用 ལྟར་ (ltar)构成的复合副词在古文献已经出现，并用作副词，见例 8-71，现代藏语则更为普遍，见例 8-72。

8-71 ངས་ཀྱང་སྔར་ལྟར་འདག་རྦུར་ལ་བསྒོམས་

nga_s　kyang sngar-ltar vdag rbur la bsgoms,

我_AG 也　　仍旧　　封泥　　　修行

我仍和以前一样，泥封房门，继续修持。（《米拉日巴传》）

8-72 ཁྱེད་དེ་ལྟར་གསུངས་ཨེ་དགོས་མར་སྟུད་མར་སྟུད་མ་

khyed de-ltar gsungs e dgos

2sg　　如是　说　　呀 应该

这话没的叫人恶心。（你可这样子说啊。）（《红楼梦》）

8.4.2.3 mar“向下”构成的复合副词

མར་(mar)原本是简单副词，该副词作为后置语素与名词、动词、形容词等组合构成复合副词。从结构上看，有些词的构成似乎有两可情况，例如 སྟུད་མར་(stud mar)可能是派生名词 སྟུད་མ་(stud ma)“连续”添加 ར་(-r)构成，则与词根+མར་(mar)不一致。

8-73 བིང་ཨར་དང་ཀྲའུ་དབྲུའེ་ཡི་བཟའ་མོ་གཉིས་འཕྲལ་མར་ལངས་

bing-ar dang kravu-dbruve-yi-bzav-mo gnyis vphral-mar langs

平儿　　和　周瑞家的　　　　　　　　俩　　马上　　　立起

周瑞家的与平儿（俩）忙起身。（《红楼梦》）

8-74 བསྟུད་མར་ཏང་སྒྲ་ བརྒྱད་དགུ་ཞིག་གྲགས།།

bstud-mar tang-sgra brgyad dgu　zhig　　grags.

连续　　　铛 声音 八　　九 （连着）　发声

“铛铛”的声音一连响了八九下。（《红楼梦》）

相关的复合副词：

སྟུད་མར་ [[stud]$_{\text{V 续}}$[mar]$_{\text{ADV 向下}}$] 连续，接连地

ཅར་མར་ [[car]$_{\text{ADV 继续}}$[mar]$_{\text{ADV 向下}}$] 连续，经常

ནར་མར་ [[nar]$_{\text{V 伸长}}$[mar]$_{\text{ADV 向下}}$] 继续，时常

རྒྱུན་མར་ [[rgyun]$_{\text{N 经常，继续}}$[mar]$_{\text{ADV 向下}}$] 连续，经常

རྣལ་མར་ [[rnal]$_{\text{ADJ 真正}}$[mar]$_{\text{ADV 向下}}$] 真正

སླད་མར་ [[slad]$_{\text{N 以后}}$[mar]$_{\text{ADV 向下}}$] 以后，后来

ཏལ་མར་ [[tal]$_{\text{ADJ 一直}}$[mar]$_{\text{ADV 向下}}$] 直进地

ཐ་མར་ [[tha]$_{\text{N 面积}}$ [mar]$_{\text{ADV 向下}}$] 最后，最终

འཕྲལ་མར་ [[vphral]$_{\text{N 迅速}}$[mar]$_{\text{ADV 向下}}$] 一下子，马上

8.4.2.4 yang“又”构成的复合副词

副词（yang）是非定位语素，在复合副词中可以前置也可以后置，甚至重叠，原义为“也，再”。新产生的复合词语义基本不变，或者说强化了原来的语义。

8-75 ཀྲང་ཧྲུན་གིས་སླར་ཡང་གཙང་འགྲམ་དུ་སོང་།

krang-hrun_gis slar-yang gtsang-vgram_du song .

张松_AG　　再次　　河边_ALA　　去

张松再次去了河边。

8-76 མགྲོན་པོ་ཚོར་ ཇ་ཆང་ཡང་ཡང་འདྲེན་

mgron-po_tsho_r　ja-chang yang-yang vdren

客人_PL_DAT　茶酒　反复　　运送

不断给客人端茶送酒。

ཡང་ (yang)后置构成的复合副词：

གཞར་ཡང་ [[gzhar]V 相近 [yang]ADV 又] 再，反复

ནམ་ཡང་ [[nam]N 随时 [yang]ADV 又] 无论何时

སླར་ཡང་ [[slar]N 重复 [yang]ADV 又] 又，还

ཡང་(yang)前置构成的复合副词：

ཡང་སྐྱར་ [[yang]ADV 又[（b）skyar]N 反复] 重新，再

ཡང་ཅིག་ [[yang]ADV 又[cig]Q 一] 再次

ཡང་སེ་ [[yang]ADV 又[se]ADV 副词标记] 屡次

ཡང་(yang)重叠构成的复合副词：

ཡང་ཡང་ [[yang]ADV 又[yang]ADV 又] 再三

8.4.2.5 tsam“稍微，大约”构成的复合副词

ཙམ་(tsam)添加在动词、形容词、数词之后，原义是“稍微，大约”。例如 ལྟ་ཙམ་བྱེད་(lta tsam byed)看一看，མགྱོགས་ཙམ་(mgyogs tsam)快点儿，ས་ཡ་གཅིག་ཙམ་(sa ya gcig tsam)约一百万。用 ཙམ་(tsam)构成的复合副词语义上仍然表示程度，观察以下例句：

8-77 སྐད་ཆ་གང་ཙམ་ཞིག་བཤད་རྗེས་ མགོ་བོ་སྤྲུག་སྤྲུག་བཏང་

skad-cha gang-tsam zhig bshad rjes　mgo-bo sprug-sprug-btang

话　　一阵子　　说　以后　头　　摇动

说了一阵话之后，摇摇头。

8-78 ཡུད་ཙམ་སོང་ ནས་ རྒྱལ་པོ་བརྒྱལ་བ་ལས་ སོས་

yud-tsam song　nas　rgyal-po brgyal_ba_las　sos.

片刻　　过[去] 之后 国王　　昏倒_NMZ_ABL 恢复

过了一会儿，国王从昏倒中苏醒过来。

ཙམ་(tsam)构成的常见复合副词有：

ཅི་ཙམ་ [[ci]$_{\text{PRON 那么些}}$ tsam] 多少　　ཅུང་ཙམ་ [[cung]$_{\text{ADV 小、少}}$ tsam] 略少

མང་ཙམ་ [[mang]$_{\text{ADJ 多}}$ tsam] 多些　　ཉུང་ཙམ་ [[nyung]$_{\text{ADJ 少}}$ tsam] 稍微

ཏལ་ཙམ་ [[tal]$_{\text{N 过分}}$ tsam] 过分地　　ཏོག་ཙམ་ [[tog]$_{\text{N 初始}}$ tsam] 略微

ཡུད་ཙམ་ [[yud]$_{\text{N 顷刻}}$ tsam] 片刻，瞬间　　ཡུན་ཙམ་ [[yun]$_{\text{N 长期}}$ tsam] 稍长

གང་ཙམ་ [[gang]$_{\text{N 任何}}$ tsam] 一会儿

ཟུར་ཙམ་ [[zur]$_{\text{N 部分}}$ tsam] 稍微，少许

རགས་ཙམ་ [[rags]$_{\text{ADJ 简略}}$ tsam] 大概，粗略

རོབ་ཙམ་ [[rob]$_{\text{ADJ 粗粗}}$ tsam] 粗略，大约

མདོ་ཙམ་ [[mdo]$_{\text{N 要点}}$ tsam] 概括地，简略地

8.4.2.6 med“不”构成的复合副词

用否定动词 མེད་(med)作为后置构词语素造成复合副词。内部结构看，一般都是动宾格式。ཆད་མེད་[[chad]$_{\text{N 约定}}$[med]$_{\text{V 无}}$]不停地，完整无缺地，ཚད་མེད་[[tshad]$_{\text{N 限量}}$[med]$_{\text{V 无}}$]无限地。

8-79 འོ་ན་མགྱོགས་ཙམ་སོང་ན་ མ་གཏོགས་དོན་མེད་བཀའ་བཀྱོན་ཡོང་།།

vo-na mgyogs tsam song na ma-gtogs <u>don-med</u> bkav-bkyon_yong.

那么 快 一点 去 如果 不然 白白地 斥责_ASP

那么快点去，不然白白地挨顿骂。

8-80 རང་གི་ མཛུབ་རྒྱན་ཡ་གཅིག་དོན་མེད་དུ་ཡ་མེད་སྐེད་གཟེར་ལ་ སྤྲོད་འདོད་མེད་

rang-gi mdzub-rgyan ya gcig <u>don-med</u>-du

自己-GEN 戒指 只 一 白白地-Ly

ya-med sked-gzer_la sprod vdod med

无赖 格桑_DAT 给 愿意 不

（唐宗普珍）不愿意自己的一只戒指白白地给无赖格桑。

8-81 ཁྱིམ་མཚེས་ལ་ མེ་ཤོར་ན་ཟོན་མེད་དུ་སྡོད་ཐབས་ག་ལ་ཡོད།།

khyim-mtshes-la me-shor na <u>zon-med-du</u> sdod-thabs ga-la yod.

邻居-LOC 着火 若 无故地-Ly 待 方法 怎会 有

邻家失火岂能坐视不顾。（《藏汉大辞典》）

跟其他副词一样，由མེད་(med)构成的复合副词实际上也需要进一步副词化，因此，例8-80、8-81添加了副词标记དུ་(du)。从早期文献和现代一些文献来看，མེད་(med)组成的复合副词以及它的词汇化经历了一个过程。例如8-82名词化短语添加从属格标记作修饰语，例8-83用作形容词谓语。

8-82 ནམ་མཁའ་ལ་ སྔར་མེད་པའི་ སྐར་མ་རྟགས་ཅན་ཅིག་ཤར་བས་

nam-mkhav_la　　sngar-med-pa_vi skar-ma rtags-can cig shar-bas

天空_LOC　　空前_GEN　　星星　有记号　一　出现

天上出现异星，（预示不祥。）（《西藏王统记》）

8-83 ཕན་ཚུན་རྩོད་མེད་ཡིན།།

phan-tshun　rtsod-med_yin.

相互　　无争斗_ASP

彼此之间没有争论。

戈尔斯坦（1991）更进一步认为，有些མེད་(med)复合副词来源于短语词汇化。例如：སྔར་མེད་ (sngar med)来源于སྔར་བྱུང་མ་མྱོང་བ་ (sngar byung ma myong ba)，或者སྔར་བྱུང་མྱོང་མེད་ (sngar byung myong med)没有前例的，空前的，新奇的；未听闻的。

8-84 སྔར་བྱུང་མ་མྱོང་བའི་ ལོ་ལེགས།།

sngar-byung-ma-myong-ba_vi　lo-legs.

空前_GEN　　丰年

一次空前的好收成。

尽管 med 构成的复合副词数量上不确定，还是可以发现一些已经是词汇化的常用词，内部构成都是 N+V 形类。

ལྡོག་མེད་ [[ldog]$_{\text{N 反面}}$[med]$_{\text{V 无}}$] 必然，必须

རྩོད་མེད་ [[rtsod]$_{\text{N 争论}}$[med]$_{\text{V 无}}$] 难免

སྔར་མེད་ [[sngar]$_{\text{N 早期}}$[med]$_{\text{V 不}}$] 空前

དོན་མེད་ [[don]$_{\text{N 意义}}$[med]$_{\text{V 不}}$] 无故地

ལྷད་མེད་ [[lhad]$_{\text{N 杂质}}$[med]$_{\text{V 不}}$] 毫不含糊地

འགྱངས་མེད་ [[vgyangs]$_{\text{N 耽搁}}$[med]$_{\text{V 不}}$] 无阻滞地，很快就

ཟོན་མེད་ [[zon]$_{\text{N 谨慎}}$[med]$_{\text{V 不}}$]（+du）不注意地，无顾忌

8.5　派生副词

副词是语言表达需求促成的句法词类。一般来说，动词表达行为或事件，伴随行为和事件附加意义的时间、地点、目的、原因、工具、趋向、否定、重复、语气等则需要增加其他词语来表达，同样，形容词表达程度、比较、范围、关联、数量、状态等意义也需要附加其他词语来表达，这些附加词语即修饰动词和形容词甚或句子的副词性词语，由此推测可知副词是一种形成较晚的词类。

藏语派生副词主要指利用副词性标记或状语标记、词格标记等语法词结合词根构成的词。副词性标记是句法中添加在动词、形容词或短语之后构成状语修饰动词或动词短语的句法词，常见的主要有 སེ་(se), (-e), ཅིག་/གཅིག་/ཞིག་ (cig /gcig /zhig), བྱས་/བྱས་ནས་ (byas /byas nas)等。这些标记有些可以追溯来源，有些来源不清晰。词格标记用于名词、代词或其他体词或短语之后，标记名词、代词与其他词语的句法关系，由于这些句法关系可能表示处所、方位、时间等等意思，常添加词格标记的词语逐渐与标记凝结而演化出状语用法，形成新的状语性价值的词语，即所谓词汇化产生的副词。例如 ལ་/-ར་ (la /-r), དུ་(du), གི་/-འི་(gi /vi), གིས་(gis), ནས་(nas)等。

藏语副词目前仍处于形成之中，内部构成复杂，来源不一，很难用一种统一的格式界定。顾名思义，派生指在词根上添加词缀构成新词的过程或结果。藏语是单音节性语素语言，词根词所添加的词缀即所谓派生词缀，这些词缀分为不同类型，一部分是早期形成的副词性词缀，另一部分来源于词格标记，不少已经具备了副词性词缀功能。以下我们按照副词性词缀逐项来讨论。

8.5.1　带词缀-se 的副词

སེ་(se)是一个典型的状语标记，即本文所指的副词性词缀，可添加在形容词、副词、动词或名词词根上构成副词。例如：

རྒྱངས་སེ་ [[rgyangs]$_V$ 张开 se]　显著地

ཐིབས་སེ་ [[thibs]$_{ADJ}$ 朦胧 se]　雾茫茫地

ཡང་སེ་ [[yang]$_{ADV}$ 再 se]　一再地，屡次

ལིངས་སེ་ [[lings]$_{ADV}$ 完全 se]　整个地，完全地

ཁྲིགས་སེ་ [[khrigs]$_{ADV}$ 完全 se]　完完全全

ལམ་སེ་ [[lam]$_N$ 路 se]　大致地，大约

འདུག་སེ་ [[vdug]$_V$ 有, 在 se]　这样子地

ལྡིང་སེ་ [[lding]$_V$ 漂/悬 se]　甚，极

མགོ་སེ་ [[mgo]$_N$ 头 se]　花白地

ལྐུགས་སེ་ [[lkugs]$_{ADJ}$ 傻 se]　傻瓜似的，口齿迟钝

རྒྱངས་(rgyangs)可能是一个古老的词，据《格西曲扎藏文词典》该词为动词，有"张开、充满"之意。跟 སེ་(se)搭配构成副词性派生词，义为"显著，昭然"。例如：

8-85 དཔའ་བོ་ཚོགས་པའི་ དཀྱིལ་ནས་རྒྱངས་སེ་ཐོན།།

dpav-bo tshogs-pa_vi dkyil nas rgyangs-se thon.

英雄 群_GEN 中心 显著地-Ly 出现

英雄在会众中崭然露头。（《藏汉大辞典》）

实际上，སེ་(se)在拉萨话里用得较多，常见于口语，例如：

8-86 ག་ལེ་ཐད་སེ་ ཞུས་པས།།

ga-le thad-se zhus _pas.

慢慢 走-Ly 进行_IMP

慢走！

8-87 ཉེ་དུས་མཚན་ནག་གུང་ལ་ གློ་ ཡང་སེ་ཡང་སེ་བརྒྱབ།

nye-dus mtshan-nag-gung_la glo yang-se-yang-se-brgyab.

最近 晚上_LOC 咳嗽 常常-做(PST)

最近晚上常常咳嗽。（glo rgyag 咳嗽，动词）

双音节的副词性指示代词也可添加སེ་(se)构成副词。例如：

དེ་འདྲ་སེ་ [[de vdra]$_R$ 那样 se] 这样地　　ག་འདྲ་སེ་ [[ga vdra]$_R$ 怎样 se] 怎么样

ཕ་འདྲ་སེ་ [[pha vdra]$_R$ 那样 se] 那样地　　འདི་འདྲ་སེ་ [[vdi vdra]$_R$ 这样 se] 这样

由于各地拼读不完全一致，有些副词写法不一样，导致来源的分析也有差异。例如ད་གར་སེ་ [[da gar]$_{ADV}$ 此时/马上就 se]$_{ADV}$，也写作ད་གཱ་སེ་[da gaa]$_{ADV}$ 此处 se]$_{ADV}$ 随随便便地。

动词词根来源而带副词性词缀སེ་(-se)的副词还可以构成描述色彩性较强的动词短语，格式是“动词词根+སེ་(se)+动词”，例如：

འདུག་སེ་བྱས་ (vdug se byas) 照这样做

འཁྱུགས་སེ་འཁྱུག་ /ཁྱུགས་སེ་ཁྱུག་ (vkhyugs se vkhyug /khyugs se khyug) 闪闪，闪烁，倏忽

ཡ་སེ་ཡོ་ལངས་ (ya se yo langs) 冲撞，冒失

ལྷབས་སེ་ལྷབ་ (lhabs se lhab) 飘扬，摇曳

ཤིགས་སེ་ཤིག་ (shigs se shig) 翩翩悠悠

ལམས་སེ་ལམ་ (lams se lam) 光闪闪，灿烂

ཁྲིགས་སེ་ཚར་ (khrigs se tshar) 完结

8.5.2 带词缀-e 的副词

ཨེ་(-e)是一个有多种变体的词缀，当它跟在前一音节之后，辅音声母随前一音节韵尾变化，文字上的具体形式是གེ་(ge)，དེ་(de)，ཏེ་(te)，བེ་(be)，ལེ་(le)，མེ་(me)，ནེ་(ne)，ངེ་(nge)，རེ་(re)。词缀-e 及其变体主要表示状态。例如：

རོག་གེ་ (rog ge)静悄悄地，ག་ལེ་ (ga le)缓慢地，轻轻地，ལྷེམ་མེ་ (lhem me) 轻微跳动地，ཀྲང་ངེ་ (krang nge)直立地，ཅར་རེ་ (car re)目不转睛地，སྐམ་ཀྲོག་གེ་ (skam krog ge)干巴巴地，དགའ་ཡ་ལེ་ (dgav ya le)喜滋滋地，འུར་ཐིང་ངེ་ (vur thing nge)闹哄哄地，ཁ་ནེ་གོ་ནེ་ (kha ne go ne)磨磨蹭蹭地，གསུམ་རེ་གསུམ་རེ་ (gsum re gsum re)三个三个地。

（1）变体词缀 གེ་(ge)，添加在前一音节以后加字 ག་(-g)结尾的词根上。

ཅག་གེ་ [[cag]$_{\text{ADV 小心状}}$ ge] 稍微，渐渐

ཅོག་གེ་ [[cog]$_{\text{ADV 直立状}}$ ge] 直挺挺地

ཧྲིག་གེ་ [[hrig]$_{\text{ADV 凝视状}}$ ge] 明亮地

ཧྲུག་གེ་ [[hrug]$_{\text{ADJ 细声}}$ ge]$_{\text{ADV}}$ 嗑嗑声

རོག་ གེ་ [[rog]$_{\text{ADJ 黑}}$ ge] 静悄悄

རུག་གེ་ [[rug]$_{\text{V 聚集}}$ ge] 聚一起地

有些词可同时用作形容词和副词，例如 སྐམ་ཀྲོག་ག་ [[skam]$_{\text{V 干}}$[krog]$_{\text{ADJ 结实}}$ ge]干巴巴的/地。这一类不出现在拉萨话中。

（2）变体词缀 དེ་ /ཏེ་(de /te)，添加在前一音节以后加字或者古代重后加字 ད་(-d)结尾的词根上。དེ་(de)还有变体 ཏེ་(te)。这一类拉萨话较普遍，但不遵循添加规则。归入此类有点勉强。

རྦད་དེ་ [[rbad]$_{\text{ADV 整个}}$ de] 完全

ཧད་དེ་ [[had]$_{\text{ADV 忽然}}$ de] 惊愕地

ལིངས་ཏེ་ [[lings]$_{\text{ADV 完全}}$ te] 整个地

ལེབ་ཏེ་ [[leb]$_{\text{ADJ 扁平}}$ te] 全部

ཧོབ་ དེ་ [[hob]$_{\text{ADV 偶然}}$ de] 忽地

ཐོབ་ཏེ་ [[thob]$_{\text{ADJ<语义不明>}}$te] 忽然，猛地

ཁྲིགས་ཏེ་ [[khrigs]$_{\text{ADV 完全}}$ te] 彻底地

短语上添加副词词缀也构成状语短语，有发展成副词趋势。例如：

དེ་ནས་བརྩམས་ཏེ་ [[de nas]$_{\text{ADV 从此}}$[brtsams]$_{\text{V 开始}}$ te] 此后

（3）变体词缀 be，例词很少。例如：

ལྷེབ་བེ་ [[lheb]$_{\text{N 片}}$ be] 平板状

སྐྱ་ལྷེབ་བེ་ [[skya lheb]$_{\text{N 白片}}$ be] 白翻翻地

（4）变体词缀 ལེ་(le)，添加在前一音节以后加字-l 结尾的词根上。这一类相对罕见，似乎是早期某种形式的残余。

ཅོལ་ལེ་[[col]$_{\text{ADJ 矮胖}}$ le] 直立地

དཀྲིལ་ལེ་ [[dkril]$_{\text{N 中央}}$ le] 整的

ག་ལེ་ [[ga]$_{\text{DET 何}}$ le] 缓慢地

ཀྱིལ་ལེ་[[kyil]$_{\text{ADJ 圆}}$ le] 圆圆地

ཐལ་ལེ་ [[thal]$_{\text{N 过分}}$ le] 向前，立刻

འུར་ཅིལ་ལེ་[[vur cil] le] 噪声状

དགའ་ཡ་ལེ་ [[dgav ya]$_{\text{ADV}}$ le] 喜滋滋地

以下句子结构独特，似乎可以有两种分析，但都不同于常规语法现象。第一种是认为带-e 的副词插入了名词之间，例如 སེམས་དགའ་ཡལ་ལེ་བ་ [[sems]$_{\text{N}}$ [dgav-yal-le]$_{\text{ADV}}$ ba]和 གདོང་འཛུམ་མོལ་ལེ་བ་[[gdong]$_{\text{N}}$ [vdzum-mol-le]$_{\text{ADV}}$ ba]，这种分析不尽合理；第二种是分析为副词带形容词词缀转化为形容词修饰名词，སེམས་དགའ་ཡལ་ལེ་བ་[[sems]$_{\text{N}}$ [dgav-yal-le ba]$_{\text{ADJ}}$]，གདོང་འཛུམ་མོལ་ལེ་བ་ [[gdong]$_{\text{N}}$ [vdzum-mol-le ba]$_{\text{ADJ}}$]，似可接受。①

8-88 མི་སུ་ཡང་ཡུལ་ དེར་ སླེབས་ ན་རྒྱུ་མཚན་མེད་པར་སེམས་དགའ་ཡལ་ལེ་བ་དང་གདོང་འཛུམ་མོལ་ལེ་བ་ཞིག་འོངས་ སོགས་བྲིས་

mi su yang yul de_r slebs na,

人 谁 再 地方 那_LOC 来到 若

rgyu-mtshan-med-pa-r sems dgav-yal-le ba dang,

自然而然-Ly 心 高兴 并

gdong vdzum-mol-le ba zhig vongs sogs bris

脸 笑盈盈 一 产生-来(PST) 等 写

（写道：）无论谁人，如到其地，自然心内喜悦，面容欢笑。（《白史》）

8-89 དེས་ཆུ་བན་ཁ་ཆག་དེ་བན་སྟེགས་ཀྱི་ཐོག་ཏུ་ག་ལེར་བཞག།

de_s chu-ban kha-chag de ban-stegs_kyi thog_tu ga-le-r bzhag.

那_AG 水壶 缺损 那 桶案_GEN 上面-LOC 慢慢-Ly 放下

她把那破水壶慢慢地放在桶案上。

（5）变体词缀 མེ་(me)，添加在前一音节以后加字 མ་(-m)结尾的词根上。

ཅམ་མེ་ [[cam]$_{\text{ADJ 慢慢}}$ me] 慢慢

ཧྲམ་མེ་ [[hram]<本义不明>me] 弥漫状

ཁྲོམ་མེ་ [[khrom]$_{\text{ADJ 闪烁}}$ me] 闪光

ཀྱམ་མེ་ [[kyam]$_{\text{ADJ 闪烁}}$ me] 闪烁

ལྷེམ་མེ་ [[lhem]$_{\text{ADJ 摆动}}$ me] 轻微跳动状

ཟིམ་མེ་ [[zim]$_{\text{ADJ 细微}}$ me] 眯缝状

ཏུག་ཏུམ་མེ་ [[tug tum]<本义不明>me] 不间断地

① 这个现象跟 7.3.5 节讨论的“Root+(Xe)+ba”格式相关，可参考。

有些词义不明的词根经常表示一种状态，例如 ཧྲམ་མེ་ (hram me)，重叠仍表示状态。不过，下例是形容词用法，作状态补语。很可能是 7.3.5 节 Root+Xe（+ba）式的变体。本节带其他声母的词也与此相近。

8-90 ལམ་ཐག་རིང་པོར་ རྐང་ཐང་དུ་ཕྱིན་ནས་གཟུགས་པོ་ཧྲམ་མེ་ཧྲམ་མེར་གྱུར་སོང་།།

lam thag-ring-po_r　rkang-thang-du　phyin nas gzugs-po
路 远距离_LOC　步行-Ly　来　后　身体
hram-me-hram-me_r gyur _song.
昏昏状_COP　变　_ASP
长途跋涉，倦极欲睡。

（6）变体词缀 ངེ་(nge)，添加在前一音节以后加字 ང་(-ng)结尾的词根上。例如：

ཁྲོང་ངེ་ [[khrong]$_{\text{ADJ 竖的}}$nge] 端端地　　ཀྲང་གེ་ [[krang]nge] 直立地
ལྷང་ངེ་ [[lhang]$_{\text{ADJ 清楚}}$nge] 清晰地　　ཕུང་ངེ་ [[phung]$_{\text{V 垒}}$nge] 累累
རོང་ངེ་ [[rong]$_{\text{N 山谷}}$nge] 耸然　　སྤུང་ངེ་ [[spung]$_{\text{V 垒}}$nge] 累累

（7）变体词缀 རེ་(re)，添加在前一音节以后加字 ར་(-r)结尾的词根上。例如：

བདུན་རེ་ [[bdun]$_{\text{M 七}}$re] 每周地　　ཅ་རེ་ [[ca]$_{\text{ADV 常常}}$re] 经常
ཅར་རེ་ [[car]$_{\text{ADV 常常}}$re] 目不转睛地　　དེའུ་རེ་ [[devu]$_{\text{ADJ 少}}$re] 一点儿
ཀེ་རེ་ [[ke]$_{\text{ADV 直立状}}$re] 直立状　　ཀྱེ་རེ་ [[kye]$_{\text{ADV 直立状}}$re] 直立状
མཚམས་རེ་ [[mtshams]$_{\text{N 间隙}}$re] 偶尔　　ཤ་རེ་ [[sha]$_{\text{<本义不明>}}$re] 迅速，立即
སྐབས་རེ་ [[skabs]$_{\text{N 机会}}$re] 间或　　ཐེབས་རེ་ [[thebs]$_{\text{V 牵涉}}$re] 偶然
ཐུར་རེ་ [[thur]$_{\text{ADJ 斜}}$re] 立刻　　ཙ་རེ་ [[tsa]$_{\text{ADJ 零碎}}$re] 一直

（8）变体词缀 ནེ་(ne)，添加在前一音节以后加字 ན་(-n)结尾的词根上。例如：

ལྷན་ནེ་ [[lhan]$_{\text{ADJ 共同}}$ne] 坦坦然　　སྔོ་བུན་ནེ་ [[sngo bun]$_{\text{N 烟雾}}$ne] 青烟直冒状
ཐུགས་ལྷན་ནེ་ [[thugs lhan]$_{\text{N 同心}}$ ne] 神思坦荡

8.5.3　带词缀 cig /gcig/zhig 的副词

这个词缀有多个变体，跟在前一音节之后，辅音声母随前一音节变化。ཅིག་(cig)或 གཅིག་(gcig)原义为“全部，完整，某一（个、次）”，用作代词、形容词、副词，实际是多个词的同形形式。例如，ཆབས་ཅིག་ (chabs cig)共同，同时，འཁྱུག་ཙམ་ཅིག་ (vkhyug tsam cig)一瞬间，一会儿；ཅིག་ (cig)的变体形式是 ཞིག་ (zhig)，མ་ཞིག་ (ma zhig)本来，ཧྲོབ་ཙམ་ཞིག་ཅིག་ (hrob tsam zhig)大概，大略。

用 ཅིག་ (cig)构成的双音节派生副词：

ཆབས་ཅིག་ [[chabs]$_{ADV}$ 杂乱 cig] 共同地

དར་ཅིག་ [[dar]$_{N}$cig] 霎时

ལྷན་ཅིག་ [[lhan]$_{V}$ 聚集 cig] 一起

སྟབས་ཅིག་ [[stabs]$_{N}$ 机会 cig] 一同

ཐང་ཅིག་ [[thang]$_{N}$ 短时 cig] 暂时

ཡུན་ཅིག་ [[yun]$_{N}$ 时 cig] 片刻

དལ་ཅིག་ [[dal]$_{ADJ}$ 慢 cig] 顷刻

ཨེན་ཅིག་ [[en]$_{ADV}$ 稍微 cig] 稍微

ཉག་ཅིག་ [[nyag]$_{N}$ 秤 cig] 一定

ཐབས་ཅིག་ [[thabs]$_{N}$ 方法 cig] 一起

ཡང་ཅིག་ [[yang]$_{ADV}$ 再 cig] 再次

用 ཅིག་ (cig)构成的多音节派生副词：

གང་འཚམས་ཅིག་ [[gang vtshams]问候 cig] 适当地

ལམ་ཙམ་ཅིག་ [[lam tsam] cig] 大概地

ཁྲིག་ཁྲིག་ཅིག་ [[khrig khrig]]$_{ADJ}$cig] 马马虎虎

ངེས་ཅན་ ཅིག་ [[nges]$_{V}$ 确定 can]$_{N}$ cig] 必然

རིབ་རིབ་ཅིག་ [[rib rib]$_{ADJ}$ 片刻 cig] 一瞬间

འདྲ་པོ་ཅིག་ [[vdra]$_{V}$ 相似 po]cig] 大致地

འཁྱུག་ཙམ་ཅིག་ [[vkhyug tsam] cig] 一瞬间

ཡུད་ཙམ་ ཅིག་ [[yud tsam] cig] 一转眼

ཞེ་པོ་ཅིག་ [[zhe po] cig] 非常

用 ཞིག་ (zhig)构成的双音节派生副词：

ཅུང་ཞིག་ [[cung]$_{ADV}$ 少许 zhig] 少许

དུམ་ཞིག་། [[dum]$_{ADJ}$ 少 zhig] 少许

ཇེ་ཞིག་ [[je]$_{ADV}$ 最初 zhig] 暂时

མ་ཞིག་ [[ma]$_{ADV}$ 不 zhig] 本来

རེ་ཞིག་ [[re]$_{ADJ}$ 每 zhig] 不久

用 ཞིག་(zhig)构成的多音节派生副词：

ཧྲོབ་ཙམ་ཞིག་ [[hrob tsam] zhig] 大概

ཕྱོགས་ཙམ་ ཞིག་ [[phyogs tsam] zhig] 些微

ཏོག་ཙམ་ཞིག་ [[tog tsam] zhig] 一星半点

ཟུར་ཙམ་ཞིག་ [[zur tsam] zhig] 局部地

ཅིག་/ གཅིག་/ཞིག་(cig /gcig /zhig)作为构词语素表达的意思主要是“瞬间、少量、一下、某个、些许”，与时间、频次和程度有关。

8.5.4 带词缀 byas 的副词

副词词缀 བྱས་ (byas)的主要功能是添加在形容词之后构成派生副词，例如 ཡག་པོ་བྱས་ [[yag po]$_{ADJ}$ 好 byas]$_{ADV}$ 好好地，སྐྱིད་པོ་བྱས་ [[skyid po]$_{ADJ}$ 愉快 byas]$_{ADV}$ 愉快地，ལྷོད་ལྷོད་བྱས་ [[lhod lhod]$_{ADJ}$ 安静 byas] $_{ADJ}$ 安静地。བྱས་ (byas)作为副词词缀

经历了典型语法化过程。最初，词形 བྱས་ (byas)是动词 བྱེད་(byed)的过去时形式，后来可以添加词缀 པ་(pa)名词化，表示“所做之事”，又逐渐演化出“业绩、功劳”等意思。

8-91 རང་གི་ བྱ་བ་ངན་པ་བྱས་པ་རྣམས་ཀྱང་མི་ལ་ ཤོད་མཁན་མེད་སྙམ་

rang_gi bya-ba ngan-pa <u>byas-pa</u>-rnams kyang mi_la

自己_GEN 事情 坏 所做-NMZ-PL 也 人_DAT

shod_mkhan med snyam.

说_NMZ 没有 想

自己做的坏事也没想对人说。

8-92 བྱས་ན་ང་ཚོས་ཡག་པོ་བྱས་བལྟ་དོ།།

byas-na nga-tsho_s <u>yag-po-byas</u> blta_do.

那么 我们_AG 好好-Ly 看_IND

那咱们得好好看一看。

例 8-91 的 བྱས་པ་(byas pa)显然构成名词化短语，而且还可带复数标记 རྣམས་(rnam)。例 8-92 则是跟形容词构成的副词。此外，བྱས་(byas)所构成的名词在句法中可以添加格标记，形成 བྱས་ནས་ (byas nas)组合，经过重新分析后，形成一个新词 བྱས་ནས་(byas nas)“……地”，而其中 བྱས་(byas)又逐渐获得该词的语义，可以单独使用，成为副词词缀。例如：

8-93 དེ་ལ་ དཔེ་ བྱས་ནས་ ཡི་གེ་དབུ་ཅན་དུ་བྱས་

de_la dpe byas_nas yi-ge dbu-can du byas, …

那_LOC 书体 做_ABL 文字 有头 做

仿照其体，创有头字。（《西藏王统记》）

8-94 ཉི་ཤར་གྱིས་སྒུར་སྒུར་བྱས་ནས་གསར་སྐྱེད་རྩྭ་སྔོན་རྐང་གཅིག་བཅད།

nyi-shar_gyis sgur-sgur-byas-nas gsar-skyed rtswa-sngon rkang gcig

尼霞_AG 弯下腰 新生 青草 株 一

bcad.

摘

尼霞弯着腰摘下一棵新生的绿草。

目前大多数词典并不收入“形容词+byas”格式的副词，这与该类副词能产性较高有关。但是，词典中收入了一些“名词/代词/指示词+byas”构成的副词，这些副词都不具能产性。例如：

སྐྱིད་པོ་བྱས་ [[skyid po]$_{ADJ\ 愉快}$ byas] 愉快地

ཤེད་བྱས་ [[shed]$_{N\ 力气}$ byas] 用力地，使劲地

ད་ལྷོད་བྱས་ [[lhod lhod]$_{ADJ\{重叠\}松}$ byas] 悠闲地

ཤུགས་བྱས་ [[shugs]$_{\text{N 力气}}$ byas] 使劲地

གསལ་པོ་བྱས་ [[gsal po]$_{\text{ADJ 清楚}}$ byas] 清楚地

ཀེ་ཀེ་བྱས་ [[ke ke]$_{\text{重叠}}$<借词>byas] 格格不入地

གང་བྱས་མ་བྱས་ [gang byas ma byas] 无论如何

གང་བྱས་ [[gang]$_{\text{DEM 什么}}$ byas] 总之

མ་བྱས་རང་བྱས་ [ma byas rang byas] 势在必行

ནན་ཏན་བྱས་ [[nan tan]$_{\text{ADJ 郑重}}$ byas] 再三地

此外，由 བྱས་(byas)构成的词还有一些名词，应注意区别。例如：

ལེགས་བྱས་ [[legs]$_{\text{ADJ 美好}}$ byas]$_{\text{N}}$ 善事

ཉེས་བྱས་ [[nyes]$_{\text{ADJ 罪恶}}$ byas]$_{\text{N}}$ 恶行

སྔོན་བྱས་[[sngon]$_{\text{ADJ 预先}}$ byas]$_{\text{N}}$ 往事

8.5.5 带词缀 la 的副词

上文已经提出，藏语部分词格标记已经转变为副词词缀，ལ་ (la)是其中一个典型的词格标记或格助词，可用于位格、与格、向格、结果格、领有格、对象格等多种词格需求环境。ལ་ (la)作为构词成分显然是短语词汇化过程产生的，绝大多数情况 ལ་ (la)添加于名词，或者与名词兼类的词，有些词的词根语素自身现代也标记为副词了。例如，ཤུགས་ལ་ (shugs la)间接地，སྤྱི་ལ་ (spyi la)一般地，ག་ལེར་ལ་(ga ler la)慢慢地，轻轻地。下面对部分例词作词法分析，个别词根不能确定语素意义。

གདོང་ལ་ [[gdong]$_{\text{N 脸}}$ la] 跟前，前面

ཀུན་ལ་ [[kun]$_{\text{N 所有}}$ la] 到处，不断

མར་ལ་ [[mar]$_{\text{ADV 向下}}$ la] 后来，最后

མཇུག་ལ་ [[mjug]$_{\text{N 末端}}$ la] 最后

མུ་ལ་ [[mu]$_{\text{N}}$ la] 共同，成堆

ངོས་ལ་ [[ngos]$_{\text{N 朝向}}$ la] 当面，公开地

རིང་ལ་ [[ring]$_{\text{ADJ/N 长;久}}$ la] 之间，其间

སྡེབ་ལ་ [[sdeb]$_{\text{V/N 合}}$ la] 一起

ཤུགས་ལ་ [[shugs]$_{\text{N 力}}$ la] 间接

ཞོར་ལ་ [[zhor]$_{\text{ADV 附带}}$ la] 顺便，附带

གཞུག་ལ་ [[gzhug]$_{\text{N 末端}}$ la] 以后，后来

ལྐོག་ལ་ [[lkog]$_{\text{N 暗中}}$ la] 暗地里

མདུན་ལ་ [[mdun]$_{\text{N 前面}}$ la] 前面，当面

མོད་ལ་ [[mod]$_{\text{ADJ/N 虽然}}$ la] 在当时

ནང་ལ་ [[nang]$_{\text{N 里面}}$ la] 在里边

རྒྱབ་ལ་ [[rgyab]$_{\text{N 背后}}$ la] 后头（方位）

རྗེས་ལ་ [[rjes]$_{\text{N 痕迹}}$ la] 以后，后来

སྒེང་ལ་ [[sgeng]$_{\text{N 上}}$ la] 在上，置于上

སྤྱི་ལ་ [[spyi]$_{\text{ADJ/N 总}}$ la] 总之

双音节词添加词缀 la，包括重叠式或叠音式：

བར་སྲུབས་ལ་ [[bar srubs] la] 在……中间

ད་བར་ལ་ [[da bar] la] 迄今为止

ག་ལེར་ལ་ [[ga ler]la] 慢慢地

བར་ཙ་ལ་ [[bar tsa] la] 当中

དམའ་མཐའ་ལ་ [[dmav mthav] la] 至少

གཞུག་གཞུག་ལ་ [[gzhug gzhug] la] 最后

ཧོབ་ཧོབ་ལ་ [[hob hob] la] 有时候	མདུན་མདུན་ལ་ [[mdun mdun] la] 最前面
མཚམས་གཅིག་ལ་ [[mtshams gcig] la] 有时	སྡེབ་གཅིག་ལ་ [[sdeb gcig] la] 一起
སྐབས་ཅིག་ལ་ [[skabs cig] la] 一时	ཡུད་ཙམ་ལ་ [[yud tsam] la] 转眼之间

8.5.6 带词缀-r 的副词

按照传统文法，ར་(-r)是(la)类格的变体之一。由于 ལ་ (la)词形能表达多种词格，因此 ར་(-r)可能表示位格、向格、工具格等多类词格。ར་(-r)作为黏着形式有可能与语音带 ར་(-r)韵尾的词同形，这一点需要特别注意。例如单纯副词 མར་(mar)“向下”并非词根上带词格标记 ར་(-r)构成副词；而动词 སྐུར་(skur)“赠”的韵尾也不可能是词缀。但是，确实存在一部分带词格标记 ར་(-r)的副词，这个 ར་(-r)主要添加在名词或形容词上（无辅音韵尾音节）。试比较一下以下各例：

བཞའ་བ་ (bzhav ba)	ADJ	潮湿	བཞའ་བར་ (bzhav bar)	ADV	暗地里
ཉེ་བ་ (nye ba)	ADJ	近	ཉེ་བར་ (nye bar)	ADV	接近，几乎
ཇི་ལྟ་ (ji lta)	ADV	怎样	ཇི་ལྟར་ (ji ltar)	ADV	怎样，如何
རྟག་པ་ (rtag pa)	N	常法	རྟག་པར་ (rtag par)	ADV	经常，常常
ཕྱད་པ་ (phyad pa)	ADJ	常常	ཕྱད་པར་ (phyad par)	ADV	常常，永远
འཕྱད་པ་ (vphyad pa)	N	永恒	འཕྱད་པར་ (vphyad par)	ADV	连续地
གཅིག་པོ་ (gcig po)	ADJ	单独	གཅིག་པོར་ (gcig por)	ADV	孤单地，孤独
ཧད་པོ་ (had po)	ADJ	昏倒	ཧད་པོར་ (had por)	ADV	突然，骤然
ཚུ་ (tshu)	R	这里	ཚུར་ (tshur)	ADV	往这里
ཐད་ཀ་ (thad ka)	ADJ	正面	ཐད་ཀར་ (thad kar)	ADV	径直

如果前一音节本身带韵尾，则另添加音节性辅音词缀。（参见 8.5.5 节）

ཞོར་ (zhor)	ADV	附带	ཞོར་ལ་ (zhor la)	ADV	捎带，附带
གློ་བུར་ (glo bur)	ADV	忽然	གློ་བུར་དུ་ (glo bur du)	ADV	忽然，突然
རྐང་ཐང་ (rkang thang)	N	步行	རྐང་ཐང་ལ་ (rkang thang la)	ADV	步行地
སྐྱིད་སྐྱིད་ (skyid skyid)	ADJ	愉快	སྐྱིད་སྐྱིད་ལ་ (skyid skyid la)	ADV	愉快地
གཅིག་པོ་ (gcig po)	ADJ	只身	གཅིག་པོ་ལ་ (gcig po la)	ADV	只身
ལྷག་པར་ (lhag par)	ADV	尤其；特别	ལྷག་པར་དུ་ (lhag par du)	ADV	特殊

从附表可以发现，ར་(-r)不仅添加在名词、形容词上，也添加在副词之上。这是一个值得关注的现象，有可能说明副词是一个正处在词汇化过程的词类。当名词、代词或带形容词的名词短语添加词格标记形成状语，久之，词格标记又逐渐固化、词汇化为所附着词项或短语的一部分，形成副词。例如 ཚུ་ (tshu)“这里-DEM”添加 ར་(-r)生成副词(tshur)“往这里”，རྟག་

པ་ (rtag pa)“长久-N”添加词格生成副词 རྟག་པར་ (rtag par)“经常”，与另一个词根形成的副词 རྟག་ཏུ་ (rtag tu)等义。那些已经作为副词使用的词项在此词汇化过程中同样跟随这个词汇化潮流，也经历了带标记的形式，它们词汇化的方式是派生。例如 ཇི་ལྟ་ (ji lta)“怎样”生成了 ཇི་ལྟར་ (ji ltar)怎样，རྐང་ཐང་ (rkang thang)“徒步-N/ADV”兼作名词和副词，添加 ལ་(la)成为典型副词 རྐང་ཐང་ལ་ (rkang thang la)步行地，徒步地。

8.5.7 带词缀 du 的副词

དུ་(du)也是一个典型的格标记或格助词，通常表示趋向、方位、处所、结果等意义，用作位格、与格、向格、结果格等。副词标记 དུ་(du)原本来自词格标记，因此与词格标记同样受到读音结构上的制约。དུ་(du)一般只能添加在前一音节韵尾为 ང་(-ng)、ན་(-n)、ད་(-d)、མ་(-m)、ར་(-r)、ལ་(-l)结尾的词。དུ་(du)构成的副词数量较多，例如：

单音节词添加副词词缀：

འཕྲལ་དུ་ [[vphral] du] 当时，当即
བར་དུ་ [[bar] du] 当腰
དོན་དུ་ [[don] du] 事实上
དུག་དུ་ [[dug] du] 带毒
ཆེད་དུ་[[ched] du] 为了
ཟུར་དུ་ [[zur] du] 趁便
ཞོར་དུ་ [[zhor] du] 顺手，顺便
གང་དུ་ [[gang] du] 谁边
ལྟག་དུ་ [[ltag] du] 后头方位
མཉམ་དུ་ [[mnyam] du] 共同，一起
རྒྱུན་དུ་ [[rgyun] du] 经常，屡屡
གཏན་དུ་ [[gtan] du] 永远，永久
བསྐྱར་དུ་ [[bskyar] du] 从头，重新
དྲུང་དུ་ [[drung] du] 跟前，身边
དཀྱིལ་དུ་ [[dkyil] du] 正当中
འགྲམ་དུ་ [[vgram] du] 身边，近旁
སྔོན་དུ་ [[sngon] du] 事先
ཁྱད་དུ་ [[khyad] du] 特别，尤其
ལྷན་དུ་ [[lhan] du] 共同
མདུན་དུ་ [[mdun] du] 当面
མྱུར་དུ་ [[myur] du] 马上，急于
ལམ་དུ་ [[lam] du] 路上，途中

双音节词添加副词词缀：

ལྷག་པར་དུ་ [[lhag par] du] 特别地
དབང་མེད་དུ་ [[dbang med] du] 不由自主地
སླད་རོལ་དུ་ [[slad rol] du] 以后，后来
དེའི་སྔོན་དུ་ [[devi sngon] du] 先前
བར་བར་དུ་ [[bar bar] du] 有时
བར་སྣང་དུ་ [[bar snang] du] 凌空
བྱེད་བཞིན་དུ་ [[byed bzhin] du] 当口儿
དེ་ཉིད་དུ་ [[de nyid] du] 当下

ད་བར་དུ་ [[da bar] du] 到现在

བསམ་བཞིན་དུ་ [[bsam bzhin] du] 存心，故意

དོན་དམ་དུ་ [[don dam] du] 实际上

ཅིའི་དོན་དུ་ [[civi don] du] 为什么

ཅིག་ཅར་དུ་ [[cig car] du] 一起，同时

དབང་མེད་དུ་ [[dbang med] du] 不由自主

དེ་བཞིན་དུ་ [[de bzhin] du] 依此

དེ་མ་ཉིད་དུ་ [[de ma nyid] du] 跟着，紧接着

དེའི་ཆེད་དུ་ [[devi ched] du] 为此

དེའི་དོན་དུ་ [[devi don] du] 为此

དེའི་ནང་དུ་ [[devi nang] du] 个中

དེའི་ཞོར་དུ་ [[devi zhor] du] 外带，外加

དོན་མེད་དུ་ [[don med] du] 白白地

དུ་ཆའི་དུ་ [[du chavi] du] 几分之几

དུས་གཏན་དུ་ [[dus gtan] du] 永久

དུས་རྒྱུན་དུ་ [[dus rgyun] du] 随时

དུས་རྟག་དུ་ [[dus rtag] du] 每日，每时

ནང་ཁུལ་དུ་ [[nang khul] du] 自相，内部

གློ་བུར་དུ་ [[glo bur] du] 忽然

ལག་ཞོར་དུ་ [[lag zhor] du] 顺便

ལམ་ཞོར་དུ་ [[lam zhor] du] 顺路，顺便

ལྷག་པར་དུ་ [[lhag par] du] 尤其

མངོན་གསལ་དུ་ [[mngon gsal] du] 公然

མུ་མཐུད་དུ་ [[mu mthud] du] 不已

ན་བཞིན་དུ་ [[na bzhin] du] 扶病

མིག་ལམ་དུ་ [[mig lam] du] 眼底，眼前

རྒྱལ་ནང་དུ་ [[rgyal nang] du] 海内

རང་བཞིན་དུ་ [[rang bzhin] du] 自行，自然而然地

ས་སྟེང་དུ་ [[sa steng] du] 天底下

ཤེས་བཞིན་དུ་ [[shes bzhin] du] 明知

སྔ་རྟིང་དུ་ [[snga rting] du] 相继

སྙུང་བཞིན་དུ་ [[snyung bzhin] du] 扶病

多音节词添加副词词缀：

མུན་ནག་ནང་དུ་ [[mun nag nang] du] 暗中，黑暗里

ནམ་ཞག་རྒྱུན་དུ་ [[nam zhag rgyun] du] 刻刻

མཚམས་ཚད་ནང་དུ་ [[mtshams tshad nang] du] 限度内

མགྱོགས་ནས་མྱུར་དུ་ [[mgyogs nas myur] du] 急待

མིག་གི་མདུན་དུ་ [[mig gi mdun] du] 眼前，跟前

ངེས་པར་དུ་ [[nges par] du] 务必，无论如何

ཉིན་དེ་རང་དུ་ [[nyin de rang] du] 当天

ཉིན་རེ་བཞིན་དུ་ [[nyin re bzhin] du] 日渐

རིམ་པ་བཞིན་དུ་ [[rim pa bzhin] du] 挨个儿

སྒྲུབ་པའི་ངང་དུ་ [[sgrub pavi ngang] du] 当口儿

སྐད་ཅིག་ཙམ་དུ་ [[skad cig tsam] du] 转眼之间

སྣང་མེད་དུ་ [[snang med] du] 无意中

བསམ་པའི་གཏིང་དུ་ [[bsam pavi gting] du] 心灵深处

འཕྲལ་འཕྲལ་དུ་ [[vphral vphral] du] 迅急

ཡང་ནས་ཡང་དུ་ [[yang nas yang] du] 屡次，再三

འཕྲལ་མ་ཅིད་དུ་ [[vphral ma cid] du] 倏地

འཕྲལ་མ་ཉིད་དུ་ [[vphral ma nyid] du] 瞬间

གང་གི་དོན་དུ་ [[gang gi don] du] 为何

གང་ས་གང་དུ་ [[gang sa gang] du] 各处

དུས་དེ་ཉིད་དུ་ [[dus de nyid] du] 此时此刻

གཉེན་ཉེ་དུ་ [[gnyen nye] du] 亲朋

ཇི་སྲིད་བར་དུ་ [[ji srid bar] du] 万世

གཤམ་ནས་གོང་དུ་ [[gsham nas gong] du] 自下而上

ཁྱིམ་མཚེས་ཉེ་དུ་ [[khyim mtshes nye] du] 众邻，亲舍

ལོ་འདིའི་ནང་དུ་ [[lo vdivi nang] du] 年内

མགྱོགས་མྱུར་དུ་ [[mgyogs myur] du] 当时，马上

ཡུན་ནས་ཡུན་དུ་ [[yun nas yun] du] 久而久之

ཡུན་རིང་བར་དུ་ [[yun ring bar] du] 久久

ཡུད་ཙམ་རིང་དུ་ [[yud tsam ring] du] 俯仰之间

复合副词内部也可包含否定词，例如 དབང་མེད་དུ་[[dbang]$_{\text{N}}$ 主宰 [med]$_{\text{ADV}}$ 不 du]$_{\text{ADV}}$ 不由自主地，例如：

8-95 སུང་ཅང་གིས་ཟ་འོག་གྱོན་པ་སུམ་ཅུ་སོ་ལྔ་དང་གོང་མའི་མཆོད་ཆང་མཐོང་དུས་ སེམས་སྡུག་ཆེན་པོ་གིས་མིག་ཆུ་དབང་མེད་དུ་ཤོར།

sung-cang_gis za-vog gyon-pa sum-cu-so-lnga dang gong ma_vi mchod

宋江_AG 彩缎 衣 三十五 和 皇帝_GEN 黄酒

-chang mthong-dus sems-sdug-chen-po-gis mig-chu <u>dbang-med-du</u> shor.
看见-时候　伤心　大-LY　眼泪　不由自主-LY　流出
宋江看见三十五件锦缎和皇帝的酒时，伤心地不禁流出了眼泪。（《水浒传》）

8-96 ཝང་དབྱིང་གིས་ མཛེས་མ་དེ་ལྟ་བུ་མཐོང་སྟབས་དབང་མེད་དུ་ སྙིང་ག་འཕག་
wang-dbying_gis mdzes-ma de-lta-bu mthong stabs dbang-med-du
王瑛_AG　美女　如此　看见　因为　不由自主-LY
snying-ga-vphag.
心脏　跳跃
王瑛看见那种美女不自主的心跳。（《水浒传》）

8.5.8　带词缀 gi /gyi /kyi /-vi 的副词

这个词缀原本是属格标记，有多个变体形式。不过，总体上看，用属格标记构成的双音节副词较少，参见以下几例：

ཐ་གི་ [[tha] gi] 温和地，稍微　　དེའི་ནང་གི་ [[devi nang] gi] 个中
མ་གི་ [[ma] gi] 下边，后边　　ཕ་གི་ [[pha] gi] 那边
ཡ་གི་ [[ya] gi] 上面　　ཆུ་ཕ་གི་ [[chu] pha gi] 河那边
ག་ལེ་འི་ [[ga le]-vi] 慢慢地，轻轻地　　ཨ་ལེ་འི་ [[a le]-vi] 暂且
ག་ག་འི་ [[ga ga]-vi] 周到　　ཡང་ཡ་འི་ [[yang ya]-vi] 又，再
མཐའ་འཁྱིལ་རི་འི་ [[mthav vkhyil ri]-vi] 周围围满地
སྐྱ་འཁྱིལ་ལི་འི་ [[skya vkhyil li]-vi] 白花花铺了满地

疑问代词短语也可添加属格标记构成副词性短语，用作状语修饰语。例如：

ག་རེ་ཡིན་ནའི་(ga re yin navi) 无论如何
ག་འདྲས་ཡིན་ནའི་(ga vdras yin navi) 不论怎样

8.5.9　带词缀 gis /gyis /kyis /-s 的副词

这个词缀原本是施格（作格）或工具格标记，有多个变体形式。གིས་(gis)所添加的词项或词干（无韵尾）或者是名词、代词，或者是形容词。例如：

ཀག་གིས་ [[kag]TAP 灾难 gis] 突然　　དྲག་གིས་ [[drag]ADJ 好 gis] 狠狠地；使劲地
ཀོག་གིས་ [[kog]ADJ gis] 快快地　　གང་གིས་ [[gang]DEM 什么 gis] 何以（用什么）
རུག་གིས་ [[rug]ADJ 收拢 gis] 迅速　　ངང་གིས་[[ngang]N 本性 gis] 自然而然地
ཞུགས་ཆུང་གིས་ [zhugs chung gis] 轻手轻脚地
རིམ་གྱིས་ [[rim]N 级 gyis] 逐步地

词格标记添加在形容词后的原因似乎与格标记功能相冲突，但这正是藏语语序所致。当形容词作为后修饰语与被修饰的名词构成短语，所添加标记只能添加于短语之后，即修饰语之后。例如下面这个案例：

8-97 གེ་སར་ཚང་མ་ས་ལ་ ལྷུང་བ་འབུ་ཕྲ་མང་པོས་ཟ་བཞིན་ཡོད།

ge-sar tshang-ma sa_la lhung_ba vbu-phra mang po_s

花蕊 多 地_LOC 落_NMZ 虫子 很多_AG

za-bzhin_yod.

吃_ASP

花蕊都掉在地上，很多虫子正吃着。

其中名词短语 འབུ་ཕྲ་མང་པོ་ (vbu phra mang po)“很多虫子”是形容词后置修饰名词，故而施格标记 ས་ /གིས་ (-s /gis)加于形容词之后。由于 གིས་(gis)还具有工具格功能，因此在某些短语中添加于短语之后可能造成重新分析，转而视作词的一部分，形成副词。

8.5.10 带词缀 nas 的副词

这个词缀原本是词格标记，可以表示从格、同类比较格，如果主语是集体名词，施格用这个形式替代 གིས་(gis)，除此外还可作为连词使用。作为副词标记，由 ནས་(nas)与空间意义词语构成的副词多数表示程度，而与时间意义词语构成的副词表示时间点之后的意思。例如，རྩ་ནས་ (rtsa nas)简直，སྙིང་ནས་ (snying nas)诚心诚意，གང་ས་ནས་ (gang sa nas)全面地，སྙིང་ཐག་པ་ནས་ (snying thag pa nas)衷心地，སྔར་ནས་ (sngar nas)从早先，早就，མགོ་ནས་ (mgo nas)从头起。

试观察以下副词，基本来源于名词、代词与 ནས་(nas)组合而成。

བར་ནས་ [[bar]$_{\text{N 中间}}$ nas] 从中　　དེ་ནས་ [[de]$_{\text{R 那}}$ nas] 于是，从此

དེང་ནས་ [[deng]$_{\text{N 现在}}$ nas] 从今　　འདི་ནས་ [[vdi]$_{\text{DEM 这}}$ nas] 从此

གཞུག་ནས་ [[gzhug]$_{\text{N 末端}}$ nas] 随后　　ཁ་ནས་ [[kha]$_{\text{N 嘴}}$ nas] 口头上

ཀུན་ནས་ [[kun]$_{\text{N 所有}}$ nas] 完全　　མ་ནས་ [[ma]$_{\text{N 母}}$ nas] 原来，本来

རྒྱུན་ནས་ [[rgyun]$_{\text{N 常规}}$ nas] 根本[不]　　རྩ་ནས་ [[rtsa]$_{\text{N 脉；根本}}$ nas] 简直

འུང་ནས་ [[vung]$_{\text{N 此；其}}$ nas] 于是　　སྙིང་ནས་ [[snying]$_{\text{N 心脏}}$ nas] 从心里

སྔོན་ནས་ [[sngon]$_{\text{N 以前}}$ nas] 先头　　སྔར་ནས་ [[sngar]$_{\text{N 以前；起初}}$ nas] 早就

ཡེ་ནས་ [[ye]$_{\text{N 最初}}$ nas] 本来　　གཞི་ནས་ [[gzhi]$_{\text{N 根源；根本}}$ nas] 才，从头起

ག་ནས་ [[ga]$_{\text{R 什么}}$ nas] 从何处　　འགོ་མགོ་ནས་ [[vgo/mgo]$_{\text{N 顶端；首领}}$ nas] 从最初

ནས་(nas)添加在其他副词之后构成副词。还有少量添加在单音节动词后面，初步分析可能是名词与动词的同形词。

ལྐོག་ནས་ [[lkog]$_{\text{ADV 暗中}}$ nas] 背地里　　ལར་ནས་ [[lar]$_{\text{ADV 一般地（古）}}$ nas] 将来，以后

བརྟེན་ནས་ [[brten]$_{\text{V 支撑}}$nas] 基于　　གཟོད་ནས་ [[gzod]$_{\text{ADV 此时}}$nas] 从此，今后

གཞིགས་ནས་ [[gzhigs]$_{\text{V 考察}}$nas] 基于　ཁྱོན་ནས་ [[khyon]$_{\text{ADV 全部}}$nas] 简直，一点也

གཏན་ནས་ [[gtan]$_{\text{V 决定}}$nas] 根本，完全

རིང་ནས་ [[ring]$_{\text{ADJ 久}}$nas] 很早以来，从远处

拉萨话 བྱས་ (byas)已经发展为副词性标记，跟 ནས་(nas)结合构成 བྱས་ནས་ [[byas]$_{\text{<ADV 标记>}}$nas]$_{\text{ADV}}$“……地”仍然作为副词标记，大多添加于形容词之后。

8-98 བྱམས་པོ་བྱས་ནས་བསླབ་བྱ་བཏང་ པ་རེད་ངང་ནས་སྒོ་ནས་ངང་སྒམ་པོའི་ངང་ཡ་མཚན་གྱི་ངང་ནས་འཚུབ་འཚུབ་ངང་

byams-po-byas-nas　　bslab-bya-btang_pa-red

慈爱……地　　　　教诲-给_ASP

慈祥和蔼地进行了教诲。

此外，口语中，ངང་ནས་ (ngang nas)“……地”、སྒོ་ནས་(sgo nas)“……地”也作为副词使用，不过，有些还带有明显的组合短语痕迹，保留了原来句法上的特征。试观察，8-99 和 8-100 等例句。ངང་ (ngang)原义为“天性”，名词，因此 སྒམ་པོའི་ངང་(sgam povi ngang)就是“严肃的天性”，ཡ་མཚན་གྱི་ ངང་(ya mtshan gyi ngang)是“惊奇的本性”。但是添加从格标记 ནས་(nas)（实际可以分析为工具格标记），使得短语转变为修饰动词或动词短语的状语。但是 8-101 的 འཚུབ་འཚུབ་(vtshub vtshub)是重叠式状态形容词，句法上是 བྲེལ་བ་(brel ba)的后置修饰语，构成的短语再修饰 ངང་(ngang)，却不带属格标记，即 བྲེལ་བ་འཚུབ་འཚུབ་ངང་ ནས་ [[[[brel ba]$_{\text{N}}$[vtshub vtshub]$_{\text{ADJ}}$]$_{\text{N}}$ ngang]$_{\text{N}}$ nas]$_{\text{ADV}}$，这就引起一些不谐和，容易被重新分析。所以，部分词典把 གང་ནས་(gang nas)释为“怀着……心情”，显然是重新分析的结果，重新分析必然导致语法化。

8-99 ཨོང་བུ་ཀྱང་ད་དུང་སྒམ་པོའི་ ངང་ནས་ "འགྲིག་གི་རེད་"ཅེས་བརྗོད།

ong-bu kyang da-dung sgam-po_vi ngang-nas "vgrig_gi-red" ces- brjod.

驴　　也　　还　　　严肃_GEN 天性_ABL "可以_ (ASP)PRO" 说道

驴还是严肃地说：“可以。”

8-100 རྒྱལ་པོ་ཡ་མཚན་གྱི་ ངང་ནས་ བང་བར་ ལྟ་

gyal-po-ya mtshan_gyi　ngang-nas　bang-ba_r　lta

国王　　　惊奇_GEN　天性_ABL　谷仓_LOC 看

国王很惊奇，到谷仓（去）看。

8-101 ཉིན་གང་བྲེལ་བ་འཚུབ་འཚུབ་ངང་ནས་ལས་ཀ་བྱེད་དགོས་པ་

nyin-gang brel_ba　　vtshub-vtshub-ngang-nas　las-ka-byed dgos_pa

整天　　　忙_NMZ 风风火火……地　　　　干活　　　需要_NMZ

整天忙忙碌碌地干活。

8-102 ཕྱུག་པོའི་ རྒྱལ་སྒོ་གསང་བའི་ སྒོ་ནས་བཅག།

phyug-po_vi rgyal-sgo gsang-ba_vi sgo-nas bcag.

财主_GEN 大门 秘密_GEN ……地 砸破

（木匠）悄悄把财主家的大门砸坏了。

ནས་ (nas)与双音节词也构成副词，大多数双音节词都是名词，但个别也发现双音节本身就是副词的现象。此外，还有双音节形容词、连词带ནས་(nas)构成的副词。

ཆ་ཆ་ནས་ [[cha cha]N 双双 nas] 全面地

ཆུང་དུས་ནས་ [[chung dus]N 儿时 nas] 从小

གནའ་དུས་ནས་[[gnav dus]N 古时 nas] 自古

གནའ་རབས་ནས་[[gnav rabs]N 古代 nas] 古来

དེའི་ནང་ནས་ [[devi nang]N 其间 nas] 个中

ཁ་ཐོག་ནས་ [[kha thog]N 表面 nas] 口头上

མ་གཞི་ནས་ [[ma gzhi]N 论题 nas] 本来

མ་ཚང་ནས་ [[ma tshang]N 本来 nas] 原来

མགོ་སྒུར་ནས་ [[mgo sgur]N 低头 nas] 闷头儿

མིང་ཐོག་ནས་ [[ming thog]N 名义 nas] 出面

མཐིལ་ཕྱིན་ནས་ [[mthil phyin]N 彻底 nas] 始终

མུ་མཐུད་ནས་ [[mu mthud]N 继续 nas] 持续地

ངག་ཐོག་ནས་ [[ngag thog]N 口头 nas] 口头上

རྐང་བཙུགས་ནས་ [[rkang btsugs]N 根基 nas] 故意

དེ་སྔ་ ནས་ [[de snga] ADV 从前,先前 nas] 从来

སྔ་མོ་ནས་ [[snga mo]N 先前 nas] 一向

སྔ་རབས་ནས་ [[snga rabs]N 古代 nas] 历来

སྔ་ས་ནས་ [[snga sa]N 早先 nas] 趁早

སྔོན་མ་ནས་ [[sngon ma]N 起初 nas] 打早

སྔོན་ །སྔོན་ནས་ [[sngon] [sngon]N 预先 nas] 先前

སྔོན་ཚུད་ནས་ [[sngon tshud]N 提早 nas] 预先

སྟབས་ཡག་ནས་ [[stabs yag]N 幸亏 nas] 侥幸地

ཡིག་ཐོག་ནས་ [[yig thog]N 书面 nas] 明文地

རྩ་བ་ནས་ [[rtsa ba]N 根源 nas] 本来，完全

གང་ས་ནས་ [[gang sa]PRON 各处 nas] 全面地

ད་ཅི་ནས་ [[da ci]ADV 近来；前些时候 nas] 今后，以后

ད་གིན་ནས་ [[da gin]ADV 刚才；适才 nas] 方才

དང་ཐོག་ནས་ [[dang thog]~ADV 首先；起初~ nas] 开头

དེར་བརྟེན་ནས་ [[der brten]~CONJ 因此~ nas] 由此

དེའི་ཐོག་ནས་ [[devi thog]~CONJ 况且~ nas] 借以

སྐབས་འདི་ནས་ [[skabs vdi]~PHR 此时~ nas] 就此

དུས་འདི་ནས་ [[dus][vdi]~NP 这个时候~ nas] 从此（时间）

སྔ་པོ་ནས་ [[snga po]~ADJ 早~ nas] 趁早

ས་འདི་ནས་ [[sa vdi]~PHR 此地~ nas] 从此（地点）

ཕྱོགས་གཅིག་ནས་ [[phyogs gcig]~N 一方~ nas] 一方面

མགྲིན་གཅིག་ནས་ [[mgrin gcig]~N 同声~ nas] 异口同声地

སེམས་གཏིང་ནས་ [[sems gting]~N 心底~ nas] 深切地

ཐོག་མ་ནས་ [[thog ma]~N 首端~ nas] 从头，从最初

ཁ་མཐུན་ནས་ [[kha mthun]~ADJ 一致~ nas] 一致地

以上讨论涉及派生副词的来源问题，涉及构成派生副词的词缀或标记。目前，传统构词法观点仍然把其中一些副词词缀看作词格，为此，提出"词根+词格"副词词法模式。我们之所以认为这些词缀是副词标记是从共时平面看的，因为这些词格经历了语法化过程，从句法现象转变为词法现象，丧失了词格功能。如果归纳这些副词标记的来源，则主要来自位格：ཤིན་ཏུ་ (shin tu)，རབ་ཏུ་ (rab tu)，རྟག་ཏུ་ (rtag tu)，ངེས་པར་དུ་ (nges par du)；施格（作格）ཀག་གིས་ (kag gis)，ངང་གིས་ (ngang gis)，རིམ་གྱིས་ (rim gyis)，འུབ་ཀྱིས་ (vub kyis)，གང་གིས་ (gang gis)；从格及离格 ཀུན་ནས་ (kun nas)，སྔར་ནས་ (sngar nas)，གཏན་ནས་ (gtan nas)，ཁ་ནས་ (kha nas)，ཡེ་ནས་ (ye nas)，སྙིང་ནས་ (snying nas)，མགོ་ནས་ (mgo nas)；等等。

8.6 副词的重叠

8.6.1 常见副词

跟形容词不同，能够重叠的副词数量不多，而且未必都是词法上的重叠，应该不排除句法上的临时重复。例如：

ཏག་ཏག་ (tag tag) 刚好，正好　　ཐོལ་ཐོལ་ (thol thol) 时而，不时

ཡང་ཡང་ (yang yang) 反复地　　ནན་ནན་ (nan nan) 实实在在，踏踏实实

ཕར་ཕར་ (phar phar) 远远地　　ཧང་ཧང་ (hang hang) 空空地

ཧོབ་ཧོབ་ (hob hob) 突然，忽然　　ཧུར་ཧུར་ (hur hur) 愕然地

བརྟན་བརྟན་ (brtan brtan) 一定，无疑　གཏན་གཏན་ (gtan gtan) 一定

ཅོག་ཅོག་ (cog cog) 端端地　　　　　　མཚམས་མཚམས་ (mtshams mtshams) 偶尔，间或

试观察以下案例，副词 ཡང་ཡང་ (yang-yang)“反复地”重叠最为常见。བརྟན་བརྟན་ (brtan-brtan) “一定，必定” 原本来自形容词重叠式。也有带词缀形式 བརྟན་པོ་ (brtan po)稳定，坚定，该词的四音格重叠形式是 བརྟན་བརྟན་ཏིག་ཏིག་ (brtan brtan tig tig)，可缩减为 བརྟན་ཏིག་ (brtan tig)，都符合形容词词法规则。但同时，这个词也充当副词，是常见现象。

8-103 ཁེ་གྱོང་སྲང་ལ་ ཡང་ཡང་བཏེག་

khe-gyong srang_la　yang-yang bteg

得失　天平_LOC　反复　扶持

反复权衡得失。

8-104 སྤྱང་པོས་ བསམ་བློ་ལན་སྟོང་བཏང་ན་ཡང་། འཕྱུགས་པ་ཐེངས་གཅིག་བརྟན་བརྟན་ཡོང་བར་འགྱུར།།

spyang-po_s　bsam-blo lan stong btang na yang.

聪明_INS　思想　次 千　做　虽 也

vphyugs-pa thengs gcig brtan-brtan yong_ba_r　vgyur.

错误　次　一　必定　发生_NMZ_COP　变

智者千虑，必有一失。

8.6.2　临场副词

句子 8-105 和 8-106 似乎可看作临时组合，其中 རེམ་རེམ་ (rem-rem) “匆忙，尽力，竭力” 来自形容词 རེམ་པོ་ (rem po) “勤奋” 或动词 རེམ་ (rem) “努力” 。此处可能是临时重叠音变：

8-105 རེམ་མ་རེམ་མ་སོང་།།

rem-ma-rem-ma song.

快（努力）　走

快快走。

重叠副词 ཕར་ཕར་ (phar-phar)那边，表示远指处所或时间，比较常见，例如：དུས་ཡུན་ཕར་ཕར་འགྱངས་ (dus-yun 时间期限 phar-phar 那边 vgyangs 延迟)时间拖得很久。再如：

8-106 ངས་ སེམས་ཅན་དེ་གྱད་ཕར་ཕར་དེད་ པ་ཡིན།།

nga_s　sems-can de-gyad　phar-phar　ded_pa-yin.

我_AG 牲口　那些　那边　驱赶_ASP

我把那些牲口赶到那边去了。（周季文）

8-107 ལས་དོན་གང་ཅིར་ ཁུར་བསམ་ཆེན་པོས་ ནན་ནན་ བྱེད།།

las-don gang-ci_r　　khur-bsam chen-po_s nan-nan-byed.

工作　任何_OBJ　责任感　　大_INS　踏踏实实地做

以高度负责的精神，踏踏实实对待一切工作。

8.6.3　形容词加副词标记

除了以上基本重叠形式，副词还有一些较为复杂的重叠，其中部分跟形容词有一定关系，是借助形容词重叠再添加副词性标记造成的。例如：བསྟུད་བསྟུད་པར་ (bstud bstud par)接连不断地；ཏབ་ཏབ་པོར་ (tab tab por)忽然，匆忙地；ཐོལ་ཐོལ་བར་ (thol thol bar)突然；སྐབས་སྐབས་སུ་ (skabs skabs su)有时候；སྐབས་སྐབས་ (skabs skabs)时而，间或；等。还有四音格形式的重叠，数量不多。例如：

8-108 ཡང་སེ་ཡང་སེ་ཕེབས་རོགས་གནང་།།

yang-se-yang-se phebs rogs-gnang.

经常　　　　　　来　　请-HON

请经常来。

这类词还有：ཁད་ཀྱིས་ཁད་ཀྱིས་ (khad kyis khad kyis)迟迟，渐渐；ཁ་གདངས་མིག་གདངས་ (kha gdangs mig gdangs)目瞪口呆；གང་ལ་གང་འོས་ (gang la gang vos)机动灵活地；ཁ་ཐོག་ལག་བཤར་ (kha thog lag bshar)说到做到；ལམ་སང་ལམ་སང་ (lam sang lam sang)一会儿；或者 གཅིག་གཅིག་གཉིས་གཉིས་ (gcig gcig gnyis gnyis)一五一十地；ངམ་ངམ་ཤུག་ཤུགས་ (ngam ngam shug shugs)自然而然。

代词 གང་ (gang)“什么，任何”可以跟某些形容词或动词重叠形式结合构成特别的副词，例如：གང་ལེགས་ལེགས་ (gang legs legs)尽量好地，གང་མགྱོགས་མགྱོགས་ (gang mgyogs mgyogs)尽快地，གང་ཤེས་ཤེས་ (gang shes shes)尽其所知地。

第 9 章　古藏语的形态*

这一章我们主要讨论既涉及名词又涉及动词的非音节性辅音词缀：-n、-d、-s。第9.5节尝试性地讨论古藏语名-动共享词根所蕴含的名词和动词起源假设。

9.1　名动韵尾交替现象

沃尔芬登（Wolfenden，1929）提出古藏语存在一系列韵尾交替屈折形态现象，这些交替呈现为名词与动词的对立。发生交替的韵尾都是黏着性辅音：-s、-d、-n。此外，为叙述方便，不带辅音韵尾的名词或动词，我们假定也存在零形式词缀，即-Ø。为与现代音节性词缀区别，本书称这类词缀为非音节性辅音黏着词缀。我们先来看看沃尔芬登所举部分案例。

（1）以-s 结尾的名词与元音结尾(零韵尾)的动词（过去时）交替

བླུས་མ་ (blus-ma$_{(N)}$)赎金：比较 བླུ་པ་ (blu-pa)，过去时：བླུད་བ་ (blud-ba)，现在时：བླུས་ (blus)收买，赎回。

འགྲུས་པ་ (vgrus-pa$_{(N)}$)热情，勤奋，尽力，比较：过去时：འགྲུ་བ་ (vgru-ba)，现在时：གྲུས་ (grus)给与……伤痛。

འཕྲས་པ་ (vphras-pa$_{(N)}$)击敲，吹动，踢，比较：过去时：འཕྲ་བ་ (vphra-ba)，现在时：འཕྲས་ (vphras)踢，用脚撞击。

རྩིས་ (rtsis$_{(N)}$)数，计算，说明，估计，评价，比较：过去时：རྩི་བ་ (rtsi-ba)，现在时：བརྩིས་ ((b)rtsis), 将来时：བརྩི་ (brtsi), 命令式：བརྩིས་ ((b)rtsi(s))数，估计。

རིས་ (ris$_{(N)}$)塑造，形成，设计，比较：过去时：འབྲི་བ་ (vbri-ba)，现在时：བྲིས་ (bris)绘制，设计，书写。

---

* 本章部分内容初稿曾在第 16 届国际人类学与民族学会议（昆明，2009“跨喜马拉雅地区的藏缅语族语言”专题会）宣读，修订稿又在 The 5th International Conference in Evolutionary Linguistics (Aug.17-19, 2013，The Chinese University of Hong Kong)发表。

ལྟས་ (ltas$_{(N)}$)不可思议的迹象或者现象，预兆，奇迹，比较：过去时：ལྟ་བ་ (lta-ba)，现在时：བལྟས་ (bltas)，将来时：བལྟ་ (blta)，命令式：ལྟོ་ (lto)，བལྟ་ (blta)看，观察（见 ལྟད་མོ་ (ltad-mo)。

（2）以-d 结尾的名词与零韵尾动词（过去时）交替

བླུད་པ་ (blud-pa $_{(N)}$)泄露，敲诈。比较：བླུ་བ་ (blu-ba)的过去时，现在时：བླུས་ (blus)收买，敲诈。

ངུད་མོ་ (ngud-mo$_{(N)}$)呜咽。比较：ངུ་བ་ (ngu-ba)的过去时，现在时：ངུས་ (ngus)哭泣。

མཆིད་ (mchid) (resp)$_{(N)}$谈论，演讲，演说。比较：མཆི་བ་ (mchi-ba)“说”的过去时。

གདུད་པ་ (gdud-pa$_{(N)}$)爱，渴望。比较：གདུ་བ་ (gdu-ba)“爱”的过去时。

ལྟད་མོ་ (ltad-mo$_{(N)}$)视域，景色，奇观。比较：ལྟ་བ་ (lta-ba)的过去时，现在时：བལྟས་ (bltas)，将来时：བལྟ་ (blta)。比较：命令式：ལྟོས་ (ltos)，བལྟ་ (blta)“看，观察，检查。

དྲོད་ (drod$_{(N)}$)温暖，热。比较：འདྲོ་བ་ (vdro-ba)“温暖的”的过去时。

གུད་ (gud$_{(N)}$)遗失，很可能与 རྐུ་བ་ (rku-ba)的过去时同源。比较：现在时 བརྐུས་ ((b)rkus), 将来时：བརྐུ་ (brku), 命令式：རྐུས་ (rkus)偷，抢夺。

（3）以-n 结尾的名词与以-s 结尾的动词（过去时）交替

འདྲེན་མ་ (vdren-ma$_{(N)}$混合。比较：འདྲེ་བ་ (vdre-ba)，过去时：འདྲེས་ (vdres)，命令式：འདྲེས་ (vdres)混合。

འཐུན་ (vthun), ཐུན་ (thun$_{(N)}$)收藏家，收集者，比较：འཐུ་བ་ (vthu-ba), འཐུན་པ་ (vthun-pa)，过去时：འཐུས་ (vthus)，བཏུས་ (btus)，将来时：བཏུ་ (btu)，命令式：ཐུས་ (thus), བཏུ་ (btu)收集，聚集。

མདུན་མ་ (mdun-ma$_{(N)}$)妻子（即结了婚的人），比较：འདུ་བ་ (vdu-ba), 过去时：འདུས་ (vdus)集合，集聚，碰面，将另一个与之合并（例如 ཁྱོ་ཤུག་ཏུ་ (khyo-shug-tu) 作为丈夫或妻子），已结婚。

སྐྱིན་པ་ (skyin-pa$_{(N)}$)借来的东西，贷款，比较：སྐྱི་བ་ (skyi-ba)，过去时：བསྐྱིས་ (bskyis)将来时：(བསྐྱི་ bskyi)，命令式：སྐྱིས་ (skyis)借。

རྫུན་བརྫུན་ (rdzun，brdzun$_{(N)}$)不真实，小说，寓言，谎言，比较：རྫུ་བ་ (rdzu-ba)，过去时：བརྫུས་ ((b)rdzus)，将来时：བརྫུ་ (brdzu)，命令式：བརྫུ་ ((b)rdzu(s))歪曲，迷惑，虚假。

རྒྱུན་ (rgyun$_{(N)}$)流动，涌流，流注，比较：རྒྱུ་བ་ (rgyu-ba)，རྒྱུད་པ་ (rgyud-pa)，过去时：བརྒྱུས་ (brgyus)，བརྒྱུད་ (bugyud)，将来时：བརྒྱུ་ (brgyu)，命令式：རྒྱུད་ (rgyud)通过，穿过，横越。

སྐྱོན་ (skyon$_{(N)}$)错，欠缺，毁坏，破坏，比较：སྐྱོ་བ་ (skyo-ba)疲倦，累的，苦恼的。

ཤུན་པ་ (shun-pa$_{(N)}$树皮，表皮，果皮，外皮，比较：ཤུ་བ་ (shu-ba)，过去时：ཤུས་ ((b) shus)，将来时：བཤུ་ (bshu)，命令式：ཤུ་ ((b)shu(s))褪去，剥去表皮，外皮。

རྔན་པ་ (rngan-pa$_{(N)}$)报酬，费用，工资；作动词，报酬，付费，回报。比较：རྔ་བ་ (rnga-ba)，过去时：བརྔས་ (brngas)，将来时：བརྔ་ (brnga)，命令式：རྔོས་ (rngos)谷堆，收获，丰收，将收获物堆起。

ཚོན་ (tshon$_{(N)}$)颜色，着色。比较：བཙོ་བ་ (btso-ba)染色，上色。འཚོད་པ་ (vtshod-pa)，འཚེད་པ་ (vtshed-pa)，过去时：བཙོས་ (btsos)，将来时：བཙོ་ (btso)，命令式：ཚོས་ (tshos)，ཚོད་ (tshod)染色。

སྟན་ (stan$_{(N)}$)地席，地毯，坐垫。比较：སྟད་པ་ (stad-pa)，过去时和将来时：བསྟད་ (bstad)，命令式：སྟོད་ (stod)铺在，放在。

བཞོན་མ་ (bzhon-ma$_{(N)}$)挤奶。比较：བཞོ་བ་ (bzho-ba)，བཞོས་པ་ (bzhos-pa), འཇོ་བ་ (vjo-ba)挤奶。ཞོ་ (zho)$_{(N)}$)牛奶。

གདན་ (gdan$_{(N)}$)垫子，坐垫。གདའ་བ་ (gda-ba)在这里，那里。

沃尔芬登所讨论的现象是古藏语的构形形态，非音节性辅音黏着词缀 -n，-d，-s 基本功能是使动词转换为名词或动名词，也就是名词化。现代藏语中这类词缀已经固化于词根，词的数量不多，明显不具有能产性。

沃尔芬登之后，还有多部论著提及这类现象，或者单纯的藏语描述，或者放在汉藏语构形范畴讨论。例如，Von Koerber（1935）对藏语形态的分析；Benedict 和 Matisoff（1972）分析了包括藏语在内的藏缅语后缀形态；Beyer（1992）的分析更为精细，他区分了派生的两大类型：内派生（inner derivation）和外派生（outside derivation），内派生采用非音节性形式（nonsyllabic formatives），外派生采用音节性形式（syllabic formatives），他还列出了部分藏语动词与名词相对的实例（1992:111-119）。金理新（2006）也用此作为汉语上古形态的旁证。不过，古藏语或书面藏语较完整的非音节性辅音黏着词缀的构词和构形面貌及其功能究竟如何却一直未见更详尽讨论。近年张济川（2009）的讨论也涉及该项内容，但以词形对照举例为主。本章将进一步讨论这个早期藏语现象。

9.2　名词化词缀 -n、-d、-s

既然非音节性辅音黏着词缀是古藏语的形态形式，我们必然可以在早期藏文文献发现它们的踪迹，例如吐蕃碑文石刻或者敦煌文献。我们从敦煌出土的《吐蕃大事纪年》发现一个典型案例：[①]

9-1 བཙན་པོ་ཕོ་བྲང་ནས་ཡམ་ཅུ་དང་སྡག་ཅུང་བཇང་གྱིས་ཀྭ་ཅུ་ཁར་ནང་དུ་ མཆིས་པའི་ དུ་སུ་ཁར་ནང་ནས་རྒྱ་པོ་ཀོ་ཏེ་མཆིས་པའི་ ཀམ་ཅུ་
མཇལ་དེ་ རྨས་པ་མཆིད་ས་ …… བཙན་པོའི་ཕོ་བྲང་ལྷ་སྒལ་ནས་བཞུག་སྟེ་བླ་ན་བཀའ་ནན་ཐུར་དྲགས་སྡེ་མཆི་

btsan [po] pho-brang_nas yam-cu dang sdag-cung-bjang_gyis kwa-cu
赞普　宫殿_ABI　严木久 和　达炯桑_AG　瓜州
khar-nang_du.　mchis_pa_vi　du su khar-nang_nas　rgya-po-ko-te
城里_LOC　存在_NMZ_GEN 时 城内_LOC　唐人 博高德
mchis_pa_vi　kam-cu mjal de. rmas-pa <u>mchid</u> nas ……btsan-pho_ [vi]
在_NMZ_GEN 甘州　会见　询问　话语　赞普_GEN
pho-brang lha-sgal_nas bzhug-ste　bla na bkav nan thur drags sde <u>mchi</u>.
牙帐　拉垓_LOC 驻扎 COR 叙说 言谈 下　方 太　命令 说

严木久与达炯蒋（桑）自赞普行宫往瓜洲城时，与自该城前往甘州之唐人博高德相遇，谈话如下……，时赞普行宫驻于拉陔，下令严饬……。

这段文献中，མཆིད་ (mchid)“话语，言谈”用作名词，而句末的 མཆི་ (mchi)“命令，说”用作动词。由此可见，黏着词缀形态当时似乎仍然起着一定形态作用。

非音节性黏着词缀在形式上的特点是语言中令人感兴趣的现象，很接近名动无形式变化的词性转变现象。Beyer（1992:112）讨论藏语派生词时讲了一个故事，即名词词干直接用作动词的情况：

9-2 རྟ་ཀྱོད་ནི་ཁར་ སྲབ་གྱིས་སྲབ་

rta kyod ni kha_r　<u>srab</u>_gyis <u>srab</u>
马 你　呢 嘴_LOC 绳_INS　拴
You, horse, are <u>bridled</u> with <u>a bridle</u> in your mouth.
嘿，马，你嘴上的拴绳拴着你。

① 参看黄布凡、马德 2000《敦煌藏文吐蕃史文献译注·吐蕃大事纪年》（P38）。甘肃教育出版社。又参见：王尧、陈践 1992《敦煌本吐蕃历史文书》（增订本）。民族出版社。

英语 bridle（拴，拴绳）名动兼类，但是动词发生词形变化，被动态是 be bridled。比较藏语，སྲབ་ (srab)“拴绳”跟动词 སྲབ་ (srab)“拴”词形一样。类似的例词还有：

9-3 རྒྱན་ གྱིས་བརྒྱན་

rgyan_gyis brgyan

装饰品_INS 装饰

用装饰品（藏语：རྒྱན་ (rgyan)：英语：adornments）装饰（藏语：བརྒྱན་ (brgyan)：英语：adorned）

这一句中，藏语动词有时式变化。但引起变化的是时态形式的变化而不是名词化现象。

现代藏语完全放弃了这种非音节性辅音黏着词缀，转而利用音节性词缀完成动词的名词化转变。试对比：

古代：དྲོ་ (dro)$_{[v]}$热 ＞དྲོད་ (drod)$_{[n]}$温度

现代：འཚོ་ (vtsho)$_{[V]}$放牧 ＞འཚོ་བ་ (vtsho ba)$_{[N]}$生活

为了详尽了解古藏语非音节性辅音黏着词缀现象，本章从词典和文献中尽量多地汇集案例，观察这些词缀的名词化功能和可能的其他功能。①

9.2.1 词缀[-n]

动词词干添加后缀-n 主要表示动作结果的抽象性质或对象，

བཞོ་	(bzho)	挤（奶）	བཞོན་	(bzhon)	乳
གད་	(gda(v))	存在	གདན་	(gdan)	坐垫，座位
ཞུ་	(zhu)	溶解	ཞུན་	(zhun)	溶液
གཅི་	(gci)	撒尿	གཅིན་པ་	(gcin pa)	尿
སྨྱོ་	(smyo)	疯	སྨྱུན་པ་	(smyun pa)	疯子
མཛ་	(mdza)	做夫妻	མཛན་པོ་	(mdzan po)	丈夫
ཤུ་	(shu)	剥	ཤུན་པ་	(shun pa)	外皮
བསུ་	(bsu)	迎接	བསུན་མ་	(bsun ma)	女接待员
རྐུ་	(rku)	偷	རྐུན་མ་	(rkun ma)	贼
འགྲོ་	(vgro)	往来	འགྲོན་པོ་	(vgron po)	客人
རྒ་	(rga)	老	རྒན་པོ་	(rgan po)	老人
སྐྱོ་	(skyo)	犯错	སྐྱོན་	(skyon)	缺点，错误
རི་	(ri)	估价	རིན་	(rin)	价钱

① 藏语各方言添加的黏着词缀不完全一致，本文收集的书面形式很难区分方言，因此讨论这些现象的时候未尝试区分方言的不同形式。

རྒྱུ་	(rgyu)	贯穿	རྒྱུན་	(rgyun)	传统
རྫུ་	(rdzu)	假装	རྫུན་	(rdzun)	谎言
ཕྲ་	(phra$_{[A/V]}$)	细小	ཕྲན་	(phran)	琐细，零碎
འདྲེ་	(vdre)	混合	འདྲེན་མ་[N]	(vdren ma$_{[N]}$)	混合
དབྱེ་	(dbye)	（使）分开	དབྱེན་	(dbyen)	离间
རྨོ་	(rmo)	耕	རྨོན་པ་	(rmon pa)	耕作
ཟ་	(za)	吃	ཟན་	(zan)	糌粑类食物
འདུ་	(vdu)	聚	འདུན་མ་	(vdun ma)	会议

无论表示动作结果的性质还是对象，我们注意到添加后缀-n 构成名词的动词一般都是现在时形式或者未来时形式。再如（顺序：现-未-过-命）：

བཞོན་ (bzhon) 乳 བཞོ་, བཞོ་, འཞོས་, འཇོས་ (<bzho, bzho, vzhos, vjos 挤［奶］)

ཤུན་པ་ (shun pa) 外皮 ཤུ་, བཤུ་, བཤུས་, ཤུས་ (<shu, bshu, bshus, shus 剥)

རྨོན་པ་ (rmon pa) 耕作 རྨོད་, རྨོ་, རྨོས་, རྨོས་ (<rmod, rmo, rmos, rmos 耕)

བསུན་མ་ (bsun ma) 女接待 བསུ་, བསུ་, བསུས་, སུས་ (<bsu, bsu, bsus, sus 迎接)

派生名词形式包括两种情况，有些在动词上添加黏着词缀后即构成名词，例如 བཞོན་ (bzhon)乳< བཞོ་ (bzho)挤（奶），རྫུན་ (rdzun)谎言< རྫུ་ (rdzu)假装，སྐྱོན་ (skyon)错误< སྐྱོ་ (skyo)犯错，རྒྱུན་ (rgyun)传统< རྒྱུ་ (rgyu)贯穿，有些带黏着词缀的名词还要添加现代独立音节形式的词缀，这可能说明黏着性词缀功能丧失之后早已融合为词根的一部分，进一步的变化则随着新的词法规则进行，例如 གཅིན་པ་ (gcin pa)尿，མཛན་པོ་ (mdzan po)“丈夫”或 མཛན་མོ་ (mdzan mo)妻子；འདུན་མ་ (vdun ma)祭奠。某些词添加或不添加独立音节形式有意义上的差别，例如 དབྱེན་ (dbyen)离间，དབྱེན་པ་ (dbyen pa)离间者< འབྱེད། དབྱེ། ཕྱེ། ཕྱེས་ (vbyed, dbye, phye, phyes)［使］分开。

添加独立音节词缀可以带来更丰富的构词形式：སྨྱུན་པ་ (smyun pa)“疯子”，སྨྱོན་མ་ (smyon ma)疯女人；རྐུན་མ་ (rkun ma)也可写作 རྐུ་མ་ (rku ma)贼，འགྲོན་པོ་ (vgron po)可写作 མགྲོན་པོ་ (mgron po)客人；འཐུན་པ་ (vthun pa)“采集者”也作 མཐུན་པ་ (mthun pa) < འཐུ་ (vthu“采集”)。有词法上的原因，也有音变上的原因。

9.2.2　词缀[–d]

动词词干添加-d 主要表示动作引发的现象或该现象涉及的对象和结果，添加在词根为零韵尾词干上。

དྲོ་	(dro)	热	དྲོད་	(drod)	温度
ངུ་	(ngu)	哭	ངུད་མོ་	(ngud mo)	大哭

མཆི་	(mchi)	说	མཆིད་	(mchid)	言语，谈话
ན་	(na)	生病	ནད་	(nad)	疾病
ཤི་	(shi)	死	ཤིད་	(shid)	超度
བརྙ་	(brnya)	讥笑	སྙད་ཀ་	(snyad ka)	缺点
ལྟ་	(lta)	看	ལྟད་མོ་	(ltad mo)	热闹
རྒ་	(rga)	变老	རྒད་པོ་	(rgad po)	老翁
སྙེ་	(snye)	倚	སྙེད་	(snyed)	后鞦
ལུ་	(lu)	咳，吐	ལུད་	(lud pa)	痰
བྲོ་	(bro)	散发（气味）	བྲོད་	(brod)	味道
གཤེ་	(gshe)	辱骂	གཤེད་	(gshed)	仇敌
རྩེ་	(rtse)	玩	རྩེད་མོ་	(rtsed mo)	游戏
ཚ་	(tsha)	热	ཚད་པ་	(tshad pa)	热

添加词缀-d 名词化的词数量较少，其中个别动词语音上有较大变化，例如 སྙད་ཀ་ (snyad ka)缺点，过错（< བརྙ། བརྙ། བརྙས། རྙོས་ (brnya, brnya, brnyas, rnyos) 讥笑)，可能发生过 r > s 的变化并记录在名词之中。有些词通过动词内部屈折变化可以判定名词词根，例如 ཤིད་ (shid)“超度”来自过去时形式 འཆི། འཆི། ཤི་ (vchi, vchi, shi)死。

语义上，有些名词是动作涉及的对象，例如 སྙེད་ (snyed)后鞦，有些是受事结果，例如 གཤེད་ (gshed)仇敌，或者动作现象 རྩེད་མོ་ (rtsed mo)游戏。

9.2.3 词缀[-s]

动词词干添加-s 主要表示有受动意义动词的名词化，或者动作引发的相关事物或现象，形成名词。

འཆིབ་	(vchib)	骑	ཆིབས་པ་	(chibs pa)	坐骑
སྐུག་	(skug)	赌博	སྐུགས་	(skugs)	赌注
རྫོང་	(rdzong)	送礼	རྫོངས་	(rdzongs)	礼品
གཡོ་	(g-yo)	烹调	གཡོས་	(g-yos)	熟食
འཐག་	(vthag)	织	ཐགས་	(thags)	织物
ཟ་	(za)	吃	ཟས་	(zas)	食物
འཆིང་	(vching)	系	ཆིངས་	(chings)	条约
བླུག་	(blug)	灌	བླུགས་	(blugs)	铸件
བཤོ་	(bsho)	倾出	བཤོས་	(bshos)	供品
བླུ་	(blu)	赎	བླུས་མ་	(blus ma)	赎回物
འབྲི་	(vbri)	画	རིས་	(ris)	图画

སྤོ་	(spo)	变化	སྤོས་	(spos)	藏香
འགེབས་	(vgebs)	盖	ཁེབས་	(khebs)	盖子
དཀྲི་	(dkri)	缠	དཀྲིས་	(dkris)	桶箍
འཚོད་	(vtshod)	染	ཚོས་	(tshos)	染料
སྐྱེམ་	(skyem)	渴	སྐྱེམས་	(skyems)	饮料
འཁྱུག་	(vkhyug)	敏捷	འཁྱུགས་	(vkhyugs)	草书
སྦུབ་	(sbub)	盖，覆	སྦུབས་མ་	(sbubs ma)	桶装物
ལུག་	(lug)	铸造	ལུགས་	(lugs)	铸件
འདོམ་	(vdom)	聚集	འདོམས་	(vdoms)	阴部
བཤའ་	(bshav)	杀	བཤས་པ་	(bshas pa)	屠夫
འགྲོ་	(vgro)	走	འགྲོས་	(vgros)	步态
རྩི་	(rtsi)	计算	རྩིས་	(rtsis)	算学
ལྡོབ་	(ldob)	学会	ལྡོབས་	(ldobs)	悟性
སྦྲེང་	(sbreng)	排列	སྦྲེངས་	(sbrengs)	行列
སྐྱོབ་	(skyob)	拯救	སྐྱབས་	(skyabs)	佛保护者
རྐོ་	(rko)	雕刻	རྐོས་	(rkos)	雕刻
རྗེ་/བརྗེ་	(rje/brje)	替代	རྗེས་	(rjes)	痕迹
སྲུབ་	(srub)	摇动	སྲུབས་	(srubs)	裂缝
སྒྲིག་	(sgrig)	编排	སྒྲིགས་	(sgrigs)	秩序
སྡོམ་	(sdom)	捆	སྡོམས་	(sdoms)	捆儿束
ཁྱོག་	(khyog)	举得住	ཁྱོགས་	(khyogs)	轿，担架
འབུག་	(vbug)	钻	སྦུགས་	(sbugs)	洞，穴
གཞོག་	(gzhog)	隔离	གཞོགས་	(gzhogs)	侧面
བགྲང་	(bgrang)	计数	གྲངས་ཀ་	(grangs [ka])	数目
བྱས་	(byas$_{(PST)}$)	做	བྱས་པ་	(byas pa)	陈迹，往事
གཤོང་	(gshong)	疏浚	གཤོངས་ས་	(gshongs sa)	盆地
ལྟ་	(lta)	看	ལྟས་/ལྟས་པ་	(ltas /ltas pa)	预兆；卦师
ཕྱུག་	(phyug)	富	ཕྱུགས་	(phyugs)	家畜
ཟབ་མོ་	(zab(mo)$_{[A]}$)	深	ཟབས་	(zabs)	深度
བགྲོ་	(bgro)	商议	གྲོས་	(gros)	言论

后缀-s 可添加于 g-, b-, m-, ng-等所有非齿龈音或边音韵尾和无辅音韵尾的词之后，因此数量比较多。有相当部分动词转指事物的名词都带有动作受事的含义，例如 འཆིབ་ (vchib)骑，ཆིབས་པ་ (chibs pa)坐骑；འབྲི་ (vbri)画，རིས་ (ris)图画。但也有表示材料的 འཚོད་ (vtshod)染，ཚོས་ (tshos)染料；表示工具的 དཀྲི་

(dkri)缠，དཀྲིས་ (dkris)桶箍；表示动作的结果，འཁྱུག་ (vkhyug)(未来时：འཁྱུག་ (vkhyug-)，过去时：འཁྱུགས་ (vkhyugs)敏捷，འཁྱུགས་ (vkhyugs)= འཁྱུག་ཡིག་(vkhyug yig)草书。部分词通过再添加音节性词缀可以表示施事和受事，例如 བཤའ་ (bshav)杀，བཤས་པ་ (bshas pa)屠夫；འཚོད་ (vtshod)染，ཚོས་པ་ (tshos pa)染匠；ལྟ་ (lta)看，ལྟས་པ་ (ltas pa)卦师；སྦུབ་ (sbub)盖，覆，སྦུབས་མ་ (sbubs ma)桶装物。张济川认为（2009: 251）：后缀-s、-d 的功能几乎是一样的，这话有一定道理。因为二者的确存在分布位置的差异，或者可以理解为同一功能词缀的互补分布。

以上几个黏着词缀有时相互替换，意义差别不大。例如 རྒ་ (rga)老 ＞ རྒན་པོ་ (rgan po)老人， རྒས་པོ་ (rgas po)容颜苍老者，后者与形容词 རྒས་པ་ (rgas $pa_{[A]}$)“衰老的”有一定联系。再如 བཤའ་ (bshav): བཤའ། བཤའ། བཤས། ཤོས་ (bshav, bshav, bshas, shos)杀，＞ བཤས་པ་ (bshas pa)，也写作 བཤན་པ་ (bshan pa)屠夫，拉萨话分别读作[$ɕɛ^{55}pa^{55}$]或[$ɕɛn^{55}pa^{55}$]。

有少数带词缀-s 的词似乎存在名词与名词之间的差异，张济川（2009: 263）归为名词变名词。例如：གཞི་ (gzhi)处所，གཞིས་ (gzhis)家乡；དབུ་ (dbu)顶部，དབུས་ (dbus)卫藏地区；ཆ་ (cha)衣服胸腰宽度，ཆས་ (chas)服装；ངོ་ (ngo)脸，ངོས་ (ngos)表面；གོ་ (go)铠甲(＜གོ་ཆ་ (go cha))，གོས་ (gos)衣服；རྩིབ་ (rtsib)肋骨，རྩིབས་ (rtsibs)辐条。但是按照 Beyer 的观点来看（参下文），有些的确可以看做语音变化，可能是“词根+sa(地方)”结构的衍形。གཞིས་ (gzhis)可能是“住的地方”，ངོས་ (ngos)是“脸的地方”，དབུས་ (dbus)是“首脑所在中心地方”等。在我们看来，-s 还可能具有所指泛化的现象。

9.3 名词化词缀的形态意义

据 Stephan V. Beyer (1992)，Stuart N. Wolfenden (1929)，Paul K. Benedict (1972)，Walter Simon (1941)，James A. Matisoff (2003)等人的研究，藏语和其他藏缅语的-n、-d、-s 这几个词缀形式有多种功能，包括名词化、处所性、集合性、受动性、静态性、及物性或使役性，处理起来相当麻烦。例如 Benedict（1972）指出，藏缅语中-n、-d、-s 的具体含义非常含混，有时候表示体貌意义，有时候只是名词化词缀，很难确切判断它们的意思。其中还有一些要处理为特殊意义，例如-n 具有集合意义，可表示复数化词缀（pluralizing suffix）意思：缅语的 yun“（群）鼠兔”来自藏缅语的*b-yəw“鼠”，可比较景颇语 yu~yun 鼠，藏语 byiu(=byi ba)鼠（子）。这样的案例原始藏缅语和古汉语也有反映：*r-mi“person，人”，

*mjin“the people，民”；[①]za“吃”，zan“食物”（集合性）；bgo“穿”，gon pa(=gyon pa)“衣服”（集合性）。Matisoff（2003）还指出，该类词缀甚至还有一个动词化反过程（所举例证为-d），例如，sta-gon（preparation，准备）→ stad-pa（put on, lay on，做成），或者把不及物动词和静态动词转变为及物动词或使役动词，这个用法比-n 广得多：Ndzu“enter，进入”→ Ndzud“insert，插入”，Nu“suck，吮”→Nud“suckle an infant，喂”。

根据 Beyer（1992）的看法，这类词缀可能是原始藏语（Proto-Tibetan）的现象。他还提出-s 来源于早期的 ས་ (sa)地方，例如，ནག་ས་ (nag sa)黑地方>ནགས་ (nags)树林，ཤོང་ས་ (shong sa)挖的地方 > ཤོངས་ (shongs)（挖掘的）洞穴。甚至还有来自名词的构词，ཁུང་ས་ (khung sa)（有）洞的地方> ཁུངས་ (khungs)矿井。

张济川（2009）注意到词缀-n 和-s 构成名词意义的差异，例如 འགྲོན་པོ་ (vgron po)客人，འགྲོས་ (vgros)步态；ཟན་ (zan)糌粑团，食物，ཟས་ (zas)食物；དབྱེན་ (dbyen)离间，དབྱེས་ (dbyes)间隔；འཚོན་ (vtshon)颜料，ཚོས་ (tshos)染料。他还指出，不同词缀而意义相同的现象十分罕见，例如：བཤན་པ་ (bshan pa)和 བཤས་པ་ (bshas pa)屠夫，བཤན་གྲི་ (bshan gri)和 བཤས་གྲི་ (bshas gri)屠刀，གཤིན་ཟན་ (gshin zan)和 གཤིན་ཟས་ (gshin zas)丧筵。所以他认为名词中可能存在两个不同的后缀-n，一个表人，一个不表人。

但就本文研究看，词缀-s 构形和构词意义明显不同于-n（和-d）。-n 主要表示动作结果或对象，-s 主要表示有受动意义的名词化事物和现象。以 ཟ་ $(za)_{[v]}$“吃”为例，ཟན་ (zan)表示“糅合了的长条状糌粑”，或者“糌粑类食物”等意思，也引申为“食物”，来自动作的结果所形成的事物；ཟས་ (zas)则泛指“食品，食物”，来自受动意义“可吃的东西”，泛指任何食物。由于新生的独立音节词缀构词方法出现，这两种古藏语构词方法逐渐失去构词价值，作为固化的词形在部分词保留下来，它们之间的区分也逐渐模糊。例如，ཟན་མ་ (zan ma)糌粑，炒面，ཟས་མ་ (zas ma)饭食；ཟན་རྫ་ (zan rdza)砂锅，བོད་ཟས་ (bod zas)藏餐。现代藏语可以直接采用动词词干添加词缀构成复合词，或者词干组合成复合词，例如 ཟ་བ་ (za ba)食物，ཟ་མ་ (za ma)食物，ཟ་ཁང་ (za khang)食堂，ཧམ་ཟ་ (ham za)贪食。最有意思的是，由于非音节性辅音词缀功能丧失，人们造出了 ཟན་ཟས་ (zan zas)“食物”这样的词，说明人们已经不知晓两种词缀分别包含的早期意义。

---

① 参看 LaPolla, Randy J. 2003. Overview of Sino-Tibetan Morphosyntax. In *The Sino-Tibetan Languages*. Thurgood, Graham and Randy J. LaPolla, eds. London: Routledge Language Family Series. pp. 22-42.

另一个案例 རྫུ་ (rdzu)[v]变化，变幻，带古词缀的 རྫུན་ (rdzun)构成名词“假话”。但从添加非黏着词缀看，རྫུན་པ་ (rdzun pa)“假的”具有形容词词干特征，可以构成名词 རྫུན་མ་ (rdzun ma)赝品，谎言。རྫུས་མ་ (rdzus ma)也是“赝品，伪造物”意思，显然采用了受动构造方式。Benedict（1972）认为藏语后缀-n 经常是形容词性质，本文归纳为抽象属性，指动作结果的属性值，另外还可以有指示动作对象的意义。所以，在复合词中，རྫུན་ (rdzun)可以前置或后置（形容词修饰名词语序是 N+ADJ），རྫུན་འབག་ (rdzun vbag)假面具，ཞལ་རྫུན་ (zhal rdzun)假语。就书面语保存的情况看，目前已经很难区分这个词干添加-n 与-s 的差异，例如：རྫུན་དམག་ ~ རྫུས་དམག་ (rdzun dmag ~ rdzus dmag)伪军，རྫུན་རྒོལ་ ~ རྫུས་རྒོལ་ (rdzun rgol ~ rdzus rgol)佯攻，སྐྲ་རྫུན་ ~ སྐྲ་རྫུས་(skra rdzun ~ skra rdzus)假发。

词缀-n 还不仅仅表示名动转换，沃尔芬登（1929）例词中还有一批词表现出动词与形容词的转换，反映非音节性辅音词缀演变过程中的复杂性。例如：

དྲོན་མོ་ (dron-mo)(ADJ)，温暖。དྲོ་བ་ (dro-ba)，过去时 དྲོས་ (dros)，温暖。

མཐོན་པོ་ (mthon-po)(ADJ)，高。མཐོ་བ་ (mtho-ba)，过去时 མཐོས་ (mthos)(ADJ)，高。

རྨན་པ་ (rman-pa)(ADJ)，受伤的。རྨ་བ་ (rma-ba)，过去时 རྨས་ (rmas)受伤。

སྨྱོན་པ་ (smyon-pa)(ADJ)，患精神病的，疯的，幻想的。སྨྱོ་བ་ (smyo-ba)，མྱོ་བ་ (myo-ba)，过去时 སྨྱོས་ (smyos)，མྱོས་ (myos)正在患精神病的，疯的，幻想的。

གསོན་པ་ (gson-pa)(ADJ)，活的，活着。གསོན་པ་ (gson-pa)：现在时 གསོས་ (gsos)，བསོས་ ([b]sos)，活着的。

རྒན་པ་ (rgan-pa)(ADJ)，老的，旧的。རྒ་བ་ (rga-ba)，过去时 རྒས་ (rgas)，老的或旧的。

ཞུན་པ་ (zhun-pa)(ADJ)，融合的。འཇུ་བ་ (vju-ba)，过去时 བཞུས་ (bzhus)，将来时 བཟུ་ (bzu)，融合。

关于非音节性辅音词缀出现的环境，-s 可以出现在-g、-ng、-b、-m 韵尾以及零韵尾后面，而-n、-d 只出现在零韵尾环境。这个因素与藏语韵尾语音结构有关，即使作为动词形态标记的-d 也只出现在齿龈音韵尾-r、-n、-l 之后。吐蕃藏语时期，藏语的复辅音韵尾-nd、-ld、-rd（-sd）随着语音演化基本都消失了。①由此可见，非音节性名词化词缀在语音演化条件制约下很难获得完满的发展，很难设想零韵尾词具有名词化功能，而齿

① 参考江荻 2002《藏语语音史研究》，民族出版社。

龈韵尾词则没有这项功能，非齿龈韵尾词则用其他形式表示名词化。这也是上文所说该类词缀是古藏语残存或未臻完善构词方法的理据。

除此之外，书面藏语还有由前缀 s-与后缀-n 或-d 构成外接缀或环缀（circumfix，前后双缀），即 s-~-n 或者 s-~-d 格式。Beyer（1992）较早在他的专著中提出了这类词缀现象，并认为这类构词形式具有亲属称谓集合性(kinship collective)意义，表示亲属称谓群。例如：ཕུ་བོ་ (phu bo)长兄，ཕུ་མོ་ (phu mo)长姐，通过添加环缀并按拼读规则构成 སྤུན་ (spun)(<s-phu-n)同胞，兄弟姊妹。同样，ཁུ་བོ་ (khu bo)“叔、伯”构成 སྐུད་པོ་ (skud po)(<s-khu-d po)妻之兄弟/大伯，小叔/连襟，并类推出 སྐུད་མོ་ (skud mo)妻之姊妹。ཚ་བོ་ (tsha bo)“孙子，侄子”的词根添加环缀也获得集合意义，但是拼读规则上 s-不能添加于 tsh-或者 ts-声母辅音，因此只能构成 ཚན་(tshan)亲族。例如 ཁུ་ཚན་ (khu tshan)堂叔伯，ཕ་ཚན་ (pha-tshan)父系亲属；སྤད་ (spad)是一个非独用语素，仅与 ཕ་ (pha)“父亲”构成复合词 ཕ་སྤད་ (pha-spad)父子，表示父子集合性统称，但现代一般用 ཕ་བུ་ (pha bu)表示父子。མ་ (ma)“母亲”也构成 མ་སྨད་ (ma-smad)母女，这个形式现代仍然保留。总之，ཚན་ (tshan)表示亲属集合性，这类形式在较早期的藏语文献中还有一些遗存，例如：

9-4 གསལ་སྣང་གིས་སྔོན་དུ་གླག་མདའི་ ལྷ་ཁང་རྩིགས་ནས་སྦ་བ་ཚན་ཆོས་ལ་བཀོད།།

gsal-snang_gis sngon-du glag-mda_vi lha-khang rtsigs nas sba-ba tshan
塞囊_AG 先 拉德寺_GEN 佛堂 建造 并 拔氏 父子
chos la bkod.
亲属 佛事 安排
塞囊先修了一座拉德寺并安置拔氏父子亲属从事佛教。（《拔协》）

Beyer（1992）提到的环缀型词缀用例有：ཕ་ (pha)父亲，ཕ་སྤད་ (pha spad)父子；མ་ (ma)母亲，མ་སྨད་ (ma smad)母子；ཕུ་ (phu)兄长，སྤུན་ (spun)兄弟；སྤན་སྤུན་ (span spun)同胞兄妹；ཁུ་ (khu)叔叔，སྐུད་པོ་ (skud po)叔伯；ཚ་ (tsha)孙/侄，ཁུ་ཚན་ (khu tshan)叔侄。

张济川（2009:100）提到了另外一种类型案例：ཉེ་ཚན་ (nye tshan)亲戚；མོ་ཉེ་ (mo nye)母系亲属；གཉེན་ཟླ་ (gnyen zla)配偶；ཕ་གཉེན་ (pha gnyen)父系亲属；མ་གཉེན་ (ma gnyen)母系亲属。这也可以看作一种表示亲属或者集合的环缀构式，g-~-n：ཉེ་ (nye)亲戚$_{N}$/近$_{ADJ}$：གཉེན་ (gnyen)远近亲戚。相似的词还有：ཤི་པོ་ (shi po)死者：གཤིན་པོ་ (gshin po)亡人。藏语“女子，姐姐”称ཨ་ཅེ་/ཨ་ལྕེ་ [a ce]/[a lce]，这个词根也构成类似集合环缀：གཅེན་ (gcen)胞兄，胞姊，例如，གཅེན་མོ་ (gcen mo)姐姐，གཅེན་པོ་ (gcen po)兄长，又有：གཅེན་གཅུང་ (gcen gcung)兄弟姐妹（同父母所生兄弟姐妹之总称），是由གཅེན་མོ་(gcen mo)“姐姐”和གཅུང་མོ་ (gcung mo)“妹妹”复合而成。

9.4 辅音性名词化词缀与音节性词缀

非音节性辅音黏着词缀之所以只能看作古藏语未臻完善的构词方法，主要还是因为它的功能表达的不完备性。

藏语的音节性名词化词缀也是古老的形式，在吐蕃藏语时期就已经相对完善。[①]正是这种灵活度更强的词缀发展，使得藏语词法获得了逻辑细密的品质。古代一个词无论是否完成了非音节性辅音词缀的名词化过程，都再次进入了音节性名词化进程。通过这个进程扩展了词法范围，也丰富了藏语词汇。

非音节性辅音词缀之所以未能发展完善可能与它所承担的功能相关。例如 རྨོ (rmo)“耕地，犁田”是一种具体劳作动作，名词化以后则可以指该动作的概念或事物，རྨོན་ (rmon)耕作，耕耘，具有自指功能。再如，བཞོ་ (bzho)挤奶，通过名词化所指是挤奶动作的获得物，བཞོན་ (bzhon)奶，乳，这是转指。由于名词化具有自指和转指两方面的功能，而转指又具有模糊性，例如挤奶动作关联的概念还可能是挤奶者、被挤奶生物、挤奶的工具、挤奶的结果；རྐུ་ (rku)“偷”转指涉及的可能是被偷的物品、偷窃者，所以，非音节性辅音词缀的单一性形式很难承担这么丰富的功能。

还有一个形式上的因素可能阻碍非音节性词缀的发展。单音素的非音节性辅音词缀在词尾可能与同形语音韵尾混淆，也可能与词尾结构制约冲突。例如，སྐྱོ (skyo)“犯错”的名词化形式是 སྐྱོན་ (skyon)缺点，错误，而该形式与 སྐྱོན་ (skyon)“使骑”同形。根据现代词库理论，这种同形现象很可能会受到抑制而难以产生。至于非零韵尾和非齿龈音韵尾动词因音韵规则制约只能添加-s 而不能添加-n、-d，这也可能是-s 一度获得名词化功能的原因之一。

最后，我们比较现代书面语中动词名词化之后的形式和语义上的差异。表 9.1 区分了三种语义类型。第一类保持了动词的抽象动作意义（A），第二类转化为动作结果形成的状态或事物（B），第三类有动作结果所指称的事物，也有转指的指人名词（C）。

---

① 参看江荻 2014 唐蕃会盟碑藏语语法标注及翻译释读，《中国藏学》S1 期（《中国藏学》“西藏档案、文献专刊”）。

表 9.1　现代藏语带非音节性词缀名词的形式和语义

	动词		名词	
A	འདྲེ་ (vdre)	混合，夹杂	འདྲེན་མ་ (vdren ma)	混杂，间杂
	འདུ་ (vdu)	汇集，聚集	འདུན་མ་ (vdun ma)	会议，商议
	ལྟ་ (lta)	看，观看	ལྟད་མོ་ (ltad mo)	热闹，游艺
B	རྔ་ (rnga)	刈，收获	རྔན་པ་ (rngan pa)	奖赏，报酬，零食
	རྫུ་ (rdzu)	假装	རྫུན་ (rdzun)	假话，谎言
	སྐྱི་ (skyi)	借	སྐྱིན་པ་ (skyin pa)	赔偿，借的东西
	སྐྱེ་ (skye)	生长	སྐྱེད་ (skyed)	生长，利息
C	སྨྱོ་ (smyo)	疯癫	སྨྱོན་པ་ (smyon pa)	疯子
	ན་ (na)	生病	ནད་པ་ (nad pa)	病人
	རྒ་ (rga)	衰老	རྒན་པ་ (rgan pa)	年老，老者
	ཟ་ (za)	吃	ཟན་པ་ (zan pa)	食物
			ཟན་མ་ (zan ma)	厨子
	འཕྱོ་ (vphyo)	游荡	འཕྱོན་པ་ (vphyon pa)	风流浪子
			འཕྱོན་མ་ (vphyon ma)	娼妇，妓女

我们注意到名词栏的词例大多带有构词词缀-pa，-ma，-mo 等，这很可能反映了非音节性辅音构形词缀在历史上失去了名词化功能，他们仅仅作为残余形式保留下来，名词化功能由音节性词缀表现，而且兼构形与构词于一身，这是音节性词缀的主要功能。

除了以上几类非音节性辅音词缀，不少学者还提到其他词缀。张济川（2009）提到动词添加-r 转变为名词一例：གཡོ་ (g-yo)烹饪，གཡོར་དག་ (g-yor dag)饭食。有些异体形式可能源于语音变化或脱落：སྡི་ ~ སྡིར་ (sdi ~ sdir)瞄准，སྤོ་ ~ སྤོར་ (spo ~ spor)搬迁。词缀-g 和-ng 也可能起作用：

དཀ་ (dka) 辛苦	ཁག་ (khag) 辛苦
བཀྲ་ (bkra) 放光彩	བཀྲག་ (bkrag) 光泽
སྒྲ་ (sgra) 声音	གྲག་ (grag) 出声
གྲགས་ (grags) 流传	སྒྲོག་ (sgrog) 宣布
རྒྱུ་ (rgyu) 行走，流动	རྒྱུག་ (rgyug) 跑，流动
གཉ་ (gnya) 后颈	གཉག་ (gnyag[s]) 山凹处
སྨེ་ (sme) 痛苦	སྨེང་ (smeng) 呻吟，叫苦

本章主要讨论了古藏语和书面藏语保留的古代形态及形态形式，重点涉及后缀。关于藏语的前缀，涉及动词的时态前缀已经在第 5 章讨论了，涉及名词的前缀也在第 3 章讨论了。至于沃尔芬登（Wolfenden，1929）等学者提出的中缀，例如-l-、-r-，学界有不同看法。张济川（2009:246）

认为这两个词缀可能是从 s-等词缀语音变化而来。由于数量极少，我们未予讨论。

9.5　动词（形容词）跟名词同根的词源残迹

名词和动词（含形容词）都是蕴含基本概念的实体。我们假设早期语言一种概念的产生往往是单纯的，指称概念的词不会带有语法的“性、数、格”之类的复杂意义，陈述概念的词不会附加“时、体、态”之类的价值。因此，很有可能一个概念词既用作后世区分的名词也用作动词。再进一步推测，如果早期人们创造了某个概念的词，假定后世定性为名词，他们大概不会再费神创造一个（后世确定为动词的）同概念的词。

这个假设让现代研究者有了一个不同的思考起点，即早期语言没有名词和动词这样的区分，随着表达的需求和词汇化、语法化构式的发展，人们在同一概念词前后添加区别要素（例如性、数、格或时、体、态的词形或语素），致使名词和动词逐渐分开。[①]当然，这种假设是否合理需要论证。可惜，从早期语言发展到现代语言，已很难找到完整的或系统的证据。

我们在这一节借助藏语词簇现象，以局部案例的方式初步探索古代藏语可能存在的名、动（形）构词关系。[②]

（1）名词 ཆུ་ (chu)水，河。名词构成短语：ཆུ་སྐོལ་(chu skol)$_V$ 烧水。

比较动词 1：འཆུ་ - བཅུ་ - བཅུས་ - ཆུས་ (vchu-bcu-bcus-chus)舀（水），灌溉；盛（饭）。ཟངས་སྐྱོགས་ཀྱིས་ཆུ་བཅུས་ (zangs skyogs kyis **chu bcus**)用铜盆舀水。

9-5 རྒད་མོ་དེས་ཕུ་ཐུང་ཡར་བརྫེས་ནས་ཆུ་འཁོལ་ཟོ་ལག་གང་བཅུས་པའི་ནང་འཕྱིད་རས་སྦངས་ཏེ་ཐོག་ཁང་དུ་ཁྱེར་ཡོང་།

rgad-mo de_s　phu-thung yar　brdzes　nas **chu**-vkhol zo-lag gang
婆婆　那_AG　衣袖　往上　卷(PST)　后　开水　木桶　一
bcus_pa_vi　nang　vphyid-ras sbangs　te thog-khang_du khyer yong.
舀_NMZ_GEN 里面　抹布　浸泡　且　顶楼_LOC　楼上　来

那婆子便把衣袖卷起，舀了一桶汤，把抹布撇在里面，掇上楼来。（《水浒传》）

比较动词 2：འཆུ་ - འཆུ་ - འཆུས་ (vchu-vchu-vchus)厌食，腻（味），弯（了），扭（了）。

这两个动词形式应该来自名词，并分化出自主和不自主两个意义有别的动词。

---

① 严格地说，形态形式的产生是语言演变（语音变化，词汇化、语法化等）导致的，而非完全由使用者主观造成的。

② 本节讨论参考了张济川（2009）汇集的藏语词族用例。动词形态参考第 5 章内容。

（2）名词 རིས་ (ris)图画，花纹，似乎跟派生词 རི་མོ་ (ri mo)“花纹，图案，画儿”有关，构成多音节动词 རི་མོ་འབྲི་ (ri mo vbri)画画儿。རིས་(ris)构成复合名词：ལག་རིས་ (lag ris)手纹，ཆུ་རིས་ (chu ris)水纹。

比较动词：འབྲི་ - བྲི་ - བྲིས་ - བྲིས་ (vbri-bri-bris-bris)画，写，记录。例如：རིས་སུ་བྲིས་ (ris su bris)画成图画。从动词现在时和未来时词形看，可能原型不带后置的-s，རིས་ (ris)包含的-s 也是其他因素导致的。过去时带后缀-s 可能与完成体有关，前面的 b-则可能是时的前缀，这也是现在时和未来时带 b-的原因。现在时又带前缀-v 则需要另外的解释。进一步探索可以参考第 5 章。

（3）འཚོ་བ་ (vtsho [ba])生计，生活。名词构成复合词 འཚོ་ལམ་ (vtsho lam)生路。

比较动词 1：འཚོ་ - འཚོ་ - འཚོས་ - འཚོ་ (vtsho-vtsho-vtshos-vtsho)抚育，饲养。

9-6 ནོར་ཕྱུགས་རི་སྟེང་དུ་འཚོ་ །
nor-phyugs ri-steng_du vtsho
牲畜　　　山上_LOC 放牧
在山上放牛。

比较动词 2：འཚོ་ - འཚོ་ - འཚོས་ (vtsho-vtsho-vtshos)生活，过日子，度日。例如：

9-7 སང་ཉིན་ང་གཉིས་ཁྱོད་ཤི་ང་གསོན་གི་རྒྱལ་ཐག་ཆོད་པའི་འཛིང་མོ་ཞིག་བྱས་ཆོག་ ཅེས་བཤད་ །
sang-nyin nga-gnyis khyod shi nga gson_gi　rgyal thag-chod-pa_vi
明日　　1PL　　你　死 我 活_GEN 赌　　确定_GEN
vdzing-mo zhig byas-chog, ces-bshad.
拼斗　　　一 做-（完） 说
我明日和你拼个你死我活的输赢便罢。（《水浒传》）

我们无法简单从概念推断该词原型是动词还是名词。

（4）ནག་ (nag)黑，黑色。完形词是 ནག་པོ་ (nag po)，名词兼形容词。ནགས་ (nags)“森林”可能与 ནག་ས་ (nag sa)“黑色地方”有关系，也可能与-s 表集合有关。གནག་ (gnag)黑牛（牦牛和犏牛总称）或许跟 གཡག་ནག་ (g-yag nag)“黑牦牛”有关。

比较动词：སྣགས་ (snag[s])弄脏，污染。这个词前面所带 s-具有使动意义，后面所带-s 则是完成式标记，可能说明来自名词。《藏文动词词典》记载了不自主动词 ནོགས་ (nogs)“污染，擦拭”，没有词形变化，说明该词原型已经丢失。拉萨话 སྣག་ཚ་ (snag tsha)“墨水”保留了使动意义“使水变黑”，其结果转指“墨水”。

（5）ནུབ་ (nub)西面，夜晚。名词构成复合词：ནུབ་ཕྱོགས་(nub phyogs)西方，བྱང་ནུབ་/ནུབ་བྱང་ (byang nub /nub byang)西北；派生词 ནུབ་མོ་ (nub mo)黄昏，夜晚。

比较动词 1：不自主动词 ནུབ་ (nub)下沉，落下。

9-8 ལག་རྩལ་གྱི་རྒྱུན་བཟང་ནུབ་ཏུ་མི་འཇུག་། །

lag-rtsal_gyi rgyun-bzang nub_tu mi-vjug.

手艺_GEN 优良传统 失去_COP NEG-让

不让优良的技艺湮没失传。（《藏汉大辞典》）

比较动词 2：使动动词 སྣུབ་ - བསྣུབ་ - བསྣུབས་ - སྣུབས་ (snub-bsnub-bsnubs-snubs)使沉没，磨灭，毁灭。

9-9 གཏིང་རྡོ་ཆུ་པོའི་ནང་དུ་བསྣུབས་། །

gting-rdo chu-po_vi nang_du bsnubs.

锚石 水_GEN 里_LOC 沉

把锚石沉入河中。（《藏汉大辞典》）

ནུབ་ (nub)原本是单音节名词，但也可以构成派生词。ནུབ་ (nub)从名词直接转变为动词未产生特别的词义，而通过添加前缀 s-则造成使动价值。其他前缀一般表示完成与未完成语法意义。

（6）སྤྱང་ (spyang)是名词“狼”的词根形式，来自 སྤྱང་ཀི་ 或 སྤྱང་ཁུ་ (spyang ki 或 spyang khu)狼。

比较形容词：སྤྱང་པོ་ (spyang po)聪明，机灵。

9-10 མི་སྤྱང་པོ་ཁྱེད་གཉིས་ཀྱི་སྙིང་བཏོན་ནས་ཆང་འདེད་བྱེད་རྒྱུ་ཡིན་

mi-spyang-po khyed-gnyis_gi snying-bton_nas

聪明人 2-PL_GEN 心肝_INS

chang-vded-byed_rgyu-yin.

随酒_ASP

只要你两个聪明人的心肝做下!（水浒传）。

此例比较明显是形容词派生于名词，词义来自狼的特征。

（7）སྒྲ་ (sgra)声音。构成复合词 སྒྲ་སྐད་ (sgra skad)语音，话语，སྒྲ་གཏོང་ (sgra gtong)发声，说话。相关的动词是 སྒྲོག་ (sgrog) 发声，出声，喊叫。སྒྲོག་ (sgrog)的三时一式是：སྒྲོག་- བསྒྲག་- བསྒྲགས་ -སྒྲོགས་ (sgrog/sgrogs -bsgrag-bsgrags-sgrogs)。

9-11 གློག་འཁྱུགས་པ་དང་ཆབས་ཅིག་འབྲུག་སྒྲ་གྲག་

glog vkhyugs_pa dang chabs-cig vbrug-sgra grag.

电 闪动_NMZ 并 共同 雷声 发声

电闪雷鸣。

གྲགས་ (grags)流传，传开。

9-12 རྣ་ལམ་དུ་གྲགས་པར་མི་འགྱུར་

rna-lam_du　grags_par-mi-vgyar.

耳-路_ALA　传_NMZ-NEG-转变

声音不达于耳。

此例涉及两个问题。如果名词为先创词，动词的韵尾何来？二者是否同一词根分化？སྒྲོག་ (sgrog)的三时一式表现出跟名词的词义承继关系，元音变化跟其他动词普遍变化类似，说明二者的渊源是肯定的。

（8）གྲངས་ (grangs)数目，数字。完形形式是 གྲངས་ཀ་ (grangs ka)。复合词 གྲངས་འབོར་ (grangs vbor)数量，数额。

比较动词：སྒྲོང་ - བསྒྲང་ - བགྲངས་ - སྒྲོངས་ (sgrong-bsgrang-bgrangs-sgrongs)计数，数数。现在时形式 སྒྲོང་ (sgrong)可能是脱落了后置音-s，元音变化是其他原因造成。但是前置的 s-并非使动词缀，来自何处不明确。其他形式则属于形态变化。

从思维发展看，也许人类早期还是可能先产生指称的数目，然后发展计数技能。

（9）ཉེ་ (nye)来自形容词 ཉེ་བ་ (nye ba)或 ཉེ་པོ་ (nye po)近，邻接，亲近。例如名词 ཉེ་གྲོགས་ (nye grogs)知己朋友，动词 ཉེ་པོ་བྱེད་ (nye po byed)亲近，相好。

张济川（2009）提出一个词：གཉེ་ (gnye)求婚，举例是 གཉེ་བོ་ (gnye bo)求婚者。如果这是一个动词，意味着 g-是一个可能的前缀，表示“连接”之类意思，还有一个 གཉ་ (gnya)是“迎亲送亲者”意思。

在 9.2 节我们讨论了名动互转的后缀-n，例如：བཞོ་(bzho)挤（奶），བཞོན་ (bzhon)乳；འགྲོ་(vgro)往来，འགྲོན་པོ་(vgron po)客人。在 9.3 节我们讨论了由环缀表示的亲属称谓形态，例如 s-~-n 或者 g-~-n，གཉེན་ (gnyen)亲戚：གཉེན་ཟླ་ (gnyen zla)配偶，ཕ་གཉེན་ (pha gnyen)父系亲属，མ་གཉེན་ (ma gnyen)母系亲属。

我们注意到，在表示引申意义“亲近”的词形中缺乏带 s-前缀的形式。有趣的是，《藏汉大辞典》记录了某些方言中存在 སྨྱན་ (smyan)的词形，例如：སྨྱན་ཀ་/སྨྱན་ཁ་ (smyan ka / smyan kha)姻亲，亲戚；སྨྱན་པ་ (smyan pa)媒妁；སྨྱན་བྱེད་ (smyan byed)做媒，联婚。声母 m-跟 ny-是常见的音变模式：m+j/i>ny。

比较动词 1：སྙེ་ - བསྙེ་ - བསྙེས་ - སྙེས་ (snye-bsnye-bsnyes-snyes) 倚，靠。

比较动词 2：སྙེན་ - བསྙེན་ - བསྙེན་ - སྙེན་ (snyen-bsnyen-bsnyen-snyen) 亲近，依靠。

从这两个动词的词义分野可以看出，ཉེ་ (nye)是基本词形，以此为词义基础产生了动词 སྙེ་ (snye)倚靠，而引申意义的词形 སྙེན་ < སྨྱན་ (*snyen < smyan)则产生了另一个动词 སྙེན་ (snyen)亲近。例如：དགེ་རྒན་མང་པོ་བསྙེན་ (dge rgan mang po bsnyen)亲近过很多老师。再如：

9-13 བཙུན་གྲི་ཉལ་ཁྲིའི་སྔས་འགོར་བཞག་པ་དང༌། འཁར་གསིལ་ཉལ་ཁྲིར་སྙེས་ཏེ་།

btsun-gri nyal-khri_vi sngas-vgo_r bzhag_pa dang.

戒刀 睡床_GEN 枕头_LOC 放_NMZ 且

vkhar-gsil nyal-khri_r snyes te……

禅杖 睡床_LOC 靠(PST) 连词

将戒刀放在床头，禅杖把来倚在床边。（《水浒传》）

以上关于动词或形容词跟名词是否可能具有同源词根的讨论只是举例性质，我们主要列举以名词为源根形式的词，但不能排除以动词为源根的词。

第10章　余论和结语

10.1　代词、数量词、连词的词法分析

藏语中的代词、数词、量词、连词、助词等封闭类虚词很难专列章节来讨论词法现象，一是数量少内容有限，二是总体来说对词法体系影响较小。为此，我们在最后一章留出一节集中简单加以叙述。

10.1.1　代词

代词是用来代替某些其他词类的词。可是由于代词的语法功能跟所替代的词大多一致，因此，当代词替代名词或名词短语的时候就呈现出名词或体词的功能，替代形容词和副词或相应短语的时候就呈现谓词性或相关的功能。代词的这种句法特点也影响到代词的词法性质。

按照代词替代对象的分类，一般认为代词可以分成人称代词，指示代词和疑问代词。人称代词一般是体词性的，指示代词和疑问代词则既有体词性的也有谓词性的。

10.1.1.1 人称代词

藏语人称代词都是单音节词：ང་ (nga)我、ཁྱོད་ (khyod)你、ཁྱེད་ (khyed)您（敬）、ཁོ་ (kho)他、ཁོང་ (khong)他（敬）。在实际语言运用中，拉萨话的三个人称代词经常跟表示反身意义的自指词 རང་ (rang)"自己"连用，即ང་རང་ (nga rang)我自己，我本人、ཁྱོད་རང་ (khyod rang)你自己、ཁོ་རང་ (kho rang)他自己，而口语中作为词尾的 རང་ (rang)因轻读出现音变，读作 ར་ (ra)。久之，ར་ (ra)成为了人称代词的一部分，重新分析产生出多音节混合形式：ང་ར་ (nga ra)我自己、ཁྱོད་ར་ (khyod ra)你自己、ཁོ་ར་ (kho ra)。也许这个原因，有时候为了突出反身自指，人们采用了另一个形式：ང་ཉིད་/ང་རང་ (nga nyid/nga rang)我自己、ཁྱེད་ཉིད་/ཁྱེད་རང་རང་ (khyed nyid/khyed rang rang) 您自己、ཁོ་རང་/ཁོ་རང་རང་ (kho rang/kho rang rang)"他自己"等形式。

代词经常涉及的另一个现象是复数和双数。目前有些词典已经收入代词的复数和双数形式，归纳如下：

第一人称复数：ང་ཚོ་ (nga tsho) ，ང་ཅག་(nga cag)（书面语）

第一人称双数：ང་གཉིས་ (nga gnyis)

第二人称复数：ཁྱོད་ཚོ་ (khyod tsho)你们，ཁྱོད་རང་ཚོ་ (khyod rang tsho)你们

第二人称复数（敬）：ཁྱེད་ཚོ་ (khyed tsho)，ཁྱེད་རང་ཚོ་(khyed rang tsho)，ཁྱེད་རྣམ་ཚོ་ (khyed rnam [tsho])

第二人称双数：ཁྱོད་གཉིས་ (khyod gnyis)，ཁྱོད་ར་གཉིས་ (khyod ra gnyis)

第二人称双数（敬）：ཁྱེད་གཉིས་ (khyed gnyis)，ཁྱེད་རང་གཉིས་ (khyed rang gnyis)，ཁྱེད་རྣམ་གཉིས་ (khyed rnam gnyis)

第三人称复数：ཁོ་ཚོ་ (kho tsho)，ཁོ་རང་ཚོ་ (kho rang tsho)，མོ་རང་ཚོ་ (mo rang tsho)（她）

第三人称复数（敬）：ཁོང་ཚོ་ (khong tsho)，ཁོང་རྣམ་ཚོ་ (khong rnam [tsho])

第三人称双数：ཁོ་གཉིས་ (kho gnyis)，ཁོ་རང་གཉིས་ (kho rang gnyis)，མོ་རང་གཉིས་ (mo rang gnyis)（她）

第三人称双数（敬）：ཁོང་གཉིས་ (khong gnyis)，ཁོང་རྣམ་གཉིས་ (khong rnam gnyis)

第一人称还区分排除式和包括式，以下是包括式。

ང་རང་ཚོ་ (nga rang tsho)咱们，ང་རྣམ་ཚོ་ (nga rnam [tsho])咱们（敬）

ང་རང་གཉིས་ (nga rang gnyis)咱俩，ང་རྣམ་གཉིས་ (nga rnam gnyis)咱俩（敬）

从词法角度看，构成复数的几个词形都是黏着形式语素，因此一些教科书也把它们看作词根所添加的复数词缀。ཚོ་ (tsho)是拉萨话中典型复数语素，来源于 ཚོ་པ་ (tsho pa)部族，群聚，这个词根叠起来构成 ཚོ་ཚོ་ (tsho tsho)“一群群（人）”的意思。རྣམ་ (rnam)原写作 རྣམས་ (rnams)，-s 在历史演变中脱落，表示“众多”。例如：རྒྱལ་ཁབ་རྣམས་ (rgyal khab rnams)各个国家，སྡེར་ཆགས་རྣམས་ (sder chags rnams)有爪动物，ཚོགས་འདུར་ཡོང་མཁན་རྣམས་ (tshogs vdur yong mkhan rnams)到会的人们（引自《藏汉大辞典》）。再如：

10-1 ཕ་རོལ་པོའི་དགྲ་བོ་རྣམས་ང་ཚོས་ཆམ་ལ་ཕབ་ཆོག་ཅེས་བརྗོད་
pha-rol-po_vi dgra-bo-rnams nga-tsho_s cham-la phab-chog ces-brjod.
彼岸_GEN 敌人-Pl 1pl_AG 彻底 放倒-可以 说
说道：我们可以彻底打败对岸的敌人。

此外，书面上也用 ཅག་ (cag)表示复数。ང་ཅག་ (nga cag)我们，我等，བདག་ཅག་ (bdag cag)我们；ཁོ་ཅག་ (kho cag)他们；ཁྱེད་ཅག་ (khyed cag)你们。

不过，这些黏着形语素并非局限于添加于代词词根来构成派生词，它们还经常添加于名词、名词短语，甚至其他短语，似乎超出了词法范畴（参见第 3 章）。因此，从教学和语用角度看，我们可以因为代词属于封闭词类，数量有限，而将这些语素与代词构成的形式收入词库，但从语法系统

上看，更适合将它们作为词法手段来运用，也就是看作可以临场（在线）生成代词的复数形式。

10.1.1.2 指示代词和疑问代词

指示代词同样涉及复数和双数现象，跟人称代词基本一致，本节不再讨论。

除去单音节单纯词指示代词 འདི་ (vdi)这（近指），དེ་ (de)那（远指），还有表示不同方位或趋向的更远指代词：ཕ་གི་ (pha gi)那，那边，ཡ་གི་ (ya gi)那（上面，上方，高处），མ་གི་ (ma gi)那（下面，下方，低处）。这几个词的词根分别表示"那里"，"上面，上方"，"下面，下方"，第二音节可能来自属格标记，转指方位处所的事物。因此这些词内部结构是词根+词缀，归为派生词。

询问人的疑问代词是 སུ་ (su)谁，复数形式往往用重叠形式：སུ་སུ་ (su su)谁。询问事物的疑问代词是 ག་རེ་ (ga re)什么，这似乎是一个复合词，由来自 ག་ (ga)(< གང་ (gang)) "什么"加上 རེ་ (re) (< རེ་རེ་ (re re)每个) "任一"构成。

有一些双音节指示代词由单音节指示代词与形容词词根 འདྲ་ (vdra)[ADJ] "相似，像"构成，例如：འདི་འདྲ་ (vdi vdra)这样，这般；དེ་འདྲ་ (de vdra)那样，那般，ཕ་འདྲ་ (pha vdra)那样。疑问代词也是如此：ག་[གང་]འདྲ་ (ga(gang) vdra)怎么，什么，ཅི་འདྲ་ (ci vdra) "像什么，怎样，如何"等，这类词可以视作复合词。

还有一些多音节形式，例如：སུ་གང་ (su gang)无论谁，无论何人，ག་དུས་ (ga dus)什么时候，འདི་དུས་ (vdi dus)这时，ག་པར་ (ga par)哪里，ག་ས་ག་ལ་ (ga sa ga la)都可处理为复合词，收入词库。

འདི་ག་ཚམ་ (vdi ga tsam) "这么些"和 ད་ག་ཚམ་ (da ga tsam) "这样多，就这样"应该切分为1+2形式，先把 འདི་ (vdi)或 ད་ (da)切分出来，ག་ཚམ་ (ga tsam) "若干，多少"构成一个整体。

指示代词和疑问代词中带 སེ་ (-se)末音节的词可以归为副词类，例如：འདི་འདྲ་སེ་ (vdi vdra se)这样，འདུག་སེ་ (vdug se)这样，དེ་འདྲ་སེ་ (de vdra se)那样，ག་འདྲ་སེ་ (ga vdra se)怎样。参见第 8 章。

10.1.2 数词和量词

藏语基本数词都是单音节的：གཅིག་ (gcig)一，གཉིས་ (gnyis)二，གསུམ་ (gsum)三，བཞི་ (bzhi)四，ལྔ་ (lnga)五，དྲུག་ (drug)六，བདུན་ (bdun)七，བརྒྱད་ (brgyad)八，དགུ་ (dgu)九，བཅུ་ (bju)十，都是单纯词，直接放入词库。

根据朱德熙（1982）的汉语数词分类，先做以下界定："十、百、千、万"等称为位数词，"一、二、三，……，九"称为系数词。这个概念也可借用到藏语。藏语"十"以上的数词都由系数词和位数词或者位数词跟系数词这些基本数词合成，造成复合数词。复合数词的构造简单，规律性强。

"十一"到"十九"是位数+系数，呈相加关系，语法上则是并列关系，例如：བཅུ་གཅིག་ (bcu gcig)十一，བཅུ་གཉིས་ (bcu gnyis)十二，བཅུ་གསུམ་ (bcu gsum)十三，བཅུ་དགུ་ (bcu dgu)十九。

"二十"以上"一百"以下的整数复合数词的结构是系数+位数，二者是相乘关系，也是语法上的偏正关系。"二十"即"二十=2×10"，例如：ལྔ་བཅུ་ (lnga bcu)五十，བརྒྱད་ཅུ་ (brgyad cu)八十。

"二十"以上十位数的位数词与系数词合成的数词中间要插入一个音节，这个音节性质不明。周季文、谢后芳（2003）称之为中附成分，意思是某种功能的词缀。例如：

中附 རྩ་：ཉི་ཤུ་རྩ་གཅིག་ (rtsa：nyi shu rtsa gcig)二十一，ཉི་ཤུ་རྩ་གཉིས་ (nyi shu rtsa gnyis)二十二

中附 སོ་：སུམ་ཅུ་སོ་གཅིག་ (so：sum cu so gcig)三十一，སུམ་ཅུ་སོ་བཞི་ (sum cu so bzhi)三十四

中附 ཞེ་：བཞི་བཅུ་ཞེ་གཅིག་ (zhe：bzhi bcu zhe gcig)四十一，བཞི་བཅུ་ཞེ་ལྔ་ (bzhi bcu zhe lnga)四十五

中附 ང་：ལྔ་བཅུ་ང་གཅིག་ (nga：lnga bcu nga gcig)五十一，ལྔ་བཅུ་ང་དྲུག་ (lnga bcu nga drug)五十六

中附 རེ་：དྲུག་ཅུ་རེ་གཅིག་ (re：drug cu re gcig)六十一，དྲུག་ཅུ་རེ་བདུན་ (drug cu re bdun)六十七

中附 དོན་：བདུན་ཅུ་དོན་གཅིག་ (don：bdun cu don gcig)七十一，བདུན་ཅུ་དོན་བརྒྱད་ (bdun cu don brgyad)七十八

中附 གྱ་：བརྒྱད་ཅུ་གྱ་གཅིག་ (gya：brgyad cu gya gcig)八十一，བརྒྱད་ཅུ་གྱ་དགུ་ (brgyad cu gya dgu)八十九

中附 གོ་：དགུ་བཅུ་གོ་གཅིག་ (go：dgu bcu go gcig)九十一，དགུ་བཅུ་གོ་དགུ་ (dgu bcu go dgu)九十九

周季文、谢后芳（1998）对这个中附成分进行了较全面的语音分析，提出中附成分的声母与十位数声母中紧靠元音的辅音相同，元音与十位数韵母的元音有一定对应关系，类似元音和谐的关系。总之，这个音节的来源和功能值得进一步探讨。

序数词中，“第一”是 དང་པོ་ (dang po)，第二和第二以上序数词是基数词添加后缀 པ་ (pa)构成，གཉིས་པ་ (gnyis pa)第二，གསུམ་པ་ (gsum pa)第三，དགུ་པ་ (dgu pa)第九，བཅུ་གཅིག་པ་ (bcu gcig pa)第十一，དགུ་བཅུ་གོ་དགུ་པ་ (dgu bcu go dgu pa)第九十九。由此可知，“十”以下序数词是派生型词汇，“十”以上序数词是所谓复合型派生词。

数词跟量词的结合一般视作数量短语，我们不加讨论。还有少量特定现象，譬如数词跟指示代词构成的短语往往在数词之后添加词缀 པོ་ (po)，例如 གཉིས་པོ་འདི་ (gnyis po vdi)这两个，མི་བརྒྱད་པོ་དེ་ (mi brgyad po de)那八个人。这个后缀 པོ་ (po)把数词转换为形容词，也就是说添加了形容词后缀。

量词数量很少，少量是双音节形式（含派生形式）和叠音形式。构词方式跟名词基本一样。

常见的名量词大多来自名词。例如：རྐང་ (rkang)根、株，ཤིང་རྐང་གཅིག་ (shing rkang gcig)一棵树；ཐུན་ (thun)剂（药），སྨན་ཐུན་གཅིག་ (sman thun gcig)一剂药；རྡོག་པོ་ (rdog po)块、根、只、张，རྡོ་ལེབ་རྡོག་པོ་གཉིས་(rdo leb rdog po gnyis)两块石板。其他还有：ཡ་ (ya)只（用于成双事物中之一），ལྷམ་ཡ་གཅིག་ (lham ya gcig)一只鞋子；འབྲུ་ (vbru)或 འབྲུ་རྡོག་ (vbru rdog)颗、（青稞）粒，ནས་འབྲུ་གཅིག་ (nas vbru gcig)一粒青稞；རྡོག་རྡོག་ (rdog rdog)块、团，གསེར་རྡོག་རྡོག་གཅིག་ (gser rdog rdog gcig)一块金子。

动量词有：ཐེང་ (theng)或 ཐེང་མ་ (theng ma)次（动作的次数），ཐེང་གསུམ་འགྲོ་ (theng gsum vgro)去三次；ལེན་ (len)（一）次、（一）回，སྨྲ་བ་ལན་གཅིག་ (smra ba lan gcig)说一次。

10.1.3　连词

双音节连词中多数是复合的，例如 དེ་མིན་ (de min)此外，是指示代词跟否定词结合产生的，མ་ཚད་ (ma tshad)“不但”（不+限度），མ་གཏོགས་ (ma gtongs)“除非”（不+包括）则是否定词与动词结合构成的，也许经历了词汇化过程。ཡང་ན་ (yang na)“或者，要不然”（也，又+如果）是副词跟单音节连词构成，它的相关形式更像短语：ཡང་མིན་ན་ (yang min na)要么，ཡང་ན་མིན་ན་ (yang na min na)或者……或者。但总的来看，更常用的还是单音节连词。

10.2 词法特征：词类和词法的关联

为什么本书采用以词类分章布局方法来讨论藏语词法和形态现象呢？这不是作者主观或偶然决定的，而是藏语词法自身的特征决定的。

由于语言结构的差异，各种语言采纳不同的描述方法研究词法。欧洲语言讨论词法的时候，经常采用的方法是形式和形态分析方法。以英语为例，英语的词法以派生和屈折形态为主，其次才是复合和重叠。采用符合词法自身特征的方法是因为词缀和屈折构词是英语中具有能产性和规则性的构词和构形方法，复合构词法则主要受到语义支配，由词与词构成新词。采用派生法意味着添加词缀，词缀具有词类的表征性或指示性，因此英语词法形式分析方法与词类很容易挂钩。例如人们会描述某些词缀为名词词缀，或动词词缀，或形容词词缀，或副词词缀等等。这些形式非常凸显和醒目。

譬如，英语常见的名词后缀有：-an，在地名后表示人或物，例如 Australian 澳洲人；-ant 与动词结合表示从事某种活动的人，例如 assistant 助手；-ist 表示行为受到某种信仰支配的人，例如 feminist 女权主义者；-or 与动词结合构成表示执行原动作的人，例如 visitor 参观者；-ics 表示学科或者领域：physics 物理学；-ion 与动词结合表示抽象状态和过程，例如 protection 保护；-ment 与动词结合表示过程或过程的结果，例如 excitement 激动。

常见的动词后缀有：-ize 与名词结合构成动词，例如 realize 实现，modernize 现代化；-ify 与形容词结合构成动词，例如 simplify 简单化，beautify 美化。

常见形容词词缀：-ful 与名词结合表示性质和特征，例如 beautiful 美丽；-ish 跟名词结合构成形容词，例如 childish 孩子气的；-al 与名词结合构成形容词，例如 environmental 环境的。

常见的副词后缀：-ly 添加在形容词后构成副词，例如 happily 开心地，quickly 快速地。

以上英语后缀一般情况下是“词性单一缀”，即一类词缀只表示一种词类。当然也有一些词缀可能跨词类，例如-ish 可能充当表示国籍或语言的名词，English 就表英国人或者英语。即使最典型的副词词缀-ly 也可能在一定场合跟名词结合充当形容词，例如 lively 有活力的。

东方语言以汉语为例，汉语属于缺少词缀形态的语言，主要以复合法构词为主。汉语真的数得上的词缀仅有“子、儿、头”之类少数几个，甚至还只是北方方言或通用语里才算典型词缀，南部一些方言根本没有这样的词缀。

子：匙子 chí•zi，犊子 dú•zi，锯子 jù•zi；

头：准头 zhǔn•tou，锄头 chú•tou；

儿：扳指儿 bān•zhir，磕碰儿 kē•pengr

同时，汉语复合词与句法结构相似，甚至内部结构体现为句法实现关系，为此，人们直接通过句法关系格局来描述词法关系，例如并列、偏正、动宾、主谓、述补。这样的描述与词类划分就没有什么关系了。当然，另一层原因是汉语，特别是汉语双音词基本来自汉语短语，是短语词汇化和直接利用词法构式造词的结果，而词汇化的结果是产生各类词法结构，形成词法能产性构式，大量新词就是以此为模式产生的。所以，采用句法结构来描述词法关系顺理成章。

对于汉语词法的句法形式分析有不少学者提出疑问，也有人按照数量形式开展分析的。例如二字格、三字格、四字格等，这是从语音结构开展的分类，这样的类也能够揭示汉语词法的一些特点。不过，由于这种方法内容空洞，所以在这个框架下人们需要添加更具可能分析的内容，大多数是语义关系分析，例如施事、受事、工具、方位、比况等等。这样的分析也与词的语法分类没有什么关系。

藏语词法从派生和复合两端来看，恰好居于汉语和英语两种类型的中间状态，既有丰富的派生词和派生词缀，也有丰富的复合词和复合组词方法。

跟英语相比，藏语派生词词缀与词类关系的指示性虽然没有那么凸显，数量也远不及英语丰富，但在一定条件下也足以辨识二者的差异。

པ་/བ་ (pa/ba)添加于动词之后自指动作行为或关系，转指跟动作相关的概念和人：དོགས་པ་ (dogs pa)怀疑，གཉེར་པ་ (gnyer pa)管家。

པ་ (p)添加于名词表示某种职业或者社会特征的人：སྨན་པ་ (sman pa)医生，སྦག་པ་ (sbag pa)赌徒。

བ་ (b)添加于名词表示天体、人体部位、用具、动物、植物等具体事物：ཟླ་བ་ (zla ba)月亮，གྲེ་བ་ (gre ba)咽喉，ཟོར་བ་ (zor ba)镰刀，འཕྱི་བ་ (vphyi ba)旱獭。

པོ་ (po)添加于形容词词根或动词词根构成派生形容词：བསིལ་པོ་ (bsil po)凉快。

སེ་ (se)添加于形容词或特定动词构成副词，例如 རྒྱངས་སེ་ (rgyangs se)显著地，འདུག་སེ་བྱས་ (vdug se byas)照这样做。

跟汉语相比，以双音节复合词而论，汉语的任何双音节复合词的词性都是不可预测的，也就是说，复合词词形跟词的类别不相干。反观藏语，双音节复合词基本就是复合名词，或者少量是复合名词与复合动词兼类词，真正的复合动词是受到制约的，数量不多。粗略地估计，复合名词约能覆盖双音节复合词的八九成以上。这样的特征使得名词跟派生形式的形容词基本分开，也跟单音节动词和三音节复合动词分开。这就意味着藏语词类跟词形是可以直接辨识的。

从总的方面看，藏语名词、形容词、副词等的派生词缀各司其职，形式上相互区别，都具有词类的指示性，可以以此辨别词类。而双音节复合词聚集为名词，三音节复合词聚集为动词，多音节形容词（各类音节长度的常规派生形容词、复合型派生形容词、重叠式形容词等）总是带词缀，状貌词则有特定格式，例如 ABB 式，ABA′B 式，方便识别。由此可见，藏语词法结构可能按照词类加以描写。

归纳起来，以词形分类的藏语词法研究反映了藏语词法和形态的独特性。

10.3 深入研究的方向

本书基本上是从共时角度对藏语词法和形态展开描写，虽然分析对象大致涵盖了各种主体词类并部分涉及它们的句法现象，但总体挖掘深度有限，特别是如果不展开历史角度的探索，就难以揭示藏语词法和形态的产生以及发展的渊源，必然也影响共时层面对某些特定现象的理解。我们认为藏语词法和形态现象还可以在以下几个方面着力。

描写方面：

第一，对名词、形容词、副词等派生词的产生和发展进行历史研究，以图阐明派生形式产生的时间、方式和过程。

第二，对复合名词、复合动词、复合型派生形容词的词汇化过程展开研究，结合口语和书面文献，以案例形式或系统方式厘清复合词的词汇化原因、条件和类型。

第三，扩展词汇研究范围和对象，对藻饰词、缩略语、外借词进行词法研究，揭示它们的结构和特点，以及它们的使用领域和语用价值。

第四，加强方言词法研究，特别是跟语音特征、轻重韵律相关内容的研究。

理论方面：

第一，借鉴心理词库成熟的研究成果，探索词库的存储特征，包括词库结构、层次、关系，以及词形、词义与词法、句法的关联方式。更具体说，藏语是复合、派生、重叠、屈折以及其他类型词法方式共生的语言，其中所蕴含的形态现象极为丰富，研究价值极高，如何从中发掘具有普遍性的理论一直颇受期待。特别是藏语还吸收融汇了大量外来词汇，其与母语词汇的交融也对词法产生重要影响，值得进一步探索。

第二，因有文字记载，一千余年前的藏语呈现出极度复杂的语音面貌，至今日的拉萨话，其简洁透明的语音结构反射出历史上曾发生暴风雨般迅疾的简化演变。这个变化过程深深地辐射到词形和词义，一定会给形态和词法过程带来厚重的压力，造成某些词法过程的中断并创造出各种新生词法类型和句法结构。所以，历史语音变化究竟怎样和何种程度影响藏语形态和词法的变迁是藏语词法进一步研究的重要内容。

第三，跟其他东亚语言一样，藏语自身具有典型的区域语言特征。目前看，叠音、联绵、摹声、拟态这类音义像似词（ideophones），或者状貌词都反映出一种系统的高层形态现象，即表现形态（expressive morphology）理论。这种形态系统是与经典语法形态（grammatical morphology）平行并同样古老，却又被驯服而进入语法体系的造词系统。因此，全面描写这样的系统并构建相关理论方法是研究藏语词法不可或缺的部分。

虽然过去数十年的藏语语法和词法研究取得很大进展（回顾第 2 章），解决了大量问题；但仍有很多现象尚待了解或深入研究。本书也只是藏语词法和词库研究的一个侧面，描写广度和深度还可大幅拓展。我们寄希望于未来的研究者。

参考文献

英文论著

Agha, Asif 1990. *lexical structure and grammatical categoryes in Lhasa Tibetan*. PHD thesis. University of Chicago.

Allan, Keith 1973. Complement noun phrases and prepositional phrases: adjectives and verbs. *Foundations of Language*, 10(3):377-397.

Aronoff, M. 1976. *Word formation in generative grammar*. MA. MIT Press.

Aronoff, M. 1994. Morphology by itself, stems and inflectional classes. *Linguistic Inquiry*. Monograph 22(P16). Cambridge, MA: MIT Press.

Aronoff, M., & Fudeman, K. 2011. *What is morphology* (Vol. 8). John Wiley & Sons.

Bach, Emmon 1968. Nouns and noun phrases. In: Emmon Bach & R. Harms (eds.), *Universals in Linguistic Theory*. Holt, Rinehart, and Winston 90-122.

Bauer, C. 1989. The verb in spoken Mon. MKS XV, 87-110.

Bauer, L. 2006. Word Formation. In: Keith Brown (Editor). *Encyclopedia of Language and Linguistics*. 2nd Edition: V1-14 Publisher: Elsevier Science.

Bauer, L. and Renouf, A. 2001. A Corpus-Based Study of Compounding in English. *Journal of English Linguistics* 29: 101-123.

Bell, Charles Alfred. 1905. *Manual of Colloquial Tibetan*. Calcutta: Baptist Mission Press. (later editions 1919 and 1939).

Benedict, Paul K. 1972. *Sino-Tibetan: a conspectus*. (James A. Matisoff, Contributing Editor) . Cambridge: Cambridge University Press.

Beyer, Stephan V. 1992. *The Classical Tibetan Language*. Albany: State University of New York Press.

Bhat, D.N.S. 1994. *The Adjectival Category*: Criteria for differentiation and identification. John Benjamins Publishing Company.

Bloomfield, L. 1929. Review of Liebich, Konkordanz Pāṇini-Candra. *Language*, vol.5.

Bloomfield, L. 1933. *Language*. New York, Holt.

Bodman, Nicholas Cleaveland. 1973. Some Chinese Reflexes of Sino-Tibetan S-Clusters. *Journal of Chinese Linguistics*. 1(3): 383–396.

Booij, G. 2014. *The grammar of words: an introduction to linguistic morphology*. Foreign language teaching and research press.

Chang, Betty Shefts & Kun Chang 1981. Perfective and imperfective in spoken Tibetan. *Bulletin of the Institute of History and Philology, Academica Sinica* 52:303-321.

Coblin, Weldon South. 1976. Notes on Tibetan verbal morphology. *T'oung Pao*. 62. Leiden: E. J. Brill. 45-60.

Comrie, 1989. *Language Universals and Linguistic Typology: Sintax and Morphology*. Pp216. University of Chicago Press.

Conrady, August 1896. *Eine indochinesische causativ-denominativ-Bildung und ihr Zusammenhang mit den Tonaccenten*. Leipzeig. Cosmo Publications, Delhi, India. [1978 Reprinted]

Croft, William 1991. *Syntactic Categories and Grammatical Relations: The Cognitive Organization of Information*. University of Chicago Press.

Csoma de Körös, Alexabder 1834a. *Essay towards a dictionary: Tibetan and English. Prepared with the Assistance of Bandé Sangs-Rhyas Phun-Tshogs, a learned Lama of Zangskár*. Culcutta. [reprinted Budapest: Akadémiai Kiadó, 1984] .

Csoma de Körös, Alexabder 1834b. *A Grammar of the Tibetan Language*. Calcutta. [reprinted Budapest: Akadémiai Kiadó, 1984].

Das, Sarat Chandra 1915. *An introduction to the grammar of the Tibetan language; With the texts of Situ sum-tag, Dag-je sal-wai melong, and Situi shal lung*. Darjeeling Branch Press. Reprint: Motilal Banarsidass, Delhi, 1972 and 1983.

Das, Sarat Chandra, Graham Sandberg & Augustus William Heyde 1902. *A Tibetan-English dictionary, with Sanskrit synonyms*. 1st Edition, Calcutta. Reprint: Sri Satguru Publications, Delhi, 1989 and Motilal Banarsidass, Delhi, 1970, 1973, 1976, 1979, 1983, 1991, 1995 and 2000.

DeLancey, Scott 1986. Evidentiality and volitionality in Tibetan. In: Chafe and Nichols (ed.) *Evidentiality: the linguistic coding of Epistemology*, 203-213. Norwood, New Jersey: Ablex Publishing Corporation.

Denwood, Philip 1999. *Tibetan*. Amsterdam; Philadelphia; [Great Britain]: John Benjamins Pub. Co.

Dik, Simon C. 1978. *Functional grammar*. Amsterdam: North-Holland Publishing Company.

Dixon, R. M. W. 1994. *Ergativity*. Cambridge University Press.

Dixon, R. M. W. 2012. *Basic Linguistic Theory Volume 3: Further Grammatical Topics*. Oxford University Press.

Dixon, R. and A. Y. Aikhenvald 2004. Adjective Classes: A Cross-Linguistic Typology. In: Dixon R. & A. Y. Aikhenvald (Eds.) 2004 *Adjective Classes: A Cross-linguistic Typology* (pp. 348-362). Oxford: Oxford University Press.

Downing, P. 1977. On the Creation and Use of English Compound Nouns. *Language*.Vol. 53, No. 4 (Dec., 1977), pp. 810-842

Fabb, N. 2001. Compounding. In Spencer, A, and Zwicky, A (Eds.) *The Handbook of Morphology*. Oxford: Blackwell Publishers Ltd.

Garrett, Edward John 2001. *Evidentiality and Assertion in Tibetan*. H.D. Dissertation, University Of California, Los Angeles.

Givón, T. 1979. *On Understanding Grammar*. New York: Academic Press.

Goldstein, Melvyn C. (ed.) 1975. *Tibetan-English Dictionary of Modern Tibetan*. New Dlhi: Rakesh Press, 1978 reprinted.

Goldstein, Melvyn C. (ed.) 2001. *The new Tibetan-English dictionary of modern Tibetan*. T. N. Shel monograph.

Goldstein, Melvyn C. & Gelek Rinpoche & Lobsang Phuntshog 1991. *Essentials of Modern Literary Tibetan: A Reading Course and Reference Grammar*. University of California Press.

Hackett, Paul G. 2003. *A Tibetan Verb Lexicon: Verbs, Classes, and Syntactic Frames*. Snow Lion Publications. Ithaca, New York.

Hannah, Herbert Bruce 1912. *A grammar of the Tibetan language literary and colloquial with copious illustrations, and treating fully of spelling, pronunciation and the construction of the verb, and including appendices of the various forms of the verb*, Motilal Banarsidass, 1978.

Harris, J. W. 1978. Two Theories of Non-automatic Morphophonological Alternations: Evidence from Spanish. *Language* 54.

Haser, V. & B. Kortmann 2005. Adverbs. In: Keith Brown（Editor）. *Encyclopedia of Language and Linguistics*, Second Edition: Vol.1:66. Publisher: Elsevier Science.

Hayes, Bruce 1985. Iambic and Trochaic Rhythm in Stress Rules. *Proceedings of the Eleventh Annual Meeting of the Berkeley Linguistics Society*.

Hill, Nathan W. 2011. An inventory of tibetan sound laws. *Journal of the Royal Asiatic Society*, 21(4), 441-457.

Hill, Nathan W. 2013. Contextual semantics of 'Lhasa' Tibetan evidentials. SKASE *Journal of Theoretical Linguistics*, 10(3). pp47-54.

Hill, Nathan W. 2014. Sino-Tibetan: Part 2 Tibetan. In: Lieber, Rochelle and Štekauer, Pavol (eds.), *The Oxford Handbook of Derivational Morphology*. Oxford: Oxford University Press, pp. 620-630.

Hjemslev, L. 1963. *Prolegomena to a Theory of Language*. Madison: University of Wisconsin Press.

Huang, C.-T. James, 1984. Phrase structure, lexical integrity, and Chinese compounds. *Journal of Chinese Language Teachers Association*, 19:53-78.

Jäschke, H. A. 1881. *A Tibetan-English Dictionary*. Delhi: Motilal Banarsidass, 1980, reprinted.

Jäschke, H. A. 1929. *Tibetan Grammar*. 3rd edition with addenda by H.A.Francke assisted by W.Simon. Berlin/Leipzig: Walter de Gruyter & Co.

Jiang, D. 1998. The Phonological Construction of Tibetan Words and Its Frequency Phenomena. In: Hiroyoshi Ohara(editor): *Collections of International Conference on Multilingual Text Processing'98*[C]. Waseda University. Tokyo, Japan.1998:9-20

Jiang, D. 2015. Types and Constructions of Exocentric Adjectives in Tibetan(藏语离心结构形容词的类型和结构). In: Maosong Sun: *Chinese Computational Linguistics and Natural Language Processing Based on Naturally Annotated Big Data*. Springer International Publishing Switzerland. pp167-179.

Jiang, D., Long CJ., Zhang JC. 2005. The Verbal Entries and Their Description in a Grammatical Information-Dictionary of Contemporary Tibetan. In: Robert Dale, Kam-Fai Wong, Jian Su, Oi Yee Kwong (Eds), *Natural Language Processing-IJCNLP2005*. 874-884. springer.

Jiang, D., Hu HY. 2005. The Construction and Identification Approaches Of Adjectival Predicate in Modern Tibetan. *Studies in Language and Linguistics*, Vol.(2):115-122

Jiang, D., Kang Caijun 2003. The Methods of Lemmatization of Bound Case forms in Modern Tibetan. *2003 IEEE International Conference on Natural Language Processing and Knowledge Engineering*. IEEE Press.

Jiang, D., Kang Caijun. 2004. The Optimized Index Model Of Tibetan Dictionary. *Studies in Language and Linguistics*. Vol.(1):120-125

Koerber, Hans Nordewin von. 1935. *Morphology of the Tibetan language : a contribution to comparative Indosinology*. Publisher: Sutonhouse.

Koopman, H. J. & Szabolcsi, A. 2000. *Verbal complexes* (No. 34). MIT Press.

Lamberty, Angela & Hans-Jörg Schmid 2013. Verbal compounding in English: a challenge for usage-based models of word-formation? *Anglia* 131(4), 591-626.

LaPolla, Randy J. 2003. Overview of Sino-Tibetan Morphosyntax. In *The Sino-Tibetan Languages*. Thurgood, Graham and Randy J. LaPolla (eds.) London: Routledge Language Family Series. pp. 22–42.

Laufer, Berthold 1916. Loan-Words in Tibetan. *T'oung Pao*. Vol. 17, No. 4/5 (Oct. - Dec., 1916), pp. 403-552.

Lehmann, C. 1980. Guidelines for interlinear morphemic translations: a proposal for standardization. *Cologne*, 1980.

Li, Fang-Kuei 1933. Certain Phonetic Influences of the Tibetan Prefixes upon the Root Initials. *Bulletin of the Institute of History and Philology* 6.2: 135–157. Shanghai: Academia Sinica. 冯蒸中译文"藏文前缀音对于声母的影响"载于：潘悟云主编《境外汉语音韵学论文选》11-40。上海教育出版社 2010 年。

Losang Thonden 2005. *Modern Tibetan Language*(Vol.1). Published by the Library of Tibetan works and Archieves. New Delhi.

Lyons, John 1966. Towards a 'Notional' Theory of the 'Parts of Speech'. *Journal of Linguistics* 2.2 (1966): 209-36.

Matisoff, James A. 2003. *Handbook of Proto-Tibeto-Burman: system and philosophy of Sino-Tibetan reconstruction*. Berkeley and Los Angeles: University of California Press.

Matthews, P.H. 2000. *Morphology*. Beijing: Foreign Language Teaching and Research Press & Cambridge University Press.

McCarthy, John J. & Alan Prince 1998. Prosodic morphology. In Andrew Spencer and Arnold Zwicky (eds.) *The Handbook of Morphology*. Basil Blackwell, Oxford. Pp. 283–305.

Meng, W. & Jiang D. 2016. Compound Adjectives with Suffixes in Tibetan: Properties and Qualia Construction. *Himalayan Linguistics*:15(1).

Nida, E.A. 1946. *Morphology: A Descriptive Analysis of Words*(revised edition). Ann Arbor: University of Michigan Press.

Packard, Jerome L. 2000. *The morphology of Chinese: A Linguistic and Cognitive Approach*. Beijing: Foreign Language Teaching and Research Press & Cambridge University Press.

Payne, Thomas E. 1997. *Describing morphosyntax: A guide for field linguists*. Cambridge University Press.

Pustejovsky, J. 1995. *The Generative Lexicon Theory*. Cambridge, MA: MIT Press.

Pustejovsky, J., Pierrette Bouillon, Hitoshi Isahara, Kyoko Kanzaki, Chungmin Lee 2013. *Advances in Generative Lexicon Theory*. Springer.

Quirk, R., Sidney Greenbaum, Geoffrey Leech, & Jan Svartvik. 1985. *A comprehensive grammar of the english Language*. New York: Longman.

Ramat, Paolo & Davide Ricca 1994. Prototypical adverbs: On the scalarity /radiality of the notion of ADVERB. *Rivista di Linguistica* 6: 289-326.

Sandberg, Graham 1894. *Hand-book of Colloquial Tibetan: A practical guide to the language of Central Tibet*. Calcutta.

Schroeter, Friedrich Christian Gotthelf 1826. *A dictionary of the Bhotanta or Boutan language: Bouthan-English dictionary & grammar*. (Serampore)

Shafer, Robert 1951. Studies in the morphology of Bodic verbs. *Bulletin of the School of Oriental and African Studies* 13:702-24, 1017-31.

Shafer, Robert 1955. Classification of the Sino-Tibetan Languages. *Word II*.

Shibatani, Masayoshi 2002. The Causative continuum. In: Masayoshi Shibatani(editor) *The Grammar of Causation and Interpersonal Manipulation*. John Benjamins. Amsterdam.

Shirai, Satoko. 2014. Reduplication and nominalization in Tibeto-Burman. *Papers from the Second International Conference on Asian Geolinguistics*. Thailand: Bangkok.

Simon, Walter. 1941. Certain Tibetan suffixes and their combinations. *Harvard Journal of Asiatic Studies* 5: 372-391.

Simon, Walter 1965. Tibetan Lexicography and Etymological Research, *Transactions of the Philological Society*, PP87-107.

Simon, C. & Nathan W. Hill. 2015. Tibetan. In: Nicola Grandi and Lívia Körtvélyessy (eds.), *Edinburgh Handbook of Evaluative Morphology*. Edinburgh University Press.

Spencer, Andrew and Arnold Zwicky(eds.) 1998. *The Handbook of Morphology*. Basil Blackwell, Oxford.

Sun, Jackson 1993. Evidentials in Amdo Tibetan. *The bulletin of the institute of history and philology*, vol. LXIII part IV. Taipei : 945 - 1001.

Svantesson, J. O. 1983. Kammu phonology and morphology. In: *Travaux de l'Institut de Linguistique de Lund* 18. Lund University.

Thurgood, Graham & Randy J. LaPolla (eds.) *The Sino-Tibetan Languages*. London: Routledge.

Tournadre, Nicolas 2003. *THDL Tibetan Reference Grammar*. (October 1, 2003). Distributed under the THDL Digital Text License. http://www.thlib.org/

Tournadre, Nicolas and Sangda Dorje 2005. *Manual Of Standard Tibetan: Language And Civilization*. Snow Lion.

Uray, Géza 1954. Duplication, germination and triplication in Tibetan. *Acta Orientalia Academiae Scientiarum Hungaricae* 4.1-3: 177-256.

Vollmann, R. 2009. Reduplication in Tibetan. *Grazer Linguistische Studien,71*, 115-134.

von Koerber, H. N. 1935. *Morphology of the Tibetan Language. A Contribution to Comparative Indosinology*. Los Angeles and San Francisco: Suttonhouse.

William S-Y. Wang 1995. The Ancestry of the Chinese Language, *Journal of Chinese Linguistics*.

Wolfenden, Stuart N. 1929. *Outlines of Tibeto-Burman linguistic morphology, with special reference to the prefixes, infixes and suffixes of classical Tibetan and the languages of the Kachin, Bodo, Năgă, Kuki-Chin and Burma groups*. London: Royal Asiatic Society.

Wylie, Turrell 1959. A standard system of Tibetan transcription. *Harvard Journal of Asiatic Studies* 22:263. 292. 李茂莉，江荻（译）《藏文标准转写方案》。载：龙从军，燕海雄（主编）《中国民族语言研究与应用》（第一辑）215-222 页。中国社会科学出版社，2016 年 06 月。

YiP, Po-Ching 2000. *The Chinese Lexicon: A Comprehensive Survey*. London: Routledge.

Zeisler, Bettina 2004. *Relative Tense and Aspectual Values in Tibetan Languages: A Comparative Study*. Berlin: Mouton de Gruyter.

中文论著

安世兴 1984 现代藏语中的古藏文词汇，《民族语文》第 2 期。

巴桑卓玛 1990 巴塘藏语动词屈折形态的分析化，《民族语文》第 5 期。

车得驷 1984 藏谚在藏语表达中的作用及其语法功能，《西北民族大学学报》第 4 期。

车　谦 1985 藏语动词的自主与不自主，《西南民族大学学报》第 2 期。

陈重业 1981 博杜恩·德·库尔德内，《国外语言学》第 2 期。

丁邦新 2002 上古汉语的构词问题，《语言学论丛》第 26 辑，商务印书馆。

东主才让 2010 试论藏语借词及其文化背景，《青海民族大学学报》第 2 期。

董秀芳 2004 《汉语的词库与词法》，北京大学出版社。

董秀芳 2011 《词汇化：汉语双音词的衍生和发展（修订本）》，商务印书馆。

杜若明 1990 藏缅语动词使动范畴的历史演变，《语文研究》第 1 期。

冯胜利 2010 《汉语的韵律、词法与句法》（修订版），北京大学出版社。

格桑居冕 1982 藏语动词的使动范畴，《民族语文》第 5 期。

格桑居冕 1987 《实用藏文文法》,四川民族出版社。

格桑居冕,格桑央京 2004 《实用藏文文法教程》,四川民族出版社(修订版)。

格西曲吉札巴 1957 《格西曲札藏文辞典》,民族出版社。

何九盈 1991 《上古音》,商务印书馆。

何九盈 2015 《重建华夷语系的理论和证据》,商务印书馆。

胡明扬 等 1982 《词典学概论》,中国人民大学出版社。

胡书津 1985 藏语敬语词,《西南民族学院学报》第 2 期。

胡书津 1986 藏语 A'BAB 型的四音格,《民族语文》第 6 期。

胡书津 1989 藏语并列四字格的构词构形特点,《西藏民族学院学报》第 4 期。

胡书津 1995a 藏文数字藻饰词及其文化内涵,《民族语文》第 2 期。

胡书津 1995b 《简明藏文文法》(修订本),云南民族出版社。

胡书津 1997 试谈藏语动词的结构及其语法范畴,载胡书津《藏族语言研究文集》182-193,四川民族出版社。

胡书津 2002 《藏语动词类型释要》,四川民族出版社。

胡书津,王诗文,娜么塔 1999 藏语卫藏方言与康方言、安多方言词汇比较研究,《西南民族学院学报》第 1 期。

胡 坦 1984 拉萨藏语中几种动词句式的分析,《民族语文》第 1 期。

胡 坦 1985 论藏语比较句,《民族语文》第 5 期。

胡 坦 1986 藏语并列式复合词的一些特征,《民族语文》第 6 期。

胡 坦 1992 藏语语法的类型特征,《藏学研究论丛》第 4 辑,西藏人民出版社。

胡 坦 1997 从化学元素藏文命名看藏语音译术语的特点,《术语标准化与信息技术》第 3 期。

胡 坦 1998 藏语科技术语的创制与标准化问题,《术语标准化与信息技术》第 3 期。

胡 坦 1998 藏语科技术语的创造与西藏现代化建设,《中国藏学》第 1 期。

胡 坦 2002a 《藏语研究文论》,中国藏学出版社。

胡 坦 2002b 藏语"体"范畴,载戴庆厦主编《中国民族语言文学研究论集2》第 69~82 页,民族出版社。

胡 坦,索南卓嘎,罗秉芬 1999 《拉萨口语读本》第二版,民族出版社。

华 侃 1983 藏语中反义词使用情况的初步考察,《西北民族大学学报》第 2 期。

华 侃(主编) 2002 《藏语安多方言词汇》,甘肃民族出版社。

黄布凡 1981 古藏语动词的形态,《民族语文》第 3 期。

黄布凡 2007 《藏语藏缅语研究文集》,中国藏学出版社。

黄布凡,马德 2000 《敦煌藏文吐蕃史文献译注·吐蕃大事纪年》,甘肃教育出版社。

黄成龙 2005 语法描写框架及术语的标记,《民族语文》第 3 期。

黄行 1997 藏语动词语法范畴的相互制约作用，《民族语文》第 6 期。

黄行，江荻 2003 现代藏语判定动词句主宾语的自动识别方法，载：孙茂松，陈群秀（主编）《语言计算与基于内容的文本处理》第 167～172 页，清华大学出版社。

黄行，江荻 2005 藏语电子词典复合动词的收词原则。载：江荻，孔江平（主编）：《中国民族语言工程研究新进展》94-104，社会科学文献出版社。

黄行，孙宏开，江荻，张济川，唐黎明 2005 现代藏语名词组块的类型及形式标记特征，载：孙茂松，陈群秀（主编）《自然语言理解与大规模内容计算》615-618，清华大学出版社。

黄树先 2001 上古汉语复辅音声母探源，《语言研究》第 3 期）。

黄显铭 1982 藏文连绵词浅谈，《民族语文》第 1 期。

黄月圆 1995 复合词研究，《当代语言学》第 2 期。

江 荻 1991a 藏语动词的历史形态研究，《中国藏学》第 1 期。修订版载：郝时远（主编）《民族研究文汇·民族语言篇》第 182～198 页，社会科学文献出版社，2009。

江 荻 1991b 语言嬗变对文字规范的影响——藏语 ld 声母动词的分析，《中央民族学院学报》第 3 期。

江 荻 1992 藏语动词音变现象的统计分析，《民族语文》第 4 期。

江 荻 1999 藏语拉萨话现在时的标记及功能，《民族语文》第 5 期。

江 荻 2002a 《藏语语音史研究》，民族出版社。

江 荻 2002b 汉语语音的历史认知过程与声韵音位，载戴庆厦主编《中国民族语言文学研究论集》第二集，民族出版社。

江 荻 2003a 现代藏语谓语动词的识别与信息提取。In: Maosong Sun, Tian Shunyao, Chunfa Yuan(eds.). *Advances in Computation of Oriental Languages*, 154-160。Beijing: Tsinghua University Press。

江 荻 2003b 现代藏语组块分词的方法和过程，《民族语文》第 4 期。

江 荻 2003c 语音材料与语音表达方式的演变，《语言科学》第 3 期。

江 荻 2005a 藏语拉萨话的体貌、示证及自我中心范畴，《语言科学》第 1 期。

江 荻 2005b 面向机器处理的现代藏语句法规则和词类、组块标注集，载：江荻，孔江平（主编）《中国民族语言工程研究新进展》第 10～93 页，社会科学文献出版社。

江 荻 2006a 藏文的拉丁字母转写方法——兼论藏文语料的计算机转写处理，《民族语文》第 1 期。

江　获 2006b 藏语语法词典的构建方法：词条与文本互动，载曹右琦，孙茂松主编《中文信息处理前沿进展——中国中文信息学会二十五周年学术会议论文集》第107～113页，清华大学出版社。

江　获 2006c 现代藏语动词句法语义分类及相关句式，《中文信息学报》第1期。

江　获 2006d 现代藏语派生名词的构词方法，载：何大安 等（主编）《山高水长——丁邦新先生七秩寿庆论文集》，《语言暨语言学》专刊外编之六，第395～418页。台北："中研院"语言所。

江　获 2006e 现代藏语致使动词句中宾语小句的边界识别。*Journal of Chinese Language and Computing, Vol.15:4. Singapore.*

江　获 2007a 藏语动词的及物性、自主性与施格语言类型，孙茂松，陈群秀（主编）《内容计算的研究与应用前沿》第209～214页，清华大学出版社。

江　获 2007b 藏语述说动词小句宾语及其标记，《中文信息学报》第4期。

江　获 2013a　王念孙的联绵词"天籁"说证，《语言科学》第5期。

江　获 2013b 音节型语言演化的语音后果，载：《大江东去——王士元教授80岁贺寿文集》第371～388页，香港城市大学出版社。

江　获 2014a 唐蕃会盟碑藏语语法标注及翻译释读，《中国藏学》S1期（《中国藏学》"西藏档案、文献专刊"）

江　获 2014b 西藏洛扎吐蕃摩崖石刻的语法特征及翻译，《民族翻译》第4期。

江　获 2014c 《尔雅》词汇形式证明汉语曾是多音节词语言，《古汉语研究》第3期。

江　获 2014d 藏东南地区藏缅语领属结构现象，《语言研究》第4期。

江　获 2016 《藏语拉萨话语法标注文本》，社会科学文献出版社。

江　获 2018 现代藏语复合名词的构词方法，《汉语与汉藏语前沿研究——丁邦新先生八秩寿庆论文集》，第787～804页，社会科学文献出版社。

江　获 2019 藏语的重叠，《东方语言学》第18辑，第28～48页，上海教育出版社。

江　获 2020 藏语形容词的音节数形态与形态类型，《中国语言学报》第19辑，第1～27页，商务印书馆。

江　获，董颖红 1994 中文输入法的误区及走出误区的思考，《语文建设》第6期。

江　获，董颖红 1995 藏文信息处理属性统计研究，《中文信息学报》第2期。

江　获，康才畯 2004 书面藏语排序的数学模型及算法，《计算机学报》第4期。

江　获，康才畯，燕海雄 2014 词形结构进化与世界语言的多样性，《科学通报》59(21)。

江　获，李大勤，孙宏开 2013 《达让语研究》，民族出版社。

江　荻，龙从军　2003　藏语非谓动词的标记及自动识别策略。载: Maosong Sun, Tian Shunyao, Chunfa Yuan(eds.). *Advances in Computation of Oriental Languages*, pp169-175. Beijing: Tsinghua University Press.

江　荻，龙从军　2008　藏语的宾语类型及标记分析，载郝时远（主编）《纪念柳陞祺先生百年诞辰暨藏族历史文化论集》第 652~658 页，中国藏学出版社。

江　荻，龙从军　2010　《藏文字符研究》，社科文献出版社。

江　荻，燕海雄　2010　藏文字符的分类与功能描述，《西藏研究》第 5 期。

江　荻，周季文　1998　藏语的序性及排序方法。In: Hiroyoshi Ohara(editor): *Collections of International Conference on Multilingual Text Processing'98*, pp9-20. Waseda University. Tokyo, Japan。又载《中文信息学报》2000 年第 1 期。

结　昂　1993　工布藏语构词法，《民族语文》第 4 期。

金理新　2006　《上古汉语形态研究》，黄山书社。

金　鹏　1958　《藏语拉萨、日喀则、昌都话的比较研究》，科学出版社。

金　鹏　1983a　藏语拉萨话动词的式及其表达方法，《民族语文》第 1 期。

金　鹏（主编）　1983b　《藏语简志》，民族出版社。

金　鹏　1986　汉语和藏语的词汇结构以及形态的比较，《民族语文》第 3 期。

金　鹏　1988　藏语动词屈折形态向黏着形态的转变，《中国藏学》第 1 期。

康才畯，龙从军，江荻　2014　基于词位的藏文黏写形式的切分，《计算机工程与应用》第 11 期。

夸　克　等（Quirk, R., Greenbaum, S. Leech, G. and Svartvik, J.）1989 《英语语法大全》(*A Comprehensive grammar of the English language*)，华东师范大学出版社。

李　琳，龙从军，江荻　2013　藏语句法功能组块的边界识别，《中文信息学报》第 5 期。

李旭练　2011　都安壮语形态变化研究，民族出版社。

李钟霖　1982　藏语重叠词及联绵词构词规律新探，《青海民族学院学报》第 3 期。

利格吉　2009　试论西藏当代藏语词汇的发展变迁，《西藏大学学报》第 3 期。

林浩庄，易洪，廖东平　1965　叶姆斯列夫及其理论观点简介，《语言学资料》第 6 期。

刘丹青　2005　形容词和形容词短语的研究框架，《民族语文》第 5 期。

刘丹青　2012　原生重叠和次生重叠：重叠式历时来源的多样性，《方言》第 1 期。

刘叔新　1995　《汉语描写词汇学》，商务印书馆。

罗秉芬，安世兴　1981　浅谈历史上藏文正字法的修订，《民族语文》第 2 期。

吕叔湘　1979　《中国文法要略》，商务印书馆。

马进武　2001　简论藏语同义词的积极作用，《西北民族学院学报》第 1 期。

马庆株　1992　汉语动词和动词性结构，北京语言学院出版社。

敏生智 1987 略谈安多藏语中的象声词，《青海民族大学学报》第 3 期。

马月华 1986 藏语里一种特殊的四音组词结构，《民族语文》第 1 期。

马　真 1998 先秦复音词初探，载《北京大学百年国学文萃-语言文献卷》第 284～302 页，北京大学出版社。

尼玛卓玛 1997 藏语拉萨话中的肯定与否定，《中国藏学》第 3 期。

潘悟云 1995 对华澳语系假说的若干支持材料，载 William S-Y.Wang 1995。

潘悟云 2000 《汉语历史音韵学》，上海教育出版社。

瞿霭堂 1980 阿里藏语动词体的构成，《民族语文》第 4 期。

瞿霭堂 1982 藏语中的异根现象，《民族语文》第 2 期。

瞿霭堂 1985a 藏语动词屈折形态的结构及其演变，《民族语文》第 1 期。

瞿霭堂 1985b 论藏语的语法体系，《藏族学术讨论会论文集》，西藏人民出版社。

瞿霭堂 1992 藏族的语言和文字，《中国藏学》第 3 期。

瞿霭堂 2000 藏语的语法体系。载瞿霭堂，劲松《汉藏语言研究的理论和方法》第 560～580 页，中国藏学出版社。

瞿霭堂，谭克让 1983 《阿里藏语》，中国社会科学出版社。

曲世锋 2015 《藏语动词情态范畴的历史演变研究》，中国社会科学院研究生院博士学位论文。

仁增旺姆 1987 重叠方式在安多藏语中的运用，《西北民族大学学报》第 4 期。

沙加尔 2004 《上古汉语词根》，上海教育出版社。

邵明园 2014 《安多藏语阿柔话的示证范畴》，南开大学博士学位论文。

石定栩 2001 导读。载 Packard, J. L. *The morphology of Chinese: A Linguistic and Cognitive Approach*.（《汉语形态学：语言认知研究法》）。外语教学与研究出版社。

宋作艳 2011 生成词库理论的最新发展，《语言学论丛》第 44 辑，商务印书馆。

宋作艳 2013 逻辑转喻、事件强迫与名词动用，《语言科学》第 2 期。

孙宏开 1982 《独龙语简志》，民族出版社。

孙宏开 1984 藏缅语动词的互动范畴，《民族语文》第 4 期。

孙宏开 1992 论藏缅语语法结构类型的历史演变，《民族语文》第 5、6 期。

孙宏开 1994 藏缅语中的代词化问题，《国外语言学》第 3 期。

孙宏开 1998a 藏语在藏缅语族语言研究中的历史地位，《中国藏学》第 2 期。

孙宏开 1998b 论藏缅语动词的使动语法范畴，《民族语文》第 6 期。

孙宏开 2004 我对藏语支语言特点的初步认识，《南开语言学刊》第 2 期。

孙宏开，江荻 1999 汉藏语言系属分类之争及其源流，《当代语言学》第 2 期。

孙景涛 2005 论"一音一义"。《语言学论丛》第 31 辑，商务印书馆。

索朗多吉等 1993《藏语敬语词典》，民族出版社。
索南坚赞 1990 藏语敬语词的结构类型探讨，《西藏研究》第 1 期。
谭克让 1983 阿里藏语语法形式上的音节减缩现象，《民族语文》第 5 期。
谭克让 1988 藏语动词的自动态与使动态，《民族语文》第 6 期。
唐钰明 1986 金文复音词简论——兼论汉语复音化的起源，《人类学论文选集》，中山大学出版社。
王冬梅 2010 现代汉语动名互转的认知研究，中国社会科学出版社。
王辅世 1983《苗语方言划分问题》，《民族语文》第 5 期。
王洪君 2005 试论现代汉语的类词缀，《语言科学》第 5 期。
王会银 1987 现代藏语拉萨话形容词重叠形式，《中央民族学院学报》第 6 期。
王会银 1988 藏语拉萨话动词的重叠形式，《民族语文》第 3 期。
王联芬 1988 藏语象声词浅谈，《青海民族学院学报》第 4 期。
王青山 1982 青海环海区藏语的动词重叠式，《民族语文研究文集》，青海人民出版社。
王青山 1990 藏语中的禁忌语与委婉语，《青海民族研究》第 1 期。
王青山 1992 藏语方言语法中的几种特殊句法关系，《青海民族学院学报》第 2 期。
王青山 1993 藏族姓名的社会文化背景，《民族语文》第 5 期。
王诗文，胡书津 1995 试谈藏语动词的结构及其语法范畴，《西藏民族学院学报》第 4 期。
王　尧，陈践 1992 《敦煌本吐蕃历史文书》（增订本），民族出版社。
王沂暖 1981 为藏文字典编排顺序试提一个新方案，《西北民族学院学报》第 3 期。
西田龙雄 1957 藏语动词构造的研究，《言语研究》第 33 卷。
谢广华 1982 藏语动词语法范畴，《民族语文》第 4 期。
星实千代 1988 《现代チベット语文法（ラサ方言）》，东アジア文化研究センター（《现代藏语文法》。日本东亚文化研究中心），转自胡坦。
颜红菊 2008 《现代汉语复合词语义结构研究》，湖南教育出版社。
杨玉芳 1987 英语多音节词成词状态对音位知觉的影响，《心理学报》第 4 期。
叶斯开(著)，张次瑶(译) 1947 《藏文文法》，国立文化边疆教育馆。
尹海良 2011 《现代汉语类词缀研究》，河北大学出版社。
尹伟先 1995 《藏语文辞书编纂简史》，《中国藏学》第 1 期。
于道泉（主编） 1983《藏汉对照拉萨口语词典》，民族出版社。
玉　珍 1996 藏语安多方言同仁话中的汉语借词，《中国藏学》第 1 期。
袁　婕，车谦 1998 汉语和藏语的状语，《中央民族大学学报》第 4 期。
袁毓林 1993 《现代汉语祈使句研究》，北京大学出版社。

张国宪 2006 《现代汉语形容词功能与认知研究》,商务印书馆。

张济川 1989 藏语的使动、时式、自主范畴,《民族语文》第 2 期。

张济川 1994 对藏语几个后缀的分析,《中国藏学》第 1 期。

张济川 1996 藏语形容词级的范畴,《民族语文》第 6 期。

张济川 2009 《藏语词族研究——古代藏族如何丰富发展他们的词汇》,社科文献出版社。

张　琨 1971 汉藏语系的"铁"字,《汉藏语系语言学论文选译》第 161~174 页,中国社会科学院民族研究所印(1980)。

张清芳,杨玉芳 2005 汉语单音节词汇产生中音韵编码的单元,《心理科学》第 2 期。

张秀松,张爱玲 2009 生成词库论简介,《当代语言学》第 3 期。

张怡荪(主编) 1985 《藏汉大辞典》,民族出版社。

张谊生 2000 《现代汉语副词研究》,学林出版社。

赵维纳 2014 书面藏语谓语组块结构分析及藏语三音动词短语识别研究,中国科学院大学"博士后研究报告"。

赵远文 1989 浅谈藏语成语,《西藏研究》第 1 期。

郑张尚芳 1995 汉语与亲属语同源根词及附缀成分比较上的择对问题。In: S-Y, Wang, 1995 The Ancestry of the Chinese Language. Journal of Chinese Linguistics.

郑张尚芳 2003 《上古音系》,上海教育出版社。

中央民院语文系藏语教研室 1959 从藏语中的汉语借词看汉藏两民族的亲密关系,《民族研究》第 7 期。

周季文 1981 藏语新词术语的构成,《民族语文》第 1 期。

周季文 2002 论藏语动词,《中国藏学》第 2 期、第 4 期。

周季文,谢后芳 1998《藏文阅读入门》,云南民族出版社。

周季文,谢后芳 2003 《藏语拉萨话语法》,民族出版社。

周　荐 1991 复合词词素间的意义结构关系,《语言研究论丛》第 6 辑,天津教育出版社。

周绍珩 1980 马丁内的语言功能观和语言经济原则,《国外语言学》第 4 期。

周　炜 1999 西藏古代的文法研究,《西南民族学院学报》第 4 期。

朱德熙 1982 《汉语语法讲义》,商务印书馆。

朱　彦 2004 《汉语复合词语义构词法研究》,北京大学出版社。

紫腾嘉,李学琴 1999 藏语的数量词,《西南民族学院学报》第 2 期。

藏文论著

才旦夏茸·久美柔贝洛珠 ཚེ་བརྟན་ཞབས་དྲུང་འཇིགས་མེད་རིགས་པའི་བློ་གྲོས་ (tshe brten zhabs drung vjigs med rigs pvi blo gros) 1980 《藏文文法》ཐོན་མིའི་ཞལ་ལུང་ (thon mivi zhal lung)，甘肃人民出版社。

邓戈 བསྟན་གོ་ (bstan go) 2012 《藏语词汇学教程》 བོད་སྐད་མིང་བརྡ་རིག་པའི་བསླབ་གཞི་ (bod skad ming brda rig pavi bslab gzhi)，民族出版社。

嘎玛·司都·却吉迥乃 ཀརྨ་སི་ཏུ་ཆོས་ཀྱི་འབྱུང་གནས་ (karma si tu chos kyi vbyung gnas) 1957 《司都文法详解》ཀརྨ་སི་ཏུའི་སུམ་རྟགས་འགྲེལ་ཆེན་མཁས་པའི་མགུལ་རྒྱན་མུ་ཏིག་ཕྲེང་མཛེས་ (karma si tuvi sum rtags vgrel chen mkhas pavi mgul rgyan mu tig phreng mdzes)，四川民族出版社。

噶钦多吉坚参 1999 《三十颂与音势论的注释及其因明学概论》，西藏人民出版社。

黄明信编 1956 《西藏文法四种合编》（土弥三菩札：《三十颂和音势论》；欧曲达玛巴扎：《三十颂基音势论注》；央坚珠贝多吉：《三十颂精华——树王论》、《音势论——解疑释难明镜》），民族出版社。

觉顿·仁钦扎西 སྐྱོགས་སྟོན་རིན་ཆེན་བཀྲ་ཤིས་ (skyogs ston • ren chen bkra shis) 1981 《丁香帐》ལི་ཤིའི་གུར་ཁང་ (li shivi gur khang)，民族出版社。

毛尔盖·桑木丹 དམུ་དགེ་བསམ་གཏན་ (dmu dge bsam gtan) 1980 《语法明悦》བརྡ་སྤྲོད་བློ་གསལ་དགའ་སྟོན་ (brda sprod blo gsal dgav ston)，甘肃人民出版社。

色多五世罗桑崔巨嘉措 གསེར་ཏོག་ (gser tog)著，钟秀生(整理)，丹巴嘉措(校订) 1957 《藏文文法根本颂色多氏大疏》གསེར་ཏོག་སུམ་རྟགས་ (gser tog sum rtags)，民族出版社。

史学礼，格桑娜姆 2002 《藏文动词词典》，青海民族出版社。

珍贝·益西扎巴 དྲན་པའི་ཡེ་ཤེས་གྲགས་པ་ (dran pavi ye shes grags pa) 1980 《语门文法概要》སྨྲ་བའི་སྒོ་མཚོན་ཆ་ལྟ་བུ་ཞེས་བྱ་བ་ (smra bavi sgo mtshon cha lta bu zhes bya ba)，民族出版社。

后　记

这部书稿从立意、撰写、修订到出版，断断续续花了约15年时间。

本书以藏语词类为纲，着重描写形式和意义的关系，大量列举词法和形态实例。因此，本书也是一种基于大量材料梳理层次上的新型微观描写，无论材料或现象简单还是复杂，坚持按照事实来构建理论解释，并一以贯之而形成全书的系统性，为日后进一步精细化研究打下基础。本书分类上尤其注重词长对词法和形态的影响，认为词长是隐性的形态，是派生、屈折、复合、重叠等显性词法类型赖以产生的前提基础。我直觉地认为，一直以来，学界受印欧语屈折形态观点影响，对藏语研究过于偏重单字词形态，特别是单音节动词形态，因此忽略了复合词才是藏语最重要的分析对象这个命题。复合词法一个极为重要的特征是它的长度，建立这样一个维度能够使我们重新看待藏语词法整体。这也是我们提出藏语词法上存在"词形定类"和"词类分形"原理的理由。当然，一部完整的词法和形态研究专论必然包括其他词型或形态，所以本书把词长要素分析贯穿于全部的藏语词类、词型和词法。这样的认识是否正确，还需要时间检验。

由于本书形成过程太长，书稿的撰写方法前后发生一些变化，虽然修订时尽量做了统一，还是有少量不一致的地方，甚至可能有些观点表述前后也不尽相同。请读者批评。

这项研究曾直接和间接得到国家自然科学基金项目、中国社会科学院项目、教育部项目和国家社科基金项目的帮助支持。特此表示由衷的感谢。

承蒙老同学，北京大学出版社中文部杜若明编审厚意推荐，本书获得社科基金后期出版资助，特别是他还亲自担任本书责编，真心谢谢他。

江荻

北京·都会华庭·寓所

2019年2月